Länderprofile – Geographische Strukturen, Daten, Entwicklungen

Siegfried Kullen

Baden-Württemberg

Beilage:
Alexander Länderkarte Baden-Württemberg

Ernst Klett Verlag

Länderprofile – Geographische Strukturen, Daten, Entwicklungen
Wissenschaftliche Beratung: Professor Dr. Gerhard Fuchs (Universität Bielefeld)

CIP-Kurztitelaufnahme der Deutschen Bibliothek

Kullen, Siegfried:
Baden-Württemberg / Siegfried Kullen. –
2., korrigierte Aufl. – Stuttgart: Klett, 1984.
   (Länderprofile)
   ISBN 3-12-928851-1

ISBN 3-12-928851-1

2., korrigierte Auflage 1984
Printed in Germany
Gesamtherstellung: Wilhelm Röck, Weinsberg
Einbandgestaltung: Manfred Muraro
Graphiken und Karten: Günther Bosch

Inhalt

1 Das Land im Überblick

Betrachtet man eine politische Karte der Bundesrepublik Deutschland, dann hebt sich aus dem bunten Flächenmosaik der Bundesländer in der Südwestecke eine auffallend geschlossene, einem Rechteck ähnelnde Fläche ab: das Land Baden-Württemberg.

Mit seinen 35 751 qkm ist es nach Bayern und Niedersachsen der Fläche nach das drittgrößte Bundesland. Im Jahre 1980 lebten hier 9,2 Millionen Menschen. Auch nach der Einwohnerzahl steht es unter den Bundesländern an dritter Stelle und wird nur von Nordrhein-Westfalen (17 Millionen) und Bayern (10,9 Mill.) übertroffen.

Die äußere Form suggeriert Geschlossenheit und Einheitlichkeit. Eine organische Einheit ist aber das Land nicht. Es stellt weder in naturräumlicher noch in kulturlandschaftlicher Hinsicht ein homogenes Gebilde dar. Nicht Einheitlichkeit, sondern Vielgestaltigkeit ist das Typische dieses Bundeslandes.

Schon ein flüchtiger Blick auf eine physische Karte zeigt die Vielfalt der natürlichen Ausstattung: Mittelgebirge und Tiefländer, Hochflächen und Beckenräume, seen- und moorreiche Glaziallandschaften und herbe, gewässerarme Karstgebiete, weitgespannte Ackerflächen und geschlossene Waldareale liegen unmittelbar nebeneinander und bewirken eine kleinräumliche Kammerung des Landes.

Im Westen hat das Land Anteil am Oberrheinischen Tiefland. Diese klimatisch begünstigte Region liegt orographisch am tiefsten (Mannheim 85 m). Sie wird von den steil ansteigenden Westrändern des Oden- und des Schwarzwalds flankiert. Im Südschwarzwald liegt mit dem 1493 m hohen Feldberg die höchste Erhebung des Landes. Die Ostabdachung dieser Randgebiete zählt

bereits zum südwestdeutschen Schichtstufenland, das sich über das Neckarland und die Schwäbische Alb bis zur Donau hinzieht.

Das Stufenland ist gekennzeichnet durch weite Landterrassen, die auf den Gäuflächen und im Albvorland weitgehend ackerbaulich genutzt werden und überdies zu den dichtbesiedelten Landstrichen gehören. Sie werden durch bewaldete Steilstufen der schwäbisch-fränkischen Waldberge voneinander getrennt.

Mit der Schwäbischen Alb besitzt das Land eine der geschlossensten natürlichen Landschaften. Der mächtige Steilrand des Albtraufs gleicht einer natürlichen Barriere und trennt den württembergischen Landesteil traditionellerweise in das Ober- und Unterland. Im Südwesten liegen die höchsten Erhebungen der Alb, wo der Lemberg die 1000-m-Marke knapp überragt.

Südlich der Donau hat Baden-Württemberg mit Oberschwaben Anteil am Alpenvorland. Dieses flachwellige Hügelland verdankt sein heutiges Relief den gestaltenden Kräften der Eiszeit. Einen landschaftlichen Höhepunkt stellt dabei das Bodenseebecken dar, in dem das größte deutsche Binnengewässer (Seefläche 538 qkm) liegt. Weitere landschaftliche Akzente bilden an der Südgrenze des Landes die vulkanischen Hegauberge sowie die Landschaft Adelegg, die bereits zu den Voralpen zählt und im Schwarzen Grat 1118 m erreicht.

Die Grenzen Baden-Württembergs belaufen sich insgesamt auf 1651 km. Gegen Bayern betragen sie 860 km, gegen Hessen 171,4 km gegen Rheinland-Pfalz 93 km, gegen Frankreich 179,3 km und gegen die Schweiz bis zum Bodensee bei Konstanz 315,8 km. Gegenüber den meisten anderen Bundesländern besitzt Baden-Württemberg auffallend glatte Landesgrenzen. Dies hängt damit zusammen, daß sie zu einem erheblichen Teil Gewässern folgen: der Iller, dem Bodensee und dem Rhein, der allein auf etwa 420 km das Land begrenzt.

Diese weitgehend natürlichen Grenzen lassen eine gewisse Isolierung und Abgeschlossenheit des Landes vermuten. Dies ist jedoch nicht der Fall. Weder in historischer Zeit noch in der Gegenwart war Südwestdeutschland politisch, wirtschaftlich und kulturell eine in sich ruhende Region, sondern ein offener Raum, gleichermaßen gebend wie empfangend.

Durch die Burgunder Pforte drangen die Einflüsse aus der mediterranen und iberischen Welt; über die Zaberner Senke kamen Impulse aus dem westlich-atlantischen Bereich; die Bündner Pässe stellten die Verbindung nach Italien und über Venedig zur Levante her; die Donau war Eingangs- und Ausfallstraße zu den südosteuropäischen und vorderasiatischen Ländern; über das mittlere Rheintal und die alten Handelswege, die vom Maingebiet nach Norden und Osten zogen, führten die Beziehungen nach Nord-, Mittel- und Ostdeutschland. Wenn auch die Lage dieser mitteleuropäischen Region bei schwierigen politischen Konstellationen nicht immer genutzt werden konnte, so war ihr doch stets eine bedeutsame Mittlerrolle zugewiesen. Erst in den letzten Jahrzehnten – im Rahmen der europäischen Integration – ist sie voll zur Geltung gekommen. Heute stellt das zentral gelegene Baden-Württemberg einen Drehpunkt im Bereich der Europäischen Gemeinschaft dar.

Die Baden-Württemberger werden von den Norddeutschen oft pauschal als „Schwaben" bezeichnet, was beim ehemals badischen Bevölkerungsteil auf heftigen Protest stößt – und dies zu Recht. Die nördliche Landeshälfte ist seit fast anderthalb Jahrtausenden fränkisch besiedelt und der alemannische bzw. schwäbische Siedlungsraum ist auf den südlichen Landesteil beschränkt. Die Landeshauptstadt Stuttgart liegt knapp südlich der Stammesgrenzen und dies bedeutet, daß auch die Württemberger nur zur Hälfte Schwaben sind. Die alten Stammes- und Dialektregionen prägen in Brauchtum und Lebensform nachhaltig den Charakter der einzelnen Landesteile: in Südbaden sind es die Alemannen, im Oberland und mittleren Neckarland die Schwaben, in den nördlichen Landesteilen die Franken und im Bereich des unteren Neckars die Pfälzer.

Allerdings wurde in den Jahren nach dem Zweiten Weltkrieg das traditionelle Bevölkerungsgefüge stark aufgelockert und teilweise verändert: Durch den Zuzug von Heimatvertriebenen, der großen Zahl von Zuwanderern aus anderen Bundesländern und nicht zuletzt durch die hohe Gastarbeiterquote trat eine starke Durchmischung der Bevölkerung ein.

Der Wanderungsgewinn führte – zusammen mit einem jahrelang anhaltenden beträchtlichen Geburtenüberschuß – dazu, daß sich die Einwohnerzahl von 6,4 Millionen im Jahre 1950 auf beinahe 10 Millionen in der Mitte der 70er Jahre erhöhte. Kein anderes Bundesland hat in den Nachkriegsjahren ein ähnlich starkes Bevölkerungswachstum erlebt wie Baden-Württemberg.

Die Folgen dieser dynamischen Entwicklung schlagen sich in einer für deutsche Verhältnisse erstaunlichen Bevölkerungsstruktur nieder. Nach wie vor hat Baden-Württemberg als einziges Bundesland einen bescheidenen Geburtenüberschuß. Der Anteil der unter 15jährigen ist höher als in den anderen Bundesländern außer in Niedersachsen und der Anteil über 65jährigen geringer als in allen anderen. Zwei Drittel der Bevölkerung sind noch nicht 45 Jahre alt. Diese relativ junge Bevölkerung stellt für die zukünftige Entwicklung ein nicht zu unterschätzendes Potential dar, da bekanntlich zwischen der demographischen Situation und den sozioökonomischen Verhältnissen enge Wechselbeziehungen bestehen.

Die wirtschaftliche Struktur Baden-Württembergs hebt sich in mancher Hinsicht von der anderer Bundesländer ab. Das Land weist den höchsten Industrialisierungsgrad aller Bundesländer auf und hat seit Jahren die geringste Arbeitslosenquote. Charakteristisch für die gewerbliche Wirtschaft ist die enge Verflechtung von Industrie und Handwerk. Das Land besitzt die größte Handwerkerdichte im Bundesgebiet. Über 50% der Erwerbstätigen sind im produzierenden Gewerbe tätig; während in den meisten Bundesländern heute bereits mehr Menschen im Dienstleistungsbereich beschäftigt sind als in der Produktion. Nach Dahrendorf (1977, S. 50) ist Baden-Württemberg noch keine „nachindustrielle Gesellschaft" und er meint, „daß es seine Zukunft noch vor sich hat". Die wirtschaftliche Leistungskraft hängt vor allem von der durchweg günstigen Wirtschaftsstruktur des Landes ab. Das Schwergewicht der Industrie liegt auf Verarbeitung und Veredelung. Neben einigen bedeutenden Großunternehmen der Elektro-, Fahrzeugbau-, Maschinen-, Feinmechanik- und Optikbranchen spielt eine Vielzahl kleiner und mittlerer Betriebe eine gewichtige Rolle.

Durch seine modernen, wachstumsorientierten Industrien sowie durch die Branchenvielfalt ist das Land weniger konjunkturanfällig als andere. Dazu kommt, daß die vielen, technologisch hochentwickelten Klein- und Mittelbetriebe, die vorwiegend in Städten mittlerer Größe angesiedelt sind, saubere Arbeitsplätze in landschaftlich reizvoller Umgebung bieten. Zum profitablen Arbeitsplatz gesellt sich ein hoher „Freizeitwert". Diese einzigartige Verbindung macht zweifellos eine besondere Attraktivität des Landes aus und hierin liegt wohl auch ein Grund für die hohe Zuwanderungsquote.

Bei einer Gesamtwürdigung des Wirtschaftslebens darf die Landwirtschaft jedoch nicht übergangen werden. Trotz des hohen Industrialisierungsgrades kommt ihr eine über die Landesgrenzen hinausragende Bedeutung zu. Dies gilt vor allem für den Wein- und Obstbau, aber auch für andere Sonderkulturen (Hopfen und Tabak), die in den klimatischen und landschaftlichen Gunsträumen gedeihen.

Ralf Dahrendorf (1977, S. 51) hat in einem landeskundlichen Essay Baden-Württemberg mit Kalifornien verglichen und sein Fazit scheint wesentliche Züge des Landes zu treffen: „Eine durch Klima und Landschaft begünstigte Region, in der Menschen Arbeit finden, gut verdienen und zugleich ihre Freizeit in angenehmer Weise verbringen können."

Das allgemein günstige Bild der wirtschaftlichen Verhältnisse Baden-Württembergs bedarf jedoch einer gewissen Differenzierung. Man darf nicht übersehen, daß es neben wirtschaftlich florierenden Regionen wie den Stadtkreisen Stuttgart, Mannheim, Karlsruhe und Ulm, wo das Bruttoinlandprodukt pro Kopf über 30 000 DM liegt, auch Landstriche gibt, in denen nicht einmal die Hälfte dieses Wertes erwirtschaftet werden. Diese Gebiete haben am allgemeinen wirtschaftlichen Aufschwung nicht teilgenommen, sind in ihrer Entwicklung zurückgeblieben und zu Notstandsgebieten geworden. In solchen strukturschwachen Räume liegen z.B. die Landkreise Neckar-Odenwald, Breisgau-Hochschwarzwald und der Alb-Donaukreis, in dem das Bruttoinlandprodukt bei nur 11 220 DM pro Kopf liegt. Das Land weist innere Disparitäten auf. So stehen dem mittleren Neckarland, das mit mehr als zweieinhalb Millionen Menschen und einer Bevölkerungsdichte von 645 Einw./km^2 sich nach dem Ruhrgebiet zum zweitgrößten Ballungsgebiet der Bundesrepublik entwickelt hat, die bevölkerungsarmen Kreise Sigmaringen (93,8 Einw./km^2) und Main-Tauber (93,1 Einw./km^2) gegenüber. Dynamische und beharrende Räume kennzeichnen also die Struktur des Landes. Die Gründe dafür sind vielfältiger Art; doch spielen die historischen Schicksale der einzelnen Regionen dabei eine wichtige Rolle. Südwestdeutschland kann auf eine wechselvolle Geschichte zurückblicken, die ihren Stempel dem Bild der Kulturlandschaft bis heute aufgeprägt hat. Dabei ist entscheidend, daß nach der Hinrichtung des letzten Herzogs von Schwaben, des Staufers Konradin, im Jahre 1268 das alte Stammesherzogtum in unzählige weltliche und geistliche Fürstentümer, mittlere und kleinere Standesherrschaften, freie Reichsstädte und selbständige Klosterherrschaften, ja sogar reichsunmittelbare Dörfer zerfiel. Die historische Karte glich am Ende des Alten Reiches (1806) einem bunten Flickenteppich.

Mehr als durch ein halbes Jahrtausend haben diese Territorien eine eigene Entwicklung genommen und dabei nicht nur das konfessionelle Bekenntnis, sondern auch das Wirtschafts- und Sozialverhalten ihrer Bevölkerung mitbestimmt.

Die Kleinstaaterei hat einerseits dazu geführt, daß der deutsche Südwesten jahrhundertelang in machtpolitischer Ohnmacht verharrte, andererseits aber zu einer beachtlichen kulturellen Vielfalt gelangte. Das reiche kulturelle Leben der Gegenwart, verteilt auf eine Vielzahl regionaler Zentren, hängt damit zusammen. Das Land besitzt eine Fülle unterschiedlicher Kunstprovinzen, die die regionalen Sonderentwicklungen dokumentieren. Nur eine Auswahl sei genannt: Neben den vorwiegend mittelalterlich-gotisch geprägten Reichsstädten gibt es die prächtigen barocken Kirchen- und Klosterbauten Oberschwabens; zahlreiche Renaissance-Schlösser sind charakteristisch für die Hohenlohe, und mit Freudenstadt, Mannheim, Karlsruhe und Ludwigsburg besitzt das Land geplante Fürstenstädte, die als Gesamtkunstwerke die absolutistische Epoche siedlungsgeographisch repräsentieren.

Aus der napoleonischen „Flurbereinigung" gingen schließlich im 19. Jahrhundert das Königreich Württemberg, das Großherzogtum Baden und die beiden Hohenzollernschen Fürstentümer hervor, die allerdings in der Mitte des vorigen Jahrhunderts an Preußen fielen. Diese staatliche Ordnung hielt stand bis zum Jahre 1945. Obgleich aus machtpolitischem Kalkül entstanden, hat sie sich durchaus bewährt. Sie bot den äußeren Rahmen für die gesellschaftlichen und wirtschaftlichen Umbrüche des anbrechenden Industriezeitalters. Gegen Ende des 19. Jahrhunderts galten Baden und Württemberg aufgrund ihrer soliden Verhältnisse als „Musterländchen" im deutschen Kaiserreich. Nach dem Zusammenbruch des Dritten Reiches wurde Südwestdeutschland von der amerikanischen und der französischen Besatzungsmacht willkürlich in die drei Länder „Württemberg-Baden", „Württemberg-Hohenzollern" und „Baden" aufgeteilt. Diese schlossen sich 1952 zum Südweststaat zusammen, der am 19. November 1953 seine verfassungsmäßige Verankerung erhielt. Der erhebliche Widerstand, der vor allem in Südbaden dieser staatlichen Neuordnung entgegengebracht wurde, konnte durch einen Volksentscheid in Baden 1970 überwunden und damit der Südweststaat endgültig gesichert werden. Heute ist Baden-Württemberg das einzige Bundesland, dessen Neugliederung von der Mehrheit seiner Bewohner ausdrücklich gebilligt wurde.

Baden-Württemberg ist politisch gesehen ein junges Land, doch gelangten viele der geistigen, kulturellen und wirtschaftlichen Kräfte, die im Bereich des deutschen Südwestens von jeher lebendig waren, in den vergangenen drei Jahrzehnten seiner Existenz zu neuer Entfaltung und Wirksamkeit. Das „Modell deutscher Möglichkeiten", als das der erste Präsident der Bundesrepublik, Theodor Heuss, den neugeschaffenen Südweststaat bezeichnete, ist inzwischen weitgehend Wirklichkeit geworden. Heute zeigt sich Baden-Württemberg als ein Land, in dem sich „die offenen Grenzen der modernen Welt mit der geprägten Gestalt einer historischen Landschaft verbindet" (Dahrendorf 1977, S. 51).

Südwestdeutschland eignet sich in besonderer Weise dafür, ein dem Geographen sich immer wieder aufdrängendes Problem zu erörtern: den Zusammenhang zwischen Landesnatur und Geschichte. Es ist das bleibende Verdienst Robert Gradmanns, als erster auf die Bedeutung des Zusammenspiels von physiogeographischen Faktoren (Oberflächenformen, Bodenunterschiede, Klima und Pflanzenwelt) und historischen Kräften für die Genese der Kulturlandschaft aufmerksam gemacht zu haben, vor allem durch seine Aufsätze über „Das mitteleuropäische Landschaftsbild in seiner geschichtlichen Entwicklung" (1901) und über die „Beziehungen zwischen Pflanzengeographie und Siedlungsgeschichte" (1906). Wenn auch manche seiner Gedankengänge inzwischen modifiziert bzw. widerlegt worden sind, so haben sie doch in starkem Maße die Erforschung der südwestdeutschen Kulturlandschaft angeregt und befruchtet. Ziel seiner Bemühungen war, ein vertieftes Verständnis der gegenwärtigen Kulturlandschaft durch die Erhellung ihrer Entstehungsgeschichte zu gewinnen.

Im folgenden soll zunächst das physische Substrat des Raumes im groben skizziert und anschließend der Anteil der verschiedenen geschichtlichen Perioden am Zustandekommen der gegenwärtigen Kulturlandschaft dargestellt werden. Daran wird sich die Erörterung des Agrar- und Städtewesens sowie die der industriellen und wirtschaftlichen Struktur Südwestdeutschlands anschließen.

2 Der Naturraum

2.1
Die Landformen und ihr Bauplan

Baden-Württemberg ist durch eine seltene Vielfalt unterschiedlicher Landschaften gekennzeichnet, die überdies eng beieinander liegen und eine ausgesprochen kleinräumliche Kammerung des Landes bewirken.

Dieses naturgegebene räumliche Muster prägt nicht nur den natürlichen Habitus der einzelnen Teilräume, sondern bildet auch das Fundament für Siedlungen und Wirtschaft in Geschichte und Gegenwart. Dabei hängt die Vielgestaltigkeit des Reliefs in erster Linie von den geologischen Gegebenheiten ab. In Anlehnung an Robert Gradmann kann man die Fülle unterschiedlicher Oberflächenformen zwei geomorphologischen Systemen zuordnen, die sich durch ihren inneren Bau und durch ihre morphologische Entwicklung als eigenständige Einheiten erweisen: dem Oberrheinischen System und dem Alpenvorland.

Mit dem Begriff „Oberrheinisches System" wird das Gebiet gekennzeichnet, das vom Rand des Schweizer Jura und der Donau bis zur Mittelgebirgsschwelle und vom Böhmerwald bis ins Pariser Becken reicht. Zentrum dieser tektonisch-morphologischen Einheit ist der Oberrheingraben. Von ihm aus greifen – wie Schmetterlingsflügel – das französische Schichtstufenland nach Westen und das süddeutsche Schichtstufenland nach Osten aus. Der größte Teil des Landes Baden-Württemberg gehört zum Ostflügel dieses Systems. Nur das Gebiet südlich der Donau fällt in den Bereich der anderen geomorphologischen Einheit: in das Alpenvorland.

Bei diesem handelt es sich um ein junges Senkungsgebiet, das im Vorfeld der Alpen entstanden und von mächtigen Ablagerungen der tertiärzeitlichen Molasse und pleistozänen Schottern und Moränen aufgefüllt ist. Der übersichtliche morphologische Bauplan (vgl. Alexander Länderkarte I und II) ist das Ergebnis einer langen erdgeschichtlichen Entwicklung, die im folgenden nur in groben Strichen skizziert werden kann.

2.1.1
Erdgeschichtliche Entwicklung und geologisches Gegenwartsbild

Während des ganzen Erdmittelalters (Mesozoikum) gehörte Südwestdeutschland einer weiträumigen Senkungszone an, die zeitweilig von einem seichten Randmeer bedeckt war oder ein flaches Küstenland darstellte. In dieses Binnenbecken (Germanisches Becken) wurden feine Sande, Ton, Gips und Salze abgelagert, die heute die Gesteine des Buntsandstein, Muschelkalk, Keuper und Jura aufbauen. Das Sedimentpaket ist im Südwesten dünner und unvollständiger ausgebildet als im nordöstlichen Landesteil, der damals dem Beckenrand näher lag.

Gemeinsame Grundlage des Deckgebirges ist eine aus kristallinen Gesteinen bestehende Rumpffläche, die am Ende des Erdaltertums (Karbon/Perm) durch Abtragung des variskischen Faltengebirges entstanden war. Die Gneise und Granite des Schwarzwalds und Odenwalds sind Zeugen dieses paläozoischen Gebirgssystems.

Für die gegenwärtige geotektonische Grundstruktur Südwestdeutschlands waren die geologischen Vorgänge in der Kreidezeit und vor allem während des Tertiärs entscheidend. Im Zusammenhang mit der alpiden Gebirgsbildung kam es zum Einbruch des Rheingrabens, dem Aufsteigen der Randschollen und dem Schrägstellen des gesamten Deckgebirges sowie dem Absinken des Geosyklinaltrogs im Vorfeld der aufsteigenden Alpen. Das Resultat dieser tektonischen Bewegungen und der landformenden Prozesse, die sich seit der Tertiärzeit in Südwestdeutschland ereignet haben, zeigt die geologische Reliefkarte (vgl. Alexander Länderkarte II).

Als Hauptstrukturlinie fällt zunächst der Rheingraben auf, der von mächtigen tertiären und quartären Sedimenten erfüllt ist. Von scharfen Randverwerfungen begrenzt, stellt der rd. 300 km lange und 30 km breite „couloir" eine der markantesten morphologischen Strukturen Europas dar.

An seiner Ostflanke wölben sich die Kuppeln des Odenwalds und Schwarzwalds heraus. Hier tritt der alte variskische Rumpf zutage, da diese Partien infolge extrem starker Aufwölbung – gemäß dem Neumayrschen Gesetz – von sämtlichen Deckschichten befreit worden sind.

Dieser alte Gebirgsrumpf wird nach Osten fortschreitend von immer jüngeren Sedimenten bedeckt. Dabei fällt auf, daß sich die einzelnen Gesteinszonen vom Buntsandstein bis zum Jura fächerförmig anordnen, wobei der Griff am Hochrhein im Süden liegt und das Fächerblatt sich zum Main hin öffnet.

Es war der Tübinger Geologe und bekannte Juraforscher August Quenstedt, der bereits 1842 dieses Fächerprinzip erkannte und der für den Bau des süddeutschen Deckgebirges die Bezeichnung „Stufenland" einführte. Schon zehn Jahre früher (1832) hatte der württembergische Pfarrer Eduard Schwarz das „Treppenprofil" Südwestdeutschlands erkannt und einen in den Hauptzügen richtigen Querschnitt entworfen.

Es kann hier nicht auf den komplizierten Mechanismus der Stufen- und Flächenbildung näher eingegangen werden, zumal die wissenschaftliche Diskussion zu diesem Problem immer noch im Gange ist. Nur soviel sei angedeutet, daß sich in Südwestdeutschland eine Abhängigkeit der Landformen von der Art und Lagerung des Gesteins nicht übersehen läßt. Für die Entstehung des südwestdeutschen Schichtstufenlandes sind einmal die Schrägstellung des Deckgebirges mit seinem Einfallen nach Südosten zum andern die Wechsellagerung von harten und weichen Schichten hauptsächlich verantwortlich.

Die südliche Provinz des Landes, Oberschwaben, verdankt ihr heutiges Relief vor allem den Vorgängen im Pleistozän. Durch mehrmalige Vorstöße des Rheingletschers wurde die tertiäre Molasse, die den Synklinaltrog füllte, vom Eis überformt. Es entstand ein großes Becken, dessen tiefster Bereich heute vom Bodensee eingenommen wird. Um das Bodenseebecken liegt ein Kranz von Grund- und Endmoränen der Würmeiszeit.

Die Landformen, die auf diese letzte pleistozäne Vereisungsphase zurückgehen, sind noch sehr gut erhalten und treten im Landschaftsbild markant in Erscheinung. Das unruhige, von zahlreichen Seen und Mooren durchsetzte Gebiet wird als Jungmoränenland bezeichnet. Ganz anders dagegen ist der Landschaftscharakter, der sich nördlich anschließt. Auch dieser Naturraum verdankt seine heutige Ausprägung der Vereisung. Die glazialen Aufschüttungsformen sind hier jedoch sehr viel stärker abgetragen, und das Relief wirkt ausgesprochen ruhig und ausgeglichen. Es handelt sich hier um eine Altmoränenlandschaft. Es waren die Gletscher der Rißeiszeit, die diesen Landschaftstypus im Alpenvorland geschaffen haben. Sie stießen am weitesten nach Norden vor und haben im Bereich von Riedlingen–Sigmaringen sogar die Donau überschritten.

Nicht vom Eis überfahren wurde der Nordosten Oberschwabens. Hier blieben Reste eines Tertiärhügellandes erhalten, wobei das Gebiet zwischen Iller und Riß durch innerpleistozäne Flußeintiefungen in eine Terrassenlandschaft mit eiszeitlichen Schottersträngen umgeformt wurde.

Die Darstellung der landschaftlichen Vielfalt Südwestdeutschlands bliebe unvollständig, würden nicht auch die Sonderformen erwähnt werden, die vom Vulkanismus oder durch Meteoreinschläge geschaffen wurden. Während der tektonisch unruhigen Tertiärzeit trat in vier Gebieten Vulkanismus auf: im südlichen Odenwald, im Kaiserstuhl, im Hegau und auf der mittleren Schwäbischen Alb. Der älteste vulkanische Ausbruch ereignete sich vor rd. 65 Millionen Jahren im Odenwald. Der Katzenbuckel, der heute als herauspräparierter Basaltschlot erscheint, ist mit 626 m die höchste Erhebung dieses Mittelgebirges.

Im südlichen Oberrhein liegt das allseits isolierte Bergland des Kaiserstuhls. Dabei handelt es sich um eine mächtige jungtertiäre Vulkanruine. Etwas später begannen die vulkanischen Eruptionen im Hegau. Die obermiozänen bis altpliozänen Basalt- und Phonolithkuppen bilden heute weithin sichtbare Landmarken, die teilweise von Tuffitdecken umgeben sind.

Auf der mittleren Alb zwischen Kirchheim und Urach liegen rund 300 Durchlagsröhren des sog. „Schwäbischen Vulkans". Der miozäne hochexplosive Gasvulkanismus hinterließ auf der Albhochfläche maarähnliche Vertiefungen, während im Albvorland durch das Rückschreiten des Albtraufs die harten Basaltschlote als Härtlinge herauspräpariert wurden.

Bis in die 60er Jahre hat man das Ries zu den vulkanischen Gebieten gezählt. Aufgrund neuer Untersuchungen, d. h. durch das Auffinden gewisser Hochdruckmodifikationen des Quarzes (Coesit und Stiskovit), die bisher nur aus Meteoritenkratern bekannt geworden sind, nimmt man heute an, daß es sich beim Ries ebenfalls um den Krater eines Meteors handelt. Mit seinen 24 km Durchmesser, an der Nahtstelle vom Schwäbischen und Fränkischen Jura, gehört das Ries zu den morphologisch prägnantesten Landschaften Süddeutschlands.

2.1.2
Das süddeutsche Flußnetz

Die Gewässer modellieren und verfeinern die tektonisch und petrographisch vorgegebene Reliefstruktur und geben einer Landschaft das individuelle Gesicht.

Baden-Württemberg wird durch den Gegensatz zwischen rheinisch und danubisch geformten und entwässerten Regionen bestimmt. Dabei fällt als besonderer Wesenszug auf, daß die beiden Hauptentwässerungsadern Südwestdeutschlands fast rechtwinklig zueinander stehen. Dadurch kommt es zu einer engen Verzahnung beider Flußeinzugsbereiche und die Trennlinie beider Systeme, die europäische Hauptwasserscheide, nimmt einen eigenartig gewundenen Verlauf. Betrachtet man eine hydrographische Karte, dann sieht es fast so aus, als ob die Donau keilförmig in das Einzugsgebiet des Rheines eindringen würde; aber gerade das Gegenteil ist der Fall.

Die rheinische Entwässerung ist nämlich gefällreicher und daher aggressiver. Vom Feldberg (1493 m), in dessen unmittelbarer Umgebung die europäische Hauptwasserscheide sowie der Quellbereich der Donau liegen, sind es rd. 300 km bis zur lokalen Erosionsbasis des Rheins im Binger Loch mit 77 m NN. Die Donau muß fast 2000 km zurücklegen, um im Eisernen Tor (69 m) etwa die gleiche Höhenquote zu erreichen.

Durch die wesentlich stärkere Reliefenergie besitzt der Rhein eine höhere Erosions- und Transportkraft und damit eine größere Formungsenergie als die Donau. So überrascht es nicht, daß die Donau seit dem Jungtertiär, vor allem aber während des Pleistozäns, große Teile ihres Einzugsbereichs an den Rhein und an den Main verloren hat. Der ungleiche Kampf um die Wasserscheide hat an

Abb. 1: Gewässerkarte Baden-Württemberg
(Quelle: Das Land Baden-Württemberg 1974, S. 47)

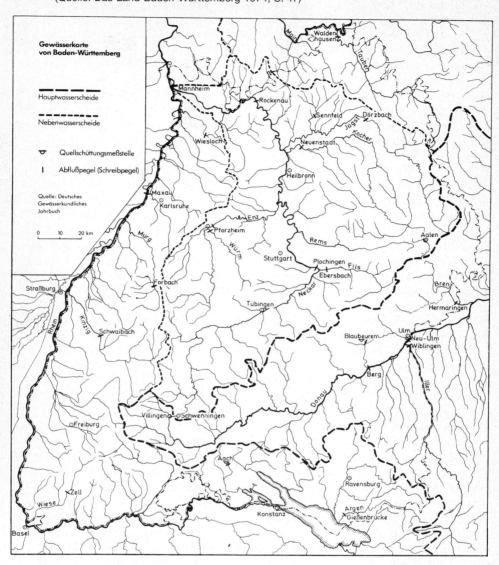

vielen Stellen Südwestdeutschlands, besonders im Schwarzwald und im Bereich der Schwäbischen Alb, zu Anzapfungen und Flußumkehrungen zugunsten des rheinischen Systems geführt. Im ganzen Verlauf der Wasserscheide findet man „geköpfte Täler", d. h. Talstümpfe, deren ursprüngliches Quellgebiet der Erosion zum Opfer fiel und äußerst flache Talwasserscheiden, die bequeme Verkehrsübergänge bilden. Überhaupt stellt die Wasserscheide nirgendwo ein nennenswertes Verkehrshindernis dar. Die Anlage des südwestdeutschen Flußnetzes, das sowohl nach Norden wie nach

17

Osten weist, wirkt sich verkehrsgeographisch recht günstig aus. Baden-Württemberg gewinnt über den Rhein Zugang nach Nordwesteuropa und der atlantisch bestimmten Welt und der ostwärtsgerichteten Donau folgen seit alters die Verkehrswege in den mehr kontinental und mediterran bestimmten Südosten Europas.

2.2
Die Landschaftstypen nach ihrer naturräumlichen Gliederung

Um für die folgenden Kapitel ein räumliches Orientierungsraster zur Hand zu haben, sei hier die naturräumliche Gliederung des Landes eingefügt.

Die naturräumliche Gliederung ist eine synthetische Zusammenfassung der natürlichen Faktoren (Relief, Klima, Boden etc.) zu Landschaftseinheiten mit annähernd ähnlichem Charakter. Die Grenzen der Naturräume sind freilich nicht immer als strenge Trennlinien aufzufassen, sondern vielmehr als breite Grenzsäume, in denen wesentliche Merkmale einer Landschaft allmählich von anderen abgelöst werden. Die Darstellung der zu Gruppen zusammengefaßten Haupteinheiten erfolgt nach dem Handbuch der naturräumlichen Gliederung Deutschlands (Remagen 1952–1962).

Gemäß des geologischen Bauplans des Landes gehört Baden-Württemberg zwei naturräumlichen Großregionen an: dem deutschen Mittelgebirgs-Schichtstufenland und dem Alpenvorland.

Diese beiden Großregionen gliedern sich in folgende 9 Gruppen naturräumlicher Haupteinheiten, die im Land liegen oder an denen zumindest das Land einen gewissen Anteil hat:

I. Das Alpenvorland
   1) Voralpines Hügel- und Moorland
   2) Donau-Iller-Platten

II. Das Schichtstufenland
   1) Schwäbische Alb
   2) Schwäbisches Keuper-Lias-Land
   3) Neckar- und Tauber-Gäuplatten
   4) Odenwald (und Spessart)
   5) Schwarzwald
   6) Hochrheingebiet
   7) Oberrhein-Tiefland

Die größte naturräumliche Haupteinheit des Landes sind die *Neckar-Tauber-Gäuplatten*, die etwa ein Viertel der Landfläche einnehmen. Sie ziehen als diagonales Band von der Baar im Südwesten über die Oberen Gäue zum Neckarbecken und Kraichgau und gehen im Nordosten mit Bauland und Tauberland in die mainfränkischen Gäuplatten über. Dieser Naturraum ist durch Klima und Boden in vieler Hinsicht begünstigt und bildet vor allem mit dem zentral gelegenen Neckarbecken das Herzstück des Landes. Die Gäuplatten gehören zu den frühbesiedelten Kornkammern des Landes.

Größere naturräumliche Einheiten stellen Schwarzwald, Schwäbische Alb und das Schwäbische Keuper-Lias-Land dar. Sie sind abgesehen vom Albvorland weder klimatisch noch durch Böden begünstigt. Hier liegen die großen Waldareale des Landes mit ungünstigen Ackerbaustandorten und hohem Grünlandanteil. Neuerdings gewinnen sie aber als Erholungsgebiete zunehmend an Bedeutung.

Der *Schwarzwald* stellt eine nach Osten geneigte Pultscholle dar mit einem Steilabfall zum Oberrhein und kann nach dem Grad der Heraushebung in drei Teile gegliedert werden: Auf den südlichen Hochschwarzwald mit dem Feldberg (1493 m) folgt als tektonische Mulde der vom Kinzigtal beherrschte Mittlere Schwarzwald, daran schließt sich der Nordschwarzwald mit der 1164 m hohen Hornisgrinde an.

Die *Schwäbische Alb* hebt sich als ausgeprägte Karstlandschaft scharf von den benachbarten Naturräumen ab. Sie bildet den breit

Abb. 2: Naturräumliche Gliederung von Baden-Württemberg
(Quelle: Die Bundesrepublik Deutschland in Karten, Blatt 2112)

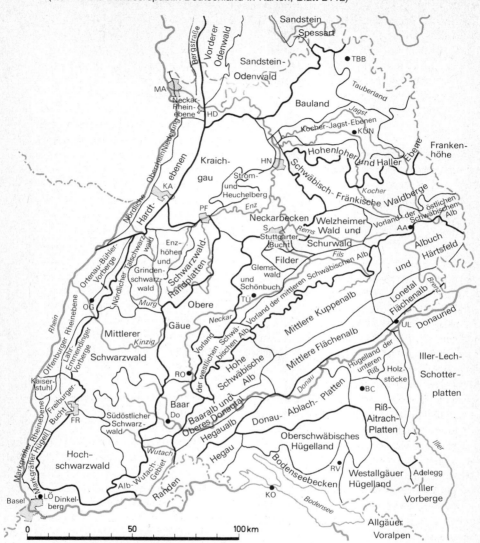

ausgebildeten Dachstock des südwestdeutschen Schichtstufenlandes und überragt das Neckarland mit einem bis zu 300 m hohen Stufenrand.

Die Hochfläche ist zur Donau hin geneigt und kann in streifig angeordnete unterschiedliche Einheiten gegliedert werden. Im Südwesten bilden bankige Jurakalke den Untergrund der Schichtflächenalb, die im mittleren Bereich durch die Kuppenalb abgelöst wird, während im Südteil fast durchgehend die Ackerplatten der Flächenalb vorherrschen.

Im *Schwäbischen Keuper-Liasland* zählen die aus Keupergestein bestehenden Waldberg-länder zu den weniger begünstigten Natur-

19

räumen. Dazu gehören Schönbuch, Glemswald, Schurwald. Welzheimer Wald und die Schwäbisch-Fränkischen Waldberge, die sich vom Albvorland aus nach Nordosten auffächern.

Dagegen ist das *Oberrheinische Tiefland,* von dem nur der südliche rechtsrheinische Teil mit 3300 qkm zu Baden-Württemberg gehört, durch hohe Klima- und Bodengunst gekennzeichnet und bietet ausgezeichnete Voraussetzungen für den Anbau von Sonderkulturen (Weinbau).

Zur natürlichen Großregion des Alpenvorlands gehören innerhalb der Grenzen Baden-Württembergs das *voralpine Hügel- und Moorland* sowie die *Donau-Iller-Platten.* Sie verdanken ihre Formenwelt der Eiszeit und nehmen hinsichtlich des Bodens und Klimas im Vergleich zu den anderen Naturräumen des Landes eine Mittelstellung ein, aus der sich nur das Bodenseebecken und der Hegau als begünstigt herausheben.

Auf die noch verbleibenden naturräumlichen Einheiten, im Süden das *Hochrheingebiet* und im Norden der *Odenwald,* sei lediglich hingewiesen, da es sich hier um sehr kleine Gebiete bzw. um Landschaften handelt, von denen nur Randbereiche zu Baden-Württemberg gehören.

2.3
Die geologisch-tektonischen Gegebenheiten und die Grundzüge ihrer Inwertsetzung

In Südwestdeutschland sind die Zusammenhänge von Material und Struktur des Untergrunds mit raumgebundenen geschichtlichen Prozessen evident (Grees 1975, S. 10). Die verkehrs-, siedlungs- und wirtschaftsräumliche Entwicklung des Landes wurde in hohem Maße von der Anordnung der Gesteine und der Oberflächenbeschaffenheit des Landes bestimmt. Dabei muß man allerdings berücksichtigen, daß das natürliche Potential im Lauf der Geschichte die unterschiedlichste Bewertung erfuhr. Bei den jeweiligen Neubewertungen waren sowohl die allgemeinen Änderungen im Siedlungs- und Wirtschaftswesen der Menschen als auch die politisch-territoriale Veränderung von entscheidender Bedeutung. Auf der anderen Seite aber haben auch die natürlichen Gegebenheiten auf die historisch bedingten Handlungsabläufe hemmend oder begünstigend gewirkt.

So hat beim wechselseitigen Austausch wirtschaftlicher und kultureller Einflüsse die natürliche *Wegsamkeit* eine große Rolle gespielt. Durch geologisch-tektonische Strukturen wurden die Leitlinien des Verkehrs weitgehend vorgezeichnet. Seit prähistorischer Zeit bis zur Gegenwart orientieren sich die Verkehrswege immer wieder nach den natürlichen Durchgängen und Pforten. Es überrascht daher nicht, wenn die Straßen der Römer, die mittelalterlichen Heer- und Handelswege sowie die Hauptlinien der Eisenbahn und auch die modernen Fernverkehrsstraßen auf denselben Verkehrsachsen liegen. Selbst die vom Landesentwicklungsplan ausgewiesenen Entwicklungsachsen folgen weitgehend den von Natur aus vorgegebenen Leitlinien.

Der wichtigste Verkehrsraum Südwestdeutschlands ist das Oberrheinische Tiefland. Hier münden im Süden die Verbindungswege, die durch die Burgunder Pforte ins Rhonetal und die, welche über Basel und den Hochrhein zum Bodenseebecken und den Alpenpässen führen. Im Norden treffen im Rhein-Main-Gebiet die Verkehrsstränge aus Nord- und Mitteldeutschland zusammen. Im mittleren Oberrheinland öffnet die Zaberner Senke und das Landstühler Gebrüch (Saarbrücken–Kaiserslautern–Speyer) die Verbindung nach Westen, während die Fernstraßen nach Osten im Schwarzwald durch das Zartener Becken und die Kinzig-

Abb. 3: Natürliche Wegsamkeit von Südwestdeutschland auf Grund der Geländebeschaffenheit
(Quelle: Histor. Atlas v. Baden-Württemberg II, 3)

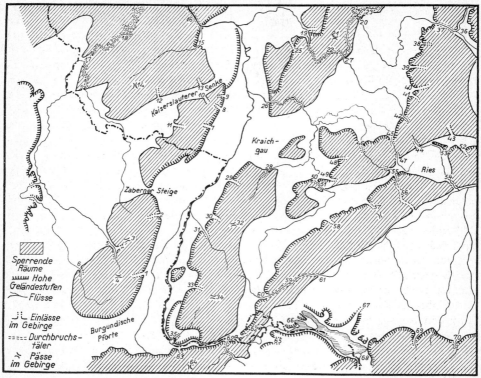

1 Münstertalpforte, 2 Breuschtalpforte, 3 Paß von Saales, 4 Schluchtpaß, 5 Pforte von St. Dié, 6 Pforte von Epinal, 7 Pforte von Landau (Queichtal), 8 Pforte von Neustadt, 9 Pforte von Dürkheim, 10 Kaiserslauterner Pforte, 11 Westrichpforte, 12 Clantalpforte, 13 Pforte von Langmeil, 14 Paß von Hamborn, 15 Kreuznacher Pforte, 16 Rheindurchbruch durchs Schiefergebirge, 17 Trierer Pforte, 18 Moseldurchbruch, 19 Aschaffpforte, 20 Pforte von Gemünden, 21 Paß von Rohrbrunn, 22 Maindurchbruch zwischen Spessart und Odenwald, 23 Saaletal, 24 Sinntalpforte, 25 Mümlingpforte, 26 Heidelberger Pforte, 27 Pforte von Wertheim, 28 Enztalpforte (Porta Hercyniae), 29 Murgtalpforte, 30 Renchtalpforte, 31 Kinzigpforte, 32 Kniebispässe, 33 Dreisampforte, 34 Paßlandschaft Turner-Hinterzarten, 35 Wiesentalpforte, 36 Bamberger Pforte, 37 Maindurchbruch zwischen Haßbergen und Steigerwald, 38 Pforte von Ebrach, 39 Pforte von Iphofen, 40 Pforte von Windsheim, 41 Pforte von Steinach, 42 Pforte von Rothenburg, 43 Pforte von Ganzenhausen, 44 Pforte von Dinkelsbühl, 45 Pforte von Crailsheim (Jagsttal), 46 Pforte von Hall (Kochertal), 47 Pforte von Ellwangen, 48 Murrtalpforte, 49 Remstalpforte, 50 Pforte von Cannstatt, 51 Neckardurchbruch durch die Schwäbischen Keuperhöhen, 52 Pforte von Treuchtlingen, 53 Pforte von Wassertrüdingen, 54 Wörnitzpforte, 55 Pforte von Aalen, 56 Brenztalgasse, 57 Geislinger Steige, 58 Reutlinger Pforte (Honauer Steige), 59 Donaudurchbruch durch die Alb, 60 Pforte von Immendingen, 61 Pforte von Sigmaringen, 62 Klettgauer Tal, 62a Klettgauer Pforte, 63 Ergolzpforte, 64 Hauenstein, 65 Thurgaupforte, 66 Hegaupforte, 67 Pforte von Ravensburg, 68 Alpines Rheinland, 69 Jllerpforte, 70 Lechpforte.

.＿.＿. Staatsgrenze

21

mulde führen, vor allem aber die weite Kraichgausenke benutzen.

Das Kraichgau ist die wichtigste Verkehrspforte innerhalb des Landes. Sie stellt die Verbindung zwischen dem oberrheinischen Kernraum mit dem zentralen Kernraum des Neckarbeckens dar (Grees 1975, S. 14). Im Neckarbecken selbst verknoten sich die Verkehrsstränge aus allen Richtungen. Von hier aus führen über die fränkischen Gäuplatten die Wege ins Mainland und nach Osten ins mittelfränkische Becken. Über Rems-, Neckar- und Filstal werden die Verbindungen zum Donauraum und nach Oberschwaben hergestellt.

Dabei wirkt die Weiß-Jurastufe als eine natürliche Verkehrssperre, die jedoch durch naturgegebene Übergänge, sog. Talpässe, verhältnismäßig leicht zu überwinden ist.

Eine wichtige Straßenverbindung folgt allerdings der Fußzone im Vorland der Schwäbischen Alb. Es ist die alte Schweizerstraße (B 27), die über Balingen, Rottweil, Donaueschingen führt und im Bereich der Baar durch eine Flußpforte den Schwäbischen Jura quert, um schließlich das Schweizer Hochrheingebiet zu erreichen.

Im südlichen Landesteil ist Ulm ein bedeutender Kreuzungspunkt des Verkehrs. Von hier gehen nicht nur wichtige Straßen donauabwärts nach Wien, sondern hier zweigen auch Verkehrswege ab, die südlich gerichtet sind, Oberschwaben durchqueren, das Bodenseebecken berühren und von dort weiter in die Schweiz und nach Österreich gehen.

Mit dem geologischen Bauplan bzw. der unterschiedlichen Qualität und Anordnung der Gesteine sind zahlreiche andere Faktoren verkettet: die siedlungsräumliche Gliederung, die landwirtschaftliche Bodennutzung, die Lagerstätten.

Diese Wirkungszusammenhänge sollen hier nur angedeutet werden, da auf sie an anderer Stelle ausführlicher eingegangen wird.

So läßt sich der fundamentale *siedlungsräumliche Gegensatz* von alt- und jungbesiedelten Landesteilen, den Robert Gradmann (vgl. dazu S. 27) überzeugend herausgearbeitet hat, auf den verschiedenartigen Untergrund zurückführen. Seit dem Neolithikum sind die sog. Altsiedelgebiete von seßhaften Ackerbauern bewohnt. Hierzu gehören die klima- und bodengünstigen Kernräume des Oberrheinischen Tieflands, das Neckarbecken einschließlich der tiefergelegenen Gäulandschaften und das Bodenseebecken; aber auch die Löß- und Kalkbodengebiete der oberen Gäue, der Schwäbischen Alb sowie Teilbereiche im nördlichen Oberschwaben. Dagegen liegt das Jungsiedelland, das erst im Zuge der hochmittelalterlichen Rodekolonisation erschlossen wurde, in Landschaften, die von Grundgebirge und von Sandsteinen aufgebaut sind wie Schwarzwald und Odenwald und die Keuperbergländer.

Auch die Art der *Bodennutzung* und die Verteilung der landwirtschaftlichen Nutzfläche hängt immer noch – trotz der modernen agrartechnischen Errungenschaften – in erster Linie von der Landesnatur ab.

Allerdings ist darauf hinzuweisen, daß Material und Bau des Untergrunds nicht allein das naturräumliche Potential ausmachen, sondern daß neben Relief und Höhenstufung auch Böden, Klima und Wasserhaushalt wichtige Faktoren für die potentielle natürliche Vegetation und die agrarische Inwertsetzung eines Raumes sind. Da diese Zusammenhänge im Rahmen der agrarwirtschaftlichen Verhältnisse ausführlicher dargestellt werden, sei hier auf das entsprechende Kapitel (s. S. 73 ff.) verwiesen.

Schließlich erlangte der geologische Untergrund für den Menschen vor allem dort Bedeutung, wo er *Bodenschätze* birgt oder als Baumaterial oder zu sonstigen technischen Zwecken Verwendung findet. Baden-Württemberg ist ausgesprochen arm an Bodenschätzen. Lediglich die Gangerze des Schwarzwalds (u. a. Blei, Eisen, Kobalt, Kupfer, Silber, Wismut, Zink) und die

Bohnerze in den tertiären Verwitterungslehmen der Jurakalke sowie die oolithischen Braunjura-Eisenerze waren von gewisser wirtschaftlicher Bedeutung und wurden einst bergmännisch abgebaut. Der Eisenerzbergbau kam erst in den letzten Jahrzehnten zum Erliegen; zuletzt in Ringsheim 1968. Heute gibt es im Schwarzwald nur noch einige wenige Förderstellen von Fluß- und Schwerspat, während die Urangewinnung noch in der Prospektionsphase steckt.

Nach wie vor werden die reichen Steinsalzlager im Mittleren Muschelkalk (u. a. Bad Friedrichshall-Kochendorf, Stetten/Eyach) abgebaut, während die Gewinnung von Kalisalzen im Oberrheingraben bei Buggingen 1973 eingestellt wurde.

Wichtige Rohstoffe für die Zementherstellung sind die Kalke und Mergel der Muschelkalk- und Juraformationen, die in Großsteinbrüchen gewonnen und in wenigen großen Werken verarbeitet werden (Aach-Blautal, Heidenheim-Mergelstetten, Dotternhausen, Lauffen/N., Obergimpern, Leimen). Für die Bauwirtschaft sind neben den kleineren Gipsbrüchen (im Mittleren Muschelkalk und im Gipskeuper) vor allem die mächtigen Kies- und Sandablagerungen der eiszeitlichen Aufschüttungsgebiete im Alpenvorland, dem Oberrheinischen Tiefland und den größeren Tälern von Bedeutung.

In früheren Zeiten verwandte man als Baumaterial für die Errichtung öffentlicher Gebäude (z. B. Kirchen, Rathäuser, Stadtbefestigungen, Burgen usw.) in der Regel die Natursteine der Umgebung. Bevorzugte Bausteine waren der Buntsandstein, die Keupersandsteine sowie die verschiedensten Kalksteinbildungen (u. a. Travertin, Kalktuff und Böttinger „Marmor"). Heute noch bilden die Quarzporphyre, Basalte und Phonolithe – teilweise auch die Granite – am Schwarzwald- und Odenwaldrand die Grundlage einer namhaften Hartsteinindustrie.

Ein für die wirtschaftliche Entwicklung ausschlaggebender Faktor war die ausgesprochene Armut Baden-Württembergs an Energierohstoffen. Während wirtschaftlich nutzbare Kohlevorkommen völlig fehlen, stellen auch die Erdölfelder des Landes keine nennenswerte Energiequelle dar. Die Erdölvorkommen bei Bruchsal und Wiesloch sind weitgehend erschöpft und die oberschwäbischen Erdöl- und Erdgasfelder (Mönchsrot, Pfullendorf, Fronhofen) sind auch nicht sonderlich ergiebig.

Mit den geologisch-tektonischen Gegebenheiten sind auch die zahlreichen Thermal- und Mineralquellen des Landes verbunden, die Baden-Württemberg zum bedeutendsten deutschen Bäderland machen. Die Thermen reihen sich an den Verwerfungslinien des Oberrheingrabens auf oder sie stehen, wie auch die Säuerlinge, in engem Zusammenhang mit postvulkanischen Erscheinungen. Die Mineralquellen erhalten ihren spezifischen Chemismus meist aus den löslichen Gesteinsschichten des Deckgebirges.

3 Grundzüge der Kulturlandschaftsentwicklung: Das Erbe der Vergangenheit

3.1
Die historischen Wurzeln der heutigen Kulturlandschaft

Das Bild der Kulturlandschaft Baden-Württembergs ist das Ergebnis eines langen historischen Werdegangs, an dessen Anfang urgeschichtliche Geschehnisse stehen. Dabei kann es in diesem Zusammenhang nicht darum gehen, lückenlos die archäologischen Befunde und die Ergebnisse der prähistorischen Forschung darzulegen. Vielmehr wird zu zeigen sein, welche Kräfte in diesen Raum hineingewirkt haben, wie es zu einer ersten Besiedlung kam und wie sich die bevölkerungs- und kulturräumlichen Grundzüge Südwestdeutschlands im Laufe der Geschichte herausgebildet haben.

Jäger und Sammler der Frühzeit

Aus erstaunlich früher Zeit finden sich Spuren des Menschen im südwestdeutschen Raum: so der berühmte Unterkiefer von Mauer bei Heidelberg (ca. 500 000 J. v. Chr.), der älteste Menschenfund Europas überhaupt, oder der Urmenschenschädel von Steinheim an der Murr (ca. 200 000 v. Chr.). Außer diesen Skelettresten, die Aufschluß über die körperliche Beschaffenheit der Urmenschen geben, wissen wir wenig über deren Lebensäußerungen und Leistungen. Erst vom Ende des Pleistozän an und aus der ersten Nacheiszeit liegt reicheres Fundmaterial vor. In den Höhlen der Alb, besonders im Lonetal und im Blaubeurener Tal, am Rand des Hegaus, im Löß des südlichen Oberrheins und an den Rändern oberschwäbischer Seen (Federsee, Untersee) hat man Reste paläolithischer und mesolithischer Lagerplätze gefunden. Diese Relikte geben einen gewissen Einblick in die Lebensverhältnisse der damaligen Zeit.

Eine Besonderheit des paläolithischen Fundgutes stellen die eiszeitlichen Kunstwerke (30 000 v. Chr.) dar, die man vor allem in der Vogelherdhöhle im Lonetal, aber auch in anderen Albhöhlen gefunden hat. Die kleinen Tierplastiken (Mammut, Wildpferd, Rentier, Höhlenbär) und menschliche Darstellungen aus Mammutelfenbein gehören zu den ältesten bekannten vollplastischen Kunstwerken der Menschheit. Dabei muß die Frage offen bleiben, ob es sich bei diesen Objekten um Belege für Jagdmagie, Fruchtbarkeitszauber oder totemistische Vorstellungen handelt. Sie geben aber zu erkennen, daß sich die Menschen der Altsteinzeit mit bestimmten Teilbereichen ihrer Umwelt geistig auseinandergesetzt haben (Sangmeister 1974, S. 109).

Aufgrund der Werkzeugausstattung aus Stein- und Knochenmaterial weiß man, daß es sich um Jäger und Sammler gehandelt haben muß. Die Jäger und Sammler der Frühzeit besaßen keine festen Wohnplätze. Sie lebten vorwiegend im Freiland und bauten sich dort leichte Sommer- und stabilere Winterbehausungen. Dabei wurden auch trockene Höhlen und vorragende Felsüberhänge als natürliche Unterkünfte aufgesucht. Diese Wohnplätze wurden allerdings nicht ständig bewohnt, sondern dienten als Rast- und Lagerplätze für kürzere oder längere Aufenthalte.

Für die Kulturlandschaftsentwicklung war das Jäger- und Sammlertum demnach kaum von Bedeutung, da es keine dauernden Siedlungsspuren in der Landschaft hinterlassen hat.

3.1.1
Erste Ackerbauern, Altsiedelland und frühe Metall-Zeitalter

Eine entscheidende Zäsur bildete das 5. Jahrtausend v. Chr. Damals tauchten in Südwestdeutschland die ersten Bauern auf. Nach der Art, wie sie ihre Keramik verzierten, werden sie Bandkeramiker genannt. Diese erste neolithische Ackerbaukultur Südwestdeutschlands hat sich aber nicht aus dem autochthonen Jäger- und Sammlertum entwickelt, sondern wurde importiert. Die Bandkeramiker sind aus dem unteren Donauraum, vermutlich aus Ungarn, zugewandert und haben sich rasch über ganz Südwestdeutschland verbreitet. Allerdings dürfen wir keine flächenhafte Besiedlung des Landes mit lückenlosem Ackerbau annehmen, sondern der neolithische Siedlungsraum besaß einen ausgesprochenen inselhaften Charakter. Bevorzugt wurden Gebiete mit leicht zu bearbeitenden Böden und mildem Klima.

Die Steppenheidetheorie

Bis in die 40er Jahre hinein wurde das Problem diskutiert, wie die Landschaft ausgesehen hat, in die die Bandkeramiker eingewandert sind. War es ein geschlossenes Waldland, das die neolithischen Bauern erst mühsam roden mußten, oder konnten sie sich in einer offenen, siedlungsfreundlichen Landschaft niederlassen?
Die Frage wurde aufgeworfen durch die von Robert Gradmann (zuletzt 1948) konzipierte „Steppenheidetheorie". Er hat darauf aufmerksam gemacht, daß die neolithische Einwanderung in eine Zeit fiel, in der das Klima wesentlich wärmer und trockener war als heute. Er nahm deshalb an, daß Südwestdeutschland damals von keinem geschlossenen Waldkleid bedeckt war, sondern in weiten Teilen einer parkartigen Steppe glich. Er stützte diese These auf die Beobachtungen von Reliktbezirken einer Steppenheide-

flora, die heute noch inselhaft in Südwestdeutschland an sonnig-trockenen Standorten anzutreffen sind und als Überbleibsel einer nacheiszeitlichen Trockenperiode (subboreal) gedeutet werden können. Es handelt sich dabei um einen kontinentalen Heidetyp, dessen Hauptbestandteile aus Zwergsträuchern (u. a. Mehlbeere, verschiedene Rosenarten) sowie zahlreichen seltenen Blütenpflanzen, vielen Kleearten und Steppengräsern bestehen. Ähnliche Steppenheidegesellschaften sind heute noch im Pannonischen Becken und in Südrußland beheimatet.
Gradmann vertrat nun die Ansicht, daß die neolithischen Bauern, die im 5. bis 3. Jahrtausend v. Chr. aus Südeuropa nach Westen vordrangen, in den warmen und trockenen Lößgebieten Südwestdeutschlands ein baumarmes Steppenland antrafen, das leicht zu besiedeln war. Als später im Subatlantikum (etwa 800 v. Chr.) eine feuchte, waldfreundliche Klimaperiode aufkam, konnten die frühbesiedelten Räume vom Wald nicht mehr erobert werden, da sie bereits unter kontinuierlicher menschlicher Nutzung standen. Bei allem Wechsel der vor- und frühgeschichtlichen Völkerschaften blieben sie immer die bevorzugten Siedlungsräume und damit offenes Land.
Die Steppenheidetheorie ist umstritten. Seit dem Aufkommen der pollenanalytischen Forschung konnte nämlich nachgewiesen werden, daß die Bandkeramiker in der sog. Eichenmischwaldzeit einwanderten, in der es sicher keine ausgedehnten Steppenareale, wohl aber lichte, durchgängige Eichenwälder gab. Schließlich erfuhr die Gradmannsche Theorie durch Friedrich Huttenlocher (1972, S. 60) eine weitere Modifikation. Er vertrat den Standpunkt, daß die ersten seßhaften Ackerbauern eine düngerlose Feldgraswirtschaft betrieben. Bei dieser Wirtschaftsweise wurde das Ackerland nur ein bis zwei Jahre bestellt, um dann während einer längeren Zeitspanne als Weideland zu

dienen, um sich zu erholen. Eine erfolgreiche Regeneration ist aber nur auf den kalkreichen Böden möglich, da auf ihnen Kleearten und andere Schmetterlingsblütler gedeihen, die auf natürliche Weise (Knöllchenbakterien) die Böden mit Stickstoffverbindungen anreichern. Auf diese Weise erklärt es sich, daß kalkreiche Böden mit Steppenheiderelikten nachgewiesenermaßen zu den ältesten Siedlungsräumen gehören.

Bei allem Widerstreit der Meinungen bleibt festzuhalten, daß mit dem Auftauchen neo-lithischer Bauernkulturen der Beginn der Kulturlandschaftsentwicklung in Südwestdeutschland eingesetzt hat. Durch die Urbarmachung des Landes, d.h. durch die Umwandlung von Wald und Steppe in Akker- und Grasland, wurden aber in der natürlichen Umwelt Eingriffe vorgenommen, die das ökologische Gefüge nachhaltig veränderten. So haben beispielsweise die ersten Bauern das Wachstum nur relativ weniger Flächen Nutzpflanzen (Weizen, Gerste) gefördert, während sie gleichzeitig alle anderen

Abb. 4: Verbreitung der Steppenheide
(n. Gradmann 1931, S. 67)

Abb. 5: Verbreitung der vormittelalterlichen Besiedlung
(n. Gradmann 1931, S. 81)

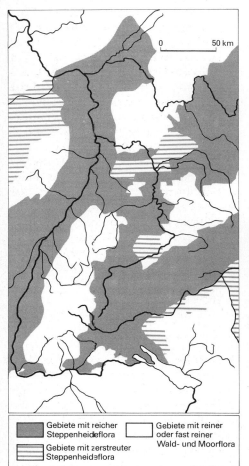

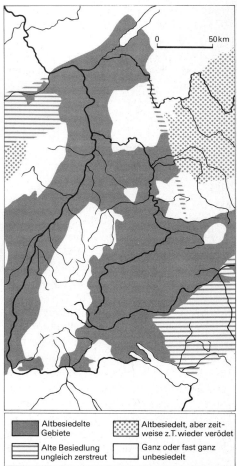

26

nicht nutzbaren Wildpflanzen zurückdrängten und teilweise vernichtet haben. In ähnlicher Weise veränderten sie auch das Gleichgewicht der ursprünglichen Fauna.

Durch die Domestizierung und Züchtung von Schafen, Ziegen, Schweinen und Rindern wurden zugleich die anderen Wildtiere, besonders Raubtiere, verdrängt und ausgerottet.

Der Übergang zum Ackerbau und das Seßhaftwerden der Menschen führte aber nicht nur zu einer Veränderung des Landschaftsbildes, sondern begünstigte die Erfindung und Entwicklung neuer Kulturleistungen: die Anlage von Dörfern mit festgezimmerten Häusern, die Technik des Tonbrennens und Steinschleifens, das Anfertigen von Textilien u. a. m.

Eine Folge dieser verbesserten Lebensbedingungen war ein rascher Bevölkerungsanstieg. Damit verbunden war die Entstehung größerer und komplexerer Gesellschaften mit beginnender Arbeitsteilung und der Herausbildung von gewissen gesellschaftlichen Ordnungsformen.

Alt- und Jungsiedelland

Aufgrund der neolithischen Bodenfunde wissen wir heute, daß Teile des Oberrheinischen Tieflands, das zentrale Neckarbecken, der Taubergrund und das Kochertal bei Schwäbisch Hall, das nördliche Oberschwaben bis hinauf auf die Flächenalb und das westliche Bodenseegebiet mit dem Hegau zu den Räumen zählten, in denen sich Menschen am frühesten zu seßhaften Siedlungen mit Ackerbau und Großviehhaltung niedergelassen haben.

Daß diese Gebiete fast viereinhalb Jahrtausende hindurch, bis zum Ende der Völkerwanderungszeit, die eigentlichen Siedlungskammern des Landes blieben, ist für die kulturlandschaftliche Entwicklung Südwestdeutschlands von geradezu fundamentaler Bedeutung. Hier lebten und wirtschafteten die Völkerschaften der Bronzezeit, die Kelten, die Römer und auch die Alemannen. Man bezeichnet diese Regionen als *Altsiedelland.*

Im Gegensatz zu ihnen blieben die übrigen Landesteile etwa 5000 Jahre lang, bis ins Hochmittelalter hinein, unbesiedelt und verharrten im Zustand eines menschenleeren Urwalds: der Schwarzwald und Odenwald, die schwäbisch-fränkischen Waldberge und das Jungmoränenland im südlichen Oberschwaben. Diese Gebiete nennt man *Jungsiedelland.*

Zusammenfassend läßt sich sagen, daß in kaum einem anderen Teil Deutschlands die Zusammenhänge zwischen der natürlichen Ausstattung eines Raumes und seiner Siedlungsgeschichte so sinnfällig sind wie in Südwestdeutschland. Dazu kommt, daß das enge räumliche Nebeneinander so verschiedenartiger und so verschiedenwertiger Landschaften zu einer kleinräumigen Kammerung geführt hat, die zur „wesensbestimmenden Eigentümlichkeit des deutschen Südwestens" gehört (Huttenlocher 1972, S. 62).

Der Gegensatz zwischen Alt- und Jungsiedelland ist schließlich nicht nur von historischem Interesse, sondern bestimmt sehr nachhaltig das Bild der gegenwärtigen Kulturlandschaft. Wie noch zu zeigen sein wird, unterscheiden sich die beiden Landschaftstypen sowohl in ihrem Siedlungswesen (Orts- und Flurformen, Städtedichte) als auch in ihrer bevölkerungs- und wirtschaftsgeographischen Struktur.

Die vorgeschichtlichen Metallzeitalter

Bei der Betrachtung der vorgeschichtlichen Ereignisse wird immer wieder deutlich, daß wichtige kulturgeschichtliche Neuerungen durch Anstöße von außen eingeleitet wurden. Dies wird zum ersten Mal deutlicher faßbar beim Aufkommen des Metalls.

Etwa 2000 v. Chr. treten in Südwestdeutschland zum ersten Mal Werkzeuge und

Schmuck aus *Kupfer* auf. Dieser neue Werkstoff wurde durch drei archäologisch faßbare Kulturkreise eingeführt. Vermutlich aus Mittelrußland über das Norddeutsche Tiefland und die Mittelgebirgsschwelle drangen die Schnurkeramiker (Streitaxtleute) nach Süddeutschland ein und haben im nördlichen Landesteil, aber auch im Hochrheingebiet Schwerpunkte der Besiedlung gebildet. Aus der Iberischen Halbinsel sind etwa zur selben Zeit durch die Burgunder Pforte die Glockenbecherleute ins Oberrheingebiet und ins zentrale Neckarland vorgedrungen. Schließlich läßt sich noch eine dritte Kulturgruppe nachweisen, die aus ungarisch-slowakischem Raum stammend die Metallverarbeitung in Süddeutschland heimisch gemacht hat.

Nach Sangmeister (1974, S. 115) soll es sich bei allen Gruppen um Spezialisten-Gilden von Metallsuchern, Schmieden und Händlern gehandelt haben, die vor allem durch ihren Reichtum und ihren sozialen Status auffielen, nicht aber die Hauptmasse der Bevölkerung ausmachten.

Die Kupferzeit war nur von kurzer Dauer und wurde sehr bald durch die *Bronzezeit* (1700–700 v. Chr.) abgelöst. In dieser fast ein Jahrtausend umspannenden Epoche lassen sich nach der Art der Bestattung, dem Trachtenzubehör und der Gerätebeschaffenheit sowie nach der Siedlungs- und Wirtschaftsweise verschiedene Volksgruppen unterscheiden, unter denen die ältere Hügelgräber- und jüngere Urnenfelderkultur die bedeutendsten sind. In dieser Epoche waren es vor allem Impulse aus Südosteuropa, die unseren Raum erreichten und der altansässigen südwestdeutschen Bevölkerung immer wieder einen fremdbürtigen Stempel aufgedrückt haben. Dabei ist es im einzelnen sehr schwer auszumachen, ob die kulturelle Beeinflussung durch Handelsströmungen, modischer Adaption oder gar durch gewaltsame Okkupation erfolgte.

Jedenfalls müssen die Kulturströmungen im Zusammenhang mit den politischen Umbrüchen und Völkerverschiebungen gesehen werden, die sich in diesem Zeitabschnitt in Vorderasien und Südosteuropa ereignet haben: der Zusammenbruch mesopotamischer und ägyptischer Reiche, die indogermanische Völkerwanderungen, die Entstehung und der Untergang der hethitischen und mykenischen Kultur, die Wanderung und Ausbreitung illyrischer Völker und der griechischen Dorer.

Überraschenderweise hat sich in dieser bewegten Epoche das Bild der südwestdeutschen Kulturlandschaft kaum verändert. Soweit aus Bodenfunden zu erschließen, hat sich nämlich die bäuerliche Wirtschaftsweise gegenüber der des Neolithikums nicht verändert, mit der Einschränkung, daß in Zeiten einer dichteren Besiedlung der Alb die Viehzucht überwog. Auch die Anlage der bronzezeitlichen Dörfer entspricht weitgehend der der Jungsteinzeit. Selbst die großen spätbronzezeitlichen Fliehburgen waren dem Prinzip nach schon in der Jungsteinzeit vorhanden. Und doch muß sich nach M. Schröder seit dem Beginn des zweiten Jahrtausends v. Chr. ein kulturhistorischer Prozeß angebahnt haben, dessen Folgen bis in die Gegenwart hinein wirksam geblieben sind: „Es ist die schon in der Jungsteinzeit beginnende Spezialisierung, die mit dem Gebrauch des Metalles neben den Bauern und Tierzüchter nun den Handwerker und schließlich den Händler stellt" (1963, S. 20). Auch der Übergang zur *Eisenzeit* im Verlauf des 8. Jahrhunderts v. Chr. erfolgte durch außenbürtige Kräfte. Wieder sind es Umwälzungen im vorderasiatischen und südosteuropäischen Raum, die sich bis in unser Land ausgewirkt haben. Im Zusammenhang mit den Vorstößen der Skythen wurden andere Reitervölker nach Westen abgedrängt. Sie brachten das Eisen und die Kunst seiner Verarbeitung neben anderen kulturellen Neuerungen nach Südwestdeutschland.

3.1.2
Südwestdeutschland als Teil des keltischen Kulturraumes

Hat der bisherige kulturgeschichtliche Exkurs über die Vorgeschichte Südwestdeutschlands weitgehend den Eindruck vermittelt, als ließe sich die kulturelle Entwicklung weniger auf bodenständige Traditionen als vielmehr auf Fremdeinflüsse zurückführen, so ändert sich dieser Eindruck vom 8. Jahrhundert v. Chr. an. Der französische Archäologe Jean-Jacques Hatt kennzeichnete diese Epoche sehr treffend: „Wenn man der Periode, die sich vom achten bis zum fünften Jahrhundert vor unserer Zeitrechnung erstreckt, einen Namen geben müßte, würden wir dazu neigen, sie als ‚das Erwachen des Abendlandes' zu bezeichnen" (1970, S. 85). In der Tat finden wir seit der frühen Eisenzeit eine solche Dichte und Fülle menschlicher Lebensäußerungen, daß es trotz des Fehlens der Schrift berechtigt erscheint, von einer in sich geschlossenen Kultur zu sprechen. Damals bildete sich jene Traditionsgrundlage aus, die sich während der ganzen vorgeschichtlichen Eisenzeit weiterentwickelte und bis in die römische Epoche hinein erhalten blieb. Es ist die Kultur der Kelten. Dabei lassen sich zwei aufeinanderfolgende Kulturtypen unterscheiden: die ältere Eisenzeit (750–450 v. Chr.), die sog. Hallstattkultur und dann die jüngere Eisenzeit (450 v. Chr. bis um Christi Geburt), die sog. La-Tène-Kultur. Hatt (1970, S. 102) weist darauf hin, daß sich die Hallstattkultur ursprünglich sehr heterogen, mit zahlreichen Elementen fremden Ursprungs präsentiert und in vielfältige provinzielle Sonderformen gespalten ist, während die La-Tène-Kultur von Anfang an homogen, national und eroberungsfreudig in Erscheinung tritt. In unserem Zusammenhang sollen die gesamteuropäischen Verhältnisse nicht weiter verfolgt, sondern nur die südwestdeutsche Situation näher beleuchtet werden.

Die Hallstattperiode: Herrschaftszentren als raumgestaltende Faktoren

Nach dem Niedergang der Urnenfelderkultur am Ende des 8. Jahrhunderts v. Chr. entstand im südwestdeutschen Raum eine reiche Bauernkultur, aus der sich allmählich eine soziale Oberschicht herauszuheben begann. Aus den Gehöften dieser Adelskaste entwickelten sich befestigte Herrensitze, die die eigentlichen Macht- und Wirtschaftszentren des Landes darstellten. Zwei dieser Fürstenhöfe haben in den letzten Jahrzehnten das besondere Interesse der archäologischen Forschung gefunden: die Heuneburg bei Hundersingen an der oberen Donau und der Hohenasperg bei Ludwigsburg. Wie diese, so waren auch andere hallstattzeitlichen Burgsiedlungen von einem Kranz großer Grabhügel umgeben, den sog. „Fürstengräbern". Sie haben teilweise beachtliche Ausmaße erreicht, wie der Hochmichele bei Hundersingen mit 80 m Durchmesser und 13 m Höhe oder das Magdalenenbergle bei Villingen mit 105 m Durchmesser und 7 m Höhe. Die wertvollen griechischen und etruskischen Metall- und Keramikgegenstände, die sich in Fürstengräbern und -burgen finden, weisen auf enge Beziehungen zu den Hochkulturen des Mittelmeers hin. Die Fürsten der Heuneburg ließen sogar einen Teil ihres Herrensitzes in mediterranen Bauformen (luftgetrocknete Ziegel) errichten. Die Bauhandwerker, die diese Prestigearchitektur ausführten, kamen ebenso wie die Händler, die die griechischen und etruskischen Importwaren nach Norden brachten, über Marseille und das Rhonetal nach Süddeutschland. Betrachtet man die geographische Verbreitung der hallstattzeitlichen Herrensitze und ihrer Metropolen, so zeigt sich, daß im Laufe des 6. Jahrhunderts Südwestdeutschland in mehrere politische Einheiten aufgespalten war. Dabei darf man wohl annehmen, daß neben den mächtigen Burganlagen das ganze Altsiedelland von

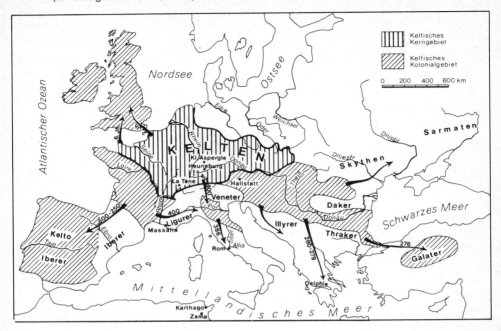

verstreuten Weilern und Einzelhöfen besetzt war. Doch die kulturellen und wirtschaftlichen Knotenpunkte des Landes stellten die Fürstenhöfe dar. Sie waren die Anziehungspunkte für die fremden Kaufleute und die Auftraggeber des heimischen Handwerks und gelten heute als Wiege der keltischen Kultur.

Die La-Tène-Zeit: Oppida und Viereckschanzen als zentrale Orte

Während im gesamteuropäischen Rahmen die späte Keltenzeit (Mitte 5. bis Ende 2. Jh. v. Chr.) allgemein als Höhepunkt der keltischen Kulturentwicklung und Machtentfaltung angesehen wird, gilt dies für Südwestdeutschland nicht in gleicher Weise. Es scheint zu einer Verschiebung der Gewichte gekommen zu sein. In Bayern, Rheinhessen, der Pfalz, in der Schweiz und Ostfrankreich blühte die La-Tène-Kultur auf, während Südwestdeutschland eigenartig beharrende Züge aufweist. Im südlichen Landesteil scheint es sogar zu einem Machtverfall gekommen zu sein, denn die Heuneburg wird als befestigte Siedlung plötzlich aufgegeben und auch an anderen Stellen endet die Hallstattperiode fast abrupt.

Man hat dies mit den Kriegszügen und Wanderungen der Kelten in Zusammenhang gebracht, die vom 5. bis 1. Jahrhundert v. Chr. die antiken Reiche im Mittelmeergebiet erschütterten und durch die im gleichen Zeitraum große Teile Mittel- und Westeuropas besetzt wurden. Vermutlich haben auch Bevölkerungsgruppen aus unserem Raum an dieser keltischen Expansion teilgenommen. Jedenfalls glaubt die frühgeschichtliche Forschung aufgrund des archäologischen Befundes einen Mangel an Siedlungskontinuität verbunden mit einer Bevölkerungsabnahme feststellen zu können (Sangmeister 1974, S. 124, Fischer 1979, S. 127).

Abb. 7: Gallier und erste Germanen (Spätlatènekultur)
(Quelle: Das Land Baden-Württemberg 1974, S. 125)

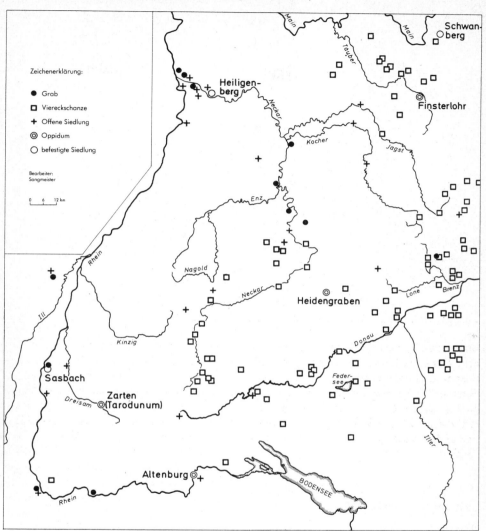

Auf der anderen Seite treten aber im Bild der Kulturlandschaft Südwestdeutschlands während dieser unruhigen Epoche neue Elemente auf, die direkt oder indirekt mit den historischen Ereignissen in Zusammenhang stehen: das „Oppidum" und die „Viereckschanze".

Bei den Oppida handelte es sich um große,

befestigte, stadtähnliche Anlagen, die vermutlich nach mediterranen Vorbildern in der 2. Hälfte des 2. Jahrhunderts v.Chr. im gesamten keltischen Kulturraum angelegt wurden. In Südwestdeutschland kennen wir vier solcher Großsiedlungen, die alle in charakteristischer Schutzlage errichtet wurden: den Burgstall bei Finsterlohr und den Hei-

31

degraben bei Grabenstetten auf unzugänglichen Bergplateaus, Altenburg-Rheinau in einer riesigen Doppelschleife des Hochrheins, und Tarodunum bei Zarten in einem abseitsgelegenen refugalen Talraum. Die erstaunliche Größe der südwestdeutschen Oppida (Heidegraben 150 ha, Finsterlohr 124 ha) mag damit zusammenhängen, daß sie innerhalb ihrer „gallischen Mauern" neben Wohn-, Handels- und Handwerksbezirken auch größere offene Flächen zum Weiden des Viehs und zur Aufnahme einer größeren Bevölkerung in Notzeiten umschlossen.

Auffallend ist, daß sich in der späten Keltenzeit in unserem Land zum ersten Mal frühgeschichtliche Kultanlagen eindeutig nachweisen lassen, die sog. Viereckschanzen. Von den rund 250 bekannten Kultbezirken dieser Art in Süddeutschland liegen allein 60 in Württemberg. Die quadratischen Anlagen haben meist eine Seitenlänge von 80 bis 100 m, sind stets von einem Erdwall mit überhöhten Ecken und vorgelagertem Graben umgeben. In ihrem Innern finden sich tiefe Opferschächte oft in Verbindung mit den Überresten eines kleinen Holztempels. Nach Torbrügge und Menze (1968, S. 221) zeigen alle Befunde, daß die Viereckschanzen Heiligtümer waren, „die in der Provinz gleichsam das geistige Gegengewicht zu den politischen und wirtschaftlichen Zentren in den Oppida" bildeten.

Über die Ursachen, die zu solch tiefgreifenden Änderungen im Siedlungswesen geführt haben, lassen sich nur Vermutungen äußern. Wahrscheinlich spielten bei der Sichtbarmachung des Kultareals in den Viereckschanzen gewisse Einflüsse der hellenistischen Welt eine Rolle, mit der die Kelten bei ihren Kriegszügen in Berührung gekommen waren. Die Anlage befestigter Oppida mag schließlich damit zusammenhängen, daß gegen Ende des 2. Jahrhunderts v. Chr. germanische Völkerschaften (Cimbern, Teutonen, Sueben) keltisches Gebiet berührten und da-

durch das Bedürfnis nach sicheren Plätzen ausgelöst wurde. Jedenfalls scheinen die keltischen Stämme Südwestdeutschlands, als sie in den Gesichtskreis des römischen Imperiums gerieten, unter starkem germanischen Druck gestanden zu haben. Durch den Sieg Cäsars (58 v. Chr.) über die germanischen Sueben unter der Führung Ariovists im Oberelsaß waren die Römer unmittelbare Nachbarn unseres Raumes geworden, der in den folgenden Jahrhunderten dann immer mehr unter ihren Einfluß geriet.

Aus der keltischen Epoche haben sich außer den erwähnten vorgeschichtlichen Denkmälern keine weiteren sichtbaren Spuren in der Kulturlandschaft erhalten. Anders verhält es sich mit dem geographischen Namensgut. Bei zahlreichen Flußnamen wie Donau, Neckar, Iller, Schussen, Brenz, Fils, Erms, Echaz, Enz, Nagold, Zaber, Rems, Murr, Kocher, Jagst, Tauber u. a. ist die keltische Herkunft nachgewiesen. Auch bei Bergnamen wie Ipf, Teck, Neuffen, Zollern, Twiel darf der keltische Ursprung als wahrscheinlich gelten.

Ein Überblick über die Verteilung des keltischen Namensgutes bestätigt die Gradmannsche Erkenntnis, daß die Gäuflächen des Neckarlandes, das Albvorland und die Alb sowie die Gunsträume Oberschwabens sehr altes, niemals aufgegebenes Siedlungsland sind, während der Schwarzwald, die Keperhöhen östlich des Neckars sowie das Allgäu in frühester Zeit als Siedlungsraum gemieden wurden. Auf die Übereinstimmung der namenkundlichen Ergebnisse mit den Befunden der Altertumswissenschaft hat der Namenskundler Walter Keinath (1951, S. 33) ausdrücklich hingewiesen.

3.1.3
Grenzland des römischen Imperiums

Mit der römischen Besetzung (15 v. Chr. bis 254 n. Chr.) war ein großer Teil des Landes für fast 300 Jahre Bestandteil des provinzial-römischen Kulturbereichs geworden und hatte Anteil an den Leistungen und Errungenschaften der hochentwickelten Kultur und Zivilisation des Mittelmeerraumes.

Ohne auf Einzelheiten der römischen Okkupation einzugehen, sei doch so viel erwähnt, daß sich die Besetzung in verschiedenen Phasen vollzog. Um Oberitalien gegen Einfälle der Alpenvölker zu schützen, beschloß Kaiser Augustus, das Alpengebiet zu erobern. Zugleich sollte damit ein günstigerer Verlauf der Nordostgrenze und eine Abrundung des Imperiums erreicht werden. Im Jahre 15 v. Chr. wurden die Rätier in den Zentralalpen und die keltischen Vindeliker, die das Land zwischen Alpen und Donau bewohnten, unterworfen.

Zur Sicherung der Reichsgrenze wurden unter Kaiser Claudius (41–54 n. Chr.) an strategisch wichtigen Punkten entlang der Donau Militärlager angelegt (Donaulimes). Sehr bald hat es sich jedoch gezeigt, daß dieser Grenzverlauf, der einen Winkel zwischen Donau und Oberrhein offen ließ, für rasche Truppenverschiebungen ungünstig war. Um eine kürzere Verbindung zwischen Gallien und Rätien zu erreichen, sind die Römer unter den flavischen Kaisern über Schwarzwald und Schwäbische Alb hinweg ins Neckarland vorgestoßen. Zunächst wurde die Kastellinie von der Donau auf die Höhe der Schwäbischen Alb vorgeschoben (Alblimes) und nur wenige Jahre später, um 90 n. Chr. an den Neckar zwischen Wimpfen und Cannstatt weiter vorverlegt (Neckarlimes). In der Mitte des zweiten Jahrhunderts unter Kaiser Antonius Pius erfolgte ein letztmaliges Vorrücken der römischen Reichsgrenze. Es entstand der obergermanische-rätische Limes, der als das bedeutendste antike Denkmal auf deutschem Boden gilt.

Bei einer Gesamtlänge von 548 km erstreckte er sich vom Neuwieder Becken über den Taunus, die Wetterau umfassend, zum Main und zog von Miltenberg in völlig gradlinigem Verlauf bis nach Lorch; dort wandte er sich nach Osten, jetzt mehr dem Gelände angepaßt, bis nach Eining an der Donau. Der obergermanische Teil des Limes bestand aus einer durchlaufenden Palisade, hinter der ein 6 m breiter Spitzgraben lag. Der Aushub war nach rückwärts zu einem Wall aufgeschüttet worden; bei Lorch begann der rätische Limes, der zuletzt als meterdicke und etwa zweieinhalb Meter hohe Steinmauer angelegt wurde. Zusätzlich war der Limes durch eine Wachtturmreihe und zahlreiche Militärlager (Kastelle) gesichert.

Sorgfältig angelegte Kunststraßen verbanden nicht nur die Kastelle miteinander, sondern führten auch zu wichtigen Zentralorten im Hinterland. Die Kastelle boten Schutz und die Fernstraßenverbindungen begünstigten Handel und Gewerbe, so daß unser Land wirtschaftlich rasch aufblühte. Wenn auch im rechtsrheinischen Dekumatland außer Arae Flaviae (= Rottweil) keine Stadt im vollen Rechtssinn nachweisbar ist, so besaßen doch die Römersiedlungen Civitas Alisinensium (= Bad Wimpfen), Lopodunum (= Ladenburg) und Sumelocenna (= Rottenburg) durchaus stadtähnlichen Charakter.

Neben diesen Siedlungen gab es noch weitere zivile Ortschaften. Die meisten entwickelten sich aus einem ehemaligen Lagerdorf (vicus), das bei verkehrsgünstiger Lage auch nach einer Truppenverlegung weiter bestehen konnte, wie z. B. Grinario (Köngen), Clarenna (Donnstetten), Ad Lunam (Urspring), Aquileia (Heidenheim), Opia (Oberdorf/Ipf), Vicus Aurelianus (Öhringen) und Cannstatt. Wichtige zivile Zentren bildeten sich in der Umgebung von Thermalquellen, vor allem Baden-Baden (Aquae) und Badenweiler.

Die häufigste und landschaftsbestimmende römische Siedlungsform war jedoch der einzeln liegende Gutshof (villa rustica). Alle bisher entdeckten Gutshöfe waren nach ei-

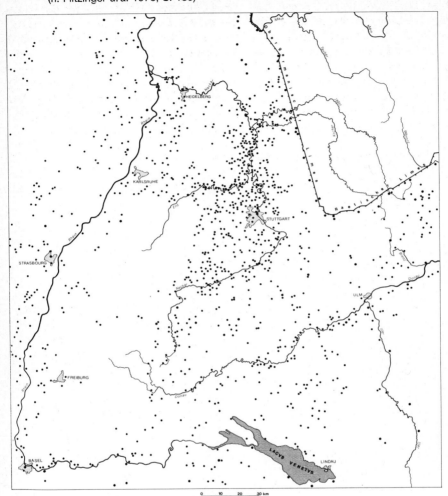

ner einheitlichen Konzeption angelegt. Das Hauptgebäude war ein Steinbau mit vorgesetzem Säulengang und zwei vorspringenden Ecktürmen.

Dazu gehörte in der Regel ein Badegebäude, mehrere Ställe und Scheunen, verschiedene Werkstätten, oft auch Ziegel-, Töpfer- und Backöfen. Die ganze Anlage war von einer Mauer umschlossen. Auch Kultmale fand man in den Gutshöfen. Neben Hausaltären sind es vor allem die bis zu 15 m hohen Jupitergigantussäulen, die den Wohlstand und die religiöse Einstellung des Hofherrn zeigten. Solche Gutshöfe sind in Südwestdeutschland in großer Zahl (weit über 1000 Höfe) nachgewiesen (Planck 1976, S. 129). Die villae rusticae waren große landwirtschaftliche Gutsbetriebe, die u. a. die Aufgabe hatten, das stehende Grenzheer mit Nahrungsmitteln zu versorgen. Zahlreiche

34

Funde belegen den Anbau von Nutzpflanzen und Viehzucht. Auch der Weinbau dürfte eine wichtige Rolle gespielt haben und zwar in den gleichen Gegenden, wo er auch heute noch üblich ist (Planck 1976, S. 152). Vermutlich war das Land, wie in den anderen römischen Provinzen, genau vermessen, doch sind in Südwestdeutschland bisher keine Beispiele römischer Limitation mit rechteckigen Feldfluren nachgewiesen worden. Wie aus verschiedenen Inschriften zu erschließen, wurden die Gutshöfe von ausgedienten Legionären und einheimischen Kelten bewirtschaftet. Die Zeit der römischen Herrschaft bedeutete nämlich keineswegs das Ende des keltischen Volkstums. Das Fortbestehen einer autochtonen Bevölkerung wird durch die keltischen Fluß- und Ortsnamen ebenso bewiesen wie durch den Gebrauch spätlatènezeitlicher Keramik (Filtzinger 1976, S. 50), aber auch durch die Verehrung keltischer Gottheiten.

Abb. 9: Römische Straßenverbindungen in Obergermanien und Rätien
(n. Filtzinger u. a. 1976, S. 148)

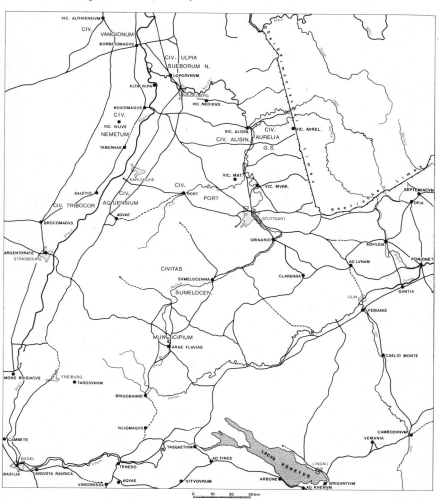

Betrachtet man eine Karte der Verteilung römischer Gutshöfe in Südwestdeutschland, dann fällt auf, daß es wieder die altvertrauten prähistorischen Siedlungskammern sind, die die Römer bevorzugt haben. Die Gutshöfe häufen sich auf den Gäuflächen des mittleren Neckarlandes, im Oberrheinischen Tiefland und im Donautal südlich der Alb. Besiedelt, wenn auch nicht so dicht, war auch die Schwäbische Alb, das Altmoränengebiet sowie das Schussenbecken bis zum Bodensee.

Das Altsiedelland Südwestdeutschlands nahm während der römischen Besatzungszeit Züge einer „mediterranen Kulturlandschaft" an, wobei der Steinbau mit rotem Ziegeldach das Bild der Siedlungen, das rechtwinklige Limitationsnetz und die sorgfältig angelegten Kunststraßen das Bild der freien Feldflur wohl am nachhaltigsten prägten.

Im ganzen gesehen blieb jedoch der römisch-lateinische Einfluß für die rechtsrheinischen Gebiete nur Episode. Mit dem Einfall der Alemannen um 250 n. Chr. wurden diese provinzialrömischen Kulturleistungen total zerstört. Die römischen Wohnstätten wurden fast alle eingeäschert. „An die Stelle der antiken Stadtkultur und ihres entwickelten Wirtschaftssystems trat fortan, für viele Jahrhunderte des frühen Mittelalters, die bäuerliche Siedlungsform und Wirtschaftsweise der Germanen" („Kleine Vor- und Frühgeschichte", S. 51). Dies bedeutete für die Entwicklung der Kulturlandschaft Südwestdeutschlands einen Rückfall in vorrömische Zustände.

3.2
Die alemannische Landnahme

Zwei Ereignisse der vor- und frühgeschichtlichen Zeit haben in der südwestdeutschen Kulturlandschaft tiefe und bleibende Spuren hinterlassen: Einmal war es die Landnahme der neolithischen Bauernvölker im 5. Jahrtausend v. Chr., auf die die Anfänge der Kulturlandschaft zurückgehen; und zum andern die Landnahme der Alemannen, deren Niederlassungen einer völligen Neuschöpfung des südwestdeutschen Siedlungswesens gleichkam (K. H. Schröder 1974, S. 863).

Auf die Alemannen geht die endgültige Germanisierung Südwestdeutschlands zurück; ihr Einfluß läßt sich bis heute in Sprache und Volkstum nachweisen. Ihre ursprüngliche Heimat lag im norddeutschen Tiefland, östlich der Elbe. Von hier waren sie nach Süden aufgebrochen. Ob der Anlaß der Wanderung bedrängende Landnot, Druck östlicher Völker oder der verlockende Reichtum römischer Provinzen war, ist nicht eindeutig zu klären.

Nach allgemeiner Auffassung bedeutet der Name Alemannen soviel wie „alle Männer". Antike Autoren sahen in ihnen ein Mischvolk vieler Stämme, die sich zu einer Bundesgenossenschaft im Sinne eines politisch-militärischen Verbandes zusammengeschlossen hatten. Ihr Kernvolk waren die Semnonen, die vormals in der Mark Brandenburg saßen. Auch die Hermunduren, die seit der Zeitenwende im heutigen Mittelfranken siedelten, gehörten dazu. Da beide Stämme zum Verband der Sueben zählten, nehmen einige Forscher an, daß von Anfang an die Namen Alemannen und Sueben synonym gebraucht wurden. In karolingischer Zeit setzt sich allmählich die Bezeichnung Schwaben (eine Ableitung von Sueben) durch, die im Mittelalter zum alleinigen Stammesnamen wird.

Der Besiedlungsgang

Nach wiederholten Einfällen ins römische Reich gelang es den Alemannen im Jahre 260 n. Chr., den Limes endgültig zu überrennen und das sog. Dekumatland (das Gebiet zwischen Rhein, Main, Donau und Limes) sowie Teile der römischen Provinz Rätien

(Oberschwaben bis zur Iller) zu besetzen. Zwei Jahrhunderte später kam es zu einer erneuten Völkerverschiebung größeren Ausmaßes. Zu Beginn des 5. Jahrhunderts mußten die Römer ihre Truppen von Rhein und Donau abziehen, um Italien vor den Westgoten zu schützen. Die Alemannen rückten in die aufgegebenen Gebiete nach und besetzten im Laufe des 5. Jahrhunderts das Elsaß, die Nordschweiz und Vorarlberg sowie das Land östlich der Iller bis zum Lech und drangen von hier aus donauabwärts bis Passau vor. Damit hatten die Alemannen den Höhepunkt ihrer Macht und Ausbreitung erreicht.

Kurz darauf erfolgte ein schwerer Rückschlag. Nach einer vernichtenden Niederlage, die ihnen der Frankenkönig Chlodwig im Jahre 496 n. Chr. beibrachte, mußten sie einen großen Teil ihres ursprünglichen Siedlungsgebiets – darunter sehr wertvolle Landstriche – an die Franken abtreten. So wurde die Stammesgrenze vom Main weit nach Süden verschoben. Die damals gezogene Grenzlinie begann im Westen nördlich des Hagenauer Forstes, zog südlich des Oos über den noch unbesiedelten Schwarzwald quer durch die Täler von Murg, Enz, Nagold und Würm, erreichte südlich des Asperg den Neckar und verlief vom Lemberg bei Marbach über die damals siedlungsleeren Keuperhöhen bis zum Hesselberg im Ries.

Die Bedeutung dieser Linie geht u. a. daraus hervor, daß sie bei der Abgrenzung zwischen den fränkischen und alemannischen Bistümern weitgehend berücksichtigt wurde und daß sie als Mundartgrenze, wenn auch mit gewissen Verschiebungen, bis heute gültig blieb.

Die Frage der „Siedlungskontinuität"

Um die Auswirkungen der alemannischen Landnahme richtig zu würdigen, muß zunächst die Frage erörtert werden, ob es eine Kontinuität römischer Kultur, d. h. ein Fortleben der Vorbevölkerung und eine Übernahme römisch geprägter Siedlungselemente durch die Alemannen gab. Beide Aspekte hängen eng miteinander zusammen und werden von den Historikern unterschiedlich bewertet.

Aufgrund der archäologischen Befunde und dem schriftlichen Zeugnis spätantiker Autoren gilt in Südwestdeutschland ein Kontinuitätsbruch als wahrscheinlich. Nirgendwo ließ sich ein Fortleben romanischer Bevölkerung archäologisch nachweisen (Christlein 1978, S. 27). Andererseits konnten aber die neuen Herren das Land ohne die Mithilfe der Unterworfenen gar nicht nutzen, man nimmt daher an, die Alemannen hätten sich auf ihren Beutezügen weitere Arbeitskräfte verschafft (Schaab 1974, S. 137). Jedenfalls vertreten die meisten Forscher die Ansicht, daß ein Überleben von Resten der keltoromanischen Bevölkerung im ehemaligen Dekumatsland in größerem Umfang nicht anzunehmen ist, ja daß sie sehr wahrscheinlich nahezu restlos verdrängt wurde. In dieser Hinsicht unterscheidet sich Südwestdeutschland von den Gebieten, die erst später und von anderen Stämmen germanisiert wurden, wie die Landstriche am Mittel- und Niederrhein durch die Franken oder im Bereich der mittleren Donau durch die Bajuwaren.

Die Alemannen haben in ihrem Kernland zweifellos einen deutlichen Kulturbruch herbeigeführt. Bis vor kurzem hat man gemeint – und folgte dabei den zahlreichen Berichten antiker Schriftsteller –, die Alemannen hätten die verlassenen römischen villae und vici gemieden, entweder zerstört oder einfach dem Verfall preisgegeben und lediglich die landwirtschaftliche Nutzfläche übernommen.

Die Ausgrabungen der letzten Jahre (u. a. des römischen Gutshofes in Bondorf) haben aber gezeigt, daß römische Bauten von den Alemannen auch weiter benutzt wurden. Ähnliche Beobachtungen hat man im Rhein-Main-Gebiet gemacht, so daß man heute zu der Ansicht neigt, daß eine gelegentliche Wiederverwendung römischer Siedlungen bis ins 4. Jahrhundert hinein möglich war. Allerdings konnte man bis jetzt nirgends nachweisen, daß römische Hofgüter zu Keimzellen alemannischer Dauersiedlungen wurden. Resümierend stellt Christlein (1978, S. 28) fest: „Beim derzeitigen Stand der Forschung ist anzunehmen, daß . . . die Diskontinuität des Siedlungsplatzes weit überwog."

Dies mag auch für die ganz wenigen Fälle gelten, wo die heutige Siedlung auf einer römischen liegt und zugleich der römische Ortsname irgendwie im heutigen weiterlebt, wie in Ladenburg (Lopodunum), Breisach (Mons Brisiacus), Pforzheim (Portus), Sülchen-Rottenburg (Sumelocenna), vielleicht auch in Lorch und Wimpfen. Hier handelt es sich vermutlich um keine echte Kontinuität, sondern eher um eine spätere Reaktivierung vorgermanischer Siedlungsplätze, bedingt durch deren Lagegunst an alten Straßen und Flußübergängen. So wurde der jahrhundertelang öde gelegene antike Stadtbereich von Sumelocenna-Rottenburg erst im Hochmittelalter wieder besiedelt.

Im ganzen gesehen, haben die Alemannen vom kulturlandschaftlichen Erbe der Römer lediglich das alte Kulturland und das Straßennetz übernommen. Noch während des ganzen Mittelalters dienten die geradlinigen Römerstraßen als wichtige Fernverkehrswege zwischen Rhein und Donau (Huttenlocher 1972, S. 94).

Das Bild der Siedlungen

Der archäologische Siedlungsbefund des 3. bis 5. Jahrhunderts ist so spärlich, daß über die Struktur der damaligen Besiedlung wenig ausgesagt werden kann. Auch für die folgenden Jahrhunderte ist die Situation nicht viel besser. Dies hängt damit zusammen, daß die alemannischen Ursiedlungen zumeist ohne Unterbrechung in die heutigen Dörfer und Städte übergingen und daher für die Erforschung unzugänglich sind. Zudem werden bei späteren Siedlungsveränderungen die frühmittelalterlichen Relikte oft zerstört. In den letzten Jahrzehnten konnten jedoch durch eine gezielte Ausgrabungstätigkeit (vgl. Christlein 1978, S. 38) die Angaben des alemannischen Volksrechts, der Lex Alamannorum, bestätigt werden, nachdem ein freier Alemanne ein Gehöft aus mehreren Blockhäusern oder Fachwerkbauten mit Strohdach bewohnte. Die Siedlungsform der Alemannen war in der Regel der Einzelhof oder eine locker gebaute Höfegruppe. Sie bildeten die Wohnstätte einer Familie. Nach Christlein (1978, S. 8) müssen wir uns eine solche Familie als „Personenverband" vorstellen, „der nicht nur durch Blutsverwandtschaft, sondern auch durch funktionelle und ethische Abhängigkeiten zu einer Wohn- und Arbeitsgemeinschaft zusammengewachsen war". Die Siedlungen waren seit dem späten 5. bis zum Beginn des 8. Jahrhunderts mit Reihengräber-Friedhöfen verbunden. Diese Grabfelder sind von enormer landesgeschichtlicher Bedeutung, da sie nicht nur einen wichtigen Indikator bei Fragen der Ortsgenese darstellen, sondern durch ihre reichen Grabbeigaben einen hervorragenden Einblick in die kulturelle, ethische und soziale Entwicklung der alemannischen Frühzeit geben.

Neben den Weilern der bäuerlichen Bevölkerung entstanden schon bald nach der Erstürmung des Limes auf isolierten Bergkegeln am Albtrauf vereinzelte Herrschaftszentren, so auf dem Runden Berg bei Urach, dem Lochen bei Balingen, der Gelben Bürg bei Dittenheim (Bayern). Die Ausgrabungen auf dem Runden Berg haben erstaunliche Befunde erbracht. Die Bewohner dieser mit Mauern befestigten Siedlung hatten offensichtlich Kontakt mit der römischen Zivilisation der Rheinlande. Daneben gab es hier Werkstätten, in denen Waffen und Schmuck hergestellt wurden. Vermutlich handelte es sich hierbei um die Herrschaftssitze von „Gaukönigen", die dann zu Beginn des 6. Jahrhunderts von den Franken erobert und zerstört wurden.

Eine Beziehung dieser frühen Zentralorte zur Burgen- und Stadtlandschaft des hohen und späten Mittelalters läßt sich allerdings nicht herstellen (Christlein 1978, S. 49).

Die Ortsnamen als Quelle der Besiedlungsgeschichte

Ein wichtiges und seit langem bewährtes Hilfsmittel der Besiedlungsvorgänge Südwestdeutschlands sind die Ortsnamen.
Sieht man von den wenigen vorgermanischen Namensformen ab, so tragen die ältesten Siedlungsnamen Baden-Württembergs das Suffix „-ingen". Die „ingen"-Namen entsprechen einer Form des Dativ-Plural und drücken die Zugehörigkeit von Siedlern zu einem Siedlungs- bzw. Sippenoberhaupt

Abb. 10: Verbreitung der Ortsnamen auf -ingen und -heim
(n. Huttenlocher 1972, S. 98)

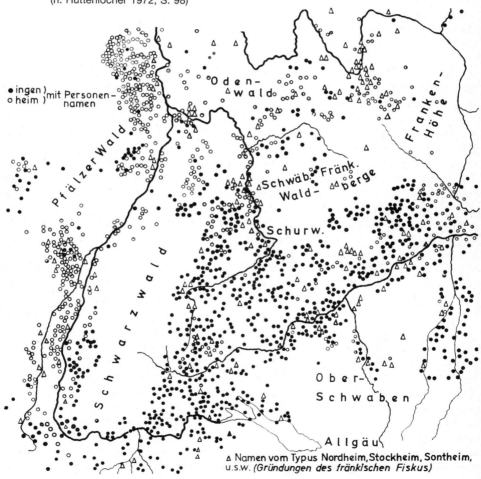

aus: Sindelfingen oder Gundelfingen z.B. weisen auf Leute des Sindolf oder Gundolf hin.

Betrachtet man eine Karte, die das Verbreitungsgebiet der „ingen"-Namen zeigt, dann fällt auf, daß sie fast ausschließlich im Bereich der ersten alemannischen Landnahme anzutreffen sind. Ihre Verteilung ist allerdings nicht gleichmäßig. Es gibt ausgesprochene Häufungsgebiete. Dazu zählen die Gäuplatten, das Albvorland, Teile der Alb, die Beckenlandschaften an Donau und Iller sowie das Markgräfler Land, der Breisgau und Hegau mit dem westlichen Bodenseegebiet.

Im nördlichen Landesteil treten die „ingen"-Namen auffallend zurück. Kleinere Nester finden sich im Neckarmündungsbereich, im Kraichgau, im Bauland sowie in den Tälern von Kocher, Jagst und Tauber. Offensichtlich sind hier die älteren „ingen"-Namen von den jüngeren „heim"-Namen verdrängt worden. Dies geschah wohl im Zusammenhang mit dem zunehmenden fränkischen Einfluß, unter den dieser Landesteil seit der Merowingerzeit geraten war. Die Überlagerung alemannischer „ingen"-Namen durch fränkische „heim"-Endungen wird besonders deutlich im engeren Umkreis der Stammesgrenze, so nördlich von Rastatt am Oberrhein und im Neckarbecken. Hier gibt es eine größere Anzahl von „ingen-heim"-Orten, wie z.B. Bietigheim, Besigheim, Heutigsheim.

3.3
Die Zeit des Siedlungsausbaus und der hochmittelalterlichen Rodung

Der bereits erwähnte Sieg der Franken über die Alemannen um die Wende des 5. zum 6. Jahrhundert hatte für Alemannien erhebliche politische, kulturelle und wirtschaftliche Folgen. Die kulturgeographisch relevanten Aspekte sollen im folgenden kurz umrissen werden. Auf die politischen Konsequenzen hat bereits H. Dannenbauer (1958, S. 284) hingewiesen: „Die Zeiten der freien Ausdehnung, der Kriegs- und Raubzüge, die waren seitdem vorbei. Von Westen und Norden schlossen die Franken das alamannische Gebiet ein, von Osten die Baiern, die ihren Bereich zum Lech vorschoben und alsbald auch ins fränkische Reich eingefügt wurden. Man mußte also im Land bleiben und sich redlich nähren."

Eine Ausweitung des Siedlungsraums konnte nur noch durch Binnenkolonisation erreicht werden.

Die Phasen des Landesausbaus

Es begann eine verstärkte und großflächige Aufsiedlung in den Gebieten hinter den spätrömischen Grenzsicherungen (Rhein–Iller–Donau–Limes); also im Elsaß, in Bayerisch-Schwaben und seit der Mitte des 6. Jahrhunderts vor allem in der Nordschweiz (Christlein 1978, S. 25). Außerdem setzte ein siedlungsmäßiger Ausbau der alemannischen Kernlande ein.

Diese siedlungsgeschichtlich bedeutsamen Vorgänge wurden dadurch begünstigt, daß mit der Eingliederung Alemanniens in das fränkische Reich Südwestdeutschland (ohne das Elsaß) ein eigenes Herzogtum bildete, das im 6. und 7. Jahrhundert weitgehend unabhängig blieb. Erst in karolingischer Zeit wurde das alemannische Herzogtum wieder aufgehoben (Gerichtstag zu Cannstatt, 746) und organisatorisch durch das System der Grafschaftsverfassung dem Frankenreich angegliedert.

In die Zeit relativer Selbständigkeit fällt eine *erste Periode des Ausbaus*. Zwischen den alten Dörfern wurden zahlreiche Tochtersiedlungen gegründet. Typische Ortsnamensendungen dieser frühen Ausbauzeit sind -dorf, -hausen, -hofen, -weiler, -stetten und -bauren. Diese Siedlungen sind in der

Regel mit Reihengräberfeldern verbunden, ein Sachverhalt, der bestätigt, daß die Blütezeit dieser Ausbausiedlungen bis zum Ende des 7. Jahrhunderts andauerte.

In späterer, karolingischer Zeit wurde das Siedlungsland auf die Ränder der alten Siedlungsgaue ausgedehnt, so z. B. auf die stark zertalten Hügelländer der Laubwaldbezirke. Die Niederlassungen dieser *zweiten Ausbauphase* enthielten Namensendungen, die von Flurbezeichnungen abgeleitet sind: -bach, -bronnen, -au, -felden, -hardt. Die Gemarkungen dieser späteren Orte sind in der Regel kleiner und liegen im Bereich ungünstiger Böden.

Insgesamt wurden mit dem Siedlungsbau vom 6. bis 10. Jahrhundert keine neuen Siedlungsräume erschlossen, sondern lediglich eine Siedlungsverdichtung im Altsiedelland herbeigeführt. Die eigentlichen Waldgebirge und alle Landstriche mit Böden, die sich nicht auf natürliche Weise regenerierten, wurden weiterhin gemieden.

Die fränkische Sicherungskolonisation

Ergänzt wurde der alemannische Ausbau durch die fränkische Staatskolonisation, über deren siedlungsgeschichtliche Bedeutung wir durch Forschungen von Dannenbauer, Jänichen und Nitz unterrichtet sind.

Die fränkischen Könige versuchten nämlich ihren Einfluß im alemannischen Stammesgebiet durch die Ansiedlung sogenannter Königsfreier zu festigen. Es entstand eine Reihe von Militärkolonien, besonders im Oberrheinischen Tiefland, in Oberschwaben sowie längs der großen Fernstraßen, die Südwestdeutschland durchzogen. Diese Sicherungskolonien wurden häufig nach folgendem Muster angelegt: Um einen fränkischen Herrschaftssitz, der oft Mittelpunkt ausgedehnter staatlicher Ländereien war, legte sich ein Schwarm von Wehrdörfern. Diese sind heute noch durch auffallend „genormte" Ortsnamen der frühmittelalterli-

chen Ausbauzeit erkenntlich wie z. B. in den Fällen Ostheim, Westheim, Sontheim, Nordheim, Stockheim, Stammheim, Talheim; in ähnlicher Weise gibt es Verbindungen mit „dorf" und „zimmern", so Hochdorf, Heudorf, Pfrondorf, Bondorf u. a. m.

Ein schönes Beispiel für diese fränkische Militärkolonisation finden wir in der Schwäbisch Haller Stufenrandbucht. Hier bildete die Stöckenburg im Bühlertal (bereits Mitte des 8. Jahrhunderts urkundlich erwähnt) ein solches Zentrum. Um diesen einstigen Herrschaftsmittelpunkt gruppieren sich die Dörfer Talheim, Sontheim sowie noch drei Paare von „dorf-" und „zimmern"-Orten.

Neben den Ortsnamen gibt es gelegentlich noch weitere siedlungsgeschichtliche Hinweise. Oft lassen die Militärkolonien planerische Elemente erkennen, wie z. B. die rechteckige Abmessung ihrer Gemarkung (Jänichen) oder die geregelte Flurverfassung mit gleichlaufender Längsstreifenflur (Nitz). Dazu kommt, daß die ältesten Kirchen dieser Siedlungen fränkischen „Modeheiligen" (St. Martin, St. Dionysius und St. Remigius) geweiht sind. Schließlich blieben die Bewohner dieser Orte lange unabhängig von anderen Grundherrschaften und waren nachweislich vielfach noch im Hochmittelalter freie Leute (Huttenlocher 1972, S. 102).

Die Christianisierung

Mit der Einführung des Christentums, die in diese Zeit fällt, beginnt nicht nur für die Geistesgeschichte unseres Landes ein wichtiger Prozeß, sondern es wird damit zugleich den Gestaltungskräften der Kulturlandschaft eine weitere Dimension beigefügt, die in den folgenden Jahrhunderten eine beachtliche Raumwirksamkeit entfaltet.

Im Gegensatz zu den linksrheinischen Gebieten gab es in Südwestdeutschland kein antik-römisches Christentum. Umgeben von einem Kranz von Bischofssitzen in den ehemaligen Römerstädten Augsburg, Chur,

Augst-Basel, Straßburg, Speyer, Worms, Mainz etc. hat Alemannien erst unter fränkischem Einfluß am Ende des 6. Jahrhunderts eine erste Missionierung erfahren. Die ersten Glaubensboten waren Iroschotten, die vor allem im Bodenseegebiet und am Hochrhein wirkten. Aus der Einsiedlerzelle des Wandermönches Gallus entsteht um 720 das Kloster St. Gallen. Pirmin, ein Vertrauter Karl Martels, gründet 724 das Kloster Reichenau und ist überdies an der Errichtung der Klöster Gengenbach, Schuttern und Schwarzach beteiligt.

Zur Sicherung und Wahrung des christlichen Glaubens war es jedoch wichtig, daß Alemannien eine kirchliche Organisation erhielt. Dies geschah um 600, als mit der Gründung des Bistums Konstanz die erste frühmittelalterliche Bistumsgründung auf deutschem Boden erfolgte. Die Konstanzer Diözese reichte vom Gotthardmassiv im Süden bis zum Hohenasperg nach Norden und umfaßte somit fast ganz den alemannisch besiedelten Raum. Die Missionierung der nördlichen Landesteile erfolgte von Mainz, Worms und Speyer aus und fand ihren Abschluß mit der Gründung des Bistums Würzburg durch Bonifatius Mitte des 8. Jahrhunderts.

Das Christentum wurde zunächst vom Adel angenommen und hat sich dann im Verlauf des 7. und 8. Jahrhunderts allgemein durchgesetzt. Die ersten Kirchen wurden weitgehend vom Adel errichtet, der aufgrund des sog. Eigenkirchenrechts meist Eigentümer der Gotteshäuser blieb, sie nach Gutdünken besetzen und über ihr Vermögen verfügen konnte (Schaab, 1974, S. 141). Eine weitere Folge der fortschreitenden Christianisierung war, daß die Sitte der Reihengräber nach und nach unterblieb und von der Bestattung im „Kirchhof" abgelöst wurde.

Bei einer Beurteilung der Alemannenmission darf nicht übersehen werden, daß sie im Zusammenhang mit der politischen Unterwerfung des alemannischen Stammes stand.

Die Christianisierung wurde von „oben" her durchgesetzt, durch das fränkische Königshaus, den Ortsadel, die Klöster und die Bischöfe.

Die Entstehung des Siedlungsgefüges im Altsiedelland

Die zunehmende Bevölkerungs- und Siedlungsverdichtung zwang das Alemannenvolk zu einer *intensiveren Form der Bodennutzung*. Nach und nach wurde die traditionelle ungeregelte Feldgraswirtschaft auf Wechselfeldern, bei der die Viehzucht im Vordergrund stand, durch den Daueracker mit verstärktem Getreideanbau abgelöst. Es bildete sich, vermutlich unter fränkischem Einfluß, die an Zelgen gebundene Dreifelderwirtschaft heraus, die für Südwestdeutschland bereits für das 8. Jahrhundert nachweisbar ist (Huttenlocher 1972, S. 100). Diese Neuerungen im Agrarwesen führten zu erheblichen Veränderungen im ländlichen Siedlungs- und Wirtschaftsleben. Einmal kam es zu einer Neuordnung der Flur, d. h. zur Herausbildung der Gewannflur, auf die an anderer Stelle näher eingegangen wird (vgl. S. 118ff.); zum andern ergab sich daraus der Zwang zu genossenschaftlich geregelter Bewirtschaftung der Feldflur. Der „Flurzwang", dem sich alle Dorfgenossen fügen mußte, wurden durch den sogenannten „Zwing und Bann" geregelt. Dieses wichtige Dorfrecht wurde vom Inhaber des Herrenhofes im Rahmen einer Villikation (Fronhofverband) wahrgenommen. Zur Herausbildung eines bevorrechtigten Fronhofs (Salhof, später auch Maierhof) kam es durch den Zusammenschluß der frühalemannischen Gehöftgruppen zum geschlossenen Dorf. Der Herrenhof genoß gegenüber den dienenden Bauernhöfen gewisse Vorrechte. Er war größer als die übrigen Höfe, lag meist an bevorzugter Stelle „innerhalb Etters" (Dorfzaun), und die dazugehörigen landwirtschaftlichen Nutzflächen waren nicht wie die der anderen Bauerstellen über die Gemarkung verstreut, sondern bestanden aus wenigen Blöcken in unmittelbarer Ortsnähe. Dabei handelt es sich um Flurteile, die bis heute besondere Namen tragen: z. B. „Breite", „Hofäcker", „Herrenäcker", „Fronäkker" für die Feldstücke und „Brühl", „Anger" und „Fronwiesen" für das Grasland. Außerdem mußten die Gemeindegenossen dem Dorfherrn gewisse Abgaben und Frondienste leisten.

Über die Entstehung der Meierhöfe gibt es in der landeskundlichen Forschung keine einheitliche Meinung. Während V. Ernst (1916) die Ansicht vertritt, die Wurzeln des Meierhofes ließen sich bis in die Zeit der alemannischen Landnahme zurückverfolgen und die Höfe seien letzten Endes aus dem Landanteil des Sippenoberhauptes hervorgegangen, betrachten K. S. Bader (1950) und andere den Meierhof als Einrichtung der Grundherrschaft in karolingischer Zeit.

Jedenfalls wurde in der frühmittelalterlichen Ausbauphase die Grundlagen der mittelalterlichen Wirtschafts- und Sozialstruktur gelegt und zugleich das Siedlungsgefüge des Altsiedellandes geschaffen, das bis in die Gegenwart herein wirksam blieb (Huttenlocher 1972, S. 103f.).

Die hochmittelalterliche Rodung

Im Zusammenhang mit den Abwehrkämpfen gegen die Ungarn war zu Beginn des 9. Jahrhunderts ein neues „alemannisches" Herzogtum entstanden, für das nach und nach die Bezeichnung „Schwaben" üblich wurde. Dieses Machtgebilde war jedoch wenig stabil. Durch den häufigen Wechsel der meist landfremden Dynastien konnte keine dominierende Herzogsmacht aufkommen. Im 10. und 12. Jahrhundert gab es neben dem Herzogshaus noch die großen Familien der Salier, Welfen und der Zähringer sowie eine Reihe weiterer bedeutender Grafengeschlechter, die sich in Südwestdeutschland

Besitz und Macht teilten. Im Grunde zeichnete sich hier bereits die territoriale Zersplitterung ab, die – abgesehen von der kurzen staufischen Epoche – jahrhundertelang zum politischen Schicksal des deutschen Südwestens wurde. Dazu kam, daß die königliche Reichspolitik kein Interesse am Erstarken eines schwäbischen Herzogtums hatte. Für die Italienpolitik der deutschen Könige war nämlich eine entscheidende Voraussetzung, daß sie ihre Herrschaft über Schwaben als dem wichtigen Durchgangsland zu den Bündner Pässen sichern und festigen konnten (Gönner/Haselier 1980, S. 5).

Das führte einerseits dazu, daß das Land ständig in die politischen Auseinandersetzungen und Machtkämpfe der Reichspolitik mit einbezogen wurde, was vor allem während des Investiturstreites zu chaotischen Verhältnissen führte. Andererseits war aber das Land in der Zeit der sächsischen, salischen und hohenstaufischen Kaiser zum eigentlichen Kernland des Deutschen Reiches geworden. Südwestdeutschland blühte damals wirtschaftlich auf und nahm an Volkszahl zu (K. u. A. Weller 1972, S. 63). Diesen historischen Hintergrund muß man im Auge behalten, will man die große kulturgeographische Leistung, die Erschließung und Besiedlung der Waldlandschaften beurteilen und verstehen.

Der Träger der Rodung war also nicht das schwäbische Herzogshaus, sondern verschiedene hochadelige Familien (Grafengeschlechter) und geistliche Herrschaften (Bischöfe, Klöster), denen seit karolingischer Zeit vom König unbesiedelte Waldgebiete als Reichslehen gegeben wurden. Die Motive, die zur Erschließung des Jungsiedellandes führten, waren einmal der Bevölkerungsdruck, der in den altbesiedelten Landschaften herrschte, zum anderen – und dies war wohl der entscheidendste Aspekt – die Absicht des Hochadels mit Hilfe der Waldländer einen geschlossenen Herrschaftsbereich aufzubauen. Im Altsiedelland war dies aufgrund der hoffnungslos zersplitterten Rechtsverhältnisse nicht mehr möglich. So sind die Waldräume zu den eigentlichen Keimzellen der späteren Territorien geworden. Die Neuanlage bäuerlicher Siedlungen sollte, ebenso wie die Gründung von Klöstern, Burgen und etwas später Städten, den Wert des eigenen Herrschaftsbereichs steigern (Schaab 1974, S. 156).

Diese Siedlungspolitik läßt sich am Beispiel der Zähringer exemplarisch aufzeigen. In der 2. Hälfte des 11. Jahrhunderts hat dieses Hochadelsgeschlecht seinen angestammten Dynastensitz im Vorland der mittleren Alb, die Limburg bei Weilheim, aufgegeben und nach dem namensgebenden Zähringen im Breisgau verlegt. Zugleich begannen die Zähringer mit der intensiven bäuerlichen Kolonisation im mittleren und südlichen Schwarzwald, die durch die Ansetzung nekkarschwäbischer Ministerialen im Breisgau wesentlich verstärkt wurden. Bei der Erschließung des Schwarzwalds spielte ferner der aufkommende Silberbergbau und der Ausbau des Verkehrsnetzes eine bedeutsame Rolle. Schließlich versuchten die Zähringer ihren Herrschaftsbereich mit den Stadtgründungen von Freiburg, Offenburg und Villingen weiter zu sichern.

In ähnlicher Weise gingen die Grafen von Calw vor. Sie verlegten ihren Herrschaftssitz vom nördlichen Neckarbecken an den Rand des Nordschwarzwaldes, um von dort aus die Randplatten zu erschließen. In den Keuperwäldern waren es verschiedene adelige Familien, wie die Grafen von Löwenstein, die Herren von Hohenlohe, die Staufer und ihre Ministerialen, die sich durch Rodung eine Territorialherrschaft einrichten wollten. In Oberschwaben schließlich gehen die Anfänge der Rodetätigkeit im Jungmoränengebiet auf die Welfen zurück.

Im Zusammenhang mit der hochmittelalterlichen Rodephase muß freilich auch ein Gebiet erwähnt werden, das atypische Züge aufweist: die Hohenloher Ebene.

In dieser Ebene, einer Gäulandschaft von einheitlichem naturgeographischem Habitus, lassen sich zwei Teile von völlig gegensätzlicher Siedlungsstruktur unterscheiden. Westlich von Öhringen herrschen Haufendörfer und Gewannfluren vor, wie es auch für andere Altsiedellandschaften üblich ist; im östlichen Teil der Hohenlohe bestimmen dagegen Weileranlagen und Einzelhöfe mit Blockfluren das ländliche Siedlungsbild.

Da für die gesamte Hohenloher Ebene eine gleichmäßige prähistorische Siedlung belegt ist, liegt der Schluß nahe, daß hier die Kontinuität der Siedlungsfläche einmal unterbrochen wurde (Gradmann 1931, S. 88). Nun hat Weller schon 1894 auf die Wahrscheinlichkeit hingewiesen, daß ein Gebietsstreifen von ca. 30 km Tiefe außerhalb des Limes während der Römerzeit gewaltsam entvölkert wurde mit dem Ergebnis, daß das prähistorische Kulturland wüst fiel und vom Wald eingenommen wurde. Erst im 11. Jahrhundert ist dann der Ohrnwald östlich von Öhringen neu gerodet und besiedelt worden (Sick 1957).

Nicht zuletzt spielten bei der Erschließung der Wälder die Klöster eine Rolle. Schon Karl der Große hatte den Reichsabteien Ellwangen im Virngrundwald und Lorsch im Odenwald größere Waldmarken zum weiteren Siedlungsausbau zugewiesen. Etwas später (9. Jh.) entstand ebenfalls auf Königsgut das Kloster Murrhardt im Murrhardter Wald. Die klösterliche Rodetätigkeit kam jedoch erst im Zusammenhang mit der cluniazensischen Reformbewegung in vollen Gang, die im 10. Jahrhundert über Lothringen in Süddeutschland Eingang gefunden hatte. Entsprechend dem religiösen Zeitempfinden der damaligen Zeit gründete der Hochadel zahlreiche Klöster.

Von besonderer Bedeutung war dabei die Hirsauer Kongregation (1069), deren Reformideen von großer Ausstrahlung waren. Wichtige Hirsauer Tochtergründungen sind Reichenbach (1082), St. Georgen (1083), das zähringische Hauskloster St. Peter (1090) sowie Zwiefalten, Blaubeuren und Comburg. Neben der Hirsauer Tradition bildete sich als eigenständige Gruppe von Reformklöstern die von St. Blasien heraus mit dem Priorat Ochsenhausen und den Abteien Wiblingen, Alpirsbach und Sulzburg.

Auffallend ist die deutliche Bevorzugung des Schwarzwalds.

Mit den Reformklöstern entstanden nicht nur neue kulturelle und wirtschaftliche Zentren, sondern sie bildeten zugleich Siedlungszellen und Innovationszentren für die bäuerliche Kolonisation.

Die Urbarmachung der Waldgebirge stellte die Kolonisten vor besondere Schwierigkeiten. Im Gegensatz zu den altbesiedelten Landschaften waren die Anbau- und Siedlungsbedingungen in den Waldräumen wesentlich ungünstiger. Magere Ackerböden (Sandstein), ein kühles und niederschlagreiches Klima sowie das stärkere Geländerelief waren für einen ertragreichen Getreideanbau wenig geeignet. Er trat daher zugunsten des Grünlandes und der Viehzucht zurück.

Die Rodung der Wälder erfolgte unter der planmäßigen Leitung der lokalen Adelsgeschlechter und der von ihnen abhängigen Klöster. Das Eingreifen der Grundherrschaft führte zu planmäßigen Anlagen der neuen Wohnplätze und Fluren und machte sich vor allem in einheitlichen Rechtsverhältnissen bemerkbar (Schaab 1974, S. 156). So durften die neu angelegten Bauernstellen in der Regel nicht frei vererbt werden, sondern unterlagen der Anerbensitte, eine wichtige Voraussetzung für die sozial- und bevölkerungsgeographische Sonderentwicklung der Rodelandschaften überhaupt.

Bei den Rodesiedlungen fehlte in der Regel ein Herrenhof, außerdem die randliche Allmende. Man war bestrebt, gleichförmige Bauernhufen zu schaffen, bei denen Hof- und Wirtschaftsland als geschlossener Besitz beieinander lagen. Die Zinken des mittleren

und südlichen Schwarzwalds mit ihren weit auseinandergezogenen Gehöften sind so zu erklären; ebenso die klassische Waldhufenflur.

Am großen Waldhufengebiet des Odenwaldes hat Baden-Württemberg nur noch randlich Anteil; dagegen sind die Waldhufenorte zur bestimmenden Siedlungsform der Enz-Nagold-Platte geworden. Die Rodungsinseln in den Hardtwäldern des Oberrheinischen Tieflands zeigen eine Weiterbildung des schon älteren Langstreifenschemas und ausgesprochene Straßendorfformen (Nitz 1961). Dort, wo die herrschaftliche Lenkung der Besiedlung nicht ganz so straff war (u. a. in den Keuperwäldern), entstanden die Streusiedlungen der Einzelhöfe mit Einödfluren und typische Rodeweiler, die – von Ausnahmen abgesehen – mit einer unregelmäßigen Blockflur verbunden sind.

Zusammenfassend läßt sich sagen, daß die Besiedlung der Waldlandschaften, die im Odenwald und im Keuperbergland in der Merowingerzeit, im Jungmoränenland Oberschwabens im 8./9. Jh. und im Schwarzwald im 10. Jh. begann, im Zusammenhang mit dem Ausbau der adeligen und kirchlichen Territorialherrschaft zu sehen ist. Dies führte zur Gründung von Klöstern, zum Bau von Burgen, vor allem aber zur bäuerlichen Rodung der bis dahin unbesiedelten Waldgebiete. Ortsnamenendungen wie -brand, -lohe, -reut, -schnait, -schwand weisen auf die Art der Rodung, solche auf -buch, -grün, -hardt, -tann, -wald auf alte Waldbezeichnungen hin. Namen auf -berg, -burg- -eck, -fels, -stein sind bezeichnend für den im 11. Jh. aufkommenden Burgenbau und die sich an sie anschließenden Siedlungen; freilich finden sich Burgsiedlungen auch in altbesiedelten Landschaften. Um 1300 lief die Rodetätigkeit allmählich aus. Damit war die Grundstruktur des südwestdeutschen Siedlungswesens festgelegt, vervollständigt durch die Stadtgründungswelle in der Zeit des 12. bis 14. Jh. In den folgenden Jahrhunderten erfuhr das Siedlungsnetz wohl noch gewisse Modifikationen und Ergänzungen aber keine grundsätzlichen Wandlungen.

3.4
Südwestdeutschland im Staufer-staat: Neue Impulse für Siedlungs-entwicklung und Raumorganisation

In den rd. 200 Jahren (1079–1268), in denen die schwäbische Herzogswürde ununterbrochen an das Haus der Staufer gebunden war, wurden die Grundzüge der südwestdeutschen Kulturlandschaft im wesentlichen festgelegt. Freilich darf der Glanz der staufischen Epoche, der kometenhafte Aufstieg des Staufergeschlechts zu kaiserlichen Würden und europäischer Geltung, nicht die Tatsache verdecken, daß sie in ihren schwäbischen Stammlanden Führungsanspruch und Territorialbesitz – wenigstens zu Beginn – mit zwei anderen „herzogsgleichen" Familien teilen mußten.

Sowohl die Zähringer als auch die Welfen hatten seit der Mitte des 11. Jahrhunderts im südwestlichen bzw. südöstlichen Schwaben durch forcierten Landesausbau bedeutende Eigenherrschaften aufgebaut, bei denen – wenigstens ansatzweise – Züge individueller Raumgestaltung erkennbar sind. Erst unter Barbarossa ist es den Hohenstaufen gelungen, Südwestdeutschland in seinen alemannischen und in seinen fränkischen Teilen noch einmal herrschaftlich zusammenzufassen. Gleichzeitig war damals dieser Raum – wie Schaab (1974, S. 199) betont – „Aktionszentrum des deutschen Kaisertums", von dem viele Impulse auch ins übrige Deutschland ausgingen. Es war die Blütezeit des Burgenbaus. Zur Förderung von Handel und Gewerbe und als Mittel zur Festigung politischer Macht wurden in dieser Zeit zahlreiche Städte gegründet. Auch der Landesausbau wurde damals durch Rodung und Besiedlung der Waldlandschaften, z. T. unter Mithilfe neuer Mönchsorden (Zisterzienser), zum Abschluß gebracht.

Die Nachwirkungen dieser außerordentlich dynamischen Epoche begegnen uns heute noch in Baden-Württemberg auf Schritt und Tritt. Es sind vor allem die zahlreichen Bauwerke des staufischen Zeitalters, die sich weit gestreut über das ganze Land erhalten haben, die unsere Bewunderung hervorrufen: Burgen und Pfalzen, Kirchen und Klöster sowie die Kernsubstanz mittelalterlicher Stadtbefestigungen. Der Altmeister der deutschen Kunstgeschichte, Dehio, hat zur spätstaufischen Epoche festgestellt: „Es ist nach Jahren gemessen ein kurzer Abschnitt – nicht viel mehr als ein halbes Jahrhundert – in der Vielgestaltigkeit und dem Gewicht seines Inhalts der unvergleichlich reichste in der Geschichte der deutschen Kunst. Er zeigt an ihrem Stamme in gedrängter Fülle Blüte und Frucht zugleich: die reife, saftschwere Frucht des spätromanischen Stils und die hoffnungsfrische Blüte des frühgotischen . . . Ein erhöhter Lebensschwung, wie er zuvor nie gekannt war, braust durch die Nation und reißt die Kunst mit sich fort."

3.4.1
Die Burgen

Die bezeichnendste Siedlungsform und eigenartigste architektonische Schöpfung der staufischen Epoche war die klassische Ritterburg. Nach Maurer (1977, S. 128) verwandelten sich damals weite Teile unseres Landes in wahre Burgenlandschaften. Auch heute noch gilt Baden-Württemberg als das burgenreichste deutsche Land.

Die mittelalterlichen Wehrbauten sind allerdings nicht gleichmäßig über das Land verteilt, sondern es lassen sich deutliche Schwerpunkte erkennen. Vielfach sind sie in Reihen angeordnet, besonders auffallend am nördlichen Stufenrand der Schwäbischen Alb. Der orographisch stark gegliederte Albtrauf bot mit seinen mächtigen Felspartien, zerlappten Ausliegern und vorgelagerten Zeugenbergen offensichtlich ideale Standortvoraussetzungen für die mittelalterlichen Burgenbauer. Es überrascht daher nicht, daß gerade der Albtrauf zu den Landschaften mit der größten Burgendichte zählt (1 Burg auf 10 qkm).

In gedrängten Scharen begleiten aber auch die Burgen die westlichen Vorhügelzonen und Randhöhen von Schwarzwald und Odenwald, ebenso den Nordrand der Keuperhöhen. Vor allem aber werden fast alle bedeutenderen Flußläufe von einem fortlaufenden Burgenkranz gesäumt, so der Neckar und seine Nebenflüsse Fils, Rems, Kocher und Jagst sowie Enz und Nagold. Dazu kommen die zahlreichen Schwarzwaldflüsse, die in den Rhein münden. Kettenartig aufgereiht sind auch die Burgen längs der Donau und ihre Nebenflüsse. Schließlich bildeten die Jungmoränenhügel Oberschwabens und die freistehende Phonolith- und Basaltkegel im Hegau günstige Voraussetzungen für die Anlage von Burgen.

Die linienhafte Anordnung der Burgen hat gelegentlich zu der Ansicht geführt, ihre Anlage sei strategischen Konzeptionen zur Sicherung von Territorien oder wenigstens zur Überwachung wichtiger Verkehrswege entsprungen. Beide Thesen wurden bereits von Robert Gradmann (1913, S. 118) zurückgewiesen und durch neuere Untersuchungen von Schaab (1977) und Maurer (1979) ebenfalls widerlegt. Die auffallende Burgenkonzentration an den Höhenrändern entlang der Berglandschaften und über den steilen Talflanken erklärt sich aus der Wehrfunktion der Burg. Hier gab es besonders günstige Schutz- und Verteidigungsanlagen. Allerdings stellte die topographisch-geographische Situation nur den allgemeinen Rahmen dar. Wie er im einzelnen ausgefüllt wurde, hing von historischen Faktoren ab und änderte sich im Laufe der Burgengeschichte (Maurer 1979, S. 5).

Die erste große Burgenbauwelle begann um die Mitte des 11. Jahrhunderts, als der Hochadel in sturmfreier Hochlage Burgen errichtete. Diese Höhenburgen dienten den Erbauern als Wohnsitz, waren also Adelsresidenzen, nach denen sich die Geschlechter fortan nannten. Zu dieser ersten Generation gehörten u. a. das Welfenschloß Ravensburg (Veitsburg), der Zoller und der Hohenstaufen sowie die Limburg, der Stammsitz der Zähringer. Im Laufe des 11. und 12. Jahrhunderts folgten die Burgen der bedeutendsten südwestdeutschen Adeligen, von denen nur die bekanntesten genannt sein sollen: Waldburg (Oberschwaben), Küssaburg, Fürstenberg, Hohenberg, Achalm, Urach, Neuffen, Teck, Rechberg, Baldern (Albtrauf), Hohentübingen, Calw, Wirtemberg, Weinsberg, Löwenstein, Langenburg (Nekkarland), Rötteln, Badenweiler, Staufen, Hochburg, Ortenberg, Hohengeroldseck, Hohenbaden (Schwarzwald), Steinsberg (Kraichgau), Stolzeneck, Dilsberg, Zwingenberg (Odenwald).

Das klassische Zeitalter des Burgenbaus war aber erst das 13. Jahrhundert. Die Burgen „schossen wie Pilze aus dem Boden". Nach Maurer (1977, S. 120) dürfte sich damals der bisherige Burgenbestand verdoppelt, in manchen Landschaften sogar verdreifacht haben. Was den Standort betrifft, so überwogen nach wie vor die Höhenburgen. Allerdings traten jetzt die Gipfellagen etwas zurück und die Spornlage gewann zunehmend an Bedeutung, die dann in spätstaufischer Zeit zum typischen Burgenstandort wurde. Aber auch ins flache Land drang der Burgenbau allmählich vor. Hier errichteten der Ministerialen- und Dorfadel seine Nieder- und Wasserburgen.

Die rasche Vermehrung der Burgen hängt damit zusammen, daß sich im Laufe des 12. Jahrhunderts ihre Aufgaben erweiterten. Sie waren nicht mehr allein Adelsresidenz, sondern dienten immer mehr als Mittel zur Herrschaftssicherung. Es war Herzog Friedrich von Schwaben (1105–47), von dem als erstem bezeugt wird, daß er die territorial-politische Bedeutung der Burg erkannt und systematisch davon Gebrauch gemacht hat. Um die Basis staufischer Herrschaft am Oberrhein und im Elsaß zu sichern, ließ er zahlreiche Burgen errichten, besetzte sie mit Dienstmannen und schuf so ein politisches und militärisches Instrument zur Raumbeherrschung. Damals entstand das geflügelte Wort: „Herzog Friedrich zieht am Schweif seines Pferdes stets eine Burg hinter sich her."

Andere Reichsfürsten, Herzöge und Bischöfe sind seinem Beispiel gefolgt und haben in anderen Landschaften ähnliche Stützpunktsysteme geschaffen. Allerdings bleibt nach wie vor die Frage umstritten, ob die Verteilung der Burgen rationaler strategischer Planung oder einer mehr zufälligen Entwicklung entsprach. Maurer (1979, S. 9) hat jedoch für den Raum um den Hohenstaufen nachweisen können, daß sich um die zentrale Herzogsburg eine Gruppe von Ministerialenburgen scharte, die rechtlich und politisch an den Hohenstaufen gebunden waren und zusammen ein landschaftsüberwachendes Befestigungsnetz darstellten. Ähnlich organisierte Herrschaftsräume glaubt Maurer auch für die Besitzungen der Herzöge von Teck und der Grafen von Helfenstein erschließen zu können. Jedenfalls waren die Burgen – funktional gesehen – Festung und Wohnsitz zugleich, und sie sind nach dem Untergang der Staufer vielfach zu Mittelpunkten der sich formierenden Kleinherrschaften geworden. Im Verband der „Freien Reichsritterschaft" konnte ein Teil dieser kleinen Adelsherrschaften ihre politische Eigenständigkeit bis zu Beginn des 19. Jahrhunderts bewahren.

Die überwiegende Mehrzahl der Burgen ist untergegangen oder nur noch als Ruinen erhalten. Aber auch Ruinen verdienen geographische Beachtung (vgl. Gradmann 1913, S. 70), da sie als kulturgeographische Vorzeitformen bis in die Gegenwart herein das südwestdeutsche Landschaftsbild prägen und als einstige Herrschaftsmittelpunkte vielfach auch Ausgangspunkte anderer Siedlungen geworden sind. Die erhaltenen Reste reichen immerhin aus, um einen Eindruck vom staufischen und hochmittelalterlichen Burgenbau zu vermitteln.

Die baugeschichtliche Forschung hat mehrfach versucht, bestimmte Burgentypen herauszuarbeiten, ist aber bisher zu keiner einheitlichen Auffassung gelangt. Zwar gibt es bei aller architektonischen Vielfalt ein gewisses Grundinventar an Bauelementen (Bergfried, Palas, Kapelle, Tor, Umfassungsmauer, Wirtschaftsgebäude, Zwinger), die immer wiederkehren, aber ihre Ausgestaltung und Anwendung ließ eine Fülle von Möglichkeiten zu. Im Grunde gleicht keine Burg der anderen. Im folgenden sollen in Anlehnung an Maurer (1977, S. 126), jene Elemente angesprochen werden, die für den staufischen Burgenbau bezeichnend sind. So gelang es den Burgenbauern in spätstaufischer Zeit, den funktionalen Dualismus der Ritterburg architektonisch zu bewältigen, sowohl Wehr- als auch Wohnbau zu sein.

Die Lösung bestand in einer räumlichen Konzentration der Anlage. Dies führte zu einer Vereinfachung des Grundrisses, ein Aneinanderrücken weniger wuchtiger Bauten, die durch eine hohe total geschlossene Mantelmauer umgeben wurde. Im Inneren fand diese Konzentration ihren Höhepunkt im Bergfried, der die ganze Anlage überragte. Dieser Turm war nicht nur Zweckbau (letzter Fluchtort), sondern gleichzeitig war er „Statussymbol der adeligen Besitzer".

Die wuchtige Monumentalität der Burg fand ihr Gegengewicht in der qualitätvollen Werkarbeit und gepflegten Baukultur, die in der Gestaltung von Portalen, Fenstern, Erkern und Arkaden ihren besten Ausdruck fand. Wichtigstes Stilmittel war der behauene

Buckelquader, der den stauferzeitlichen Mauern ihr eigentümlich kraftvoll drohendes, aber auch belebendes Aussehen gab.

Die Stauferzeit brachte für Südwestdeutschland den Höhepunkt des Burgenbaus. In späteren Jahrhunderten setzten neue Entwicklungen ein, die wieder zu schlichteren und zweckmäßigeren Formen führten. Von geographischer Relevanz ist schließlich, daß zwischen den Burgen und anderen Siedlungsarten enge Beziehungen bestanden.

So waren einzelnstehende Burgen in der Regel mit landwirtschaftlichen Gutsbetrieben verbunden, die die Burg mit Lebensmitteln versorgen mußten. Diese *Burghöfe* haben sich oft lebensfähiger erwiesen als die Burg selbst, und manche von ihnen zählen heute zu den wenigen landwirtschaftlichen Großbetrieben Südwestdeutschlands. Ebenso weisen die zahlreichen Burgmühlen, die wir überall im Lande finden, darauf hin, daß sie einstmals zum Bestand einer Burgherrschaft gehörten.

Mehr als die Burghöfe sind die *Burgdörfer* zum landschaftsbestimmenden Element geworden. Dabei kann man nach Maurer (1979, S. 13) genetisch und topographisch zwei Gruppen unterscheiden: Im Altsiedelland hat sich der überwiegende Teil der mittelalterlichen Wehrbauten an bereits bestehende Siedlungen angeschlossen. Die Burgen wurden vor allem vom Niederen Adel in den Dörfern oder in deren unmittelbaren Nachbarschaft erstellt und sind vermutlich aus älteren Herrenhöfen herausgewachsen. Dies gilt besonders für die Nieder- und Wasserburgen in den Gäulandschaften und im Oberrheinischen Tiefland.

Anders verlief die Entwicklung in den jungbesiedelten Waldregionen. Hier wurden die Burgen mit voller Absicht in unzugänglichen Gegenden, abseits bereits bestehender Siedlungen errichtet. Erst im Schutze einer Burg sind dann nachträglich bäuerliche Siedlungen entstanden, unter denen der Typ des *Burgweilers* am häufigsten ist. Im Schwarzwald

und Odenwald, im Jungmoränenland Oberschwabens, besonders aber in den Keuperwäldern ist diese malerische Siedlungsform heute noch häufig anzutreffen.

Sehr komplex ist das Verhältnis zwischen Burg und *Stadt*, das hier nur angedeutet werden soll. Die enge Beziehung zwischen diesen beiden Siedlungsformen ergibt sich allein schon aus der Tatsache, daß die meisten mittelalterlichen Städte räumlich und genetisch mit Burgen verbunden waren. Es waren vor allem die Hochadelsburgen, die durch ihre zentralörtlich-herrschaftlichen Funktionen schon sehr früh Handwerker und Kaufleute anzogen. Es bildeten sich vor den Mauern der Burg Gewerbesiedlungen, die sich zu Marktorten entwickelten, denen dann in staufischer Zeit in der Regel das Stadtrecht verliehen wurde.

3.4.2
Die Städte der Stauferzeit

Die deutschen Fürsten, allen voran das staufische Königshaus, haben im 12. und 13. Jahrhundert eine sehr aktive Stadtgründungspolitik betrieben. Es wurden nicht nur bereits bestehende „frühe Märkte", die sich um Bischofssitze und Königspfalzen gebildet hatten, weiter ausgebaut und gefördert, sondern es kam auch zu völligen Neuschöpfungen.

Voraussetzung für die mittelalterliche Stadtgründungswelle waren die Differenzierung des Wirtschaftslebens, ein zunehmender Bevölkerungsüberschuß und ein wirtschaftlicher Aufschwung, den Deutschland während der Stauferzeit erlebte. Es war die Zeit des Übergangs von der Naturalien- zur Geldwirtschaft. Die Stadt bot dem Bevölkerungsüberhang neue wirtschaftliche Möglichkeiten in Handel und Gewerbe. Dazu kamen günstigere Rechtsverhältnisse, die von den zuwandernden Menschen gerne wahrgenommen wurden. Bekanntlich galt der Grundsatz „Stadtluft macht frei nach Jahr und Tag".

Die Motive, eine Stadt zu gründen, waren militärischer, wirtschaftlicher und politischer Natur. Als ummauerte Großburg brachte die Stadt militärische Sicherheit. Besser noch als die Burgen konnten Städte die Handels- und Reisewege absichern und den Untertanen in unsicheren Zeiten Schutz gewähren. Ferner war die Stadt als Markt- und Gewerbeort von erheblicher wirtschaftlicher Bedeutung. In einer Zeit, in der sich die Geldwirtschaft immer mehr durchsetzte, brachte sie den Stadtherren wichtige monetäre Einkünfte in Form von Marktzöllen, Standgeldern und anderen Steuern.

Außerdem waren die Städte vielfach ein Mittel, um eine Konzentration herrschaftlicher Rechte zu erreichen. Sie wurden zu Verwaltungsmittelpunkten und Amtssitzen, die für einen weiteren Umkreis politisch-administrative Aufgaben wahrnahmen. Es überrascht nicht, wenn gerade die Städte zum Rückgrat der staufischen Reichsländer ebenso wie des „Zähringerstaates" (Theodor Mayer) in Südwestdeutschland geworden sind.

Die entscheidende Initiative ging von Friedrich I. Barbarossa aus. Er bestätigte und erweiterte die Privilegien der alten Bischofsstädte und leitete die Stadtwerdung der Pfalzorte ein. Im deutschen Südwesten waren dies Ulm, Wimpfen und das elsässische Hagenau. Dazu trat eine Reihe weiterer Stadtgründungen, die die staufischen Stammlande in Schwaben sichern sollten. Als Riegel gegen die welfischen Bayern wurde eine östliche Stadtgruppe mit Donauwörth, Giengen an der Brenz, Schwäbisch Gmünd, Bopfingen, Nördlingen, Dinkelsbühl und Rothenburg ob der Tauber angelegt. Besondere Bedeutung erlangte dabei Hall mit seiner Salzquelle und Reichsmünze. Eine strategisch wichtige Position am Rhein war Breisach. Mit dieser Stadtgründung war ein bedeutender Rheinübergang unter stau-

fische Kontrolle gebracht und zugleich eine Gegenposition gegen die Städtepolitik der Zähringer in diesem Raum aufgebaut worden.

Friedrich II. ergänzte und vollendete die Städtepolitik seines Großvaters. Auf ihn gehen die wichtigsten Städte im Neckarland (Heilbronn, Esslingen, Reutlingen) und in Oberschwaben (Biberach, Pfullendorf, Buchhorn, Wangen im Allgäu, Lindau) zurück. Die oberschwäbischen Stadtgründungen bildeten zusammen mit dem älteren Überlingen und den Schweizer Städten ein wichtiges Stützpunktsystem für die staufische Italienpolitik.

Die Staufer waren jedoch nicht die einzigen, die eine erfolgreiche Städtepolitik betrieben. Ihre stärksten Konkurrenten waren die Zähringer und Welfen. Die Herzöge von Zähringen hatten bereits im ausgehenden 11. Jahrhundert im südlichen Schwarzwald eine planmäßige Territorialpolitik betrieben, die um 1120 ihren Abschluß in der Gründung der Städte Freiburg im Breisgau, Offenburg und Villingen fand.

Die Zähringerstädte waren Meisterwerke städtebaulicher Gestaltung und den staufischen Gründungen weit überlegen. Ihre physiognomischen Merkmale sollen an anderer Stelle näher erläutert werden. Spätere Zähringerstädte sind Neuenburg am Rhein, wahrscheinlich Rottweil, ferner Rheinfelden, Bern, Freiburg im Üchtland, Murten und Thun in der Schweiz. Im Jahre 1218 starb das Geschlecht der Zähringer aus. Ihr Besitz fiel zum größten Teil an die Staufer. Auch die altwelfischen Städte Memmingen und Ravensburg kamen am Ende des 12. Jahrhunderts an das Reich und damit unter die Hoheit der staufischen Könige.

Damit waren zu Beginn des 13. Jahrhunderts die wichtigsten Städte in der Hand der Staufer vereint. Sie wurden als Königsstädte in nachstaufischer Zeit in der Regel zu Reichsstädten und nehmen, was Größe und Bedeutung anbelangt, in ihrer Mehrheit bis

Abb. 11: Städte und Märkte zur Stauferzeit (vor 1250)
(Quelle: Das Land Baden-Württemberg 1974, S. 145)

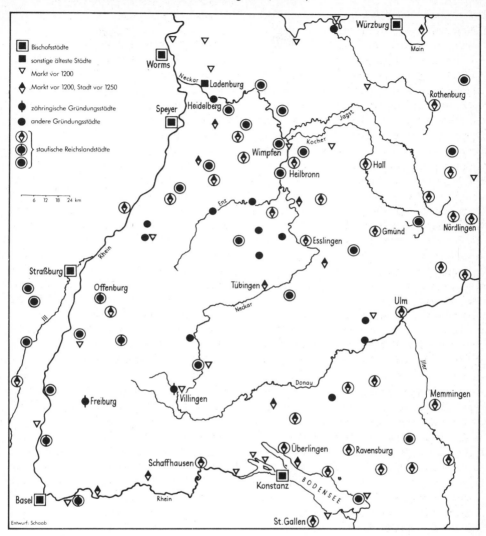

heute eine Sonderstellung ein. In der Spät-
zeit der Staufer konnten auch andere Territorialherren zu Neugründungen schreiten,
da ihnen 1231 das Stadtbefestigungsrecht
ausdrücklich zugestanden worden war (Haase 1963, S. 386). Es kam zu einer Welle von
Stadtgründungen, die von fast allen Hoch-
adelsfamilien mitgetragen wurde. Das Grün-
dungsfieber, das zuletzt auch kleine Nieder-
adelsherrschaften erfaßt hatte, erlosch jäh
um die Mitte des 14. Jahrhunderts. Dazu
beigetragen haben wohl die verheerenden
Pestepidemien von 1349/50 und 1365, die
das Land stark entvölkert hatten (vgl. Weller
1938, S. 350f.) sowie eine gewisse Sättigung
an Städten.

51

3.4.3
Die räumlichen Prägekräfte der neuen Mönchsorden

Auf die besondere Bedeutung der Mönchsorden für den mittelalterlichen Landesausbau wurde bereits hingewiesen. Hier soll lediglich das spezifische siedlungsgeographische Ergebnis und damit auch die besondere kulturgeschichtliche Leistung der Zisterzienser und Prämonstratenser skizziert werden. Beide Orden waren zu Beginn des 12. Jahrhunderts in Frankreich entstanden und hatten in staufischer Zeit in Südwestdeutschland großen Einfluß gewonnen.

Kennzeichnend für den Zisterzienserorden war die strenge Abkehr von der Welt. Die Klöster wurden in abgeschiedener Lage, weitab von Überlandstraßen und möglichst an einem fließenden Gewässer errichtet. Bei den Klosterbauten wurde auf einfachen Baustil (z.B. Verzicht auf Kirchtürme) geachtet. Die Ordensregel schrieb ferner vor, daß die Klosterangehörigen ihren Lebensunterhalt durch eigene Handarbeit zu erwerben hatten. Die „weißen Mönche" ließen daher ihre Besitzungen nicht von abhängigen Bauern bewirtschaften, sondern widmeten sich selbst der Landwirtschaft. Der enge Kontakt zu den französischen Mutterklöstern führte dazu, daß fortschrittlichere agrarische Wirtschaftsformen über den Rhein herüberdrangen. Die Innovationen betrafen vor allem den Wein- und Obstbau, aber auch die Pflege des Bodens und die Technik der Melioration.

Die wichtigsten Zisterzienserklöster in Südwestdeutschland waren die Abteien Salem, Maulbronn mit den Tochtergründungen Bronnbach und Schöntal sowie Herrenalb und Tennenbach, ferner Königsbronn und schließlich noch Schönau und dessen Tochter Bebenhausen. Anders als in den deutschen Ostgebieten, wo die Zisterzienser als Kolonisatoren von Wäldern eine bedeutsame Rolle spielten, war der Orden in Süd-

westdeutschland dem Altsiedelland verhaftet. Wenn auch hier ein Teil der Klöster in abgelegenen Waldtälern errichtet worden ist (z.B. Schönau, Herrenalb, Tennenbach und Bebenhausen), so lag doch der Schwerpunkt ihres Besitzes in landwirtschaftlich ergiebigen Altsiedelgebieten, bevorzugt in guten Weinbaulagen. Nach Schaab (1975, S. 13) ist dies ein besonderes Charakteristikum der südwestdeutschen Zisterzienser.

Eine Besonderheit der zisterziensischen Klosterwirtschaft war die Anlage von sogenannten Grangien. Dabei handelte es sich um landwirtschaftliche Großbetriebe, die mit Hilfe von Laienbrüdern (Konversen) bewirtschaftet wurden. Teilweise wurden diese Wirtschaftshöfe auf aufgelassenen alten Akkerflächen angelegt, oft aber entstanden sie auch durch gezielte Wüstlegung (Bauernlegen) ganzer Dörfer. Im Neckarland gibt es heute noch 10 große Hofgüter, die als Grangien der Klöster Maulbronn, Hirsau und Bebenhausen aus einstigen Dörfern entstanden (Huttenlocher 1972, S. 131). Ein klassisches Beispiel für eine zisterziensische Teilwüstung ist das bekannte Weingut Elfinger Hof bei Maulbronn. Auch die Barockstadt Ludwigsburg steht auf dem Boden der ehemaligen Bebenhäuser Eigenbetriebe Erlachhof und Geisnang. In auffallender Konzentration finden sich schließlich große Grangien des Klosters Schönau auf dem Neckarschwemmkegel bei Heidelberg, die nachweislich durch Entvölkerung einstiger Dörfer entstanden.

Dem asketisch-weltabgewandten Ideal der Zisterzienser war auch der Prämonstratenserorden verpflichtet. Er hat sich vor allem durch die Urbarmachung von Sumpfgebieten siedlungsgeschichtliche Verdienste erworben. Dieser Orden stand in der besonderen Gunst der Welfen, die in Oberschwaben mehrere Abteien angelegt hatten, so das Kloster Rot a.d.R., Kloster Weißenau und Schussenried sowie Obermarchtal. Im Schwarzwald ist das Kloster Allerheiligen zu nennen, und als staufische Stiftung entstand Kloster Adelberg zu Füßen des Stammsitzes Hohenstaufen.

3.5
Die Entwicklung der Kulturlandschaft in der Zeit der Territorialstaaten 1250–1800

Zum Schicksal des deutschen Südwestens gehörte es, daß dieser Raum nach dem Untergang der Staufer und der Auflösung des Herzogtums Schwaben jahrhundertelang in eine Vielzahl weltlicher und geistlicher Herrschaften aller Art und Größe zerfiel. Der territoriale Gegensatz wurde durch die Reformation weiter vertieft. Die Folge war, daß die unterschiedlichen politischen Konstellationen zu verschiedenen kulturlandschaftlichen Entwicklungen führten, die sich in der Bevölkerungs- und Sozialstruktur, im Siedlungswesen, in der Agrarverfassung und der Wirtschaftsgesinnung niederschlugen und die bis in die Gegenwart herein nachwirken.

Diese außerordentlich verwickelte und schwer überschaubare historische Entwicklung auch nur in Umrissen zu verfolgen, kann nicht unsere Aufgabe sein. Doch sollen wenigstens ein paar historische Ereignisse genannt werden, die für die Entwicklung der Kulturlandschaft nicht ohne Bedeutung waren.

Die politische Entwicklung des Spätmittelalters war im deutschen Südwesten durch den Versuch der deutschen Könige bestimmt, die alte Machtgrundlage des Reiches durch Sicherung und Wahrung des Reichsguts wieder herzustellen, d.h. das alte Herzogtum Schwaben wieder zu errichten. Diesem Bemühen standen die Sonderbestrebungen vieler Grafen und adeliger Herren gegenüber, die nur daran interessiert waren, ihre Landesherrschaft auszubauen. Der Hochadel

fand seine Gegenspieler wiederum in den Städten und Rittern, die durch genossenschaftliche Einigung und Bünde ihre unabhängigen Positionen zu behaupten suchten. Die Mittel, diese politischen Ziele durchzusetzen, waren im 14. und 15. Jahrhundert zahllose Fehden und Kleinkriege, die die allgemeine Entwicklung des Landes stark beeinträchtigten. Sieger in diesen langen Auseinandersetzungen waren letztlich die fürstlichen und gräflichen Territorialherren. Erst die Reichsreform Kaiser Maximilians 1495 sicherte den „Ewigen Landfrieden" und faßte wenigstens einen Teil des einstigen Herzogtums Schwaben verwaltungsmäßig im Schwäbischen Reichskreis (1512) zusammen.

Dieser organisatorische Rahmen hielt bis zum Untergang des alten Reiches im Jahre 1806. Er überstand die Zerreißprobe der Reformationszeit, den Dreißigjährigen Krieg, den Pfälzischen Erbfolgekrieg (1688–97) und den Spanischen Erbfolgekrieg (1701–14), die alle Südwestdeutschland stark in Mitleidenschaft gezogen hatten. Ehe auf die besondere Raumprägung der einzelnen südwestdeutschen Herrschaftsgebilde eingegangen wird, sollen noch einige Grundzüge der spätmittelalterlichen Siedlungsentwicklung dargestellt werden.

Spätmittelalterliches Städtewesen

Die Grundlinien der Siedlungsentwicklung, wie sie sich im Hochmittelalter herausgebildet hatten, sind in den folgenden Jahrhunderten gleichgeblieben und haben sich z.T. bis in die Gegenwart hinein fortgesetzt.

Dies gilt in besonderer Weise für das Städtewesen. Die Masse der südwestdeutschen Städte ist erst nach dem Niedergang der Staufer durch zahlreiche gräfliche und freiherrliche Geschlechter gegründet worden. Auf die Markgrafen von Baden gehen z.B. die Städte Backnang, Besigheim und vermutlich auch Stuttgart zurück, dazu kam die

Stadt Baden-Baden, die zu Füßen der namengebenden Burg entstanden ist. Die ältesten Städte der Württemberger sind Leonberg und Schorndorf; spätere Gründungen waren u. a. Cannstatt, Nürtingen, Münsingen und Neuenbürg a. d. Enz. Zu den bedeutenderen Stadtgründungen zählen auch die der Pfalzgrafen von Tübingen, auf die Tübingen, Horb, Böblingen, Sindelfingen und Blaubeuren zurückgehen. Kurpfälzische Stadtgründungen waren u. a. Heidelberg, Wiesloch und Bretten.

Diese knappe Aufzählung mag genügen, um zu zeigen, daß sich der Hochadel im Zeitraum zwischen 1250 und 1350 zu einer förmlichen Welle neuer Stadtgründungen hinreißen ließ. Vielfach liegt schon in diesem Zeitabschnitt, vor allem aber in der Zeit des ausgehenden Mittelalters, der Ursprung vieler Zwergstädte. Dabei handelt es sich um Städtchen, die nach Gradmann (1914, S. 147) noch zu Beginn des 20. Jh. weniger als 2000 Einwohner zählten, in ihrem Erscheinungsbild jedoch gewisse städtische Züge aufwiesen, unter wirtschaftlichen, sozialen und zentralörtlichen Gesichtspunkten jedoch eher Dörfern glichen. Sie blieben im Keimzustand stecken, galten als „Kümmerformen" (Huttenlocher 1963, S. 167) und wurden von Gradmann (1914, S. 168) sehr treffend als „verunglückte Spekulationen" des späten Mittelalters bezeichnet.

Abgesehen von diesen Fehlgründungen erlebten die Städte im ausgehenden Mittelalter eine ausgesprochene Blütezeit. Vor allem in den Stadtgründungen der Stauferzeit kam es zu einer starken Zunahme an Bevölkerungs- und Wirtschaftskraft. Dies fand besonders in der baulichen Umgestaltung seinen Niederschlag. Die Städte wurden zu den großen Zentren gotischer Baukunst. Bald reichte auch der ummauerte Bezirk zur Ansiedlung nicht mehr aus. Es entstanden Vorstädte, die an Fläche oft sogar die alten Stadtkerne übertrafen und allmählich in die Ummauerung mit einbezogen wurden.

Auch die Stadtmarkungen erweiterten sich durch das Aufsaugen benachbarter Dörfer. Erst die politischen, sozialen und wirtschaftlichen Umwälzungen der frühen Neuzeit beendeten diese dynamische Stadtentwicklung.

Die Wüstungsperiode

Die imposante Entfaltung des ländlichen Siedlungswesens bricht in der Mitte des 14. Jahrhunderts jäh ab, um einen Abschnitt mit gegenteiliger Entwicklungsrichtung einzuleiten. Im 13. und vor allem im 14. und 15. Jahrhundert setzt ein starker Siedlungsschwund ein, der als „spätmittelalterliche Wüstungsperiode" bezeichnet wird. Die Zahl der damals in Baden-Württemberg untergegangenen Orte geht in die Tausende, wobei allerdings die einzelnen Landschaften von diesem Wüstungsprozeß in unterschiedlicher Stärke erfaßt worden sind.

Besonders betroffen waren die Altsiedelgebiete der Gäulandschaften im Neckarbecken, des Baulandes und der Alb sowie die Keuperwälder, wo selten ein Dorf vorhanden ist, auf dessen Markung nicht eine oder mehrere mittelalterliche Wüstungen nachzuweisen sind. Bei den untergegangenen Orten handelt es sich so gut wie ausschließlich um ländliche Siedlungen (Einzelhöfe, Weiler und Dörfer). Die Städte wurden von diesem Prozeß kaum erfaßt. Nur die Bergbaustädte Münster und Prinzbach im Schwarzwald sowie Oberhohenberg am Trauf der Südwestalb können für diese Zeit als Stadtwüstungen nachgewiesen werden.

Die Ursachen für diesen überaus starken Wüstungsabfall, der damals nicht nur Südwestdeutschland, sondern ganz Europa erfaßt hatte, sind noch nicht befriedigend geklärt. Die naheliegende Vermutung, daß es sich hierbei um Folgen kriegerischer Ereignisse handelte, darf als überholt gelten. Gewichtiger ist der Umstand zu nehmen, daß es im Spätmittelalter zu einer allgemeinen Agrarkrise kam, die einen langanhaltenden Rückgang im agraren Produktions-, Preis- und Einkommensgefüge einleitete. Es fällt jedenfalls auf, daß die Weinbaugebiete am Oberrhein und im Neckarland weniger Wüstungen aufweisen als die Feldbaulandschaften in den Gäuen und auf der Alb. Die große Masse der Wüstungen wird aber mit diesen Feststellungen noch nicht erklärt. Sie sind aller Wahrscheinlichkeit nach die Folge eines plötzlich eintretenden Bevölkerungsschwundes, der seinerseits vor allem durch die großen Pestepidemien 1349/50 und 1365 bedingt war.

Die Auswirkungen des spätmittelalterlichen Wüstungsprozesses auf das siedlungsgeographische Gesamtbild des Landes hat Schröder (1974, S. 864) folgendermaßen gekennzeichnet: Es kam einerseits zu einer „zahlenmäßigen Verarmung des Siedlungsbestandes", andererseits aber auch zu einer „Kräftigung der überlebenden Siedlungen, sei es durch die Vergrößerung der Markungen, sei es durch den Zuzug von Bewohnern der abgegangenen Orte oder durch beides". Das wichtigste Ergebnis war eine Siedlungskonzentration und die endgültige Festlegung des Siedlungsnetzes im weitaus größten Teil Südwestdeutschlands. Was die folgenden Jahrhunderte an Veränderungen gebracht haben, kann im ganzen gesehen „nur als Ausgestaltung des Siedlungsbestandes bezeichnet werden" (Schröder 1974, S. 864).

3.5.1
Das territoriale Kräftefeld

Zu Beginn des 16. Jahrhunderts war die Territorialentwicklung im deutschen Südwesten zu einem gewissen Abschluß gekommen, und es hatte sich jener Besitzstand herausgebildet, wie er bis zur Auflösung des alten Reiches im wesentlichen bestehen blieb.

Nach Friedrich Huttenlocher (1972, S. 71) kann man dabei zwei Typen von Herrschaftsgebieten unterscheiden: eine mehr konservative Gruppierung, die in Konfession, Sozialstruktur sowie in den Rechts- und Verwaltungsverhältnissen am alten festhielt und eine zweite Gruppe, die bemüht war, ihre Herrschaftsgebiete zu arrondieren und diese zu einem modernen Staatswesen auszubauen.

Führungsmacht der mehr konservativen Herrschaftsgebilde war das Haus Habsburg. Auf der Basis des staufischen Reichs- und Hausgutes war es den Habsburgern gelungen, im Süden des heutigen Bundeslandes einen komplizierten Territorialverband von unmittelbaren Besitzungen, von abhängigen Städten und mittelbaren Hoheitsgebieten zu erwerben. Die politische Sonderstellung dieser Gebiete zeigte sich auch darin, daß sie bei der Schaffung der Reichskreise (1512) nicht dem Schwäbischen, sondern dem Österreichischen Kreis zugeordnet wurden (Gönner 1980, S. 21, 23). Im 17. Jahrhundert setzte sich für dieses merkwürdige Herrschaftskonglomerat, das weder politisch noch kulturell eine Einheit darstellte, die Bezeichnung „Vorderösterreich" durch (Gönner 1980, S. 23). Im einzelnen gehörten dazu: die Markgrafschaft Burgau (Günzburg), die Grafschaft Hohenberg (Rottenburg, Horb, Oberndorf, Spaichingen), die Landgrafschaft Nellenburg (Stockach), die Landvogtei Schwaben (Altdorf-Weingarten), die sogenannten Donaustädte (Ehingen, Munderkingen, Riedlingen, Mengen, Saulgau und Waldsee) sowie die Städte Radolfzell und Konstanz. Großflächigen Besitz erwarben die Habsburger mit der Vogtei St. Blasien im südlichen Schwarzwald, ferner gehörten ihnen große Teile des Breisgau und die Waldstädte am Hochrhein (Rheinfelden, Säckingen, Laufenburg und Waldshut) sowie die Stadt Villingen und die Landvogtei Ortenau. Die politische und geistige Führung lag seit dem Verlust des Elsaß nach dem

Abb. 12: Heutiges Baden-Württemberg am Ende des alten Reichs
(n. Sauer 1982)

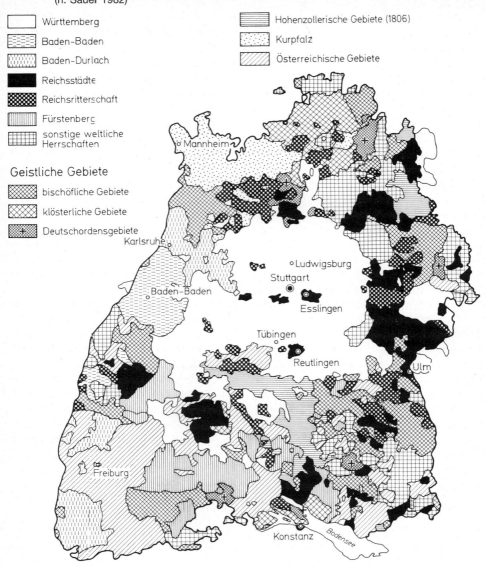

Württemberg		Hohenzollerische Gebiete (1806)	
Baden-Baden		Kurpfalz	
Baden-Durlach		Österreichische Gebiete	
Reichsstädte			
Reichsritterschaft			
Fürstenberg			
sonstige weltliche Herrschaften			

Geistliche Gebiete

- bischöfliche Gebiete
- klösterliche Gebiete
- Deutschordensgebiete

Dreißigjährigen Krieg in Freiburg i. Br. mit seiner 1458 gegründeten Universität.

Der Geograph Friedrich Metz, der mit der Herausgabe des umfassenden Werkes „Vorderösterreich, eine geschichtliche Landeskunde" (1959) die Erinnerung an dieses Territorialgebilde wieder aufgefrischt hat, würdigt dessen kulturlandschaftliche Prägekraft mit folgenden Worten (S. 46): „Nicht in der Naturlandschaft, wohl aber in der Kulturlandschaft finden sich allenthalben gemeinsame Züge und Erinnerungen an die österreichische Zeit. In Wappenbildern wie in den Fahnen der Städte, in repräsentativen

56

Bauten, die an die österreichische Herrschaft erinnern, in Adelssitzen in Stadt und Land, in weltlichen und kirchlichen Denkmälern."

Vorderösterreich war streng katholisch geblieben. Davon zeugen bis heute die vielen barocken Kirchen, Klöster und Kapellen, die Mariensäulen in den Städten und die schmucken Bildstöcke in den freien Feldfluren.

Von ähnlich konservativer Grundhaltung waren auch die *geistlichen Territorien,* d. h. die Hoheitsgebiete der Bistümer, Klöster, Stifte und Ritterorden.

Die Lage der bischöflichen Territorien wurde vor allem durch die Tatsache bestimmt, daß außer Konstanz sämtliche Bischofssitze außerhalb des Landes lagen und daher nur an den Rändern des heutigen Baden-Württemberg Hoheitsrechte erwerben konnten. Dabei überrascht, daß das Bistum Konstanz, das flächenmäßig die größte deutsche Diözese war, rechtsrheinisch nur ein kleines Territorium besaß: die Insel Reichenau und Teile des westlichen Bodenseegebiets. Wesentlich größer waren die Besitzungen des Bistums Straßburg. Zu ihm gehörten neben einem Gebiet um Ettenheim das ganze Renchtal mit Oberkirch und Oppenau bis zum Kniebis. Das größte und geschlossenste bischöfliche Herrschaftsgebiet war das des Hochstiftes Speyer, das neben der bischöflichen Residenz Bruchsal die Lußhardt mit Philippsburg und dem benachbarten Kraichgau umfaßte. Dem Erzbistum Mainz war es gelungen, im Odenwald und Bauland einen größeren Territorialkomplex (mit den Städten Buchen, Osterburken, Walldürn) zu erwerben; dazu kam noch Streubesitz im Taubergrund (Tauberbischofsheim) und im Jagsttal (Krautheim).

Außer den Bistümern war es auch einer großen Zahl von Abteien gelungen, ein eigenes Territorium zu schaffen und zu behaupten. Vor allem im herrschaftlich besonders zerfaserten Oberschwaben häuften sich die reichsunmittelbar gewordenen Klöster und Stifte. Die wichtigsten Klostergebiete waren die der Zisterzienserabtei Salem, die der Benediktinerabteien Ochsenhausen, Weingarten und Zwiefalten, letztere am Südrand der Alb. Beachtenswerte Territorien besaßen auch die Prämonstratenserabteien Rot, Schussenried, Weißenau und Obermarchtal. Ein weiterer Schwerpunkt geistlicher Herrschaftsgebiete lag in Ostwürttemberg mit den Benediktinerabteien Neresheim auf dem Härtsfeld, der Fürstprobstei Ellwangen im Virngrundwald und der Abtei Schöntal an der Jagst.

Im Südschwarzwald war es dem Abt von St. Blasien, der unter österreichischer Landeshoheit stand, im 17. Jahrhundert durch den Erwerb der Herrschaft Bonndorf gelungen, ein reichsunmittelbares Territorium zu erwerben und dafür die Reichsstandschaft zu erlangen.

In der Aufzählung der geistlichen Territorien dürfen schließlich die Besitzungen der Ritterorden nicht fehlen. So hat der Deutsche Orden nach dem Verlust Preußens 1525 den Sitz des Hoch- und Deutschmeisters nach Mergentheim verlegt, wo der Orden seit alter Zeit ein größeres Gebiet besaß. Dazu kamen die Ordenssitze in Gundelsheim und Neckarsulm sowie die Kommenden Althausen, Mainau und Kapfenburg-Lauchheim. Zu erwähnen ist schließlich noch das Johannitergroßpriorat Heitersheim im Breisgau, das im 16. Jahrhundert zum Fürstentum erhoben wurde und über einigen Streubesitz im Lande verfügte.

Die kulturlandschaftliche Prägekraft der geistlichen Territorien bestand vor allen Dingen in den großen Bauwerken der Barockzeit. Im Zuge der Gegenreformation war es zu einer Wiederherstellung des monastischen Lebens gekommen, verbunden mit einem finanziellen Wiederaufstieg der Klöster und Stifte. „Planmäßig geordnete Stiftsarchitekturen mit glanzvollen Bibliotheken, Klöster und Wallfahrtskirchen" zeugen von der neu gewonnenen wirtschaftlichen und geistlichen Kraft (Baumhauer 1979, S. 178). Dazu kam eine Vielzahl kleiner Kapellen und Bildstöcke, die heute weithin zum unverzichtbaren Bestandteil der südwestdeutschen Kulturlandschaft geworden sind. Ausgelöst durch den Bauboom entstanden Steinbrüche und Holzeinschläge, Anlagen zur Eisengewinnung und -verarbeitung, Innovationen in Viehzucht und Schafhaltung, im Brauereiwesen und im Mühlenbau, wovon die Handwerker und die Bevölkerung der geistlichen Territorien profitierten.

Wie die weltlichen Fürsten, so haben auch die geistlichen Würdenträger im 17. und 18. Jahrhundert Barockresidenzen errichtet. Die Schlösser auf der Mainau und im oberschwäbischen Altshausen, vor allem aber die Bischofsresidenzen in Meersburg und Bruchsal, sind hierfür gute Beispiele.

Schließlich sorgten sich die geistlichen Herrschaften um eine gesunde Agrarstruktur ihrer ländlichen Gebiete. Die meisten von ihnen haben die Aufteilung des bäuerlichen Besitzes unterbunden und das Anerbenrecht eingeführt. So entstand in den Klosterherrschaften ein wohlhabender, selbstbewußter Bauernstand, was in der Redensart „Unterm Krummstab ist gut leben" seine populäre Bestätigung fand.

Friedrich Metz (1951, S. 34) hat darauf aufmerksam gemacht, daß der deutsche Südwesten „ausgesprochenes Adelsland in Deutschland" geworden ist. Nirgendwo hat die *Freie Reichsritterschaft* eine solche Bedeutung erlangt wie gerade hier. Die ritterschaftlichen Besitzungen, die in besonderen Korporationen (Kantonen) zusammengefaßt waren, traten im Nordosten des Landes gehäuft auf und reichten vom Kraichgau und Bauland über das Jagstgebiet bis zu den östlichen Keuperwäldern. Weitere Schwerpunkte lagen in der südlichen Alb und dem benachbarten Donauland, am oberen Neckar, in der Ortenau und im Hegau.

Der Besitz der einzelnen Reichsritter war meist sehr klein. Er bestand oft nur aus einem Gutsbetrieb, einem Dorf oder aus wenigen Siedlungen. Ihr kulturgeographischer Einfluß zeigte sich vor allem in der Anlage des Adelssitzes. Vor allem die kleineren Schloßbauten, meist in bevorzugter topographischer Lage erstellt, fallen als weithin sichtbare Landmarken auf. Außerdem sind auf ritterschaftlichem Boden vielfach Siedlungen mit besonderer Sozialstruktur (Bettler-, Hausierer- und Judengemeinden) entstanden. Die eigenartigen Entstehungsbedingungen dieser Siedlungen (Peuplierungsmaßnahmen) prägen bis heute das Ortsbild, teilweise auch noch deren Wirtschafts- und Sozialstruktur.

Neben dem Verband der Freien Reichsritterschaft waren es vor allem die *Reichsstädte*, die am stärksten den Reichsgedanken vertraten. Von den 51 Reichsstädten, die am Ende des 18. Jahrhunderts in Deutschland bestanden, lagen allein 25 im heutigen Baden-Württemberg. Besonders groß ist ihre Zahl in Oberschwaben und am Bodensee mit Ravensburg, Biberach, Leutkirch, Isny, Wangen, Lindau, Buchhorn (Friedrichshafen), Überlingen, Pfullendorf und dem kleinen Buchau. Im Neckarland liegen Rottweil, Reutlingen, Esslingen, Weil der Stadt, Heilbronn, Wimpfen und Schwäbisch Hall. In Ostwürttemberg sind es die Reichsstädte Schwäbisch Gmünd, Aalen, Bopfingen und Giengen an der Brenz. In der Ortenau lagen Offenburg, Gengenbach und Zell am Harmersbach, dem sich das freie Reichstal Hamersbach anschloß.

Die meisten Reichsstädte waren Staufergründungen und haben die militärischen, wirtschaftlichen und kulturellen Geschicke des deutschen Südwestens nachhaltig mitbestimmt. Im Hoch- und Spätmittelalter lag ihre Blütezeit.

Ulm und Ravensburg verdankten ihren wirtschaftlichen Aufstieg der Leinen- und Barchentindustrie und ihren hervorragend organisierten Handelsorganisationen, deren Wirtschaftsraum von Krakau bis Saragossa reichte. Durch Eisen- und Tuchhandel waren Esslingen, Rottweil und Gmünd (Sensen) zu Wohlstand gelangt, und Hall fand im Salzhandel und durch seine Münze („Heller") einen soliden wirtschaftlichen Rückhalt. Die einstige wirtschaftliche Kraft dieser Reichsstädte kommt heute noch in ihren Stadtbildern zum Ausdruck. Augenfällige Zeugen des städtischen Reichtums sind die großen Kirchbauten des Hoch- und Spätmittelalters, die repräsentativen Rathäuser, große Spitäler und Stadtklöster sowie die Überreste mächtiger Befestigungsanlagen. Es ist auch kein Zufall, daß von diesen Städten mit ihrem hochentwickelten Handwerk im 19. Jahrhundert starke Anregungen für die Industrie ausgingen.

Die politische Landkarte des deutschen Südwestens zeigte in früheren Jahrhunderten weitere Farbtupfer durch die große Zahl *kleinerer und mittlerer Herrschaftsgebilde*. Das Verbreitungsgebiet dieser kleinen Territorien war hauptsächlich der Süden und Nordosten des Landes. Wenn auch jeder dieser „Zwergstaaten" seine Besonderheiten aufwies, so haben sie sich doch im großen und ganzen an die sie umgebenden größeren Territorien angelehnt. In den katholisch gebliebenen südlichen Landesteilen standen sie unter vorderösterreichischem Einfluß, so das Fürstentum Fürstenberg, die Hohenzollerischen Lande sowie die Besitzungen der Reichserbtruchsesse von Waldburg. Im Nordosten, wo die Grafen und Fürsten von Hohenlohe sowie die Schenken von Limpurg größere arrondierte Herrschaftsgebiete bilden konnten, war der Einfluß der benachbarten protestantischen Staaten spürbar. Durch Erbteilung sind viele dieser Kleinterritorien weiter zersplittert worden mit dem Ergebnis, daß eine Vielzahl kunst- und kulturgeschichtlich reizvoller Kleinresidenzen entstanden sind, die wesentlich zum kulturlandschaftlichen Reichtum Südwestdeutschlands beigetragen haben. So gilt Hohenlohe mit den Schlössern Weikersheim, Langenburg, Neuenstein, Öhringen, Waldenburg, Kirchberg und Bartenstein als „Musterland der kleinen Residenzen". Die Schloßkomplexe mit den dazugehörigen Orten lassen noch heute nachempfinden, „wie stark im Alten Reich das Leben von Siedlung und Territorium auf diese kleinfürstlichen Hofhaltungen ausgerichtet war" (Baumhauer 1979, S. 134).

Nach Huttenlocher (1972, S. 75) lag das Gemeinsame der bisher aufgeführten Herrschaft darin, daß sie bestrebt waren, „die mittelalterliche Lebensordnung mit ihrem ständischen Aufbau und das ihren Bestand sichernde deutsche Kaiserreich zu erhalten". Dieser konservativen Gruppierung standen als Konkurrenten vier größere weltliche Territorien gegenüber, die als fortschrittlichere Gebiete Südwestdeutschlands gelten konnten: das Herzogtum Wirtemberg, die Markgrafschaft Baden, die Pfalzgrafschaft am Rhein und im Nordosten des Landes die Zollerische Markgrafschaft Ansbach-Bayreuth.

Der bedeutendste Territorialstaat im deutschen Südwesten war das *Herzogtum Wirtemberg*. Es entwickelte sich aus unscheinbaren Anfängen (Remstalgrafschaft) dank der zielbewußten und umsichtigen Politik seiner Dynasten zum geschlossensten aller südwestdeutschen Territorien. Es reichte von der Schwäbischen Alb bis zur Jagst und vom Schwarzwald bis in das schwäbisch-fränkische Keuperbergland.

Dagegen ist die Entwicklung der *badischen Territorien* „durch wechselnde Ziele und durch Zersplitterung gekennzeichnet" (Metz 1951, S. 31). Die Markgrafen von Baden, eine Seitenlinie der Zähringer Herzöge, hatten ihren Kernbesitz in der Rheinebene und am Westhang des Schwarzwalds. Es ist ihnen aber nicht gelungen, einen geschlossenen Territorialbereich zu schaffen.

Die Untere Markgrafschaft erstreckte sich über den Uf- und Pfinzgau mit den Städten Pforzheim, Durlach, Ettlingen und der Burg Baden, nach der sich das Herrscherhaus seit 1112 nannte. Die obere Markgrafschaft lag im Breisgau, dem heutigen Markgräflerland. Dazwischen gab es noch badischen Splitterbesitz um Emmendingen und Mahlberg. Wiederholte Teilungen und die konfessionelle Spaltung der markgräflichen Familie in eine evangelisch Baden-Durlacher und eine katholisch Baden-Badener Linie führten zu recht unterschiedlichen Entwicklungen in den einzelnen Teilgebieten.

Die Region am unteren Neckar, der südliche Odenwald und Teile des Kraichgaus waren jahrhundertelang Bestandteil der *Pfalzgrafschaft* am Rhein. Der Reichtum des Territoriums und der politische Ehrgeiz der Kurfürsten, aber auch deren Kunstsinn und Kulturpflege (1386 wurde die Universität Heidelberg gegründet) machten die Kurpfalz mit der Residenzstadt Heidelberg, später Mannheim, zu Brennpunkten deutscher Geschichte.

Schließlich sei noch erwähnt, daß die Markgrafschaft Ansbach-Bayreuth mit den Ämtern Crailsheim, Creglingen und Gerabronn in das Gebiet des heutigen Baden-Württemberg hereinreichte.

Den genannten Territorien war es gelungen, durch einen gezielten Ausbau ihrer Landeshoheit, einer effektiv organisierten Verwaltung mit weitgehend vereinheitlichtem Rechtswesen sowie einer nur auf Landesinteresse abgestellten Wirtschaftspolitik Züge moderner Staatswesen anzunehmen. Im folgenden soll auf einige gemeinsame, alle vier Territorialstaaten betreffende Aspekte eingegangen werden, die für die Landesentwicklung bedeutsam waren.

3.5.2
Sozio-ökonomische Wandlungen der frühen Neuzeit

Der 30jährige Krieg hatte in Südwestdeutschland verheerende Spuren hinterlassen. Die Bevölkerung war auf weit mehr als die Hälfte zurückgegangen, im Neckarland und im Oberrheingebiet sogar unter ein Drittel des Vorkriegsstandes gesunken.

Zur Entvölkerung kam eine weitgehende Zerstörung des Landes. Der Viehstand war fast völlig vernichtet, weite Landstriche völlig verödet. Noch 1652 lag im Herzogtum Wirtemberg ein Drittel des Nutzlandes wüst. Die mangelnde Kaufkraft ließ lange Zeit Handel und Gewerbe darniederliegen. Nur mühsam setzte der wirtschaftliche Wiederaufstieg ein, und die Menschenverluste waren erst am Anfang des 18. Jahrhunderts wieder voll ausgeglichen. Dazu haben auch große Einwanderungswellen beigetragen. Den Regierungen Badens, der Kurpfalz und Wirtembergs ist es durch Zusicherung mehrjähriger Steuerfreiheit gelungen, Neubürger zu gewinnen und diese auf Ödländereien anzusiedeln.

Vor allem reformierte Schweizer, die nach den Bauernaufständen (1653) die Kantone Bern und Zürich verlassen mußten, haben sich in Südwestdeutschland niedergelassen. Dazu kamen Glaubensflüchtlinge, die im Zuge der Gegenreformation aus ihrer Heimat vertrieben wurden: Exulanten aus der Steiermark und Tirol, Hugenotten und Wallonen sowie piemontesische Waldenser. Diese konnten sich unter der Führung ihres Pfarrers Henri Arnaud als geschlossene Volksgruppe 1699 im württembergischen Enzgebiet ansiedeln.

In den pfälzischen und baden-durlachischen Städten (u.a. in Mannheim, Heidelberg, Schönau und Pforzheim) wurden französische und wallonische Glaubensflüchtlinge aufgenommen, auf die nicht nur wirtschaftliche Impulse für das gewerbliche Leben, sondern auch Neuerungen im Bereich der Landwirtschaft (Kartoffel- und Lucerneanbau) zurückgehen.

Bald kam es jedoch zu entgegengesetzten Bevölkerungsbewegungen. Während des Spanischen Erbfolgekriegs setzten die ersten großen Auswanderungen ein. Um der Geißel der französischen Raubkriege zu entgehen, entschlossen sich viele Pfälzer, nach Nordamerika, aber auch in den habsburgischen Südosten auszuwandern. Letzteres Zielgebiet war nach dem Ende der Türkenkriege attraktiv geworden. Im Laufe des 18. Jahrhunderts waren vor allem aus vorderösterreichischen Gebieten, aber auch aus allen anderen südwestdeutschen Ländern, Menschen in den Banat, in die Batschka und nach Syrmien ausgewandert und sind dort als sogenannte „Donauschwaben" ansässig geworden. In der Mitte des 18. Jahrhunderts holten überdies preußische und russische Werber nachgeborene Bauernsöhne nach Westpreußen, auf die Krim und an die Wolga.

Wirtschaftliche und soziale Entwicklung

Im Gegensatz zu den ostelbischen Gebieten hat sich nach dem 30jährigen Krieg die südwestdeutsche Agrarverfassung nicht geändert. Dabei gab es allerdings in den einzelnen Landesteilen erhebliche Unterschiede. Ausgehend von den klimabegünstigten Reblanden setzte sich in den großen Territorien die Realteilung immer mehr durch – selbst dann, wenn die Landesnatur dagegen sprach (Huttenlocher 1972, S. 77) – während in den mehr konservativ bestimmten Gegenden, in Oberschwaben und in Hohenlohe, das Anerbenrecht zur Regel wurde. Damals gewann der bis in die Gegenwart hereinreichende Gegensatz zwischen übervölkerten Kleinbauerngebieten und weniger dicht besiedelten mittel- und großbäuerlichen Agrarregionen deutlichere Konturen.

Allgemein brachte das 18. Jahrhundert einige wichtige Fortschritte in der Landwirtschaft, die hier nur angedeutet werden sollen. Die traditionelle Dreifelderwirtschaft erfuhr durch den Anbau des Brachfeldes mit Kartoffeln oder Klee eine gewisse Verbesserung. Obstbau und Weinbau kamen zu neuer Blüte. Im Zusammenhang mit der Vereinödung (s. u.), ging man in Oberschwaben vom Getreidebau zur Viehwirtschaft über. Ferner verbesserte man durch gezielte Züchtungen den Viehbestand. So gewann z. B. in Wirtemberg die Schafzucht im letzten Drittel des 18. Jahrhunderts eine besondere Bedeutung.

Handel und Gewerbe wurden im Zuge einer merkantilistischen Wirtschaftspolitik nicht nur reglementiert, sondern auch neu belebt. So förderte die Gründung herrschaftlicher Eisenhütten und Hammerwerke den Bergbau. Abgebaut wurden die Gangeisenerze des Schwarzwaldes ebenso wie die Bohnerze und Braunjuraerze der Alb, des Markgräflerlandes und des Klettgaus.

Durch die Errichtung von Manufakturen und Handelskompanien auf staatlicher wie privater Basis haben die kleinbäuerlichen Altsiedelräume wirtschaftliche Neubelebungen erfahren. Hier sind insbesondere die Leinenmanufakturen im Herzogtum Wirtemberg (Urach, Blaubeuren, Heidenheim) sowie die Strumpfwirkereien im Bereich der Südwestalb zu nennen. Das bemerkenswerteste Unternehmen war wohl die 1650 gegründete Calwer Zeughandelskompanie, die zu ihrer Blütezeit rd. 5000 Menschen in Brot gesetzt hat.

Frühindustrielle Ansätze gab es auch im unteren Wiesental, dem sog. Webland, wo kapitalkräftige Basler Unternehmer im 18. Jahrhundert Baumwollspinnereien eingerichtet hatten. Schließlich sind von den Glaubensflüchtlingen in den kurpfälzischen und baden-durlachischen Städten mancherlei gewerbliche Impulse ausgegangen.

Im ganzen fällt auf, daß es im 17. und 18. Jahrhundert vor allem in den größeren

61

protestantischen Territorien zu einer gewerblichen Durchdringung des flachen Landes kam. Dafür gab es verschiedene Ursachen. Einmal konnte sich das Handwerk – im Gegensatz zu anderen Ländern – durch behördliche Billigung auch in den Dörfern ausbreiten, namentlich im Herzogtum Wirtemberg. Dies war wiederum eine zwangsläufige Folge der Realteilung. In den übervölkerten Gemeinden war es nämlich durch die fortlaufende Teilung der landwirtschaftlichen Betriebe häufig zu einer Unterschreitung der Ackernahrungsgrenze gekommen, so daß die Einwohner gezwungen waren, nach Nebenerwerbsquellen zu suchen. Diese fanden sie u. a. im Handwerk und in der Heimarbeit. Zum anderen war in den „Flächenstaaten" ein ausreichendes Marktgebiet vorhanden, in dem der größte Teil der erzeugten Güter abgesetzt werden konnte.

Bei all dem darf aber nicht die Rolle eines religiös fundierten „Wirtschaftsgeistes" übersehen werden. Der calvinistisch und pietistisch geprägte Protestantismus im deutschen Südwesten begünstigte die Herausbildung einer spezifischen Arbeitsethik, die durch die Tugenden Fleiß, Pünktlichkeit, Sparsamkeit, Vorsorge usw. näher umschrieben werden kann. Diese Gesinnung weiter Bevölkerungsteile führte später einerseits zu einem pflichtbewußten zuverlässigen Arbeitertum, andererseits förderte sie die Herausbildung eines kapitalstarken und verantwortungsbewußten Unternehmertums; beides waren entscheidende Voraussetzungen für die Entstehung der südwestdeutschen Industrie.

3.5.3
Neue Siedlungen im 17. und 18. Jahrhundert

Die Aufnahme vertriebener Glaubensflüchtlinge durch die protestantischen Landesfürsten hatte schon früh zur Gründung neuer Dörfer geführt.

In der Pfalz und in Baden-Durlach wurden zunächst für Wallonen kleinere Siedlungen angelegt, die aber, da die Böden geringwertig waren, bald um ihre Existenz kämpfen mußten. In einigen Fällen wurden von den Flüchtlingen bereits bestehende, aber stark entvölkerte Ortschaften übernommen, so Welsch-Neureut und Palmbach bei Karlsruhe oder Schützingen bei Maulbronn, das von österreichischen Exulanten neu besiedelt wurde.

Besonders interessante Beispiele bilden 12 Dörfer auf den Gäuplatten zwischen Schwarzwald und Stromberg, die z. T. noch heute französische Ortsnamen tragen (wie Corres, Pérouse, Pinache, Serres, Villars). Es handelt sich dabei um planmäßig angelegte Straßendörfer mit eigenen kleinen Markungen, die hauptsächlich aus den angrenzenden großen Maulbronner Klosterorten herausgeschnitten wurden. Sie sind von Waldensern errichtet worden, einer etwa 5000 Personen zählenden Volksgruppe, die in den Jahren 1699/1700 aus den Tälern Piemonts unter der Führung ihres Pfarrers und militärischen Führers Henri Arnaud nach Wirtemberg und Baden gekommen waren.

Eine weitere größere Gruppe neuer Siedlungen ist in den Waldgebieten, meist auf gewerblicher Grundlage, entstanden. Die meisten davon gehen auf *Glashütten* zurück, von denen allein 30 im nordöstlichen Keuperbergland und 22 für den Nordschwarzwald nachgewiesen sind. Sie geben noch heute ihren Ursprung in ihren Namen zu erkennen (wie Glasberg, Spiegelberg, Althütte, Glaslautern, Neufürstenhütte, Cronhütte u. ä.). Aber auch der *Bergbau* und die in seinem Gefolge aufgekommenen Pochwerke, Schmelzen und Hammerwerke sind oft zu Ansatzpunkten von Siedlungen geworden. Dazu kamen *Waldarbeitersiedlungen,* vor allem im Schwarzwald, deren Bewohner zu einem guten Teil nach dem 30jährigen Krieg und im 18. Jahrhundert aus der Steiermark, Tirol und Salzburg zugewandert waren.

Einige Beispiele seien genannt: Die Ortschaft Holzschlag östlich von Lenzkirch im Südschwarzwald wurde z. T. von Tiroler Holzhackerfamilien angelegt. Im Feldberggebiet entstanden Falkau und Bärental als Holzfällersiedlungen. Ausgesprochene „Forstkolonien" des 18. Jh. waren im Nordschwarzwald u. a. der Weiler auf dem Kniebis, ferner Herrenwies und Hundsbach sowie Enzklösterle und Neu-Nuifra und die Flößersiedlungen Erzgrube im Hinteren Nagoldtal. Nach einem Waldbrand im Forst von Pfalzgrafenweiler wurden 1723 bis 1734 die Straßendörfer Edelweiler, Herzogsweiler und Kälberbronn für Holzhauer, Kohlenbrenner und Pottaschensieder gegründet. All diese waldgewerblichen Orte waren nur mit bescheidenen Feldfluren ausgestattet und bildeten nach dem Erlöschen der gewerblichen Grundlage oft ausgesprochene soziale Problemgemeinden, ähnlich wie die Bettler- und Hausiererorte, die im 18. Jh. auf ritterschaftlichem Boden entstanden waren (vgl. dazu Kullen 1967, 1969).

Unter dem Einfluß physiokratischer Lehren, die den Wert des Bodens und der Bauern für eine gesunde Volkswirtschaft betonten, haben im 18. Jh. viele Grundherren neue *Gutsbetriebe und Bauernhöfe* angelegt. Ein Vorkämpfer dieser nationalökonomischen Gedanken war der Markgraf und spätere Großherzog Carl Friedrich von Baden (1728–1811), der in der Umgebung von Karlsruhe zahlreiche Musterhöfe (Scheibenhardt, Grünwinkel, Stutensee u. a.) anlegen ließ. Viele Neuhöfe sind damals auch auf der Albhochfläche entstanden.

Alle diese Neugründungen haben aber die Grundzüge des südwestdeutschen Siedlungsbildes kaum beeinflußt. Von wirklichem Gewicht unter den Siedlungsgründungen der frühen Neuzeit waren indessen allein die *barocken Fürstenstädte*. Schon im 16. Jh. kam es in der Kurpfalz zu einer Reihe von städtischen Neugründungen, indem reformierte Klöster zu Gewerbestädtchen ausgebaut wur-

den. Das bekannteste Beispiel ist Schönau bei Heidelberg, wo sich durch Zuzug wallonischer Exulanten aus einer Klostersiedlung (1562) eine Stadt entwickeln konnte.

Eine Parallele dazu gibt es für diese frühe Zeit nur im Herzogtum Wirtemberg. Nach einem kunstvollen Plan des Renaissance-Baumeisters Heinrich Schickhardt war am Rande des Nordschwarzwalds auf einer eigens dafür gerodeten Fläche die Grenz- und Bergbaustadt Freudenstadt (1599) angelegt und mit vertriebenen Protestanten aus der Steiermark und Kärnten besiedelt worden. Einige Neustädte gehen auf den französischen Festungsgürtel am Oberrhein zurück, z. B. Kehl und Philippsburg.

Die zukunftsträchtigsten Stadtgründungen waren jedoch die als architektonische Gesamtkunstwerke geplanten barocken Residenzstädte. Der Markgraf von Baden-Baden (Türkenlouis) gab mit Rastatt 1698 den ersten Anstoß. Es folgten Ludwigsburg (1704) und Karlsruhe (1715) und das nach seiner Zerstörung (1689) wiedererstandene Mannheim.

Die Erbauung riesiger Residenzschlösser, die in der Regel mit diesen Städteneugründungen verbunden war, entsprach zweifellos den Repräsentationsansprüchen und dem persönlichen Geltungsbedürfnis absolutistischer Souveräne, sollte aber zugleich – wie Gamer (1974, S. 402) betont – „der Idee des modernen, absolutistisch regierten und bürokratisch organisierten Territorialstaates eine architektonische Gestalt verleihen".

3.5.4
Regionale Veränderungen in der Siedlungsstruktur

Die schon mehrfach angedeuteten Auswirkungen der Erbsitten auf die Gestalt und die sozialökonomische Struktur der ländlichen Siedlungen hat Schröder (1974, S. 866) für die Bereiche, in denen seit 1750 *Realteilung*

Abb. 13: Verbreitung der geschlossenen Vererbung in Baden-Württemberg
(Quelle: Das Land Baden-Württemberg 1974, S. 867)

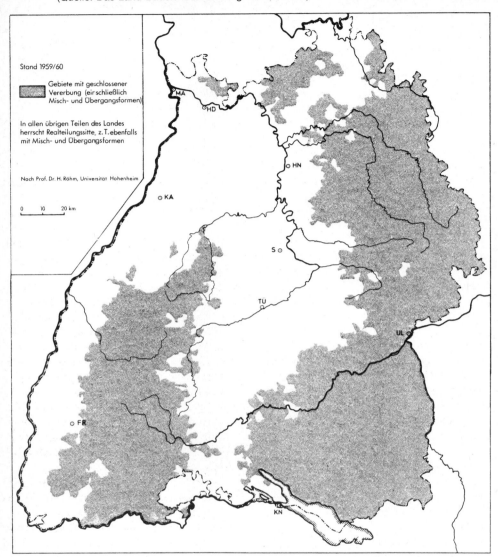

verbreitet war, pointiert hervorgehoben. Er nennt folgende Aspekte:

„1. ein starkes Wachstum der Siedlungen und eine Verdichtung der Bauten im Dorfinnenraum infolge der Zunahme der Bauernstellen durch die Betriebsteilungen und die damit verbundene Bevölkerungsvermehrung,

2. das Entstehen neuer Anwesentypen infolge der Verkleinerung der Betriebe,

3. eine Aufsplitterung der Fluren in zahllose kleine Besitzparzellen,

4. ein Wandel der agrarsozialen Struktur durch die Entwicklung des Kleinbauerntums zur maßgebenden Gruppe und

5. eine weitere sozialökonomische Differenzierung der Dorfbevölkerung durch das Aufkommen des ländlichen Gewerbes als Folge der häufigen Unterschreitung der Ackernahrungsgrenze, woraus bei der Industrialisierung im 19. Jh. schließlich der Typ der ‚Arbeiterbauern' entstanden ist."

Wie die Karte (vgl. Abb. 13) zeigt, liegen die Realteilungsgebiete vor allem im Oberrheinischen Tiefland, im Neckarbecken, auf den westlichen Gäuplatten, in den Randzonen des Nordschwarzwaldes und auf der Südwestalb.

Ein zweiter regionaler Wandlungsprozeß, der vor allem in Oberschwaben stattfand, war die *Vereinödung*. Dabei handelte es sich um das großartige Beispiel einer frühen Flurbereinigung mit Siedlungsumwandlung. Vom Gebiet der Reichsabtei Kempten ausgehend, wo schon 1550 erste Versuche nachweisbar sind, entfaltete sich diese Bewegung in der zweiten Hälfte des 18. Jh. über das südliche Oberschwaben und erreichte um 1790 mit dem Überschreiten des Schussenbeckens nach Westen ihren Höhepunkt. In den folgenden Jahrzehnten hat die Vereinödung innerhalb Baden-Württembergs etwa die Linie Tannheim – Mittelbuch – Aulendorf – Wilhelmsdorf – Pfullendorf – Meßkirch erreicht, ist bis in den Hegau vorgedrungen und kam um die Mitte des 19. Jh. zum Erliegen. Ihr Ziel war, die zerstreut liegenden, kleinen Parzellen eines bäuerlichen Betriebs zu geschlossenen Besitzblöcken, sogenannten „Einöden", zusammenzulegen, um die bäuerliche Wirtschaftsweise vom lästigen Weide- und Flurzwang zu befreien. Der nächste Schritt war in vielen Fällen die Verlegung der bäuerlichen Anwesen aus den geschlossenen Ortschaften auf die neugeschaffenen Einöden. Dabei schrumpften die alten Weiler und Dörfer

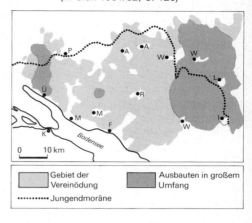

Abb. 14: Die Vereinödung im nördlichen Bodenseegebiet
(n. Sick 1981/82, S. 126)

oftmals bis auf einen kleinen Restbestand (Kirche, Schule, Rat- und Wirtshaus) zusammen, während die Markungen mit Einzelhöfen übersät wurden. Die Vereinödung hat sich allerdings nicht überall durchgesetzt. So wurde sie in größeren Ortschaften und in den Städten, wo die große Zahl von Grundeigentümern das Zustandekommen einer gütlichen Übereinkunft zwangsläufig erschwerte, nur selten oder gar nicht durchgeführt.

Insgesamt sind für die Zeit von 1680–1850 etwa 550 Bereinigungsverfahren, die eine Fläche von 200 qkm erfaßten, nachzuweisen. Erst dadurch ist das oberschwäbische Jungmoränenland zum größten Streusiedelgebiet des Landes geworden, wenn auch dabei nicht übersehen werden darf, daß es solche Kleinsiedlungen in diesem jungbesiedelten Raum von jeher gegeben hat (Schröder 1974, S. 868).

3.6
19. Jahrhundert: Territoriale Neuordnung und Weg ins Industriezeitalter

Mit Beginn des 19. Jahrhunderts brach für Südwestdeutschland eine neue, bis in die Gegenwart hineinwirkende Epoche an. Entscheidend war die territoriale Neuordnung Mitteleuropas durch Napoleon, die 1815 im Wiener Kongreß ihre bleibende Bestätigung fand. Aus der verwirrenden Vielfalt südwestdeutscher Herrschaftsgebilde waren das Königreich Württemberg, das Großherzogtum Baden und die Fürstentümer Hohenzollern hervorgegangen. Die letzteren wurden 1849 nach Abdankung des Landesfürsten dem preußischen Staat angegliedert.

Dieser große politische Umbruch brachte zunächst eine Reihe von Problemen mit sich. So mußten die neuen Gebiete mit den Altländern verbunden werden, ein Unterfangen, das durch konfessionelle Gegensätze sowie durch die unterschiedlichen Wirtschafts- und Sozialordnungen der einzelnen Teilgebiete sehr mühsam war. Daß die Integration relativ rasch gelang und die beiden südwestdeutschen Staaten Baden und Württemberg bald den Ruf „deutscher Musterländchen" erhielten, läßt sich u. a. auf die vorzüglich arbeitenden Staatsapparate und die weitblickenden Landesfürsten zurückführen.

Rückblickend muß überdies die napoleonische „Flurbereinigung" als Glücksfall für Südwestdeutschland angesehen werden, denn erst durch sie wurden die Voraussetzungen dafür geschaffen, daß sich im 19. Jahrhundert die gewaltigen gesellschaftlichen Veränderungen, die letztlich auf die moderne Industriegesellschaft hinzielen, vollziehen konnten. Da im folgenden die Entwicklung des Agrar- und Städtewesens sowie die industrielle Entwicklung in besonderen Kapiteln ausführlich dargestellt werden, sollen hier nur in groben Zügen die wichtigsten raumrelevanten Entwicklungslinien aufgezeigt werden.

Als entscheidende Hilfen für die Integration und Konsolidierung der neuen Staatsgebilde und deren wirtschaftlichen Aufschwung wirkten sich die neuen technischen Möglichkeiten und Entwicklungen im *Verkehrswesen* aus.

Den Anfang machte die Korrektion des Oberrheins. Sie wurde durch den badischen Ingenieuroberst en Tulla im Jahre 1812 geplant, 1815 begonnen und nach dessen Tode bis zum Jahre 1876 fortgeführt. Durch diese flußbautechnische Maßnahme wurde nicht nur das Rheingebiet hochwassersicher, sondern auch der Rhein in diesem Stromabschnitt der beginnenden Dampfschiffahrt erschlossen. Die von den 8 Rheinuferstaaten 1831 in Mainz unterzeichnete „Rheinschifffahrtsakte" erklärte den Strom von Basel bis zur Mündung als frei befahrbare internationale Wasserstraße. Mannheim wurde zum Freihafen. Damit begann der Aufstieg dieser Stadt zum Handels- und Wirtschaftszentrum am Oberrhein.

Von weit größerer Bedeutung wurde aber der Ausbau leistungsfähiger Eisenbahnen, auf deren Notwendigkeit der aus Reutlingen stammende Volkswirtschaftler Friedrich List schon 1824 hingewiesen hatte. In Baden wurde 1838 mit dem Bau einer Staatsbahn von Mannheim aus begonnen, die 1855 in Basel die Schweizer Grenze erreichte. In Württemberg ordnete dagegen erst das Eisenbahngesetz von 1843 den Bau einer Zentralstrecke von Heilbronn bis Friedrichshafen an. Insgesamt gesehen erwies sich der Eisenbahnbau als wichtiger Schrittmacher für die Industrialisierung, die in der zweiten Hälfte des 19. Jahrhunderts verstärkt einsetzte.

Weitere wichtige Voraussetzungen für die industrielle Entwicklung Badens und Württembergs waren eine Reihe staatlicher Maßnahmen, von denen nur die wichtigsten ge-

Abb. 15: Südwestdeutschland 1815
(n. Sauer 1982)

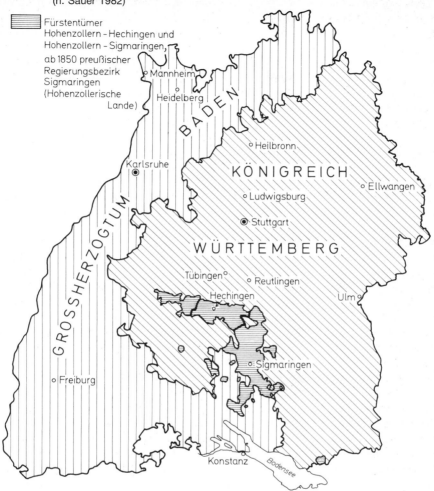

Fürstentümer
Hohenzollern - Hechingen und
Hohenzollern - Sigmaringen,
ab 1850 preußischer
Regierungsbezirk
Sigmaringen
(Hohenzollerische
Lande)

nannt sein sollen: Gewerbefreiheit (1828 bzw. 1862), Beseitigung der Zollschranken (Deutscher Zollverein 1834), Möglichkeiten technischer Ausbildung und einer allgemeinen Gewerbeförderung.

Die *Industrialisierung* setzte indes in Baden früher ein als in Württemberg. Dabei spielten die wirtschaftlichen Impulse, die vom benachbarten Elsaß und vor allem von der Schweiz ausgingen, eine entscheidende Rolle. Bereits 1830 zeichneten sich Lörrach und das Wiesental, das mittelbadische Lahr so-

wie die aufblühende Handelsstadt Mannheim als künftige Industriezentren ab. Mit der Reichsgründung 1871 und der Angliederung Elsaß-Lothringens an das Deutsche Reich wandelte sich überdies die Grenzlage zum bisherigen französischen Nachbarn in eine wirtschaftlich günstigere Binnenlage um. Die Folge war, daß in den letzten Dezennien des 19. Jahrhunderts das ganze Großherzogtum Baden von einer Industrialisierungswelle erfaßt wurde. Begünstigt wurde diese Entwicklung durch einen forcierten Ausbau der Infrastruktur: Der Mannheimer Hafen wurde vergrößert, Karlsruhe und Kehl erhielten neue Rheinhäfen, das Schienennetz wurde erweitert und mittels Stichbahnen in die entlegenen Schwarzwaldtäler vorangetrieben; um die Jahrhundertwende entstanden am Hochrhein die ersten Wasserkraftwerke. Die Industrialisierung Badens leitete einen tiefgehenden gesellschaftlichen Umbruch ein. 1861 gab es im Großherzogtum 31000 Industriearbeiter, 1912 waren es 214000. Dies bedeutete zugleich eine Verstädterung der Einwohnerschaft. 1871 lebten noch 67% auf dem Lande, 1905 waren es nur noch 45%.

Der Aufstieg der württembergischen Industrie begann wesentlich später und verlief in ruhigeren Bahnen. Es waren vor allem die Leistungen und Maßnahmen König Wilhelms I. und seiner Mitarbeiter, die um die Jahrhundertmitte dem völlig verarmten Land zu wirtschaftlicher Prosperität verhalfen. Durch die Gründung der „Centralstelle für Gewerbe und Handel" im Jahre 1848 und die Berufung von Ferdinand von Steinbeis zu deren Präsidenten war ein Mittelpunkt der Gewerbe- und Wirtschaftsförderung geschaffen worden (vgl. dazu S. 239ff.). Zentren früher Industrialisierung waren damals Stuttgart und Umgebung, die ehemaligen Reichsstädte Ulm, Esslingen, Heilbronn und Reutlingen sowie die Räume Göppingen – Geislingen und Aalen – Heidenheim, wobei in der Anfangsphase der Industrialisierung die Textilindustrie eindeutig an erster Stelle stand. Bezeichnend für Württemberg war das Vorherrschen der Kleinindustrie, die aus Handwerksbetrieben entstanden ist und die starke Dezentralisation. Nach einer ersten Wirtschaftsblüte in den sog. Gründerjahren trat seit 1874 für fast 20 Jahre eine gewisse Stagnation ein, die allerdings gegen Ende des 19. Jahrhunderts von einer außerordentlich dynamischen Aufschwungphase abgelöst wurde. Bedingt durch epochemachende Erfindungen blühten neue Industriezweige auf, u. a. der Fahrzeugbau (Daimler 1890), Motorenbau (Maybach), Elektrotechnik (Bosch 1886), Wasserturbinen (Voith), welche die industrielle Leistungskraft Württembergs erheblich steigerten.

Die rasche industrielle Expansion um die Jahrhundertwende veränderte in beiden südwestdeutschen Staaten in physiognomischer und funktionaler Hinsicht die überkommene Siedlungsstruktur, hatte aber kaum einen grundlegenden Wandel im Sozialgefüge zur Folge. Dies läßt sich darauf zurückführen, daß das bodenständige Arbeiterbauerntum in den weitgehend dezentralisierten Industrieregionen nach wie vor in seinen traditionellen Lebensformen verharrte.

Während sich nach dem Ersten Weltkrieg die industrielle Aufwärtsentwicklung in Württemberg fortsetzte und das Land bald zu einem Schwerpunkt der verarbeitenden Industrie im Deutschen Reich wurde, hatte sich die Situation für Baden wesentlich verschlechtert. Der nunmehrige Freistaat Baden war wieder Grenzland geworden. Die gewachsenen engen wirtschaftlichen Beziehungen zum Elsaß wurden jäh unterbrochen; dazu kamen mancherlei wirtschaftlich hemmende Bestimmungen durch den Versailler Vertrag. Dies führte zu einer zunehmenden Verlagerung der badischen Industrie in das Reichsinnere, obgleich sich die badische Regierung sehr darum bemühte, günstige Standortvoraussetzungen zu schaffen. In den 20er Jahren entstanden zur Sicherung der Stromversorgung im Nord- und Südschwarzwald sowie am Hochrhein weitere Wasserkraftwerke. Von 1923 bis 1935 wurde der Neckar zwischen Mannheim und Heilbronn zum Großschiffahrtsweg ausgebaut. Eine gewisse Stabilisierung der wirtschaftlichen Lage wurde erst in den 30er Jahren erreicht, wozu der Bau der Autobahn Mannheim–Pforzheim (1936) und die Errichtung des Westwalls in den grenznahen Bezirken mit beitrugen.

3.7
Der neue Südweststaat: Baden-Württemberg

Nach dem Zusammenbruch des Dritten Reiches wurde Südwestdeutschland in zwei Besatzungszonen geteilt. Als Demarkationslinie wurden die Landkreisgrenzen südlich der Autobahnstrecke Stuttgart–Ulm festgelegt, die den unter französischer Herrschaft stehenden Süden des Landes von der nördlichen Zone der Amerikaner trennte. In dieser willkürlichen Zerschneidung der alten Länder, die nur aus der militärischen Besetzungsgeschichte des Landes zu verstehen ist, lag aber die Chance für einen politischen Zusammenschluß des deutschen Südwestens, in dem schon immer stammesmäßige, kulturelle, sprachliche und vor allem wirt-

Abb. 16: Südwestdeutschland nach dem Zweiten Weltkrieg (1945–1952)
(n. Sauer 1982)

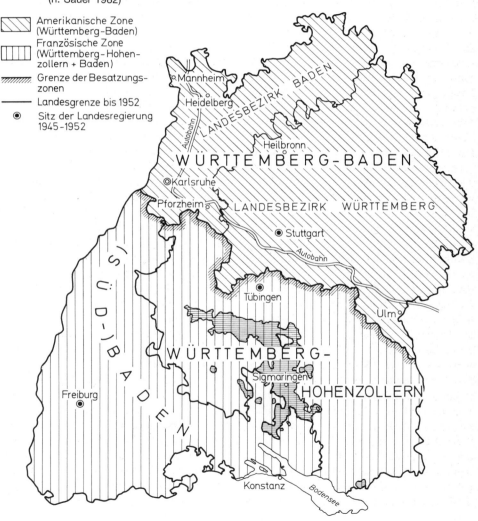

Amerikanische Zone
(Württemberg-Baden)

Französische Zone
(Württemberg-Hohen-
zollern + Baden)

Grenze der Besatzungs-
zonen

Landesgrenze bis 1952

Sitz der Landesregierung
1945-1952

Abb. 17: Heutiges Bundesland Baden-Württemberg
(n. Sauer 1982)

——— Grenze des Regierungsbezirks
O Sitz des Regierungspräsidiums
——— Grenze der Region
● Sitz des Regional-
   verbands
– – – Die Region DONAU-
   ILLER ist grenzüber-
   greifend nach Bayern.

● Mannheim

REGIERUNGS –

REGIERUNGSBEZIRK

BEZIRK

● Heilbronn

Karlsruhe
◉

S T U T T G A R T

● Pforzheim

● Schwäb.Gmünd

◉ Stuttgart

KARLSRUHE

● Tübingen

Ulm ●

REGIERUNGSBEZIRK

REGIERUNGSBEZIRK

Freiburg
◉

Villingen-
Schwenningen

T Ü B I N G E N

F R E I B U R G

● Ravensburg

Waldshut-Tiengen

Konstanz

Bodensee

schaftliche Gemeinsamkeiten bestanden haben. Zunächst entstanden zwar in den einzelnen Besatzungszonen eigenstaatliche Gebilde: in der amerikanischen Zone das Land Württemberg-Baden, im französischen Besatzungsgebiet die Länder Baden und Württemberg-Hohenzollern. Obgleich diese Länder nur kurze Zeit bestanden, so wurden in ihnen in den ersten Nachkriegsjahren doch entscheidende Weichen gestellt, die die de-

mographische, soziale und wirtschaftliche Entwicklung in den einzelnen Teilräumen des heutigen Bundeslandes stark beeinflußten. So nahm z.B. die französische Besatzungszone, im Gegensatz zur amerikanischen, anfänglich keine Heimatvertriebenen auf. Damit wurde die sozio-ökonomische Disparität weiter verstärkt, denn die Zuwanderung brachte dem ohnehin industriereicheren Norden weitere Vorteile, einmal

70

durch die Vermehrung der Arbeitskraft, zum anderen durch die Ansiedlung neuer, von den Vertriebenen mitgebrachter Industrien.

Nach Gründung der Bundesrepublik wurde indes durch das zweite Neugliederungsgesetz vom 4. Mai 1951 der Weg zu einer Volksabstimmung (9. 12. 51) und damit zu einer territorialen Neuordnung freigemacht. In ihr erklärte sich die Mehrheit der Stimmberechtigten in drei von vier Abstimmungsbezirken für den Zusammenschluß. Mit der Verkündung der Landesverfassung am 19. 12. 1952 war das neue Bundesland Baden-Württemberg definitiv gebildet.

In der Zeit seit dem Zusammenschluß der Länder Baden, Hohenzollern und Württemberg, der 1970 durch einen Volksentscheid im badischen Landesteil endgültig bejaht wurde, hat sich das Bundesland Baden-Württemberg als wohlabgerundetes und wirtschaftlich führendes Land mit einem harmonischen Bevölkerungsgefüge eindrucksvoll etabliert.

Bedeutsame Veränderungen im administrativen Bereich brachte die 1973 abgeschlossene Gebiets- und Verwaltungsreform. Durch diese räumliche Neugliederung, die gesellschaftlichen Veränderungen Rechnung tragen sollte, wurde das Land in nunmehr 44 Stadt- und Landkreise (früher 72) und 1111 Gemeinden (1969 noch 3379) eingeteilt.

4 Agrarlandschaft und Agrarwirtschaftsräume der Gegenwart

Ungeachtet der starken Industrialisierung und Verstädterung Baden-Württembergs wird der Landschaftscharakter im südwestdeutschen Bundesland noch heute im wesentlichen durch die Land- und Forstwirtschaft geprägt. Fast 85% der Fläche werden land- und forstwirtschaftlich genutzt, davon 36,7% als Wald.

Die ins Auge fallende Dominanz der weiten Ackerflächen, ausgedehnter Grünlandareale, großer Waldgebiete und gepflegter Reb- und Obstanlagen darf jedoch nicht über die reale gesamtwirtschaftliche Bedeutung der Agrarwirtschaft hinwegtäuschen. Nur noch 7 von 100 Beschäftigten finden in diesem Wirtschaftsbereich Arbeit und Brot, und der Beitrag der Landwirtschaft zum Sozialprodukt betrug im Jahre 1979 lediglich 2,1%.

Allerdings darf man die Leistung der Landwirtschaft nicht allein nach ihrem Anteil an der volkswirtschaftlichen Wertschöpfung messen, sondern ihre eigentliche Bedeutung liegt wie eh und je darin, für die Bewohner des Landes Nahrungsmittel in ausreichender Menge, in ansprechender Qualität und zu erschwinglichen Preisen zu erzeugen und anzubieten. Den Bedarf an Grundnahrungsmitteln kann die Bundesrepublik heute etwa zu zwei Drittel aus eigener Erzeugung decken – trotz des ständigen Rückgangs der Zahl der in der Landwirtschaft Beschäftigten und des permanenten Verlustes wertvollen Ackerlandes für Siedlungszwecke. In den 70er Jahren gingen in Baden-Württemberg täglich fast 18 ha landwirtschaftlich genutzter Freifläche verloren.

Der hohe Grad der Eigenversorgung ist nur möglich durch eine enorme Produktivitätssteigerung, die die Landwirtschaft in den letzten Jahrzehnten erfahren hat. Dabei spielten nicht nur die beachtlichen Züchtungserfolge im pflanzlichen und tierischen Bereich eine Rolle, sondern auch eine durchgreifende Rationalisierung der Betriebe sowie der vermehrte Einsatz von Maschinen und Düngemittel.

Dazu kam eine umfassende Verbesserung der bäuerlichen Betriebsstruktur. Das traditionell stark entwickelte Kleinbauerntum ging nach 1950 laufend zurück, und zugleich bildeten sich immer mehr leistungsfähige Betriebseinheiten heraus. Die wohl gravierendsten Eingriffe in das überkommene Agrargefüge Südwestdeutschlands waren aber Flurbereinigung und Aussiedlung. Durch diese staatlich gelenkten Maßnahmen haben sich die Lebensverhältnisse der Menschen im ländlichen Raum nachhaltig verbessert. Bis 1976 wurden von den 1,7 Millionen ha landwirtschaftlicher Nutzfläche etwa die Hälfte (rd. 872 000 ha) flurbereinigt und über 7000 Neu- und Aussiedlungen errichtet.

So sehr die allgemeinen Fördermaßnahmen die Agrarstruktur Südwestdeutschlands zum besseren gewandelt haben, so darf man nicht übersehen, daß die Einbindung in den europäischen Agrarmarkt die baden-württembergische Landwirtschaft auch vor neue Probleme gestellt hat. Der zunehmende Wettbewerb innerhalb der EG machte ein wirksames Vermarktungssystem zum Absatz der Agrarprodukte notwendig. Mit staatlicher Hilfe wurde daher die Erfassung, Aufbereitung und Verarbeitung heimischer Agrarerzeugnisse (Milch, Obst, Wein, Schlachtvieh, Fleisch) rationalisiert und räumlich konzentriert.

Der Forderung der EG, vor allem die Entwicklung von landwirtschaftlichen Großbetrieben voranzutreiben, konnte allerdings die Agrarpolitik des Landes nicht folgen, da man sowohl auf die ererbten Strukturen wie auf die unterschiedlichen natürlichen Bedingungen des Agrarraums Rücksicht nehmen mußte.

In ihrer regionalen Differenzierung zeigt die südwestdeutsche Agrarlandschaft vielfältige Erscheinungsformen und manchmal auch scharfe Kontraste.

Besonders bedeutsam in agrarwirtschaftlicher wie agrarsozialer Hinsicht sind bis heute die Gegensätze zwischen Realteilungs- und Anerbengebieten und dem unterschiedlichen Nutzungsspielraum von Höhengebieten und Tiefenzonen sowie das Nebeneinander von Verdichtungsgebieten mit hervorragenden landwirtschaftlichen Produktionsbedingungen und strukturschwachen Räumen mit schlechten Ertragsverhältnissen. Deshalb konnten nur solche Entwicklungsmaßnahmen sinnvoll und wirksam sein, die den regionalen Bedürfnissen gerecht werden. Ziel der gegenwärtigen Agrarpolitik des Landes ist neben der Förderung der wirtschaftlichen Nahrungsmittelproduktion die Pflege und Erhaltung der bäuerlichen Kulturlandschaft.

Damit hängt es zusammen, daß nicht nur die Haupt-, sondern auch die Nebenerwerbsbetriebe gefördert werden, um ein Netz von zukunftssicheren landwirtschaftlichen Anwesen zu erhalten. Sie sollen gemeinsam den Bestand der Kulturlandschaft sichern, die heute nicht mehr allein als agrarischer Produktionsraum, sondern weithin auch als Erholungsraum angesehen wird.

Dies gilt in besonderer Weise für die von der Natur benachteiligten Gebirgslandschaften, wo ein Großteil der landwirtschaftlichen Betriebe auf Zuerwerb angewiesen ist. Ihn zu fördern, ist Aufgabe regionaler Strukturprogramme. Als erstes wurde das Albprogramm erstellt, dem wenig später das Schwarzwaldprogramm gefolgt ist.

Der enorme Wandel, den die Landwirtschaft seit dem Beginn des 20. Jahrhunderts erlebte, hat dazu geführt, daß die traditionellen bäuerlichen Lebens- und Wirtschaftsformen, die sich früher erheblich von denen der übrigen Bevölkerung unterschieden, sich inzwischen weitgehend den städtisch-industriell geprägten Lebensverhältnissen angeglichen haben. Heute ist die Landwirtschaft in Baden-Württemberg – wie in der Bundesrepublik überhaupt – auf dem Weg „von einer ehemals gesellschaftsprägenden Lebensform zu einer technisch bestimmten Wirtschaftsform" (Fuchs 1977, S. 156).

Dieser Strukturwandel fand nicht zuletzt in den veränderten Erscheinungsformen von Siedlung und Flur seinen adäquaten Ausdruck.

4.1
Natürliche Grundlagen

Nach wie vor gehören zu den wichtigsten landwirtschaftlichen Produktionsvoraussetzungen die Bodenqualität und das Klima. Baden-Württemberg weist in dieser Hinsicht keinen einheitlichen Grundzug auf, sondern zeigt in den einzelnen Regionen die unterschiedlichsten pedologischen und klimatischen Verhältnisse, die sich überdies in vielfältigster Weise vermengen und so die Voraussetzungen für ein differenziertes und recht buntes Nutzungsgefüge bilden.

4.1.1
Die klimatischen Voraussetzungen

Das Klima Baden-Württembergs wird hauptsächlich durch 3 Faktoren bestimmt: durch die Breitenlage, die Lage zwischen dem Nordatlantik und den europäischen Festlandmassen sowie durch die Höhengliederung des Landes.

Infolge der ganzjährigen Zugehörigkeit zur

außertropischen Westwindzone überwiegen die ozeanischen Züge im Witterungsverlauf. Die vorherrschenden Westwinde bringen reichlich Niederschläge, mildern die Winter und kühlen die Sommer. Allerdings können auch polare Luftmassen während des ganzen Jahres nach Süddeutschland vordringen und das Wettergeschehen beeinflussen. Im Winter gelangen sogar öfters Kaltluftmassen aus den sibirischen und asiatischen Hochdruckgebieten nach Mitteleuropa und können hier über einen längeren Zeitraum wetterbestimmend werden. Insgesamt gesehen befindet sich daher Baden-Württemberg in einem Übergangsgebiet zwischen dem Seeklima im Westen und dem Kontinentalklima im Osten, wobei innerhalb des Landes der maritime Einfluß deutlich in den östlichen Landesteilen abnimmt.

Das weiträumige Bild der klimatischen Verhältnisse wird durch die Oberflächenform, d. h. durch das enge Nebeneinander hoher Bergländer und abgeschirmter Beckenräume, stark modifiziert. So paust sich bei sämtlichen Karten, die Klimaelemente oder phänologische Daten veranschaulichen, die Höhenstufengliederung des Landes durch.

Hinsichtlich der *Temperaturen* ist Südwestdeutschland durch seine südliche Lage gegenüber dem nördlichen Mitteleuropa begünstigt. Selbst innerhalb des Landes macht sich die Nord-Süd-Erstreckung klimatisch bemerkbar. So ist z.B. Bad Mergentheim um 1,7° kälter als Freiburg, und das Jahresmittel von Buchen bleibt um 0,8° unter dem Wert von Friedrichshafen, obgleich in beiden Fällen die kälteren Stationen eine etwas geringere Meereshöhe haben. Im überwiegenden Teil des Landes wird der Vorzug der südlichen Lage aber durch die größere Meereshöhe wieder aufgehoben.

Nur im Oberrheinischen Tiefland, im benachbarten Kraichgau und im Neckartal unterhalb Stuttgarts wird der südliche Einfluß spürbar. Es sind zugleich die Tiefenräume des Landes. Mit einem Jahresmittel von 9° gehören diese Gebiete zu den wärmsten Gegenden Deutschlands. Es sind Landschaften mit Rebbau und anspruchsvollen Intensivkulturen.

Zu den klimatisch bevorzugten Räumen gehören auch der Umkreis des Bodensees und das Hochrheingebiet, wo sich die Gunst des Bodenseeklimas auswirken kann. Das Jahresmittel der Temperatur liegt hier bei 8° und entspricht damit den Temperaturverhältnissen des wärmsten Raumes Norddeutschlands, der Elbniederung. Dagegen sinken die Temperaturen in den höher gelegenen Landesteilen, im Nordschwarzwald und in Teilen der Schwäbischen Alb auf 6° ab; im Südschwarzwald sogar bis auf 4°, der somit das kälteste Gebiet Südwestdeutschlands ist.

Die Werte zeigen deutlich die Abhängigkeit der Temperatur von der Höhe. Als repräsentatives Beispiel sei noch der Temperaturunterschied zwischen Heidelberg und dem Feldberg erwähnt, der im Jahresdurchschnitt 7,5° beträgt. Damit tritt ein Hauptcharakterzug des Klimas Baden-Württembergs klar hervor: die große thermische Spannweite.

Wesentlich aussagekräftiger als Durchschnittswerte ist die Analyse des *Jahresgangs der Temperatur*. Im Januar ist die Temperaturverteilung – abgesehen von den Temperaturgegensätzen zwischen Höhen und Niederungen – durch eine Wärmeabnahme von West nach Ost gekennzeichnet. Dies entspricht etwa dem allgemeinen Isothermenverlauf Mitteleuropas und dokumentiert eindrucksvoll, welch große Bedeutung dem Meer als winterlichem Wärmespender zukommt.

Dabei sei auf eine Besonderheit des Winterwetters Südwestdeutschlands hingewiesen, auf die nicht selten vorkommende *Temperaturinversion*. Bei dieser Erscheinung ist es in der Höhe wärmer als in den Niederungen. So beträgt z.B. das Januarmittel auf den freiliegenden Höhen des Südschwarzwaldes in über 1000 m Meereshöhe −2°, während die nahegelegene Baar in 700 m Höhe das kälteste Januarmittel des Landes mit −4° aufweist. Diese eigenartige Temperaturumkehr entsteht bei windstillen Hochdruckwetterlagen, bei denen sich die von den Höhen abfließende Kaltluft in Beckenräumen sammeln und dort lange liegen bleiben kann.

Im Juli entspricht der Isothermenverlauf wiederum den allgemeinen mitteleuropäischen Verhältnissen. Es herrscht Breitenparallelität vor. Die Temperaturen nehmen von Süden nach Norden gleichmäßig ab, was mit der unterschiedlichen Intensität der Sonnenstrahlung zusammenhängt. Freilich kommt in Baden-Württemberg der Breiteneinfluß wegen des ausgeprägten Reliefs nicht immer deutlich zur Geltung.

Für die Kultivierung und den Anbau des Landes ist neben der Höhe der Temperatur die sog. *Vegetationsperiode* wichtig, die im groben durch die Dauer der frostfreien Zeit bestimmt werden kann.

Mehr als 200 frostfreie Tage haben die bereits genannten Gunsträume: das Oberrheinische Tiefland, das zentrale Neckarbecken und das westliche Bodenseegebiet. Während sich der Landesdurchschnitt bei etwa 170 frostfreien Tagen bewegt, haben die Höhengebiete des Hochschwarzwalds, der Baar und einige winterkalte Talräume der Alb lediglich 120 frostfreie Tage.

Ein weiteres wichtiges Datum für die Agrarwirtschaft ist der klimatische *Frühjahrseinzug,* der üblicherweise durch den Beginn der Apfelblüte angegeben wird (vgl. Alexander Länderkarte V,d). Sie beginnt am frühesten im äußersten Südwesten des Landes etwa Mitte April. Anschließend folgt die Apfelblüte im Bereich der Vorhügelzonen von Odenwald und Schwarzwald und setzt im letzten Aprildrittel im Neckartal unterhalb Stuttgarts ein. Anfang Mai hält der Frühling bis in Höhenlagen von etwa 400 m Einzug, und Ende Mai beginnen auf der Schwäbischen Alb die Apfelbäume zu blühen.

Bei den *Niederschlagsverhältnissen* kommt die orographische Gliederung des Landes besonders deutlich zum Ausdruck. Betrachtet man eine Karte (vgl. Alexander-Länderkarte V, a), die die Verteilung des Jahresniederschlags zeigt, so treten die Gebirgslandschaften durch ihre hohen Werte (über 1000 mm) deutlich hervor. Die niederschlagreichste Landschaft ist der Schwarzwald, wo im Feldberggebiet und im Bereich der Hornisgrinde der Jahresniederschlag 2000 mm erreicht, teilweise sogar noch überschreitet. Die Karte zeigt aber auch, daß die Niederschlagsmenge nicht allein von der Höhe abhängt, sondern daß an den Ostflanken der Gebirge ausgesprochene Trockengebiete liegen. Dies hängt damit zusammen, daß die meisten Niederschläge beim Durchzug von Zyklonen mit Winden aus westlicher Richtung entstehen und diese zum größten Teil schon auf der Luvseite und auf den Höhen der Gebirge abregnen (Staueffekt). Dagegen liegen die Leegebiete der Gebirge im Regenschatten und weisen in der Regel die geringsten Niederschlagssummen auf: So das nördliche Oberrheinische Tiefland und die Freiburger Bucht mit etwa 600 mm sowie die Gäuflächen mit Minima im mittleren Neckarraum von 700 mm, vor allem aber der Taubergrund, der knapp 600 mm erhält und schließlich auch die Donauniederung bei Ulm mit rd. 700 mm.

Auch die *jahreszeitliche Verteilung der Niederschläge* läßt in Baden-Württemberg bedeutende Unterschiede erkennen. Der größte Teil des Landes hat Sommerregen. Das Maximum der Niederschläge fällt im Juni und Juli, und das Minimum liegt fast überall im Februar und März. Nur im Schwarzwald und Odenwald gibt es zwei Niederschlagsspitzen: zum sommerlichen Maximum tritt ein zweites im Dezember und Januar hinzu. In diesen Wintermonaten fallen hier die meisten Niederschläge. Sie bedingen die hohe, langandauernde Schneedecke und prädestinieren – vor allem den Schwarzwald – zu einem günstigen Wintersportgebiet.

Eine gute Beurteilungsgrundlage für landschaftliche Nutzungsmöglichkeiten gibt die Karte der „Wuchsklimate" (Alexander Länderkarte V, c). Bei dieser Darstellungsweise zeichnen sich die tiefergelegenen Tal- und Beckenräume des Landes als ausgesprochene Gunsträume aus, in denen Intensivkulturen wie Obst- und Weinbau möglich sind. Der überwiegende Teil des Landes mit mittleren Höhenlagen besitzt Klimaverhältnisse, die für den Getreidebau günstig sind. Ausgesprochen ungünstige Wuchsklimate haben die Höhengebiete des Schwarzwalds und der Schwäbischen Alb, aber auch die Baar, in der Futterbau und Berggrünland die sinnvollste agrarische Nutzung darstellen.

Versucht man abschließend das Klima Baden-Württembergs in seiner *regionalen Differenzierung* zu charakterisieren, so fällt als dominanter Faktor zunächst der jähe Wechsel zwischen Landschaften mit entgegengesetztem Klimacharakter auf.

Während Schwarzwald und Odenwald ausgesprochen ozeanische Züge aufweisen, besitzt das Oberrheinische Tiefland in seinen südlichen und nördlichen Teilen entschieden kontinentale Züge. Das östliche Schwarzwaldvorland hat ebenfalls geringe Niederschläge und zum Teil sibirische Kältegrade (in der Baar werden z. B. Extremwerte unter −30° gemessen). Auch die Gäulandschaften sind verhältnismäßig kontinental. Dagegen ist der maritime Grundzug im wesentlich feuchteren und milderen Keuper- und Liasland nicht zu übersehen. Ein wiederum stärker kontinental getöntes Klima zeigt das Donaubecken, während im Alpenvorland die Niederschläge gegen die Alpen hin rasch zunehmen und die Temperaturen mit zunehmender Höhe entsprechend abnehmen. Eine Sonderstellung nimmt dabei das Bodenseebecken ein. Von der Temperatur abgesehen ist es durchweg ozeanisch mild; während die Niederschläge von West nach Ost rasch ansteigen. Die Schwäbische Alb schließlich ist im Vergleich mit anderen Mit-

telgebirgen auffallend kontinental geprägt. Aus all dem glaubt Robert Gradmann (1931, I, S. 50) „von einem schachbrettförmigen Wechsel ozeanischen und kontinentalen Klimas" sprechen zu können, der im wesentlichen durch die kleinräumige Reliefgestaltung mit wechselnder Meereshöhe bedingt ist.

4.1.2
Die Böden

Neben dem Klima spielt die Bodenbeschaffenheit für die land- und forstwirtschaftliche Nutzbarkeit des Landes eine entscheidende Rolle. In Südwestdeutschland hängt die Bodenbildung weitgehend vom anstehenden Gesteinsmaterial ab, während die anderen bodenbildenden Faktoren (Klima, Vegetation, Hydrographie und Relief) von sekundärer Bedeutung sind. Daher kann man den hauptsächlich nach geologisch-morphologischen Gesichtspunkten abgegrenzten Naturräumen auch charakteristische Bodentypen und Bodenarten zuordnen.

Das Oberrheinische Tiefland, das Kraichgau, die angrenzenden Gäuplatten im Bereich des unteren Neckars und die Fildern sind durch tiefgründige Lößlehmböden (Braunerden, Parabraunerden) gekennzeichnet, die zu den fruchtbarsten Böden des Landes zählen und eine sehr ertragreiche agrarische Nutzung zulassen. Wie die Bodengütekarte zeigt, liegen die Ertragsmeßzahlen im allgemeinen zwischen 60 und 80, im Einzelfall noch darüber. Die Lößlehmböden sind allerdings nicht autochthon entstanden, sondern der Löß bildete sich bekanntlich aus kalkreichem Gesteinsstaub, der durch eiszeitliche Winde verweht wurde.

Recht gute Erträge bringen alle Kalk-, Mergel- und Tonsteinverwitterungsböden mit reichlichem Lößanteil, wie sie vor allem in den mit Lettenkeuper bedeckten Gäuland-

Abb. 18: Bodengütekarte
(Quelle: Die Bundesrepublik Deutschland in Karten, Blatt 2112)

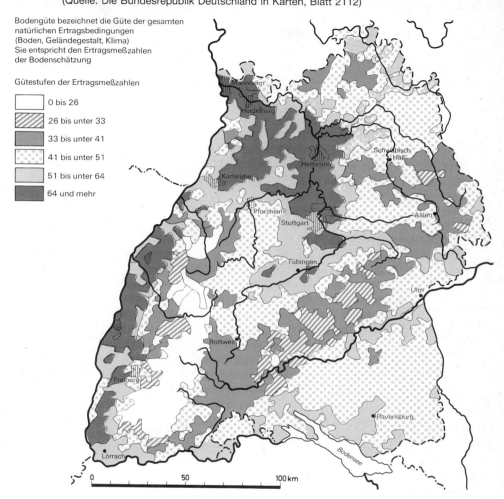

Bodengüte bezeichnet die Güte der gesamten
natürlichen Ertragsbedingungen
(Boden, Geländegestalt, Klima)
Sie entspricht den Ertragsmeßzahlen
der Bodenschätzung

Gütestufen der Ertragsmeßzahlen

	0 bis 26
	26 bis unter 33
	33 bis unter 41
	41 bis unter 51
	51 bis unter 64
	64 und mehr

schaften und auf den Liasplatten des Alb-
vorlands vorkommen. Hierzu gehören auch
viele der nicht zu skelettreichen und stau-
feuchten Moränenböden in Oberschwaben
und im Bodenseebereich. Die Mittelwerte
der Bodengütezahlen schwanken hier zwischen 40 und 60. Die Sandböden der Schwäbisch-Fränkischen Waldberge und die Rend-
zina-Skelettböden der Schwäbischen Alb gehören zu den ärmeren Böden des Landes. Sie
weisen lediglich Meßzahlen zwischen 25 und

30 auf. Ausgesprochene Grenzertragsböden
gibt es schließlich im Schwarzwald, wo der
Buntsandstein im Norden und das Grundgebirge im Süden magere Sandböden liefern
mit unterdurchschnittlichen Gütewerten zwischen 20 und 30.
Die unterschiedliche Bodenqualität wirkt
sich bis heute auf die Art der Bodennutzung
aus, da die natürlichen Erzeugungsbedin-
gungen auch durch die moderne Agrartechnik nicht völlig aufgehoben werden können.

77

4.2
Die agrarwirtschaftlichen Nutzungszonen

Der Versuch, das Land nach einheitlichen bzw. gleich strukturierten Agrarregionen zu gliedern, ist schwierig, weil sich infolge der Betriebsgrößenmischung, der unterschiedlichen Marktanpassung und der Spezialisierung Art und Systeme der Bodennutzung heute vielfach überlagern und z.T. auch in kurzen Zeiträumen ändern.

Bei Abwägung der wichtigsten produktionsbestimmenden Faktoren zeigt es sich, daß für die landwirtschaftliche Nutzung einzelner Regionen – bei allem agrarwirtschaftlichen Fortschritt – nach wie vor die natürlichen Ertragsbedingungen eine dominierende Rolle spielen. Gerade die moderne Produktionssteigerung und Spezialisierung besteht ja zu einem wesentlichen Teil darin, sich in besonderer Weise an das jeweils spezifische Naturpotential eines Gebietes anzupassen und dessen Möglichkeiten zu optimieren. Besonders in Regionen mit eingeengtem Nutzungsspielraum paust sich so die vorne angesprochene Konstellation von Klima, Boden und besonders auch Relief und Höhenlage deutlich durch.

So nimmt es auch nicht wunder, daß der Versuch von Grees (1975), eine regionale Differenzierung der Agrarräume vorzunehmen, sich wieder stark an das räumliche Muster der natürlichen Ertragsbedingungen anlehnt und zu einer Karte kommt, die in auffälliger Weise mit der der Verbreitung bestimmter Wuchsklimate übereinstimmt. Grees geht davon aus, daß für die Entwicklung der Landwirtschaft in letzter Zeit vor allem auch die Höhenlage und damit auch die klimatischen Verhältnisse bedeutsam waren, während die Bedeutung der Böden, die durch moderne Methoden verbessert werden können, dagegen zurücktrat. Auf der Basis von insgesamt vier Höhen- und Klima-

stufen, durch die sich das ozeanisch-kontinentale Übergangsklima des Landes regional differenziert, hat Grees (1975, S. 14) vier Hauptnutzungszonen ausgegliedert (vgl. Abb. 19) und folgendermaßen charakterisiert:

1. Im tiefgelegenen Land mit seinem warmen, trockenen Klima, gedeihen neben Ackergewächsen in entsprechender Lage Wein, Edelobst und sonstige Intensivkulturen.

2. Im Bereich der mäßig warmen und mäßig feuchten Mittelstufe (bis etwa 500 m) ist die Vegetationsperiode bereits spürbar kürzer, der Ackerbau, der hier dominiert (2a), wird aber nur auf ungünstigen Böden und in Hanglagen beeinträchtigt (2b).

3. Zur kühlen Mittelstufe gehört der größte Teil der Schwäbischen Alb sowie Teile ihres nordwestlichen Vorlandes und Oberschwabens, außerdem das östliche Schwarzwaldvorland. Hier treten in ungünstigen und höheren Lagen (3a) zum Ackerbau bereits größere Grünlandanteile. Noch ungünstiger sind die Verhältnisse in den Gebieten mit ausgesprochen schweren oder sandigen Böden, vor allem bei hohen Niederschlägen (3b) und so dominieren in den höheren Teilen des Albvorlandes, des Keuperberglandes und des Schwarzwaldrandbereichs wie auch im Allgäu das Grünland und die Viehwirtschaft.

4. In den höchsten, kältesten und am stärksten beregneten Teilen des Landes, auf den Höhen des Schwarzwaldes und der Südwestalb, läßt sich heute allenfalls noch Grünlandwirtschaft betreiben, soweit hier der Wald überhaupt gerodet wurde.

Andererseits gehört es zur Tradition agrargeographischer Regionalisierung, auf die Darstellung der Bodennutzungssysteme und deren Verbreitung zurückzugreifen. Hier

Abb. 19: Natürliche Ertragsbedingungen der landwirtschaftlichen Bodennutzung
(Quelle: Histor. Atlas v. Baden-Württemberg II, 3)

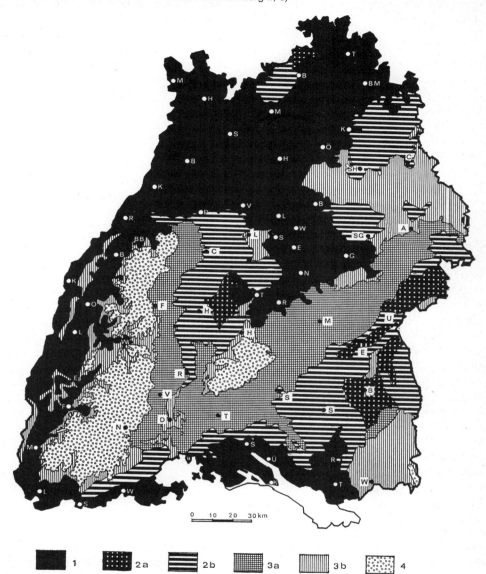

Erläuterung der Legende:

1 Bereiche warmen bis sehr warmen Klimas (ohne Berücksichtigung der Bodenqualität). Auf günstigen Standorten Wein, Obst, Gemüse

2a Bereiche mäßig kühlen Klimas. Überwiegend gute Ackerbaustandorte

2b Bereiche mäßig kühlen und feuchten Klimas. Überwiegend mittelmäßige Ackerbaustandorte auf weniger günstigen Böden

3a Bereiche kühlen Klimas mit überwiegend ncch mittelmäßigen Ackerbaustandorten und zunehmenden Grünlandanteilen

3b Bereiche kühlen und feuchten Klimas mit i. a. ziemlich schlechten Ackerbaustandorten und hohen Grünlandanteilen

4 Kühle bis kalte und feuchte Bereiche. In Hochlagen nur noch Grünland

werden drei Gruppen von Kulturpflanzen (Getreidebau, Hackfruchtbau, Futterbau) und die Sonderkulturen zur Kennzeichnung herangezogen, die jeweils eigentümliche Anforderungen an die natürlichen und wirtschaftlichen Verhältnisse, an die Anbautechnik und die Betriebsorganisation stellen und die – vor allem in der Vergangenheit – zumeist mit bestimmten Formen der Viehhaltung korrespondierten. Im Vergleich zum Getreidebau (= 1) wird das betriebswirtschaftliche Gewicht der übrigen Kulturen dadurch festgelegt, daß man den entsprechenden Flächenanteil mit bestimmten Wäge- und Intensitätszahlen multipliziert.

Die Relation von Leitfrucht und erster Begleitfrucht ergibt dann (vgl. Legende der Karte) die Kennzeichnung des jeweiligen Bodennutzungssystems. Die Aussage der Karte bezieht sich also in erster Linie auf die unterschiedlichen Nutzflächenanteile einzelner Kulturen und zeigt am Beispiel der Karte ein charakteristisches räumliches Verteilungsbild:

Die Futterbausysteme sind am stärksten im Land verbreitet. Entsprechend den ungünstigen natürlichen Verhältnissen sind sie für den Schwarzwald, die Südwestalb, die Braunjuragebiete des Albvorlandes, die höhergelegenen Gäulandschaften mit der Baar und die Schwäbisch-Fränkischen Waldberge, insbesondere aber für die höchsten Schwarzwaldregionen und das Allgäu kennzeichnend. Getreidebausysteme bestimmen maßgeblich die landwirtschaftliche Bodennutzung des Altmoränengebiets im nördlichen Oberschwaben und der Flächenalb sowie weite Teile des Baulandes und der Hohenloher Ebene; aber auch Strohgäu und Oberes Gäu sowie die Liasplatten im mittleren Albvorland gehören dazu.

Dagegen gibt der Hackfruchtbau dem Kraichgau und dem nördlichen Oberrheinischen Tiefland zwischen Karlsruhe und Mannheim sowie den Gäugebieten um Stuttgart und östlich der Tauber das Gepräge. Der Anbau von Sonderkulturen schließlich ist nur in wenigen Gemeinden vorherrschend. Sie liegen ausnahmslos in den fruchtbarsten Regionen des Landes; in erster Linie im Oberrheinischen Tiefland und dem Neckarbecken mit seinen Nebentälern. Dazu treten noch das Bodensee-Randgebiet sowie Teile des mittleren Kochertals um Künzelsau und das mittlere Taubertal um Bad Mergentheim.

Eine agrarwirtschaftliche Regionalisierung dieser Art gibt nun zwar korrekte Auskünfte über die Flächennutzung, macht jedoch keine wesentliche Aussage über den tatsächlichen betriebswirtschaftlichen Stellenwert der einzelnen Kulturart gemessen am Betriebseinkommen. So kann z. B. bei der Bodennutzung der Getreidebau dominieren, er dient aber lediglich als Viehfutter für Stallvieh und das Betriebseinkommen stammt überwiegend aus der Veredelung.

Besonders die Agrarberichte der Bundesregierung haben versucht, in einem entsprechenden Typisierungsversuch nun die sog. Betriebssysteme zum Ausgangspunkt zu nehmen. Die Grundlage dieser Typisierung ist für den einzelnen Betrieb eine produktionsspezifische Gewichtung nach Geldwerten; auf diese Weise soll deutlich werden, wie groß die Beiträge der einzelnen Produktionsrichtungen des Betriebes zum gesamten Betriebseinkommen sind (Standarddeckungsbeitrag). Der Vorzug dieses Verfahrens liegt darin, daß man nun Agrarregionen abgrenzen kann, in denen die vorherrschenden landwirtschaftlichen Produktionszweige über ihre Bedeutung für das Betriebseinkommen in Erscheinung treten.

Für Baden-Württemberg ergibt sich dabei ein recht buntes Bild. In den mittelhohen Landesteilen (bis etwa 500 m) mit gemäßigten Klimaverhältnissen und guten Böden herrschen landwirtschaftliche Mischbetriebe mit Veredelung vor. Dagegen dominieren die Futterbau-Verbundbetriebe in der kühleren Mittelstufe mit ungünstigen Bodenverhältnis-

Abb. 20: Bodennutzungssysteme
(Quelle: Das Land Baden-Württemberg 1974, S. 669)

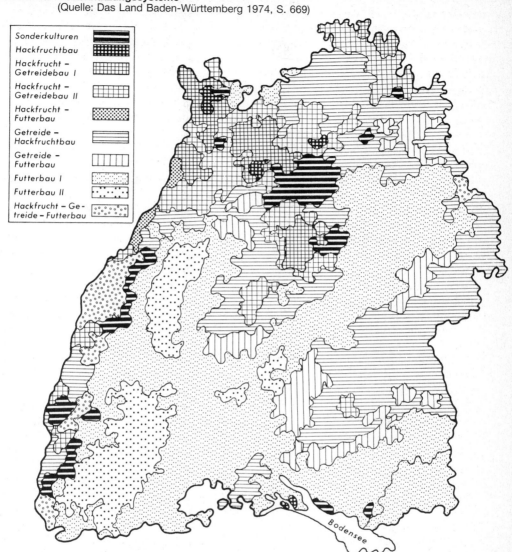

Sonderkulturen	
Hackfruchtbau	
Hackfrucht – Getreidebau I	
Hackfrucht – Getreidebau II	
Hackfrucht – Futterbau	
Getreide – Hackfruchtbau	
Getreide – Futterbau	
Futterbau I	
Futterbau II	
Hackfrucht – Getreide – Futterbau	

[1] Die einzelnen Bodennutzungssysteme entsprechen den Abgrenzungsrichtlinien des Planungsatlas Baden-Württemberg (1969)

sen und hohen Niederschlägen, wie am östlichen Schwarzwaldrand, im Hotzenwald, im Jungmoränenland Oberschwabens sowie in den Keuperbergländern und im Odenwald. Futteranbau-Spezialbetriebe gibt es nur im Allgäu mit seiner ausgeprägten Milchviehhaltung. Einen verhältnismäßig großen Flächenanteil nehmen auch die Kombinationsbetriebe ein. Dabei lassen sich aber zwei unterschiedliche Produktionsverbindungen erkennen: Während es in weiten Teilen des Schwarzwalds zu einer Verbindung zwischen land- und forstwirtschaftlichen Produktionssystemen kommt, gibt es im Oberrheinischen Tiefland im Umkreis von Mannheim und Heidelberg, im mittelbadischen Raum südlich von Karlsruhe und um Freiburg, aber auch in den Gäugebieten um Stuttgart die Kombination zwischen Landwirtschaft und Gartenbau. In den agrarischen Gunsträumen des Landes liegen überdies die Schwerpunkte der Marktfrucht-Verbundbetriebe. In diese Zone sind vielfach kleinere Areale von Dauerkultur-Verbundbetrieben und Dauerkultur-Spezialbetrieben eingestreut. Reine forstwirtschaftliche Betriebe finden sich im Nordschwarzwald und in etwas bescheidenerem Umfang im Südschwarzwald und Odenwald.

Im folgenden sollen die Fakten und Entwicklungen beschrieben werden, die neben den natürlichen Produktionsbedingungen – besonders in der Nachkriegszeit – die Entwicklung der Bodennutzung und der Betriebsstruktur in charakteristischer Weise beeinflußt haben und die letztlich auch dazu führen, daß regionale Übersichtsdarstellungen die gegebene Vielfalt z. T. nur unzulänglich wiedergeben.

4.3
Agrarsoziale Verhältnisse und betrieblicher Strukturwandel

4.3.1
Die Dominanz der Klein- und Mittelbetriebe mit Nebenerwerbscharakter

Obgleich die Land- und Forstwirtschaft Baden-Württembergs seit der Mitte dieses Jahrhunderts „einen betrieblichen Konzentrationsprozeß von bisher unbekanntem Ausmaß" (Schwarz 1978, S. 97) erfahren hat, bleibt nach wie vor eines der hervorstechendsten Kennzeichen des südwestdeutschen Agrarwesens die Dominanz der Klein- und Mittelbetriebe. 1980 bewirtschafteten mehr als 80% der Betriebe weniger als 10 ha landwirtschaftliche Fläche (LF). Diese spezifische Betriebsgrößenstruktur ist das Ergebnis eines langen historischen Entwicklungsprozesses, der nicht nur die Eigentumsverhältnisse, sondern auch das ländliche Siedlungswesen des Landes bis heute nachhaltig prägt. Dabei gibt es allerdings in den einzelnen Landschaften gewisse Unterschiede. Ausgesprochen kleinbäuerliche Verhältnisse herrschen im ganzen Oberrheinischen Tiefland und im zentralen Neckarland vor. Hier überwiegen ausgesprochene Parzellen- und Zwergbetriebe. Ihren äußersten Grad erreicht die Güterzersplitterung in der Region Mittlerer Oberrhein (mit den Kreisen Karlsruhe und Rastatt), wo 1980 fast 85% der landwirtschaftlichen Betriebe nur eine LF zwischen 0,5 und 10 ha bewirtschaften. Groß- und mittelbäuerliche Verhältnisse herrschen dagegen in Oberschwaben, in der Hohenlohe und auch in Teilen der Schwäbischen Alb vor, während sich in den übrigen Landesteilen die Anteile der Groß- und Kleinbetriebe heute etwa die Waage halten. Eine der wichtigsten Ursachen dieser unterschiedlichen Verteilung des bäuerlichen Grundbesitzes bzw. Wirtschaftslandes ist in der traditionellen Erbfolge zu suchen.

Hauptsächlich in den altbesiedelten Gebieten ist die Sitte der Realteilung üblich. Vom Taubergrund und Bauland im Norden über das Mittlere Neckarland bis in die Baar und den Klettgau im Süden reicht ein geschlossener Gebietsstreifen, bei dem im Erbfall das landwirtschaftliche Eigentum aufgeteilt wird. Dazu kommt noch das gesamte Oberrheinische Tiefland und der Kraichgau. In den anderen Landesteilen, im Schwarzwald, Odenwald, in Teilen der Alb und besonders in Ostwürttemberg herrscht das Anerbenrecht vor. Bei dieser Erbsitte wird der bäuerliche Betrieb geschlossen an den ältesten Sohn – in manchen Fällen auch an den jüngsten (Schwarzwald) – weitervererbt.

Abb. 21: Betriebsgrößenstruktur der Landwirtschaft
   (n. Statist. Landesamt Baden-Württemberg)

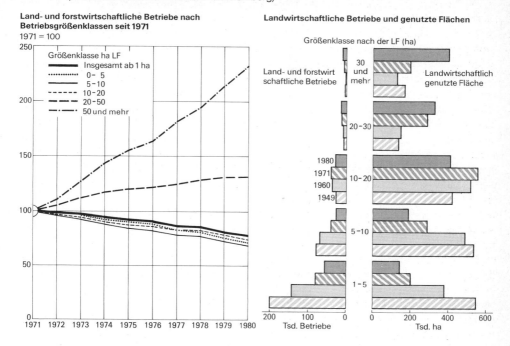

Land- und forstwirtschaftliche Betriebe nach
Betriebsgrößenklassen seit 1971
1971 = 100

Landwirtschaftliche Betriebe und genutzte Flächen

Die Anerbensitte sicherte die Erhaltung größerer Bauerngüter und in der Regel auch die Existenz eines wohlhabenden Bauernstandes, während die Freiteilbarkeit unvermeidlich zu einer starken Zersplitterung der landwirtschaftlichen Nutzfläche führte. Somit wird deutlich, daß die bis in die Gegenwart feststellbare ungleiche Verteilung des bäuerlichen Grundbesitzes und der besonders große Anteil an Klein- und Mittelbetrieben in hohem Maße von den unterschiedlichen Erbsitten abhängt. Allerdings befindet sich diese traditionelle Struktur etwa seit 1950 in einem Prozeß nachhaltiger Veränderungen.

Hauptkennzeichen dieses Wandels ist ein starker Rückgang der bäuerlichen Betriebe überhaupt, deren Zahl sich von 1949 bis 1980 um mehr als die Hälfte (57%) verringert hat, während der Bestand der Agrarbetriebe im Zeitraum von 1882–1949 nur um lediglich

5% zurückgegangen war. Überdurchschnittliche Abnahmequoten stellten dabei die Kleinbetriebe (unter 5 ha LF), die in den vergangenen drei Jahrzehnten um das Dreieinhalbfache abgenommen haben. Auch die Betriebe mit 5 bis 10 ha haben einen ähnlich hohen Schrumpfungsanteil (−64%) zu verzeichnen, während die Betriebe der Größenklasse 10 bis 20 ha nur eine geringe Abnahme (rd. −8%) erfahren haben. Die Betriebsgrößenschwelle, von der ab sich der Betriebsbestand nicht mehr verringert, sondern zunimmt, lag am Ende der 70er Jahre bei annähernd 25 ha LF (Schwarz 1978, S. 98). Bemerkenswert ist, daß sich die Zahl der Großbetriebe mit über 20 ha LF seit 1949 um rd. 14 000 oder 156% erhöhen konnten. Dabei wird eine weitere bestimmende Tendenz deutlich: die Aufstockung der Betriebsfläche bei den größeren Bauernhöfen.

83

Wie die Tabelle zeigt, schrumpfte parallel zur Abnahme der Kleinbetriebe auch der Flächenanteil, während sich die Gesamtfläche der Betriebe der Größenordnung über 20 ha LF entsprechend ausweitete. Im Jahr 1980 wurde knapp die Hälfte der landwirtschaftlich genutzten Fläche in Baden-Württemberg durch die Großbetriebe bewirtschaftet, wobei ihr Anteil am Gesamtbetriebsbestand lediglich 16% betrug. Der Übergang zu größeren Betriebseinheiten vollzog sich weitgehend über die *Landpacht*. Damit wurde ein ganz entscheidender Wandel in der überkommenen Besitz- und Eigentumsstruktur der landwirtschaftlichen Betriebe herbeigeführt.

Seit der Bauernbefreiung, die in der Mitte des 19. Jahrhunderts ihren Abschluß gefunden hatte, bis in die fünfziger Jahre dieses Jahrhunderts wurde nämlich der überwiegende Teil aller Bauerngüter von den Eigentümern selbst bewirtschaftet, während Pacht- und Verwalterverhältnisse nur eine untergeordnete Rolle spielten. Robert Gradmann (1931, S. 131) schrieb noch in seiner bekannten Landeskunde: „Der Träger der süddeutschen Landwirtschaft ist der Bauer auf freier eigener Scholle". Dies hat sich inzwischen grundlegend geändert. Bereits 1960 lag der Pachtlandanteil an der gesamten landwirtschaftlich genutzten Fläche bei 21% und 1980 sogar bei 33%. In dieser Entwicklung spiegeln sich die bereits dargestellten agrarsozialen Wandlungen der jüngsten Zeit wider und zugleich wird hier ein Grundzug der südwestdeutschen Grundeigentümer deutlich: die Aufgabe von Klein- und Mittelbetrieben, wobei aber der Grundbesitz in der Regel nicht verkauft, sondern lediglich verpachtet wird.

In der Mentalität der Bevölkerung spielt dabei offensichtlich die Erinnerung an wirtschaftliche Krisenzeiten eine bestimmende Rolle, in denen eigener Grund und Boden oft die einzige Basis der Existenzsicherung war.

Die freiwerdenden Wirtschaftsflächen wurden in den letzten Jahren in erster Linie von Großbetrieben, hauptsächlich von Bauerngütern mit 50 ha und mehr, gepachtet bzw. aufgekauft. Im Jahre 1980 betrug der Anteil des Pachtlandes an der gesamten Wirtschaftsfläche bei dieser größten Betriebsgrößenklasse 57%.

Wenn man sich vor Augen hält, daß der südwestdeutsche Landwirt mittlerweile im Durchschnitt 10,1 ha, gegenüber 4,9 ha im Jahre 1949, bewirtschaftet, dann erkennt man deutlich das Ausmaß dieser enormen Strukturveränderung.

Allerdings lassen sich bei diesem stürmisch verlaufenden Umstrukturierungsprozeß sowohl im zeitlichen Ablauf als auch in der regionalen Differenzierung gewisse Unterschiede erkennen.

Der Betriebsgrößenrückgang betraf zunächst fast ausschließlich die zahlenmäßig dominierende Gruppe der kleinbäuerlichen Betriebe mit weniger als 5 ha LF, vor allem in den Verdichtungsräumen des Landes, wo die Industrialisierung und Urbanisierung ihren Ausgang nahm. In den fünfziger Jahren wurden dann die Betriebe zwischen 5 und 10 ha in den Schrumpfungsprozeß mit einbezogen

Tabelle 1: Zahl der Haupt- und Nebenerwerbsbetriebe ab 1 ha LF (in 1000)

	1949	1960	1970	1980
Haupterwerbsbetriebe	251	165	106	54
Nebenerwerbsbetriebe	141[1]	99	100	88

[1] Einschließlich Wirtschaftsstätten ab 0,5 ha LF
Quelle: „Agrardaten 80" Stuttgart 1981

und etwa seit Mitte der sechziger Jahre auch die Bauernhöfe zwischen 10 und 15 ha LF. In jüngster Zeit hat sich der zahlenmäßige Niedergang gerade der kleinsten Betriebseinheiten (Parzellenbetriebe) verlangsamt, was vor dem Hintergrund eines abgeschwächten allgemeinen Wirtschaftswachstums in den Industriestaaten der westlichen Welt verständlich erscheint. Regional gesehen verzeichneten die größten Betriebseinbußen die klassischen Realteilungsgebiete mit verbreiteter Kleinbetriebsstruktur und relativ günstigen außerlandwirtschaftlichen Erwerbsmöglichkeiten, u. a. der gesamte Neckarraum und das nördliche Oberrheingebiet. Vergleichsweise kleine Abnahmequoten weisen dagegen die ländlichen Räume mit traditionellem Anerbenrecht auf, so in Oberschwaben, auf der Ostalb und im südlichen Schwarzwald.

Damit setzt sich langfristig gesehen – wie Schwarz (1975, S. 259) betont –, eine gewisse Nivellierung der großen regionalen Unterschiede in der landwirtschaftlichen Betriebsstruktur durch.

Dieser Trend macht daher eine Revision überkommener Leitvorstellungen notwendig. Nicht mehr die Realteilung, sondern die Anerbengebiete sind heute als agrarwirtschaftliche Problemräume anzusehen. In diesen noch stärker von der Landwirtschaft geprägten Landschaften wird eine äußere Betriebsaufstockung – die hier auch notwendig wäre – gebremst durch das knappe Angebot an Pachtflächen und der relativ großen Zahl aufstockungswilliger Familienbetriebe.

Schließlich kam es im Rahmen des agrarsozialen Wandels auch zu Veränderungen im Erwerbscharakter der landwirtschaftlichen Betriebe. Seit 1960 hat sich die Zahl der Haupterwerbsbetriebe von rund 165 000 auf etwa 54 000 im Jahre 1980 verringert, während im gleichen Zeitraum der Bestand der Nebenerwerbsbetriebe nur geringfügig abnahm, nämlich von 99 000 auf 88 000 Betriebseinheiten. Damit hat sich allerdings

Tabelle 2: Entwicklung der Betriebsgrößenstruktur 1949–1980

Landwirtschaftlich genutzte Fläche[1] von ... bis unter ... ha	Land- und forstwirtschaftliche Betriebe				Landwirtschaftlich genutzte Fläche[1]			
	1949	1960	1971	1980	1949	1960	1971	1980
	1000 ha				10 000 ha			
1–2	69,6	56,0	33,2	25,2	100,6	80,4	47,3	35,8
2–5	134,5	90,4	48,1	32,6	444,4	301,2	159,1	107,1
5–10	79,2	71,0	41,5	28,2	545,9	505,1	300,2	204,9
10–20	32,0	39,1	40,2	29,5	428,9	529,5	570,5	424,2
20–30	5,9	6,4	12,5	13,9	140,0	152,8	297,1	337,6
30–50	2,0	1,9	3,6	7,1	73,1	70,4	130,3	262,8
50 und mehr	0,9	0,7	0,8	1,9	96,0	60,6	76,7	152,9
insgesamt	324,2	265,5	179,9	138,4	1879,5	1700,0	1581,2	1525,3

[1] 1960 landwirtschaftliche Nutzfläche
Quelle: Statistisches Landesamt Baden-Württemberg

das Verhältnis beider Betriebsarten zueinander im Lauf von 20 Jahren gerade umgekehrt.

Diese Entwicklung steht in einem auffallenden Gegensatz zu den Ansichten der EG-Behörden, die forderten, die Nebenerwerbsbetriebe hätten als erste aus dem Produktionsprozeß auszuscheiden. Das Beispiel Baden-Württemberg zeigt indessen, daß sich die Agrarwirtschaft nicht nur nach technokratischen Orientierungsdaten, sondern auch nach regionalen Gesichtspunkten entwickeln muß, wobei die physisch-geographischen Gegebenheiten und die ererbten Strukturen gleichermaßen berücksichtigt werden müssen.

Nach Rundel (1974, S. 677) hat sich in einem Großteil der Fälle „der Nebenerwerbsbetrieb als eine sinnvolle Kombination von Festhalten an Grundeigentum und gewohntem Beruf mit zusätzlichem außerwirtschaftlichem Einkommen" erwiesen. Außerdem wird heute der Nebenerwerbslandwirt von staatlicher Seite in vielfältiger Weise unterstützt, da die Bedeutung der Landwirtschaft des Landes nicht mehr nur nach ihren wirtschaftlichen Leistungen, sondern zunehmend an ihrem Beitrag zur Pflege und Erhaltung der natürlichen Lebensgrundlagen gemessen wird.

Insgesamt gesehen, haben die beachtlichen Strukturwandlungen zweifellos zu einer enormen Verbesserung der landwirtschaftlichen Situation in Baden-Württemberg beigetragen. Sie reichen jedoch immer noch nicht aus, um das Land an den Bundesdurchschnitt anzugleichen. Baden-Württemberg besaß 1980 nach Bayern die meisten land-

wirtschaftlichen Betriebe in der Bundesrepublik Deutschland. Mit einer durchschnittlichen Nutzfläche je Betrieb von 10,1 ha lag das Land aber nach wie vor an letzter Stelle (Bundesdurchschnitt 1979: 14,4 ha).

4.3.2
Die Veränderung bei den Erwerbstätigen

In den vergangenen einhundert Jahren hat der Anteil der Agrarerwerbstätigen kontinuierlich abgenommen.

In diesen Zahlen spiegelt sich die sozialökonomische Entwicklung Deutschlands wider, an der auch Südwestdeutschland teilgenommen hat: der Übergang von einer Agrar- in eine Industriegesellschaft.

Interessant ist dabei, wie die langfristige Entwicklung der absoluten Zahlen der Erwerbstätigen zeigt, daß die in der Landwirtschaft tätigen Arbeitskräfte im ersten Viertel dieses Jahrhunderts in Baden-Württemberg noch zugenommen haben, um dann nach 1925 zunächst leicht und seit 1950 in starkem Maße abzunehmen. Im Jahre 1950 erreichte die Zahl der landwirtschaftlichen Erwerbspersonen etwa wieder den Stand der Jahrhundertwende. In den folgenden drei Jahrzehnten – vor allem in den sechziger und siebziger Jahren – kam es zu einer außerordentlich starken Schrumpfung der landwirtschaftlichen Arbeitskräfte. Insgesamt hat sich in diesem Zeitraum (1950–1980) der Arbeitskräftebestand in der Landwirtschaft um zwei Drittel verringert.

Nach den Ergebnissen der Arbeitskräfteer-

Tabelle 3: Entwicklung der Erwerbstätigen im Wirtschaftsbereich Land- und Forstwirtschaft in % aller Erwerbstätigen

1882	1907	1925	1939	1950	1960	1970	1980
52,5	44,3	39,8	31,7	26,1	15,9	7,9	4,9

nach Schwarz 1982, S. 321

Abb. 22: Erwerbspersonen nach Wirtschaftsbereichen, Altersstrukturen der in landwirtschaftlichen Betrieben Beschäftigten
(n. Statist. Landesamt Baden-Württemberg)

Erwerbspersonen nach Wirtschaftsbereichen

Ergebnisse der Volkszählung und des Microzensus

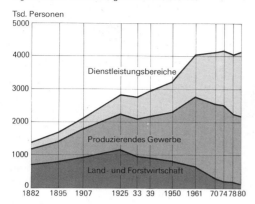

Altersstrukturen der Familienarbeitskräfte 1978

Im landwirtschaftlichen Betrieb Beschäftigte

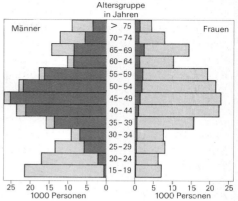

1950 = 100

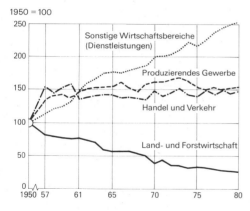

Im landwirtschaftlichen Betrieb Beschäftigte und außerbetrieblich Erwerbstätige

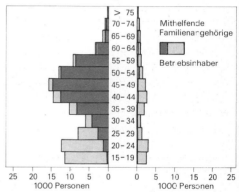

hebung 1980 waren in Baden-Württemberg rund 284 000 Personen in landwirtschaftlichen Betrieben (ab 2 ha LF) tätig; davon waren 275 000 Familienarbeitskräfte und nur 9000 ständig familienfremde Arbeitskräfte. Bezeichnend für die baden-württembergische Situation ist, daß fast drei Viertel aller Arbeitskräfte teilbeschäftigt sind. Diese Personengruppe verrichtet nur an einem Teil des Tages, am Wochenende oder nur saisonal landwirtschaftliche Arbeiten, während sie ihren Haupterwerb in einem nicht-landwirt-

schaftlichen Beruf findet. Vor allem die Zahl der familienfremden Arbeitskräfte ist überdurchschnittlich zurückgegangen (seit 1949 um 95%). Gemessen an der Gesamtzahl der landwirtschaftlichen Arbeitskräfte spielen die Lohnarbeiter nur noch eine untergeordnete Rolle. Sie nehmen jedoch als Spezialisten in Betrieben mit Sonderkulturen (Gärtnereien, Baumschulen, Weingütern) oft wichtige Schlüsselstellungen ein. Dieser enorme Rückgang des Arbeitskräftepotentials, der bundesweit feststellbar ist, wurde sowohl durch Veränderungen innerhalb des Agrarsektors als auch durch die allgemeinen wirtschaftlichen Rahmenbedingungen der Nachkriegszeit ausgelöst.

So konnten in den drei zurückliegenden Jahrzehnten durch die betriebliche Konzentration und die fortschreitende Mechanisierung landwirtschaftlicher Arbeiten immer mehr bäuerliche Arbeitskräfte freigesetzt werden. Zugleich bestand in den Jahren wirtschaftlichen Aufschwungs eine wachsende Nachfrage der außerlandwirtschaftlichen Erwerbszweige an qualifizierten Arbeitskräften. Das Aufblühen der sekundären und tertiären Wirtschaftsbereiche mit steigendem Lohnniveau hat dazu geführt, daß zuerst die familienfremden Arbeitskräfte in gewerblich-industrielle Arbeitsstätten abwanderten; bald folgten ihnen auch die bäuerlichen Familienangehörigen und schließlich gaben immer mehr Kleinlandwirte ihren Betrieb auf und wechselten ihren sozialen Status vom Arbeiterbauern zum reinen Arbeiter. Unterstützt wurde diese Entwicklung durch die verbesserten Verkehrsverhältnisse zwischen den ländlichen Räumen und den industriellen Gebieten sowie durch die allgemein erhöhte Mobilität (durch eigenen Pkw) der westdeutschen Nachkriegsgesellschaft.

Nach Schwarz (1980, S. 9) zeichnete sich gegen Ende der siebziger Jahre ein neuer Trend ab: Jetzt nahmen auch immer mehr Familienangehörige aus mittleren und großen Bauernhöfen eine nichtlandwirtschaftliche Erwerbstätigkeit auf, und selbst unter den Betriebsinhabern war fast jeder zweite noch anderweitig erwerbstätig; in Betrieben ab 10 ha LF immerhin jeder vierte.

Damit findet die für Baden-Württemberg typische enge berufliche und betriebliche Verflechtung zwischen Landwirtschaft und gewerblicher Wirtschaft – gewissermaßen auf höherem Niveau – eine Fortsetzung.

Bemerkenswert ist in diesem Zusammenhang, daß sich seit der Mitte der 70er Jahre der Schrumpfungsprozeß bei den landwirtschaftlichen Arbeitskräften verlangsamt hat. Dies mag damit zusammenhängen, daß ein weiterer Personalabbau in den Haupterwerbsbetrieben kaum noch möglich ist; zugleich kann man darin aber auch ein Anzeichen einer beginnenden wirtschaftlichen Rezession erkennen. Das knapper werdende Angebot an Arbeitsplätzen in der gewerblichen Wirtschaft sowie die durch historische Erfahrungen erhärtete Einsicht, daß in wirtschaftlichen Krisenzeiten die Landwirtschaft einen gewissen Rückhalt bietet, haben wohl zu dieser jüngsten Entwicklung beigetragen.

Allerdings rechnen die Agrarexperten, daß der verschärfte Wettbewerb auf den Agrarmärkten auch künftig die süddeutsche Landwirtschaft zwingen wird, Arbeitskräfte freizusetzen. Nach Schwarz (1980, S. 15) wird aber eine weitere Verringerung des landwirtschaftlichen Arbeitskräftebestands nur im Zusammenhang mit einem Rückgang der Zahl der landwirtschaftlichen Betriebe möglich sein, da die Arbeitskapazität der bestehenden Betriebe nicht weiter reduziert werden kann. Wichtige Daten zur Beurteilung der zukünftigen Agrarstruktur ergeben sich aus dem Altersaufbau der landwirtschaftlichen Erwerbsbevölkerung.

Wie neuere Erhebungen zeigen, hat die Überalterung in den siebziger Jahren weiter zugenommen. Außerdem reichte schon in den vergangenen Jahren der Nachwuchs nicht aus, um die altersbedingten Abgänge in der Landwirtschaft wieder auszugleichen. So waren 1978 von allen erwerbstätigen Männern im Wirtschaftsbereich Land- und Forstwirtschaft nur 44% jünger als 45 Jahre, im produzierenden Gewerbe 68%. Nach den Ergebnissen der Arbeitskräfteerhebung 1980 waren von den landwirtschaftlichen Arbeitskräften 57% über 45 Jahre alt, gegenüber knapp 50% im Jahre 1965. Schwarz (1980 und 1981) nimmt daher an, daß bis zur Mitte der achtziger Jahre eine jährliche Abnahmequote von rund 10 000 Personen (−2,5%) zu erwarten ist. Danach muß mit einem zunehmend beschleunigten Beschäftigungsrückgang gerechnet werden. Schwarz betont jedoch, daß diese auf demographischen Daten beruhende Prognose durch veränderte wirtschaftliche oder politische Faktoren erheblich modifiziert werden kann.

Tabelle 4: Arbeitskräfte in landwirtschaftlichen Betrieben ab 2 ha LF

| Jahr | insgesamt | Familienarbeitskräfte | | ständig familienfremde Arbeitskräfte |
		vollbeschäftigt	teilbeschäftigt	
		1000 Personen		
1949	925	720	110	95
1960	615	451	137	27
1970	466	268	182	16
1980	284	66	209	9

Quellen: Agrardaten 80; Statistik Baden-Württemberg Bd. 293

4.3.3
Strukturwandel durch Mechanisierung und Intensivierung

Das hohe Agrarpreisniveau im Rahmen der EG hat in Verbindung mit dem betrieblichen Konzentrationsprozeß und mit den raschen Fortschritten in der Agrartechnik zu beachtlichen Produktionssteigerungen geführt.

Dabei spielte die *Mechanisierung* der Landwirtschaft seit etwa 1950 eine besondere Rolle, da durch sie der Rückgang der Arbeitspferde und der Verlust an landwirtschaftlichem Personal weitgehend ausgeglichen werden konnte.

Üblicherweise wird die Zahl der Schlepper als Maß für den Technisierungsgrad in der Landwirtschaft angegeben, da sie als Antriebs- und Zugmaschinen sowie als integriertes Arbeitsaggregat in der Hof- und Feldwirtschaft heute unentbehrlich geworden sind. Verfolgt man die Entwicklung der letzten Jahrzehnte, dann zeigt sich, daß nach einer stürmischen Aufschwungphase in den fünfziger Jahren und den sechziger Jahren etwa seit Mitte der 70er Jahre eine gewisse Sättigung erreicht worden ist. So nahm die Schlepperdichte (Schlepperzahl je 100 Betriebe) von 3,2 im Jahre 1949 auf 55 (1960) zu und erreichte 1976 mit 166 Zugmaschinen je 100 Betriebe ihren Höchststand. Nach der Landwirtschaftszählung 1980 lag der Schlepperbesatz mit 154 wieder etwas niedriger, d. h. auf 138 000 Betriebe kamen 213 000 Vierrad- oder Kettenschlepper.

Die Zahlen machen deutlich, daß viele landwirtschaftliche Betriebe bereits über zwei Schlepper, die Großbetriebe ab 50 ha LF sogar über drei und mehr Zugmaschinen verfügen.

Allerdings gilt es zu berücksichtigen, daß ein Vergleich von Maschinen über längere Zeiträume hinweg zwar quantitativ möglich, aber qualitativ eingeschränkt ist, da der technische Fortschritt auch Verbesserungen und funktionelle Neuerungen gebracht hat (Stadler 1977, S. 270). So hat z.B. die Leistungsstärke der Schlepper in den letzten Jahren kontinuierlich zugenommen: deutlich ist eine Verlagerung vom Kleinschlepper zum leistungsstarken Schlepper (von 35 PS und mehr) festzustellen.

Mit der Einführung leistungsstarker Schlepper war die Voraussetzung für eine durchgreifende Mechanisierung der verschiedensten landwirtschaftlichen Arbeiten gegeben. Das hohe Zugkraft- und Antriebspotential ermöglichte vor allem den Einsatz moderner vollautomatischer Großgeräte bei der Getreide-, Heu- und Hackfruchternte sowie bei den Arbeiten zur Erntebergung, Saat und Düngung.

Unter den zahlreichen landwirtschaftlichen Tätigkeiten sei beispielhaft die Getreideernte herausgegriffen, bei der sich der Mähdrusch weitgehend durchgesetzt hat. Die Zahl der Mähdrescher ist seit 1960 von 6000 auf rund 30 000 im Jahre 1970 angestiegen und sank dann gegen Ende der siebziger Jahre wieder auf etwa 20 000 ab. Diese Entwicklung zeigt, daß bei dieser Spezialmaschine inzwischen ein Sättigungsgrad erreicht wurde, der einmal damit zusammenhängt, daß die allgemeine Betriebsgrößenverschiebung in Richtung Großbetriebe einen besseren Ausnutzungsgrad der einzelnen Mähdrescher erlaubte, zum andern gewann im letzten Jahrzehnt der Drusch durch Lohnunternehmer zunehmend an Beliebtheit, da die teueren Vollerntemaschinen für viele Klein- und Mittelbetriebe weder erschwinglich noch rentabel waren.

Nach Stadler (1977, S. 272) ist es geradezu bezeichnend für Baden-Württemberg, daß nahezu 70% der Betriebe auf betriebsfremde Mähdrescher angewiesen sind. Auch bei anderen, teuren und nur zu bestimmten Jahreszeiten einsetzbaren Maschinen sind die Landwirte wegen der hohen Investitionskosten zum Einsatz von Leih- oder Gemeinschaftsmaschinen übergegangen.

Welch starke Auswirkungen allein die Mechanisierung in der Landwirtschaft hatte, macht Rundel (1974, S. 676) durch einen sehr anschaulichen Vergleich deutlich: „1840 waren 126 Arbeitskräfte erforderlich, um Ernte und Drusch von 3 ha Getreide (30 dz/ha) in einem Tag mit Sense und Flegel zu bewältigen, 1900 mit Getreideableger und Dreschmaschine 21, dagegen 1965 beim Einsatz eines Mähdreschers nur noch 3."

Im Vergleich zum einstigen Bauernhof ist der heutige Agrarbetrieb in bisher unvorstellbarem Maße mit Maschinen und technischen Hilfsmitteln ausgestattet, was einen erheblichen Kapitaleinsatz notwendig machte. Belief sich der Wert der Kapitalausrüstung je Arbeitskraft bei den Buchführungsbetrieben in Baden-Württemberg Anfang der fünfziger Jahre noch auf 13 000 DM, so waren es 1980 bereits 282 500 DM. Damit hat die Landwirtschaft heute einen stärkeren Kapitalbesatz als mancher Betriebszweig der gewerblichen Wirtschaft. Neben der Mechanisierung war es vor allem die vermehrte Anwendung von Düngemittel, die in den Nachkriegsjahren zu einer außergewöhnlich starken Intensivierung der Erzeugung geführt hat. So wurde der Verbrauch an Mineraldünger zwischen 1960 und 1980 mehr als verdoppelt, bei Stickstoffdüngemittel sogar verdreifacht. Die Intensivierungsmaßnahmen bewirkten eine einmalige Steigerung der Flächenerträge. Wenn vor dem zweiten Weltkrieg durchschnittliche Getreideerträge von 17 bis 20 dt/ha normal waren, so erzielen heute die Landwirte in Baden-Württemberg bereits mehr als 45 dt/ha. Die Flächenproduktion entspricht etwa dem Bundesdurchschnitt. Bei den übrigen Fruchtsorten verlief die Entwicklung ähnlich, wenn auch in etwas abgeschwächter Form. Die baden-württembergischen Erträge liegen bei der pflanzlichen Produktion durchweg im Bereich des Bundesdurchschnitts, bei Körnermais, Zuckerrüben und vor allem bei Futterrüben nimmt das Land sogar eine Spitzenstellung ein.

All die erwähnten Maßnahmen zur Produktionsverbesserung und betrieblichen Rationalisierung führten in den zurückliegenden Jahrzehnten zu einer enormen Produktivitätssteigerung der landwirtschaftlichen Betriebe, wie die Tabelle deutlich macht.

Tabelle 5: Produktivität der landwirtschaftlichen Betriebe 1951–1980

Jahr	Nahrungsmittelproduktion 1000 t GE[1]	Mio. DM	Wertschöpfung[2] Mio. DM	DM AK[4]
1951/52	5172,5	2216,6	1399,7	1936,2
1961/62	6574,4	3788,4	1694,3	4232,2
1971/72	7279,6	5847,7	2236,5	9590,4
1979/80	8338,9	7907,8	3250,0[3]	18479,0

[1] GE: Getreideeinheit = 1 dz Weizen. Diese rechnerische Einheit dient dazu, die landwirtschaftliche Produktion, pflanzliche und tierische Erzeugung, auf einen gemeinsamen Nenner zu bringen.
[2] Nahrungsmittelproduktion minus Vorleistungen, verbrauchsbedingte Abschreibungen und Betriebssteuern.
[3] Angaben von 1978/79
[4] AK = Arbeitskraft
Quelle: Statistisches Landesamt Baden-Württemberg

4.4
Tendenzen der landwirtschaftlichen Produktion

Die einschneidenden Veränderungen des sozialen und wirtschaftlichen Lebens während der letzten Jahrzehnte lassen sich anhand der Bodennutzung konkretisieren.
In der Zeit nach dem 2. Weltkrieg ist die landwirtschaftliche Nutzfläche laufend kleiner geworden. Sie verringerte sich allein seit 1950 von 1.970 182 ha auf 1.702 329 ha im Jahre 1980. Während ihr Anteil an der Wirtschaftsfläche des Landes damals bei 55,5% lag, betrug er 1980 nur 47,6%. Dieser beachtliche Rückgang ist vor allem darauf zurückzuführen, daß immer mehr Grund und Boden für Siedlungen und Verkehrsanlagen in Anspruch genommen wurde. So verringerte sich die landwirtschaftliche Nutzfläche im Durchschnitt der vergangenen drei Jahrzehnte jährlich um 9100 ha. Anders gesagt: Die überbaute Fläche und Verkehrsfläche nahm innerhalb von 10 Jahren (1962–1972) um knapp 65 000 ha zu. Das entspricht einer Fläche, die größer ist als der Bodensee. Der Flächenverlust erfolgte hauptsächlich in den Verdichtungsräumen des Landes – eine in agrarwirtschaftlicher Hinsicht bedauerliche Entwicklung –, da es sich hier durchweg um Räume mit überdurchschnittlich guten landwirtschaftlichen Produktionsbedingungen handelt.
Lange Zeit galt der Anteil an brachliegenden Flächen, die sog. „Sozialbrache", als wichtiger Indikator für sozialökonomische Wandlungen. Vor allem in den 60er Jahren nahm das Brachland erheblich zu, während man neuerdings eine gewisse Konsolidierung feststellen kann. Der Anteil an unbewirtschafteten brachliegenden Flächen scheint sich bei etwa 40 000 ha oder 1,2% der Gesamtfläche des Landes einzupendeln.
Noch deutlicher tritt einem das Ausmaß des agrarsozialen Wandels entgegen, wenn man sieht, wie sich das Verhältnis der landwirtschaftlichen Nutzfläche je Einwohner entwickelt hat.
Nach Rundel (1974, S. 671) kamen 1883 im damaligen Deutschen Reich 78 a auf einen Einwohner, bis zum Jahre 1913 verringerte sich der Anteil auf 52 a, 1939 auf 42 a, und 1980 lag er in Baden-Württemberg bei 18,4 a.
Auch die Relation zwischen den verschiedenen Bodennutzungsarten war im Laufe dieses Jahrhunderts ständigen Veränderungen unterworfen. Als generelle Tendenz kann man einerseits eine beträchtliche Abnahme des Ackerlandes, andererseits – allerdings in bescheidenem Maße – eine Zunahme des Dauergrünlandes feststellen.

Abb. 23: Daten zur Landnutzung
(n. Angaben des Statist. Landesamtes Baden-Württemberg)

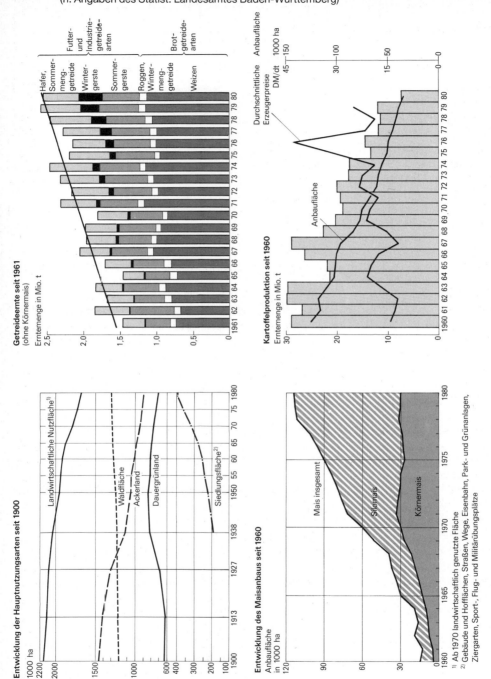

92

Tabelle 6: Entwicklung der Bodennutzung 1950–1980

Hauptnutzungsart	1950		1960		1970		1980	
	1000 ha	%	1000 ha	%	1000 ha	%	1000 ha	%
Landw. gen. Fl.[1]	1970,2	55,5	1928,0	54,3	1811,5	51,0	1702,1	48,1
dar. Ackerland	1062,8	29,9	1031,8	29,1	955,2	26,9	906,0	25,6
Wiesen	738,6	20,8	719,8	20,3	654,5	18,4	570,8	16,1
Weiden[2]	88,9	2,5	89,0	2,5	96,7	2,7	116,3	3,3
Obstanlagen	11,2	0,3	12,3	0,3	25,9	0,7	24,5	0,7
Rebland	17,4	0,5	19,3	0,5	20,4	0,6	26,9	0,8
Naturfläche	3337,4	94,0	3301,0	93,0	3241,7	91,3	3149,6	88,9
Siedlungsfläche	212,2	6,0	249,0	7,0	310,5	8,7	392,0	11,1
Wirtschaftsfläche	**3549,6**	**100**	**3550,0**	**100**	**3552,2**	**100**	**3541,6**	**100**

[1] 1950 und 1960: Landwirtschaftliche Nutzfläche – [2] Einschließlich Mähweiden ohne Hutungen.
Quelle: Statistisches Taschenbuch Baden-Württemberg 1981

Lag das Verhältnis Grünland zu Ackerland im 19. Jahrhundert ungefähr bei 1:3, so war es 1980 mit 1:1,2 nahezu ausgeglichen. Starken Schwankungen war auch das Rebland unterworfen. Gab es um 1900 noch 41 500 ha Rebfläche, so ging diese in der ersten Hälfte unseres Jahrhunderts enorm zurück (1950: 17 400 ha). Nach dem 2. Weltkrieg konnte sich der Weinbau wieder erholen, was zu einer Erhöhung der Rebfläche auf 26 900 ha bis zum Jahre 1980 führte.

Auch die Anbaufläche der Zucker- und Futterrübe nahm zu; während die Flächen der übrigen Hackfrüchte, insbesondere auch der Kartoffel, sehr stark zurückgingen.

Die bemerkenswerten Veränderungen in der landwirtschaftlichen Erzeugung hängen damit zusammen, daß bis in die 50er Jahre die agrarische Produktion überwiegend der unmittelbaren menschlichen Ernährung diente, während in den letzten Jahrzehnten zunehmend die Futtermittelproduktion im Rahmen der modernen Veredelungswirtschaft an Bedeutung gewann.

4.4.1
Das Vorherrschen des Getreidebaus

Im Jahre 1980 wurden 85% der Gesamtfläche des Landes land- und forstwirtschaftlich genutzt, wobei etwa ein Viertel der Landesfläche auf Ackerland entfiel. Die Ackerfläche wiederum wurde zu fast 70% mit Getreide bestellt, während der Anteil der Hackfrüchte nicht einmal 9% erreichte. Damit wird ein Grundzug der agrarischen Pflanzenproduktion in Südwestdeutschland deutlich: die Dominanz des Getreidebaus.

Bis in die 60er Jahre hatte der Getreideanteil bei 50–55% der Ackerfläche gelegen, ist dann ab 1970 rasch angestiegen und hat gegen Ende des Jahrzehnts den Bundesdurchschnitt fast erreicht, der schon seit längerem bei 70% liegt.

Mit dieser bundesweit feststellbaren Tendenz zur „Vergetreidung" reagierte ein großer Teil der landwirtschaftlichen Betriebe auf die Lohnkosten und auf die unbefriedigende Absatzlage bei den Milchprodukten (Fuchs 1977, S. 161).

Die Hauptbrotfrucht des Landes ist heute der Weizen. Er hat fast vollständig das klassische alemannische Brotgetreide, den Dinkel, aus seinen früheren Anbaugebieten verdrängt. Dinkel wird heute nur noch im Bauland und auf der Schwäbischen Alb auf kleinen Arealen (insgesamt rd. 360 ha) zur Grünkernerzeugung angebaut.

Interessante Verschiebungen ergaben sich in den letzten Jahrzehnten beim Anbau der einzelnen Getreidesorten. Während der Weizenanteil an der Getreideanbaufläche in den ersten Nachkriegsjahren mit rd. 45% konstant blieb, hat er in letzter Zeit etwas an Bedeutung verloren (1980: 39%); dagegen nahm der Flächenanteil der Gerste laufend zu und kam 1980 bereits auf 32% gegenüber 23% im Jahre 1950. Die beträchtliche Zunahme des Gerstenanbaus hängt damit zusammen, daß die Gerste als Futtergetreide für die Schweinemast immer mehr an Bedeutung gewann. Die Hälfte der Sommergerste wird allerdings als Braugerste für die Bierherstellung verwendet. Den größten Flächenzuwachs konnte der Körnermais verzeichnen. Vor allem im Jahrzehnt 1960 bis 1970 kam es zu einer geradezu stürmischen Expansion der Maiskultur (Anbaufläche 1960: 3890 ha; 1980: 30 600 ha). Da die Anbaumöglichkeiten von Körnermais durch klimatische Faktoren begrenzt sind (er benötigt zur Keimung mindestens 8°C und braucht eine genügend lange Wärmeperiode zur Ausreifung) kann er nur in Gebieten mit entsprechend hohen Jahresdurchschnittstemperaturen angebaut werden. Aufgrund neuer Züchtungserfolge (Hybridmais) konnte er allerdings in den letzten Jahren von seinem traditionellen Anbaugebiet aus, im Oberrheinischen Tiefland, in weitere Gebiete vordringen. Die Hauptanbaugebiete sind heute für die mittelspäte Reifegruppe das Oberrhein- und Neckarland und für die frühe Reifegruppe das Bodenseebecken und Hochrheingebiet sowie Kraichgau und Taubergrund.

Über 80% des Körnermaises werden in Baden-Württemberg verfüttert. Dabei nimmt die Maisproduktion im südlichen Oberrheinischen Tiefland eine gewisse Sonderstellung ein: aus ihr wird fast der gesamte Bedarf an Saatmais der Bundesrepublik gedeckt.

Im Vergleich zum Weizen- und Gerstenanbau spielen die übrigen Getreidearten heute keine große Rolle mehr. So hat die Roggenanbaufläche in den Jahren 1950 bis 1980 um 70% abgenommen, obgleich er als Brotfrucht für die Herstellung bestimmter Brotsorten sehr geschätzt wird.

Auch der Haferanbau ist – langfristig gesehen – wegen des Rückgangs der bäuerlichen und militärischen Pferdehaltung zurückgegangen, gewinnt aber neuerdings durch die Zunahme der Reitpferde und wegen der guten Fruchtfolgewirkung wieder etwas an Bedeutung zurück.

Sonstige Feldfrüchte

Im Vergleich zum Getreide- und Futterpflanzenanbau spielen die übrigen Ackerfrüchte heute keine große Rolle mehr. So nahm die Kartoffelanbaufläche 1980 nur noch 3,8% der LF ein. Regionale Schwerpunkte der Kartoffelerzeugung sind die Baar, Teile der Schwäbischen Alb sowie ein in Ostwürttemberg gelegener Bereich zwischen Aalen und Crailsheim. In den kleinbäuerlich strukturierten Realteilungsgebieten mit besonderer Standortgunst wie im württembergischen Unterland um Lauffen am Neckar oder im Oberrheinischen Tiefland besitzt der Frühkartoffelanbau eine gewisse Bedeutung, wobei hier auch die Marktnähe zu den bevölkerungsreichen Verdichtungsräumen von Gewicht sein dürfte. Etwa 8% der Kartoffelanbaufläche wird mit Frühkartoffeln bestellt.

Obgleich sich der Zuckerrübenanbau seit 1950 verdoppelt hat, nimmt ihr Flächenanteil nur etwa zwei Drittel der Kartoffelfläche ein. Die Kultur der Zuckerrübe konzentriert sich im wesentlichen auf die klimatisch begünstigten Bereiche mit tiefgründigen Lößböden, im Neckarbecken, im Kraichgau und in der nördlichen Oberrheinebene.

Schließlich sei noch auf eine agrarische Innovation verwiesen, die sich auch in anderen Agrarlandschaften Mitteleuropas verfolgen läßt: den Rapsanbau zur Ölgewinnung. Das Öl dieser uralten Kulturpflanze wurde früher nur in Notzeiten verwandt, da sie über die in anderen Pflanzenölen gefundenen Fettsäuren hinaus noch eine erhebliche Menge einer ernährungsphysiologisch unerwünschten Fettsäure, die Erucasäure, enthielt. Aufgrund pflanzenzüchterischer Erfolge war es zu Beginn der 70er Jahre gelungen, eine Rapssorte mit gänzlichen neuen Eigenschaften zu entwickeln, deren Öl für die Margarineherstellung und als Speiseöl vorzüglich geeignet ist. Fachleute vertreten heute die Ansicht, daß diese neue Rapssorte dazu beitragen wird, die Versorgung der Länder im gemäßigten Klimabereich mit Pflanzenfetten und Speiseölen zu sichern und von Überseeimporten unabhängig zu machen.

So wird gegenwärtig im Rahmen der EG der Rapsanbau durch Vermarktungserleichterungen in Form von Verarbeitungszuschüssen bei Ölmühlen stark gefördert.

Diese Entwicklung hat dazu beigetragen, daß sich der Rapsanbau in Baden-Württemberg seit 1970 flächenmäßig fast verfünffacht hat (1980: rd. 15 000 ha). Außerdem gewinnt der Rapsanbau als Zwischenfrucht beim Getreidebau und in der Kraftfutterherstellung eine zunehmende Bedeutung.

4.4.2
Die Sonderkulturen: Spezialisierte Inwertsetzung der Gunsträume

Im Rahmen der allgemeinen Umstrukturierung der Landwirtschaft zu marktorientierten Wirtschaftsbetrieben kann man hinsichtlich der Bodennutzung im groben zwei gegenläufige Entwicklungstendenzen feststel-

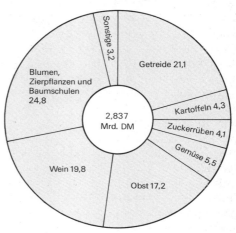

Abb. 24: Anteile einzelner Kulturarten an den Verkaufserlösen pflanzlicher Erzeugung 1979/80 in Baden-Württemberg in %
(n. Statist. Landesamt Baden-Württemberg)

len: Auf der einen Seite entstanden flächenstärkere Betriebe mit extensiveren, oft monokulturartigen Produktionsformen; auf der anderen Seite versuchten kleinbäuerliche Betriebe durch eine Intensivierung und Spezialisierung der Produktionsverhältnisse, d. h. durch den Anbau von Sonderkulturen, ihre wirtschaftliche Existenz zu sichern.

Kennzeichnend für den Anbau von Sonderkulturen sind hoher Kapitaleinsatz, fundiertes Fachwissen der Betriebsinhaber, intensive Pflegemaßnahmen der Spezialanlagen (in der Regel verbunden mit einem überdurchschnittlichen Arbeitsaufwand), aber auch einen sehr hohen Ertrag pro Flächeneinheit. Dies führt u. a. dazu, daß in Gebieten mit Sonderkulturen ein im Verhältnis zur Fläche relativ hoher Arbeitskräftebesatz festzustellen ist.

In Südwestdeutschland besitzen die Sonderkulturen eine alte Tradition. Wir finden sie vorzugsweise in den agrarischen Gunsträumen, wo sich – bedingt durch die Realteilung – ein starkes Kleinbauerntum entwickelt hatte. So gehören im Oberrheinischen

95

Tiefland, im Bodenseebecken und im Mittleren Neckarland die Wein- und Obstanlagen seit dem Hochmittelalter zu den charakteristischen Elementen der Agrarlandschaft. In der Rheinebene ist überdies der Anbau von Tabak verbreitet. Im nördlichen Vorland des Bodensees um Tettnang wird Hopfen angebaut, zwischen Karlsruhe und Heidelberg liegen Spargelfelder, auf den Fildern südwestlich von Stuttgart gedeiht das Filderkraut und andere Kohlarten, während am Ostrand der Landeshauptstadt um Fellbach ausgedehnte Gewächshausanlagen auf die dort betriebene Blumenzucht hinweisen. Moderne Obstanlagen finden sich im Schussenbecken, und weithin bekannt ist die Insel Reichenau, wo Gemüse aller Art gedeiht.

Welche Bedeutung gerade den Sonderkulturen in Baden-Württemberg zukommt, geht daraus hervor, daß 1979/80 auf nur 1,8% der Landesfläche beinahe 77% aller Verkaufserlöse pflanzlicher Erzeugung erzielt wurden.

Weinbau

Baden-Württemberg ist mit einem Anteil von rund 25% an der bundesdeutschen Rebfläche nach Rheinland-Pfalz das zweitgrößte weinbaubetreibende Bundesland. Die Gesamtfläche umfaßte 1980 ca. 26 900 ha, darunter 24 097 ha mit ertragsfähigen Reben. Der Weinbau hat im deutschen Südwesten eine reiche Tradition; jahrhundertelang galt er sogar als „des Landes größtes Vermögen". Es ist hier nicht der Ort, die einzelnen Entwicklungsetappen ausführlich darzustellen (vgl. dazu Schröder 1953). Nur soviel sei erwähnt, daß durch archäologische Funde der jüngsten Zeit (Planck 1976, S. 152) sich die Vermutung erhärtet hat, daß der Weinbau in Südwestdeutschland während der Römerzeit bereits heimisch war. Die ersten schriftlichen Erwähnungen stammen aus dem Anfang des 8. Jahrhunderts. Vermutlich war er mit der Christianisierung erneut über den Rhein bis zum Neckar und Main

vorgedrungen, während der mittelalterliche Weinbau des Bodenseeraums und Donaugebiets mehr unter südlichem Einfluß stand. Im Laufe des Hochmittelalters weitete er sich immer mehr aus, erfaßte die gesamte Westhälfte des württembergischen Unterlandes, drang in die Täler des Kocher, der Jagst und Tauber vor und schloß die Keuperhänge mit ein. Schrittmacherdienste bei der Verbreitung des Weinbaus leisteten vor allem die Klöster, auf die vermutlich auch der Terrassenbau zurückgeht.

Die größte Ausdehnung erreichte die Rebkultur im 16. Jh., das gelegentlich als die „Hauptzechperiode des deutschen Volkes" bezeichnet wird. Damals gab es auch Weinbau auf der Schwäbischen Alb. In den folgenden Jahrhunderten ist dann ein ständiger Rückgang des Weinbaus festzustellen, wobei Geschmacksänderung der Verbraucher, Konkurrenz billiger Weine aus anderen Anbaugebieten, vor allem aber die großen Zerstörungen der Weingärten und die Bevölkerungsverluste des 30jährigen Krieges eine Rolle spielten. Im 19. Jahrhundert haben schließlich eingeschleppte Rebkrankheiten

Rebfläche und Weinmosternte nach Rebsorten im Mittel der Jahre 1974–1979

Rebsorte	Rebfläche ha	Mostertrag hl
Müller-Thurgau	5 481	560 883
Riesling	2 791	251 315
Silvaner	1 343	118 388
Gutedel	1 262	106 715
Ruländer	1 952	152 212
Weiß. Burgund.	378	30 073
Gewürztraminer	179	9 595
Bl. Trollinger	1 845	195 158
Bl. Spätburg.	2 703	227 023
Portugieser	592	59 499
Lemberger	373	37 561
Schwarzriesling	884	98 614
Weißwein insg.	14 308	1 316 441
Rotwein insg.	6 851	659 048
Weinmost insg.	21 159	1 975 488

Quelle: Statist. Landesamt Baden-Württemberg

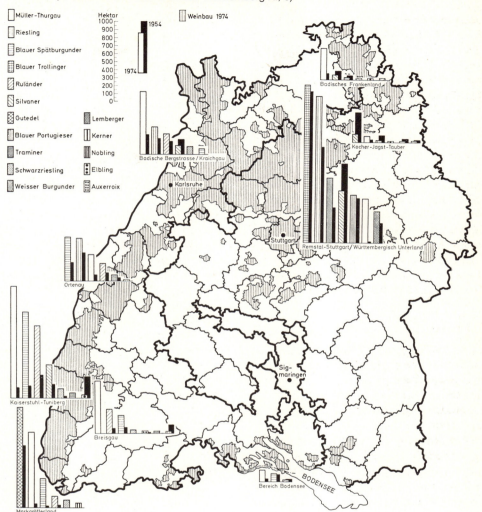

Abb. 25: Entwicklung der wichtigsten Rebsorten in den Weinbaubereichen Baden-Württembergs 1954–74
(Quelle: Histor. Atlas v. Baden-Württemberg XI, 5)

Müller-Thurgau
Riesling
Blauer Spätburgunder
Blauer Trollinger
Ruländer
Silvaner
Gutedel
Blauer Portugieser
Traminer
Schwarzriesling
Weisser Burgunder

Lemberger
Kerner
Nobling
Elbling
Auxerroix

Hektar
1000
900
800
700
600
500
400
300
200
100
0

1954

1974

Weinbau 1974

Badisches Frankenland

Kocher-Jagst-Tauber

Badische Bergstrasse / Kraichgau

Karlsruhe

Stuttgart

Remstal-Stuttgart/ Württembergisch Unterland

Ortenau

Sig-maringen

Kaiserstuhl-Tuniberg

Breisgau

BODENSEE

Bereich Bodensee

Markgräflerland

(Mehltau 1845, falscher Mehltau 1876, Pilz- und Milbenbefall) aber auch das Aufkommen der Reblaus die Rebbestände weiter dezimiert. So mußten die einheimischen Rebsorten auf reblausresistente Wurzeln (Hybriden) aus den USA umgepfropft werden. Lag im Jahre 1823 im deutschen Südwesten noch der Schwerpunkt des deutschen Weinbaus, so hat sich dies in den vergangenen 150 Jahren geändert. Im Zeitraum von 1823–1965 hat sich nämlich die Beteiligung des Landes an der Gesamtrebfläche Deutschlands von ehemals 43,7% auf 22,4% verringert.

Der starke Rückgang des Weinbaus darf nicht nur negativ gesehen werden. Er stellte in gewissem Sinn einen Ausleseprozeß dar, mit dem Ergebnis, daß die Rebkultur nur in

97

jenen Regionen überlebte, die den besonderen Wachstumsansprüchen der Rebe entsprachen. Der Weinstock gedeiht nämlich als „klimatische Grenzpflanze" nur in den wärmsten Gebieten der gemäßigten Klimazone. Der Qualitätsweinbau erfordert ein Jahresmittel der Temperatur von 9°C, außerdem eine Julitemperatur von mindestens 18°C, und im Winter sollte die 0°C-Grenze nicht unterschritten werden. Ferner benötigt die Rebe, um voll ausreifen zu können, eine Vegetationsperiode von 188 frostfreien Tagen. Allerdings spielen neben den großklimatischen Gegebenheiten auch klein- und mikroklimatische Verhältnisse eine entscheidende Rolle. Oft beeinflussen Relief, Exposition und Inklination des Geländes sowie der damit verbundene Sonneneinfall und die Niederschlagsmenge Quantität und Qualität der Traubenernte.

Heute beschränkt sich der Weinbau in Baden-Württemberg auf solche Gebiete, die sich aufgrund ihrer sehr differenzierten geologischen, topographischen und klimatischen Verhältnisse besonders eignen. Die Landstriche, für die in Baden-Württemberg die oben genannten Voraussetzungen zutreffen, wurden nach dem Weinbaugesetz 1971 im Rahmen der EWG-Weinmarktverordnung in zwei bestimmte Anbaugebiete und zehn Bereiche gegliedert. Im Anbaugebiet Baden, das 1980 14 752 ha (60%) der bestockten Rebfläche des Landes einnahm, liegen die Bereiche Bodensee, Markgräflerland, Kaiserstuhl-Tuniberg, Breisgau, Ortenau, Badische Bergstraße/Kraichgau und Badisches Frankenland. Das Anbaugebiet Württemberg mit 9819 ha (40%) bestockter Rebfläche umfaßt die Bereiche Kocher, Jagst, Tauber, Württembergisches Unterland und Remstal–Stuttgart.

Die Stärke des südwestdeutschen – wie des deutschen Weinbaus allgemein – liegt in der Erzeugung edler Weißweine, da die anderen Weinbauländer der EG hauptsächlich Rotwein (Frankreich 75%, Italien 90%) produzieren. In Baden-Württemberg bedeckten im Jahre 1980 die Weißweinreben ca. 16 000 ha oder 88% der ertragsfähigen Fläche, wobei die Weißweinreben sich vor allem auf das badische Anbaugebiet konzentrieren. Bei den Weißweinreben haben die Sorten Müller-Thurgau mit fast 40% der Rebfläche, Riesling mit 20%, Ruländer mit 14%, Silvaner und Gutedel mit je 8% die größte Verbreitung.

Im Anbaugebiet Württemberg, das ca. 7400 ha oder 32% der Rebfläche einnimmt, dominieren die Rotweinsorten. Gerade durch den hohen Rotweinanteil nimmt Baden-Württemberg unter den Weinbauregionen der Bundesrepublik mit 14% eine Sonderstellung ein. Die Hauptrotweinsorten sind: Blauer Spätburgunder (40%), Blauer Trollinger (27%), Schwarzriesling (13%), Portugieser (8%), Lemberger (5%).

Die im Land erzeugten Weine genießen im In- und Ausland einen hervorragenden Ruf. So waren z. B. die Weine des Jahrgangs 1978 zu 90% von guter bis sehr guter Qualität. Überdies gehört das badische Weinbaugebiet als einziges deutsches Anbaugebiet der EG-Weinbauzone B an.

Der Weinbau hat sich in den vergangenen drei Jahrzehnten beträchtlich entwickeln können. Dies geht schon aus der ständigen Erweiterung des Rebgeländes hervor, das im Zeitraum von 1950 bis 1980 um mehr als die Hälfte angestiegen ist. Dazu kam eine großzügige und sehr aufwendige Rebflurbereinigung, die zusammen mit einem planmäßigen Rebaufbau den Einsatz moderner Maschinen ermöglichte und damit erst eine rationellere Bewirtschaftungsweise erlaubte. Für gut 60% der Rebfläche des Landes sind so optimale Voraussetzungen für einen Qualitätsweinbau geschaffen worden.

Dabei wurde allerdings das traditionelle Bild der südwestdeutschen Weinbaulandschaften erheblich verändert. Im Zuge der Flurbereinigung verschwanden in den alten Weinbergen (74% der Rebanlagen des Landes befinden sich in Hang- und Steillagen) die durch Steinmauern gestützten schmalen Terrassen und machten glattplanierten Hangprofilen Platz. Nur in den Lößgebieten des südlichen Oberrheins und am Kaiserstuhl entstand eine neue großflächige Terrassenlandschaft mit nahezu ebenen Kulturflächen für die Weinstöcke.

An der Weinerzeugung beteiligten sich 1980 ca. 41 000 Betriebe. Obgleich die Zahl der Weinbaubetriebe seit 1960 um rd. 45% zurückging, bei gleichzeitiger Zunahme der Rebanbaufläche, sind für Südwestdeutschland nach wie vor die kleinstrukturierten Betriebsverhältnisse kennzeichnend. Nahezu drei Viertel aller Betriebe bewirtschaften eine Rebfläche von weniger als 0,5 ha. Da ausgesprochene Weingüter oder reine Weinbaubetriebe sehr selten sind, überrascht es nicht, daß der Grad genossenschaftlicher Organisation bei der Weinwirtschaft des Landes sehr hoch ist. Über 80% der Weinerzeugung und Vermarktung liegt in der Hand von 251 Winzer- und Weingärtnergenossenschaften. Dazu kommen vier genossenschaftliche Bezirkskellereien (Remstalkellerei, Winzerkellerei südliche Bergstraße/Kraichgau; Weinkellerei Hohenlohe, Bezirkskellerei Markgräflerland) und zwei Landeszentralkellereien (Stuttgart: Württembergische Weingärtnerzentralgenossenschaft; Breisach: Zentralkellerei badischer Winzergenossenschaften). Zu den Aufgaben der modernen Kellereien gehört, daß sie eine reibungslose Aufnahme und Verarbeitung der Trauben garantieren, eine umfassende Lagerhaltung ermöglichen und im Stande sind, jahrgangsbedingte Ertrags- und Qualitätsschwankungen auszugleichen.

Der Ausbau und die Modernisierung der Kellereien trug wesentlich dazu bei, die Qualität des baden-württembergischen Weines zu erhöhen und ihn dadurch sowohl im Inland als auch im Ausland konkurrenzfähig und wirtschaftlich zu halten.

Der Obst- und Gartenbau

Der Obstbau gehört wie der Weinbau zu den klassischen Sonderkulturen des Landes. Darüber hinaus ist er von erheblicher wirtschaftlicher Bedeutung. Zusammen mit dem Gartenbau erzielt er in Baden-Württemberg durchschnittlich 50% der Verkaufserlöse pflanzlicher Erzeugung. Das natürliche Potential des Landes bietet für fast alle Obstarten wie Kernobst (Äpfel, Birnen), Steinobst (Kirschen, Zwetschgen, Mirabellen und Pfirsiche), Schalenobst (Walnuß) und Beerenobst (Erdbeeren, Johannisbeeren, Stachelbeeren, Himbeeren und Brombeeren) günstige Anbaumöglichkeiten.

Daher überrascht es nicht, wenn Baden-Württemberg bei den Bundesländern eine führende Stellung im Obstbau einnimmt und auch als „Obstgarten Deutschlands" bezeichnet wird. Mit etwa 30% hat Baden-Württemberg den höchsten Anteil aller Länder an der Obsterzeugung des Bundesgebietes und ist mit 6% an der Weltproduktion beteiligt. Auch bei kleinen Ernten kann der Obstbedarf aus dem eigenen Land leicht gedeckt werden.

Kennzeichnend für den baden-württembergischen Obstbau war bis zum Beginn der 60er Jahre der Streuobstbau in der Feldflur sowie an Straßen und Wegen, der seit dem 18. Jh. vorwiegend der Mostobstgewinnung diente. Der Anbau von Tafelobst beschränkte sich auf Haus- und Kleingärten oder wurde von landwirtschaftlichen Betrieben zumeist „nebenher" auf kleinen Flächen zusammen mit anderen Kulturen betrieben. Dazu kam, daß eine Vielfalt von Obstsorten ohne erkennbare Schwerpunktbildung angebaut wurde. Dies hatte zur Folge, daß sich in den 50er Jahren der heimische Obstbau im internationalen Wettbewerb nicht mehr behaupten konnte und eine Umstellung von herkömmlichem Wirtschaftsobstbau auf einen intensiven Tafelobstbau notwendig wurde (Schwarz 1977, S. 75). Durch einen von der

Abb. 26: Verbreitung der einzelnen Obstarten im Marktobstbau 1972/73
(Quelle: Jb. f. Statistik u. Landeskunde 1977, H. 2)

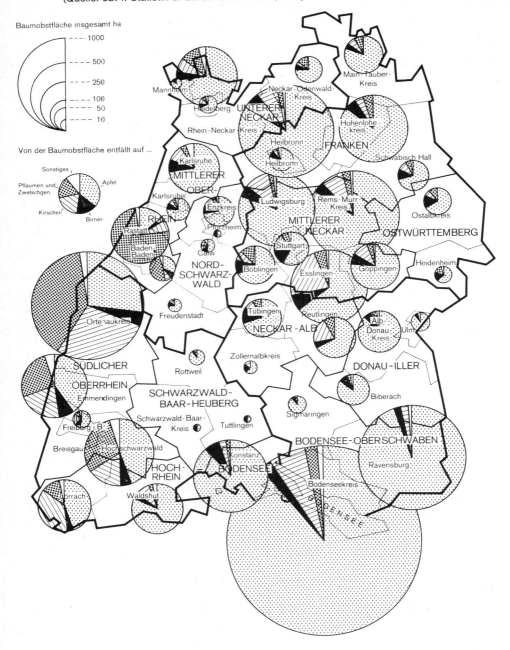

Landesregierung 1957 aufgestellten Generalobstbauplan wurde eine Phase tiefgreifender Umstrukturierung eingeleitet. Ein großer Teil der überalterten Hochstammanlagen mit nicht mehr marktgängigen Sorten wurde gerodet und durch rationeller zu bewirtschaftende Niederstammpflanzungen ersetzt. Im Vordergrund stand dabei der Neuaufbau von Apfelintensivanlagen. Diese geschlossenen Anlagen mit niederstämmigen Bäumen konnten leichter gepflegt und abgeerntet werden. Damit verbunden war eine räumliche Konzentration auf die klimatisch begünstigten Anbauzonen im Bodenseebecken, im Oberrheinischen Tiefland und Neckarbecken. Gleichzeitig erlangte im Rahmen einer innerbetrieblichen Schwerpunktbildung neben dem Selbstversorgeranbau der Erwerbsobstbau eine größere marktwirtschaftliche Bedeutung.

All diese Maßnahmen führten zu einer stürmischen Aufwärtsentwicklung vor allem beim Anbau von Tafelkernobst. Seit 1967 zeigte es sich jedoch, daß es in Jahren mit reichen Kernobsternten zu beträchtlichen Absatzproblemen und Preiseinbrüchen beim heimischen Erwerbsobstbau kommen konnte. Deshalb wurde die im Generalobstbauplan vorgesehene Ausweitung des Erwerbsobstbaus auf rd. 40 000 ha nicht verwirklicht, sondern seit Anfang der 70er Jahre die Obstbaufläche wieder leicht eingeschränkt. Im Jahre 1979 betrug die Anbaufläche im Marktobstbau (Baum- und Beerenobst) etwa 24 000 ha. Die heutigen Anbauschwerpunkte konzentrieren sich auf drei Bereiche: Das Gebiet mit der weitaus stärksten Obstbauverdichtung liegt im Bodenseeraum, wo 1976 auf die Obstanlagen 4% der LN entfielen, während die Anteile in den Obstbaulandschaften Oberrhein und Neckarland jeweils nur bei 2,2% lagen (Landesdurchschnitt 1,5%).

In Baden-Württemberg wird in erster Linie Kernobst angebaut, das nahezu zwei Drittel an der gesamten Baumobstfläche einnimmt.

Als ausgesprochene Apfelanbauregion kann das Bodenseegebiet gelten, wo über 60% der Tafeläpfel erzeugt werden. Die wichtigsten Sorten sind nach abnehmender Bedeutung geordnet: Golden Delicious, Boskop, Cox Orange, Goldparmäne, Glockenapfel, Jonathan, James Grieve, Brettacher, Gewürzluiken.

Die Schwerpunkte des Steinobstbaus liegen im Oberrheinischen Tiefland. So wachsen im besonders wärmebegünstigten Südbaden über 50% der Süßkirschen. Im Markgräflerland und im Bereich des Kaiserstuhls herrscht die Erzeugung von Tafelkirschen vor, während in der Ortenau der Brennkirschenanbau eine überragende Rolle spielt. Aus den Brennkirschen wird eine besondere Spezialität des Landes hergestellt: das Schwarzwälder Kirschwasser.

Die landesweit verbreitetste Obstart ist die Zwetschge. Überregionale Bedeutung besitzt allerdings nur das mittelbadische Anbaugebiet um Bühl, Achern und Oberkirch. Hier werden 75% der baden-württembergischen Zwetschgen kultiviert, die als „Bühler-Zwetschgen" weithin bekannt sind.

Alle übrigen Baumobstarten sind im heimischen Erwerbsobstanbau von untergeordneter Bedeutung. Birnen-, Pflaumen-, Mirabellen-, Renekloden-, Quitten- und Walnußbäume sowie die besonders frostempfindlichen Pfirsich- und Aprikosenbäume haben ihren Standort hauptsächlich in Gärten. Nur vereinzelt, in klimatisch begünstigten Lagen des Oberrhein- und Neckargebietes, sind reine Mirabellen- und Pfirsichanlagen anzutreffen (Schwarz 1977, S. 83). Der Beerenobstanbau des Landes ist flächenmäßig unbedeutsam, jedoch von erheblichem wirtschaftlichem Gewicht. Das Beerenobst aus Baden-Württemberg ist mit über 50% am wertmäßigen Umsatz aller Erzeugerorganisationen im Bundesgebiet beteiligt. Im Rahmen des Erwerbsobstbaus sind die *Erdbeerkulturen* an erster Stelle zu nennen. Seit Mitte der 50er Jahre hat sich ihre Anbaufläche nahezu verdreifacht und betrug 1980 rd. 1000 ha. Damit entfallen knapp 30% der Gesamterdbeeranbaufläche des Bundesgebiets auf Baden-Württemberg. Einen ausgesprochenen Anbauschwerpunkt für Erdbeeren gibt es in der Ortenau, wo gut ein Viertel der Gesamtanbaufläche des Landes liegt. Ein zweites – gemessen am Ertrag fast gleichwertiges – aber räumlich weniger verdichtetes Anbaugebiet befindet sich in den Kreisen Rastatt und Karlsruhe. Neben diesen Regionen fallen die Erdbeeranbauflächen im Mittleren Neckarland, um Heidelberg und im Bodenseebecken weit zurück.

Schließlich sei noch das *Strauchbeerenobst* erwähnt, das Mitte der 50er Jahre einen stürmischen Aufschwung (vor allem schwarze Johannisbeeren) erfahren hat, in den 60er Jahren aber in Absatzschwierigkeiten geriet, was zu einer drastischen Einschränkung der Anbauflächen führte. Die Anbauschwerpunkte für Himbeeren, Johannisbeeren und Brombeeren liegen vor allem im Neckarland zwischen Esslingen und Laufen, in der Backnanger Bucht sowie im mittelbadischen Oberrheingebiet und im Markgräfler Land.

Wie beim Weinbau so ist auch der kapital- und arbeitsintensive Marktobstbau meist in Kleinbetrieben anzutreffen. Nach Schwarz (1977, S. 76) verfügen fast 60% der Betriebe mit Verkaufsobstanbau über weniger als 5 ha landwirtschaftlich genutzte Fläche, und nur ein Viertel der Marktobstbaubetriebe bewirtschaften mehr als 10 ha LF. Diese letztgenannte Betriebsgruppe war allerdings fast zur Hälfte am gesamten Erwerbsobstbau beteiligt.

Die vorherrschende Betriebsform ist der landwirtschaftlich-obstbauliche Gemischtbetrieb. Vor allem in den agrarischen Gesamträumen besteht eine enge innerbetriebliche Verflechtung zwischen Obstbau und anderen Sonderkulturen wie Wein-, Hopfen- oder Gemüseanbau, aber auch Baumschulen und Zierpflanzenanbau.

Wirtschaftlich betrachtet ist der *Zierpflanzenanbau* von außerordentlicher Bedeutung. Fast ein Viertel der Verkaufserlöse pflanzlicher Erzeugung entfielen 1979/80 auf Blumen und Zierpflanzen. Dabei ist die Anbaufläche mit etwa 1000 ha relativ gering; allerdings entfallen davon über ein Drittel auf beheizte Gewächshäuser und Frühbeete. Bedingt durch die steigenden Energiekosten läßt sich neuerdings eine Trendverschiebung weg von den Schnittblumen und hin zu weniger wärmebedürftigen Balkon- und Beetpflanzen feststellen. Bereits ein Viertel der im Bundesgebiet erzeugten Topfpflanzen stammt aus Baden-Württemberg.

Etwa denselben Anteil besitzt Südwestdeutschland an der Veredlung der bundesdeutschen Obstgehölze. Auf einer Baumschulfläche von 2700 ha (1980) wurden neben Obstgehölzen vor allem Ziergehölze wie Rosen, Nadelholzgewächse und Edellaubgehölze gezogen.

Hinsichtlich seiner wirtschaftlichen Bedeutung ist den Baumschulen der *Gemüseanbau* gleichzustellen. 1980 wurde in Baden-Württemberg auf nicht ganz 7000 ha Gemüse für den Verkauf produziert; dies entspricht etwa 15% der bundesdeutschen Gemüseanbaufläche. In den letzten Jahren kam es zu einer ständigen Zunahme des Unterglasanbaus; allein in einem Jahrzehnt (1968–1978) hat sich die Anbaufläche des Unterglasgemüses verdoppelt. Durch Folienanbau, Beregnung und verstärkten Maschineneinsatz konnte der Gemüsebau weiter intensiviert werden. Die bedeutendsten im Lande erzeugten Frischgemüsearten sind: Kopfsalat, Spargel, Gurken, Blumenkohl, Rettich, Bohnen, Zwiebeln, Tomaten und Feldsalat; dazu kommen Bohnen, Erbsen und Kohl für die Konservenindustrie. Anbauschwerpunkte befinden sich – wie bei den übrigen Sonderkulturen – in den klimatischen Gunsträumen des Landes, wobei die Insel Reichenau im Bodensee, das Schwetzinger Spargelanbaugebiet und die Filder mit Weißkohlproduktion (Filderkraut) besonders genannt sein sollen.

Kennzeichnend für den baden-württembergischen Gartenbau sind die kleineren und mittleren Gärtnereien, die vorwiegend als Familienbetriebe geführt werden, wobei die durchschnittliche gärtnerische Nutzfläche eines Betriebes etwas mehr als 1 ha beträgt.

Der Hopfenanbau

Mit 1129 ha Anbaufläche (1980) ist Baden-Württemberg nach Bayern in der Bundesrepublik das Land mit dem stärksten Hopfenanbau. Im Gegensatz zum Weinbau ist die Hopfenkultur im deutschen Südwesten erst verhältnismäßig spät heimisch geworden. Es war der württembergische König Wilhelm I. (1816–1864) der ihn zu Beginn des 19. Jahrhunderts zusammen mit dem Anbau von Tabak im Lande eingeführt und gefördert hatte. Er wollte damit dem damals noch weitgehend agrarisch strukturierten, völlig überbevölkerten und finanzschwachen Land neue Erwerbs- und Devisenquellen erschließen. Erste Hopfengärten entstanden auf der königlichen Hopfendomäne Althausen in Oberschwaben; außerdem wurde eine Zentralstelle des Hopfenbaus eingerichtet. Bereits 1818 wurden in 16 der 64 württembergischen Oberämtern Hopfen kultiviert (Schmid 1952, S. 61). Die Träger des Hopfenbaus waren zunächst nur adelige Grundherren, Brauereibesitzer und unternehmungslustige Bürger, während die Bauern anfänglich der neuen Kultur abwartend bis mißtrauisch gegenüberstanden. Der zunehmende Bierverbrauch und die reichen Hopfenerträge führten in den folgenden Jahrzehnten zu einem starken Anwachsen der Hopfenanbaufläche, u. a. dadurch bedingt, daß verschiedene Städte (Tübingen, Rottenburg) und Gemeinden die Allmende in Hopfengärten umwandelten, um der ärmeren Bevölkerung Arbeit und Brot zu geben. So stieg die Hopfenanbaufläche im Zeitraum 1858–1868 von

750 ha auf 5152 ha. 1862 überstieg der Ertrag den Inlandbedarf. In der Folgezeit war der württembergische Hopfenbau in zunehmendem Maße exportorientiert, stand also von Anfang an im Schatten der festen etablierten böhmischen und bayerischen Anbaugebiete. Um 1870 kristallisierten sich zwei Gebiete mit stärkerem Anbau heraus: ein größeres im Oberen Gäu mit dem Zentrum Rottenburg (2050 ha) und ein kleineres am Bodensee mit Tettnang als Mittelpunkt (444 ha). Im übrigen verteilte sich der Hopfenbau über ganz Württemberg mit Ausnahme des zentralen Neckarbeckens (das Weinland blieb) und dem klimatisch benachteiligten Mittelgebirge von Schwarzwald und Alb.

Der Höhepunkt des Hopfenbaus wurde – wie in Deutschland überhaupt – im Jahre 1885 erreicht. Damals erreichte die Anbaufläche im Bereich des heutigen Baden-Württembergs mit ca. 10 000 ha ihre maximale Ausdehnung. In der Folgezeit gingen die Anbauflächen laufend zurück. Die Ursachen lagen u. a. in der verstärkten ausländischen, vor allem amerikanischen Konkurrenz, die zunehmend den europäischen, besonders den englischen Markt, eroberte. Der Erste Weltkrieg beschleunigte diesen Prozeß, da der Export damals fast ganz unterbunden war und überdies die Ackerflächen zum Anbau lebensnotwendiger Nahrungsmittel gebraucht wurden. Die Kapitalarmut der Inflationszeit und das Auftreten der Pflanzenkrankheit Pseudoperonospora (1924–26) brachten außerdem zahlreiche Hopfenpflanzungen zum Erliegen. In diesen Krisenjahren konnte er sich nur noch in den Hauptstandortgebieten im Oberen Gäu und im Raum Tettnang behaupten; wobei das Rottenburger Anbaugebiet 1927 immer noch dreimal so groß war wie das um Tettnang. Den Schlußstrich unter diese Entwicklung setzte das Reichsgesetz über die Herkunftsbezeichnung des Hopfens von 1929, nach dem in Württemberg nur noch Hopfen aus

103

diesen beiden Anbaugebieten verkauft werden durfte.

In den vergangenen 50 Jahren vollzog sich in diesen beiden Anbaustandorten eine konträre Entwicklung: Nahm der Hopfenanbau im Oberen Gäu ständig ab, so gewann diese Kulturart im Tettnanger Raum zunehmend an Bedeutung.

Da bei diesem interessanten Prozeß grundsätzliche agrarstrukturelle Gegebenheiten Südwestdeutschlands eine Rolle spielten, soll darauf noch etwas näher eingegangen werden.

Die Agrarstruktur im Anbaugebiet Oberes Gäu ist durch die Realteilung gekennzeichnet. Dies bedeutet: vorherrschendes Kleinbauerntum und eine hohe Bevölkerungsdichte. Die durchschnittliche Betriebsgröße lag hier lange Zeit zwischen 3–6 ha. Dazu kam, daß der kleinbäuerliche Besitz in schmalen 5–10 m breiten Parzellen über die ganze Markung verteilt war. Eine rationelle Bewirtschaftung (d. h. Maschineneinsatz und die Anlage von Großkulturen) war daher kaum möglich. Außerdem wurden neben Hopfen auch noch andere Spezialkulturen wie Zuckerrüben, Feldgemüse und Obst angebaut, so daß die bäuerliche Arbeitskraft sich durch die Vielzahl landwirtschaftlicher Kulturen verzettelte. Dazu kam, daß mit

Tabelle 7: Entwicklung der Hopfenanbaufläche

| Jahr | Anbaugebiete | |
| | Tettnang | Ob. Gäu (RHW*) |
	in ha	
1914	626	ca. 1800
1923	440	ca. 800
1939	667	520
1950	468	208
1960	737	152
1970	941	23
1980	1133	–

* RHW = Anbaugebiet Rottenburg – Herrenberg – Weil der Stadt
Quelle: Jahn 1982

fortschreitender Industrialisierung der Städte Böblingen und Sindelfingen viele Kleinlandwirte ihren Betrieb aufgaben, ihn zumindest auf extensive Wirtschaftsformen umstellten, um in der Industrie ihren Haupterwerb zu finden.

Das Anbaugebiet Tettnang ist dagegen seit alters durch das vorherrschende Anerbenrecht anders strukturiert. Hier ist die Flur nicht in eine Vielzahl kleiner und kleinster Parzellen aufgeteilt, sondern breitstreifige Gewannfluren, Block- und Einödfluren erlaubten eine großzügige Bewirtschaftung. Es konnten große zusammenhängende Hopfengärten angelegt werden. Die mittel- bis großbäuerlichen Besitzverhältnisse bedingten ein kapitalkräftiges Bauerntum, das schon früh in der Lage war, moderne landwirtschaftliche Maschinen anzuschaffen. Auch das traditionelle Bodennutzungsgefüge kam hier dem Hopfenbau mehr entgegen als im Oberen Gäu. Wegen der hohen Niederschläge war der Getreideanbau gering, und die Grünlandnutzung überwog. Da weitere Sonderkulturen fehlten, trat in der Regel keine Konkurrenz zwischen Obst- und Hopfenbau auf.

Die Verschiedenartigkeit der Agrarstruktur beider Anbaugebiete wirkte sich im Zusammenhang mit der allgemeinen wirtschaftlichen Entwicklung im Laufe der vergangenen Jahrzehnte so aus, daß das bedeutend ältere und ausgedehntere Anbaugebiet um Rottenburg immer mehr hinter dem jüngeren Oberschwabens zurückblieb. Unterstützt wurde diese Entwicklung wohl auch dadurch, daß der Tettnanger Hopfen von besserer Qualität war und bis heute von den Brauereien besonders zur Pilsherstellung geschätzt wird.

Gegenwärtig konzentriert sich der baden-württembergische Hopfenbau fast ausschließlich auf den Raum Tettnang (99%), nachdem 1978 die letzte Hopfenanlage bei Herrenberg im Oberen Gäu aufgegeben wurde. Im Anbaugebiet Tettnang gab es

1979 in 21 Gemeinden etwas mehr als 500 Betriebe mit Hopfenbau.

Die durchschnittliche Hopfenfläche je Betrieb, die sich in den 70er Jahren kontinuierlich erweiterte, betrug am Ende des Jahrzehnts nicht ganz 2 ha. Mit einem Gesamterlös im langjährigen Mittel von 12 bis 15 Millionen Mark, bildet diese Intensivkultur eine sichere Existenzgrundlage für viele landwirtschaftliche Betriebe im östlichen Bodenseegebiet.

Der Tabakanbau

Als Sonderkultur ist schließlich auch der Tabak wichtig. Baden-Württemberg ist der größte Tabakerzeuger in der Bundesrepublik, wobei der Anteil aus der inländischen Produktion am Tabakverbrauch der Bundesrepublik 1978 allerdings nur 5% betrug. Die ca. 1500 ha Anbaufläche liegen vor allem am Oberrhein bei Mannheim, Ladenburg und Heddesheim, wo leichte warme Sandböden ideale Standortvoraussetzungen bieten. Die heutige Anbaufläche ist nur noch ein bescheidener Bruchteil gegenüber der des 19. Jahrhunderts; im Jahre 1883 betrug sie noch 8100 ha.

Der Tabakanbau war im 18. Jahrhundert aus Amerika nach Europa gekommen und hatte sich im Laufe des 19. Jahrhunderts vom Elsaß aus auf die badische Rheinseite ausgebreitet. In unserem Jahrhundert ging der Tabakanbau stark zurück. Durch das Auftreten von Blauschimmelkrankheiten um 1960 nahm der Rückgang dramatische Formen an. Damals gab nahezu die Hälfte aller baden-württembergischen Tabakpflanzer schlagartig den Anbau dieser Sonderkultur auf, was zu einer Reduktion der Anbaufläche um 40% führte. Erst gegen Ende der 60er Jahre kam der Schrumpfungsprozeß zum Stillstand, wobei bemerkenswert ist, daß sich dabei eine Tendenz zum Tabakanbau im größeren Betrieb über 10 ha abzeichnete (Rundel 1974, S. 673).

Der Grund für diese Entwicklung ist darin zu suchen, daß ein verstärkter Maschineneinsatz und eine effektive Schädlingsbekämpfung größere Betriebsflächen notwendig machte.

Zur Zeit werden in Baden-Württemberg 3 Tabaksorten angebaut: Hauptsächlich Geudertheimer für Zigarren und Zigaretten, Badischer Burley für Pfeifentabak sowie in bescheidenem Umfang auch Virgin, der als Zigarettentabak verwendet wird.

Die Zukunft der beiden Sonderkulturen Hopfen und Tabak hängt weitgehend von den agrarpolitischen Entscheidungen der europäischen Behörden und der Marktentwicklung des Europäischen Agrarmarktes ab.

4.4.3
Futterbau und Grünland als Grundlage der Viehhaltung

In den letzten Jahren hat sich die Futterbasis der Viehhaltung erheblich verändert. Gegenwärtig werden 60%–70% der Getreideernte (Weizen, Gerste, Menggetreide) und 80% des Körnermaises verfüttert. Dies hatte zur Folge, daß der arbeitsintensive Hackfruchtbau in Südwestdeutschland – wie auch in anderen Teilen der Bundesrepublik – seit 1950 um über 50% zurückgegangen ist. 1980 wurden gerade noch 8,9% der Ackerfläche mit Hackfrüchten bestellt. Der Rückgang des Hackfruchtbaus vollzog sich vor allem auf Kosten der Kartoffel und der Futterrübe. Zurückzuführen ist dies einmal auf die steigenden Hektarerträge besonders bei Speisekartoffeln und gleichzeitig sinkendem pro-Kopf-Verbrauch durch sich verändernde Ernährungsgewohnheiten; zum anderen aber auch durch den Übergang von der arbeitsaufwendigen Kartoffel- und Rübenmast auf die arbeitssparende Getreide- und Silomast sowie auf kostengünstige Futterimporte.

Zu einem ganz ähnlichen Strukturwandel der Anbauverhältnisse kam es bei den Futterpflanzen. Während die Futterleguminosen (Luzerne, Klee, Klee-Grasgemisch) zwischen 1960 und 1980 um fast 70% an Anbaufläche verloren haben, konnte die Grün- und Silomast im gleichen Zeitraum ihren Flächenanteil verachtfachen. Auch bei diesen Anbauverschiebungen spielten arbeitstechnische Gründe eine entscheidende Rolle.

Nach wie vor dienen freilich Gras, Heu und Stroh als natürliche Futtergrundlage für die Rinder- und Schafhaltung. Über 20% der Landesfläche und mehr als 40% der LF sind mit Grünland bedeckt. Vornehmlich in Regionen, wo aus agrarstrukturellen und standortgebundenen Gründen eine andere landwirtschaftliche Bodennutzung nicht oder nur unter erschwerten Bedingungen möglich ist. Die Grünlandanteile dominieren daher in den regenreichen Lagen der höheren Mittelgebirge und im Alpenvorland.

Viehhaltungsformen

In der baden-württembergischen Landwirtschaft spielt die Viehhaltung die tierische Veredelungserzeugnisse hervorbringt, eine wichtige Rolle. So entfielen im Wirtschaftsjahr 1979/80 mehr als 60% der agrarischen Verkaufserlöse auf Erzeugnisse der Tierhaltung. Dabei wurden fast 70% der Viehhaltungserträge durch die Rinderhaltung erwirtschaftet, wobei sich die Erzeugnisse an Rindfleisch und Milchprodukten wertmäßig die Waage hielten (je 34%). Weitere 28% wurden von der Schweinemast sowie 8% durch andere tierische Produkte (Eier, Geflügel, Schaffleisch, Honig etc.) getragen.

Die Rinderhaltung

Wenn sich auch in den vergangenen drei Jahrzehnten gewisse Verschiebungen in der Tierhaltung ergaben, so stellt die Rinderhaltung nach wie vor das Rückgrat der hiesigen

Tabelle 8: Entwicklung des Viehbestandes (in 1000 Stück) und der Viehhaltung 1956–1980

Jahr	Rinder	davon Milchkühe	Rinder-halter	Schweine	Schweine-halter	Pferde	Pferde-halter	Schafe	Schaf-halter
1956	1733,2	826,7	301 000[1]	1494,1	363 509[2]	117,2	–	168,0	–
1965	1836,0	828,0	–	1860,0	202 222[3]	45,6	–	109,9	–
1970	1855,4	744,8	141 949	2232,5	176 933	28,9	16 048	125,7	4465
1975	1827,4	697,9	107 559	2056,0	132 471	40,2	15 035	161,7	8074
1980	1855,5	688,1	85 180	2210,9	99 220	47,8	14 963	205,2	9552

[1] Stand 1950. – [2] Stand 1953. – [3] Stand 1968.
Quelle: Statistisches Landesamt Baden-Württemberg

Landwirtschaft dar. Die Gesamtzahl der Rinder ist seit 1950 – trotz der Abschlachtungsaktion von 1970 – kontinuierlich angestiegen; der Anteil der Milchkühe ist dabei allerdings laufend gesunken. Der Rückgang der Milchviehhaltung – vor allem in den Großbetrieben – ist im Zusammenhang mit der Entwicklung zu arbeitsextensiven Betriebsformen zu sehen. Aus arbeitswirtschaftlichen Gründen verlagerte sich die lohnintensive Milcherzeugung zunehmend auf bäuerliche Betriebe mittlerer Größe, die mit familieneigenen Arbeitskräften wirtschaften können. Erstaunlich ist der enorme Rückgang der Rindviehhalter (rd. 70%) in den vergangenen drei Jahrzehnten. Dies hängt damit zusammen, daß die meisten Kleinbetriebe die Viehhaltung vielfach aufgaben, da der Arbeitsaufwand bei kleinen Beständen in keinem angemessenen Verhältnis mehr zum Ertrag stand.

Unter der im Lande gehaltenen Rinderrasse eignen sich vor allem das Höhenfleckvieh und das Braunvieh für die Fleischproduktion, während die schwarzbunte Rasse sich durch eine besonders hohe Milchleistung (4772 kg pro Kuh) auszeichnet. Allgemein ist der jährliche Milchertrag je Kuh seit 1953 um rd. 75% oder 1801 kg angestiegen und lag 1980 bei 4041 kg.

Obgleich die Milcherzeugung, vor allem im Allgäu, in Oberschwaben, aber auch im Ostalbkreis und im Raum Schwäbisch Hall immer noch eine große Rolle spielt, wenden sich neuerdings viele Betriebe der Mastviehhaltung zu; andere spezialisieren sich auf Ammenkuhhaltung mit Jungviehaufzucht. So hat sich in den 70er Jahren die Zahl der Ammenkühe beinahe vervierfacht.

Der relativ hohe Leistungsstand der badenwürttembergischen Rindviehhaltung ist das Ergebnis züchterischer Erfolge, einer systematischen Krankheitsbekämpfung und nicht zuletzt das Resultat tiergerechter Haltung und fortschrittlicher Fütterungstechnik.

Die Schweinehaltung

Neben der Rindviehhaltung stellt die Schweinehaltung den wichtigsten Veredelungszweig der bäuerlichen Betriebe des Landes dar. Wie in anderen europäischen Agrarlandschaften spielte sie immer schon eine beträchtliche Rolle bei der Nahrungsmittelversorgung. Ihre heutige große Bedeutung erlangte sie aber erst mit der Entwicklung der modernen Molkereiwirtschaft (Magermilchproduktion) und der Ausdehnung des Futtergetreidebaus, die erst eine intensivere Schweinehaltung ermöglichte.

Ähnlich wie bei der Rinderhaltung ging die Erhöhung des Schweinebestandes mit einem Rückgang der schweinehaltenden Betriebe einher, deren Zahl sich im Zeitraum 1953–1980 um mehr als 70% verringerte. Gleichzeitig stieg die durchschnittliche Bestandsgröße der Schweinehaltung an: 1953: 3,4 Stück; 1971: 13 Stück; 1980: 22 Stück. Durch Umzüchtungen wurde in den letzten Jahren außerdem eine größere Fleischleistung erzielt, die den veränderten Verbraucherwünschen entgegenkam. Schwerpunkte der Schweinehaltung liegen heute in der Hohenlohe und im Kreis Schwäbisch Hall, wo die Schweinezucht (Haller Landschwein) eine lange Tradition besitzt, so wie im Altmoränengebiet Oberschwabens.

Andere Zweige der Tierhaltung

Die Darstellung der Tierhaltung in Baden-Württemberg bliebe unvollständig, würde nicht auch noch kurz auf die ehemals agrarwirtschaftlich bedeutsame Schaf- und Geflügelhaltung sowie auf die Pferdezucht eingegangen werden.

Seit Jahrhunderten gehörte zum Bild der südwestdeutschen Agrarlandschaft die *Wanderschäferei*. Dabei handelt es sich um eine Betriebsform, die im allgemeinen nur dem Mittelmeerraum zugeschrieben wird und von C. Troll als echte Transhumanz gekennzeichnet wurde (Troll 1944, zit. bei Hornberger 1959, S. 17). Nach Wein (1973, S. 240ff.) auf dessen Untersuchung die folgenden Angaben im wesentlichen beruhen, gab es 1973 in Baden-Württemberg 365 Wanderschäfer. Sie waren mit mehr als drei Viertel des damaligen Schafbestandes regelmäßig auf Wanderung zwischen den oft mehrere hundert Kilometer weit auseinanderliegenden Weidegebieten. Die Weidegründe der Schafherden liegen während der Sommermonate auf der Schwäbischen Alb. Im Herbst treten die Schäfer mit ihren Herden eine mehrwöchige Wanderung an (heute z. T. mit der Bahn) zu den Winterweiden im Oberrheinischen Tiefland und der Pfalz, um dann im März und April wieder auf den gleichen Wegen zur Alb zurückzukehren.

Württemberg gilt als Kern- und Ursprungsraum der süddeutschen Transhumanz. Sie reicht hier bis ins 15. Jahrhundert zurück und umfaßte zu Beginn des vergangenen Jahrhunderts mehr als 90% der gesamten deutschen Wanderschäferei. Von hier aus hat sie sich dann im Laufe des 19. Jahrhunderts über ganz Süddeutschland (Bayern, Rheinland-Pfalz, Hessen) ausgebreitet.

Die Ursachen für die Herausbildung dieser Betriebsform sind zunächst einmal im vorherrschenden Kleinbesitz des Landes zu suchen, der der Entwicklung von Gutsschäfereien – wie in Nord- und Ostdeutschland – entgegenstand.

Die Schafhalter besaßen nur geringe Weideflächen und waren daher gezwungen, auf Wanderungen Futterergänzungsräume aufzusuchen. Solche Ergänzungsräume waren nun gerade in Süddeutschland leicht zu finden, da hier Landschaften von unterschiedlicher Ausstattung hinsichtlich Höhenlage, Klima, Vegetation und Agrarstruktur eng beieinander liegen. Der Wanderschäferei ist es in geradezu idealer Weise gelungen, sich in das natürliche Nutzungsgefüge des südwestdeutschen Raumes einzupassen. Dazu kam, daß die Schafzucht im 18. Jahrhundert durch die württembergischen Herzöge stark gefördert wurde. Auf ihre Veranlassung hin wurde z. B. eine Herde Merinoschafe aus Spanien nach Württemberg gebracht, um die züchterische Basis zu verbessern. Im letzten Drittel des 18. Jahrhunderts gab es in Württemberg bereits 300 000 Schafe. Damit war die Schafhaltung zu einem wichtigen Erwerbszweig geworden, der Tausende von Schäfern ernährte, den Feldbau (durch Pferchdüngung) verbesserte und den Rohstoff Wolle für das merkantilistisch organisierte Textilgewerbe (Calwer Zeughandelskompagnie) lieferte. Die heute noch geübten Schäferläufe in Markgröningen und Urach erinnern an diese alte Tradition.

Die Bedeutung der Schafhaltung hat sich allerdings im Laufe der Zeit gewandelt. Stand jahrhundertelang die Wollproduktion im Vordergrund, so orientierte sich die Schäfereiwirtschaft nach dem Preisverfall der Wolle um auf die Produktion von Fleisch. Damit verbunden war ein starker Rückgang des Schafbestandes und vor allem auch der Wanderschäferei.

Bei der Umstellung von der Woll- zur Fleischerzeugung konnte die Wanderschäferei nicht mit der stationären Schafhaltung konkurrieren. Das Marktlammfleisch der Koppelhaltung ist dem Hammelfleisch der Wanderherden an Qualität eindeutig überlegen. Seit dem Tiefpunkt der Schafhaltung in der Mitte der sechziger Jahre kann man beim Schafbestand Baden-Württembergs – wie in weiten Teilen der Bundesrepublik – wieder eine steigende Tendenz feststellen. Dies hängt damit zusammen, daß die Schafhaltung eine zunehmende öffentliche Unterstützung erfuhr (u. a. durch Bewirtschaftungszuschüsse und durch den Bau von Schafhöfen), da man die Bedeutung der Schafe für die Pflege und Erhaltung der Kulturlandschaft erkannt hat. Diese neue Funktion kam auch der Wanderschäferei zugute, da gerade die wandernden Herden durch ihre Beweglichkeit im Laufe eines Jahres große Flächen offenhalten können. Ende der siebziger Jahre wurden in Baden-Württemberg etwa 40 000 ha an Brach- und Ödland durch Schafe als „lebende Rasenmäher" beweidet und gepflegt. Von den 205 184 Schafen, die es 1980 im Lande gab, wurden 85% in rd. 400 Herden gehalten, wobei die Betriebsform der Wanderschäferei überwog. Dazu kamen rd. 8700 Kleinschafhaltungen, teilweise mit intensiver Koppelhaltung. Von den Einnahmen aus der Schafhaltung entfielen auf den Verkauf von Fleisch 90% und nur 10% auf Wolle. Wenn auch der Anteil der Schafhaltung am Gesamterlös der tierischen Produktion recht bescheiden ist, so liegt die aktuelle Bedeutung dieses Tierhaltungszweigs in seinem unverzichtbaren Beitrag zur Pflege der gefährdeten Grünland- und Erholungsgebiete.

Die *Pferdezucht*, die in Württemberg durch den besonderen Augenmerk des landesfürstlichen Hauses einen traditionell guten Ruf hatte, wird heute noch durch das Haupt- und Landgestüt Marbach auf der Schwäbischen Alb weitergeführt. Allerdings haben sich die Zuchtziele im Laufe dieses Jahrhunderts stark gewandelt. Die Entwicklung ging vom Militär- und Zugpferd zum Reit- und Sportpferd. Schien es zu Beginn der 70er Jahre, als ob die Motorisierung der Landwirtschaften das Pferd weithin entbehrlich machen würde, so ist es wohl hauptsächlich dem Pferdesport zu danken, daß der Bestand an Pferden in den letzten Jahren wieder anstieg.

Schließlich sei auch noch die *Geflügelhaltung* erwähnt, die schon immer ein Bestandteil der herkömmlichen Landwirtschaft war. In den Jahren nach dem Zweiten Weltkrieg ist die Zahl der Hühnerhalter ständig zurückgegangen, während die Hühnerbestände bis Anfang 1970 kontinuierlich zunahmen, um dann allerdings im folgenden Jahrzehnt sehr stark abzunehmen (rd. 26%). Gravierender als die quantitativen Veränderungen waren jedoch qualitative Wandlungen, die sich bei

der Hühnerhaltung vollzogen. Wurden die Hühner früher mit halb- oder ganzjährigem Auslauf gehalten, so sind in den letzten Jahren die Hühnerhalter mit Beständen über 200 Legehennen fast ausschließlich zur Intensivhaltung übergegangen. Gegenwärtig decken die 4,7 Millionen Legehennen etwa 60% des Eierbedarfs in Baden-Württemberg, und die jährlich anfallenden 15 Millionen Stück Schlachtgeflügel liefern rd. 15% des benötigten Geflügelfleisches.

4.5
Struktur und Gestaltwandel von Siedlung und Flur im ländlichen Raum

Die Vielgestaltigkeit der südwestdeutschen Agrarlandschaft prägt sich nicht zuletzt auch in den Flur- und Siedlungsformen aus. Neben den großen geschlossenen Dörfern des Altsiedellandes findet man im Bereich des jüngeren Landausbaus und in den Rodegebieten der Waldlandschaften Weiler. Im Schwarzwald und im Jungmoränenland Oberschwabens, teilweise auch in den Keuperberglände, gibt es Weiler und Einzelhofsiedlungen, zu denen neuerdings vor allem in Realteilungsgebieten die modernen Aussiedlerhöfe treten.

Auch zwischen den traditionellen bäuerlichen Hausformen gibt es große Unterschiede: So steht neben dem gestelzten Kleinbauernhaus der Realteilungsgebiete der stattliche Schwarzwaldhof und neben dem ärmlichen Hakenhof des Oberrheinischen Tieflandes das große Dreiseitgehöft in Hohenlohe.

Ähnlich groß ist der Kontrast bei den Flurformen: Neben den feingliedrigen Gewannfluren der Gäuflächen findet man die ungeregelten Blockfluren der Keuperberglände, und zu dem Fleckenteppich der Einödfluren Oberschwabens treten die streng geregelten

Streifen der Waldhufenflur im Nordschwarzwald.

Baden-Württemberg weist eine Fülle unterschiedlicher Gestaltungselemente der Ag-
rar- und Siedlungslandschaft auf, die in anderen deutschen Landschaften gleichen
Umfangs nicht auftreten.

*Wandlungsprozesse durch Industrialisierung
und Flurbereinigung*

Bei der Vielfalt der Siedlungsformen ist zu
berücksichtigen, daß neben den historisch
gewachsenen Formen Siedlungselemente
der jüngsten Zeit stehen, und die ältere Sied-
lungssubstanz auf mannigfache Weise überformt und umgestaltet worden ist. Auf die
Genese des überkommenen ländlichen Siedlungsbestandes wurde bereits an anderer
Stelle ausführlich eingegangen (vgl. Kap. 3).
Nachzutragen bleiben noch die Wandlungen
des Siedlungs- und Flurbildes, die mit der
Industrialisierung im 19. Jahrhundert ausgelöst wurden und bis heute fortdauern.

Zu den gravierendsten Ergebnissen dieses
sozial-ökonomischen Wandels gehört, daß
der klassische Gegensatz zwischen Stadt und
Dorf fließend geworden und die „Verstädterung" des flachen Landes heute weit fortgeschritten ist. Kennzeichnend für diesen Prozeß ist einmal die Zunahme der jeweiligen
Ortsbevölkerung und eine entsprechende
Ausweitung des Siedlungskörpers, wobei
sich manche Dörfer sogar zu Städten entwikkelt haben (Schröder 1974, S. 869).

Dieser Vorgang war verbunden mit starken
Veränderungen in der Berufsstruktur der
ländlichen Bevölkerung. Lebten gegen Ende
des vergangenen Jahrhunderts (1895) in den
meisten Gemeinden Baden und Württembergs über drei Viertel der Bevölkerung von
der Landwirtschaft, so ist heute das Arbeitertum zur stärksten sozialen Gruppe geworden.

Den tiefgreifenden Wandel der Sozialstruktur im ländlichen Raum hat Chr. Borcherdt

(1980, S. 10 f.) eindrucksvoll dargestellt. Er
zeigte auf, daß der Rückgang der landwirtschaftlichen Bevölkerung im 19. Jahrhundert zunächst in den Realteilungsgebieten
einsetzte, und zwar zuerst in den Dörfern,
die längs der Eisenbahnlinien und in der
Nähe der großen Städte lagen. Bis Mitte
unseres Jahrhunderts erreichten die Einflüsse der Industrialisierung und Urbanisierung
auch die Räume abseits der Eisenbahnlinien,
so im gesamten Oberrheingebiet, dem
Kraich- und Pfinzgau, im Neckarbecken mit
den angrenzenden Gäulandschaften sowie
das Vorland der mittleren Schwäbischen
Alb. Hier entstand die einst vielgerühmte
„Verbindung von Landwirtschaft und Gewerbe" in Südwestdeutschland und die hier
weit verbreitete Pendelwanderung, die
durch den „Arbeiterbauern" ihre besondere
soziale Repräsentanz erhielt.

In den Nachkriegsjahrzehnten hat sich der
Verstädterungsprozeß der ländlichen Räume
verstärkt fortgesetzt und im Laufe der sechziger Jahre allmählich auch die periphersten
Winkel des Landes erreicht. Die siedlungsgeographischen Folgen dieses grundlegenden sozialen und wirtschaftlichen Wandels
zeigen sich einmal in einem enormen „Landschaftsverbrauch" für neue Siedlungen und
Verkehrswege, zum anderen im physiognomischen Wandel der Ortsbilder.

In dem Maße, wie die einst bäuerlich geprägten Dörfer von der Industrialisierung erfaßt
wurden, nahmen diese immer mehr „städtische Züge" an. Es entstanden nicht nur neue
Ortsteile mit einförmigen Siedlungszeilen,
Reihenhäusern und mehrgeschossigen
Wohnblocks, sondern es wurden auch die
alten Ortskerne so umgeformt, daß von den
einstmals landwirtschaftlich bestimmten
Bauelementen nicht mehr viel übrig geblieben ist. Vielfach wurden Scheunen zu Wohnungen und Ställe zu Garagen umgebaut und
in der Regel die Dunglegen beseitigt. Dazu
kam eine zügig voranschreitende Asphaltie-
rung der Dorfstraßen, eine an städtischen

Abb. 27: Wandlungen im Siedlungsgefüge am Beispiel Stebbach
(Quelle: Landesamt für Flurbereinigung)

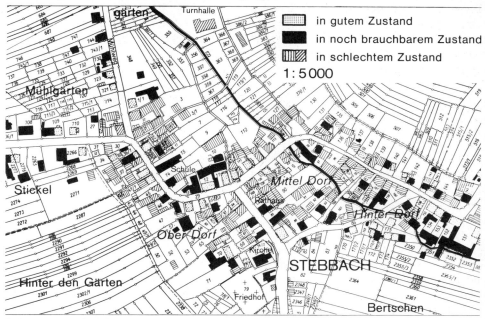

in gutem Zustand

in noch brauchbarem Zustand

in schlechtem Zustand

1 : 5000

Stebbach vor der Sanierung (Bestandsaufnahme 1959)

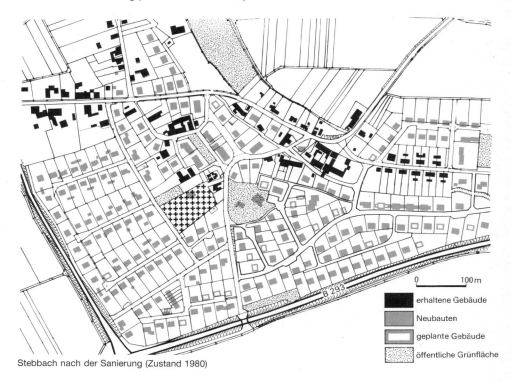

0   100 m

erhaltene Gebäude

Neubauten

geplante Gebäude

öffentliche Grünfläche

Stebbach nach der Sanierung (Zustand 1980)

Vorbildern orientierte Entwicklung von Bürgersteigen und Straßenbeleuchtungen sowie der Bau von Rathäusern, Bankfilialen und Schulen oft in modernistischer Architektur. Einen fast hybriden Ausdruck findet diese jüngste Siedlungsentwicklung in Punkt- und Scheibenhäusern oder in sonstigen Hochhäusern, die so manchem Dorf in den industriellen Ballungsräumen (z.B. um Stuttgart, Mannheim, Karlsruhe, Freiburg, Ulm und Heilbronn) als Bestandteile „urbanen" Wohnens hinzugefügt wurden.

Ein wesentlicher Eingriff in das traditionelle Siedlungsgefüge des ländlichen Raumes erfolgte durch die von Bund und Land getragene *Flurbereinigung* und *Aussiedlung*. Durch dieses Instrument wurde und wird nicht nur eine grundlegende Veränderung der landwirtschaftlichen Besitz- und Betriebsstruktur ermöglicht, sondern auch eine umfassende Neuordnung bzw. Neugestaltung der ländlichen Siedlungslandschaft erreicht. Schröder (1974, S. 868) spricht geradezu von einem „zweiten Vereinödungsprozeß", der sich seit 1953 vor unseren Augen vollzieht.

Ziel dieser Maßnahme ist es, den zersplitterten und oft auch unwirtschaftlich geformten landwirtschaftlichen Grundbesitz zusammenzulegen und dadurch größere, im Idealfall arrondierte Besitzeinheiten zu schaffen, verbunden mit der Neugestaltung eines zweckmäßigen Wege- und Gewässernetzes. In der Regel ist mit der Flurneuordnung auch die Aussiedlung der bäuerlichen Betriebe verbunden, womit zugleich ein Beitrag zur Dorfsanierung geleistet werden konnte.

Die Flurbereinigung wurde und wird vorwiegend in den Realteilungsgebieten durchgeführt, wo es darum geht, die negativen Folgen dieser Erbsitte, – die Aufsplitterung des Grundbesitzes in Kleinstparzellen und die enge Verbauung der Dörfer – soweit wie möglich rückgängig zu machen oder doch wenigstens zu verringern.

Bis zum Jahre 1980 sind mehr als die Hälfte (rd. 900000 ha) der landwirtschaftlich genutzten Flächen bereinigt und etwa 7800 Betriebe aus beengenden Dorflagen in die freie Feldflur ausgesiedelt worden.

Bei Standortwahl und baulicher Gestaltung der Aussiedlerhöfe wurden die verschiedensten Möglichkeiten gewählt. Soweit die neuen Betriebe nicht am Ortsrand, sondern in der freien Flur errichtet wurden, bilden sie Einzelhöfe, Doppelhöfe oder kleine Weilersiedlungen, wobei die Form des bäuerlichen Anwesens sowohl Gehöft- als auch Streckhofcharakter haben kann.

In manchen Gegenden, im Neckarbecken, im südlichen Oberrheinischen Tiefland, aber auch im Landkreis Mannheim, treten diese jungen Siedlungen so gehäuft auf, daß nach Schröder (1974, S. 868) „von einer Überlagerung der Kulturlandschaft durch eine neue Siedlungsschicht gesprochen werden muß".

4.5.1
Historisch gewachsene Siedlungsformen

Die Fülle höchst individueller Erscheinungsformen macht es schwer, die ländlichen Siedlungen nach Typen zu ordnen. Als unterscheidende Merkmale bieten sich an: Größe, Grundriß, Aufriß, Bevölkerungs- und Wirtschaftsstruktur sowie die Lage im Naturraum und zu den industriellen Zentren. Es ist schwierig, diese verschiedenartigen Komponenten in wenigen einheitlichen Formengruppen zusammenzufassen. C. Borcherdt (1980, S. 7ff.) hat neuerdings auf die Problematik einer modernen geographischen Klassifikation der südwestdeutschen Siedlungen im nichtstädtischen Raum hingewiesen und diese ausführlich diskutiert. Die einfachste und treffendste Unterscheidungsmöglichkeit scheint nach wie vor die Ortsphysiognomie zu sein, da sich in ihr, als sichtbarem Ausdruck der Ortsentwicklung, nicht nur räumliche, sondern auch sozialökonomische Wandlungen widerspiegeln. In enger Anlehnung an K. H. Schröder (1974, S. 898 ff.) sollen daher im folgenden Grundriß, Aufriß- und Flurformen der ländlichen Siedlungen beschrieben werden.

Die kleinste Siedlungseinheit ist der *Einzelhof*. Er ist die charakteristische Siedlungsform im mittleren und südlichen Schwarzwald, wo sich diese Kleinsiedlungen in manchen Talräumen zu sogenannten „Zinken" aneinanderreihen. Hier, wie auch im Vorderen Odenwald und in Teilen der Keuperwaldberge, sind die Einzelhöfe das Ergebnis mittelalterlicher Rodung, während die Einzelhöfe im südlichen Oberschwaben vorwiegend auf die Vereinödung des 16. bis 19. Jahrhunderts zurückzuführen sind (vgl. S. 63 ff.). Im Altsiedelland trat der Einzelhof bis etwa zur Mitte unseres Jahrhunderts nur sporadisch auf. Erst im Zuge der modernen Flurbereinigung und Aussiedelung ist er auch hier zu einem bestimmenden Siedlungselement geworden.

Der *Weiler* – eine Gruppe von 3 bis 10 benachbarten Höfen mit unregelmäßiger Anordnung – tritt sowohl im Alt- als auch im Jungsiedelland auf. Schröder (1974, S. 870) nimmt an, daß aus den Kleinsiedlungen der Landnahmezeit die sogenannten *Altweiler* hervorgegangen sind; erkennbar an ihren klassischen Namensendungen auf -ingen und -heim. Sie treten in den altbesiedelten Landesteilen mit Anerbenrecht auf, wo die Bevölkerungsdichte jahrhundertelang nahezu konstant blieb, wie z.B. im nördlichen Oberschwaben, in der Baar und der Ostalb. Der Typ des *Rodeweilers* findet sich in enger räumlicher und genetischer Verbindung mit dem Einzelhof. Nach einer Untersuchung Huttenlochers (1939) sind im ehemaligen Oberamt Welzheim von 102 Weilern 51 aus Einzelhöfen entstanden, und ähnliche Nachweise liegen auch für Oberschwaben vor. Für die meisten Weiler dürfte aber die von Gradmann (1913) gegebene Deutung immer noch

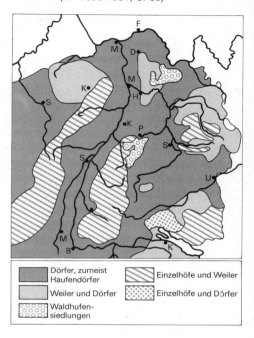

Abb. 28: Vorherrschende Siedlungsformen in Südwestdeutschland
(n. Krebs 1931, S. 35)

zutreffen, daß sie das Ergebnis einer kollektiven Rodung „von etwa drei bis sechs Genossen" seien. Ergänzend sind die *jungen Weiler* zu nennen, die im Zuge der modernen Aussiedlung im ganzen Land seit 1953 geschaffen wurden.

Von geringerem siedlungsgeographischen Gewicht sind die wenigen *Gutssiedlungen*, da der Großgrundbesitz in Baden-Württemberg von jeher nur eine bescheidene Rolle spielte. 1972 gab es nur noch 204 Betriebe mit über 100 ha landwirtschaftlicher Nutzfläche. Die Gutssiedlungen sind über das ganze Land verstreut und oft integrierte Bestandteile eines Dorf- und Markungsverbandes. Als eigenständiger Siedlungstyp erscheinen sie nur, wenn sie – wie manche Adelsgüter – in isolierter Lage inmitten ihres arrondierten landwirtschaftlichen Besitzes liegen und mit repräsentativen Wohngebäuden und stattlichen Ökonomiebauten ausgestattet

113

sind. Entstanden sind die Gutssiedlungen durch Rodung im Anschluß an eine Burg, aus ehemaligen klösterlichen Wirtschaftshöfen, sogenannte „Grangien" (vgl. S. 52) oder auch durch Zusammenkauf von bäuerlichem Grundbesitz.

Die verbreitetste Ortsform im Land ist das *Haufendorf*. Nach Huttenlocher (1972, S. 86) ist sie die Charakterform des Altsiedellandes. Es handelt sich dabei meist um stattliche Dörfer mit regelloser Verteilung der Anwesen und einem unübersichtlichen Straßen- und Gassennetz.

Die Genese dieser Siedlungsform war lange Zeit umstritten. Erst in den letzten Jahrzehnten hat sich die Erkenntnis durchgesetzt, daß sie größtenteils aus weilerartigen Kleinsiedlungen (Einzelhöfen und Weilern) der Landnahmezeit hervorgegangen sind. Für die Entwicklung zum Haufendorf war jedoch entscheidend, in welchem Vererbungsgebiet die Siedlung lag. Im Anerbenbereich, wo die Zahl der bäuerlichen Betriebe lange unverändert blieb, ist der Ortskörper weiträumig und locker bebaut und führte nur in bestimmten Fällen über das Weilerstadium durch Ansiedlung von Seldnern hinaus. Dagegen kam es im Realteilungsgebiet mit seiner starken Bevölkerungs- und Betriebsvermehrung seit dem 16. Jahrhundert zur Bildung großer Ortschaften mit dicht gescharten Häusern und eng geschlossenen Straßenzeilen. Diese oft städtisch anmutende Siedlungsverdichtung war die Folge des Dorfzaunes, des sogenannten „Etters", der jahrhundertelang eine Art Bebauungsgrenze darstellte und damit die bauliche Geschlossenheit der alten Dörfer bewirkte. Am ausgeprägtesten finden sich diese Merkmale bei Weinbaugemeinden, vor allem bei solchen, die früher einmal ummauert waren (auf die engen Beziehungen zwischen Weinbau und Siedlungswesen in Württemberg hat besonders Schröder [1953] hingewiesen).

Nach Grees (1971) kam es also auch in den Anerbengebieten gelegentlich vor, daß ein Weiler zum Haufendorf angewachsen ist. Dabei spielte die Niederlassung von Seldnern (Angehörige einer landarmen Sozialgruppe) eine bedeutende Rolle. Sie haben nämlich ihre bescheidenen Anwesen in die Lücken zwischen den größeren Höfen gestellt oder auch neue Ortsteile (Seldnergassen) angelegt. In der Folgezeit gelang es vielen dieser Seldnerstellen sich zu vollbäuerlichen Betrieben zu entwickeln, so daß es auch in diesen Siedlungen zu einer engen Verbauung kam.

Zu den Sonderformen Südwestdeutschlands gehören *Siedlungen mit linearem Grundriß*. Dabei handelt es sich vielfach um Dörfer, deren räumliche Entwicklung durch natürlich gegebene Leitlinien wie enge Täler, Terrassen oder Terrassenränder vorgezeichnet waren. Oft sind hier die Häuser an einer einzigen Straße aufgereiht. Für diese Art von Ortsgestaltung haben sich die Begriffe „Reihendorf" oder „Wegedorf" eingebürgert.

Eine zweite lineare Form ist das *Straßendorf*, dessen gerade und geschlossene Häuserzeilen z. T. planerische Elemente verraten. Dazu zählt eine Gruppe ländlicher Siedlungen im Oberrheinischen Tiefland, die nach Nitz (1963) teils auf merowingisch-karolingische Staatskolonisation zurückgehen, teils durch Rodung (so in der Lußhardt) entstanden sind. Ausgesprochenen Straßendorfcharakter besitzen schließlich auch die neuzeitlichen Planformen der Waldenser (vgl. S. 62f.).

Eine Sonderstellung unter den linearen Ortsformen stellen die *Waldhufensiedlungen* dar. Sie gehören zu den jüngsten Formen der Rodesiedlungen und sind das Ergebnis eines gelenkten Erschließungsprozesses. In Südwestdeutschland sind die ausgesprochenen Planformen erstmals für den Odenwald faßbar, wo das Kloster Lorsch seit dem 9. Jh. waldhufenähnliche Siedlungen anlegen ließ (Nitz 1962). Bei der weiteren Erschließung des Gebirges wurden diese „Frühformen" zum heutigen Typus entwickelt, der dann im 11. Jahrhundert wahrscheinlich in den Nordschwarzwald (auf die „Enz-Nagold-Platte") übertragen worden ist. Die Eigenart dieser Siedlungsform besteht darin, daß sich die Gehöfte – ähnlich wie bei den Reihensiedlungen – an einer vorgegebenen Leitlinie (Bach, Wege) anordnen, die zugehörigen Besitzparzellen aber unmittelbar an den Hof anschließen und mehr oder weniger senkrecht zur Gehöftlinie verlaufen. Mit einer Breite von 50–100 m und einer Länge von Hunderten von Metern umfassen die einzelnen Breitstreifen (Hufen) die gesamte Nutzfläche des jeweiligen Betriebs: den Hausgarten, die Dauerwiesen, das Wechselfeld und in der Regel auch den zum Hof gehörigen „Hauswald". Durch spätere Erbteilungen wurde allerdings die einstmals klare Besitzgliederung vielfach verwischt. Vor allem auf der Enz-Nagold-Platte haben sich die meisten der rd. 50 Waldhufensiedlungen infolge der Realteilung und durch die moderne Überformung des Fremdenverkehrs zu Dörfern verdichtet.

Bei sehr vielen Siedlungen des Landes ist es nicht möglich, sie eindeutig einer speziellen Typenreihe zuzuordnen, da sich ihr Grundriß aus mehreren Teilen zusammensetzt. Diese *„mehrteiligen"* oder *„komplexen" Ortsgrundrisse* sind das Ergebnis von Wachstumsprozessen, die bereits im späten Mittelalter feststellbar sind, in der Neuzeit vor allem aber durch die Realteilung begünstigt wurden, am häufigsten jedoch bei den von der Industrialisierung erfaßten Dörfern anzutreffen sind. Jänichen (1963) konnte nachweisen, daß viele alte Ortskerne aus zunächst voneinander unabhängigen Zellen bestanden, und ursprünglich getrennte Wohnplätze im Spätmittelalter zusammenwuchsen. Belege dafür sind die vielerorts überlieferten Sonderbezeichnungen für einzelne Dorfteile.

Das 17. Jahrhundert und das frühe 18. Jahrhundert brachten wegen des allgemeinen, durch den Dreißigjährigen Krieg bedingten Niederganges so gut wie keine Siedlungserweiterungen. Erst im späteren Verlauf des 18. Jahrhunderts und zu Beginn des 19. Jahrhunderts entstanden die ersten neuen Wachstumsspitzen in Gestalt von Häuserreihen. Sie geben zu erkennen, daß der Dorfinnenraum zur Zeit ihrer Entstehung mit Bauten aufgefüllt war. Der Ausbau hielt sich zunächst an alte, zum Nachbarort führende Wege und Straßen; zum Teil wurden aber auch neue, blind endende Straßen angelegt, die der Volksmund „Zinken" nennt. Sehr häufig handelte es sich bei diesen straßenförmigen Fortsätzen um ausgesprochene Häuslerkolonien, d. h. um Ansiedlungen nichtbäuerlicher Bevölkerungsschichten, deren Kleinhäuser (Selden) von sehr bescheidenen Ausmaßen waren.

Für das heutige Ortsbild ist jedoch entscheidend, bis zu welchem Grade ein Dorf in den Industrialisierungsprozeß der Gegenwart mit einbezogen wurde, sei es als Industriestandort, sei es als Wohnort von Pendlern. Die Leitlinien der Ortserweiterung waren zunächst häufig noch die Ausfallstraßen, vor allem solche, die zum Bahnhof führten. Bald aber wurden auch die ortsnahen Flurteile bebaut, wobei die dörflichen Neubaugebiete meist sehr regelhaft angelegt wurden. Bis in die fünfziger Jahre waren gitterförmige Grundrißformen üblich; in den letzten Jahren kam es dann zu Bebauungsplänen, bei denen die Straßenführungen mehr dem Gelände (d. h. mit gekrümmtem Straßenverlauf) angepaßt worden sind.

4.5.2
Die ländlichen Hausformen

Die traditionellen bäuerlichen Anwesen prägen bis heute das Ortsbild der Kernbezirke unserer Dörfer. Im Gegensatz zu den modernen Bauformen sind sie an bestimmte Verbreitungsgebiete, sogenannte „Hausbaulandschaften" gebunden und deshalb

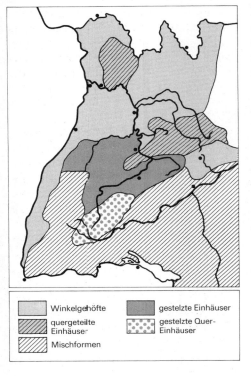

Abb. 29: Verbreitung der bäuerlichen Anwesen in Südwestdeutschland (n. Schroeder 1963, 1971)

▦	Winkelgehöfte	▦	gestelzte Einhäuser
▨	quergeteilte Einhäuser	⁙	gestelzte Quer-Einhäuser
▨	Mischformen		

von siedlungsgeographischer Relevanz. Infolge der vielfältigen natürlichen und historischen Einflüsse auf die Gebäudegestaltung ist die Zahl der bäuerlichen Anwesentypen in Baden-Württemberg größer als in anderen mitteleuropäischen Gebieten gleichen Umfangs. Trotz der Vielfalt unterschiedlicher Haustypen kann man aber nach Schröder (1974, S. 873) den gesamten Formenbestand zwanglos einer verhältnismäßig kleinen Anzahl von Grundtypen zuordnen. Dabei empfiehlt sich, von dem in der Hausforschung altbewährten Grundsatz auszugehen, die Formen der bäuerlichen Anwesen in Einhaus- und Gehöfttypen zu unterscheiden.

Die vorherrschende Form des traditionellen Bauernhauses in Südwestdeutschland ist das *Einhaus*. Nach einer amtlichen Zählung wa-

ren im Jahre 1964 in Baden-Württemberg 60% der bäuerlichen Anwesen Einhäuser und 40% Gehöfte.

Die Grundform, bei der im Idealfall sämtliche Bestandteile des Anwesens (Wohnung, Stall, Scheune) unter einem einheitlich konstruierten Dach zusammengefaßt sind, kann man wiederum in zwei Varianten gliedern: in das Gestelzte Einhaus und das Quergeteilte Einhaus.

Beim *Gestelzten Einhaus* liegen die Wohnräume im Obergeschoß über dem Stall. Sie ruhen gewissermaßen auf Stelzen, weshalb sich für diesen Haustyp in der Literatur seit Beginn dieses Jahrhunderts die oben genannte Bezeichnung eingebürgert hat. Der Hausgang und die zum Oberstock führende Stiege befindet sich in der Mitte des Gebäudes zwischen Stall und Scheuer. Das Verbreitungsgebiet dieses charakteristischen Kleinbauernhauses liegt in Baden-Württemberg hauptsächlich im mittleren Neckarland (R. Gradmann bezeichnet es deshalb als „Unterländer-Haus") und im nördlichen Schwarzwald und ist so gut wie identisch mit dem Realteilungsbereich. Bei der Stelzung handelt es sich nach Schröder (1974, S. 876) wahrscheinlich um eine ursprünglich städtische Bauweise, die im Laufe des 16. Jahrhunderts auf das Land übertragen worden ist.

Im Bereich der Südwestalb, deren nördlichem Vorland und auf der Baar tritt als Sonderform der gestelzten Hausform das sogenannte *„Gestelzte Quereinhaus"* auf. Bei diesem Haustyp liegt die Wohnung ebenfalls im Oberstock, jedoch befinden sich darunter neben dem Stall noch weitere Räume, z. B. Waschküche, Vorratskammer u. a. Außerdem ist fast regelmäßig an die Scheuer noch ein „Schopf" angebaut. Das Haus wirkt dadurch gestreckter und macht einen wohlhabenden Eindruck.

Eine relativ geschlossene und weiträumige Hausbauprovinz stellt das Verbreitungsgebiet des *Quergeteilten Einhauses* dar. Bei

diesem Typ handelt es sich um einen Lang-
bau, bei dem der Wohn- und die Wirt-
schaftsteile durch senkrecht zur Firstlinie
verlaufende Innenwände voneinander ge-
schieden werden. Die Einzelteile liegen also
nebeneinander und sind jeder für sich von
außen her zugänglich. Diese Hausform tritt
vor allem in Oberschwaben mit den Einzeltypen „Oberschwäbisches" und „Allgäuer
Haus" sowie im südlichen und mittleren
Schwarzwald auf, wo Schilli (1953) sieben
Varianten des sogenannten „Schwarz-
waldhauses" festgestellt hat.

Die Genese der Einhäuser soll hier nur ge-
streift werden (eine Zusammenfassung des
Forschungsstandes bietet Schröder 1963,
zuletzt 1970). Historische Untersuchungen
in verschiedenen Teilen des Landes haben
übereinstimmend zu dem Ergebnis geführt,
daß sich die Einhausformen aus einer ursprünglichen Gehöftanlage entwickelt haben.
Nach heutigem Forschungsstand gilt als
wahrscheinlich, daß das regellose Haufenge-
höft der Alemannen, wie durch die Lex Alamannorum und durch Grabungsfunde belegt (vgl. S. 38), die Mutterform aller bäuerlicher Anwesen ist. In den späteren Jahrhunderten lassen sich zwei Entwicklungslinien
nachzeichnen: die eine hat aus dem Haufen-
gehöft zur Entstehung verschiedener Einhausformen geführt, die andere zur Umbil-
dung der regellosen Gebäudestreuung zu
Gehöften mit regelhaftem Grundriß.

Der Grundtyp des *Regulierten Gehöfts* tritt
in Baden-Württemberg vor allem im Norden
des Landes und im ganzen Oberrheinischen
Tiefland auf. Die am häufigsten vorkommenden Einzeltypen sind das Hakengehöft und
der Dreiseithof. In den Dörfern der
Realteilungsgebiete im nördlichen Landesteil bestimmt das Hakengehöft in der Regel
den bäuerlichen Ortskern. Hier steht das
Wohnhaus mit Stall meist mit der Giebelseite zur Straße, während die Scheuer die Rück-
seite der Hofseite abschließt und rechtwinklig zum Wohnstallhaus steht. Zur Straße

bildet oft eine Mauer oder ein Zaun mit
großem Tor die Begrenzung. Der Wohnteil
zeigt hier im Oberstock oft freiliegendes
Fachwerk, während es anderenorts meist unter Putz liegt. Überhaupt bewirken bei bloß-
liegendem Fachwerk die aufeinanderfolgen-
den Giebelfronten ein besonders anspre-
chendes Dorfbild, zumal wenn die Fenster
mit Blumen geschmückt sind und an den
Geschoßschwellen vorspringende Wetter-
dächlein die Fassade beleben.

Aber auch in den Kernbezirken der Dörfer,
die in der Einhausprovinz liegen, finden sich
giebelständige Bauernhäuser. Sie weisen darauf hin, daß erst im Zuge der Realteilung
die einstigen Dreiseitgehöfte als Wirtschafts-
einheit aufgelöst und die ehemaligen Ställe
und Scheunen zu Einhäusern umgebaut wurden. Diese Beobachtung zeigt überdies, daß
von den traditionellen Haustypen durchaus
mehrere zugleich in derselben Landschaft
auftreten können. Dieses Nebeneinander
läßt sich sogar ins einzelne Dorf hinein verfolgen und unterliegt einer ganz bestimmten entwicklungsbedingten Anordnung, die
Schröder (1957, S. 107f. und 1963, S. 84) als
Hausformengefüge bezeichnet hat. Dabei

**Abb. 30: Das Hausformengefüge
in Onstmettingen (Albstadt)**
(Quelle: Das Land Baden-Württemberg
1974, S. 874)

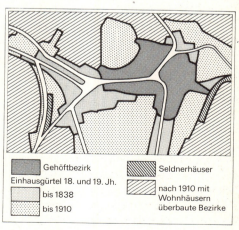

Gehöftbezirk Einhausgürtel 18. und 19. Jh.		Seldnerhäuser
bis 1838		nach 1910 mit Wohnhäusern überbaute Bezirke
bis 1910		

handelt es sich um eine zentral-peripher ausgerichtete Abfolge von Gehöft (oder dessen Nachfolgeformen) – traufständige Einhäuser – Seldneranwesen – moderne Hausformen. Die volle Ausbildung dieses Raummusters hängt freilich vom Ausmaß der jeweiligen Ortsentwicklung ab. Nachzutragen bleibt, daß es sich bei den *Seldnerhäuschen* um Anwesen der einstigen ländlichen Unterschicht handelt, die überwiegend im 18. Jahrhundert und teilweise im frühen 19. Jahrhundert errichtet wurden. Im Rahmen des Dorfgefüges kennzeichnen sie die Ausdehnung, die das Dorf bis zum Beginn des Industriezeitalters erlangt hatte. Da die Seldnerhäuschen (der Begriff wurde von Gradmann in die siedlungsgeographische Literatur eingeführt) den heutigen modernen Wohnansprüchen nicht mehr genügen, sind inzwischen die meisten aufgestockt und erweitert oder durch Neubauten ersetzt worden.

Die jüngste Form bäuerlicher Anwesen stellen die *Aussiedlerhöfe* dar. Dabei handelt es sich um genormte, landeseinheitliche Bautypen. Nachdem anfänglich Quergeteilte Einhäuser errichtet wurden, die sich vom traditionellen Haustyp kaum unterscheiden, wurde bei den späteren das Wohnhaus vom Wirtschaftsgebäude abgegliedert und mit diesem nur noch durch einen einstöckigen „Hals" verbunden. Neuerdings hat sich aber aus betriebstechnischen und wohnhygienischen Gründen diese Gehöftform allgemein durchgesetzt.

4.5.3
Ererbte Flurformen und die Flurbereinigung

Sechs Grundtypen von Flurformen können für Baden-Württemberg unterschieden werden: die Gewannflur, die Blockflur, die Block- und Streifenflur, die Hufenflur, die Großblockflur und Einödflur.

Zu den charakteristischen Flurformen des Landes gehört die Gewannflur. Kennzeichnend für diesen Flurtyp ist die Aufgliederung der landwirtschaftlichen Nutzfläche in eine Anzahl größerer Abschnitte, die wiederum in parallellaufende, streifenförmige Flurstücke unterteilt sind. Einen solchen Parzellenverband nennt man Gewann. Die Abmessungen sind sehr verschieden. Im Anerbenbereich sind die einzelnen Parzellen bis zu 30 m („Breitstreifige Gewannflur") und im Realteilungsgebiet 5 bis 20 m („Schmalstreifige Gewannflur") breit; erreichen an Länge jedoch das Zwanzigfache und mehr. In einem Gewann gehört in der Regel jede Parzelle einem anderen Bauern; es besteht also eine Gemengelage des Besitzes.

Die Entstehung der Gewannflur ist eines der umstrittensten Probleme der Agrar- und Siedlungsgeschichte. Es ist hier nicht der Ort, diese vielschichtige Problematik ausführlich zu erörtern, daher sei auf die Zusammenfassungen des Forschungsstandes durch Huttenlocher (1963) und Schröder (1964) verwiesen. Im Gegensatz zu der von A. Meitzen (1895) vertretenen Anschauung, die Gewannflur sei Ausdruck einer genossenschaftlich, „gerecht" geregelten Landverteilung, die sich bis in die Frühzeit der alemannischen Landnahme zurückführen ließe, hat die jüngere Forschung zu der Erkenntnis geführt, „daß die heutige Gewannflur das Ergebnis einer Entwicklung und dabei ein komplexes Gebilde in dem Sinne ist, daß sie formal und genetisch unterschiedliche Bestandteile umschließt" (Schröder 1974, S. 881). So findet man u.a. in Ortsnähe häufig große rechteckige Flurteile mit den Namen „Breite" („Braike") für das Ackerland und „Brühle" für das Wiesenland, die einst zum Meierhof oder zu anderen, mit der Dorfherrschaft verbundenen Höfe gehörten (Widum, bzw. Pfarrhof, Klosterhof). Heute sind diese Blöcke vielfach durch sekundäre Parzellierung in Blockgewanne umgewandelt worden. Weitere eigenständige

Bestandteile der Gewannflur können Rodungsgewanne, aufgeteiltes Allmendland aber auch ortsnahe Langstreifenkomplexe sein. Aus diesen Gegebenheiten wird deutlich, daß die Ausgangsform heutiger Gewanne sowohl der Block- als auch der Langstreifenkomplex oder auch beides gewesen sein kann.

Eine andere wichtige – hauptsächlich im Jungsiedelland verbreitete Flurform – ist die *Blockflur*. Sie weist durchweg Flurstücke auf, die weder in Größe und Form noch in

Abb. 31: Siedlungs- und Flurformen
(Quelle: Württ. Flurkartenwerk)

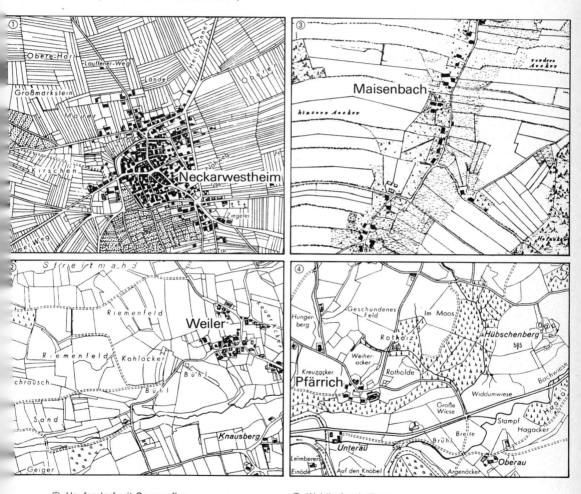

① Haufendorf mit Gewannflur
② Weiler mit Blockflur
③ Waldhufensiedlung
④ Einzelhöfe mit Einödflur

119

der Anordnung irgendeine Regelmäßigkeit erkennen lassen. Auch bei der Blockflur herrscht Gemengelage vor. Sie entstand vermutlich beim mittelalterlichen Rodungsbau durch Siedler, welche die Freiheit besaßen, Größe und Gestalt der gerodeten Fläche selbst zu bestimmen. Die Blockflur ist indessen nicht nur primärer Entstehung, sondern ging auch aus der Zerschlagung von Einöd- und Großblockfluren hervor. Ganz junge Blockfluren sind schließlich durch die moderne Flurbereinigung entstanden.

Die *Block- und Streifenflur* stellt im Grunde nur eine besondere Variante der Blockflur dar. Sie ist dadurch gekennzeichnet, daß neben mehreren blockartigen Parzellen auch streifenförmige Flurstücke in größerer Zahl auftreten, wobei die Streifen aus Teilungsvorgängen hervorgegangen sind. Eine Sonderform der Streifenflur sind die gereihten Breitstreifen der *Hufenfluren,* die in Baden-Württemberg in zwei Formen auftreten: in den bereits beschriebenen Waldhufenfluren und als Flurform der Zinken (S. 45, 115). Auch auf die *Einödflur* und *Großblockflur* wurde bereits im Zusammenhang mit Einzelhof und Gutssiedlung hingewiesen (S. 113). Charakteristisch für die Einödflur ist die ganz oder vorwiegend arrondierte Betriebsfläche („Einöden"). Im südlichen Oberschwaben, wo sie hauptsächlich vorkommt, ist sie durch die Vereinödung entstanden während sie im Schwarzwald, Odenwald und in den Keuperbergländern aus der mittelalterlichen Rodung hervorgegangen ist. Auch bei der modernen Flurbereinigung ist man bemüht, möglichst geschlossene Betriebsflächen zu schaffen, doch wird das Idealbild eines völlig geschlossenen landwirtschaftlichen Betriebs nur in Ausnahmefällen erreicht.

Soweit die Nutzfläche der wenigen Gutsbetriebe arrondiert ist, tritt gelegentlich die Großblockflur auf, die aber im ganzen gesehen für Südwestdeutschland atypisch ist.

Das Flurbild hat sich im Laufe der Jahrhunderte stetig gewandelt. Dabei spielten zahllose private Einzelprozesse ebenso eine Rolle wie tiefgreifende, von der Obrigkeit angeordnete Eingriffe in die überkommene Flurverfassung. Eine erste dieser Maßnahmen stellte die *Vereinödung* in Oberschwaben im 16. bis 19. Jahrhunderts dar (vgl. S. 65). Im 18. und 19. Jahrhundert wurden durch die *Aufteilung der Allmende,* d. h. des landwirtschaftlich genutzten Gemeindelandes, neue Flurelemente den einzelnen Dorfmarkungen angefügt. Deutlich läßt sich dieser Vorgang verfolgen, wo kleinparzellierte Bezirke inselartig aus sonst noch unverteiltem Gemeindeland herausgeschnitten sind oder wo sog. „Geometergewanne" durch ihre schablonenhafte Gestalt sich vom übrigen Flurbild deutlich abheben.

Einen erheblichen Wandel der traditionellen Flurstruktur brachte die seit Mitte des 19. Jahrhunderts vom Staat betriebene *Feldbereinigung.* Ihre Ziele waren einmal die volle Erschließung der Parzellen durch Wege, zum andern die starke Güterzersplitterung in den Realteilungsgebieten, wenn nicht zu beseitigen, so doch zu mildern. Gemäß dieser Zielsetzung erstreckte sich diese erste moderne Flurneuordnung vorzugsweise auf die Realteilungsgebiete. Die gravierendsten Veränderungen des Flurbildes wurden jedoch durch die seit 1937 durchgeführten Umlegungsverfahren (teilweise im Zusammenhang mit dem Autobahnbau) und durch die Flurbereinigungsverfahren (seit 1953) geschaffen.

Vor allem durch die *Flurbereinigung* kam und kommt es zu einer völligen Neuordnung der Flur. Die überkommene Flächengliederung einer Gemarkung wird dabei radikal beseitigt und anhand eines neuen Vermessungsplans neu aufgeteilt. Dadurch will man für die einzelnen Landwirte möglichst zusammenhängende Wirtschaftseinheiten schaffen und diese durch ein gut ausgebautes Wegenetz optimal erschließen. Die großen Betriebsflächen erleichtern den Einsatz von

Abb. 32: Beispiel für Flurbereinigung: Gemarkung Frommenhausen, Krs. Tübingen
(Quelle: Der Landkreis Tübingen 1963, S. 462, 463)

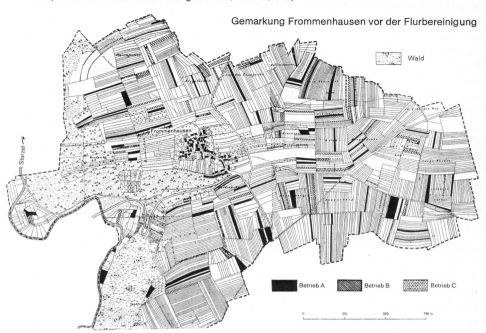

Gemarkung Frommenhausen vor der Flurbereinigung

Wald

Betrieb A   Betrieb B   Betrieb C

0   250   500   750 m

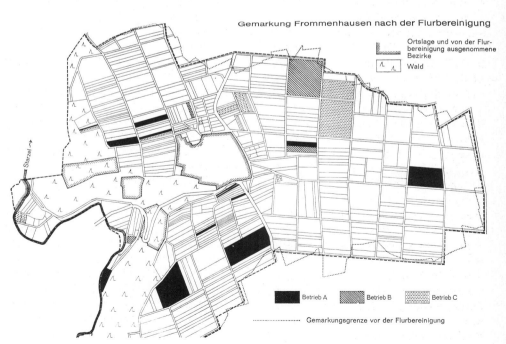

Gemarkung Frommenhausen nach der Flurbereinigung

Ortslage und von der Flurbereinigung ausgenommene
Bezirke

Wald

Betrieb A   Betrieb B   Betrieb C

Gemarkungsgrenze vor der Flurbereinigung

Maschinen und gestatten somit ein rationelleres Arbeiten. Wie notwendig die Flurbereinigung in Baden-Württemberg nach wie vor ist, erhellt sich aus der Tatsache, daß 1979 die durchschnittliche Teilstückgröße im Bundesgebiet 1,35 ha, in Baden-Württemberg 0,65 ha und in Schleswig-Holstein 6,42 ha betrug. Bei den Flurbereinigungsverfahren, die in den vergangenen Jahrzehnten durchgeführt wurden, war das Ergebnis aber oftmals eine rein agrarische Produktionslandschaft, die ohne Rücksicht auf ökologische Gegebenheiten nur agrartechnische und betriebswirtschaftliche Interessen im Auge hatte. So wurden bei der Zusammenlegung der Felder vielfach Heckenreihen und kleinere Waldstücke abgeholzt, Feuchtgebiete drainiert und Geländeunebenheiten planiert, was teilweise zu einer erheblichen Störung des ökologischen Gleichgewichts führte (u. a. zur Abnahme nützlicher Vögel und dem Verschwinden sonstiger biologischer Sonderheiten). Um diesen nachteiligen Folgen zu begegnen, wurde 1976 durch das Land das Flurbereinigungsgesetz novelliert und sichergestellt, daß bei zukünftigen Verfahren neben agrarbetriebswirtschaftlichen Zielen auch landeskulturelle und außeragrarische Aspekte gleichrangig mit zu verfolgen sind.

Inzwischen hat sich in weiten Teilen des Landes die Flurstruktur stark verändert und es ist abzusehen, daß bei Fortgang dieses Prozesses die einstmals weithin landestypische Gewannflur in naher Zukunft zugunsten der Block- und Streifenflur oder der Einödflur verschwinden wird.

4.5.4
Ländliche Siedlungstypen der Gegenwart

Die umfassenden sozialstrukturellen Veränderungen, die heute in allen nichtstädtischen Räumen spürbar sind, machen es erforderlich, bei der Typisierung der ländlichen Siedlungen neben den äußeren Gestaltungsmerkmalen auch wirtschaftliche und soziale Gesichtspunkte zu berücksichtigen. Dieses Problem ist in Südwestdeutschland schon sehr früh gesehen und von verschiedenen Landeskundlern zu lösen versucht worden. R. Gradmann hat bereits 1913 die ländlichen Siedlungen des Königreichs Württemberg nach ihrem wirtschaftlichen und kulturellen Charakter gekennzeichnet. Unter dem besonderen Aspekt der Agrarverfassung entwickelte P. Hesse (zuletzt 1965) für sämtliche Gemeinden Baden-Württembergs eine fünfteilige Gemeindeklassifikation, die nach sozialökonomischen Strukturmerkmalen aufgebaut wurde. Schließlich haben F. Huttenlocher (1949/50) und W. Sänger (1963) Typisierungsmöglichkeiten erarbeitet, bei denen sowohl wirtschaftliche Strukturmerkmale als auch physiognomische Elemente der Siedlungen gleichermaßen berücksichtigt werden. Diese Typisierungsvorschläge lassen sich heute nicht mehr oder nur mit Einschränkung anwenden. Zwischen 1967 und 1975 hat eine umfassende Verwaltungsreform alle wichtigen Verwaltungsbereiche in Baden-Württemberg grundlegend verändert. Im Mittelpunkt standen dabei die Gebietsreform der Gemeinden und Landkreise. Es kam zur Bildung von neuen Großgemeinden, die als Verwaltungseinheiten oft mehrere Dörfer oder auch Weiler umfassen. Das Ausmaß dieser Neuordnung zeigt sich darin, daß die Zahl der selbständigen Gemeinden im Zeitraum 1964 bis 1975 von 3382 auf 1110 zurückgegangen ist bzw. sich um zwei Drittel verringert hat.

Da in den neuen Großgemeinden mitunter die verschiedenartigsten Siedlungen zusammengefaßt sind, kann man die sozialökonomischen Gemeindetypen von Hesse nur schlecht auf die neuen Verwaltungseinheiten übertragen. Die statistisch gewonnenen wirtschaftlichen und bevölkerungsstrukturellen Merkmale entsprechen lediglich groben

Durchschnittswerten, die dem individuellen Charakter der einzelnen Gemeindeteile, die nach geographischem Verständnis nach wie vor als selbständige Siedlungen angesehen werden müssen, nicht gerecht werden.

In Anlehnung an Sänger (1967, S. 436) soll im folgenden versucht werden, die ländlichen Siedlungen Baden-Württembergs drei sozialökonomischen Siedlungstypen zuzuordnen, wobei funktionale Gesichtspunkte ebenso berücksichtigt werden wie bauliche Erscheinungen. Diese Typen sind: industriell-gewerbliche Orte, Auspendlergemeinden, bäuerliche Siedlungen.

Industriell-gewerbliche Orte

In den großen Dörfern, die vorwiegend in den Industriezonen des Landes liegen, spielt die Landwirtschaft keine Rolle mehr. Die wirtschaftliche Struktur wird hier eindeutig durch den sekundären Sektor bestimmt. Dazu tragen zahlreiche eigene Industrien sowie Filialbetriebe bei. Ein kräftig entwickelter Dienstleistungsbereich wird städtischen Erfordernissen gerecht und nicht selten sind bereits Ansätze zu zentralen Funktionen zu erkennen, die etwa durch Schulen (Gymnasien, Realschulen), staatliche Ämter und Behörden sowie durch Einrichtungen des Gesundheitsdienstes (Fachärzte, Apotheken) repräsentiert werden. Die Ortsbilder haben sich in den letzten Jahrzehnten stark verändert. Es entstanden ausgedehnte Wohngebiete, deren Fläche die der alten Dorfkerne um ein Vielfaches übertrifft. Außerdem weisen die Neubaugebiete oft eine sozialräumliche Differenzierung auf (Bezirke mit Einfamilienhäusern, mehrgeschossige Mietshäuser und Reihenhaussiedlungen), die bereits städtische Strukturmerkmale erkennen lassen. Dazu treten oft am Rande der Siedlungen, vor allem längs der Ausfallstraßen und der Bahnlinie, ausgedehnte Industrieareale.

Abb. 33: Stadtdorf Reichenbach/Fils: Funktionale Gliederung und räumliche Entwicklung (n. Weinreuter 1969)

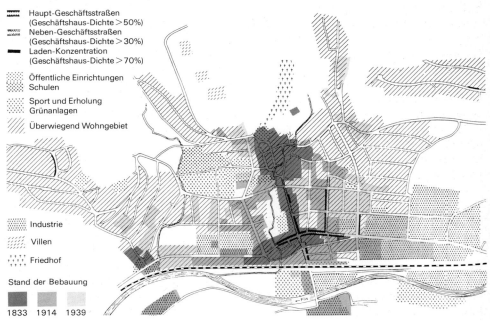

Haupt-Geschäftsstraßen (Geschäftshaus-Dichte > 50%)
Neben-Geschäftsstraßen (Geschäftshaus-Dichte > 30%)
Laden-Konzentration (Geschäftshaus-Dichte > 70%)

Öffentliche Einrichtungen Schulen

Sport und Erholung Grünanlagen

Überwiegend Wohngebiet

Industrie

Villen

Friedhof

Stand der Bebauung

1833 1914 1939

Auch die alten Dorfkerne sind ausnahmslos vom modernen Strukturwandel erfaßt worden. Die Hauptstraße gleicht heute einer nahezu geschlossenen Geschäftsstraße. Die einstigen Bauernhäuser wurden zu gewerblichen Zwecken umgebaut oder durch Neubauten ersetzt.

Allerdings zeigen diese „Industriedörfer" heute „Bilder einer Disharmonie": Sie spiegeln in ihrem äußeren Erscheinungsbild den noch in Gang befindlichen wirtschaftlichen und sozialen Umbruch wider. Dabei kann man die allgemeine Feststellung treffen, daß nach dem Einsetzen des sozialökonomischen Wandels der Ortsbevölkerung mindestens 15 bis 20 Jahre vergehen, bis dieser Strukturwandel im Ortsbild seinen adäquaten Ausdruck gefunden hat (Borcherdt 1980, S. 11). Daher stößt man gegenwärtig in den industriell-gewerblichen Orten häufig auf ein Nebeneinander verschiedener Elemente: von unregelmäßig gewachsenen und planmäßigen Grundrißteilen, von äußerlich noch bäuerlich geprägten Partien und jungen Industriegebieten, von traditionellen und modernen Hausformen, von ländlichen und städtischen Zügen.

Auspendlergemeinden

Bei Dörfern, die diesen Typ am ausgeprägtesten vertreten, fährt mindestens die Hälfte der Erwerbspersonen nach auswärts zur Arbeit. Daneben gibt es oft noch eine größere Zahl von Kleinbauern, die die Landwirtschaft im Nebenerwerb betreibt.

Die Vorstufe dieses Typus war in der Regel das traditionelle Bauern-Handwerker-Dorf der Realteilungsgebiete, in dem es bereits im 18. Jahrhundert zu der für Baden-Württemberg charakteristischen Symbiose von Gewerbe und Landwirtschaft gekommen war. Mit zunehmender Industrialisierung des Landes entwickelte sich dann die Mehrzahl dieser Dörfer vom Kleinbauerndorf zur Pendlerwohngemeinde. Dies hing u. a. damit zusammen, daß die örtlich vorhandenen Industriebetriebe nur einem kleinen Teil der gewerblichen Erwerbspersonen Arbeit und Brot geben konnten. Für viele Gemeinden in den Randzonen der industriellen Kernräume wurde daher das Pendlertum zum prägenden sozialgeographischen Faktor. Auf den ersten Blick wirkt der Ortskern immer noch ländlich. Bei genauerem Hinsehen erkennt man jedoch die vielen aufgelassenen landwirtschaftlichen Betriebe, den Umbau von Scheunen und Ställen zu Wohnräumen oder Garagen, da und dort ist auch ein Ladengeschäft eingerichtet worden, und die Ausbuchtungen in den Straßen mit Bushaltestellen sind Hinweise auf den regen Pendlerverkehr zum nächsten zentralen Ort.

In den meisten Orten gibt es verhältnismäßig große Neubauviertel neben dem alten Dorf. Ihre Ein- und Zweifamilienhäuser, oft von gemeinnützigen Siedlungsträgern erstellt, sind nicht selten von schablonenhafter Einförmigkeit. Neuerdings haben sich auch einzelne Industriebetriebe angesiedelt, die hier besser als in der Stadt den nötigen Platz finden und zugleich mit den örtlichen Arbeitskräften rechnen können.

Eine interessante bevölkerungsgeographische Entwicklung kann man überdies in den Dörfern dieses Typus feststellen, die in den Verdichtungsräumen liegen. Hier vollzog sich während der siebziger Jahre eine innerörtliche Migration. Mit der Aufgabe des landwirtschaftlichen Betriebs bauten sich viele altansässige Dorfbewohner in den Neubaugebieten moderne Eigenheime und vermieteten das funktionslos gewordene alte Bauernhaus an Gastarbeiter. Dies führte in vielen Gemeinden dazu, daß gerade die alten Dorfkerne einen überdurchschnittlich hohen Anteil an Ausländern aufweisen.

Bäuerliche Siedlungen

Die bis heute noch mehr bäuerlich gebliebenen Siedlungen des Landes liegen vorwiegend in den Anerbengebieten Oberschwabens, in Nordostwürttemberg und im südlichen und mittleren Schwarzwald. Hierzu gehören natürlich fast alle Einzelhöfe und Weiler, die durchweg als mittel- und großbäuerliche Siedlungen anzusprechen sind. Bei den Haufen- und Reihendörfern, die diesem Typ zugeordnet werden können, ist ein erheblicher Teil der Erwerbspersonen (bis zu einem Drittel) hauptberuflich in der Landwirtschaft tätig. Da in Südwestdeutschland häufig der Anbau von Sonderkulturen zum siedlungsprägenden Faktor geworden ist, kann man mit Huttenlocher entsprechende Untertypen der bäuerlichen Gruppe aufstellen: das Hopfenbau-Dorf (im Umkreis von Tettnang), die Obstbau-Siedlungen (im Bodenseegebiet), das Tabakbau-Dorf (am Oberrhein und im Kraichgau) sowie die traditionsreichen Weinbaugemeinden, die im Grund- und Aufriß oft städtische Züge zeigen. Der Erhalt der bäuerlichen Funktion und des agrarisch bestimmten Ortsbildes dieses Siedlungstypes hängt wesentlich mit der abseitigen Verkehrslage zu den Industriegebieten des Landes zusammen. Das gewerbliche Element beschränkt sich meist auf wenige Handwerker, die im Ortsgefüge kaum auffallen. Die Neubautätigkeit ist hier weit geringer als bei den zuvor genannten Typen. Außerdem haben sich die Neubaubezirke den herkömmlichen Proportionen angepaßt, so daß keine störende Disharmonie zum alten Dorf entstanden ist, wie vielfach bei den Industrie- und Auspendlergemeinden.

4.6
Der Wald und die Waldwirtschaft

Südwestdeutschland gehört zu den am stärksten bewaldeten Gebieten Europas. Mit 13 279 km² Wald (1980) besitzt das Land nach Bayern die größte Waldfläche unter den Ländern der Bundesrepublik Deutschland. Der Waldanteil an der Gesamtfläche des Landes liegt mit 37% erheblich über dem Bundesdurchschnitt (29%) und wird nur von Hessen (40%) und Rheinland-Pfalz (38%) übertroffen.

In den vergangenen drei Jahrzehnten hat die Waldfläche leicht zugenommen; von 1953–1980 um rd. 73 300 ha (= 5,8%). Die Vergrößerung der Waldfläche erfolgte überwiegend in den von der Natur benachteiligten landwirtschaftlichen Problemgebieten, wo sog. Grenzertragsböden und übersteile Hanglagen nach und nach aufgeforstet wurden. Dagegen haben große Waldflächen im Umkreis der Städte, vor allem in den Ballungsräumen, Verkehrsanlagen und Siedlungen weichen müssen, und damit gerade dort, wo der Wald wegen seiner vielfältigen sozialen Leistungen dringend gebraucht wird.

Die großen weithin bekannten Waldgebiete Baden-Württembergs liegen hauptsächlich in den Mittelgebirgen Schwarzwald, Odenwald und Schwäbische Alb. Dazu kommen ausgedehnte Waldareale in den Keuperbergländern, im Oberrheinischen Tiefland und im südlichen Oberschwaben.

Nach einer Analyse der Bewaldung nach Stadt- und Landkreisen (Klucke 1979, S. 22) weisen der Stadtkreis Heidelberg und der Kreis Calw die größte Bewaldungsdichte (60 bis 70%) auf. Im Verhältnis zur Bevölkerungsdichte entfällt mit rund 48 Ar im Landkreis Freudenstadt die größte Waldfläche auf einen Einwohner, gefolgt von den Landkreisen Calw (39 Ar) und Waldshut (36 Ar). Den kleinsten Waldanteil je Einwohner haben die Stadtkreise Mannheim (0,5 Ar), Stuttgart (0,9 Ar), Heilbronn (1,8 Ar) sowie Karlsruhe (2,6 Ar).

Betrachtet man die *Eigentumsverhältnisse*, zeigt sich, daß rund zwei Drittel des Waldes öffentliches Eigentum sind, wobei die Gemeinden und sonstigen Körperschaften mit nahezu 41% weit mehr besitzen als das Land (24%) und der Bund, dessen Anteil mit knapp 1% kaum ins Gewicht fällt. Das restliche Drittel ist Privatwald. Dabei entfallen 24% auf Bauern und andere Kleinwaldbesitzer, während die übrigen 11%, besonders die mittleren und großen Betriebe, überwiegend den früheren Standesherrschaften gehören. Die Verteilung der Waldbesitzarten ist abhängig von siedlungsgeschichtlichen und politischen Entwicklungen. So dominiert der Privatwald im mittleren und südlichen Schwarzwald, in Oberschwaben und den Schwäbisch-Fränkischen Waldbergen. Ausgedehnte Staatsforste finden sich im Nordschwarzwald, aber auch im Umkreis von Stuttgart (Schönbuch). Im landesweiten Vergleich fällt auf, daß der Staatswald im Norden flächenmäßig um 42% stärker vertreten ist als im Süden des Landes. Interessant ist, daß der Körperschaftswald, der als eine Besonderheit Baden-Württembergs gilt, vor allem in den Realteilungsgebieten seine größte Verbreitung hat.

4.6.1
Das Vorherrschen von Fichte und Buche

Die Baumartenverteilung auf Landesebene zeigt, daß der baden-württembergische Wald zu etwa 66% aus Nadelholzarten besteht, wobei die Fichte allein 44%, die Kiefer 11% und die Tanne rund 10% Anteil an der Waldfläche besitzen.
Die Laubbäume, die in der nördlichen Landeshälfte ihren Schwerpunkt haben, bilden zusammen 35% des Waldes (Buche 20%, Eiche 7%, sonstige Laubbaumarten wie Ahorn, Esche und Ulme ca. 8%). Großflächige Fichtenwälder gibt es hauptsächlich in Oberschwaben und im östlichen Württemberg. Auch der Schwarzwald wird in den höheren Lagen durch Fichten-Reinbestände geprägt, während in den unteren Stockwerken ein artenreicher Mischwald mit Tanne, Buche und Eiche vorherrscht. Tannenreiche

Wälder finden sich im Schwäbischen Wald, am oberen Neckar und in der Südwestalb. Die trockeneren Teile des Oberrheinischen Tieflands werden von der anspruchslosen Kiefer beherrscht. Die Buche schließlich bestimmt, teilweise zusammen mit der Eiche, das Waldbild der großen, aber waldarmen Gäuflächen und Keupergländer beiderseits des Neckars vom Odenwald bis zur Schwäbischen Alb. Eine Besonderheit unter den Waldtypen ist der Auewald: Mit über 30 Baumarten ist er der artenreichste Wald unserer Klimazone. Er gedeiht auf grundwassernahen, häufig überfluteten Standorten längs des Rheins.
Die heutige Zusammensetzung der Wälder entspricht allerdings nicht mehr der ursprünglichen Pflanzendecke, sondern ist das Ergebnis einer intensiven Forstkultur der letzten 150 Jahre.
Auf die natürlichen Waldgesellschaften soll hier nicht näher eingegangen werden. Geographisch bedeutsam ist lediglich der uralte Gegensatz zwischen lichteren Laubwaldgebieten und den Nadelwaldbezirken, die für die Besiedlungsgeschichte von entscheidender Bedeutung waren (vgl. Kap. 3). Die großen alten Nadelwaldgebiete beschränkten sich ursprünglich auf die regenfeuchten Höhenstufen der Bergländer und ihrer Randgebiete: der Schwarzwald, das südliche Oberschwaben und die Keuperhöhen. Die Westgrenze des Nadelwaldgebiets der Keuperberge fällt in auffallender Weise mit dem Verlauf des Limes zusammen. R. Gradmann (1931, S. 91) sieht darin das deutliche Bestreben der Römer, nur die altbesiedelten Kulturflächen ihrem Herrschaftsgebiet einzugliedern, während der schwer nutzbar zu machende Nadelholzurwald für sie uninteressant und lediglich als Grenzwildnis von gewisser strategischer Bedeutung war. Die übrigen Landesteile waren von jeher reine Laubholzgebiete. Wenn heute in allen Landesteilen Nadelhölzer vorherrschen, so ist dies ein Werk neuzeitlicher Forstwirtschaft,

die im 19. Jahrhundert bei Neupflanzungen der schnellwüchsigen Fichte, auch der Kiefer und Lärche den Vorzug vor den Laubbäumen gegeben hat. Dieser Umstand weist darauf hin, daß unser heutiger Wald, so ursprünglich er auch anmuten mag, schon immer und überall vom wirtschaftenden Menschen beeinflußt worden ist.

Mitteleuropa ist von seinen klimatischen Bedingungen her ein potentielles Waldland und gehört zum Laubwaldgürtel der nördlichen Hemisphäre. Der gegenwärtige, unsere heimische Landschaft bestimmende reizvolle Wechsel von Wald und Flur ist also nicht etwas natürlich Gegebenes, sondern das Ergebnis bewußten und unbewußten menschlichen Wirkens. So nahm die Waldfläche – grob gesagt – seit dem Seßhaftwerden ackerbautreibender Menschen bis etwa zur Mitte des 14. Jahrhunderts durch Siedlung und Rodung ständig ab. Dazu kam, daß sich auch der Waldcharakter selbst veränderte. Seit dem Mittelalter bis ins 18. Jahrhundert war der Wald nämlich ein wichtiger und vielseitig genutzter Ergänzungsraum der bäuerlichen Wirtschaft.

In Siedlungsnähe war er Lieferant von Bau- und Brennholz und diente zugleich als Viehweide und zur Streunutzung. Es überrascht daher nicht, wenn der südwestdeutsche Wald in den Forstlagerbüchern des 16. Jahrhunderts als ausgebeutet und herabgewirtschaftet beschrieben wird. Nach Huttenlocher (1972, S. 51) glich er damals einem kümmerlichen Mittelwald mit wenig Altholz und weiten Kahlflächen. Aber auch die abgelegenen und siedlungsarmen Bergländer waren von einem übermäßigen Raubbau betroffen. Hier waren es die waldfressenden Erz- und Glashütten sowie die Köhler und Harzer, die die Wälder verwüsteten.

Die menschliche Mißwirtschaft hatte im Spätmittelalter zu einer Devastation geführt, die nahezu überall mit der völligen Auflösung des geschlossenen Waldbestandes verbunden war. Möglicherweise hätte dies zu einer ähnlichen Katastrophe führen können wie im mediterranen Raum, hätte nicht unser gemäßigtes Klima dem entgegengestanden. In dieser Situation versuchten die damaligen Territorialherren durch Forstordnungen der Waldvernichtung zu wehren. In Württemberg entstanden die ersten deutschen Forstordnungen, unter denen die aus dem Jahre 1614 die bekannteste ist. Allgemeines Ziel dieser Forstordnungen war die Eindämmung von Raubbau in Form überhöhter Holznutzungen oder unpfleglicher Wirtschaft.

Eine staatlich gelenkte und geförderte Aufforstung setzte aber erst im Laufe des 19. Jahrhunderts ein. Dabei kam den behördlichen Bemühungen entgegen, daß etwa zur gleichen Zeit erste Intensivierungsmaßnahmen in der Landwirtschaft durchgeführt wurden – wie Stallhaltung des Viehs, Düngung und eine klare Grenzziehung zwischen Wald und Weide –, die wesentlich zur Gesundung der Wälder beitrugen. Noch wichtiger waren die technisch-industriellen Entwicklungen, die, vor allem durch das Aufkommen der Steinkohle als Energieträger, die alten Waldgewerbe zum Erliegen brachten. Damit waren die notwendigen Voraussetzungen geschaffen, die einen geordneten Waldaufbau erst möglich machten, der dann nach Verabschiedung des Badischen Forstgesetzes im Jahre 1833 in vollem Umfang einsetzte. Das Gesetz war übrigens Vorbild für die gesamte deutsche Forstgesetzgebung des 19. Jahrhunderts. In der nun folgenden ersten Aufforstungsphase wurden die Staats- und Gemeindewaldungen erstmals exakt vermessen sowie die Aussaat und Pflanzung von Nadelhölzern (vorwiegend Fichte) in Angriff genommen. Eine zweite große Aufforstungswelle fiel mit den wirtschaftlichen Umwälzungen der Gründerzeit (nach 1870) zusammen. Die Liberalisierung des deutschen Außenhandels unter den Nachfolgern Bismarcks führte u.a. zu Getreideimporten aus Übersee. Die Folge war, daß ehemalige Ackerflächen zu Wiesen umgewandelt und unergiebige Weid- und Reutberge mit sog. „Caprivi-Fichten" aufgeforstet wurden. Die Waldflächenzunahme betraf sowohl Staats- und Kommunalwald als auch private Forsten und erfaßte vor allem den südlichen Schwarzwald (Kullen 1973). Nach dem Ersten Weltkrieg setzte für etwa 40 Jahre eine Aufforstungspause ein, wozu die Autarkiewirtschaft im Dritten Reich und die Notjahre der Nachkriegszeit beigetragen haben. Seit 1953 setzte dann eine dritte Aufforstungsperiode ein, die sowohl durch die moderne wirtschaftliche Entwicklung im allgemeinen als auch durch die Strukturveränderungen der Landwirtschaft im besonderen ausgelöst wurde und die heute noch anhält. Versucht man die letzten 200 Jahre Waldentwicklung in Südwestdeutschland zu kennzeichnen, so fällt vor allem die enorme Erweiterung des Waldareals aller Besitzgruppen sowie der zunehmende Anteil an schnellwüchsigen Fichtenbeständen auf. Man hat diese Entwicklung gelegentlich schon als „Verfichtung" der Landschaft angepran-

gert. Bei aller Kritik darf man aber nicht übersehen, daß die Forstleute im 19. Jahrhundert vor einer schweren Aufgabe standen. Sie mußten auf den über Jahrhunderte hinweg ausgeraubten Waldflächen wieder holzreiche und leistungsfähige Hochwälder aufbauen. Dabei sahen sie in der Pflanzung von Nadelbäumen oft die einzige Lösung. Damals begann eine Entwicklung, die die Fichte aufgrund ihrer hohen Wuchsleistung und vielseitiger Verwendbarkeit zum eigentlichen „Brotbaum" der Waldbesitzer machte und die das ursprüngliche Waldbild stark verändert hat. Entsprechend der Erkenntnisse der modernen Forstwissenschaft sind demgegenüber heute starke Bestrebungen im Gange, den Laubholzanteil zu erhöhen und standortgemäße Mischwälder zu entwikkeln. Diese Änderung der forstpolitischen Zielsetzung hängt auch damit zusammen, daß die Wälder durch die zunehmende Industrialisierung und Urbanisierung unseres Landes neue bzw. zusätzliche Aufgaben zu erfüllen haben.

Abb. 34: Waldentwicklung in der Gemeinde Wies, Krs. Lörrach
(n. Kullen 1973, S. 267)

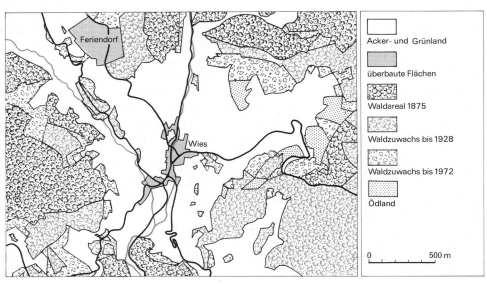

128

4.6.2
Der Mehrzweck-Wald: Wirtschaftswald, ökologischer Ausgleichsraum und Erholungsraum

Seit Beginn der modernen Forstwirtschaft haben sich die Aufgaben des Waldes und seine Bedeutung für den Menschen laufend geändert. Stand in der ersten Hälfte des 19. Jahrhunderts die Brennholznutzung im Vordergrund, so ist diese nach 1870 hinter die Nutzholzwirtschaft (Papier-, Bau-, Grubenholz; Schwellen, Furnierhölzer etc.) zurückgetreten.

In den vergangenen Jahrzehnten traten zu der Rohstoffunktion des Waldes weitere Aufgaben: Die Waldwirtschaft ist nicht mehr allein ökonomischen Prinzipien unterworfen, sondern in immer stärkerem Maß müssen die Wälder den vielfältigen Ansprüchen unserer modernen Industriegesellschaft als ökologischer Ausgleichsraum, als Schutz- und Erholungsgebiet gerecht werden. Alle Waldfunktionen sind heute gleich wichtig, aber je nach Standort und Besitzart tritt die eine oder andere Funktion des Waldes in den Vordergrund.

Der unmittelbare wirtschaftliche Wert des Waldes liegt in der Holzproduktion. Der *Rohstoff Holz* ist nach wie vor der wertvollste Teil des Waldes. In Baden-Württemberg ist das besonders der Fall, denn das Land ist nicht nur eines der waldreichsten, sondern auch eines der holzreichsten Länder der Bundesrepublik. Die Leistungsfähigkeit der südwestdeutschen Wälder zeigt sich darin, daß der jährliche Landeshiebsatz von 6 bis 7 fm je ha der höchste der Bundesrepublik ist. Im langjährigen Durchschnitt werden jährlich etwa 7 Millionen Festmeter Holz gewonnen. Damit kann der Holzverbrauch des Landes rein rechnerisch zu 80% gedeckt werden, während in der Bundesrepublik insgesamt nur halb so viel Holz erzeugt wie verbraucht wird. Gliedert man den Holzeinschlag nach Baumarten auf, dann zeigt sich,

daß drei Viertel der im Land genutzten Holzmenge auf Nadelbäume, in erster Linie auf Fichte und Tanne, entfallen, während nur ein Viertel die Laubhölzer liefern. Der größte Teil der Wälder wird heute als Schlagweiser Hochwald bewirtschaftet. Bei dieser Betriebsart bestehen die Wälder aus mehr oder weniger gleichaltrigen Beständen, was die Holznutzung natürlich erleichtert.

Eine besondere Form des Hochwaldes ist der Plenterwald. Hier stehen Bäume aller Altersklassen und meist auch der verschiedensten Art bunt durcheinander. Der forstliche Eingriff beschränkt sich darauf, da und dort einen Stamm herauszuschlagen und den Ersatz der natürlichen Verjüngung zu überlassen. Der Plenterbetrieb eignet sich vor allem für den Kleinbesitz und ist hauptsächlich in den Bauernwaldungen des Schwarzwaldes und im Schwäbisch-Fränkischen Wald beheimatet. Diese Wälder, die einen recht urwüchsigen Eindruck machen, sind seit altersher in vorzüglicher Verfassung.

Die Bedeutung des Waldes als Geldquelle für den Waldbesitzer hat jedoch in den letzten Jahren stark abgenommen. Vor 100 Jahren konnte man mit dem Überschuß aus dem Staatswald 5–10% aller Staatsausgaben Badens und Württembergs decken. 1962 reichten die Einnahmen der Staatsforstbetriebe immerhin noch dazu aus, um die gesamten Ausgaben für die staatliche Forstverwaltung zu begleichen. Seither übersteigen die Ausgaben die Einnahmen.

Dies hängt einerseits damit zusammen, daß der Holzpreis jahrelang nahezu konstant geblieben ist (erst seit 1976 scheint der Rohstoff Holz wieder höher bewertet zu werden), während andererseits der Staatsforstverwaltung durch die zusätzlich übernommene Betreuung des Körperschaftswaldes und Teilen des Privatwaldes kostenträchtige Aufgaben zugewachsen sind. Hinzu kommen die vermehrten Ausgaben für die Waldpflege zugunsten nichtwirtschaftlicher Zwecke.

Die Forstverwaltung war allerdings stets bemüht, durch laufende Verbesserungen der Arbeits- und Verwaltungsverfahren die Kostensteigerungen aufzufangen. Besonders deutlich werden diese Rationalisierungserfolge an der Entwicklung des Personalstandes. 1953 waren bei der Staatsforstverwaltung 27300 Personen beschäftigt; 1980 nur noch 7200, wobei der Rückgang der Waldarbeiter um rd. 80% besonders auffallend ist. Dies war nur möglich durch die weitgehende Mechanisierung der Waldarbeit. Motorsägen haben Handsägen und Äxte abgelöst, mobile Entrindungsmaschinen schälen ganze Stämme, geländegängige Schlepper befördern das Holz an die Abfuhrstellen und Planierraupen erleichtern heute den Wegebau.

Allerdings sind einer perfekten Rationalisierung und Technisierung der Waldwirtschaft Grenzen gesetzt, da der Wald heute neben ökonomischen auch soziale Funktionen zu erfüllen hat.

Der Wald ist nämlich nicht nur wegen der Erzeugung des wertvollen Rohstoffes Holz ein wichtiges Element unserer Umwelt, sondern er stellt daneben einen unersetzlichen Faktor im ökologischen Kräftegleichgewicht unseres dichtbesiedelten und hochindustrialisierten Landes dar. Dabei spielen seine *„Schutzfunktionen"* eine hervorragende Rolle. Gemeint sind damit die positiven Wirkungen der Wälder auf den Wasserhaushalt, die Erhaltung der Bodenfruchtbarkeit insbesondere durch Verhinderung von Erosionsschäden auf das lokale aber auch das regionale Klima sowie auf die Tier- und Pflanzenwelt.

Die Bedeutung des Waldes für die Sicherung qualitativ hochwertigen Trinkwassers ist heute allgemein bekannt. Mit Recht gilt der Wald als „Brunnenstube der Landschaft", da unter einem Quadratmeter Waldboden rund 50 bis 200 Liter Wasser gespeichert werden können. Die ausgedehnten Waldflächen unserer regenreichen Mittelgebirge können daher riesige Wassermengen festhalten und dadurch Erosions- und Überschwemmungsschäden verhindern. Dazu kommt, daß die gespeicherten Wasservorräte auch in Trockenzeiten stetig Quellen speisen können und die Wasserläufe der Mittelgebirge praktisch nie versiegen. Zur Speicherwirkung des Waldbodens tritt die Eigenschaft eines biologischen und mechanischen Aktivfilters. Deshalb ist das Trinkwasser aus bewaldeten Einzugsgebieten meist von höchster Qualität und sehr begehrt. Die Auswirkungen auf das Klima sind weitgehend ausgleichender Natur: Der Wald verhindert extreme Temperaturschwankungen und mindert die Windgeschwindigkeit. Von besonderer Bedeutung ist seine Wirkung als Luftfilter. Durch die großen Blatt- und Nadeloberflächen der Baumbestände können Schmutzpartikel aus der Luft geradezu „herausgebürstet" und andere giftige Schadstoffe ausgefiltert werden. Die Waldluft enthält deshalb 200 bis 1000mal weniger Staub und Ruß als die Luft über Industriestädten. Beim biologischen Prozeß der Holzerzeugung (Fotosynthese) wird überdies das Kohlendioxid (das in höherer Konzentration giftig ist) aus der Luft entnommen und dafür der für das menschliche und tierische Leben notwendige Sauerstoff abgegeben.

In jüngster Zeit hat sich allerdings die Erkenntnis durchgesetzt, daß der Wald nicht nur vor Immissionen schützt, sondern daß er auch selbst vor Giftstoffen bewahrt werden muß. Vor allem die Nadelbäume reagieren nämlich auf Schadstoffe wie Schwefeldioxid sehr empfindlich und können absterben. Das seit geraumer Zeit ausführlich diskutierte Phänomen des „Tannensterbens" ist ein deutliches Indiz für die drohenden ökologischen Gefahren. Da nur unbelastete Wälder ihre vielseitigen Schutzfunktionen erfüllen können, wurden im Rahmen einer landesweiten Waldfunktionskartierung Wälder mit besonderen Aufgaben flächenmäßig erfaßt.

Dabei wurde ein Drittel aller Wälder Baden-Württembergs als Wasserschutzwald, ein Viertel als Bodenschutzwald und etwa 10% als Klima- bzw. Immissionsschutzwald ausgewiesen. Dies entspricht immerhin drei Viertel des gesamten Waldbestandes.

Schließlich hat sich die Bedeutung des Waldes für die *Erholung* und Gesundheit der Menschen in den letzten Jahren zunehmend erhöht. Durch eine Untersuchung (Wickert 1977) konnte nachgewiesen werden, daß über 80% der Bevölkerung Baden-Württembergs mehr oder weniger regelmäßig im Wald Erholung suchen. Die Wälder dienen aber nicht nur der Naherholung, sondern sind auch beliebte und wichtige Zielgebiete für die Wochenend- und Ferienerholung. Der Wald bietet dem modernen Menschen offensichtlich ein ausgesprochenes Kontrasterlebnis zu seiner gewöhnlichen Berufs- und Wohnumwelt. Vor allem das natürliche „Erholungsgebiet" wie reine Luft, Ruhe, ausgeglichene Temperaturen sowie die ansprechenden, vielgestaltigen Waldbilder mit ihrer reichen Flora und Fauna bestimmen ganz wesentlich den Erholungswert des Waldes.

Dazu kommt eine Vielzahl besonderer Erholungseinrichtungen, die in den letzten Jahren durch staatliche und private Forstverwaltungen geschaffen wurden: markierte Rundwanderwege, Parkplätze, Schutzhütten, Rastplätze mit Feuerstellen, Waldsportpfade, Spielplätze, Wildgehege, Waldlehrpfade, Langlaufloipen u.a.m. Außerdem wurde versucht, in neu geschaffenen Naturparks besonders reizvolle Gebiete unseres Landes für Erholungssuchende zu erschließen, ohne daß dadurch eine Belastung des Naturhaushaltes eintritt. Allgemein hat sich heute die Erkenntnis durchgesetzt, daß die Walderhaltung nicht allein der Holzgewinnung dient, sondern auch für die Sicherung unserer natürlichen Lebensgrundlagen ein unverzichtbares Erfordernis ist.

5 Stadtentwicklung und Stadtprobleme

5.1
Bestand, Verteilung und Lage der Städte

Baden-Württemberg zählt mit 297 Städten (Stand vom 1. 1. 81) zu den städtereichsten Gebieten Deutschlands. Es übertrifft in der Städtedichte (auf je 118 qkm kommt 1 Stadt) alle anderen westdeutschen Bundesländer. Nach Schröder (1974, S. 885) sind in dieser Zahl die über 60 ehemaligen Städte nicht enthalten, die ihren historischen Stadttitel aus verschiedenen Gründen im Laufe der Zeit verloren haben und verwaltungsrechtlich wieder in den Status einer Landgemeinde zurückgesunken sind, die aber historisch und geographisch als echte städtische Siedlungen gewertet werden müssen.

Auf der anderen Seite sind in den 70er Jahren – vor allem im Zusammenhang mit der Gemeinde- und Verwaltungsreform (1971–73) – eine Reihe von neuen Stadtgemeinden entstanden, denen nach geographischem Verständnis nur schwer Stadtcharakter zugesprochen werden kann. So sind beispielsweise auf den Fildern südlich von Stuttgart die Städte Ostfildern, Filderstadt und Leinfelden-Echterdingen entstanden, bei denen es sich um strukturlose Agglomerationen bevölkerungsreicher Wohn- und Industriegemeinden handelt, die funktionell fast vollständig von den alten benachbarten städtischen Zentren Stuttgart und Esslingen a. N. abhängig sind.

Bei näherer Betrachtung zeigt sich, daß die Verteilung der Städte über das Land aber sehr unterschiedlich ist. Nach Huttenlocher (1957, S. 142) weisen das Neckarbecken und andere klassische Weinbaulandschaften (Kaiserstuhl, Ortenau, Kochertal, Taubergrund) den größten Städtereichtum auf. Hier kommt schon auf rund 50 qkm eine Stadt. Aber auch die Gäuplatten und das Albvorland können mit einem Wert von je 80 qkm als besonders städtereich gelten, während die Situation in Oberschwaben (120 qkm) etwa dem Landesdurchschnitt entspricht. Verhältnismäßig städtearm ist dagegen der Schwarzwald (160 qkm), die Schwäbische Alb (215 qkm) und die Keuperbergländer (270 qkm). Die Ursache für diese ungleiche Verteilung der Städtedichte sind komplexer Natur. Dabei spielen die verschiedenartige Landesnatur der einzelnen Teilräume und deren unterschiedliches wirtschaftliches Potential ebenso eine Rolle, wie die zeitlich und räumlich anders gelagerten Erschließungs- und Besiedlungsweisen dieser Landschaften. Schließlich ist die Verteilung der südwestdeutschen Städte, wie noch darzustellen sein wird, vor allem durch die früheren Macht- und Territorialverhältnisse bestimmt.

Der klassische siedlungs- und wirtschaftsgeographische Gegensatz des Landes spiegelt sich auch im Städtewesen wider. So geht die hohe Städtedichte der Gäuplatten und des Albvorlandes auf die frühe Siedlungsdichte dieser altbesiedelten Räume zurück, die wiederum auf der besonderen Eignung dieser Gebiete für den Getreidebau beruht. Noch deutlicher treten diese Zusammenhänge zwischen Wirtschaft und Siedlungswesen in den Weinbaulandschaften hervor (vgl. dazu bes. Schröder 1953). Der Weinbau erlaubte nämlich eine wesentlich höhere Bevölkerungsverdichtung als der Feldbau, da hier schon eine relativ geringe Anbaufläche (2–3 ha) für den Unterhalt einer Familie ausreichte. Dies hatte zur Folge, daß es im Weinland nie zu einer siedlungsgeographisch scharfen Trennung zwischen Stadt und Land kam. Die Dörfer in den Weinbaugebieten wurden geschlossener gebaut, waren oft ummauert und können daher in ihrem äußeren Erscheinungsbild kaum von den kleinen Städtchen unterschieden werden. Ohne den Weinbau sind auch die vielen Städte und Städtchen, die sich etwa in den Tälern von Neckar, Kocher, Jagst und Tauber aufreihen oder den Keupertrauf und die Vorhügelzone des Schwarzwalds säumen, nicht zu erklären. Südwestdeutschland bestätigt so in eindrucksvoller Weise die von Friedrich Metz (1961, S. 150) auch für das Elsaß getroffene Feststellung: „Weinland ist Städteland." Freilich stellten auch die natürlichen Verkehrswege einen verteilungsbestimmenden Faktor dar. Dies gilt namentlich für alle Städte an schiffbaren Strömen; aber auch für solche, die an Kreuzungs- und Staupunkten alter Handelsstraßen, an Fluß- und Gebirgsübergängen entstanden sind. Gradmann (1914, S. 165) hat allerdings darauf verwiesen, daß nicht so sehr der Fernhandel, sondern der lokale Austausch von Gütern, d.h. der Nahmarkt, für die große Mehrzahl der mittelalterlichen Stadtgründungen von wesentlich größerer Bedeutung war.

Es überrascht daher nicht, daß viele Städte im südwestdeutschen Raum an der Grenze verschiedenartiger Wirtschaftsgebiete liegen, etwa im Übergangsbereich vom Wald zum offenen Land oder vom Hügelland zur Niederung. Vielfach waren es die Talausgänge oder Talbuchten der Bergländer (Pfortenlagen), die zu Ansatzpunkten der Stadtentwicklung wurden. So häufen sich dann die Städte an den Schwarzwaldrändern, an der Rheinseite des Odenwalds, am Albtrauf sowie in den geräumigen Stufenrandbuchten der Keuperhöhen.

Ein ganz anderes Bild bieten dagegen die inneren Bereiche der Waldlandschaften. Von Natur aus benachteiligt, gehören sie zu den spätbesiedelten Räumen und zählen bis heute zu den menschen- und städteärmsten Teillandschaften des Landes. Daß der Schwarzwald etwas städtereicher ist, geht auf den einstigen Bergbau zurück, ähnlich wie im Harz und Erzgebirge. Auffallend ist jedoch, daß auch die altbesiedelte Alb nur sehr wenige Städte aufweist, von denen überdies die meisten im Kümmerzustand der Zwergstädte verharrten. Dies mag mit der Wasserarmut dieses Karstgebirges, aber auch mit der fehlenden Verkehrsspannung zusammenhängen.

Wenn auch – wie bereits betont – die Lage an Fernhandelsstraßen für die Entstehung der Städte von untergeordneter Bedeutung war, so spielte die Verkehrslage für die Weiterentwicklung der städtischen Gemeinwesen eine entscheidende Rolle. Allgemein kann die Feststellung gelten, daß die ältesten Städte des Landes auch die lagebegünstigsten Siedlungen sind und die allermeisten von ihnen konnten sich bereits in vorindustrieller Zeit gut entwickeln, während die hoch- und spätmittelalterlichen Gründungen meist ausgebauten Burganlagen glichen und vielfach Klein- und Zwergstädte blieben. Sie wurden in ausgesprochenen Schutzlagen errichtet: auf Bergspornen, abgegliederten Hochflächenrändern, vereinzelt auf Berggipfeln.

Diese eigentümlichen topographischen Lagen weisen darauf hin, daß Verteilung und Lage der meisten südwestdeutschen Städte nur aus den territorialen Verhältnissen und machtpolitischen Bewegungen des Spätmittelalters zu verstehen und letzten Endes auf mehr oder weniger zufällige Ereignisse zurückzuführen sind.

5.2
Ursprünge und Entwicklung des südwestdeutschen Städtewesens

Bereits im historischen Abschnitt (vgl. Kap. 3) wurde immer wieder auf die Genese der zeittypischen Stadtgenerationen eingegangen. Im folgenden sollen daher nur in groben Zügen nochmals die historischen Grundlagen und Entwicklungslinien der „Verstädterung" Südwestdeutschlands zusammenfassend dargestellt werden.

5.2.1
Die Städte des Mittelalters

Nach Scheuerbrandt (1975, S. 23) wurden fast drei Viertel aller mit dem Titel „Stadt" ausgezeichneten Gemeinden im 12. bis 15. Jahrhundert gegründet oder zur Stadt erhoben. Dabei entwickelte sich das mittelalterliche Städtewesen aus sehr verschiedenen Wurzeln.

Die älteste Schicht bilden für Südwestdeutschland die *Römer-* oder alten *Bischofstädte*. Dazu zählen u. a. die linksrheinischen Städte Basel, Straßburg, Speyer und Worms. Bei diesen spätantiken „civitates" kann man nicht nur eine ununterbrochene Kontinuität als Wohnplatz, sondern auch ein Fortbestehen gewisser zentraler Funktionen (als Bischofssitz) für ein mehr oder weniger weites Umland feststellen. Innerhalb der Grenzen Baden-Württembergs trifft dies freilich nur für Konstanz zu, das sich aus einem spätrömischen Kastellort zu einer merowingerzeitlichen Bischofspfalz (um 590) entwickelte und später Sitz des größten deutschen Bistums wurde. Zur Gruppe der „civitates" kann mit Einschränkungen auch Ladenburg gezählt werden. Dieser alte Hauptort der Neckar-Sueben verlor jedoch im Laufe des Hochmittelalters seine politische und wirtschaftliche Bedeutung weitgehend an das kurpfälzische Heidelberg.

Das zweite, wesentlich wichtigere Entwicklungsglied im Verstädterungsprozeß sind die *frühen Märkte*. Sie können als eigentliche Vorläufer und Schrittmacher des südwestdeutschen Städtewesens gelten (Huttenlocher 1972, S. 116). Seit Beginn des 10. Jahrhunderts wurden nämlich von den karolingischen Königen an weltliche und geistliche Herrschaften Marktprivilegien verliehen.

Die Marktsiedlungen entstanden – wohl aus Sicherheitsgründen – in der Regel im Anschluß an den Sitz des Marktherren: an königliche Pfalzen, Domfreiheiten des Bischofs, Klöster oder Burgen eines Grafen. So erwuchsen in dieser Zeit Marktorte bei den königlichen Pfalzen Ulm, Rottweil, Pforzheim und Hall; dazu kamen die Märkte bei einigen Hochadelssitzen wie im pfalzgräflichen Tübingen, beim welfischen Stammsitz Ravensburg und dem zähringischen Dorf Villingen. Marktgründungen auf bischöflichen Besitzungen sind nachweisbar oder wahrscheinlich in Breisach (Basel), Marbach am Neckar (Speyer), Ladenburg (Worms) und Heilbronn (Würzburg). Zu den frühen Marktorten zählen ferner Esslingen, Herbrechtingen und Gmünd, die sehr wahrscheinlich ihr Marktprivileg durch das Merowinger Kloster St. Denis bei Paris erhielten. Auf das Kloster Reichenau gehen schließlich die Marktgründungen Allensbach und Radolfzell zurück.

Im Gegensatz zu den zahlreichen späteren Städten waren die frühen Märkte in Südwestdeutschland dünn gesät. Das Schicksal dieser Marktorte gestaltete sich sehr unterschiedlich. Die meisten von ihnen konnten im Laufe des 12. Jahrhunderts ihre Marktprivilegien in das Stadtrecht umwandeln. In einigen Fällen wie bei Villingen, Pforzheim, Weinheim und Wertheim entstanden die Städte an anderer Stelle neu. Einige der alten Marktsiedlungen verloren entweder an Bedeutung oder konnten sich nicht fortentwickeln (z. B. Allensbach), fielen in den Dorfstatus zurück oder verschwanden ganz. Die dritte Phase der südwestdeutschen Städteentwicklung setzte im frühen 12. Jahrhundert ein mit den ersten *planmäßigen Neugründungen* „aus wilder Wurzel".

Gelegentlich hat man die Gründung von Freiburg i. Br. (1118) als den entscheidenden „Paukenschlag" bezeichnet, der das

Abb. 35: Städtegenerationen in Baden-Württemberg
(Quelle: Histor. Atlas v. Baden-Württemberg IV, 5)

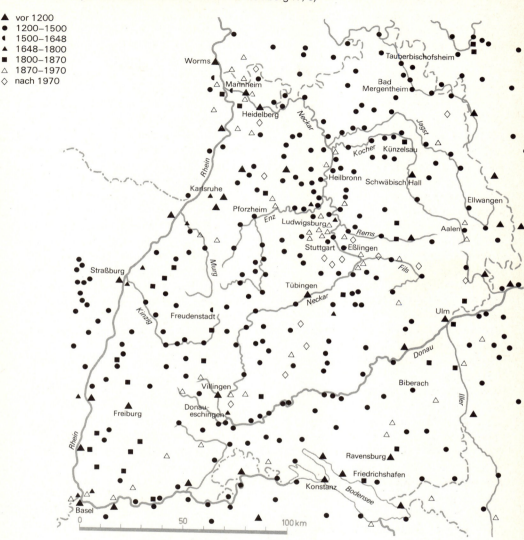

▲ vor 1200
● 1200–1500
◄ 1500–1648
▲ 1648–1800
■ 1800–1870
△ 1870–1970
◇ nach 1970

mittelalterliche Stadtgründungsfieber eingeleitet hat. Freiburg ist eine Gründung der Herzöge von Zähringen, die etwa zur gleichen Zeit auch Villingen als planmäßige Anlage neu gründeten und neben einigen schweizerischen Städten schließlich noch Neuenburg am Rhein (1170/80).

Dem Beispiel der Zähringer eiferten bald alle größeren Territorialherren nach. Dabei spielte auch der Umstand eine Rolle, daß die Staufer die Wichtigkeit von Stadtgründungen im Rahmen ihrer Reichs- und Territorialpolitik klar erkannten und von dieser Möglichkeit im deutschen Südwesten eifrig Gebrauch machten. Sie gründeten bis 1200 unter anderem die Städte Bopfingen, Durlach, Eppingen, Esslingen, Ettlingen, Giengen a. d. Brenz, Gmünd, Hall, Ravensburg, Überlingen und Ulm.

Zu den Stadtgründern dieser Zeit gehören auch die Pfalzgrafen bei Rhein (Heidelberg) und die von Tübingen (Tübingen). Ebenso traten auch geistliche Herren, Bischöfe und Äbte, als Stadtgründer auf, so in Breisach, Bruchsal, Ellwangen und Meersburg. Im 13. Jahrhundert erreichte die Stadtgründungswelle ihren Höhepunkt. Seit dem Interregnum (1254–73) waren es in erster Linie kleinere Territorialherren, gräfliche und freiherrliche Geschlechter, teilweise auch Reichsritter, die noch im 14. und 15. Jahrhundert sehr kleine Städte gründeten oder Dörfer zu Städten erhoben. Vielfach haben sich diese spätmittelalterlichen Gründungen kaum entwickelt und sind in gewissem Sinn „Kümmerformen" geblieben. Nur so ist auch ein besonderer Zug des südwestdeutschen Städtewesens zu verstehen, nämlich die verhältnismäßig große Zahl von 39 „Zwergstädten" (1970) mit weniger als 2000 und oft nur einigen Hundert Einwohnern (vgl. dazu Schanz 1979).

Rund zwei Fünftel aller westdeutschen Städte dieser Größenordnung liegen in Baden-Württemberg. Üblicherweise werden sie als Fehlgründungen angesehen. Indessen darf man – worauf Schröder (1974, S. 885) hingewiesen hat – nicht übersehen, daß zahlreiche Zwergstädte jahrhundertelang ihre Stadtfunktion voll erfüllt haben und der Zwergstadtgruppe heute nur deswegen angehören, weil sie in ihrer Entwicklung von Städten überholt wurden, denen ein besserer Anschluß an die modernen Hauptlinien des Verkehrs oder an dynamische Wirtschaftszentren vergönnt war.

Auf die Motive der mittelalterlichen Stadtgründungen wird an anderer Stelle (vgl. Kap. 3.5) ausführlich eingegangen. Im groben kann man wohl sagen, daß bei den frühen Gründungen hauptsächlich wirtschaftliche Erwägungen ausschlaggebend waren,

während im Spätmittelalter, im 14. und 15. Jahrhundert, eher politisch-militärische Überlegungen dominierten. Die Städte waren sowohl Tauschmärkte und Amtsorte als auch Großburgen. Sie verschafften ihren Stadtherren Einnahmen, besaßen aber andererseits eine eigene Gerichtsbarkeit.

Über die Größe mittelalterlicher Städte sind wir durch Karl-Otto Bull (1973, S. 2) informiert. Nach seinen Angaben gab es um 1500 im Gebiet des heutigen Landes Baden-Württemberg – an mittelalterlichen Maßstäben gemessen – nur eine Großstadt (mehr als 10000 Einwohner): Ulm. Zu den Mittelstädten (5000 bis 10000 Einwohner) zählten 6, nämlich Esslingen, Freiburg, Heidelberg, Konstanz, Ravensburg und Stuttgart. Neunzehn weitere Städte sind als kleinere Mittelstädte (2000 bis 5000 Einwohner) einzustufen, während die große Masse bis zum Ende des Mittelalters über den kleinstädtischen Rahmen (weniger als 2000 Einwohner) nicht hinauskam.

5.2.2
Die Städte der Neuzeit

Wie bereits erwähnt (s. S. 54), brach die imponierende Entwicklung des mittelalterlichen Städtewesens im 15. Jh. ab. Es folgte eine fast 200jährige Gründungspause, wenn man von den wenigen kurpfälzischen Stadtgründungen und dem württembergischen Freudenstadt absieht. Die Ursachen für diese Stagnation sind vielschichtig; doch mag nach Schaab (1973, S. 4) ein entscheidender Faktor gewesen sein, daß die Landschaft mit Städten gesättigt und die Stadtgründung in der beginnenden Neuzeit kein wirksames Mittel der Territorial- und Wirtschaftspolitik mehr war.

Stadtgründungen

Einen neuen Impuls für weitere Stadtgründungen löste die Einwanderung von wallonischen und flämischen Religionsflüchtlingen aus, die im 16. Jh. von der Kurpfalz aufgenommen wurden. In Schönau im Odenwald und in Frankenthal westlich des Rheins entstanden neben alten, durch die Reformation aufgelassenen Klöstern gewerblich orientierte *Exulantenstädte.*

Die dritte und wichtigste dieser kurpfälzischen Neustädte war Mannheim, das 1606 im Mündungswinkel zwischen Rhein und Neckar als Handelsstadt und Festung entstand. Etwas früher, 1599, war im württembergischen Nordschwarzwald Freudenstadt als gewerbliche Siedlung für Glaubensflüchtlinge aus den Alpenländern angelegt worden. Vor allem sollte aber durch diese neue Stadt der Silberbergbau in Gang gebracht werden. Bedingt durch die französischen Raubkriege wurden später Freudenstadt wie auch Schorndorf und Kirchheim u. T. zu Festungen ausgebaut.

Auf der anderen Seite entstand im Zeitalter Ludwigs XIV. zum Schutze der französischen Eroberungen und Reunionen längs des Oberrheins durch Vauban ein *Festungsgürtel,* der nicht nur zur Umgestaltung bereits bestehender Städte (Freiburg und Philippsburg), sondern auch zu völligen Neuanlagen führte, wie links des Rheins Hüningen und Neubreisach oder zum rechtsrheinischen Brückenkopf von Kehl.

Nach dem Pfälzischen Erbfolgekrieg (1697) haben sich einige Territorialfürsten, angeregt durch das Vorbild Versailles, neue Residenzen geschaffen (s. S. 63): Rastatt (1698), Ludwigsburg (1705/18) und Karlsruhe (1715/22). Diese neuen *fürstlichen Residenzstädte* entsprangen dem zeitbedingten Wunsch nach Repräsentation, dem die bisherigen, aus dem Mittelalter stammenden Residenzen mit Burg und verwinkelter Altstadt nicht mehr entsprechen konnten. Die neuen Fürstensitze, ausnahmslos prunkvolle Barockschlösser, wurden in der Ebene errichtet mit sich daran anschließenden Planstädten von kunstvollen Grundrissen. Auch der Pfälzer Kurfürst zog 1720 von Heidelberg ins wieder aufgebaute Mannheim.

Selbst die kleinen Landesherren folgten dem Zug der Zeit und ahmten das Beispiel der größeren nach. Auf diese Weise entstanden Bartenstein und Neufreistett. In zahlreichen Fällen wurde die mittelalterliche Stadtfläche bedeutend erweitert und das Gesicht der alten Residenzorte umgeprägt, etwa in Bruchsal, Öhringen, Meersburg und Stuttgart. Ähnliches gilt für die Städtchen der Fürsten von Hohenzollern, Hechingen, Haigerloch und Sigmaringen, und die Kleinresidenzen im Hohenloher Land: Weikersheim, Neuenstein, Ingelfingen, Langenburg, Waldenburg, Kirchberg, Jagstberg und Pfedelbach.

Im 18. Jh. traten zu den Residenzen schließlich noch eine Reihe von *Amts- und Marktorten,* die als lokale Mittelpunkte der Verwaltung und des Gewerbes, zu Städten erhoben wurden, wie Großsachsenheim, Künzelsau, Lörrach, Mühlberg und Pfullingen. Insgesamt sind in Südwestdeutschland zwischen 1500 und 1800 siebzehn neue Städte entstanden.

Frühes 19. Jahrhundert:
Residenzen, Amtssitze und Klosterorte
erhalten Stadtrecht

Die politischen Umwälzungen zu Beginn des 19. Jahrhunderts waren für die kulturlandschaftliche Entwicklung, nicht zuletzt auch für die Entwicklung des Städtewesens, von entscheidender Bedeutung.

Im Rahmen der napoleonischen Neugliederung des deutschen Südwestens waren die neuen Länder Baden und Württemberg entstanden, die durch eine liberale Gesetzgebung versuchten, die Gleichheit aller Staatsbürger zu gewährleisten. So wurden durch

137

das württembergische Verwaltungsgesetz von 1822 und das badische Gemeindegesetz von 1831 die rechtlichen Unterschiede zwischen Stadt- und Landgemeinden weitgehend eingeebnet. Nach Scheuerbrandt (1979, S. 23) haben im frühen 19. Jh. viele kleine Städte ihre Markt- und Amtsfunktion eingebüßt und sanken zu bloßen Titularstädten ab (Hilsbach) oder verloren sogar den Stadttitel ganz (Fürfeld).

Auf der anderen Seite sind bei der territorialen Neugestaltung eine Reihe nichtstädtischer Siedlungen zur Stadtwürde gelangt. Dazu zählen viele der einstigen *Residenzorte,* deren Funktionsverlust durch die Verleihung des Stadttitels teilweise wieder wettgemacht wurde, wie bei Heitersheim, Schwetzingen und Donaueschingen. Gleichzeitig wurden einigen alten *Amtssitzen* – gemäß ihrer gestiegenen Bedeutung – das Prädikat Stadt verliehen. In einer frühen Phase (von 1810 bis etwa 1860) erhielten die Bezeichnung Stadt Achern, Bühl, Herbolzheim, Emmendingen, Metzingen, Müllheim, Laupheim, Schönau, Spaichingen, Todtnau und Welzheim; ferner die alten südbadischen Gewerbeorte Kandern und Zell im Wiesental. Dazu kamen auch einige frühere Städte, deren Stadtrecht erneuert wurde (Knittlingen, Langenau, Renchen). Im späteren 19. Jh. hat sich die Tendenz fortgesetzt, lokale Zentren der Verwaltung zu Amtsstädten zu erheben, z. B. Bonndorf, St. Blasien, Weingarten, Lorch, Alpirsbach, Maulbronn, Gerabronn, Herrenalb.

Dabei fällt auf, daß diese neuen Städte einst *Amtsorte großer Klöster* gewesen waren. Nach Schaab (1973, S. 5) unterstreicht dies die Bedeutung der einstigen Klosterämter in der Verwaltung und die Rolle der Klöster als Ansatzpunkte verschiedener Gewerbe. Auch die Stadterhebungen, die unmittelbar nach dem Zweiten Weltkrieg in Württemberg-Hohenzollern durch den sog. „Bebenhausener Landtag" vorgenommen wurden, hat noch einmal Klosterorten wie Schussen-

ried (1947) und Ochsenhausen (1950) das Stadtrecht gebracht.

Eine interessante Variante des 19. Jh. sind die *Doppelstädte* mit Brückenkopfcharakter, die an den neugeschaffenen Flußgrenzen entstanden. Das früheste Beispiel ist Laufenburg am Hochrhein. 1803 wurde die alt-vorderösterreichische Stadt links des Rheins als Großlaufenburg der Schweiz zugeschlagen und damit von ihrer rechtsrheinischen Vorstadt abgetrennt, die bald darauf von Baden als Kleinlaufenburg zur selbständigen Stadt erhoben wurde. Gegenüber von Mannheim kam es 1853/59 zur bayerischen Konkurrenzgründung von Ludwigshafen, die in der Folgezeit am wirtschaftlichen Aufschwung des Hafens Mannheim partizipierte. Ähnliches vollzog sich bei Ulm, wo auf dem Gegenufer der Donau 1869 das bayerische Neu-Ulm Stadtrecht erhielt.

Die Freude der neuen Staatsgebilde von Baden und Württemberg, Anrainer des Bodensees geworden zu sein, dokumentierte sich u. a. in der Anlage von neuen *Hafenorten,* die jeweils nach Landesfürsten benannt wurden. Während das badische Ludwigshafen zu keinerlei Bedeutung aufsteigen konnte, gelang es dem württembergischen Friedrichshafen, hervorgegangen aus einer planmäßigen Erweiterung der Reichsstadt Buchhorn (1811), sich seit der Mitte des 19. Jh. zu einer bedeutenden Industriestadt zu entwickeln.

Bei der Bildung all dieser neuen Städte handelte es sich – wie Schaab (1973, S. 5) betont – praktisch nur um einen Verwaltungsakt, der weder in der Rechtslage noch in der Siedlungsstruktur bemerkenswerte Änderungen brachte.

Die Städte des Industriezeitalters

Die große Mehrzahl der Gemeinden, die seit der zweiten Hälfte des letzten Jahrhunderts den Titel Stadt erhielten, verdankt dies der Industrialisierung. Vornehmlich kleinbäuerliche Gemeinden mit stark gewerblichem Einschlag wurden schon früh Fabrikdörfer und wuchsen allmählich zu Fabrikstädten heran. Solche Fabrikstädte häufen sich in den Gebieten der Schwarzwälder Uhrenindustrie mit Furtwangen, St. Georgen, Schramberg, Schwenningen und Trossingen. Auch am Hochrhein entstanden mehrere junge Industriestädte. Hier spielte neben der günstigen Energieversorgung durch die Laufkraftwerke des Rheins vor allem der Einsatz von Schweizer Kapital eine Rolle. Besonders in Singen wirkte sich die Nähe zur Schweizer Grenze beim wirtschaftlichen Aufstieg positiv aus. Aus einer kleinen Bahnstation entwickelte sich in relativ kurzer Zeit das badische Rheinfelden zu einem bedeutenden Standort der Großchemie (Stadt 1920/22). Etwas später kamen noch Weil am Rhein (1929/35) und als jüngstes Beispiel Wehr (1950) hinzu.

Auch Bahnknoten konnten zu kleinen Zentralorten heranwachsen, die dann im Laufe unseres Jahrhunderts den Stadttitel erhielten: Aulendorf 1950, Friedrichsfeld 1925, Mühlacker 1930 und Plochingen 1950. Schließlich sind noch weitere Industriestädte zu nennen, im Schwarzwald Gaggenau (1922), heute bekannt als Standort der Automobilindustrie, dann im Bereich der Schwäbischen Alb und des Albvorlandes die Textilstadt Tailfingen (1930), Laichingen (1950), Wasseralfingen (1951), einst Sitz der württembergischen „Schwerindustrie" und Oberkochen (1968), das einen ungeahnten Aufschwung durch die Ansiedlung der Firma Carl Zeiss erfuhr.

Die eigentlichen Kernbezirke der neuen Städte liegen jedoch in den industriellen Ballungsräumen des Landes: in den Regionen „Mittlerer Neckar" mit Stuttgart und am „Unteren Neckar" mit den Zentren Mannheim und Heidelberg. Begünstigt durch die Einrichtungen des großstädtischen Nahverkehrs wuchsen ehemals ländliche Gemeinden zu großen Wohn- und Industrieorten

heran, die allmählich den Charakter ausgesprochener Trabantenstädte annahmen. In den 30er Jahren wurden manche dieser Trabantenstädte durch Eingemeindungen in die zentrale Stadt hereingeholt, z.B. Fellbach und Zuffenhausen nach Stuttgart. Andere Industriegemeinden wurden damals mit Nachbarorten zu Großgemeinden vereinigt und später mit dem Stadttitel versehen, so im Falle von Eislingen 1933, Bad Friedrichshall 1933/51 und Wernau 1938/68.

Dieser Prozeß setzte sich nach dem Zweiten Weltkrieg fort. Im Zuge des allgemeinen Wirtschaftsaufschwungs kam es vor allem im mittleren Neckarland zu einer enormen Siedlungs- und Industrieverdichtung. Die Folge war, daß innerhalb eines Jahrzehnts (1958–1968) allein sechs Gemeinden im Großraum Stuttgart Stadtrecht erhielten (Gerlingen und Korntal 1958, Leinfelden und Wendlingen 1965, Ditzingen 1966, Wernau 1968).

Eine entscheidende Zäsur für die südwestdeutsche Stadtentwicklung stellt die Gemeinde- und Verwaltungsreform ab 1971 dar, die in vieler Hinsicht eine völlig neue Situation geschaffen hat. So sind durch Eingemeindungen in größere Städte oder durch das Aufgehen kleinerer Städte in größere Einheitsgemeinden alte Stadttitel verschwunden. Auf der anderen Seite erhielt jede Großgemeinde automatisch die Prestigebezeichnung „Stadt", wenn innerhalb ihrer Gemarkung ein alter Titelort lag. Als Beispiel sei die Stadt „Kraichtal" genannt, die aus der Zusammenlegung von sieben Landgemeinden und zwei alten Zwergstädtchen (Gochsheim und Unteröwisheim) entstand. Ein anderer Fall ist die Stadt Geislingen bei Balingen, in der die Zwergstadt Binsdorf als Ortsteil aufging.

Hauptsächlich kam es aber zur Bildung von neuen großen Verwaltungsräumen, die auf Antrag die Bezeichnung „Stadt" verliehen bekamen, wenn sie nach Einwohnerzahl, Siedlungsform und ihren kulturellen und wirtschaftlichen Verhältnissen städtisches Gepräge zeigen. Wenn bei solchen Zusammenschlüssen eine Teilgemeinde eindeutig dominierte, wurde ihr Ortsname zum Stadtnamen wie bei Schrozberg 1972, Bad Rappenau und Mössingen 1973, Bad Dürrheim, Herbrechtingen und Rauenberg 1974, Ebersbach 1975, Donzdorf 1976, Burladingen und Meßstetten 1978, Hemsbach 1979, Östringen und Leimen 1981, Renningen 1982.

Bei Verwaltungsräumen, wo eine innerörtliche Rivalität gleichrangiger Ortsteile bestand, wich man auf ausgesprochene Kunstnamen aus, so bei Filderstadt und Ostfildern (1975), bei Weinstadt (1976) im Remstal oder zuletzt bei Freiberg am Neckar, nördlich von Ludwigsburg.

Auffallend ist, daß es wiederum in erster Linie die Verdichtungsräume „Mittlerer Neckar" und „Unterer Neckar" sind, in denen es im Rahmen der Gemeindereform zu Stadterhebungen kam. Einen weiteren Schwerpunkt bildete der industrialisierte Bereich der Südwestalb.

Überblickt man die Stadtentwicklung in den letzten 180 Jahren, dann zeigt sich, daß der traditionelle Gegensatz zwischen Stadt und Land sich inzwischen vollständig verwischt hat, und daß sich der Stadttitel heute nicht mehr dazu eignet, städtische und nichtstädtische Gemeinden voneinander abzugrenzen. Bereits seit dem Beginn des 19. Jh. sind die bis dahin wichtigsten Stadtmerkmale (Stadtrecht, Ummauerung, besondere Wirtschafts- und Sozialstruktur) immer mehr verblaßt. Der moderne funktionale Stadtbegriff umfaßt aber nur „Zentrale Orte" oder „Selbstversorgerorte" mittlerer Stufe, die wenigstens Teilfunktionen eines Mittelzentrums ausüben. Nach Scheuerbrandt (1979, S. 23) trifft dies jedoch nur für etwa die Hälfte der südwestdeutschen Gemeinden mit Stadttitel zu. Er schlägt daher vor, zur Gruppe der wirklichen, d.h. im geographischen Sinn zu bezeichnenden Städte auch jene, abseits der Verdichtungsräume gelegenen Unterzentren mit zuzurechnen, die auf eine historisch gewachsene, städtische Vergangenheit zurückblicken können.

5.2.3
Das Wachstum der Städte im Industriezeitalter

Die wirkliche Bedeutung der Industrie für das Städtewerden kann nicht allein an der Stadterhebung abgelesen werden, sondern zeigt sich auch an der Größenklassenverschiebung der Städte bzw. der damit verbundenen allgemeinen Bevölkerungsentwicklung des Landes.

Mit dem Beginn der Industrialisierung setzte nicht nur eine ungeheure Zunahme der Einwohnerzahl ein, sondern es kam auch zu beachtlichen Bevölkerungsumverteilungen. Dies führte – wie die Tabelle zeigt – zu einem stetigen Ansteigen der Gesamtzahl der Städte bei gleichzeitiger Verschiebung innerhalb der herkömmlichen Größengruppen. Ergänzend sei bemerkt, daß die Nomenklatur der Städtegrößen bereits 1887 auf einem internationalen Statistikerkongreß festgesetzt wurde.

Generell kann festgehalten werden, daß es im Verlauf der letzten 150 Jahre zu einer starken Dezimierung der Zahl der Zwergstädte und einer deutlichen Abnahme der Zahl der Landstädte kam, während der Zuwachs fast ausschließlich in den Gemeinden über 5000 Einwohnern stattfand. Neben einer Vervielfachung der Klein- und Mittelstädte kam es zur Ausbildung von 8 Großstädten. Den Rang einer Großstadt hat zuerst Stuttgart (1871/80), dann Mannheim (1895/1905) und Karlsruhe (1900/10) erreicht. Es folgten Freiburg (1925/33) und Heidelberg (1945/50), schließlich überschritten im Zuge der Gemeindereform von 1971 auch noch die Städte Heilbronn, Pforzheim und Ulm die Großstadtschwelle.

140

Tabelle 9: Bevölkerungsentwicklung der Städte 1834–1970

Größenklassen nach Einwohnern	1834	1871	1925	1970	1981*
unter 2 000 (Zwergstädte)	146	121	98	39	4
2 000– 5 000 (Landstädte)	82	103	93	92	51
5 000– 20 000 (Kleinstädte)	21	33	67	122	163
20 000–100 000 (Mittelstädte)	3	5	13	43	71
über 100 000 (Großstädte)	–	–	3	6	8
	252	262	274	302	297

* Die starken Veränderungen zwischen 1970 und 1981 ergeben sich aus der Gemeindereform von 1968 und 1975.

Hierbei, wie auch bei der Vermehrung der Mittelstädte in den 70er Jahren, handelt es sich allerdings weniger um die Folgen von Wachstum, sondern in erster Linie um das Ergebnis von Eingemeindungen. Während sich diese Neugliederung in den industriellen Ballungsräumen als durchaus sinnvolle Anpassung an den fortschreitenden Verstädterungsprozeß des großstädtischen Umlandes begreifen läßt, kann es aber in den mehr ländlich gebliebenen Regionen teilweise zu grotesken kommunalen Strukturen kommen, die den herkömmlichen Stadtbegriff obsolet machen.

Als typisches Beispiel kann dafür Rottenburg am Neckar angesehen werden. Die Einwohnerzahl dieser Stadt stieg innerhalb von fünf Jahren (1970–75) von rd. 13 000 auf 31 000. Dies war nur möglich durch die Eingemeindung von 17 ehemals selbständigen Dörfern, die bis zu 15 Kilometer vom heutigen Stadtkern entfernt liegen und im geographischen Sinn heute noch weitgehend als selbständige Siedlungseinheiten aufgefaßt werden müssen. Die Stadtfläche, die im gleichen Zeitraum von ca. 4000 ha auf ca. 14 300 ha wuchs, setzt sich zu 60% aus offenem Acker- und Wiesenland, zu 30% aus Wald und lediglich zu 10% aus überbauter Fläche zusammen. Das Beispiel der Stadt Rottenburg macht deutlich, daß die Zahlen 1981 in der Tabelle nicht mehr ohne weiteres mit denen der vorhergehenden Jahre verglichen werden können.

Um das Fortschreiten der Verstädterung, d. h. das Ansteigen des Anteils der städtischen Gesamtbevölkerung seit 1834 deutlich zu machen, sei daher auf eine Zusammenstellung von Schröder (1974, S. 887) zurückgegriffen, der diesen Prozeß bis 1970 durch folgende Daten belegt hat:

1834: Gesamtbevölkerung 2,84 Mio., davon in Städten rd. 24%
1871: Gesamtbevölkerung 3,35 Mio., davon in Städten rd. 29%
1925: Gesamtbevölkerung 4,96 Mio., davon in Städten rd. 48%
1970: Gesamtbevölkerung 8,89 Mio., davon in Städten rd. 55%.

Nimmt man noch die Angaben des Statistischen Taschenbuchs 1981 hinzu, dann lebten zu Beginn der 80er Jahre bereits 80% der Gesamtbevölkerung in städtischen oder stadtähnlichen Gemeinden mit mehr als 5000 Einwohnern.

Schon an dieser Stelle sei allerdings darauf verwiesen, daß etwa seit den 1960er Jahren eine Stagnation bzw. Rückläufigkeit beim Großstadtwachstum festzustellen ist. Dies hängt ursächlich mit dem Phänomen der Suburbanisierung in den Ballungsgebieten zusammen. So haben in den letzten Jahren die großstädtischen Zentren laufend an Einwohnern verloren, während es in den umliegenden Orten – meist Siedlungen ohne Stadttitel – zu einem überproportionalen Bevölkerungswachstum gekommen ist.

Insgesamt gesehen, kann als wichtigste Tat-

Abb. 36: Die Bevölkerungsentwicklung nach Gemeindegrößeklassen 1871–1970
(Quelle: Histor. Atlas v. Baden-Württemberg XII, 3)

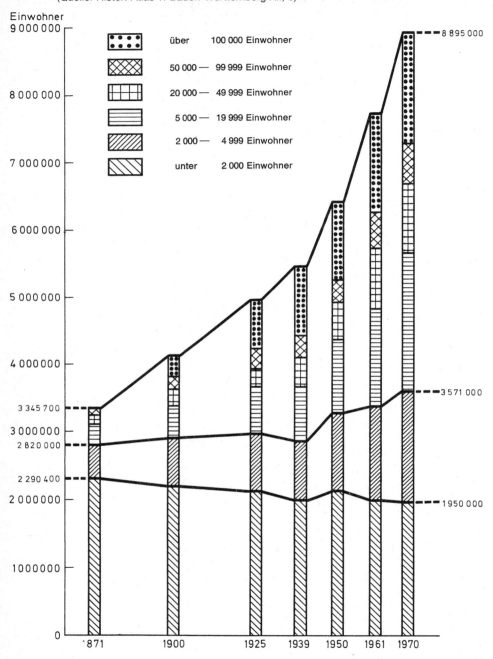

sache herausgestellt werden, daß es neben der Herausbildung von Ballungsräumen und Großstadtregionen überall im Land zu einem beachtlichen Anwachsen von Siedlungen in der Größenklasse über 5000 Einwohner gekommen ist.

5.3
Das Bild der vorindustriellen Stadt

Peter Schöller (1967, S. 31) hat darauf aufmerksam gemacht, daß die Innenzonen der alten Städte Deutschlands bis in die Gegenwart hinein eine Sonderstellung einnehmen. Gegenüber der zerfließenden Ausweitung der städtischen Rand- und Außenzonen wird von den Bewohnern moderner administrativer Stadteinheiten die Innen- oder Altstadt nach wie vor als echte, eigentliche Stadt empfunden. Davon trägt sowohl das überkommene Grundrißgefüge und Aufrißbild mit den historischen Traditionszellen als auch der Sitz zentralörtlicher Einrichtungen wesentlich bei. Denn in der Regel blieb der Altstadtkern die dominierende Funktionseinheit, „blieb Brennpunkt des Lebens von Stadt und Hinterland".

Dies gilt in besonderer Weise für die zahlreichen Mittel- und Kleinstädte Baden-Württembergs. Sie konnten ihre räumliche Geschlossenheit und ihr einheitlich mittelalterlich geprägtes Stadtgesicht weitgehend bewahren, wenn auch tiefgreifende sozialökonomische Wandlungen, verschiedene Stilepochen, Stadtbrände und Kriegszerstörungen sowie moderne Sanierungsmaßnahmen gewisse Spuren hinterlassen haben.

Selbst die verheerenden Flächenbombardements des Zweiten Weltkriegs haben die innere Struktur der Altstädte von Heilbronn und Pforzheim, von Ulm, Stuttgart, Mannheim und Freiburg nicht in dem Ausmaß zu verändern vermocht, wie vielfach befürchtet worden war. Die beherrschende Stellung einzelner, das Stadtgesicht prägender Bauwerke hat sich beim Wiederaufbau fast immer behaupten können: Dies gilt für Kirchen, Rathäuser, Schloßanlagen und andere Bauten von kulturgeschichtlich-künstlerischem oder architektonischem Gewicht.

Die Altstädte sind freilich keine homogenen Gebilde, sondern die vielleicht vielseitigsten und vielschichtigsten Glieder der Kulturlandschaft. In ihrem Erscheinungsbild und in ihrem räumlichen Gefüge verkörpern sie Vielfalt und Wandel historischer Kräfte und Prozesse, die den einzelnen städtischen Gemeinwesen ihre unverlierbare Individualität verliehen haben. Des ungeachtet soll im folgenden versucht werden, einige Grundzüge der historisch-geographischen Gestaltung der südwestdeutschen Städte darzustellen.

5.3.1
Das Grundrißgefüge der Altstadtkerne

Bei aller Vielfalt der alten Stadtbilder ist die Stadt von Anfang an nicht ohne Ordnung. Ihre Gestalt ist vorgegeben durch das Muster des Grundrisses und ihr Aufriß wird geprägt durch die verschiedenartigen Bauwerke, die auf diesem errichtet werden. Vor allem der Grundriß gehört zu den wichtigsten Teilen der Erbmasse, die die Stadtgründer ihren Schöpfungen mitgegeben haben.

Bei der ältesten „Stadtgarnitur" Südwestdeutschlands, den frühen Marktsiedlungen, finden sich ausgesprochen *zusammengesetzte Grundrisse*. Sie vertreten den Typ der gewachsenen Stadt, deren räumliche Gliederung durch das Zusammenwachsen locker gefügter Siedlungszellen bestimmt wird. Ansatzpunkte der Stadtentwicklung waren – wie bereits mehrfach erwähnt – Herrschaftssitze (wie Burg-, Pfalz-, Kirch- und Klosterbezirke), an die sich eine Marktsiedlung und Handwerkerquartiere angeschlossen hatten. Ein wichtiges Grundrißelement und heutige

Abb. 37: Mittelalterliche Städte mit zusammengesetztem Grundriß

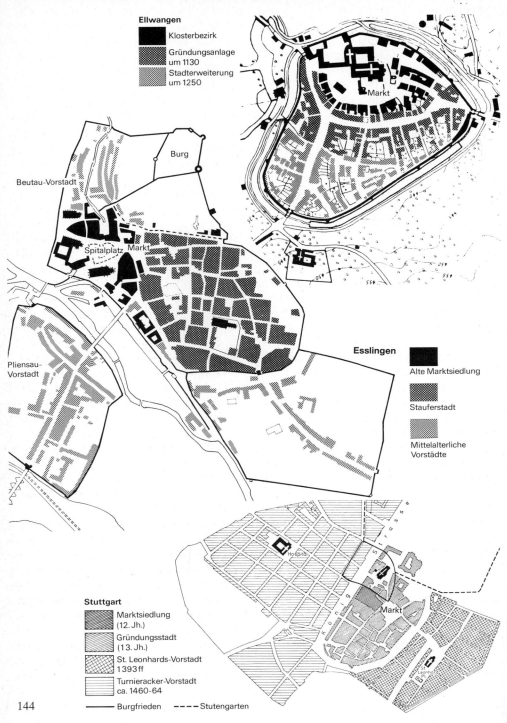

Ellwangen

- ■ Klosterbezirk
- ▨ Gründungsanlage um 1130
- ▨ Stadterweiterung um 1250

Markt

Burg

Beutau-Vorstadt

Spitalplatz Markt

Pliensau-Vorstadt

Esslingen

- ■ Alte Marktsiedlung
- ▨ Stauferstadt
- ▨ Mittelalterliche Vorstädte

Hospital

Markt

Stuttgart

- ▨ Marktsiedlung (12. Jh.)
- ▨ Gründungsstadt (13. Jh.)
- ▨ St. Leonhards-Vorstadt 1393 ff
- ▨ Turnieracker-Vorstadt ca. 1460–64

—— Burgfrieden   – – – Stutengarten

144

Lebensmitte dieser Städtegruppe sind die großen, geschlossen umbauten Marktplätze, häufig an Straßengabelungen angelegt mit einer typischen Dreiecksform.

Da es sich bei diesen frühen Städten meist um sehr lebenskräftige Gebilde handelte, haben sie sich kräftig entwickelt und bereits im Spätmittelalter ihren Kernzellen ausgedehnte Vorstädte angefügt, die in die Ummauerung mit einbezogen wurden. Ihre Grundrisse setzen sich daher aus mehreren Teilen und deutlich erkennbaren Wachstumszonen zusammen. Beispiele liefern Heidelberg, Konstanz, Ulm, Esslingen, Heilbronn, Pforzheim, Stuttgart, Tübingen, aber auch viel andere kleine Städte.

Bei den gegründeten Städten ergibt sich auf den ersten Blick ein klareres Bild. Da sie auf eine einmalige planmäßige Gründung zurückgehen, zeigen sie fast ausnahmslos einen geregelten *einheitlichen Grundriß*. Im groben kann man die Grundrißstruktur der mittelalterlichen Gründungsstädte Südwestdeutschlands auf einige wenige Prototypen zurückführen, wobei mit besonderer Häufigkeit drei Typen hervortreten: die Rippen-, die Leiter- und die Gitterform.

Indessen gibt es nie ganz schematische Lösungen und selten völlige Regelmäßigkeit, sondern Grundtypen mit Variationen, wobei die Anlage des Straßennetzes vor allem auf das Gelände Rücksicht zu nehmen hatte. Nach Schöller (1967, S. 35) liegt aber gerade in der Anpassung von Grundriß und Straßennetz an die Form des Geländes – oft durch bauliche Dominanten betont – die besondere Schönheit alter Stadtbilder.

Die einfachste Form ist das *Einstraßensystem*. Hier wird ein langgestreckter Straßenplatz von zwei Toren begrenzt und auf beiden Seiten von Hofstättenreihen begleitet. Dieses in Altbayern häufig vorkommende System ist in Südwestdeutschland selten und kommt eigentlich nur in Achern, Heidenheim a. d. Brenz, Tettnang, Waldshut und Waldkirch vor.

Sehr häufig tritt dagegen die *„Rippenform"* auf. Bei ihr münden in eine breite Mittelachse kurze, senkrecht dazu verlaufende Nebenstraßen ein. Auch hier handelt es sich meist um langgestreckte Zweitoranlagen. Der Markt kann die breit angelegte Hauptachse (Mergentheim, Neckarsulm, Rottenburg) oder ein ausgesparter Baublock (Winnenden) sein. Als weitere Beispiele seien genannt Besigheim, Gundelsheim, Neckargmünd und Oberkirch.

Gelegentlich tritt als Variante der Rippenform eine Y-förmige Gabelung auf (Bietigheim, Biberach, Markgröningen), wobei das Rathaus oft sehr effektvoll in Erscheinung tritt.

Klar ausgeprägte Parallelstraßensysteme besitzen Reutlingen und Marbach mit guten Querverbindungen. Bei diesem System werden die Straßen an einem Tor zusammengeführt, so daß die für viele Städte kennzeichnende Spindelform entsteht.

Eine weitere Grundform ist die *Leiterform,* wo außer der Hauptstraße noch eine oder zwei weitere, durch schmale Gäßchen verbundene Straßen in Längsrichtung den Grundriß bestimmen; so bei Nürtingen, Riedlingen, Geisingen, Leutkirch und zahlreichen Städten im Kraichgau und im Hohenloherland.

Schließlich gibt es in Baden-Württemberg auch das weltweit verbreitete *Gittersystem* (Raster-, Schachbrett-, Quadratblocksystem). Vor allem bei den Zähringer Städten tritt die Gitterform hervor mit mehr oder weniger regelmäßigem Straßenkreuz und vier Toren. Ähnliche Grundrißstrukturen, wobei das Straßenkreuz die räumliche Dominante ist, findet man in Kenzingen im Breisgau, in Bönnigheim, Isny und Weil der Stadt. Auf der anderen Seite treten Schachbrettpläne auch ohne Achsenkreuz auf; so in Kuppenheim, Saulgau, Mengen, Kirchheim, Schorndorf, Sinsheim, Eberbach und Osterburken. Hier handelt es sich vielfach um Städte in ebenem Gelände mit günstigen

Abb. 38: Mittelalterliche Städte mit geplantem Grundriß

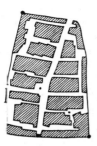

Winnenden
Rippenförmige Anlage

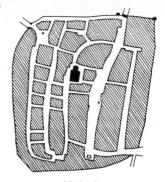

Marbach
Mit leiterförmigem Grundrißteil

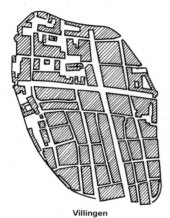

Villingen
Zähringer Gründungsstadt
Viertoranlage mit Gitterform

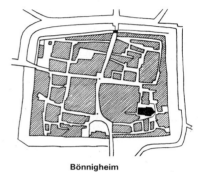

Bönnigheim
Mit Straßenkreuz

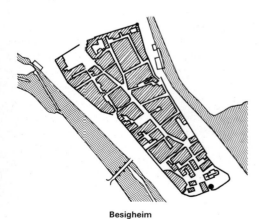

Besigheim
Rippenförmige Anlage
mit Y-förmiger Gabelung

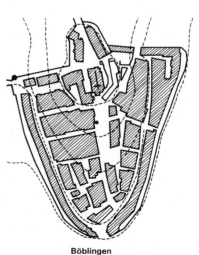

Böblingen
Geländeangepaßte Planform

Ausdehnungsmöglichkeiten und mit einstigem Wasserschutz.

Im Straßen- und Gassengefüge der Altstadt spiegelte sich bis heute die ständische Schichtung der mittelalterlichen Stadtgesellschaft und die funktionale Wertigkeit der alten Stadtquartiere wider. Auch in Parzellierung und Grundstücksgrößen, die wiederum Höhe, Gestalt und Firstrichtung der Gebäude bestimmten, fand die einstige sozialgeographische Gliederung ihren sichtbaren Niederschlag. So erhielten die Hauptstraßen, Wohn- und Geschäftsbereich der einstigen städtischen Oberschicht, eine beiderseitige Bebauung, während die rückwärtigen Nebengassen oft nur einseitig bebaut wurden. Möglich ist auch ein regelmäßiger Wechsel breiter, beidseitig mit Hauptgebäuden, und schmaler, nur mit Nebengebäuden bebauter Gassen (Villingen).

Das Zellengefüge der Kernstadt, geprägt durch Marktanlage und Straßensystem, ist dadurch eine bis in die Gegenwart weiterwirkende Grundlage für die Zentrierung der modernen Hauptgeschäftsstraßen und -viertel geblieben.

In gewisser Hinsicht gibt es eine interessante Wechselbeziehung zwischen der *Kontur des Umrisses* und der Struktur des Grundrisses bei mittelalterlichen Stadtkernen. Auffallend ist, daß Städte, die in der romanischen Stilepoche gegründet wurden, meist einen ovalen, elliptischen oder kreisförmigen Grundriß besitzen. Erst um die Wende zum 13. Jahrhundert ist eine steigende Tendenz zu geradliniger Mauerführung mit scharfkantigen Ecken zu beobachten. Die Entwicklung von abgerundeten Beringen zu geradlinigen Fluchten findet keine militärtechnische Erklärung, sondern drückt einen sich wandelnden Formwillen aus. Die stilistischen Aspekte dürfen indes nicht überbewertet werden. In den meisten Fällen war nämlich die Geländetopographie für die Anlage der Ummauerung und damit für das Grundrißgefüge von entscheidender Bedeutung.

Besonders interessante Beispiele für geländeangepaßte Planformen sind die Stadtgrundrisse von Herrenberg und Böblingen. In Herrenberg verlaufen die Radialstraßen genau parallel zu den Höhenlinien, während in Böblingen, ähnlich wie in Horb, ein langgestreckter Markt auf der Mittelachse eines Bergsporns angeordnet ist.

Die knappe Übersicht über die Grundrißformen mittelalterlicher Gründungsstädte hat deutlich gemacht, daß es kaum möglich ist, genaue Entwicklungsreihen oder Genealogien von Stadtgrundrissen aufzustellen. Auch der vielfach bemühte Versuch, für die Städte der Herzöge von Zähringen einen bestimmten Grundrißtyp (Zähringerkreuz) aufzuweisen, der über Generationen hinweg durch das gleiche Gründerhaus Anwendung gefunden haben soll (E. Hamm), muß nach dem Stand heutiger stadtgeschichtlicher Forschung als gescheitert angesehen werden (Merkseper 1977, S. 79). So ist z.B. für Rottweil, deren Altstadt dem klassischen Zähringerkreuz voll entspricht, der Nachweis für eine Gründung dieses Geschlechts nicht sicher erbracht. Auf der anderen Seite gibt es viele eindeutige Zähringergründungen mit einem völlig anderen Grundriß (z.B. Bern, Fribourg). Ebenso scheiterte der Versuch, einen eigenständigen staufischen Grundrißtyp zu finden.

Merkseper (1977, S. 80) kommt daher zu dem Schluß, daß nicht so sehr Stadtgründer Träger der Verbreitung bestimmter Stadtformen waren, sondern vielmehr technische Fachleute (Feldmesser, Befestigungsspezialisten), die als Trupps einerseits regionale Schulen bildeten, andererseits aus ihnen hervorgegangen sein konnten. In der Regel müssen jedoch Herleitungsversuche für die meisten mittelalterlichen Stadtgrundrisse offenbleiben.

5.3.2
Die Kernbezirke der Fürstenstädte

Völlig neue städtebauliche Gestaltungsprinzipien finden sich bei den neugegründeten Residenzstädten des absolutistischen Zeitalters. Der systematisierende Geist von Renaissance und Barock, der sich deutlich vom Geist des mittelalterlichen Städtebaus absetzte, schuf den Typus der fürstlichen Planstadt.

Bei der Gestaltung der Grundrisse waren vor allem zwei Gesichtspunkte maßgebend: Einmal das antike und in der Renaissance wieder aufgenommene Ideal klarer geometrischer Muster; zum andern die politische Doktrin des Absolutismus mit seiner strengen sozialständischen Gliederung der Bevölkerung. Mittelpunkt von Stadt und umgebender Landschaft, die in der Barockzeit als Einheit betrachtet wurde, war das herrschaftliche Schloß – architektonische Verkörperung der allgegenwärtigen Macht des Fürsten – das im geometrischen Zentrum der Gesamtanlage seinen beherrschenden Standort erhielt. Da die Verwirklichung solcher großzügigen Entwürfe enorme Raumansprüche stellte, wurden sämtliche Planstädte in offenem, ebenem Gelände angelegt, oft verbunden mit Gärten und Alleen, die weithin in das Land ausstrahlten.

Während man bisher als Motiv für diese fürstlichen Neugründungen fast ausschließlich das persönliche Prestigebedürfnis des Souveräns herausgestellt hat, haben neuerdings Gamer (1974, S. 402) und Himmelein (1981, S. 10) darauf hingewiesen, daß dieser Aufwand damals geradezu eine politische Notwendigkeit war. In den planvoll angelegten Stadtanlagen fand die Idee des modernen, absolutistisch regierten und bürokratisch verwalteten Territorialstaats seinen angemessenen architektonischen Rahmen. Baden-Württemberg bietet innerhalb Deutschlands einige der großartigsten Beispiele aus dieser Epoche. Allerdings sind die leitenden Ideen im Grundriß der einzelnen Städte äußerst variationsreich verwirklicht worden.

Freudenstadt ist in Südwestdeutschland das früheste Beispiel einer neuzeitlichen Stadtanlage, die um 1600 nach den Plänen des Renaissance-Baumeisters Heinrich Schickhardt als Grenzfestung, Bergwerkstadt und Zufluchtsstätte für Glaubensflüchtlinge angelegt wurde. Der quadratische Grundriß gleicht einem „Mühlebrettmuster" mit einem riesigen Zentralplatz, auf dem das – nie ausgeführte – Schloß über Eck stehen sollte. Die wichtigsten Gebäude – Rathaus, Kirche, Spital und Kaufhaus – wurden als Winkelbauten an den Platzecken disponiert, die Hauptstraßen führen von den Seitenmitten des Platzgevierts nach außen.

Ebenso wie Freudenstadt ist *Mannheim* im ersten Jahrzehnt des 17. Jahrhunderts zunächst als Festung und Exulantenstadt gegründet worden, mit rechtwinkligem Straßensystem und gleichmäßigen Baublöcken. Die Renaissancestadt Mannheim wurde im Dreißigjährigen Krieg zerstört, wieder aufgebaut und abermals in den Franzosen-Kriegen (1688) völlig vernichtet. Der heutige Plan stammt vom dritten Wiederaufbau als Residenz der Kurfürsten von der Pfalz. Die wesentlich erweiterte Barockstadt behielt das „römische Muster" der Renaissancezeit bei. Die Stadt wurde in 110 große Baublöcke rasterförmig aufgeteilt und die Hauptachsen auf das Schloß ausgerichtet, das an Stelle der geschleiften Zitadelle neu errichtet wurde und dessen breit gelagerter Riesenbau heute die Stadt gegen den Rhein hin abschließt. Während die barocke Bausubstanz Mannheims den verheerenden Bombenangriffen des Zweiten Weltkriegs weitgehend zum Opfer fiel, blieb das Straßennetz erhalten. Noch heute ist die Innenstadt durch die mit Ziffern und Buchstaben kombinierte Zählung der Baublöcke gegliedert und bietet nach Schöller (1967, S. 37) „für die Lokalisation der Geschäftsfunktionen keine städtebaulich vorgezeichnete Mitte".

Abb. 39: Grundrißgefüge der Fürstenstädte

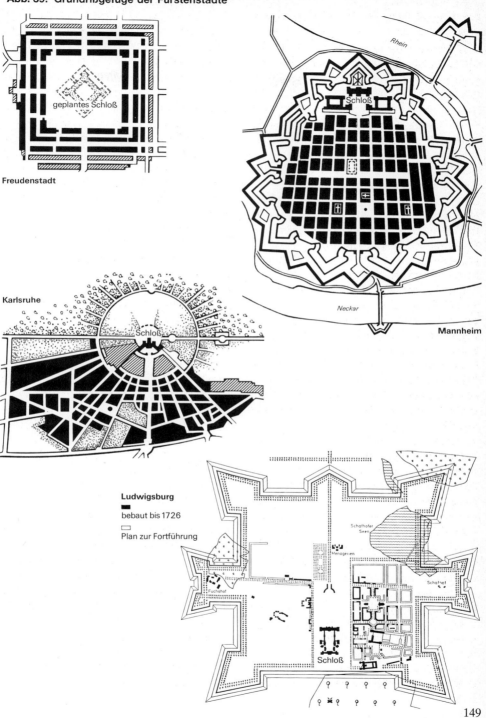

Freudenstadt

geplantes Schloß

Rhein

Schloß

Mannheim

Neckar

Karlsruhe

Schloß

Ludwigsburg

▬ bebaut bis 1726

☐ Plan zur Fortführung

Schafhofer Seen

Menagerien

Fuchshof

Schafhof

Schloß

149

Im Laufe des 18. Jahrhunderts setzte sich das Achsenprinzip bei der Gestaltung der Fürstenstädte immer mehr durch. Beim Wiederaufbau des von den Franzosen zerstörten badischen Marktfleckens *Rastatt* wurde vor dem Schloß auf dem Grundriß eines Dreistrahls die Stadt erbaut mit einem rechtwinklig zur Hauptachse verlaufenden langgestreckten Marktplatz. Auch bei der Umgestaltung von Bruchsal durch den Fürstbischof von Speyer (1720) trat die axiale Betonung klar in Erscheinung.

Das vollendeste Beispiel einer durch monumentale Achsen einheitlich gegliederten Fürstenstadt ist aber *Karlsruhe.* Das Zentrum des geometrischen Gesamtplans stellt der Schloßturm dar, von dem 32 schnurgerade Straßen in alle Himmelsrichtungen durch den Hardtwald gezogen wurden. Vorbild für diese „Straßensonne" war vermutlich die in der friaulischen Ebene gelegene Renaissancestadt Palmanova. Die Anlage der Stadt war zunächst auf die acht südlich an das Schloß anschließenden Fächer begrenzt, die durch eine breite West-Ost-Magistrale geschnitten wurde. E. Reinhard (1980, S. 3) wertet die Gesamtkonzeption mit folgenden Worten: „Die Verbindung beider Elemente, der sternförmigen Radialanlage, durch die die Konzeption des Landesfürsten im Norden, Westen und Osten weit in die Waldlandschaft der Hardt vorstößt, und der einen rechten Winkel bildenden Fächeranlage der Bebauungszone bilden die Besonderheit, die Karlsruhe aus den übrigen wohl geplanten fürstlichen Residenzen heraushebt."

Das Beispiel Karlsruhe hat bereits deutlich gemacht, daß in der Barockzeit zum erstenmal in der Geschichte des deutschen Städtebaus Landschaftselemente wie Parkanlagen und Forsten in eine direkte Beziehung zur Stadt gebracht wurden. Dies gilt in besonderer Weise für die kleine kurpfälzische Residenz Schwetzingen, aber auch für die württembergische Residenz-Neugründung *Ludwigsburg,* wo der Fürstenpark Mittel-

achse der neuen Stadt werden sollte. Allerdings konnte die ursprüngliche Konzeption nur zur Hälfte verwirklicht werden. Lediglich der Westflügel wurde im 18. Jahrhundert errichtet. Es entstand eine Stadt, deren rechtwinkeliges Straßennetz nicht vom Schloß, sondern vom Marktplatz seine Ordnung erhielt.

Auch in zahlreichen Kleinresidenzen konnte sich der auf das herrschaftliche Schloß ausgerichtete rechtwinklige oder strahlenförmige Städtebau des Barock durchsetzen, so z.B. in der Karlsvorstadt in Öhringen bei einer sozialfürsorglichen Stadterweiterung der Fürsten von Hohenlohe von 1782.

Schließlich hat die Vorliebe der barocken Stadtbaumeister für geradlinige Straßenzüge mit einheitlicher Bebauung und strengen Fluchtlinien dazu geführt, daß der Wiederaufbau abgebrannter Altstädte und Stadtteile oft einer Neuanlage gleichkam. Dies trifft sowohl für größere Stadtquartiere der Reichsstädte Esslingen und Schwäbisch Hall zu, als auch für die württembergischen Städte Göppingen, Sulz, Balingen und Tuttlingen, die nach Großbränden völlig neue Grundrisse erhielten mit regelmäßiger breiter Straßenführung, einheitlichen Baublöcken und neuer Platzgestaltung.

5.3.3
Aufrißelemente der Altstädte

Wandelbarer als der meist sehr konservative Grundriß war zu allen Zeiten der gesichtsbestimmende Aufriß einer Stadt.

Der Baukörper eines städtischen Gemeinwesens reagierte nämlich sensibler auf die jeweiligen gesellschaftlichen und wirtschaftlichen Wandlungen einer Epoche und war anfälliger gegenüber Bränden und Kriegszerstörungen. Daher gleicht heute die Bausubstanz der Kernstädte einem Mosaik von einander überschichtenden Formen, die sich dem historischen Funktionswandel mehr oder weniger angepaßt haben. Dabei wurden die einzelnen Städte Südwestdeutschlands von diesem funktionalen und physiognomischen Umwandlungsprozeß in unterschiedlicher Weise erfaßt. Huttenlocher (1963, S. 175) hat auf den starken Gegensatz zwischen verharrenden Stadtgesellschaften und den hektisch wachsenden Agglomerationen der Industrie- und Ballungsräume aufmerksam gemacht und diesen mit den Termini „alte Stadt" und „moderne Stadt" begrifflich zu fassen versucht.

Den Begriff „alte Stadt" will er nicht im kunsthistorischen, sondern in geographischem Sinn verstanden wissen, gleichgültig, ob es sich dabei um eine mittelalterliche Anlage oder um eine jüngere Stadt handelt. Entscheidend ist lediglich, ob der Baukörper beherrscht wird von Repräsentationsbauten unterschiedlichster Stilepochen, die durch ihre Patina eine physiognomische Einheit bilden.

Dagegen wird das Gesicht der „modernen Stadt" mehr durch den internationalen Habitus moderner Architektur geprägt als durch verpflichtende Bautraditionen. Ausgelöst wurde dieser Umwandlungsprozeß geschichtlich gewachsener Stadtorganismen vor allem durch die flächenhaften Zerstörungen des Zweiten Weltkriegs, aber auch durch die sog. Flächensanierungen der letzten Jahrzehnte, die zu einem raschen technisierten Wiederaufbau und Umbau führten und oft völlig neue Stadtstrukturen hervorbrachten.

Kennzeichnend für eine Vielzahl südwestdeutscher Städte ist indes ihr reiches Erbe an historischer Bausubstanz. Vor allem die Gemeinschaftsbauten des Mittelalters, die Wehranlagen, Kirchen, Spitäler, Rat- und Zeughäuser sowie die Stadtschlösser und Vogteien der Territorialherren, die Klöster der Bettelorden und die klösterlichen Pfleghöfe und nicht zuletzt die Fülle stattlicher Bürgerhäuser sind eindrucksvolle Zeugen historischer Stadtkultur.

Die Werksteinprovinzen

Die Repräsentativbauten der alten Städte sind zumindest im Untergeschoß, in Stein errichtet. Fast ausnahmslos wurde der regional vorhandene Werkstein als Baumaterial benutzt, so daß man von echten Materialprovinzen sprechen kann.

Die größte dieser Werksteinprovinzen ist die des roten Buntsandsteins, der den Schwarzwald, den Odenwald und einen großen Teil der Oberrheinlande beherrscht. Bekannte Bauwerke dieser Region, die zugleich deren Reichweite andeuten können, sind die Münster von Freiburg und Villingen, die Schlösser von Mannheim und Heidelberg sowie die Stadtmauern und Türme von Wertheim und Weil der Stadt.

Im Neckarland haben die verschiedenen Keupersandsteine den Städten Farbe und Form gegeben. Ist es in der Hohenlohe das Grün des Lettenkohlesandsteins, so herrscht im zentralen Neckarbecken der rötlich geflammte Schilfsandstein vor. In den Städten, die in den Tälern der Keuperbergländer und im Albvorland liegen, sind die gotischen Kirchen und Stadttürme vorzugsweise im grauen Stubensandstein errichtet.

Dagegen dominiert in den oberschwäbischen Glaziallandschaften – gewissermaßen als Pendant zum norddeutschen Tiefland – der Backstein als Werkstein; dazu treten im Bodenseeraum die äußerst feinkörnigen Molassestandsteine.

Der Reichtum an feinkörnigen Sandsteinen hat in Südwestdeutschland zu einer frühen Entfaltung der Steinmetzkunst geführt, wofür das feine Filigran der gotischen Maßwerke bei Kirchen, die reichen Renaissanceportale und -giebel sowie die zahlreichen kunstvollen Brunnenfiguren augenfällig Zeugnis geben.

Die Wehranlagen

In Franken und Oberschwaben prägt eine große Zahl von Wehrtürmchen an Mauern und Torbauten heute noch das Bild vor allem der kleineren Städte. Beachtliche Reste der Stadtbefestigung haben auch einige ehemalige Reichsstädte wie Schwäbisch Hall, Schwäbisch Gmünd, Rottweil, Esslingen, Weil der Stadt sowie eine Reihe vorderösterreichische Städte u. a. Rottenburg a. Neckar, Villingen und Waldshut bewahren können. Von den größeren Städten konnte indessen nur Ravensburg die vieltürmige Erscheinung der mittelalterlichen Stadtsilhouette nahezu intakt erhalten.

In der Regel sind hauptsächlich spätmittelalterliche Befestigungsanlagen erhalten geblieben, wo die Stadt durch turmbewehrte Doppelmauern mit Zwinger und kunstreichen Torbefestigungen gesichert wurde. Bezeichnend ist aber, daß überall etwas anders gestaltete Lösungen auftreten. So sind die Stadttore von Konstanz, Esslingen, Reutlingen, Ulm oder Ravensburg örtlich geprägte Sonderlösungen, die selbst in den einzelnen Städten (z. B. in Schwäbisch Gmünd) variiert wurden. Als typisch kann vielleicht der zur Stadt hin offene Schalenturm angesehen werden, wenn auch später die einst offenen Innenseiten durch schöne Fachwerkeinsätze geschlossen wurden. Gelegentlich fällt auch die repräsentative Gestaltung der Stadttore ins Auge wie beim Wolfstor in Esslingen oder bei den freskengeschmückten Toren der Stadt Wangen im Allgäu.

Die Stadtburgen

Verstärkt wurde die Befestigungsanlage durch die dahinter liegenden massiven Steingebäude vornehmer Familien (Stadtadel), oft auch durch die Burg des Stadtherrn.

War die Stadt im Anschluß an eine ältere Höhenburg entstanden, so wurde diese oft durch Schenkelmauern mit der Stadt verbunden (Tübingen, Beilstein). In zahlreichen Fällen ist jedoch mit der Anlage der Stadt auch ein Sitz für den Stadtherrn errich-

tet worden, wobei grundsätzlich die Randlage, bei regelmäßigen Anlagen die Ecklage üblich war (z. B. Balingen).

In der frühen Neuzeit wurden diese Burgen vielfach in Renaissancemanier zu Residenzen umgebaut. Im Herzogtum Württemberg sind die Schlösser Hohentübingen, Schorndorf, Hohenasperg, Hellenstein über Heidenheim, Göppingen, Kirchheim Teck, Brackenheim, Waldenbuch sowie das Alte Schloß in Stuttgart zu nennen. Als wahre Meisterwerke der Renaissancebaukunst können das Heidelberger Schloß und das Neue Schloß in Baden-Baden gelten. Aber auch die kleineren Territorialherren entfalteten in der 2. Hälfte des 16. Jahrhunderts eine rege Bautätigkeit, so in Hohenlohe (Neuenstein, Langenburg, Weikersheim), im Deutschordensgebiet (Bad Mergentheim) sowie in den oberschwäbischen Dynastensitzen Wolfegg, Meßkirch und Heiligenberg.

Bei den meisten dieser Bauten waren zunächst noch die Befestigungs- und repräsentative Wohnfunktion eng miteinander verbunden. Erst im Zeitalter des Barock verzichtete man auf den letzten Anschein von Wehrhaftigkeit. Die Behaglichkeit des Wohnens, vor allem aber der zeitbedingte Wunsch nach Repräsentation, bestimmte von nun an das Gesicht der herrschaftlichen Residenzen. Als Beispiel seien das Neue Schloß in Stuttgart und Tettnang erwähnt.

Die Rathäuser

Die Rathäuser stellten in der alten Stadt gewissermaßen den politischen und gesellschaftlichen Gegenpol zum Sitz der Territorialherren dar. Sie sind architektonischer Ausdruck der Selbstverwaltung und dokumentieren das stolze Selbstbewußtsein der Bürger.

Sie haben sich im Laufe des Spätmittelalters vermutlich aus alten Marktgebäuden heraus entwickelt, wobei sich in den Reichsstädten ein eigenständiger Typ herausgebildet hat, der folgende Elemente aufwies: Weinkeller, darüber im Erdgeschoß Kauf- und Gerichtslauben, im Obergeschoß der Ratssaal.

Auffallend ist, daß viele spätmittelalterliche Rathäuser im Neckarbecken vorzugsweise in Fachwerk errichtet wurden. Nach dem System des alemannischen Fachwerkbaus mit seinen durch Holznägel gesicherten Schwalbenschwanzverbindungen (sog. Schwäbischer Mann) sind die schönen Rathäuser von Esslingen, Sindelfingen, Markgröningen und Urach im 15. Jahrhundert errichtet worden. Die Rathäuser von Besigheim und Tübingen, die in ihrer Grundsubstanz noch aus derselben Zeit stammen, wurden später verändert. Veränderungen erfuhren auch die gotischen Rathäuser von Heilbronn, vor allem aber das Alte Rathaus in Esslingen, dem von H. Schickhardt eine beschwingte Renaissancefassade vorgesetzt wurde.

Im Gegensatz zum Unterland, das trotz seiner reichen Natursteinvorkommen hauptsächlich Fachwerkhäuser besitzt, sind in den oberschwäbischen Städten die Rathäuser oftmals interessante Steinbauten. Die eindrucksvollsten Beispiele findet man in Ulm und Überlingen; daneben stellen die Rathäuser von Biberach, Munderkingen, Ravensburg und Waldsee mit ihren spätgotischen Steinfassaden und Maßblendwerken Bauten von hohem Rang dar.

Schließlich verdanken einige größere Städte der Barockzeit ihre heutigen Ratsgebäude. Neben Heidelberg ist hier wiederum eine Reihe von Reichsstädten zu nennen: Offenburg und Gengenbach im Oberrheingebiet, Wangen im Allgäu und im Neckarland Esslingen, Schwäbisch Gmünd und als besonderes Schmuckstück das großartige Rathaus von Schwäbisch Hall.

Die Stadtkirchen

Zum Bild der alten Städte gehören auch die großen Dome, Bürger-, Stifts- und Klosterkirchen.

Baulich sind die Stadtkirchen nach Typ und Bauform ein Spiegelbild ihrer jeweiligen Stilepoche und Kulturlandschaft. Es ist hier nicht möglich, den außerordentlichen Reichtum sakraler Baukunst zu würdigen. Es sollen nur einige landestypische Merkmale genannt werden. Charakteristisch für Südwestdeutschland ist – wenn man von den Sonderfällen Esslingen und Villingen absieht – daß sich der Einturm (Westturm) durchgesetzt hat (z.B. Ulm, Freiburg, Schwäbisch Hall, Stuttgart, Reutlingen u.a.m.). Innerhalb des städtebaulichen Gefüges steht die Hauptkirche oft abseits der Hauptstraßen und des Markts, oft aber an topographisch bevorzugtem Standort, wie die Spornlagen von Böblingen und Herrenberg am eindrucksvollsten beweisen.

In den meisten Fällen sind die mittelalterlichen Gründungsstädte auf den Markungen schon vorhandener Dörfer angelegt worden, d.h. innerhalb bereits festgelegter Pfarrsprengel. In der Regel hat man daher bei der Anlage der Stadt zunächst auf den Bau einer Eigenkirche verzichtet und die alte Dorfkirche mit dem Friedhof weiterbenutzt. Bekannte Beispiele sind Balingen, Villingen, vor allem aber Ulm, wo der großangelegte gotische Münsterbau erst 1317 begonnen wurde; bis dahin lag die Pfarrkirche außerhalb der Stadt „jenseits des Feldes".

Neben praktischen Erwägungen war es vor allem das Bedürfnis nach gebührender Repräsentation, die im Spätmittelalter fast überall die Einrichtung von städtischen Eigenkirchen mit sich brachte. Das Verlangen nach städtischer Selbstdarstellung führte überdies zu immer größeren Dimensionen und jeweils modernsten Formen der Kirchenbauten, so daß sich manchmal eine Bauabfolge von bis zu drei Bauwerken an der gleichen Stelle ergab.

Eine letzte Umgestaltung erlebten die Stadtkirchen in der Barockzeit; freilich in sehr unterschiedlicher Weise. Vor allem in Oberschwaben wurde eine ganze Reihe von Kirchen barockisiert, während die protestantischen Territorien der barocken Sakralkunst weitgehend verschlossen blieben, lediglich die Reichsstädte machten eine gewisse Ausnahme. Im ganzen gesehen ist jedoch das Neckarland, was den Kirchbau anbelangt, „ein blühender und gepflegter Garten der Spätgotik" geblieben.

Andere geistliche Niederlassungen

Wesentliche Bestandteile der mittelalterlichen Städte waren schließlich die Klöster der Bettelorden und die Klosterpfleghöfe.
Die Baugesinnung der Bettelorden war durch puritanische Strenge gekennzeichnet. Ihre Kirchen sind schlichte basilikale Langhäuser mit einschiffigem Hochchor aber ohne Turm und Querhaus. Das besterhaltene Beispiel einer Bettelordenskirche im Lande ist die 1233 geweihte Dominikanerkirche St. Paul in Esslingen. Innerhalb der Stadt liegen die Klosterkomplexe oft in ausgesprochener Randlage. Vermutlich wollte man die großen und mächtigen Steinbauten der Klöster in die Stadtbefestigung mit integrieren, vor allem bei der häufig vorkommenden Ecklage. Gleiches gilt für die städtebauliche Lage der klösterlichen Pfleghöfe, die man als Dependancen auswärtiger Klöster hauptsächlich in den Reichsstädten des Weinlandes antrifft.
Da es sich bei den Pfleghöfen meist um massive Steinbauten handelt, nehmen sie im Stadtbild oft eine ähnliche Stellung ein wie die Steinhäuser des Patriziats. Bekannt sind die wehrhaften Dreiflügelanlagen des Klosters Salem in Esslingen oder der imposante Gebäudekomplex des Klosters Bebenhausen in Tübingen.
Als weitere repräsentative, das Stadtbild bestimmende mittelalterliche Bauten sind schließlich noch die Korn- und Speicherbauten, die Zeughäuser und vor allem die Spitäler zu nennen, in denen der Stolz und Reichtum des Gemeinwesens seinen architektoni-

schen Ausdruck fand. Man denke nur an die Spitalanlagen von Biberach, Wimpfen oder Markgröningen oder an die Fruchtkästen von Geislingen a. d. Steige und Rosenfeld bei Balingen.

Die Bürgerhäuser

Neben den öffentlichen Repräsentativbauten bilden die Bürgerhäuser die zweite wichtige Komponente des Altstadtbildes. Es handelt sich dabei stets um mehrgeschossige Häuser, die in geschlossenen Baufluchten die Straßen und Gassen der Altstadt säumen. Nach Konstruktionstyp, Material, Dachstellung und Fassadengestaltung kann man in Südwestdeutschland ausgesprochene Bürgerhauslandschaften erkennen. In erster Linie ist hier an den Gegensatz zwischen dem giebelständigen und dem traufseitigen Stadthaus zu denken. In den nördlichen und mittleren Landesteilen stehen die Gebäude mit der Giebelseite zur Straße, während sie ihr in den südlichen Provinzen – so in den Zähringer Städten – die erkergeschmückte Traufseite zukehren.
Fast ausnahmslos überwiegt der Fachwerkbau. Über einem steinernen Untergeschoß liegen die vorkragenden Obergeschosse mit kunstvollem Fachwerk.
Hinsichtlich der Fassadengestaltung kann man nach Grisebach im Südwesten mehrere Bezirke feststellen und sie als Ausdruck landschaftlich variierender Stammeigenart denken. Huttenlocher (1963, S. 181) hat die Erkenntnisse Grisebachs folgendermaßen zusammengefaßt: „Der schwäbische Typus des Stadthauses im Gegensatz zum fränkischen ist durch seinen körperhaft wirkenden Baukörper, durch seine harmonische Durchfensterung, durch die einheitliche Gestaltung des Dachkörpers vor allem durch das konstruktive und weniger ornamentale Fachwerk gezeichnet. Das fränkische Haus ist unruhiger, hat zierlichere Formen und ist in seiner stärkeren Durchfensterung, seinen

Ausbauten, die den Dachkörper auflösen, malerischer gegliedert." Ob diese verschiedenartige Ausformung der Stadthäuser als Ausdruck unterschiedlicher Geisteshaltungen von Schwaben und Franken zu denken ist, sei dahingestellt.

Eine zweifellos größere Rolle spielte aber die räumliche Lage und die Intensität der ökonomischen und kulturellen Beziehungen zu den großen Kulturzentren früherer Epochen. Dies gilt für das Nebeneinander der Einflußgebiete der italienischen und niederländischen Renaissance, sowie für die verschieden starke Aufnahmebereitschaft von Barock und Klassizismus.

Außerdem ist zu berücksichtigen, daß die Bürgerhäuser der südwestdeutschen Altstädte in ihrer baulichen Substanz nahezu ausschließlich erst in nachmittelalterlicher Zeit entstanden sind. Nur ganz vereinzelt können Fachwerkbauten aus dem 14. Jahrhundert nachgewiesen werden (Esslingen) und nur wenige Steinbauten reichen auch ins 13. und 12. Jahrhundert zurück.

Bei den stauferzeitlichen Steinhäusern, die burgähnlichen Wohntürmen gleichen, und die in Schwäbisch Hall heute noch bezeichnenderweise Burgen genannt werden, handelt es sich ausnahmslos um Anwesen der städtischen Oberschicht, des Patriziats. Neben der bereits erwähnten Mauerlage städtischer Adelssitze, wofür Rottenburg a. Nekkar ein schönes Beispiel bietet, gibt es ausgesprochene Quartierbildungen (Schwäbisch Hall), nicht selten in Verbindung mit dem Sitz des Stadtherrn. Später, als die Markt- und Handelsfunktion der Stadt wichtiger wurde, waren die großen Hauptstraßen und Märkte bevorzugte Wohnlagen der städtischen Oberschicht. In spätmittelalterlicher Zeit haben allerdings städtische Bauvorschriften auf eine Vereinheitlichung der Gebäude abgezielt. Erst so ist das uns vertraute Bild städtebaulicher Homogenität entstanden: die regelmäßige Reihung gleichwertiger Bürgerhäuser.

Abseits von Markt und Hauptstraßen stößt man häufig noch auf den baulichen Niederschlag des Ackerbürger- oder Weingärtnertums, wovon sich, zumindest in den kleineren Städten, mehr oder weniger ansehnliche Reste behauptet haben.

Ausgehend von den Fürstenhöfen ist auch der Barockstil in den Städten wirksam geworden. Üblich wird die durchgehende Traufständigkeit der Häuser und ihre einheitliche Höhe innerhalb der Baublöcke.

Nach den Zerstörungen der Franzosenkriege am Ende des 17. Jahrhunderts hat sich, ausgehend vom Oberrheingebiet, der Steinbau in Südwestdeutschland durchgesetzt. Selbst einfache Gebäude wurden dem Zeitgeschmack entsprechend vielfach mit Volutengiebeln und französischem Mansardendach ausgestattet. Die Außenseiten wurden verputzt und die Gebäudeecken oft mit Pilastern, Fenster und Türen durch Natursteinrahmungen hervorgehoben. Selbst dort, wo der Steinbau aus Gründen örtlicher Gegebenheiten nicht möglich war, wurden die neuerrichteten, aber auch manch ältere Fachwerkbauten nach außen hin als Steinbauten ausgegeben und verputzt. Erst in unseren Tagen werden im Zuge aufwendiger Altstadtsanierungen die alten Fachwerkfassaden wieder freigelegt und restauriert.

5.3.4
Karlsruhe und Stuttgart: Zentren des klassizistischen Städtebaus

Die politisch-geographischen Veränderungen Südwestdeutschlands um 1800 beeinflußte nachhaltig die Stadtentwicklung in der ersten Hälfte des 19. Jahrhunderts. Während die alten Residenzstädte, geistlichen Zentren und Reichsstädte nahezu vollständig ihre Bedeutung als urbane Mittelpunkte verloren und jahrzehntelang in einer Phase der Stagnation verharrten, gelangten die Hauptstädte der neuen Länder Baden und Württemberg, Karlsruhe und Stuttgart, zu Rang und Größe.

Die Stadt *Karlsruhe* – kaum ein Jahrhundert alt – stand unvermittelt vor der Aufgabe, Verwaltungsmittelpunkt, Residenz und Hauptstadt für ein wesentlich vergrößertes Staatsgebilde zu sein, das neue Großherzogtum Baden. Die dadurch notwendig werdende Stadterweiterung fand in dem Baumeister Friedrich Weinbrenner und dem Ingenieur-Oberst Johann Gottfried Tulla, beides Söhne der Stadt, hochtalentierte Fachleute. Tulla schuf die technischen Voraussetzungen für die Expansion der Stadt: durch einen modernen Straßenbau, der Einrichtung einer ausreichenden Wasserversorgung und der Rheinregulierung.

Weinbrenner hat die Stadt unter klassizistischen Gesichtspunkten ihrer alten barocken Struktur gemäß erweitert und umgestaltet. Er plante ein im Halbkreis umschlossenes bürgerliches Areal mit strenger axialer Symmetrie als Gegenstück zum barocken Fächergrundriß der Residenz. Weinbrenner konnte jedoch seine Idee einer nach antikem Vorbild und klassizistischen Formen gedachten Polis nur reduziert verwirklichen. Lediglich die Schloßstraße, eine sich zu Plätzen erweiternde „via triumphalis" entstand. Sie wurde gesäumt von dreigeschossigen, wohlproportionierten Wohnbauten und mündete in einen kreisrunden Rondellplatz, dessen konkav geschwungene Platzwände vom ehemaligen Markgräflichen Palais mit hohem Säulenportikus und anspruchsvollen Bürgerhäusern eingenommen werden.

Der aus zwei Vierecken gebildete Marktplatz wird gerahmt von der Evangelischen Stadtkirche und dem Rathaus, beides monumentale Gebäude mit Säulenportiken nach der Art römischer Tempel. Die aus rotem Sandstein über der Gruft des Stadtgründers errichtete Pyramide am Nordende des Marktplatzes und die Verfassungssäule (Sandsteinobelisk) inmitten des Rondell-platzes werden zu beherrschenden Akzenten dieser klassizistischen Prachtstraße.

Darüber hinaus verdankt Karlsruhe F. Weinbrenner eine Anzahl hervorragender öffentlicher und privater Gebäude wie z. B. die katholische Stadtkirche St. Stephan und das Münzgebäude, die der Stadt trotz ihrer gewaltigen Zerstörungen im Zweiten Weltkrieg noch heute den Ruf einer Hochburg der klassizistischen Baukunst des 19. Jahrhunderts geben.

Auch *Stuttgart* erhält nach 1800 ein anderes Gesicht als die herzogliche Residenzstadt der Generationen zuvor. Wenn auch hier nicht – wie in Karlsruhe – die Notwendigkeit bestand, die Hauptstadtfunktion mit Hilfe von Architektur und Städtebau zu untermauern, so war es doch ein erklärtes Ziel der Landesfürsten, der neugewonnenen Königswürde architektonischen Ausdruck zu verleihen, vor allem aber die Wohnungsknappheit der rasch wachsenden Stadt zu beheben.

Der Maler Nicolaus Friedrich Thouret, von Weinbrenner für die Architektur gewonnen, war der bedeutendste Stuttgarter Stadtplaner im frühen 19. Jahrhundert. Seine erste städtebauliche Maßnahme (1806) war, die zwischen Residenzschloß und den königlichen Landschlössern bei Cannstatt gelegene Freifläche in eine skulpturengeschmückte Parkanlage nach englischem Vorbild umzugestalten. Mit einem Generalbebauungsplan (1818) versuchte er die östlichen Stadterweiterungen (Friedrichstadt) an den gewachsenen Stadtkern anzubinden. Überhaupt bildeten die von ihm konzipierten Straßen- und Platzgestaltungen die Grundlage für die spätere städtebauliche Entwicklung der Landeshauptstadt.

Die Königstraße, heute die Hauptgeschäftsstraße Stuttgarts, ist sein Werk. Er hat sie anstelle des ehemaligen Stadtgrabens angelegt und als Prunkstraße des jungen Königreichs ausgebaut. Mit der katholischen Eberhardskirche, dem königlichen Marstall, den Repräsentationsbauten für Militär, Hofaristokratie und einige wenige reiche Geschäftsleute ist sie bald zur „Schauseite der neuen Königstadt" geworden. Leider ist von den klassizistischen Bauten dieses vornehmdistinguierten Straßenzugs infolge der politischen und sozialen Umwälzungen dieses Jahrhunderts, vor allem aber durch die Zerstörungen des Zweiten Weltkrieges fast nichts mehr erhalten geblieben.

Auf Thouret gehen auch die Führung der Neckarstraße (später als Stuttgarter Kulturzentrum mit Archiv, Gemäldegalerie und Bibliothek ausgebaut), der Aufbau der Tübinger Vorstadt sowie die Umgestaltung Cannstadts als europäische Badestadt zurück. Mit diesen Maßnahmen hat der klassizistische Baumeister die Weichen bis in die Gegenwart hinein gestellt.

Aber nicht nur in der Straßen-, Platz- und Stadtteilgestaltung liegen die Verdienste Thourets, sondern auch im Häuserbau. Die vornehm klassizistischen Wohngebäude der Königstraße – dreistöckige Häuser mit seitlicher Toreinfahrt – sind für Jahrzehnte in Stuttgart Vorbild geblieben und oft nachgebaut worden. Daneben hat er mit Stadtpalästen der königlichen Familie nahe dem Schloß und mehreren Bauten für Verwaltung, Wohnen, Handel, Fest und Spiel städtebauliche Akzente gesetzt.

Auch die Anlage des Schloßplatzes, der erst im Laufe des 19. Jahrhunderts schrittweise seine heutige Gestalt erhielt, geht im wesentlichen auf Pläne Thourets zurück. Mit der Jubiläumssäule, den Brunnen und Denkmälern stellt dieser Platz die repräsentative Mitte der Landeshauptstadt dar (zuletzt 1977 umgestaltet). Bei der Ausgestaltung des Schloßplatzes hat Christian Leins sich verdient gemacht. Auf ihn geht auch der 135 m lange, in der Form eines griechischen Tempels errichtete Königsbau zurück, der als reine Schauarchitektur dem Neuen Schloß gegenübergestellt wurde.

Bei der klassizistischen Ausgestaltung der königlich-württembergischen Residenz- und Hauptstadt hat auch der aus Florenz stammende Hofbaumeister Giovanni Salucci einen beträchtlichen Anteil gehabt. Nicht nur das Staatsarchiv und Wilhelmspalais an der Neckarstraße sind ihm zu verdanken, sondern auch die Grabkapelle auf dem Rotenberg und Schloß Rosenstein. Schließlich sei auch noch die „maurische" Wilhelma erwähnt, deren Erbauung etwa in dieselbe Zeit (1842–53) fällt. Sie entstand auf Wunsch König Wilhelm I. nach Plänen von Zanth im orientalischen Stil, vergleichbar dem Royal Pavillon in Brighton. Heute ist die Wilhelma ein weltbekannter botanisch-zoologischer Garten.

Aufgrund der architektonischen und städtebaulichen Leistungen der klassizistischen Baumeister – allen voran Thouret – stellt Stuttgart neben Berlin, Karlsruhe und München eines der Zentren des Klassizismus in Deutschland dar.

5.4
Wandlungen der Städte im Industriezeitalter

Mit den Stilepochen des Barock und Klassizismus fand die landschafts- und territorialgebundene Stadtentwicklung ihren Abschluß. Das Industriezeitalter, das in Südwestdeutschland in der zweiten Hälfte des 19. Jahrhunderts, vor allem nach der Reichsgründung (um 1870) einsetzte, veränderte nicht nur das historisch gewachsene Siedlungsbild des Landes, sondern führte auch zu einer weitgehenden Vereinheitlichung von Stadtgesicht und Stadtstruktur. Es waren vor allem die Landeshauptstädte, die als Innovationskerne für neue Baumoden und Stilformen wirksam wurden und somit als überregionale Leitbilder und städtebauliche Vorbilder für viele badische und württembergische Landstädte dienten.

Ein weiteres allgemeines Merkmal der aufkommenden Industrieepoche war, daß die Stadtentwicklung nicht mehr dem ganzen Gemeinwesen verpflichteten Repräsentationsbauten oder bestimmten ästhetischen Ordnungen unterworfen war, sondern neuen Kraftfeldern folgte. Wissenschaft und Technik brachten zusammen mit liberalen Gewerbeordnungen neue Formen des sozialen und gewerblichen Lebens hervor. Villenviertel und Arbeiterwohnquartiere sowie Fabrikgebäude mit hohen Schloten bestimmten zunehmend die Silhouette der größeren Städte. Eisenbahnen und Transitstraßen führten zu Durchbrüchen und neue Zweckbauten für Kommerz und Gewerbe veränderten die funktionalen Strukturen der Kernstädte.

Der wirtschaftliche Aufschwung und das ihn begleitende Bevölkerungswachstum sprengten die alten Stadtgrenzen. Die fast überall durchgeführte Schleifung der mittelalterlichen Stadtmauern und Befestigungsgürtel in der ersten Hälfte des 19. Jahrhunderts begünstigte diese Entwicklung. In den meisten süddeutschen Städten wurden die Wälle abgetragen, die Gräben aufgefüllt und überbaut. Lediglich in Mannheim und Freiburg blieben Teile der einstigen Befestigungsringe als Grünzonen erhalten. Bodenspekulation und Bauboom ließen um die Altstädte in den folgenden Jahrzehnten einen Ring von Vorstädten bei den Großstädten und neue Wohn- und Fabrikviertel um zahlreiche Mittelstädte entstehen.

In Anlehnung an Schöller (1967, S. 60) kann man für Südwestdeutschland in der Frühzeit der Industrialisierung zwei nebeneinander herlaufende Strukturveränderungen des Siedlungsnetzes feststellen: einmal den Ausbau und die Erweiterung alter Gewerbestädte, anfangs mit verstärkter Durchmischung, später mit zunehmend getrennter Viertelbildung; zweitens das Anwachsen und die innere Differenzierung bei zahlreichen Industriedörfern zu städtisch geprägten Industrieorten.

Gerade bei den für Südwestdeutschland typischen, aus Dörfern hervorgegangenen Industriestädten lebt der regellose Grundriß der dörflichen Vorform mehr oder weniger stark verändert bis heute weiter (z.B. Singen, Schwenningen). In den Kernbereichen dieser Städte zeigt auch der Aufriß gegenwärtig noch ein unfertiges und uneinheitliches Bild. Während die zum Stadtzentrum ausgestalteten Teile einen betont – oft protzig anmutenden – städtischen Charakter zur Schau tragen, verleugnen die übrigen älteren Viertel mit Bauernhäusern, die allerdings ihre ursprüngliche Funktion verloren haben, ihre Vergangenheit nicht. Von älteren, oft noch aus der Anfangszeit der Industrialisierung stammenden Fabriken durchsetzt, sind sie ein Abbild des siedlungsgeographischen Wandlungsprozesses, der zur Stadteigenschaft geführt hat (Schröder 1974, S. 889).

5.4.1
Technischer Städtebau und eklektizistische Architektur

Eine der größten, epochemachenden Leistungen des 19. Jh. war die Entwicklung des technischen Städtebaus. Mit der wachsenden Zahl der städtischen Einwohner wurden auch deren Versorgung mit Wasser und Energie, der Beseitigung des Abwassers, der Straßenreinigung und Straßenbeleuchtung sowie die innerstädtische Verkehrsbewältigung zu dringenden Aufgaben. Etwa seit 1860 haben Tiefbauingenieure diese infrastrukturellen Aufgaben durch die Anlage der Schwemmkanalisation mit einem komplizierten unterirdischen Kanalnetz und dem Druckwasserleitungsbau gelöst.

Aber auch im Hochbau haben die Architekten und Ingenieure Beachtliches geleistet. Ihre Aufgabe war, neue Zweckformen für die modernen technischen und organisatorischen Einrichtungen zu schaffen, für die es bis dahin kein Vorbild gab: Bahnhöfe, Postämter, Brücken, Wasser-, Gas- und Elektrizitätswerke sowie zahlreiche neue Fabrikanlagen. Die Fortentwicklung der Geld- und Konsumwirtschaft erzwang den Bau von Markthallen und Schlachthöfen, Banken und Warenhäusern. Ferner verlangte die zunehmende Spezialisierung staatlicher, städtischer und kirchlicher Verwaltungsbehörden nach einem neuen Typ des Verwaltungsgebäudes. Die Ausweitung der Bildungsaufgaben führte zu großen Schulgebäuden, Museen und Bibliotheken; aber auch Krankenhäuser und Kirchen mußten neu entworfen und gebaut werden.

Die architektonische Bewältigung dieser zahlreichen neuen Baugestaltungen war bestimmt durch die Suche nach einer Verflechtung von Architektur und Technik. Es entstand eine ausgesprochene Fassadenarchitektur, eine „architecture parlante", bei der der Ingenieur konstruierte und der Architekt mit Stuck und Schmuck die Baustruktur verbarg. Dabei kamen die verschiedensten historisierenden Stilimitationen aus der Romanik, Hochgotik, der italienischen Renaissance, aber auch eklektizistische Formen zum Zuge, bis dann der Jugendstil um die Jahrhundertwende eine deutliche Zäsur im äußeren Erscheinungsbild setzte. Während man in Baden vielfach massive Steinfassaden aus Buntsandstein bevorzugte, ist im Württembergischen der gemischtfarbige Ziegelbau häufig verwandt worden, wobei auch hier das Untergeschoß, die Fenster- und Portalrahmungen wie auch der Giebelschmuck oft aus Werkstein besteht.

Als typischer Repräsentant dieser Epoche kann der 1885 errichtete Wasserturm in Mannheim gelten, heute noch Symbol der großbürgerlich geprägten Oststadt und zugleich ein Wahrzeichen der Gesamtstadt.

5.4.2
Vorstädte und zentrumsnahe Wohngebiete

Bereits im 18. Jh., verstärkt im frühen 19. Jh., entstanden vor den Toren vieler Städte, kleinere Vorstädte, die nicht mehr in die Ummauerung mit einbezogen worden sind. In der Regel entwickelten sie sich entlang schon vorhandener Ausfallstraßen, wobei im Aufrißbild das bäuerliche Anwesen dominierte. Allerdings begegnet man hier bereits Anzeichen einer gelenkten Grundrißentwicklung, bei der die Häuser „nach der Schnur" ausgerichtet worden sind, wie es mit diesen Worten die alten württembergischen Bauordnungen vorschrieben. Erstaunlich ist, daß diese agrarisch bestimmten Vorstadtgebilde sich als außerordentlich zählebig erwiesen und bis heute vor allem in den ländlichen Zentralorten funktionsfähig blieben (z. B. Riedlingen).

Bei den zahlreichen südwestdeutschen Klein- und Zwergstädtchen, wo die Altstadt den verkehrshemmenden Wirkungen der Spornlage ausgesetzt war, ist die Vorstadt im Laufe des 19. Jh. meist zum eigentlichen Lebenszentrum des gesamten Gemeinwesens geworden. In der Regel wurde der Markt in die Vorstadt verlegt, Gasthäuser und Geschäftshäuser traten hier stärker hervor, während die historischen Altstädte weithin zu einem stillen Wohn- und Amtsbereich degenerierten. Eindrucksvolle Beispiele dafür sind Lauffen a. N. und Altensteig sowie Rosenfeld und Langenburg neben vielen anderen Zwergstädtchen.

In den größeren, gewerbereichen Städten, wo es zu einem raschen Bevölkerungswachstum kam, versuchten die Bauämter, die Stadterweiterungen mit Fluchtliniengesetzen und Bauordnungen zu regeln. Das Ergebnis waren zentrennahe Wohnzonen mit systematischer Gestaltung: Planformen mit rechtwinkligen Straßenkreuzen bis hin zu weitflächigen Schachbrettmustern. Stellvertretend für viele sei die Stuttgarter „Weststadt" genannt, deren architektonischer Mittelpunkt die neugotische Johanneskirche ist. Dieses Stadtviertel kann als typisches Beispiel einer bürgerlichen Stadterweiterung der nachklassizistischen Zeit gelten.

Einen wichtigen städtebaulichen Impuls löste der Bau von Bahnhöfen aus. Die Personenbahnhöfe, die im 19. Jh. angelegt wurden, konnten meist nur an die Peripherie der großen, dicht bebauten Städte herangeführt werden oder mußten sogar in einigem Abstand zu den alten Stadtkernen errichtet werden. Fast immer haben sich an den Verbindungsstraßen der Bahnhöfe zu den Innenstädten zahlreiche Geschäfte, Hotels, Gaststätten, Postämter im „Reichsstil" und andere Behörden angesiedelt, um den regen Passantenverkehr nutzen zu können. Hieraus entwickelte sich in vielen Fällen – besonders charakteristisch in Esslingen a. N. – ein besonderer Typ der Geschäftsstraße: die Bahnhofstraße.

Arbeiterwohnquartiere

Neben den Fabrikbauten sind es wohl die Arbeiterwohnviertel, die als besondere Charakteristika des aufkommenden Industriezeitalters gelten können. Ausgesprochene Mietskasernen, die in geschlossener Bauflucht sog. „Korridorstraßen" säumen, wie sie im 19. Jh. in vielen deutschen Großstädten als Arbeiterwohnquartiere entstanden sind, gibt es in den Städten Baden-Württembergs – wenn man von Mannheim einmal absieht – nicht.

Dagegen sind zu Beginn des 20. Jh. in mehreren Industriestädten „Arbeiterkolonien" gebaut worden, oft von städtischen Baugesellschaften, unabhängigen Arbeitersiedlungsbaugenossenschaften, aber auch durch Unternehmen. Bekannte Beispiele sind dafür in Stuttgart das „Postdörfle" und die Siedlung „in der Falterau" (1911–14) sowie die in den Jahren 1891–1913 errichteten Arbei-

terkolonien Ostheim (1267 Wohnungen), Westheim (93 Wohnungen), Südheim (136 Wohnungen). Diese Zwei- bis Dreizimmerwohnungen umfassenden Doppelhäuser wurden in Stuttgart alle aus genossenschaftlichen Mittel gebaut; der Beitrag der Stadt bestand lediglich in der Erstellung und Erhaltung der Straßen.

Eines der bemerkenswertesten Beispiele einer Arbeitersiedlung aus dieser Zeit stellt „Gmindersdorf" bei Reutlingen dar. Die Kolonie wurde durch die Baumwollspinnerei Gminder nach Plänen des bekannten Architekten Th. Fischer errichtet (1903–11). Es entstand eine geschlossene, eher ländlich als städtisch anmutende Arbeiterwohnsiedlung, die etwa 50 Gebäude von unterschiedlicher Größe umfaßt und überdies eine infrastrukturelle Ausstattung erhielt, die den Bedürfnissen der Bewohner angemessen war. Es gab hier einen Konsumladen, eine Metzgerei und ein Wirtshaus sowie einen Gemeinschaftsziegenstall und drei Waschhäuser; ferner Sozialeinrichtungen wie Kinderhort und Altenhof, in dem die Rentner einen würdigen Lebensabend verbringen konnten.

Die Werksiedlung „Gmindersdorf" verfolgte bei aller dörflich-romantischen Idylle – wie andere Werksiedlungen auch – ganz nüchterne, gesellschaftspolitische Ziele: Die Arbeiter sollten fest an die Fabrik gebunden und durch die erstrebte Bodenständigkeit vor politischer Radikalisierung geschützt werden. Außerdem wurde hier in Anlehnung an die englische Gartenstadtbewegung ein Wohnmodell entwickelt, das zu Beginn des 20. Jh. die Wohnentwicklung der rasch wachsenden Industrie- und Großstädte positiv beeinflußte. Die Gartenstadtbewegung stellte gewissermaßen eine Gegenbewegung zu den in Bodenspekulation und „Mietskasernen" faßbaren Auswüchsen großstädtischen Lebens dar.

Abb. 40: Beispiele für jüngere Wohnsiedlungen

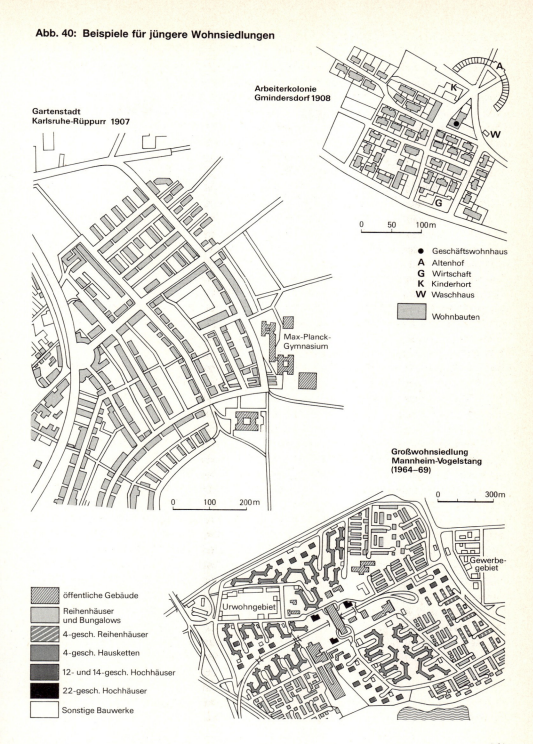

Gartenstadt
Karlsruhe-Rüppurr 1907

Arbeiterkolonie
Gmindersdorf 1908

Max-Planck-
Gymnasium

0   50   100m

● Geschäftswohnhaus
A Altenhof
G Wirtschaft
K Kinderhort
W Waschhaus

Wohnbauten

0   100   200m

Großwohnsiedlung
Mannheim-Vogelstang
(1964–69)

0   300m

Gewerbe-
gebiet

Urwohngebiet

öffentliche Gebäude

Reihenhäuser
und Bungalows

4-gesch. Reihenhäuser

4-gesch. Hausketten

12- und 14-gesch. Hochhäuser

22-gesch. Hochhäuser

Sonstige Bauwerke

161

Bereits 1907 entstand in Karlsruhe die Neusiedlung Rüppurr, die als echte, d. h. auf genossenschaftlicher Grundlage selbständige und wirtschaftlich unabhängige Gartensiedlung im Sinne der 1902 gegründeten deutschen Gartenstadtgesellschaft angelegt wurde. Es war nach Dresden-Hellerau die zweite Gründung dieser Art in Deutschland. Das Modell Gartenstadt fand bald Nachfolger im Lande, so in der Großstadt Mannheim, wo 1910 der Stadtteil „Gartenstadt" als einheitlich geplante genossenschaftliche Siedlung mit Reihenhäusern und Gartenanteilen entstand.

Nach diesen Leitbildern wurden im ersten Drittel des 20. Jh. in vielen Mittel- und Kleinstädten gartenumgebene Wohnbezirke in der Stadtrandzone erschlossen. Allerdings entsprachen diese randstädtischen Neusiedlungen nur in Ausnahmefällen dem Idealbild einer Gartenstadt, da es ihnen in der Regel an Geschlossenheit, funktionaler Selbständigkeit und eigenständigem städtischen Leben mangelte.

In Anknüpfung an die Gartenstadtbewegung kam es in den 20er Jahren zu zwei städtebaulichen Großprojekten, die als Manifestation einer neuen Architektur und eines zukunftweisenden Städtebaus gedacht waren. Im Jahre 1927 entstand an der nördlichen Talflanke im Talkessel von Stuttgart nach Plänen deutscher und ausländischer Architekten die sechzig Wohneinheiten umfassende Mustersiedlung „Weißenhof", geprägt durch Standardisierung und Typisierung in einen auf geometrische Formen reduzierten Funktionalismus. Ein Jahr später entstand in Karlsruhe das Wohnviertel „Dammerstock" nach einem Entwurf von W. Gropius, das eine ganz ähnliche, aus unterschiedlichen Haustypen im internationalen Stil der neuen Sachlichkeit gestaltete, Vorstadt darstellt.

Neben den von Gemeinden- und Wohnungsbaugenossenschaften geschaffenen einheitlichen Wohnquartieren entstanden in begünstigter Landschafts- und Verkehrslage Wohngebiete des wohlhabenden Bürgertums mit größeren Grundstücken und locker gestellten Villen und Landhauskolonien. Infolge der verschiedenen Entstehungszeiten und Funktionen der Bauten ergibt sich hier ein Bild reicher Abwechslung.

5.4.3
Neue städtebauliche Gestaltungsprinzipien: Funktionale Entflechtung

Die Randentwicklung der Stadt war nun nicht die einzige und allein bestimmende Tendenz zwischen den Weltkriegen. Schon um die Jahrhundertwende begreift man den Städtebau nicht mehr als zwanghaftes Wachstum, sondern als konzeptionelle Einheit organisatorischer, humaner und ästhetischer Forderungen.

Als neues Gestaltungsprinzip gewann die Idee der funktionalen Entflechtung des Siedlungskörpers zunehmend an Gewicht. Die Funktionen Wohnen, Arbeiten, Sport und Erholung sollten so getrennt werden, daß sie sich gegenseitig nicht beeinträchtigen konnten. Nicht mehr die kompakte Stadt, sondern die durch Freiflächen aufgelockerte Stadt, in der die verschiedenen Stadtviertel deutlich nach Funktionen gegliedert waren, galt jetzt als städtebauliches Leitbild. Man entdeckte die Notwendigkeit eines „Generalbebauungsplans" als Grundlage moderner Stadtplanung. In der Architektur zeigte sich eine zunehmende Vorliebe für symmetrische Kompositionen. Auch hier waren wieder die beiden Landeshauptstädte und Mannheim Schrittmacher der Entwicklung. Wettbewerbe um Stadterweiterungen, besonders nach der Verlegung von Bahnhöfen, führten hier zur Schaffung neuer Stadtviertel und städtischer Schmuckplätze. Als Beispiel sei genannt der Friedrichsplatz in Mannheim (1899) sowie die neuangelegten Bahnhofsplätze in Karlsruhe (1913) und Stuttgart (1913). Vor allem Stuttgart war in den Jahren vor dem Zweiten Weltkrieg ein Zentrum moderner deutscher Architektur- und Stadtentwicklung. Durch zahlreiche Neubauten war die ganze Innenstadt in ihrer Baustruktur in Fluß geraten, wobei sich die von Amerika beeinflußte funktionelle Architektur immer mehr durchsetzte und wohl in den Baukomplexen entlang Lautenschlagerstraße am imposantesten in Erscheinung tritt. Mit dem Tagblatturm (1928), dem ersten Hochhaus Südwestdeutschlands, erhielt die Stadt einen neuen zukunftweisenden und bestimmenden Akzent.

Mit der Weltwirtschaftskrise und der beginnenden nationalsozialistischen Herrschaft hörte diese dem Funktionalismus verpflichtete moderne Stadtentwicklung auf. Während des „Dritten Reiches" sind in Südwestdeutschland keine nennenswerten städtebaulichen Projekte durchgeführt worden. Lediglich die „bodenverbundenen Kleinsiedlungen" an den Stadträndern wurden fortgesetzt und gefördert, da man in ihnen ein wirksames Mittel im „Kampf gegen großstädtische Entartung und Degeneration" sah.

5.4.4
Kriegszerstörungen

Einen tiefen Einschnitt in die städtebauliche Substanz Südwestdeutschlands stellen die Ereignisse und Folgen des Zweiten Weltkriegs dar.

Die Luftangriffe der Alliierten machten sich von Frühjahr 1943 an in Baden-Württemberg verstärkt bemerkbar. Zunächst waren Mannheim, Stuttgart und Karlsruhe Hauptziele der Bombardements. Sie führten zur Auslöschung der Stadtkerne und einer Vernichtung von weit mehr als der Hälfte des Wohnraums in Mannheim und Stuttgart, während in Karlsruhe das Ausmaß der Zerstörungen nicht ganz so groß war (ca. 33%).

Im Laufe des Jahres 1944 trafen die Luftangriffe auch kleinere Industriezentren wie Ulm, Friedrichshafen, Gaggenau und Orte in der Umgebung von Stuttgart sowie zahlreiche Bahnknotenpunkte. Die Wohnungsverluste waren hier sehr hoch, wurden aber weit in den Schatten gestellt von Städten, die gegen Ende des Krieges im Bombenhagel zugrunde gingen wie Freiburg, Heilbronn, Pforzheim und das kleine Bruchsal. In diesen Städten wurde bis zu 80% des Gebäudebestandes jeweils durch einen einzigen Großangriff vernichtet.

Verheerend waren auch die Zerstörungen in Breisach, Kehl und Freudenstadt, wo im Artilleriefeuer der heranrückenden französischen Armee die gesamten Altstädte vollständig zugrunde gingen. Auch in der Hohenlohe wurden bei erbitterten Kämpfen zwischen deutschen und amerikanischen Truppen die Städte Crailsheim, Ilshofen, Waldenburg, Löwenstein, Weinsberg in Schutt und Asche gelegt.

5.5
Die Stadtentwicklung der Nachkriegszeit und der Gegenwart

Die Hauptaufgaben des Städtebaus in den ersten Nachkriegsjahren war neben dem Wiederaufbau zerstörter Stadtkerne und der allgemeinen Reaktivierung der Stadtzentren vor allem die Bereitstellung an Wohnraum. Es kam zu einem steilen Aufstieg der Wohnbautätigkeit.

5.5.1
Wohnungsbau und neue Wohngebiete

Von den 1462000 Wohnungen, die es 1939 im Landesgebiet gab, waren durch Luftkrieg und Kampfhandlungen 220000, d. h. 15%

des Gesamtbestandes, zerstört und unbewohnbar geworden. Hinzu kam, daß von den übriggebliebenen Wohnungen die meisten instandsetzungs- und modernisierungsbedürftig geworden waren. Durch den Zuzug von Heimatvertriebenen und Flüchtlingen nahm die Wohnungsnot, vor allem im amerikanisch besetzten Landesteil Württemberg-Baden, katastrophale Ausmaße an. Ein großer Teil der Heimatvertriebenen konnte hier zunächst nur in Bunkern, Baracken oder sonstigen Behelfsunterkünften untergebracht werden.

Obgleich die Bevölkerung gleich nach dem Krieg selbst daran ging, leicht oder mittelschwer beschädigte Gebäude in Eigeninitiative wieder bewohnbar zu machen und dabei beachtliche Aufbauleistungen vollbrachte, konnte die drückende Wohnungsnot schließlich nur durch die Lenkung und Förderung staatlicher und kommunaler Stellen behoben werden. Wichtige gesetzliche Grundlagen waren dafür das württembergisch-badische Aufbaugesetz vom 18. 8. 1948 und das erste Wohnungsbaugesetz der Bundesrepublik vom 24. 4. 1950, denen in den 60er und 70er Jahren weitere Bundesgesetze folgten. Im Rückblick sind in den vergangenen drei Jahrzehnten beachtliche Bauleistungen vollbracht worden. So wurden in den Jahren 1952 bis 1980 rd. 2,4 Mill. Wohnungen fertiggestellt, das entspricht einem Durchschnitt von knapp 82000 pro Jahr. Die Spitzenwerte wurden Mitte der 60er Jahre sowie Anfang der 70er Jahre erzielt, wobei die Bauwirtschaft des Landes am bundesweit zu beobachtenden Bauboom überproportionalen Anteil hatte. Der absolute Höchststand mit rd. 119000 Wohnungen wurde 1973 erreicht. Danach haben sich die Fertigstellungen von Jahr zu Jahr kontinuierlich verringert, bis auf rd. 62000 Wohnungen im Jahr 1978. In den letzten Jahren sind die Zahlen im Wohnungsbau wieder gestiegen.

Dazu kam, daß sich in den vergangenen 30 Jahren der Wohnkomfort sowohl in der Größe der Wohnungen – die durchschnittliche Wohnungsgröße in Neubauten stieg zwischen 1952 und 1980 von knapp 60 m^2 auf 100 m^2 – als auch in ihrer Ausstattung erheblich verbesserte. Dies zeigte sich schon am äußeren Erscheinungsbild der neuen Wohngebiete. Waren die Wohnviertel des sozialen Wohnungsbaus, die zu Beginn der 50er Jahre errichtet wurden, architektonisch oft einfallslos (Wohnblocks- und Reihenhäuser dominierten) und in der Ausstattung unzureichend, so haben sich die äußeren und inneren Wohnverhältnisse in den 60er Jahren entscheidend verbessert. Damals setzte auf breiter Front der Wohnungsbau der Wohlstandsgesellschaft ein; ausgelöst durch die Ansiedlung neu zuströmender Personen aus dem nahen und fernen Einzugsbereich der Städte.

Die siedlungsgeographischen Folgen lassen sich in einigen Hauptaspekten fassen. In den landschaftlich schön gelegenen Stadtrandlagen eroberten die Einfamilienhäuser in Streusiedlungsweise eine weite Außenzone. Das eigene „Häuschen im Grünen" wurde in Baden-Württemberg zum Leitbild für Hunderttausende. Welches Ausmaß der Wunsch nach einem Eigenheim im Lande der sprichwörtlichen „Häuslebauer" angenommen hat, können folgende Zahlen verdeutlichen: Von den 36047 Wohngebäuden, die 1980 in Baden-Württemberg fertiggestellt wurden, waren 33530 oder 93% Ein- und Zweifamilienhäuser.

Durchgehende physiognomische Merkmale der neuen Wohnareale sind eine dem Gelände angepaßte Straßenführung mit lockerer Bebauung, die überall Raum für Nutz- und Ziergärten übrig läßt. Dazu tritt eine Fülle unterschiedlicher Hausformen (Einfamilien-, Doppel- und Reihenhäuser, durchsetzt von Landhaus- und Bungalowkolonien, aber auch von Mietshäusern und Wohnblocks), so daß sich ein Bild reicher Abwechslung ergibt. Bei größeren Städten sind diese jungen Bezirke schon vielfach zu einer funktionalen Eigenständigkeit im Rahmen des gesamten Gemeinwesens gelangt, wie eigene Kirchen, Schulen, Einkaufsläden, Bankfilialen und Arztpraxen bekunden. Nachteilig an dieser Entwicklung war allerdings, daß die Städte in der Landschaft zerflossen und es oft zu einer wilden Zersiedlung der stadtnahen Erholungsgebiete kam. Hierbei wird eine Tendenz deutlich, die für die gesamte Stadtentwicklung der Nachkriegszeit in der Bundesrepublik bestimmend wurde: Die Städte wuchsen nicht mehr durch Verdichtung, sondern durch Ausdehnung der Wohnareale. Schon in den 50er Jahren wurden größere Baumaßnahmen des sozialen Wohnungsbaus vorzugsweise auf Freiflächen am Stadtrand angelegt. Auch der private Wohnungsbau wich – wie bereits dargelegt – in die Außenbezirke aus. Nach und nach entstand so im Umkreis der großen Städte eine breite halbstädtische Übergangszone, die den traditionellen scharfen Kontrast zwischen Stadt und Land aufzulösen begann. Am gravierendsten tritt einem diese Entwicklung um Mannheim und Heidelberg, um Karlsruhe und Stuttgart mit Böblingen, Sindelfingen, Ludwigsburg, Waiblingen und Esslingen vor Augen, wo in den vergangenen drei Dekaden durch die flächenhafte Überbauung der Landschaft ein mehr oder weniger ungegliederter „Siedlungsbrei" entstand, der sich zu amorphen Großstadtlandschaften verdichtete.

Gerade die Auflösung der festen Stadtgrenzen ist zu einem Entwicklungsmerkmal geworden, die die Städte Baden-Württembergs – wie der Bundesrepublik überhaupt – von denen der Vorkriegszeit, aber auch von den Städten anderer Länder unterscheidet. Um dem Ausverkauf des Bodens und der größeren Landzerstörung im Umkreis der Städte zu begegnen, hat man seit 1955 begonnen, geschlossene Wohnstädte zu planen. Dabei wurde versucht, eine große Zahl von Wohnungen bei möglichst geringer Flächenbeanspruchung und ausreichender Versorgung

mit Dienstleistungen für den täglichen Bedarf zu errichten. So wurde in den 60er Jahren im Süden Stuttgarts auf der Filderhochfläche das Wohngebiet Fasanenhof erschlossen und gebaut. Auf ca. 42 ha wurden in verschiedener Einwohnerdichte vom 21-geschossigem Mehrfamilienhaus bis zum Einfamilienhaus insgesamt 2866 Wohneinheiten erstellt. Zahlreiche Schulen, Gemeindezentren, Kindertagesheime, Altersheime und Ladengruppen stehen hier überdies den mehr als 10000 Personen dieses Wohngebietes zur Verfügung. Weitere Beispiele für solche verdichteten und geschlossenen Wohngebiete, die den Charakter von Trabantenstädten besitzen, sind Vogelstang in Mannheim, Boxberg-Emmertsgrund in Heidelberg, Waldstadt in Karlsruhe, Landwasser in Freiburg i. Br., Waldhäuser-Ost in Tübingen, Orschelhagen in Reutlingen und das Wohngebiet Tannenplatz in Ulm.

Auch in vielen anderen Mittelstädten ergaben sich – wenn auch in geringerem Maße – ähnliche städtebauliche Probleme: etwa bei Bühl, Offenburg, Lahr und Lörrach im Oberrheingebiet, bei Aalen, Bretten, Bietigheim, Calw, Ebingen, Esslingen, Heidenheim und Göppingen im zentralen Landesteil sowie im Bodenseeraum um Singen, Konstanz, Friedrichshafen und Ravensburg. Auch hier kam es zu mehr oder weniger großen verdichteten Wohngebieten, die alle aus einem Guß geplant und realisiert worden sind.

Die beachtlich anwachsende Zersiedlung der Landschaft und die allmähliche Auflösung fester urbaner Strukturen wurde jedoch nicht nur durch die modernen Wohnansprüche, sondern auch durch den Raumbedarf der Sektoren Verkehr, Industrie, Bildung und Konsum verursacht. Nach US-amerikanischem Vorbild ist in den 60er Jahren in der Bundesrepublik das randstädtische Einkaufszentrum heimisch geworden. Als erstes wurde 1964 das „Main-Taunus-Zentrum" in Frankfurt/M. errichtet, 1966 folgte das „Ruhrpark-Einkaufszentrum" in Bochum. In den 70er Jahren schossen diese neuen Geschäftszentren auch in Baden-Württemberg wie Pilze aus dem Boden, wobei das Einkaufszentrum „Breuningerland" bei Ludwigsburg (1973) bis heute als eines der größten (41000 m² Nutzfläche) und am besten ausgestattetsten gelten kann. Auch der beispiellose Ausbau des Bildungswesens forderte in den letzten Jahrzehnten seinen Tribut an überbautem Land. Nicht allein durch die Gründung neuer Universitäten (Konstanz und Ulm) und neuer Pädagogischer Hochschulen (Ludwigsburg und Reutlingen), die in eigenen, campusartig angelegten Hochschulvierteln am Rande der Städte angesiedelt wurden, sondern auch durch den enormen Ausbau der alten Universitätsstandorte. In Heidelberg, Karlsruhe, Stuttgart und Tübingen entstanden zahlreiche neue Institute, Kliniken und Laboratorien, die in der Regel zu geschlossenen Hochschulkomplexen zusammengefaßt wurden. Zur schnellen Befriedigung des sprunghaft wachsenden Raumbedarfs wurde ein standardisiertes Typenprogramm entwickelt, welches durch elementiertes Bauen in Fertigteilen zugleich rationale Planung, schnelle Erstellung sowie elastische Anpassung an vielfältige Bedürfnisse erlaubte. Die funktionelle Zweckmäßigkeit dieser Bauten im Innern wurde jedoch durch eine graue Monotonie im Äußeren erkauft.

Gleichzeitig wuchsen überall die Raumansprüche der bestehenden Gewerbe- und Industriebetriebe. Viele Firmen, die sich an ihren herkömmlichen, innerstädtischen Standorten nicht mehr ausdehnen konnten, mußten deshalb aus den größeren Städten ausgelagert werden. Dabei spielten die architektonischen Wandlungen des Fabrikbaus eine Rolle. In der Nachkriegszeit erfolgte nämlich der Übergang vom mehrgeschossigen Fabrikgebäude zum eingeschossigen „Horizontalbau" mit fast ausschließlich ebenerdigen Arbeitsräumen. Angestrebt

wurden daher in erster Linie Standorte, an denen ausreichend Fläche sowohl für die beabsichtigte Rationalisierung als auch für spätere Betriebsausweitung möglichst billig zu bekommen, die Führungsvorteile eines städtischen Zentrums aber weiterhin wirksam und der neue Betriebsstandort für die Stammarbeiterschaft im Pendelverkehr erreichbar waren. Praktisch wirkte sich das so aus, daß vorwiegend kleine Gemeinden im 15-km-Umkreis eines alten Gewerbeorts sich im Laufe der letzten Jahre zu Industriegemeinden entwickelten.

Es entstanden aber auch riesige Fabrikareale am Stadtrand größerer Städte, wie z. B. das Industriegelände Donautal in Ulm (140 ha) oder das Werksgelände von Daimler-Benz in Sindelfingen, das mit 180 ha fast die Fläche der Stuttgarter Innenstadt erreicht.

5.5.2 Stadtkerne: Wiederaufbau und moderner Strukturwandel

Wiederaufbau

Im Wiederaufbau und bei der Modernisierung der Stadtkerne wurde einerseits das traditionelle Gesicht mancher Städte umfassend verändert, andererseits blieben aber wesentliche historische Dominanten und mit ihnen der individuelle Stadtcharakter erhalten.

Dies gilt in besonderer Weise für die *Grundrißkontinuität der Altstädte*. Die überlieferte Bodenordnung, die Notwendigkeit eines raschen Wiederaufbaus von Wohnungen und Arbeitsstätten auf den alten Grundmauern, die vielfach noch intakten Versorgungsnetze im Boden sowie die fehlenden finanziellen Mittel verhinderten eine tiefgreifende Neugestaltung der Kernstädte. Selbst in jenen Städten, deren Zentren nach dem Krieg in Schutt und Asche lagen, kam es nur zu Teilbereinigungen wie in Stuttgart, Reutlingen oder Ulm. Größere Umlegungen und Neuordnungen im Kernbereich wurden lediglich in Freudenstadt, Heilbronn und Pforzheim durchgeführt. Aber auch hier handelte es sich mehr um eine zeitgemäße Adaption traditioneller Muster als um die Verwirklichung entwicklungsfähiger und zukunftsorientierter Pläne. Zu stark war damals noch der Traditionswille der Bevölkerung, die überlieferte Stadtanlage in alter Form zu erhalten und niemand konnte in den ersten Nachkriegsjahren den kometenhaften Wirtschaftsaufstieg des Landes und die damit verbundene Entwicklung des innerstädtischen Verkehrs absehen.

Auch bei der Gestaltung des *Aufrisses* spielte herkömmliches Denken eine entscheidende Rolle. Soweit es möglich und vertretbar war, wurden wertvolle historische Bauten wieder hergestellt, reaktiviert oder anderen Zwecken zugeführt. Aber selbst große repräsentative Neubauten wie Verwaltungsgebäude, Warenhäuser, Kulturbauten oder Krankenhäuser entstanden in der Regel dort, wo gerade Grundstücke verfügbar waren, ohne städtebaulich sinnvolle Aspekte zu berücksichtigen.

Da großzügige Flächensanierungen nur in seltenen Fällen möglich waren, blieben die innerstädtischen Wohnviertel vielfach überaltert oder wurden ohne ausreichende Mittel übereilt wieder aufgebaut. Außerdem waren sie häufig durchsetzt von Klein- und Mittelbetrieben, die einerseits in den beengten Verhältnissen selbst nur mühsam existieren konnten, andererseits aber den Wohnwert des Viertels minderten.

So überrascht es nicht, wenn gelegentlich der Vorwurf erhoben wurde, beim Wiederaufbau der kriegszerstörten Städte nach 1945 hätte „alles anders gemacht werden müssen" oder „man hätte die einmalige Chance einer Neugestaltung von Grund auf vertan". Peter Schöller (1967, S. 81) begegnet diesen Einwänden mit dem Hinweis: „Die Chance hat nie bestanden . . ., die wirtschaftlichen und gesellschaftlichen Voraussetzungen und die sich daraus ableitenden Aufbauperspektiven erlaubten kaum eine grundsätzlich andere Entwicklung."

Strukturwandel der Kernstädte

Als zu Beginn der sechziger Jahre eine neue Phase industrieller und wirtschaftlicher Blüte einsetzte, verlangte dies nach neuen städtebaulichen Ordnungen, um den Anforderungen und neu auftretenden Problemen gerecht zu werden. Der Aufgabenkatalog für den Städtebau wurde wesentlich differenzierter und umfangreicher. In allen Großstädten und in vielen Mittelstädten Baden-Württembergs setzte ein innerstädtischer Strukturwandel ein, der vor allem zu einer Ausdehnung der zentralen Hauptgeschäftsviertel führte.

Dieser Prozeß der *Citybildung* war gekennzeichnet durch eine steigende Konzentration von Dienstleistungen mit intensivem Kundenverkehr: Warenhäuser, Banken, Versicherungen, hochspezialisierter Einzelhandel, Praxen von Fachärzten und Rechtsanwälten, Kultur- und Verwaltungseinrichtungen.

Geschlossene Schaufensterfronten, Geschäftspassagen und eine steigende Hochhausbebauung waren die äußeren Indikatoren eines funktionalen Wandels. Es kam dabei zu ausgesprochenen Verdrängungsprozessen. Zahlreiche Wohnhäuser wurden in Bürogebäude und gewerblich genutzte Bauten umgewandelt bzw. durch entsprechende Neubauten ersetzt. Die Wohnbevölkerung nahm rapide ab, und es kam zu einer charakteristischen Diskrepanz zwischen extrem hoher „Tagesbevölkerung" und äußerst schwacher „Nachtbevölkerung" im Citybereich. Die hohe Arbeitsplatz- und Beschäftigungsdichte bewirkte einerseits höchste Umsätze pro Flächeneinheit aber auch extrem hohe Bodenpreise und Mieten. Der lawinenartig anschwellende Verkehr wurde zur

Abb. 41: Gliederung einer City: Freiburg im Breisgau
(n. Unterlagen des Stadtplanungsamts Freiburg i. Br.)

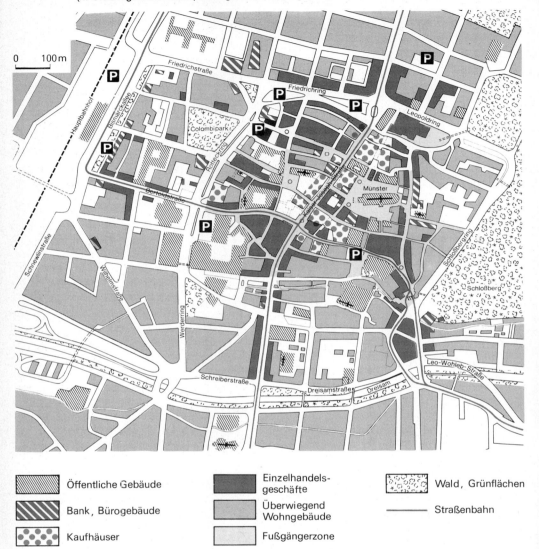

Öffentliche Gebäude	Einzelhandelsgeschäfte	Wald, Grünflächen
Bank, Bürogebäude	Überwiegend Wohngebäude	Straßenbahn
Kaufhäuser	Fußgängerzone	

kaum mehr erträglichen Belastung; allerdings nicht nur für den Citybereich, sondern für die gesamte Innenstadt.

Zunächst glaubte man, mit Straßendurchbrüchen, Straßenverbreiterungen, Ringstraßen und Umgehungsstraßen (z. B. Esslingen, Freiburg, Ulm) die zunehmende Verkehrs-

überlastung auffangen zu können. Oft haben aber diese teuren und raumaufwendigen *Verkehrsanlagen* die städtebauliche Struktur zu ihren Ungunsten verändert, wenn nicht sogar zerstört, wie im Fall der Stuttgarter Neckarstraße. Was an Straßen und Plätzen nicht vom fließenden Verkehr beansprucht

168

wurde, mußte dem ruhenden Verkehr dienen. Damit verloren oftmals viele historisch wertvolle Straßenräume und Plätze sowohl optisch als auch funktional den letzten Rest an Urbanität.

Aus diesem Grunde wurden in den Zentren einer Reihe größerer und kleinerer Städte *Fußgängerzonen* geplant und nach und nach ausgebaut. Ein schrittweises Vorgehen war deshalb notwendig, weil mit der Umleitung des Fahrverkehrs auch noch dringend benötigter Parkraum wegfiel, für den zuerst Ersatz in Form von Tiefgaragen und Parkhäusern geschaffen werden mußte. Außerdem verursachten veränderte Verkehrsströme oftmals eine Wandlung der wirtschaftlichen Mikrostruktur in den Innenstädten. Die Bedeutung der herkömmlichen Einkaufsstraßen konnte sich negativ verändern und Wirtschaftsschwerpunkte in angrenzende Bereiche verlagert werden. Daher mußte sorgfältig geplant werden, um Fehlentwicklungen zu begegnen. Schon heute zeigte sich jedoch, daß durch den Ausbau von Fußgängerbereichen viele Innenstädte wieder an urbaner Lebensform gewonnen haben, wie die Beispiele in Esslingen, Freiburg i. Br., Heidelberg, Heilbronn, Karlsruhe, Ludwigsburg, Pforzheim, Ravensburg, Rottenburg, Stuttgart, Tübingen, Ulm u. a. m. zeigen. Außerdem versuchten verschiedene Mittelzentren durch den Bau zentral gelegener Dienstleistungskomplexe die Attraktivität der Kernbereiche zu stärken und zu erhalten. Als Beispiele seien genannt die sog. „Querspange" in Waiblingen sowie die großen Laden- und Einkaufszentren in Böblingen, Leonberg und Ludwigsburg.

Ein nach wie vor besonderes Problem, hauptsächlich in den Zentren der Verdichtungsräume, war die steigende Motorisierung der Bevölkerung. So ergab sich die Notwendigkeit, an den Konzentrationsstellen des Hauptverkehrs die Verkehrsströme und Verkehrsarten in verschiedene Verkehrsebenen aufzugliedern. In Stuttgart haben die Städteplaner Ende der 60er Jahre damit begonnen, an den zentralen Kreuzungspunkten des innerstädtischen Verkehrs (Hauptbahnhof, Charlottenplatz, Rotebühlplatz) aufwendige Verkehrsbauwerke zu errichten, um den Individual- und Massenverkehr zu entflechten.

Im Verkehrsknoten Charlottenplatz wurden beispielsweise die verschiedenen Verkehrsarten auf drei Ebenen verlegt: Auf der Geländeebene verlaufen die Fahrbahnen der Bundesstraße 27 sowie Zubringer und Auffahrten zur Bundesstraße 14. Im ersten Untergeschoß liegen die Schienenstränge und Haltestellen für die Straßenbahnen. Im zweiten Untergeschoß durchqueren die Bundesstraße 14 sowie U-Bahnen gleicher Richtung den Verkehrsknoten. Die Fußgänger erreichen den Verkehrsknoten über Gehtreppen, Rolltreppen und Rampen. Noch gewaltiger sind die Anlagen bei der „S-Bahn-Station Bahnhofsvorplatz". Dieser kreuzungsfreie Knoten besitzt vier Verkehrsebenen: ebenerdige Autostraßen, unterirdisches Fußgängergeschoß („Klettpassage"), U-Bahn-Tunnel, S-Bahn-Tunnel. Sämtliche Etagen sind durch Rolltreppen erreichbar.

Vor allem durch die S-Bahn (Baubeginn 1971), die in der Stuttgarter Innenstadt unterirdisch verläuft, konnte der gesamte Personennahverkehr im Mittleren Neckarland (hier leben rd. 1,5 Millionen Menschen) entscheidend verbessert werden.

Zu ausgesprochenen Problemgebieten sind in den letzten Jahren viele mittelalterliche Altstädte und manche gründerzeitliche Wohngebiete geworden. Die Wanderung der Bewohner von der Innenstadt an den Stadtrand kann als Ausdruck eines Krisensymptoms gedeutet werden. Oft war dies nämlich eine Reaktion auf unzureichende Wohnbedingungen im Innenstadtbereich. Die überalterte Bausubstanz, die engen Gassen und dunklen Hinterhöfe sowie die erheblichen Verkehrsbelastungen konnten vielerorts den gehobenen Wohnansprüchen nicht mehr genügen. Deshalb ist in den 70er Jahren die *Stadterneuerung* bzw. *Stadtsanierung* zu einer vordringlichen städtebaulichen Aufgabe geworden, wobei zwischen der Notwendigkeit der Modernisierung und Auflockerung der alten Baustruktur und den Gesichtspunkten der Traditions- und Denkmalpflege ein sorgfältiges Abwägen aller öffentlichen und privaten Interessen gefordert war. Ziel aller Maßnahmen war und ist, die Lebens-, Arbeits- und Umweltbedingungen in den Altstädten zu verbessern, ohne dabei die Harmonie der alten Stadtbilder zu zerstören. Nach den Vorgaben des Städtebauförderungsgesetzes (1971) und unter finanzieller Beteiligung von Bund, Land und den jeweiligen Gemeinden sind inzwischen Modellvorhaben zur Erneuerung von Städten in Angriff genommen und teilweise auch schon erfolgreich abgeschlossen worden. Im Einzelfall wurden dabei sehr individuelle Lösungen gefunden: von flächenhaftem Abriß und Neuaufbau bis zur Entkernung unübersichtlicher Baublöcke, der Verlagerung störender Gewerbebetriebe und denkmalpflegerischer Objektsanierung. Als besonders gelungene Beispiele der Stadterneuerung können Freiburg i. Br., Heidelberg, Pfullingen, Schwenningen und Tübingen gelten; außerdem wurden auch in vielen kleineren Städten wie z. B. Creglingen, Rot a. See, Sinsheim, Rosenfeld, Hayingen-Zwiefalten, Ostrach, Horb a. N., Sulz a. N., Dornstetten und Trochtelfingen strukturverbessernde Maßnahmen und Sanierungen durchgeführt.

Ausblick

Die zukünftige städtebauliche Entwicklung ist schwer abzuschätzen; zumal eine Fülle sehr unterschiedlicher Faktoren sich dabei überlagern. Neben den sich ständig wandelnden gesellschaftlichen Leitbildern, ökonomischen Möglichkeiten und demographischen Schwankungen werden auch die künftigen technischen und architektonischen Entwick-

lungen eine erhebliche Rolle spielen. Im Landesentwicklungsplan (1972) wurde versucht, überörtliche Zielvorstellungen für die zukünftige Raum- und Siedlungsstruktur des Landes zu geben, die – bezogen auf den Städtebau – folgende Maßnahmen umfassen sollen:

– Vermeidung ungegliederter Überbauung und Zersiedlung der Landschaft durch Konzentration der Siedlungsentwicklung in zentralen Orten;
– qualitative Verbesserung der Städte und städtischen Räume durch Maßnahmen der städtebaulichen Ordnung;
– Sanierung überalterter Baugebiete;
– Ausbau und Gestaltung innerstädtischer Erholungsflächen;
– Entflechtung und Ordnung des innerstädtischen Verkehrs, inbesondere durch den Ausbau des Personennahverkehrs.

5.5.3
Die innere Differenzierung der Städte

Kennzeichnend für die vorindustrielle Stadt war das räumliche Beieinander der Daseinsbereiche Wohnen, Arbeiten, Konsum, Bildung und Erholung.

Erst die beginnende Industrialisierung brachte die räumliche Trennung der verschiedenen Funktionsbereiche, wobei die Maschine und die vielfältige Massenproduktion zur Arbeitsteilung und zur Spezialisierung vieler Berufe führte und die neuen Verkehrs- und Transportmittel eine Konzentration oder Steuerung der Standorte in gleicher Weise erlaubte.

Die Auswirkungen dieser industriegesellschaftlichen Wandlungen spiegeln sich in der inneren Struktur der Städte wider. Heute sind die einzelnen Daseinsbereiche räumlich getrennt, wobei Ausmaß und Art der funktionalen Entflechtung mit der Bedeutung und Größe der Stadt korrespondieren.

Bei fast allen Städten haben sich im Laufe der vergangenen Jahrzehnte mehr oder weniger reine Wohngebiete, Geschäftsviertel (bzw. Hauptgeschäftsstraßen), Industrie- und Gewerbeviertel herausgebildet. In Großstädten treten ausgesprochene Verwaltungs- und Vergnügungsviertel dazu; oft in enger räumlicher Verbindung zum Citybereich. Am Großstadtrand finden sich häufig Trabantensiedlungen, Einkaufszentren, Freizeitparks, die alle eines gemeinsam haben: vorrangig nur einer bestimmten Funktion zu dienen.

Als Beispiel sei die funktionale Gliederung der Stadt Ulm a. d. Donau erwähnt. Die Karte gibt einen Überblick über die unterschiedliche Nutzung der Stadtfläche. Als eigenständiges funktionales Stadtviertel fällt im Zentrum des Siedlungskörpers die „City" auf, die nahezu den gesamten Altstadtbereich einnimmt. Sie wird umrahmt von ausgesprochenen Mischvierteln, die gleichermaßen von Wohngebäuden als auch von Gewerbe- und Dienstleistungsbetrieben geprägt werden. Dazu gehören die ehemals selbständigen Dorfbezirke (Söflingen, Wiblingen und Böfingen), aber auch die gründerzeitliche „Neustadt", die sich nördlich an die Altstadt anlehnt, sowie Teile der „Weststadt". Ins Auge springen zwei größere Industrie-

Abb. 42: Funktionale Gliederung einer Stadt: Ulm an der Donau
(n. Unterlagen des Stadtplanungsamts Ulm a. d. D.)

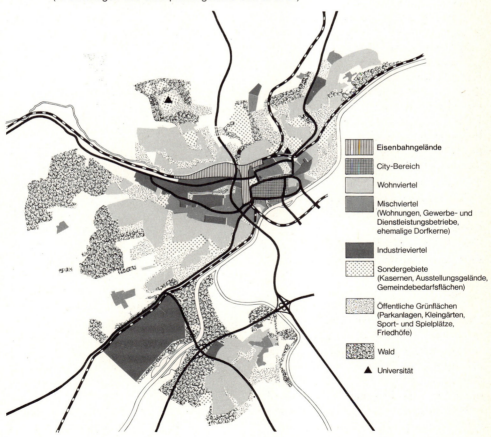

Eisenbahngelände

City-Bereich

Wohnviertel

Mischviertel
(Wohnungen, Gewerbe- und Dienstleistungsbetriebe, ehemalige Dorfkerne)

Industrieviertel

Sondergebiete
(Kasernen, Ausstellungsgelände, Gemeindebedarfsflächen)

Öffentliche Grünflächen
(Parkanlagen, Kleingärten, Sport- und Spielplätze, Friedhöfe)

Wald

▲ Universität

areale: Das Industriegebiet „Ulm-West" und „Donautal". Das Industrieviertel „Ulm-West" ist weitgehend historisch gewachsen. Wichtige Standortfaktoren waren hier die Wasserkräfte der Blau (Werkfluß der Stadt), vor allem aber der Bau des Güterbahnhofs, der günstige Verkehrsanbindungen gewährleistete.

Da die Wohnbebauung bereits in den 30er Jahren die Werksanlagen fast vollständig umschlossen hatte, war nach dem Kriege eine weitere Ausdehnung der Gewerbefläche dort kaum noch möglich. Dies war der Grund für die Erschließung des Industriegebiets „Donautal" nach 1950, das sich inzwischen zum größten Industriegebiet der Stadt entwickelt hat. Maßgebende Standortfaktoren waren neben den ausreichenden Freiflächen für Betriebserweiterungen und Neuansiedlungen, die ebene Tallage sowie der Bahnanschluß. Schließlich gibt es noch einige kleinere Industrieareale am Rande der Altstadt, die aus den Anfängen der Industrialisierung stammen.

Zwischen den Industrieflächen liegen ausgedehnte Wohngebiete, wobei an den südexponierten Hängen am nördlichen Stadtrand ausgesprochene Villenviertel entstanden sind. Dazu treten größere Neubaugebiete, die nach dem zweiten Weltkrieg in verdichteter Bauweise als geschlossene Siedlungskomplexe angelegt wurden, so im äußersten Nordosten der Stadt das Wohngebiet „Braunland" (1959) und ganz im Süden Ulms, zwischen Donau und Iller, die 18 000 Einwohner zählende Trabantenstadt „Tannenplatz" (1970).

Zu den Stadtgebieten mit besonderen Aufgaben zählen die Kasernen, das Ausstellungsgelände, der Universitätscampus, die Flächen für städtische Versorgungseinrichtungen sowie Schulen, Krankenhäuser u. a. Ulm ist reich an Grünflächen: vor allem im Donautal, aber auch in den peripheren Stadtgebieten, die teilweise der innerstädtischen Erholung dienen.

Der Prozeß der funktionalen Entmischung vollzog sich in besonderer Weise im Kernbereich der Städte. Sogar in Kleinstädten kam es in den vergangenen 150 Jahren zu einem beachtlichen Funktionswandel, der sich vor allem in einem starken Rückgang des Handwerks, dem völligen Verschwinden der Landwirtschaft, sowie in der Zunahme der Ladengeschäfte und der reinen Wohnfunktion äußerte. Die Spuren dieses funktionalen Wandels zeigen sich in einer veränderten Physiognomie. Die ehemals landwirtschaftlichen Ökonomiegebäude (Ställe, Scheunen) sind in der Regel zu Garagen, Lagergebäuden oder auch zu Wohngebäuden umfunktioniert worden.

Am deutlichsten wird jedoch der sozioökonomische Wandel des Industriezeitalters in der Umstrukturierung der Kernzonen der Großstädte. Hier entstand ein ausgesprochener Einkaufs- und Verwaltungsbereich: die City (vgl. S. 167).

5.5.4
Die Städte als zentrale Orte

Walter Christaller hat 1933 mit seiner bahnbrechenden Arbeit über die zentralen Orte in Süddeutschland auf die Bedeutung der Zentralität für die hierarchische Stufung der Städte und die Gliederung ihrer Zuordnungsbereiche aufmerksam gemacht. Er ging davon aus, daß zu den wichtigsten Aufgaben der Städte die Ausübung zentraler Funktionen gehört, d. h. die Versorgung ihres Umlandes mit Gütern und Dienstleistungen, an denen es dort fehlt. Hierzu zählen administrative, wirtschaftliche, kulturelle, kirchliche und gesellschaftliche Funktionen und solche von verkehrs- und gesundheitspflegerischen Einrichtungen. Diese zentralen Güter und Dienste bestimmen wiederum in Art, Intensität und Reichweite das innere Gefüge eines städtischen Umlands.

Inzwischen ist dieses gesellschaftsräumliche

Ordnungsmodell – methodisch erheblich verfeinert – zu einem wichtigen Hilfsinstrument für die moderne Landes- und Raumplanung geworden. Für die zentralörtliche Gliederung Baden-Württembergs wurde im Landesentwicklungsplan von 1973 eine Klassifizierung zentraler Orte in vier Stufen erarbeitet, die dem gegenwärtigen Aufbau des Zentralitätsgefüges gerecht wird. Dabei werden unterschieden:

– *Die Kleinzentren:*

Sie sind so ausgestattet, daß sie den täglich wiederkehrenden überörtlichen Bedarf eines Umlandes mit in der Regel bis zu 10000 Einwohnern befriedigen können. Ihre zentralörtlichen Einrichtungen sind von den Wohnorten des Umlandes durchweg nicht mehr als 7 km entfernt.
Kennzeichnend für ihre Ausstattung sind z. B. Nachbarschaftsschule, Postanstalt, Freibad, Sportplätze, Zweigstelle einer Bank, Apotheke, Arzt.
Zu dieser Gruppe gehören neben ländlichen Mittelpunktsgemeinden eine Reihe von Zwergstädten, die in der Nähe höherer Zentren liegen wie Beilstein, Ilsfeld, Bad Wimpfen und Gundelsheim im 15-km-Umkreis von Heilbronn.

– *Die Unterzentren:*

Sie sind bei einer Regelgröße von mindestens 6000 Einwohnern so ausgestattet, daß sie den qualifizierten, kurzfristig wiederkehrenden überörtlichen Bedarf eines Umlandes mit mehr als 10000 Einwohnern decken können. Kennzeichnend für ihre Ausstattung sind z. B. Gymnasien, kleineres Krankenhaus, Banken, Geschäfte mit umfangreichem Warenangebot.
Der Landesentwicklungsplan weist insgesamt 86 Unterzentren aus, die sich hauptsächlich aus Klein- und Zwergstädten zusammensetzen. Als Beispiele können die Schwarzwaldstädtchen St. Blasien, Oberkirch und Altensteig genannt werden.

– *Die Mittelzentren:*

Sie können als Städte mit mindestens 15000 Einwohnern den gehobenen, seltener auftretenden qualifizierten Bedarf eines Umlands mit mehr als 35000 Einwohnern decken.
Kennzeichnend sind mehrzügige Gymnasien, Einrichtungen des beruflichen Schulwesens, Schwerpunktkrankenhäuser, Einkaufsmöglichkeiten für den gehobenen Bedarf, Geschäftsstellen von Versicherungen, Handels- und Wirtschaftsorganisationen.
Im Landesentwicklungsplan werden 76 Mittelzentren ausgewiesen. Dabei stellen die Mittelstädte den Hauptanteil an dieser Gruppe wie z. B. Nürtingen, Kirchheim oder die Kreisstädte Esslingen und Göppingen.

– *Die Oberzentren:*

Als zentrale Orte höchster Stufe besitzen sie eine großstädtische Prägung, wobei sie ein großes Gebiet mit mehr als 100000 Einwohnern mit hochqualifizierten Leistungen versorgen. Kennzeichnend ist ihre Ausstattung mit Hochschulen aller Art, mit Theater, Konzerthaus, Hauptschwerpunktkrankenhaus, Großkaufhäusern, Hauptzweigstelle der Landeszentralbank und anderen Banken, die Versicherungen und sonstiger Organisationen.
Oberzentren sind alle Großstädte des Landes sowie einige Mittelstädte, die der Großstadteigenschaft ziemlich nahe kommen: Stuttgart, Mannheim (Doppelzentrum zusammen mit Ludwigshafen), Karlsruhe, Heidelberg, Heilbronn, Freiburg, Reutlingen und Tübingen (Doppelzentrum), Ulm (Doppelzentrum mit Neu-Ulm), Pforzheim, Konstanz und Ravensburg. Zu einem weiteren Oberzentrum soll die 1972 geschaffene

Doppelstadt Villingen-Schwenningen ausgebaut werden.

Betrachtet man im Überblick die Verteilung der Oberzentren und ihrer zugeordneten Bereiche in Baden-Württemberg (vgl. Alexander Länderkarte VII), so fällt zunächst auf, daß sie sich im bevölkerungsreichen Nordwesten häufen, während der südliche, bevölkerungsärmere Landesteil deutlich weniger Oberzentren aufweist. Dagegen verhält es sich mit den Einzugsbereichen konsequenterweise umgekehrt. Eine weitere Besonderheit im zentralörtlichen Netz des Landes sind die weit nach Osten ausgreifenden Einzugsbereiche von Heilbronn und Stuttgart. Dies läßt sich darauf zurückführen, daß Ostwürttemberg ebenfalls weniger dicht besiedelt ist und kein eigenes Oberzentrum besitzt.

Die Landeshauptstadt Stuttgart konnte bis heute – obgleich etwa in der Landesmitte gelegen – keine alles überragende Stellung im Land gewinnen. Vor allem das Verhältnis zu den Oberzentren im Oberrheinischen Tiefland wird durch Konkurrenz und Rivalität bestimmt. So konnte die Handels- und Industriestadt Mannheim im dichtbesiedelten Neckarmündungsgebiet nicht nur den Rang eines Regionalzentrums behaupten, sondern noch weiter ausbauen und tendiert dabei eher nach Frankfurt als nach Stuttgart.

Auch Karlsruhe und Freiburg, die eine weit schwächere zentralörtliche Position als Mannheim aufweisen, führen ein bewußtes Eigenleben und sehen in Stuttgart kaum mehr als das ungeliebte politische Zentrum. Lediglich für den ehemals württembergischen Landesteil bleibt Stuttgart die führende Stadt. Bei aller Großstadt-Attraktivität ist sie nach Schöller (1976, S. 95) eine „zutiefst schwäbische Stadt geblieben". Hierin liegt ihre Stärke, aber – wie die Beziehungen zu den benachbarten badischen Städten beweisen – auch ihre Schwäche.

5.6 Die Ballungsräume Südwestdeutschlands

Die Darstellung der zentralörtlichen Situation hat deutlich gemacht, daß die Landeshauptstadt mit Gründung des Bundeslandes Baden-Württemberg nur teilweise zum Brennpunkt des gesellschaftlichen und kulturellen Lebens und zur Steuerungszentrale der politischen und wirtschaftlichen Macht geworden ist. Stuttgart steht immer noch in Konkurrenz zu anderen großen Städten wie Mannheim, Karlsruhe und Freiburg. Dies hängt mit der in Kapitel 3 dargestellten zersplitterten Territorialgeschichte des deutschen Südwestens zusammen, die keine Zentralgewalt, wohl aber eine Vielzahl größerer Städte von überregionaler Bedeutung entstehen ließ, die heute noch wichtige Teilfunktionen einer Hauptstadt als „Regionalzentren" zu übernehmen vermögen.

Gestützt auf das historische Erbe haben sich einige der traditionellen Zentralorte zu Kernstädten von weiträumigen Ballungsgebieten entwickelt. Diese sind in den letzten Jahren bevorzugt zum Gegenstand der geographischen und raumplanerischen sowie auch soziologischen und städtebaulichen Analysen geworden. Bei aller unterschiedlichen begrifflichen Fassung (z. B. Ballungsräume, Großstadträume, Agglomerationen, Verdichtungsgebiete, Verflechtungsräume) und der verschiedenen Indikatoren und Daten, die zur räumlichen Abgrenzung und inhaltlichen Bestimmung dieser Gebiete benutzt werden, lassen sich folgende allgemeine Merkmale nennen: eine Bevölkerungszahl von mindestens 100000, geschlossene Flächen dichter Bebauung mit städtischem Charakter, kommunal-wirtschaftliche Verflechtungen von Kern- und Außenzonen, städtische Verkehrslinien, starke Pendlerbewegungen und eine hohe Arbeitsplatz- und Wohndichte mit entsprechender Umweltbelastung.

Als Ballungsgebiete im pragmatischen Wortsinn seien hier die um Stuttgart, Mannheim, Karlsruhe und Freiburg herausgestellt, während die Verdichtungsgebiete um Ulm, Heilbronn, Pforzheim, wo der Agglomerationsprozeß noch nicht so weit fortgeschritten ist, als Großstadtregionen benannt werden.

5.6.1
Stuttgart: Landeshauptstadt und wirtschaftlicher Kern des Ballungsraumes Mittlerer Neckar

Das Herzstück des Landes Baden-Württemberg stellt die Region Mittlerer Neckar dar. Mit rd. 3700 qkm hat dieses Gebiet zwar nur einen Anteil von 10 Prozent an der Gesamtfläche Baden-Württembergs, beherbergt aber mehr als ein Viertel der Landesbevölkerung. Als einer der bedeutendsten Wirtschaftsräume der Bundesrepublik hat der Mittlere Neckarraum mit 648 Einwohner pro qkm nach dem Ruhrgebiet die höchste Bevölkerungsdichte unter den industriellen Verdichtungsräumen Westdeutschlands. Die Gesamtbevölkerung der Region erhöhte sich seit 1961 um fast 20% auf rd. 2,4 Mio. im Jahre 1981. Zu diesem Bevölkerungswachstum trug Anfang der 70er Jahre ein verstärkter Zuzug ausländischer Arbeitskräfte bei. Mit 14,2% lag 1981 der Ausländeranteil weit über dem Landesdurchschnitt von 9,9%.
Stuttgart als hochverdichteter Kern befindet sich in der Mitte dieser Region. Unmittelbar an der Stuttgarter Stadtgrenze liegen jedoch mit Esslingen, Ludwigsburg, Böblingen–Sindelfingen Städte, die mit ihren jeweils mehr als 80 000 Einwohnern eigene Gewichte haben und als „Mittelzentren" fungieren. Dazwischen liegen, wiederum in unmittelbarer Nähe Stuttgarts, Gemeinden unterschiedlicher Größe, mit Einwohnerzahlen zwischen 6000–30 000, die größeren freilich im allgemeinen in weiteren Distanzen. So die Kreis-

stadt Göppingen, die – ebenfalls zur Region gehörend – 35 km vom Regional- und Landeszentrum Stuttgart entfernt ist.
Das Mittlere Neckarland, in dem die Region liegt, ist Teil des südwestdeutschen Schichtstufenlands. Es erstreckt sich von den Ausläufern des nördlichen Schwarzwalds im Westen bis zu den Schwäbisch-Fränkischen Waldbergen im Osten. Im Süden wird dieser Raum durch den markanten Stufenrand der Schwäbischen Alb und nach Norden hin durch Strom- und Heuchelberg begrenzt. Gemäß der geologischen Struktur zeigen die Landformen eine starke Zergliederung: weitgespannte Ackerflächen wechseln mit bewaldeten Höhenrücken, oft scharf getrennt durch rebenbepflanzte Stufenränder und unterbrochen durch tief eingesenkte steilhängige Talräume. Diese Kleinkammerung des Reliefs beeinflußte in starkem Maße die Bevölkerungsverteilung, die Lage der Siedlungen, den Verlauf der Verkehrswege und damit die Entwicklung der einzelnen Teilräume. Vor allem in den Tälern bündelten sich seit alters die Verkehrsstränge und es entstanden schon früh gewerbliche und kommerzielle Zentren. Das führte hier zu einem erheblichen Entwicklungsvorsprung gegenüber den bäuerlich geprägten Gäuflächen und dünnbesiedelten Waldgebirgen, die erst in jüngster Zeit in den Verdichtungsprozeß mit einbezogen wurden. Heute noch wird die Region Mittlerer Neckar durch die enge Verzahnung von industrialisierten und urbanisierten Siedlungsbändern und Erholungslandschaften unterschiedlichsten Charakters gekennzeichnet.
Die topographische Lage Stuttgarts stellt geradezu einen modellhaften Ausschnitt dieses Landschaftsgefüges dar. Die Stadt liegt in einer Bucht des Keuperstufenrandes. Das verleiht der Kernstadt eine natürliche Kessellage mit nur einem trichterförmigen Ausgang zum nordöstlich gelegenen Neckartal. Die allseitig steil ansteigenden Hänge sind teilweise mit Reben bepflanzt und reichen in

der Innenstadt sogar bis dicht an den Hauptbahnhof heran. Mit rd. 400 ha Rebland ist Stuttgart ohnehin eine der größten Weinbaugemeinden der Bundesrepublik. Ein weiteres Geschenk der Natur sind 19 Mineralquellen, die Stuttgart nach Budapest zur Stadt mit dem größten Mineralwasservorkommen Europas machen. Die bis an die Bebauungsgrenze heranreichenden Wälder (sie machen 23% der Stadtmarkung aus) sind als Naherholungsgebiete von hohem Freizeitwert für die Großstadtbevölkerung. Die vielgerühmte Schönheit der natürlichen Lage hat leider auch negative Seiten. Die Kessellage schafft besondere Probleme der Bebauung, des räumlichen Wachstums, des Verkehrs und nicht zuletzt des Stadtklimas. Obgleich die Landeshauptstadt Stuttgart erst verhältnismäßig spät als Siedlungsplatz ins Licht der Geschichte trat (erstmals 1160 urkundlich genannt) lagen im zentralen Neckarbecken zu allen Zeiten überregional bedeutsame Herrschafts- und Wirtschaftsmittelpunkte. Stuttgart stand bis weit ins Mittelalter hinein im Schatten älterer und weitaus bedeutender städtischer Zentren. Dies gilt vor allem für das benachbarte Cannstatt. Die Römer haben an der von der Natur vorgezeichneten Straßenspinne am südöstlichen Ausgang des Neckarbeckens im 1. Jh. n. Chr. ein Kastell angelegt, dem sich bald eine bürgerliche Siedlung anlehnte. Cannstatt war aber nicht nur militärischer Stützpunkt, Verkehrs- und Verwaltungsmittelpunkt der Römer, sondern behielt seine Mittelpunktfunktion auch in alemannischer und merowingischer Zeit als Sitz eines Königsgerichts und einer Mutterkirche. Eine ebenso bedeutsame Stellung besaß in hochmittelalterlicher Zeit Waiblingen im Remstal mit seiner berühmten salisch-staufischen Pfalz, ferner die Freie Reichsstadt Esslingen, eine frühe Marktsiedlung und Stauferstadt. Auch der Stammsitz des Hauses Württemberg, hoch über dem Neckartal gelegen, war ein solches altes politisches Zentrum. Die Grafen von Württemberg waren es schließlich, die Stuttgart erwarben und in der ersten Hälfte des 13. Jahrhunderts zur Stadt entwickelten und die sie 1321 zum Vorort ihres Territoriums erhoben. Im 15. und 16. Jh. erlebte die Stadt eine erste große Blüte. Damals kam es zu beachtlichen Stadterweiterungen und zur Errichtung mehrerer repräsentativer Bauten (Stiftskirche, Altes Schloß, Lusthaus etc.), die der inzwischen zur Hauptstadt eines Herzogtums (1495) avancierten Stadt, fürstlichen Glanz bescherten. Der allgemeine Aufschwung der Stadt spiegelt auch die Zunahme der Bevölkerung wider, die um 1400 etwa 4000 Einwohner zählte und bis 1589 auf 9000 anstieg. Der Dreißigjährige Krieg, vor allem aber die Gründung Ludwigsburgs brachte den Aufschwung zum Stillstand. Mit der Gründung Ludwigsburgs war Stuttgart nämlich eine gefährliche Konkurrenz erwachsen, die für einige Jahrzehnte ihre Residenzfunktion in Frage stellte. Erst gegen Ende des 18. Jh. erhielt Stuttgart seine alte hauptstädtische Stellung zurück.

Zu Beginn des 19. Jh. zählte Stuttgart rd. 20 000 Einwohner und war kaum über seine mittelalterlichen Vorstädte hinausgewachsen. Ein neuer Impuls für die Stadtentwicklung wurde dadurch ausgelöst, daß Stuttgart 1806 königliche Residenz- und Hauptstadt in einem durch Anfall zahlreicher Territorien erheblich vergrößerten Land wurde. Auf die damit ausgelösten Stadterweiterungen und neuen Bauwellen wurde an anderer Stelle bereits eingegangen (vgl. S. 156 f.). Neben den politischen Veränderungen waren es jedoch vor allem die Wirkkräfte der aufkommenden Industrie, welche das soziale und wirtschaftliche Gefüge der Stadt grundlegend veränderten.

Von ausschlaggebender Bedeutung war neben dem Abschluß des Zollvereins (1834) der Ausbau des Eisenbahnnetzes (seit 1845). In der Jahrhundertmitte entstanden in Stuttgart eine bedeutende chemisch-phar-

Abb. 43: Verdichtungsraum Mittlerer Neckar (1970)
(n. Planungsamt Stuttgart)

Zugleich Beispiel für die regionale Konzentration und innerräumliche Differenzierung der Einwohner-Arbeitsplatzdichte   (n. Planungsamt Stuttgart)

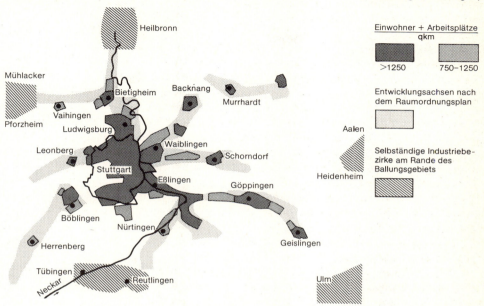

Einwohner + Arbeitsplätze
qkm

>1250   750–1250

Entwicklungsachsen nach dem Raumordnungsplan

Selbständige Industriebezirke am Rande des Ballungsgebiets

Abb. 44: Die Region Mittlerer Neckar (1970) als Planungsbeispiel für räumlich-funktionale Aufgabenteilung
(n. Kaiser/Schaewen)

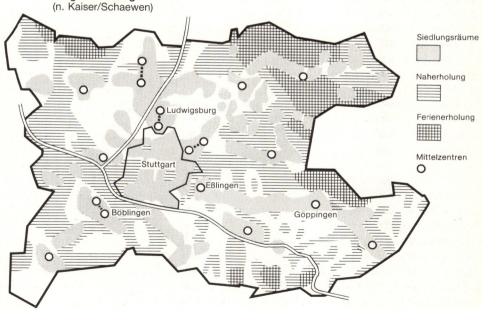

Siedlungsräume

Naherholung

Ferienerholung

Mittelzentren
O

mazeutische Industrie, Farbenindustrie und Maschinenindustrie. Durch die Ansiedlung bekannter Verlage wie Cotta, Hallberger und Kröner wird Stuttgart zu einem Mittelpunkt von Buchdruck und Buchhandel im süddeutschen Raum. Auch die Instrumentenfabrikation (Klavierbau) gelangte zu hohem Ansehen. Die Dynamik dieser Entwicklung wird offenkundig bei der Betrachtung der Einwohnerzahlen. Im Jahre 1830 gab es in Stuttgart rd. 25 000 Einwohner; von da an verdoppelte die Stadt ihre Einwohnerzahl alle 25 bis 30 Jahre: 1850 hatte sie 50 000 Einwohner, 1900 etwa 180 000 Einwohner, 1930 365 000 Einwohner und 1961 rd. 638 000 Einwohner.

Bei diesem Wachstum füllte sich rasch der Talkessel mit Wohn- und Fabrikbauten. Die Zahl der Fabriken stieg von 1832 bis 1861 von 17 auf 173 und die Zahl der in ihnen beschäftigten Arbeiter von 600 auf 4000. Dieser Aufschwung setzte sich nach der Reichsgründung stürmisch fort. In den 80er Jahren wurden die Grundlagen für die Bosch-Werke in Stuttgart und die Daimler-Werke in Cannstatt gelegt, die bis heute weltweit bekannte Markenzeichen der Schwäbischen Metropole geblieben sind.

Im Zuge der Großstadtentwicklung erfolgten 1905 die ersten großen Eingemeindungen: Cannstatt, das durch seine reichen Mineralquellen als Kur- und Badeort im 19. Jh. fast internationale Bedeutung gewann, Untertürkheim und Wangen. Mit ihnen erreichte die Stadtmarkung den Neckar. 1908 wird Degerloch eingemeindet und damit ein erster Schritt auf den Fildern gesetzt.

Nach Jahren der Stagnation, ausgelöst durch den Ersten Weltkrieg und die Inflation, setzte sich in den 20er Jahren die räumliche und bauliche Entwicklung Stuttgarts fort. Damals entstanden eine Reihe von Bauwerken, die der Stuttgarter Bauschule und Baugesinnung internationalen Rang gaben wie z. B. der neue Bahnhof (Bonatz), der Tagblatt-Turm (Oswald), die Weißenhofsied-

lung u. a. Ein Hindernis für die flächenhafte Ausdehnung der Stadt war allerdings die beengende Kessellage. Das Wachstum konzentrierte sich daher auf wenige Linien: auf die Hauptverbindung zum Neckartal nach Cannstatt und auf die anschließenden Gäuplatten. Außerdem griff bereits gegen Ende des 19. Jh. der Industrialisierungs- und Urbanisierungsprozeß auf die benachbarten Dörfer über; vorzugsweise auf die Neckartalgemeinden und die Orte Feuerbach und Zuffenhausen, die alle an den Hauptstrecken des württembergischen Eisenbahnnetzes liegen.

Da die Baulandreserven Stuttgarts bereits um die Jahrhundertwende erschöpft waren, war ein weiteres Wachstum der Großstadt nur möglich durch die Eingemeindung benachbarter Städte und Dörfer. So sind im Zeitraum 1922–1942 25 ehemals selbständige Gemeinden im Stadtgebiet Stuttgart aufgegangen. Seither hat sich die administrative Stadtfläche Stuttgart nicht mehr vergrößert.

Wie in vielen anderen deutschen Großstädten bedeutete der Zweite Weltkrieg eine scharfe Zäsur für die Entwicklung. Nahezu 60% der Stadt wurden durch Luftangriffe zerstört. Von 150 000 Wohnungen, die Stuttgart vor Eintritt der Kriegszerstörungen zählte, waren bei Kriegsende noch 97 550 bewohnbar. Die Innenstadt wurde total zerstört und damit fast alle öffentlichen Gebäude. In den 50er Jahren erfolgte ein rascher Wiederaufbau, der 1956 mit der Errichtung des 200 m hohen Fernsehturms – dem heutigen Wahrzeichen der Stadt – seinen ersten Höhepunkt erlebte.

Gegen Ende der 50er Jahre zeichnete sich in demographischer, wirtschaftlicher und städtebaulicher Hinsicht eine Entwicklung ab, die zu einer tiefgreifenden Umstrukturierung der Großstadtregion führte. Am augenfälligsten treten diese Veränderungen durch einige Angaben zur Bevölkerungsentwicklung hervor:

Den höchsten Einwohnerstand erreichte Stuttgart im Jahre 1962 mit 643734. Seither nimmt die Einwohnerzahl, von geringen Schwankungen abgesehen, kontinuierlich ab. Im Jahre 1981 lebten in Stuttgart nur noch 580648 Menschen. Diese Abnahme ist das Ergebnis vielschichtiger Mobilitätsvorgänge. Seit 1959 sind über 125000 Deutsche aus Stuttgart fortgezogen, zum größten Teil in die Randzone der Großstadtballung, d. h. in die Nachbarkreise Böblingen, Esslingen, Ludwigsburg und den Rems-Murr-Kreis. Gleichzeitig kam es aber zu einem verstärkten Zustrom ausländischer Arbeitskräfte nach Stuttgart. 1981 betrug die Zahl der Ausländer 102959, so daß das Bevölkerungsdefizit mit rd. 10% in den vergangenen zwei Jahrzehnten relativ bescheiden blieb. Die Stadtflucht der deutschen Bevölkerung leitete auf der anderen Seite einen Verstädterungsprozeß in den bis dahin ländlich gestimmten Bereichen am Rand des Verdichtungsraums ein, wobei das uferlose Ausgreifen von Wohnsiedlungen und Industriearealen manchmal das Ausmaß eines ungezügelten Zersiedelungsvorgangs annahm. Zu einer baulichen Verdichtung kam es allerdings auch auf der Stadtmarkung Stuttgart. Um der ungeheuer großen Nachfage an Wohnraum in den ersten Nachkriegsjahren gerecht zu werden, hat die Stadt Stuttgart bereits 1949 die Neusiedlung Rot (16000 Einwohner) und 1953 Giebel (11000 Einwohner) errichtet. Es folgten zwischen 1961 und 1970 die neuen Stadtteile Mönchberg-Freiberg und Fasanenhof für jeweils 10000 Menschen. Dazu kamen eine Anzahl weiterer Großwohngebiete, wie Büsnau, Lauchhau, Bergheim, Neugereut, Steckfeld und Asemwald, die von Bauträgern verschiedenster Art errichtet wurden.

Eine der folgenreichsten Nebenwirkungen der „Stadtflucht" der deutschen Bevölkerung war indes, daß es in den letzten Jahrzehnten zu einer intensiven Verflechtung Stuttgarts mit dem Umland kam. Viele ehemalige Stuttgarter haben nämlich auch heute noch ihren Arbeitsplatz in der Stadt und fahren täglich als Berufspendler von ihrem Wohnort im Umland in die Kernstadt. Daher belasten täglich etwa 135000 Einpendler das Verkehrsnetz der Stadtregion (Frankfurt 207000 Berufseinpendler, München 136000 Berufseinpendler).

Stuttgart ist auch eine der industriestärksten Großstädte der Bundesrepublik. Mit 228 Industriebeschäftigten auf 1000 Einwohner steht die Stadt an der Spitze der ohnehin hochindustrialisierten Region Mittlerer Neckar. Vor allem in der Investitionsgüterindustrie nimmt die Stadt eine hervorragende Stellung ein. Rund zwei Drittel aller Beschäftigten sind in den Bereichen Fahrzeugbau, Elektrotechnik und Maschinenbau tätig. Neben bedeutenden Großunternehmen mit Weltruf wie Daimler-Benz, Bosch, Porsche oder IBM haben hunderte weitbekannter Mittelbetriebe und eine Vielzahl von kleineren Firmen, die als Zulieferer fungieren, ihren Sitz in Stuttgart. In den 395 Stuttgarter Industriebetrieben mit 20 und mehr Beschäftigten waren 1981 im Jahresdurchschnitt 132000 Personen tätig. Der hohe Auslandsumsatz von 35% macht verständlich, daß Stuttgart neben München und Frankfurt zu den exportstärksten Großstädten der Bundesrepublik gehört und beim Umsatz (33,3 Mrd. DM) nach den Millionenstädten Hamburg und München an dritter Position liegt.

Außerdem nimmt Stuttgart als Druck- und Verlagsstadt eine führende Stellung ein. Die in Stuttgart ansässigen 157 Verlage (z. B. Cotta, Deutsche Verlagsanstalt, Verlagsgruppe von Holtzbrinck, Klett, Kohlhammer, Das Beste aus Reader's Digest, Fackel u. a.) haben 1980 mit fast 6000 Veröffentlichungen nach München die zweitgrößte Titelproduktion der Bundesrepublik hervorgebracht.

Indes sind in Stuttgart seit geraumer Zeit Entwicklungen im Gange, die das traditionelle Wirtschaftsgefüge zu ändern beginnen. Noch überwiegen die mittleren und kleineren Betriebe, aber die Großbetriebe schieben sich immer mehr nach vorne. Zudem macht sich eine gewisse Sättigung bemerkbar. Die verfügbaren Flächen und auch der Arbeitsmarkt sind erschöpft. Die wirtschaftliche Expansion beginnt aufzuhören. Im Krisenjahr 1982 machten sogar renommierte Firmen wie Bauknecht und Kreidler Konkurs. Dazu kam, daß in den vergangenen drei Jahrzehnten in mehreren Wellen ca. 260 Betriebe mit rd. 15000 Beschäftigten aus der Kernstadt in das Umland verlagert wurden. Dabei versuchten allerdings die meisten Firmen ihren neuen Standort möglichst nahe an der Kernstadt zu behalten (im 15–20 km Umkreis); zumindest aber die Geschäftsleitung in Stuttgart zu belassen. Daraus wird ersichtlich, daß die abwandernden Betriebe die Fühlungsvorteile der Landeshauptstadt weiterhin in Anspruch nehmen wollen.

Auf diese und frühere Entwicklungen hin hat sich ein fast unübersehbares Netz wirtschaftlicher und betrieblicher Verflechtungen mit dem näheren und weiteren Umland ergeben. So verdanken zahlreiche Umlandgemeinden das rasche Wachstum ihres Industriepotentials der Starthilfe der Kernstadt. Jeder fünfte Industriebetrieb und jeder vierte Industriearbeitsplatz in den Landkreisen um Stuttgart hängt heute mit Entwicklungsimpulsen der Kernstadt zusammen, nicht zuletzt durch eine starke Zunahme des Netzes der Zuliefererbetriebe.

Während aber in den Landkreisen der produzierende Bereich mehr als zwei Drittel des Bruttoinlandproduktes stellt, entfallen in Stuttgart auf diesen Bereich nur die Hälfte. Damit wird deutlich, daß Stuttgart nicht nur Industriestadt ist, sondern auch die spezifischen Aufgaben eines kommerziellen und kulturellen Zentrums der Region und des Landes erfüllt. Die Bedeutung Stuttgarts als Dienstleistungszentrum wird auch durch den mit 54% sehr hohen Anteil der Erwerbstätigen im tertiären Sektor unterstrichen.

Die sozialen und wirtschaftlichen Wandlungen der Nachkriegszeit haben Physiognomie und funktionale Struktur der Stuttgarter Innenstadt grundlegend verändert. Heute hat sich der Citybereich praktisch über den ganzen Stadtkessel ausgebreitet. Neben dem Regierungs-, Museums-, Hochschul- und Kulturviertel, die schon vor dem zweiten Weltkrieg im wesentlichen vorhanden waren, nehmen heute ausgedehnte Geschäftsviertel weite Teile der Innenstadtfläche ein. Allein das Bankenviertel, dem im hochindustrialisierten Wirtschaftsraum Südwestdeutschlands eine wichtige Steuerungsfunktion zukommt, dehnt sich vom Hospitalhof bis zum Schloßplatz aus. Siebzig Prozent der Landesverbände Baden-Württembergs haben hier ihren Sitz. Einschränkend ist allerdings zu bemerken, daß Stuttgart als Handels- und Bankenplatz bis in jüngste Zeit deutlich von Hamburg, Frankfurt oder München, im Lande selbst sogar von Mannheim, übertroffen wird.

Die Einkaufsviertel breiten sich beiderseits der Königstraße aus und schließen den historischen Altstadtbezirk mit ein, der durch den modernen Breuninger-Markt einen besonderen Akzent erhielt.

Obgleich mit großer Sorgfalt viele historische Gebäude wieder hergestellt wurden (z. B. Stiftskirche, Altes Schloß, Neues Schloß, Wilhelmspalais, Königsbau u. a.) wird das Gesicht der heutigen Innenstadt durch Elemente der modernen Architektur und des technischen Städtebaus geprägt: Hochhäuser, Geschäfts- und Bürogebäude aus Glas, Beton und Kupfer, U-Bahnhöfe mit Rolltreppen und Aufzügen unter der Erde, 68000 m^2 Fußgängerzone mit Kopfsteinpflaster, Autoschnellstraßen mit Überwegen. Stuttgart ist heute eine Mischung aus Alt und Neu geworden, wobei das Grün der Hänge und die zahlreichen Parkanlagen der

Innenstadt etwas Ruhe in die hektische Atmosphäre der Kernstadt bringen.

Eines der schwierigsten Probleme beim Wiederaufbau und der funktionalen Umgestaltung der Innenstadt war die Lösung der Verkehrsprobleme. Die ungünstige Topographie und die stete Zunahme des Individualverkehrs stellten die Stadtplaner vor schwere Aufgaben. 1981 kamen auf 2,3 Einwohner 1 PKW. Stuttgart hat zusammen mit Frankfurt die größte Kraftfahrerdichte unter den Großstädten in der Bundesrepublik.

Wie an anderer Stelle bereits dargestellt, versuchte man die Verkehrsströme so zu entzerren, daß man die Verkehrsarten auf verschiedene Ebenen verlegte (vgl. S. 169), und mit dem Bau der S-Bahn der Region ein leistungsfähiges Nahverkehrsnetz gab. Seit 1981 sind alle 6 S-Bahnlinien von der Innenstadt bis Plochingen, Schorndorf, Backnang, Marbach und Weil der Stadt in Betrieb. Die Streckenerweiterungen in Richtung Flughafen und Böblingen sind im Bau.

Der Ausbau eines modernen Verkehrsnetzes war um so dringender, da es zur besonderen Eigenart des Stuttgarter Ballungsraumes gehört, daß die Intensität der wirtschaftlichen Entwicklung zum Rande hin nicht abnimmt – wie es sonst bei einkernigen Ballungsräumen üblich ist –, sondern in nur 30–50 km Entfernung drei kleinere aber höchst selbständige Industrieräume liegen: Reutlingen–Tübingen, Heilbronn, Pforzheim und die etwas weiter entfernte Industrieregion Aalen–Heidenheim.

Stuttgart und die Region Mittlerer Neckar profitieren nicht nur von ihrer zentralen Lage innerhalb Baden-Württembergs, sondern liegen auch sehr günstig zu den Ländern der EG. Da ein großer Teil der Industriegüter exportiert wird, ist eine günstige Anbindung an die überregionalen Verkehrsstränge von eminenter Bedeutung. Dies ist gewährleistet durch die Bundesautobahnen A 8 Karlsruhe–Stuttgart–München, die A 81 Stuttgart–Heilbronn–Würzburg sowie durch die „Bodenseeautobahn", die alle den Stuttgarter Raum tangieren. An das überregionale Schienennetz ist die Region durch die Strecke Mannheim–Stuttgart–München, die am stärksten befahrene Bahnstrecke in der Bundesrepublik, angeschlossen.

Für den Massengüterverkehr ist der bis Plochingen kanalisierte Neckar mit Häfen in Stuttgart und Plochingen bedeutsam. Schließlich ist der internationale Flughafen Stuttgart-Echterdingen, der direkte Fluglinien zu allen Industriezentren Deutschlands und den wichtigsten europäischen Metropolen bietet, von hohem Verkehrswert. Der Flughafen hat das viertgrößte Frachtaufkommen der Bundesrepublik und zeugt damit vom Export hochwertiger Güter aus der Investitionsgüterindustrie des Stuttgarter Ballungsraums.

5.6.2
Mannheim: Wirtschaftliches und kulturelles Zentrum des Ballungsraumes Rhein-Neckar

Am Zusammenfluß der beiden schiffbaren Flüsse Rhein und Neckar liegt einer der neuen großen Wirtschaftsräume im Bundesgebiet: das Ballungsgebiet Rhein-Neckar. Gemessen an der Zahl der Bevölkerung steht er hinter den Wirtschaftsräumen Rhein-Ruhr, Rhein-Main, Stuttgart, Hamburg und München an 6. Stelle.

Innerhalb eines Radius von etwa 25 km mit Mittelpunkt Mannheim wohnen rd. 1,75 Mio. Einwohner. In diesem Raum gibt es rd. 760 000 Arbeitsplätze, davon allein rd. 200 000 in Mannheim. Mannheim ist mit seinen 308 000 (1981) Einwohnern das wirtschaftliche und kulturelle Zentrum dieses Raumes.

Der historische Bedeutungswandel dieses Gebiets und seine heutige politische und strukturelle Sonderstellung ist bereits von G. Fuchs (1977, S. 59f. u. S. 81ff.) ausführlich aufgezeigt worden. Seine Hauptgedanken seien daher nur kurz wiederholt. Im Gegensatz zu anderen Ballungs- und Großstadträumen spiegelt die heutige Kernstruktur des Rhein-Neckar-Raumes nicht mehr das Zentralitätsgefüge wider, wie es vor dem Industriezeitalter bestanden hat. Im Laufe der vergangenen 300 Jahre haben sich die jungen Städte Mannheim und Ludwigshafen – praktisch voraussetzungslos – zu dem dynamischen Doppelzentrum dieses Raumes entwickelt, während die wesentlich älteren Städte an Bedeutung verloren haben und sogar in eine bestimmte Abhängigkeit zu den heutigen Kernstädten gerieten. Nach G. Fuchs kam es hier zur Umkehr einer historischen Raumkonstellation, die in Deutschland ohne ähnliches Beispiel ist und die älteren urbanen Zentren, die heute weitgehend Randstadtcharakter besitzen, teilweise vor erhebliche Probleme stellt.

Das heutige Verdichtungsgebiet Rhein-Neckar, das die Mündungsbucht des Neckars am Odenwaldrand, den fruchtbaren Schwemmfächer des Flusses sowie die beiderseits des Rheins gelegenen Sand- und Schotterfächer mit dem Mündungswinkel zwischen Neckar und Rhein umfaßt, ist naturgeographisch gesehen ein ausgesprochener Vorzugsraum.

Das früheste städtische Zentrum in dieser Region war die römische Civitas Lopodunum (heute Ladenburg), das zweifellos einen Ansatzpunkt für eine große mittelalterliche Stadt gegeben hätte. Diese entstand aber am Gebirgsrand, zu Füßen der Höhenburg Heidelberg, die später als Residenz der Pfalzgrafen am Rhein politischer und kultureller Vorort (Universität von 1386) eines großen Herrschaftsgebietes wurde. Andere bedeutende urbane Mittelpunkte waren neben den kurpfälzischen Städten Frankental und Neustadt die beiden alten Bischofs- und Freien Reichsstädte Worms und Speyer. Dazu kamen noch eine Reihe alter Bergstraßenstädte wie Weinheim, die lange Zeit den Rang lokaler Wirtschafts- und Verwaltungszentren besaßen.

Der Aufstieg des kleinen Fischer- und Bauerndorfes Mannheim an der Neckarmündung begann 1607 mit der Gründung einer Festungsstadt durch Kurfürst Friedrich IV. von der Pfalz. Wachsende Bedeutung erlangte Mannheim, als 1720 die Residenz der Pfalzgrafen von Heidelberg in die neugegründete Planstadt verlegt wurde. Steinerne Zeugen dieser ersten Blütezeit der Stadt sind heute noch das weitläufige Schloß, der Barockbau der Jesuitenkirche, die Doppelfassade des Alten Rathauses und der unteren Pfarrkirche am Marktplatz sowie das einstige Zeughaus (heute Reiß-Museum). Die Rolle Mannheims als pfälzische Residenz war indes nur von kurzer Dauer: 1778 wurde der Hof nach München verlegt, 1803 die Kurpfalz geteilt. Der Mannheim–Heidelberger Raum war zum badischen Grenzland geworden. Für Mannheim brachte die veränderte politische Lage erhebliche Nachteile. Nach dem Verlust der Residenzfunktion zeigte sich, daß die junge Gründungsstadt im Rahmen des traditionellen Siedlungsgefüges fast als Fremdkörper wirkte. Mannheim hat allerdings im Laufe des 19. Jahrhunderts die ihr verbliebene Chance zu seinem Vorteil genutzt: die Gunst der Lage an Neckar und Rhein.

Die Aufwärtsentwicklung begann, als die Rheinkorrektur den Ausbau eines Handelshafens (1840) zwischen Rhein und Neckar ermöglichte und als durch die Dampfschifffahrt sowie durch den Beitritt Badens zum Deutschen Zollverein (1835) Mannheim zum Endpunkt des damaligen Rheinschifffahrtsweges wurde. Der Hafen fand bald Anschluß an das badische Eisenbahnnetz, das hier seinen Ausgang nahm und die Grundlage der weiteren Verkehrsentwicklung schuf. Die Stadt erlangte damit für viele Jahre eine Schlüsselstellung und ein Monopol der Verkehrs- und Transportströme für den gesamten süddeutschen Raum. Das

Abb. 45: Rhein-Neckar-Raum: Siedlungsräumliche Struktur
  (n. Raumordnungsverband)

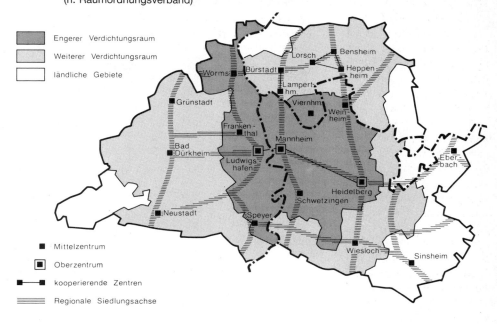

- Engerer Verdichtungsraum
- Weiterer Verdichtungsraum
- ländliche Gebiete

- ■ Mittelzentrum
- ▣ Oberzentrum
- ■—■ kooperierende Zentren
- ≣≣ Regionale Siedlungsachse

Abb. 46: Rhein-Neckar-Raum: Wanderungen 1978
  (n. Gaebe)

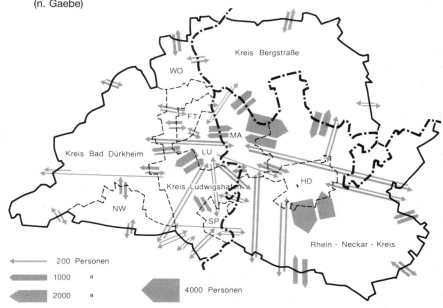

- ← 200 Personen
- ← 1000 "
- ← 2000 "
- ← 4000 Personen

machte sich hauptsächlich auf dem Sektor des Handels und der Banken bemerkbar.

Den stärksten Aufschwung erlebte die Stadt in der zweiten Hälfte des 19. Jahrhunderts, als die Industrialisierung einsetzte und Mannheim innerhalb weniger Jahrzehnte zu einem der bedeutendsten Handels- und Industrieplätze Deutschlands aufstieg. Führend wurden Maschinenbau und chemische Industrie vor der z. T. schon älteren Nahrungs- und Genußmittelindustrie. Einige dieser Unternehmen erlangten Weltruf wie die Werke von Daimler-Benz und die Landmaschinenfabrik Lanz. Die in Mannheim gegründete Badische Anilin- und Sodafabrik (BASF) verlagerte allerdings 1865 ihren Standort an das linksrheinische Ufer und leitete hier die Entwicklung des bayerischen Ludwigshafen zur Chemiestadt am Oberrhein ein. Von 1520 Einwohnern im Jahre 1852 stieg in Ludwigshafen die Zahl auf 180 000 im Jahre 1980 an.

Zur Stadt der Großindustrie wurde Mannheim um die Jahrhundertwende, als die ausgedehnten Industriehäfen am Friesenheimer Altrhein und in Rheinau ausgebaut worden waren. Hier haben sich in der Folgezeit Großbetriebe wie das Zellstoffwerk Waldhof mit seiner Papierfabrik, die größten Getreidemühlen Süddeutschlands, die „Vereinigten Jutespinnereien", der „Verein Deutscher Ölfabriken", die Süddeutschen Kabelwerke u. a. angesiedelt. Außerdem haben sich im heutigen Stadtbereich eine Reihe auswärtiger Firmen der Elektrotechnik niedergelassen, unter denen die Schweizer Firma Brown Boverie & Cie die bekannteste ist.

Innerhalb weniger Jahrzehnte wuchs die Stadt in atemberaubendem Tempo zur Großstadt heran: Die Einwohnerzahlen stiegen von rd. 40 000 im Jahre 1871 auf 141 000 im Jahre 1900 und auf 280 000 im Jahre 1939 an. Seit den 1880er Jahren schossen neue Stadtteile empor: die Neckarstadt, die Schwetzingerstadt, der Jungbusch, der Lin-

denhof, die Oststadt. Außerdem konnte Mannheim durch eine konsequente Eingemeindungspolitik eine weiträumige Erweiterung der Stadtmarkung erreichen. So sind die ehemaligen Dörfer an der rd. 20 km langen Rheinfront hauptsächlich zu Industrie- und Hafensiedlungen (Rheinau, Neckarau, Waldhof, Sandhofen) herangewachsen, während die Ortschaften östlich der Kernstadt sich zu ausgedehnten Wohnvierteln entwickelten bis zur Gartenstadt und der neuen Trabantenstadt Vogelstang am Rande des Käfertaler Waldes. In der Innenstadt wuchsen die großen Geschäftshäuser, Banken und Kontore empor. Architektonischer Ausdruck dieser zweiten Blütezeit der Stadt sind die beeindruckenden Beispiele der Baukunst des Jugendstils (z. B. Städtische Kunsthalle, Christuskirche), der Mannheim ebenso prägt wie die barocken Bauwerke. Allerdings waren bis zum zweiten Weltkrieg Mannheims Häuser nicht höher als 4 Stockwerke. So hat es seinerzeit der Kurfürst wegen der Traufhöhe des Schlosses festgelegt. Selbst in den Jahren des Wiederaufbaus nach dem zweiten Weltkrieg hielt man sich an diese Regel. Mannheim hatte nämlich erhebliche Kriegsschäden erlitten. 76% der Stadt waren zerstört, die Einwohnerziffer betrug bei Kriegsende 106 310. Durch die Rückwanderung der evakuierten Bevölkerung und der Flüchtlingsströme hatte die Stadt im Jahre 1954 den Vorkriegsstand und 1966 mit 330 000 Einwohnern den bisherigen Höchststand erreicht. Während dieser dritten großen Wachstumsphase erhielt das Gesicht der Stadt völlig neue Züge durch moderne Wohn- und Geschäftsbauten, Industrie- und Hafenanlagen. Zwei Großprojekte von zukunftsweisender Bedeutung seien genannt.

Ein bedeutender Wirtschaftsfaktor für Mannheim und seine Umgebung ist die im Mai 1964 in Produktion gegangene Erdöl-Raffinerie mit dem Ölhafen auf der Friesenheimer Insel zwischen Rhein und Altrhein.

Da die Industrie vorwiegend am Stadtrand angesiedelt wurde, hat Mannheim auch innerhalb des Stadtgebietes Wohnstadt bleiben können. Die Villen der Oststadt zeigen den in Vergangenheit und Gegenwart vorhandenen Wohlstand des städtischen Bürgertums. Die Nachkriegszeit hat ausgedehnte Neubaugebiete vornehmlich im Süden und Norden der Stadt entstehen lassen. Mit dem Wohnungsbauvorhaben „Vogelstang" wuchs seit 1964 eine komplette Trabantenstadt mit 22geschossigen Hochhäusern für insgesamt 20000 Menschen aus der Erde. Auch am Rand der Innenstadt links und rechts des Neckars entstanden Büro- und Wohntürme gewaltigen Ausmaßes. Der starke wirtschaftliche Aufschwung Mannheims in der Nachkriegszeit hing eng mit den hervorragend ausgebauten Verkehrsverbindungen der Stadt zusammen.

Mannheim besitzt den zweitgrößten Binnenhafen der Bundesrepublik, dessen Anlagen dem modernsten technischen Standard entsprechen. Er ist neben einer Spezialumschlaganlage für alle Containertypen auch mit der größten gedeckten Lagerfläche aller Binnenhäfen des Kontinents ausgestattet. Jährlich können mehr als 20000 Schiffe mit einem Umschlag von 9,3 Mio. t (1981) abgefertigt werden.

Als internationaler Eisenbahnknotenpunkt ist die Stadt auch mit der Bundesbahn günstig zu erreichen. Mannheim ist einer der fünf Intercity-Knotenpunkte der Bundesrepublik und wird täglich von 70 TEE- bzw. IC-Zügen und 64 D-Zügen angefahren. In einem der modernsten Rangierbahnhöfe mit bedeutendem Container-Terminal werden täglich 7000 Güterwagen abgefertigt.

Der Ballungsraum Rhein-Neckar genießt überdies den Vorzug schneller Straßenzufahrten. Er liegt in einem Karree bedeutender Fernautobahnen, das von der Nord-Süd-Achse der A 5 Hamburg–Frankfurt–Basel, der A 63 Venlo (Holland)–Koblenz–Speyer und der West-Ost-Autobahn A 6 Saarbrük-

ken – Mannheim – Nürnberg – Waidhaus (CSSR) gebildet wird. Hinzu treten eine Reihe weiterer regionaler Autobahn-Verbindungen und bedeutende Bundesstraßen, die den Kern des Verdichtungsraums mit den umliegenden pfälzischen, hessischen und baden-württembergischen Regionen verbindet. Durch den Flugplatz Mannheim-Neuostheim ist der Anschluß an das europäische, über den nahen Rhein-Main-Flughafen (72 km) an das Weltflugnetz gegeben.

Die Gunst der Lage ließ Mannheim zu einem der größten südwestdeutschen Industriestandorte heranwachsen (200000 Beschäftigte, davon 23000 Ausländer). Dabei liegt die Bedeutung der Mannheimer Industrie nicht allein in der Größenordnung verschiedener Unternehmen von Weltgeltung, sondern auch in ihrer Vielseitigkeit. An der Spitze liegen die Betriebe der eisen- und metallverarbeitenden Industrie – von den Gießereien über den Stahlbau, die Automobil-, Motoren- und Landmaschinenproduktion bis zur Spezialmaschinenfertigung.

In der Chemiebranche reicht der Kreis der Mannheimer Betriebe von der Schwerindustrie bis zur pharmazeutischen Industrie und Kunststoffverarbeitung. Weitere industrielle Schwerpunkte bilden die Sparten Elektrotechnik, Nahrungsmittel und Papier.

Der Anteil der Erwerbstätigen im warenproduzierenden Gewerbe entspricht mit 53% etwa dem Landesdurchschnitt; in den Sparten Handel und Verkehr sind 20%, in den übrigen Dienstleistungsbereichen 26% der Erwerbstätigen beschäftigt.

Als Mittelpunkt des Wirtschaftsraumes Rhein-Neckar ist Mannheim Einpendlerziel für 75000 Personen. Die Zentralität der Stadt kommt aber nicht nur zum Ausdruck durch die Vielzahl von Arbeitsplätzen, die Mannheim seinen Bürgern und den Bewohnern des Umlandes bietet, sondern auch durch ein reichhaltiges Angebot an kulturellen Einrichtungen sowie durch die überörtlichen Funktionen des ansässigen Groß- und Einzelhandels und die Konzentrationen tertiärer Einrichtungen.

Mannheim übt heute als Hochschulstandort eine wichtige Funktion im Bildungswesen Baden-Württembergs aus (insges. rd. 10000 Studenten). Aus der einstigen Handelshochschule (gegr. 1907) entwickelte sich die jetzige Universität mit 8 Fakultäten. Schon früher (1898) kam es zur Einrichtung einer Ingenieurschule. Auf musischem Gebiet stehen den Studierenden eine Städtische Fachschule für Gestaltung und eine Staatliche Hochschule für Musik und Theater zur Verfügung. Dazu kommt eine Fachschule für Sozialwesen sowie eine Verwaltungs- und Wirtschaftsakademie u. a. m.

Im Sektor Banken und Versicherungen befinden sich in Mannheim rd. 450 Betriebsstätten. Hier ist der Sitz der Badischen Kommunalen Landesbank und einiger bedeutender Versicherungsunternehmen.

Das breit ausgebaute Kreditgewerbe weist schließlich darauf hin, daß Mannheim nicht nur eine wichtige Industriestadt, sondern auch ein bedeutender Handelsplatz ist.

Der Großhandel (u. a. Getreidebörse) sowie ein leistungsfähiger Einzelhandel, der mit eleganten Fachgeschäften und Warenhäusern das Gesicht der Mannheimer Innenstadt – vor allem im Umkreis der Hauptgeschäftsstraße „Planken" – prägt, macht die Stadt zum Einkaufszentrum für 1,75 Mio. Menschen aus Mannheim, der Pfalz und Südhessen.

Die Doppelstadt Mannheim–Ludwigshafen bildet den Kern des Ballungsraumes Rhein-Neckar. Die verwaltungsmäßige Gliederung dieses Gebiets, das sich in die Bundesländer Baden-Württemberg, Rheinland-Pfalz und Hessen erstreckt und daneben noch die kleineren Regionen Heidelberg, Speyer und Worms umfaßt, überschattet heute noch seine Homogenität. Die alten, einst bedeutenderen Randstädte blieben in ihrer Entwicklung zurück und übernahmen besondere Funktionen.

Unter ihnen konnte sich allein *Heidelberg* zur Großstadt entwickeln. Die Stadt besteht aus zwei Teilen: aus dem alten Heidelberg im Taltrichter des Neckars und den neuen Stadtteilen, die weit in die Rheinebene und entlang der benachbarten Bergstraße ausfächern. Mit seiner berühmten Schloßruine und der vom Krieg weitgehend verschonten Altstadt, die gegenwärtig saniert wird, ist Alt-Heidelberg als internationales Touristenzentrum bekannt. Die sonnigen Hänge des Neckartals und des Odenwaldrandes stellen bevorzugte Wohnanlagen für Pensionäre, aber auch für zahlreiche Mannheimer dar. Dagegen sind die Stadterweiterungen in der Ebene stark von Industrie durchsetzt sowie Standorte moderner Universitätsareale, ausgedehnter Wohngebiete sowie einer großen US-amerikanischen Garnison.

Die vielseitige Industrie wird hauptsächlich durch mittlere Unternehmen repräsentiert, die sich vor allem dem Maschinen-, Instrumenten- und Fahrzeugbau widmen. Dazu kommen Unternehmen der chemischen Industrie, die ebenfalls eine gewisse Bedeutung besitzen. Allerdings entfallen nur 35% der Erwerbstätigen auf den produzierenden Sektor. Der Hauptanteil der Berufstätigen ist im Dienstleistungsbereich beschäftigt, eine Folge der zahlreichen Universitätseinrichtungen.

Die wachsende Industrie, der Ausbau der Universität und Eingemeindungen haben die Stadt zur Großstadt anwachsen lassen. Im Jahre 1900 hatte Heidelberg 44000, 1930 82000 und 1981 über 130000 Einwohner. Die übrigen baden-württembergischen Städte im Ballungsraum Rhein-Neckar sind von untergeordneter Bedeutung. Zu nennen sind die Lederstadt Weinheim, Ladenburg und die einstige Sommerresidenz Schwetzingen. Diese Städte werden immer mehr in den Verdichtungsprozeß einbezogen, der vom industriellen Zentrum Mannheim ausgeht und nehmen heute wichtige Ergänzungs- und Entlastungsfunktionen wahr.

5.6.3

Karlsruhe: Einst badische Residenzstadt – heute Oberzentrum in der Region Mittlerer Oberrhein

Der Großstadtraum Karlsruhe weist nach Lage und Entstehung ähnliche Züge auf wie das Ballungsgebiet „Rhein-Neckar". Hier wie dort erstreckt sich die Agglomeration vom Rheinstrom über die Ebene bis zum Gebirgsrand und auch in dieser Region kam es zu einer Umkehrung der historisch gewachsenen Raumkonstellation.

Vor Gründung der badischen Neu-Residenz Karlsruhe (1715) am Südrand des bis dahin nahezu unbesiedelten Hardtwalds gab es in diesem Gebiet eine Reihe älterer städtischer Zentren, die ebenso wie Karlsruhe als Ansatzpunkte für die Entwicklung einer führenden Stadt geeignet gewesen wären. Das sind neben den altbadischen Residenzen Durlach, Rastatt und Baden-Baden, die staufische Gründungsstadt Ettlingen, die bischöflich-speyerische Residenz Bruchsal, vor allem aber die ehemalige Reichsstadt Offenburg, die in der Höhe von Straßburg am Ausgang des verkehrsbegünstigten Kinzigtales liegt. Alle diese Städte werden von dem rasch aufblühenden Karlsruhe in ihren Entwicklungsmöglichkeiten gehemmt oder sind wie im Falle von Durlach sogar im Stadtgebiet selbst aufgegangen bzw. wie bei Ettlingen in eine starke Abhängigkeit geraten. Heute ist Karlsruhe eindeutiges und unangefochtenes Oberzentrum der Region Mittlerer Oberrhein.

Auf die Darstellung der baulichen Entwicklung der Stadt soll hier verzichtet werden, da auf sie bereits an anderer Stelle (vgl. S. 156) eingegangen wurde. Vielmehr sollen die funktionalen und wirtschaftlichen Entwicklungskomponenten des Karlsruher Großstadtraumes näher beleuchtet werden. Karlsruhe hatte bei seiner Gründung zu Beginn des 18. Jh. nur geringe Chancen, zu einer Wirtschaftsmetropole aufzusteigen: zu wenig Raum, keine Rohstoffe, keine Wasserkraft, schlechte Verkehrswege – der Lauf des Rheins war noch nicht korrigiert – und es gab kein Arbeitskräftepotential mit langer handwerklicher Tradition. Das änderte sich in den ersten 100 Jahren nur langsam. Zwar siedelten sich in der neuen Residenzstadt bald Handwerker aller Art an, auch einige Manufakturen entstanden, doch diese, durchweg bescheidenen Unternehmen lebten praktisch nur von den Aufträgen des Hofes, der Regierung bzw. waren Lieferanten der in Karlsruhe ansässigen Beamtenfamilien. Erst durch den Territorialgewinn, der dem Großherzogtum Baden in Napoleonischer Zeit zufiel, besserten sich die Standortbedingungen der Stadt. Karlsruhe erhielt jetzt als Landeshauptstadt eine bevorzugte Mittellage am badischen Oberrhein, die durch den Ausbau des Eisenbahnnetzes (ab 1843) weiter verstärkt wurde.

Die Lagegunst förderte die industrielle Entwicklung der Stadt. Dabei erwies sich das 1825 gegründete Polytechnikum, die spätere technische Hochschule und heutige Universität (12 000 Studenten) als wichtiges technisches Innovationszentrum, von dem in der Zukunft viele wirtschaftliche Impulse ausgingen. Überhaupt haben Karlsruher Erfinder und Pioniere (Drais, Benz, Tulla, Hertz u. a.) das moderne Verkehrswesen entscheidend mitgestaltet. In der zweiten Hälfte des 19. Jahrhunderts kam zur Hauptstadt- und Residenzfunktion die der Industrie. Eine der bekanntesten und wichtigsten Betriebe war die Maschinenfabrik v. Kessler, in der die ersten Lokomotiven Süddeutschlands gebaut wurden (1841); dazu kamen Nähmaschinenfabriken, Spinnereien, die weithin bekannte Ofenfabrik Junker & Ruh sowie die heute noch existierende Badische Maschinenfabrik in Durlach. Rüstungswerke sowie typische Residenzindustrien wie Parfümerien, Fabriken für Toilettenseifen, Silberwaren, Papierverarbeitung u. ä., ergänzten und erweiterten die industrielle Palette.

Die Industrialisierung führte wie überall zu einer starken Bevölkerungszunahme. Die stürmische Entwicklung erzwang eine Sprengung der engen Innenstadtgrenzen und führte zu großzügigen Stadterweiterungen auf den ebenen Platten der Niederterrassen. Eingemeindungen der benachbarten Dörfer, zumal am Rhein, wurden notwendig als die durch einen Stichkanal mit dem Rhein verbundenen 5 Hafenbecken ausgebaut (1900–1934) und zu neuen Industriestandorten wurden. Heute nimmt der technisch gut ausgebaute Rheinhafen mit jährlich rd. 9 Mio. Tonnen Güterumschlag den dritten Platz unter den 80 deutschen Binnenhäfen ein.

Die erste Eingemeindungswelle dauerte von 1885 bis 1910. Die Gemarkungsfläche vergrößerte sich dabei um das Fünffache und die Bevölkerungszahl stieg im gleichen Zeitraum von 55000 auf 135000 an.

In dieser ersten Phase der industriellen Revolution, die 1914 ihr Ende fand, war Karlsruhe Großstadt (1902) geworden. Der Industrialisierungs- und Urbanisierungsprozeß zog sich allerdings über viele Jahrzehnte hin und führte zu erheblichen Strukturwandlungen, von denen nur die wichtigsten genannt werden sollen. Die Einrichtungen des technischen Städtebaus (Gaswerk 1864, zentrales Wasserwerk 1871, elektrische Straßenbahn 1900, Bau des Klärwerks 1913) schufen die notwendigen Voraussetzungen für die großstädtische Expansion. Bereits um die Jahrhundertwende setzte längs der Kaiserstraße der Prozeß der City-Bildung ein. Hier entstanden die ersten Warenhäuser von Hermann Tietz („Hertie") und den Geschwistern Knopf („Karstadt"), die bis heute Kaufmagnet der Innenstadt geblieben sind. Unterbrochen wurde diese Wachstumsphase durch den Ersten Weltkrieg und seine Folgen, der sich vor allem in Baden, das zum Grenzland geworden war, in wirtschaftlicher Hinsicht verheerend auswirkte. So wurde der Stand der industriellen Produktion von 1913 in Karlsruhe erst wieder 1928 erreicht, um dann 1932 aus konjunkturellen Gründen auf 60% zurückzufallen.

Vom staatlich verordneten wirtschaftlichen Aufschwung während des Dritten Reiches, angekurbelt durch Autobahnbau und Rüstung, konnte Karlsruhe dagegen profitieren. Durch den Bau der Autobahn Hamburg–Frankfurt–Basel („Hafraba") und der Abzweigung nach Stuttgart–München wurde die Bedeutung des Verkehrsknotens Karlsruhe beträchtlich verstärkt.

Wichtiger als die „Deutsche Waffen- und Munitionsfabrik", die in diesen Jahren entstand, war für die weitere wirtschaftliche Entwicklung der Stadt die Niederlassung der französischen Reifenfirma Michelin (1931) und die Gründung einer Reihe von Banken und Sparkassen, die zusammen mit älteren Geldinstituten den Grundstein für den heute kräftig entwickelten privaten Dienstleistungssektor der Stadt legten.

Eine wichtige Zäsur in der Stadtentwicklung stellt der Zweite Weltkrieg dar. Neben den Kriegszerstörungen, die hauptsächlich den Stadtkern betrafen, war es in den Nachkriegsjahren der Verlust der früheren Hauptstadtwürde, die die Bedeutung der Stadt schmälerten. Zwar wurde Karlsruhe durch die Ansiedlung des Bundesgerichtshofes (1950) und des Bundesverfassungsgerichts (1951) zur „Residenz des Rechts" und durch Sitzverlegung von Landesbehörden und Anstalten (z. B. Landeskreditbank, Landesamt für Umweltschutz) in seiner zentralen Stellung weiter gestützt, doch gelang der Ausgleich auf dem Sektor der öffentlichen Dienstleistungen nur zum Teil. Daher bemühte sich die Stadt in den vergangenen drei Jahrzehnten um den weiteren Ausbau des industriellen Bereichs. Die Voraussetzungen waren gut, denn die Grenze zu Frankreich, einst Hemmnis der wirtschaftlichen Tätigkeit, öffnete sich jetzt. Die Lage der Stadt am Schnittpunkt internationaler Verkehrs- und Energiestränge innerhalb der

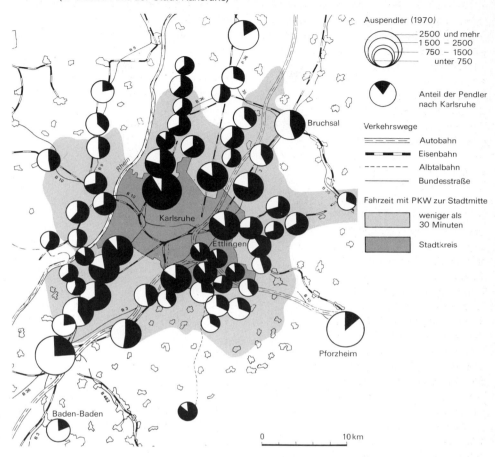

Auspendler (1970)

2500 und mehr
1 500 – 2500
750 – 1500
unter 750

Anteil der Pendler
nach Karlsruhe

Verkehrswege

Autobahn
Eisenbahn
Albtalbahn
Bundesstraße

Fahrzeit mit PKW zur Stadtmitte

weniger als
30 Minuten

Stadtkreis

Bruchsal

Karlsruhe

Ettlingen

Pforzheim

Baden-Baden

0   10 km

EG bot optimale Standortbedingungen und Entwicklungschancen.

Viele mittelständische Betriebe wurden gegründet, aber auch Großunternehmen konnten angesiedelt werden.

Mit zwei Erdöl-Großraffinerien (1962) und einer dritten im linksrheinischen Wörth ist Karlsruhe zum bedeutendsten binneneuropäischen Raffineriestandort geworden mit einer Durchlaufkapazität von 16 Mio. Tonnen. Durch die Pipelines, Marseille–Karlsruhe und Karlsruhe–Ingolstadt–Triest erlangte der Ölhafen den höchsten Mineralöl-umschlag (7 Mio. t) aller europäischen Binnenhäfen.

Das 1956 gegründete Deutsche Kernforschungszentrum ist inzwischen zum fünftgrößten Arbeitgeber der Stadt und damit zu einem wichtigen Wirtschaftsfaktor für die ganze Region geworden. Konzerne, wie Siemens mit Forschungs- und Produktionseinrichtungen zur Meß- und Prozeßtechnik, das neue Bosch-Werk und die größte LKW-Fabrik von Mercedes-Benz in Wörth haben das Spektrum der industriellen Fertigung und die Zahl der Arbeitsplätze enorm erweitert.

Auch den größten Hersteller von Bonbons ohne Zucker – Ragolds Rachengold GmbH – findet man hier.

Durch Hugo Mann wurde Karlsruhe zur Geburtsstätte der Möbel- und Verbrauchermärkte. Ergänzt wird die Großhandelssparte durch Betriebe der Firmen C & A Brenninkmeyer, Pfannkuch/Kolossa und Hafo/Intermarkt. Von der Lage am Rhein begünstigt wurde das Zellstoffwerk der E. Holtzmann AG zu Europas größtem Hersteller von Zeitungspapier. Dazu kommen Firmen der kosmetischen und pharmazeutischen Industrie wie Willmar Schwabe, Pfizer und die deutsche Zentrale von L'Oreal. Auch das Bank- und Versicherungswesen konnte in den letzten Jahren weiter ausgebaut werden, u. a. durch eine Niederlassung der Elsässischen Bank.

Die gewaltige Ausdehnung der industriellen und wirtschaftlichen Kapazität drückte sich u. a. darin aus, daß Karlsruhe, gemessen an der Bruttowertschöpfung pro Kopf der Einwohner, im Jahr 1976 an die erste Stelle der Stadt- und Landkreise Baden-Württembergs rückte. Auf der anderen Seite führte die flächenmäßige Ausdehnung der Industriebetriebe zu einer Raumenge im Kern des Verdichtungsgebiets.

Zum dritten Mal wurde es daher notwendig, die Markungsgrenzen kräftig auszudehnen: nach Knielingen, Durlach und Hagsfeld (1935–1938) werden 1972–1975 weitere sieben Gemeinden in den Stadtverband aufgenommen. Die Stadt erreichte Mitte der 70er Jahre fast 280 000 Einwohner bei einer Einwohnerdichte von 1600 Personen pro km². Damit war aber – wie auch anderenorts in der Bundesrepublik – der Höhepunkt der stürmischen Aufwärtsentwicklung der Nachkriegszeit überschritten.

Abnehmende Einwohnerzahlen, Betriebsverlagerungen über die Stadtgrenze, Schließung verschiedener Zweigbetriebe deuten strukturelle Veränderungen des großstädtischen Wirtschaftsgefüges an. Während sich die Zahl der Beschäftigten in Karlsruhe vom Jahre 1970 bis 1980 erhöhte, und das trotz sinkender Bevölkerungszahl, ging die Zahl der Arbeitnehmer im produzierenden Gewerbe von 52 000 auf 42 000 zurück. Dagegen vermehrte sich die Zahl der Beschäftigten im tertiären Bereich erheblich. Ihr Anteil liegt gegenwärtig bei 62%. Dieser Trend ist allerdings in allen südwestdeutschen Großstädten zu beobachten.

Insgesamt gesehen wurde jedoch in den Nachkriegsjahrzehnten die einstige Dominanz des öffentlichen Sektors (bedingt durch die Hauptstadtfunktion) durch eine expansi-

Tabelle 10: Linksrheinische Pendler insgesamt in den Kammerbezirk Mittlerer Oberrhein 1980

Ziel	Pendler		insgesamt	
	aus Frankreich	aus Rheinland-Pfalz	absolut	in Prozent
Baden-Baden	592	5	597	4,3
Karlsruhe	**3 115**	**6 275**	**9 390**	**67,1**
Landkreis Karlsruhe	718	685	1 403	10,0
Landkreis Rastatt	1 925	685	2 610	18,6
Region Mittlerer Oberrhein	6 350	7 650	14 000	100,0

Quelle: Karlsruher Wirtschaftsspiegel 24, 1981/82, S. 49; Tiedtke (1981/82, S. 49)

ve industrielle Entwicklung und ein starkes Wachstum privater Dienstleistungsbereiche ergänzt. Heute besitzt die Stadt eine ausgewogene Wirtschaftsstruktur und ist trotz überregionaler Verwaltungsaufgaben zum beherrschenden Wirtschaftszentrum und Industrieschwerpunkt am Mittleren Oberrhein geworden. Die dominierende Stellung der Stadt in dieser Region (860 000 Menschen) wird auch dadurch unterstrichen, daß täglich rd. 55 000 Einpendler von außerhalb nach Karlsruhe kommen. Der Einzugsbereich erstreckt sich dabei nicht nur auf baden-württembergisches Territorium, sondern umfaßt auch Teile der Südpfalz und des Nordelsaß.

5.6.4
Freiburg: Metropole des südlichen Oberrheingebiets

Unbestrittenes wirtschaftliches und administratives Zentrum der Region südlicher Oberrhein ist Freiburg (ca. 175 000 Einw., davon rd. 13 000 Ausländer).

In kaum einer anderen Großstadt Deutschlands treffen im Stadtgebiet in ähnlicher Weise gegensätzliche Landschaftselemente zusammen. Freiburg erstreckt sich von der Rheinebene, die im Westen von den Reben bewachsenen Bergländern des Tunibergs und des Kaiserstuhls begrenzt wird, bis zu den Höhen und Tälern des Schwarzwalds im Osten. Im Süden und Norden reichen außerdem die Obst- und Weingärten der fruchtbaren Vorhügelzone bis an den Stadtkern heran. Freiburg rühmt sich mit Recht, eine Stadt des Weines zu sein; denn keine andere deutsche Stadt dieser Größe hat eine größere Rebfläche (690 ha) aufzuweisen. Überdies liegt mit dem 1302 m hohen Schauinsland einer der höchsten Berge des Schwarzwalds auf der Stadtmarkung, so daß die Stadtregion mehr als 1000 m Höhenunterschied aufweist. Alles in allem bietet der naturräumliche Rahmen ideale Voraussetzungen für at-

traktives Wohnen, Naherholung und Freizeitsport.

Die über 850 Jahre alte Zähringerstadt war an einer verkehrsgeographisch günstigen Lage gegründet worden. Sie entstand an der Talpforte der Dreisam, die den Zugang zum Schwarzwald eröffnet, und lag am Schnittpunkt der alten Handelswege nach Burgund, der Schweiz und dem nahen Elsaß.

Die verkehrsgünstige Position, die Marktrechte und die reichen Silbervorkommen der nahen Schwarzwaldberge führten während des Mittelalters zu einem raschen Aufblühen des städtischen Gemeinwesens, das bald eine dominierende Stellung im ganzen Breisgau erlangte. Fast ein halbes Jahrhundert gehörte Freiburg zum Hause Habsburg und erhielt als Vorort der vorderösterreichischen Lande zahlreiche administrative und kulturelle Führungsfunktionen, u. a. eine Universität (1458). Schwere Rückschläge erlitt die reiche Stadt im Zusammenhang mit den französischen Réunionskriegen. 1677 wurde Freiburg von den Franzosen erobert und bis 1697 von Vauban zu einer gewaltigen Festung ausgebaut. Als ständig umkämpfte Garnisonsstadt stand sie längere Zeit im Kreuzfeuer französisch-österreichischer Auseinandersetzungen. 1745 schleiften die abziehenden Franzosen die gesamte Festungsanlage und Freiburg sank zu einer stillen Amtsstadt in Vorderösterreich herab mit ca. 3000 Einwohnern und einer völlig verarmten Bürgerschaft.

Erst der Anschluß an das Großherzogtum Baden (1806) brachte die Wende. Freiburg wurde Sitz eines Erzbischofs, die Universität gelangte zu hoher Blüte und Handel und Gewerbe nahmen teil an der liberalen wirtschaftlichen Entwicklung des neuen Oberrheinstaates. Etwa ab Mitte des 19. Jahrhunderts wuchs die Stadt rasch an, bedingt durch die allgemeine Industrialisierung (Industriegebiet Oberau) und den Anschluß an die Eisenbahn (1845). Viele Bewohner des landwirtschaftlich geprägten Umlands zogen nach Freiburg. In dieser stürmischen Wachstumsphase wurden zahlreiche Neubauten errichtet und einige Dörfer der näheren Umgebung (Zähringen, Betzenhausen, Littenweiler) kamen durch Eingemeindung zur Stadt. Während des 19. Jh. hatte sich die Baufläche Freiburgs um das Sechsfache vergrößert. Selbst der Erste Weltkrieg mit seinen politischen Veränderungen (Grenzlage) und Wirtschaftsproblemen konnte der Beliebtheit und dem Wohlstand der Stadt keinen ernsthaften Schaden zufügen.

Die Intensivierung der Industrie, die Universität und der aufblühende Fremdenverkehr gehören zu den Ursachen der Stadterweiterungen zwischen den beiden Weltkriegen. Dazu kam, daß Freiburg damals zum bevorzugten Alterssitz eines vermögenden Bürgertums geworden war, dessen Villen heute noch das Gesicht der Stadtrandgebiete bestimmen. Zu erwähnen sind auch die Anlagen der Gartenstadt Haslach und die Mooswaldsiedlung, beides typische Beispiele für die städtebaulichen Konzeptionen jener Zeit. Zu Beginn des Zweiten Weltkriegs zählt Freiburg bereits 100 000 Einwohner.

Eine schmerzliche Zäsur stellt der Bombenangriff am 27. November 1944 dar, bei dem fast die ganze Altstadt zugrunde ging. Bei Kriegsende lebten nur noch 60 000 Menschen in Freiburg. Der Wiederaufbau nach dem Zweiten Weltkrieg erfolgte glücklicherweise unter Wahrung des historischen Stadtbilds, das deshalb bis zum heutigen Tage seine mittelalterliche Atmosphäre bewahren konnte und gegenwärtig behutsam saniert wird.

In den 50er und 60er Jahren erlebte Freiburg eine außerordentlich expansive Phase. Mit den rasch steigenden Einwohnerzahlen wuchs der Bedarf an Wohnraum. Dies führte zu großen Stadterweiterungen in Weingarten und Landwasser, die im Westen der Stadt zu trabantenstadtähnlichen Wohnquartieren heranwuchsen. Diese dynamische Nachkriegsentwicklung fand zu Beginn der 70er Jahre ihren Abschluß durch die Eingemeindung von acht Randgemeinden. Durch diesen Zuwachs konnte die Stadtfläche fast verdoppelt werden. Zwar gehörte Freiburg im vergangenen Jahrzehnt immer noch zu den am stärksten wachsenden Großstädten Deutschlands (die Bevölkerungszahl erhöhte sich zwischen 1961–1975 um 14%); doch scheint der Höhepunkt der quantitativen Stadtentwicklung überschritten zu sein. Die Stadt befindet sich zu Beginn der 80er Jahre in einer Phase der Konsolidierung, wobei Probleme der Stadtsanierung, der Bewältigung der Verkehrsprobleme und der architektonischen und funktionalen Stadtgestaltung im Vordergrund stehen.

Freiburg ist heute wie eh und je kultureller, politischer und wirtschaftlicher Mittelpunkt Südbadens. Universität und Hochschulen (mit insgesamt rd. 25 000 Studenten), wichtige staatliche Institute und Behörden (z. B. Regierungspräsidium, Oberfinanzdirektion, Oberpostdirektion, Landratsamt) sowie andere gesellschaftliche Einrichtungen (Zentrale des DGB, Sitz verschiedener Berufsverbände und Innungen, Zentrale des Deutschen Caritasverbands), aber auch Industrien und internationale Unternehmen haben hier ihren Sitz.

Die Erwerbsstruktur der Stadt wird charakterisiert durch einen außerordentlich hohen Anteil von fast 70% der Erwerbstätigen im tertiären Sektor, was vor allem auf die Universität und andere öffentliche Einrichtungen zurückgeführt werden kann. Auf Industrie und Handwerk entfallen ca. 30% der Erwerbstätigen. Dabei liegt das Schwergewicht der Industriestruktur bei Unternehmen der Investitionsgüterindustrie, wobei der elektrotechnischen und chemischen Industrie eine besondere Rolle zukommt.

Eine besondere Bedeutung genießt Freiburg als weithin bekannte Einkaufsstadt. Die Kaufhäuser, Supermärkte und Boutiquen werden nicht nur von den Einwohnern der Stadt und des nahen Umlands, sondern von den Menschen aus ganz Südbaden, sogar aus dem benachbarten Südwürttemberg aufgesucht. Bezeichnend für die zentrale Stellung der Stadt ist der Umstand, daß der Einzugsbereich der Freiburger Geschäfte etwa 400 000 Menschen erreicht. Vor allem das attraktive Angebot des Stadtzentrums wird von keiner Großstadt des Landes übertroffen. Allein im Bereich der Fußgängerzonen in der Altstadt gibt es heute das Zehnfache an Verkaufsfläche wie sie die ganze Stadt vor dem Zweiten Weltkrieg aufzuweisen hatte. Die dominierendste Stellung Freiburgs als Verwaltungs-, Handels- und Dienstleistungszentrum im Südwesten des Bundeslandes wird durch die günstige Verkehrserschließung bedingt und gefördert.

Die Stadt ist über die Bundesautobahn A 5 sowohl mit den nördlich gelegenen Wirtschaftsräumen des Oberrheinischen Tieflandes (Karlsruhe, Rhein-Neckar, Rhein-Main) als auch mit der Schweiz und dem nahen Frankreich verbunden. Nach Osten führt die Bundesstraße 31 zum Schwarzwald, dem Bodensee und nach Österreich. Freiburg liegt an der stark frequentierten Eisenbahnstrecke Frankfurt–Basel. Schließlich kann die Stadt auch per Flugzeug über den internationalen Flughafen Basel/Mulhouse und einem eigenen Verkehrslandeplatz (10 t) erreicht werden.

Heute gilt Freiburg als Deutschlands „vielseitigste, bunteste und heiterste Großstadt unter südlicher Sonne" (jährlich ca. 1800 Sonnenstunden). Es überrascht daher nicht, wenn sich die Stadt in den letzten Jahrzehnten zu einem bevorzugten Zentrum des Fremdenverkehrs („Tor des Südschwarzwalds") entwickeln konnte (ca. 460 000 Übernachtungen). Die Lagegunst und die Vorzüge der naturräumlichen und kulturellen Situation haben zweifellos das dynamische Wachstum der Stadt gefördert. Allerdings blieb die räumliche Verdichtung im wesentlichen auf den erweiterten Stadtkreis beschränkt und hat nur in bescheidenem Ma-

ße die Städte und Gemeinden im Randbereich der Freiburger Bucht erfaßt.

5.7
Die Stadtregionen der jungen Großstädte

Obgleich die Städte Ulm, Heilbronn und Pforzheim erst im Rahmen der Gemeindereform (1972) im statistischen Sinn zu Großstädten geworden sind, waren sie schon längere Zeit vorher Mittelpunkte großstädtischer Stadtregionen.

Die wirtschaftliche Entwicklung in diesem Jahrhundert, insbesondere seit dem Zweiten Weltkrieg, und die damit einsetzende Bevölkerungsentwicklung haben in unseren Städten zu einem Flächenwachstum geführt, das die Raumreserven der Stadtmarkungen bald erschöpfte. Die Folge war eine immer stärkere Ausbreitung der Industrie- und Wohnareale in das Umland der Städte und eine zunehmende Verflechtung zwischen Stadt und Umland. Die Tatsache, daß die politische Einheit „Stadt" längst nicht mehr mit dem weit größeren sozio-ökonomischen Verflechtungsbereich identisch ist, ist in der Regionalwissenschaft bereits vor Jahrzehnten erkannt worden. Zur Beschreibung dieser Erscheinung wurde der Begriff der „Stadtregion" neu eingeführt. Diese besteht aus der Kernstadt und dem mit ihr funktional verflochtenen Umland.

5.7.1
Ulm/Neu-Ulm: Industriestadt und Verkehrsknoten an der Donau

Die Entwicklung der Stadtregion Ulm/Neu-Ulm wurde ursprünglich durch den wirtschaftlichen Aufstieg der Kernstadt Ulm vor allem nach dem Zweiten Weltkrieg ausgelöst. In den vergangenen vier Jahrzehnten hat sich die Einwohnerzahl dieser Region von ca. 145 000 auf ca. 302 000 mehr als verdoppelt. Allerdings hat sich in diesem Zeitraum das Gewicht zwischen den Kernstädten und dem Umland verschoben: erstere stellen nur noch 45% der Einwohner, letztere inzwischen 55%. Außerdem kam es zu einer fortschreitenden Funktionsteilung zwischen den beiden Zonen: Während sich in den Kernstädten Ulm und Neu-Ulm immer mehr Arbeitsplätze ansiedelten, nahmen im Umland die Wohnfunktion und damit die Stärke der Pendlerströme zu.

Die Besonderheit dieser Region liegt nicht nur darin, daß sie an der Landschaftsnaht zwischen der Schwäbischen Alb und dem nördlichen Alpenvorland gelegen ist, wobei die Donau eine scharfe Grenzlinie markiert, sondern auch in dem Umstand, daß der Kern dieser Agglomeration – ähnlich wie bei Mannheim/Ludwigshafen – politisch geteilt ist. Die einstige Reichsstadt Ulm und ihr Ergänzungsgebiet gehören zu Baden-Württemberg, während ihr südlich der Donau gelegener Brückenkopf, die junge Industriestadt Neu-Ulm, auf bayerischem Territorium liegt. Auf die sich aus dieser politischen Raumkonstellation ergebenden Probleme und Konflikte soll hier nicht weiter eingegangen werden.

Ulm war jahrhundertelang unbestrittener wirtschaftlicher und kultureller Mittelpunkt dieses Gebiets. Aus der königlich fränkischen Pfalz „Hulma" hatte sich bis Mitte des 12. Jahrhunderts eine staufische Stadt entwickelt. Als führende Reichsstadt Südwestdeutschlands erlebte Ulm im Spätmittelalter eine wirtschaftliche Blütezeit. Grundlage dafür war das Monopol in der Barchentproduktion, das zu weitreichenden Handelsbeziehungen führte (Italien, Rheintal, Donauländer). Die bedeutende wirtschaftliche Entwicklung machte zu Beginn des 14. Jahrhunderts eine großzügige Stadterweiterung notwendig, die das Gemeinwesen auf das Vierfache ihrer ursprünglichen Fläche anwachsen

ließ. Mit dem Münsterbau (1377) und der Anlage der wichtigsten Plätze hatte Ulm die für Jahrhunderte gültige Stadtgestalt erhalten, die im wesentlichen nur noch durch den Bau der Sternbastionen der Renaissance ergänzt wurde. Außerdem gelang es Ulm, in diesem Zeitabschnitt das größte reichsstädtische Territorium zu erwerben. Das Ulmer Gebiet umfaßte damals außer den Städten Geislingen, Langenau, Albeck und Leipheim 54 Dörfer der Ulmer Alb und des Filstals sowie große Areale südlich der Donau.

Im Zusammenhang mit den Napoleonischen Wirren wurde 1810 das reichsstädtische Gebiet geteilt. Die Flächen südlich der Donau wurden Bayern zugeschlagen, die nördlichen, einschließlich der Stadt selbst, kamen an Württemberg. 1840 wurde Ulm Festung des Deutschen Bundes und somit Garnisonsstadt. Zwischen 1842 und 1859 entstand ein Festungsgürtel, der auch bayerisches Gebiet umfaßte. Strenge Rayonbestimmungen verhinderten in der Folge die städtebauliche Entwicklung außerhalb des Festungsrings. Der begrenzte Freiraum innerhalb füllte sich in der 2. Hälfte des vorigen Jahrhunderts sehr schnell mit typischen Mischgebieten; auf bayerischem Boden entstand 1869 die Stadt Neu-Ulm. Die Eröffnung der württembergischen Eisenbahnhauptstrecke Stuttgart–Ulm–Friedrichshafen (1850) und die Abzweigung nach Augsburg und München fiel in die Zeit der beginnenden Industrialisierung. Trotz günstiger Voraussetzungen der Lage, der Handwerkstradition und der Handelsbeziehungen begann allerdings der eigentliche Entwicklungsprozeß zur Industriestadt erst nach der Niederlegung der Festungswälle um die Jahrhundertwende. Erst damals konnte sich unter Ausnutzung der elektrischen Energie die Zementwerke, die Messingfabrikation (Wieland-Werke AG), der Pflugbau (Gebrüder Eberhardt), der Wagen- und Karosseriebau (Kässbohrer), die Herstellung von Feuerlöschgeräten und Fahrzeugbau (Magirus-Deutz) sowie die Werkzeug- und Kleiderfabrikation zu leistungsfähigen, exportorientierten Qualitätsindustrien entwickeln. Dabei ist für die Industrialisierung Ulms kennzeichnend, daß die Entwicklung zur Industriestadt nicht mit der Gründung eines dominierenden Unternehmens eingeleitet wurde, sondern daß sich seine differenzierte Branchenstruktur langsam und organisch aus dem bodenständigen Handwerk entfaltet hat.

Im Zusammenhang mit der gewerblichen Entwicklung kam es zu Beginn unseres Jahrhunderts zu einer überstürzten baulichen Expansion, in der das Blautal für Industrieansiedlungen nutzbar gemacht und die Hänge des Hochsträß und der Alb mit Wohnbauten überzogen wurden. 1905 wurden Söflingen mit Harthausen, 1926/27 Grimmelfingen und Wiblingen eingemeindet. In der Endphase des Zweiten Weltkriegs brach über Ulm eine Katastrophe herein: die Altstadt wurde zu 80% durch Bomben vernichtet; völlig zerstört wurden die Industrieareale, die Bahnanlagen und sämtliche Donaubrücken.

Nicht allein die starken Zerstörungen, auch die Veränderungen der sozio-ökonomischen Struktur (Wegfall der Garnison, Gefahr der Abwanderung der Industrie) sowie der Zustrom von Flüchtlingen brachte für Ulm nach 1945 besondere Probleme. In den ersten Jahren nach dem Krieg lag der Schwerpunkt des Aufbaus im Bereich der Altstadt, dem traditionellen Sitz von Handel, Gewerbe und Dienstleistungen. Heute nimmt der Innenstadtbereich City-Funktionen wahr, wo über 1000 Geschäfte die großzügig angelegten Fußgängerzonen säumen. Zur Behebung der Wohnungsnot kam es in den Nachkriegsjahrzehnten zur Erschließung neuer Wohngebiete, die den Charakter geschlossener Stadtteile mit eigener Infrastruktur besitzen. Eselsberg (50er Jahre), Braunland-Bofingen und Kuhberg (60er Jahre) und Wiblingen-Tannenplatz (seit 1970).

Nach dem Kriege wurde außerdem im westlichen Donautal ein neues Industriegebiet angelegt, das inzwischen auf annähernd 200 ha angewachsen ist.

Auch in der Nachbarstadt Neu-Ulm kam es in der Nachkriegszeit zu einer enormen baulichen Expansion. Neben großzügigen Erweiterungen der Kasernenareale entstand das Industriegebiet im Osten der Stadt; außerdem umfangreiche Wohngebiete im Südwesten im Anschluß an die Glacisanlagen.

Im Umland der Kernstadt Ulm/Neu-Ulm setzte nach anfangs bescheidener Wohnbautätigkeit (Flüchtlingszuzug) etwa zu Beginn der 60er Jahre eine verstärkte Siedlungsentwicklung ein. Vor allem in den Gemeinden des Illertals sowie in den Ortschaften an der Bahnlinie Ulm–Heidenheim, aber auch in den Blautalgemeinden und Erbach sowie im Norden Ulms im Raum Dornstadt.

Um den veränderten räumlich-strukturellen Verhältnissen gerecht zu werden, wurden im Zuge der Verwaltungsreform neun Umlandgemeinden 1971–1975 in den Stadtkreis Ulm eingemeindet, dessen Markungsfläche dadurch um mehr als das Doppelte anwuchs. Die industrielle Wirtschaft konnte ihre beherrschende Stellung in den letzten Jahren im Fahrzeugbau, in der Elektrotechnik, Feinmechanik und Optik noch verstärken. Sehr eindrucksvoll äußert sich diese Entwicklung an der Veränderung der Arbeitsplatzzahlen, die im Zeitraum 1950–1977 von rd. 45 000 auf rd. 83 000 angestiegen sind. Mit 340 Industriebeschäftigten je 1000 Einwohner steht Ulm gegenwärtig an der Spitze aller Industriestädte Baden-Württembergs. Da die vorhandenen Arbeitsplätze bei weitem nicht durch die ansässige Bevölkerung allein besetzt werden konnten, kam es in den vergangenen Jahrzehnten zu einem ständig wachsenden Einpendlerstrom (rd. 40 000) und zu einer Zuwanderung von Gastarbeitern (1980: 14 345). Allerdings hat sich der steile wirtschaftliche Anstieg etwa seit 1970 deutlich abgeschwächt und überdies

195

haben sich in den Nachkriegsjahrzehnten bedeutende strukturelle Veränderungen in der Wirtschaft abgespielt. Während im produzierenden Gewerbe aufgrund kontinuierlich eingebrachter technischer Neuerungen eine wachsende wirtschaftliche Leistung bei fast gleichbleibenden Beschäftigungszahlen (54%) erreicht werden konnte, hat sich der Dienstleistungssektor im gleichen Zeitraum fast verdoppelt (45%).

Die hohe Besetzung des Dienstleistungsbereichs unterstreicht die zentrale Stellung dieser Großstadt. Ulm bildet zusammen mit Neu-Ulm das Oberzentrum der angrenzenden Region Donau-Iller und verfügt über ein umfassendes zentralörtliches Angebot.

Besonders stark vertreten sind Handel und Verkehr. Mit ihren Kaufhäusern und leistungsfähigen Fachgeschäften ist die Doppelstadt ein Einkaufszentrum mit weiträumiger Ausstrahlung. Ulm ist überdies Behördenstadt mit zahlreichen Einrichtungen von Bund und Land (u. a. Kommando des 2. Bundeswehrkorps, Landgericht, Verwaltungsstellen von Bahn und Post) und zugleich Sitz von überörtlichen Geschäftsstellen des Banken- und Versicherungsgewerbes. Auch bei den sonstigen Dienstleistungen ergibt sich eine überdurchschnittliche Ausstattung, vor allem im Bereich Gesundheitswesen, Kultur und Bildung. Die 1967 gegründete Universität hat die zentrale Stellung Ulms weiter verstärkt. Die Vielfalt des Dienstleistungsangebots verleiht der Stadt eine Bedeutung, die aus den Einwohnerzahlen und anderen Strukturdaten allein nicht ablesbar ist. Ihre Stellung als Oberzentrum ist auf die große Reichweite in das Umland zurückzuführen. Dies wird nicht zuletzt auf die hervorragende Anbindung an das überregionale Straßen- und Schienennetz ermöglicht. Zehn Eisenbahnlinien und acht Fernstraßen (z. B. A 8 und A 7) führen aus allen Himmelsrichtungen nach Ulm und machen die Stadtregion zu einem bedeutenden Verkehrsknotenpunkt im süddeutschen Raum.

5.7.2
Pforzheim: „Goldstadt" an der Schwarzwaldpforte

Während die etwa gleich großen Städte Heilbronn und Ulm unbestrittene Zentren weiträumiger Regionen sind, ist der Einzugsbereich der Großstadt Pforzheim (106000 Einwohner) relativ klein. Die Verdichtungsrandzonen des nahe gelegenen Stuttgarter Ballungsgebiets und des benachbarten Großstadtraumes Karlsruhe berühren sich im Bereich von Pforzheim, so daß die Einflußsphäre der Stadt von diesen höherwertigen Zentren spürbar überlagert wird.

Lediglich für die Region Nordschwarzwald übt Pforzheim die Funktion eines Oberzentrums aus und bietet für die Bewohner dieses Gebiets Einrichtungen zur Deckung des spezialisierten höheren Bedarfs in sozialer, kultureller und wirtschaftlicher Hinsicht. Die relativ bescheidene Zentralität ist u. a. ein Folge der jahrhundertelangen Grenzlage zwischen Baden und Württemberg. So blieb die Stadt vor allem im administrativen Bereich lange Zeit von untergeordneter Bedeutung. Daß Pforzheim sich trotz dieser hemmenden Faktoren zur Großstadt entwickeln konnte, liegt einmal in der günstigen Verkehrslage, zum anderen an der alten Gewerbetradition der Stadt.

Schon die Römer haben die verkehrsgünstige Lage des Ortes an der Landschaftsnaht zwischen Nordschwarzwald und lößbedecktem Kraichgau erkannt. Sie gründeten um 90 n. Chr. an der Enzfurt eine Niederlassung, deren Bezeichnung „Portus" im heutigen Ortsnamen weiterlebt und durch die eine wichtige Militärstraße vom Rhein an den Neckar führte. Die Straßenbauer späterer Zeiten sind ihrem Beispiel gefolgt, so daß sich auf ihren Chausseen der Güter- und Personenverkehr aus und nach Pforzheim bis ins 19. Jh. abspielte. 1861 erhielt die Stadt Bahnanschluß. Heute sind die wichtigsten Verkehrswege des Pforzheimer Raumes die Bundesbahnstrecke Karlsruhe–Stuttgart, die Bundesautobahn A 8 sowie die Bundesstraße 10, die beide ebenfalls Karlsruhe und Stuttgart verbinden.

Die Entwicklung Pforzheims zur Stadt mit großer wirtschaftlicher Bedeutung begann mit der Gründung der Bijouterieindustrie im Jahre 1767 durch Markgraf Carl Friedrich von Baden. Bereits fünf Jahre später waren hier 250 Personen beschäftigt, die Uhren und Schmuck herstellten.

Aus dieser Manufaktur entwickelte sich die vielseitige Pforzheimer Edelmetallindustrie, der sich verwandte Industriezweige anschlossen. Im Laufe des 19. Jhs. führte die Umstellung von Hand- auf Maschinenarbeit und vor allem die Erfindung des Doublés zu einem ungeahnten wirtschaftlichen Aufstieg. Pforzheim wurde zu einem weltbekannten Schwerpunkt der Uhren- und Schmuckbranche. In der sog. „Goldstadt an der Schwarzwaldpforte" arbeiteten im Jahre 1914 in 700 Fabriken etwa 30 000 Arbeiter.

Nach dem Ersten, besonders aber nach dem Zweiten Weltkrieg kamen mit der Elektrotechnik neue Schwerpunkte hinzu. Nach wie vor besitzt aber in der gegenwärtigen Wirtschaftsstruktur die traditionelle Schmuck- und Uhrenindustrie mit einer Vielzahl von Zulieferern ein besonderes Gewicht, ergänzt durch mehrere Edelmetallscheideanstalten sowie einem spezialisierten Großhandel. Daneben geben die bereits erwähnten Betriebe der elektrotechnischen und elektronischen Industrie, des Maschinen- und Werkzeugbaus sowie des Versandhandels der Stadt ihr Gepräge. Von einer Monostruktur der Pforzheimer Industrie kann daher nicht gesprochen werden.

1981 waren in der Stadt 750 Industriebetriebe mit über 30 000 Beschäftigten ansässig, wobei Klein- und Mittelbetriebe dominieren. Bis vor wenigen Jahren war die enge Verbindung von Wohnen und Gewerbe typisch; erst in jüngster Zeit lassen sich Entmischungstendenzen beobachten.

Hinsichtlich der Industriedichte (225 Industriebeschäftigte pro 1000 Einwohner) und in der Arbeitsplatzzentralität nimmt Pforzheim eine Spitzenstellung im Lande ein. Von den etwa 70 000 Beschäftigten sind rd. 45 000 Einpendler, dabei wohnen etwa 30% in den angrenzenden Gemeinden und über 90% in 15 km Luftlinienentfernung. Wenn auch der Hauptanteil der Erwerbstätigen (60%) im produzierenden Gewerbe beschäftigt ist, so ist in den letzten Jahren die Bedeutung des Dienstleistungssektors ständig angestiegen. Dabei spielt eine Rolle, daß die Stadt in zunehmendem Maße Einkaufsplatz für die Bewohner eines weiteren Umlandes geworden ist und außerdem über eine Ausstattung mit hochqualifizierten Einrichtungen der Bildung und Ausbildung (u. a. Fachhochschule für Gestaltung) verfügt.

Diese außerordentlich dynamische Entwicklung Pforzheims ist um so beachtlicher, als die Stadt bei einem Luftangriff im Februar 1945 praktisch total vernichtet wurde (80% der Gebäude waren zerstört, 18 000 Menschen fanden den Tod).

Beim Wiederaufbau erhielt das Stadtbild Pforzheims einen betont nüchternen Charakter. Die Sachlichkeit der Industriebauten und die Modernität der Wohn- und Geschäftshäuser prägen heute die Physiognomie der Stadt. Die enorme Nachfrage nach Wohnungen führte überdies zu einer beachtlichen Ausdehnung der Siedlungsfläche. Die bedeutendsten Neubaugebiete waren die beiden Demonstrativbauvorhaben Haidach (1967) und Sonnenhof (1969). Außerdem kam es im Zuge der Gemeindereform zur Eingliederung von vier Nachbargemeinden (an der Autobahn gelegen), von denen allerdings nur Eutingen mit der Kernstadt baulich verbunden werden soll.

5.7.3
Heilbronn: Industrie- und Handelsstadt im württembergischen Unterland

Die ehemalige Freie Reichsstadt und heutige Großstadt Heilbronn (1982: 111 701 Einwohner) gilt seit alters als wirtschaftlicher und kultureller Mittelpunkt am Unterlauf des Neckars mit weiter Ausstrahlung in die Hohenlohe und das Gäuland, den Kraichgau und die nahen Keuperwaldberge.

Eine wesentliche Voraussetzung für die historische Bedeutung und gegenwärtige Entwicklung der Stadt war und ist ihre vorteilhafte verkehrsgeographische Lage. Schon im Mittelalter war Heilbronn Kreuzungspunkt mehrerer wichtiger Handelsstraßen, die zusammen mit dem schiffbaren Neckar den wirtschaftlichen Aufstieg der Stadt begünstigten. Heute liegt Heilbronn im Schnittpunkt der Autobahnen nach Stuttgart–München, Mannheim–Frankfurt, Würzburg (E 70) und Nürnberg (E 12) und überdies im Kreuzungspunkt wichtiger Bundesstraßen. Durch den Ausbau des Neckars zur modernen Schiffahrtsstraße ist Heilbronn sowohl mit den Rheinhäfen als auch mit dem Ballungsraum Stuttgart verbunden. Ein weiterer wichtiger Verkehrsträger ist die Eisenbahn.

Vor allem die elektrifizierte Schienenachse Stuttgart–Heilbronn–Würzburg, die den südwestdeutschen Raum mit den großen Städten Norddeutschlands verbindet, ist zu einem wichtigen und zukunftsweisenden Verkehrsträger geworden. Diese günstigen Verkehrsverbindungen sind nicht zuletzt dafür verantwortlich, daß Heilbronn seine traditionelle Stellung als Wirtschafts-, Handels- und Dienstleistungszentrum halten und ausbauen konnte.

Dank seiner natürlichen Vorzüge zählt der Heilbronner Raum zu den am frühest besiedelten Gegenden unseres Landes und im Bereich des heutigen Stadtgebiets entstan-

den im Lauf der Geschichte immer wieder aufs neue „zentrale" Orte. Die heutige Stadt geht wohl auf eine germanische Kultstätte „Heiliger Brunnen" zurück, an die sich vermutlich ein alemannischer Herrschaftssitz anschloß. Später wurde er in einen fränkischen Königshof bzw. eine staufische Pfalz umgewandelt, die zusammen mit einer frühen Marktsiedlung die Kernzelle der Stadt bildete. Heilbronn entwickelte sich zu einer der größten Reichsstädte des Neckarlandes. Wirtschaftliche Basis der Stadt war dabei Weinbau und Weinhandel, von dem heute noch die die Stadt umrahmenden Weinberge zeugen. Mit 550 ha Rebfläche ist Heilbronn immer noch eine der größten deutschen Weinbaugemeinden.

Die industrielle Entwicklung setzte verhältnismäßig früh ein, eng verbunden mit der Entwicklung der Binnenschiffahrt und des Bahnverkehrs. Gerade am Wirtschaftsraum Heilbronn läßt sich in exemplarischer Weise aufzeigen, wie verkehrstechnische Innovationen unmittelbare Rückwirkungen auf das Wirtschaftsleben haben können. So brachte die Einführung des Dampfbootverkehrs (1841) eine beträchtliche Zunahme der Schiffsfrachten auf dem Neckar und bewirkte ein Aufblühen des alten Heilbronner Hafens. Mit dem Bau der Eisenbahn und dem Anschluß an das württembergische Schienennetz (1853) veränderte sich allerdings die Lage. Die Flußschiffahrt war bald nicht mehr konkurrenzfähig und mußte aus Mangel an Frachtaufkommen 1874 eingestellt werden. Um die Jahrhundertwende konnte zwar die mit einigem Erfolg betriebene Kettenschiffahrt eine Belebung des Schiffsverkehrs erreichen, doch trat die entscheidende Wende erst ein, als der Neckar zwischen Mannheim und Heilbronn von 1922 bis 1935 kanalisiert wurde. Der Heilbronner Hafen, der gleichzeitig ausgebaut wurde, konnte jetzt als Endpunkt der Wasserstraße eine wichtige Rolle im Transitumschlag einnehmen und entwickelte sich in der Folgezeit zu einem der größten deutschen Binnenhäfen mit weitem Einzugsbereich. In der Nachkriegszeit verlor der Heilbronner Hafen etwas an Bedeutung als 1949–1958 die Erweiterung des Schiffahrtsweges bis Stuttgart erfolgte. Gegenwärtig umfaßt der Heilbronner Hafen 5 Hafenteile mit einem jährlichen Güterumschlag von 5,1 Mio. Tonnen. Mit dieser Leistung steht er an 6. Stelle unter den großen deutschen Binnenhäfen.

Mit der Industriegeschichte des Landes ist der Heilbronner Raum außerdem durch die Namen bedeutender Unternehmer verbunden, die sich hier niedergelassen oder dort ihren Ursprung genommen haben: u. a. die Familien Bruckmann (Silberwaren), Knorr (Nahrungsmittel), Mauser (Waffenfabriken), Maybach (Motorenbau) und Scheuffelen (Papier).

Die frühindustriellen Ansätze sowie die Verkehrsgunst trugen dazu bei, daß sich Heilbronn zwischen den Ballungsräumen Mannheim/Heidelberg und Stuttgart zu einem eigenständigen, dynamischen industriellen Schwerpunkt entwickelt hat. Die breite Branchenstreuung – basierend auf Metall- und Elektroindustrie, Nahrungs- und Genußmittelindustrie, chemischer Industrie sowie Papier- und Textilindustrie – und eine Vielzahl von Klein- und Mittelbetrieben sorgen für eine ausgewogene Wirtschaftsstruktur. Insgesamt 67 000 Beschäftigte – davon 51% im produzierenden Sektor – finden in Heilbronn Arbeit. Außerdem verfügt die Stadt über ein differenziertes Angebot an Großhandelsfirmen und einen leistungsfähigen Einzelhandel, der vor allem in den neugestalteten Fußgängerzonen der City angesiedelt ist. Nach den furchtbaren Kriegszerstörungen ist nämlich Heilbronn in beispielhafter Weise als zeitgerechte moderne Stadt aufgebaut worden. Dabei kam es neben großzügig angelegten neuen Wohngebieten hauptsächlich im Hafenbereich zum Ausbau weitflächiger Industrieareale (insgesamt 550 ha).

Heute ist Heilbronn Oberzentrum der Region Franken in der über 700 000 Menschen leben. Die Stadt ist mit dieser Region als Industrie-, Verwaltungs-, Einkaufs- und Dienstleistungszentrum in vielfältiger Weise verflochten. Die enge funktionale Verknüpfung zwischen Stadt und Umland zeigt sich nicht zuletzt in den hohen Einpendlerquoten. Rund 27 000 Einpendler, d. h. etwa 40% der Beschäftigten kommen von auswärts in die Stadt. Allerdings stammt der weitaus größte Teil von ihnen aus dem Nahbereich (10-km-Distanz).

199

6 Die Bevölkerungsentwicklung

In der Bevölkerungsentwicklung Südwestdeutschlands seit Beginn des 19. Jahrhunderts spiegelt sich die fortschreitende Industrialisierung und der durch sie ausgelöste Verstädterungsprozeß des Landes wider. Sie stellt somit einen geeigneten Indikator dar, um die Wechselbeziehungen zwischen demographischen und sozio-ökonomischen Verhältnissen einerseits und deren siedlungsgeographischen Folgen andererseits aufzuzeigen.

Bekanntlich wird das Bevölkerungswachstum von zwei Komponenten bestimmt: dem Geburtenüberschuß und dem Wanderungsgewinn. Im Gegensatz zu anderen Teilen Deutschlands, wo beide Komponenten von Anfang an ineinander verwoben waren,

nahm das Bevölkerungswachstum in Südwestdeutschland je nach Zeitspanne einen recht unterschiedlichen Verlauf. Im groben kann man sagen, daß in den rd. 100 Jahren zwischen 1830 und 1933 das Bevölkerungswachstum fast ausschließlich vom Geburtenüberschuß getragen wurde und erst nach dem Zweiten Weltkrieg Baden-Württemberg zum Zuwandererland geworden ist.

Üblicherweise wird die Bevölkerungsentwicklung Südwestdeutschlands seit der territorialen Neuordnung dieses Raumes zu Beginn des 19. Jhs. in 4 Phasen gegliedert. In:
– die Zeit bis zur Reichsgründung 1871,
– die Zeit von dieser bis zum 1. Weltkrieg,
– die Zeit zwischen den beiden Weltkriegen
– die Zeit nach 1939.

Abb. 48: Daten zur Bevölkerungsentwicklung
(n. Angaben des Statist. Landesamts Baden-Württemberg)

Bevölkerungsentwicklung
von 1816 bis 1945 in den früheren
Ländern Württemberg und Baden
ohne Hohenzollern

Natürliche Bevölkerungsbewegung in Baden-Württemberg seit 1920

Lebendgeborene, Gestorbene*, Eheschließungen auf 1000 Einwohner
der Bevölkerung

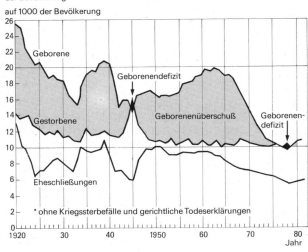

6.1
Vier Phasen in der Bevölkerungs-entwicklung von 1815 bis 1982

6.1.1
1815–1871: Durch Krisen gestörtes Bevölkerungswachstum

Um 1815 lebten im Gebiet des heutigen Baden-Württembergs 2,3 Millionen Einwohner; davon entfielen etwa 1 Million auf Baden und 1,3 Millionen auf Württemberg. Bis 1847 wuchs die Bevölkerung im deutschen Südwesten auf rund 3,3 Millionen an.

Von großem Einfluß waren neben der säkularen Erscheinung der Erhöhung der durchschnittlichen Lebenserwartung und der hohen Geburtenraten auch die allgemeine Förderung der Volkswirtschaft sowie der Wandel der sozialen Verhältnisse. Die Aufhebung der Leibeigenschaft, die Lockerung des Zunftzwangs und die ersten Ansätze einer Gewerbefreiheit haben nicht nur dem Wirtschaftsleben neue Impulse verliehen, sondern auch zu einem starken Bevölkerungswachstum beigetragen.

Interessant ist, daß die Zunahme in Baden deutlich größer war als in Württemberg. Dies hängt damit zusammen, daß im Großherzogtum Baden die gesetzgeberischen Voraussetzungen für den erwähnten sozialen und wirtschaftlichen Wandel früher als in Württemberg geschaffen wurden. In den Veränderungen der Bevölkerungsdichte kommt diese unterschiedliche Entwicklung deutlich zum Ausdruck. Sie betrug in Baden 1815 etwa 64 Einw./qkm, in Württemberg dagegen 71 Einw./qkm. 1871 waren die Dichtezahlen für Baden 97 und für Württemberg 93. Die kontinuierliche Bevölkerungszunahme ist gegen die Mitte der vierziger Jahre allerdings für rund ein Jahrzehnt unterbrochen worden. Gründe waren vor allem Krisenerscheinungen wie die Mißernten der Jahre 1846/47 (Kartoffelkrankheit) und 1851/52, ferner die politischen Unruhen 1848/49, die

zu einem Bevölkerungsrückgang geführt hatten. Die Bevölkerungskurve erreichte 1856 ihren tiefsten Punkt. Gegenüber dem Höchststand Anfang der 40er Jahre lebten damals in Württemberg rd. 70000 und in Baden rd. 50000 Menschen weniger. Ein klein gewordener Geburtenüberschuß stand einem enorm gestiegenen Auswanderungsverlust gegenüber. Der Wanderungsverlust betrug allein in der Dekade 1846–1856 in Baden etwa 130000, in Württemberg nahezu 160000 und war in einigen Jahren sogar doppelt so hoch wie die Geburtenrate. Die eineinhalb Jahrzehnte bis 1871 brachten dann mit der neuen Gewerbeordnung (1862), der Ausdehnung des Eisenbahnnetzes sowie der allmählichen Industrialisierung des Landes einen erneuten wirtschaftlichen Aufschwung, der sich auch in der Bevölkerungsentwicklung niederschlug.

Kennzeichnend hierfür ist, daß sich in der ersten Hälfte des 19. Jahrhunderts die Zunahme noch verhältnismäßig gleichartig auf das Land ausgewirkt hat und dies mag wiederum mit der damals noch weitgehend agrarisch geprägten Wirtschaftsstruktur beider Länder zusammenhängen.

Die Bevölkerungsentwicklung in den Städten war in dieser Phase nach Kerkhoff (1977, S. 2) durch folgende Tendenzen bestimmt: Ein nennenswertes Wachstum gab es nur in wenigen größeren Städten sowie bei einigen kleineren Städten, die als Industriestandorte (Heidenheim, Lörrach) eine stärkere Entwicklung erfuhren. Die Masse der kleineren Städte unter 5000 Einwohnern stagnierte dagegen oder nahm sogar ab. Die Abnahme war besonders ausgeprägt in den Anerbengebieten, während in den Bereichen der Realteilung der zunehmende Bevölkerungsdruck zu einer intensiveren gewerblichen Entwicklung führte, die einige Städte im Mittleren Neckarland (Stuttgart, Esslingen, Ludwigsburg, Heilbronn) sowie in Nordbaden (Karlsruhe, Mannheim, Heidelberg) kräftiger anwachsen ließ.

Insgesamt gesehen führte aber die industrielle Entwicklung vor 1871 zu keiner überdurchschnittlichen Bevölkerungsvermehrung in den Städten.

6.1.2
1871–1910: Auswanderung und Verstädterung

In den vier Jahrzehnten vor dem Ersten Weltkrieg erlebte Deutschland ein stürmisches Bevölkerungswachstum, das in engem Zusammenhang mit einem sehr schnell fortschreitenden Industrialisierungs- und Verstädterungsprozeß stand. Von 1860 bis 1910 hat sich die Bevölkerung Deutschlands verdoppelt. Hauptsächlich in Nordrhein-Westfalen (Zunahme 1871–1910 um 125%), dem Saarland und den Stadtstaaten kam es zu einem sprunghaften Ansteigen der Bevölkerungszahlen, während in diesem Zeitabschnitt die Bevölkerungsentwicklung in den Grenzen des heutigen Baden-Württembergs in vergleichsweise ruhigen Bahnen (Zunahme 1871–1910 um 39%) verlief. Zu Beginn des Ersten Weltkriegs wohnten in beiden Ländern zusammen rd. 4,8 Millionen Einwohner; in Württemberg 2,53 Millionen, in Baden 2,23 Millionen.

Die relativ geringe Bevölkerungsdynamik Südwestdeutschlands führt Gröner (1976, S. 15) auf die sich anbahnenden Unterschiede in der Wirtschaftsstruktur des Deutschen Reiches zurück. Im Land Baden-Württemberg gibt es keine Bodenschätze, auf deren Basis die damals aufstrebende Grundstoffindustrie sich hätte ansiedeln können. Südwestdeutschland blieb daher in diesen Jahren, in denen besonders der Aufbau der Grundstoff- und Schwerindustrie vorangetrieben wurde, etwas im Schatten der wirtschaftlichen Entwicklung. Dies wird nach Gröner indirekt bestätigt durch eine beträchtliche *Auswanderung.*

Auf die erste große Auswanderungswelle, eine Folge der schweren wirtschaftlichen und politischen Krisen um die Mitte des 19. Jhs., wurde bereits eingegangen. Sie hat damals zwar ganz Deutschland erfaßt, aber in keinem Bundesstaat einen solchen Umfang angenommen wie in Baden und Württemberg. Insgesamt sind in diesen Jahren etwa 220000 Personen nach Übersee – vorwiegend nach Nordamerika – ausgewandert. Nach den wirtschaftlichen Zusammenbrüchen und Rückschlägen am Ende der sog. „Gründerzeit" kam es zu einer erneuten Auswanderungsbewegung.

Da die Gründerkrise der Jahre 1875 bis 1890, worauf Griesmeier (1954, S. 150ff.) hinweist, die in fast allen Zweigen jüngere württembergische Industrie härter traf als die bereits gefestigte badische Industrie, war die Auswanderung in Württemberg ausgeprägter als in Baden. Als Ziele dieser räumlichen Mobilität werden neben Amerika auch Gebiete innerhalb des Deutschen Reiches genannt, vor allem die wirtschaftlichen Zentren an Rhein und Ruhr und die Hauptstadt Berlin.

Während sich gegen Ende des 19. Jahrhunderts die Abwanderungstendenz etwas beruhigte, kam es in den Inflationsjahren nach dem Ersten Weltkrieg zu einem neuen Höhepunkt. Insgesamt sind zwischen 1881 und 1933 aus dem Gebiet des heutigen Baden-Württembergs rd. 310000 Menschen ausgewandert. Württemberg verzeichnete erstmals in den Jahren 1933 bis 1939 eine positive Wanderungsbilanz. Resümierend kann daher festgestellt werden, daß Südwestdeutschland praktisch bis zum Vorabend des Zweiten Weltkriegs ein Auswandererland war.

Nach 1890 kam es zu einer deutlichen Besserung der wirtschaftlichen Lage und in Baden wie in Württemberg zu einer Entfaltung und Aufwärtsentwicklung von Handel und Gewerbe. Diese günstige Entwicklung fand ihren Ausdruck in einem stetigen Bevölkerungswachstum. Die Bevölkerungszunahme wirkte sich ganz überwiegend im Wachstum der Städte aus. Wie bereits erwähnt sind im Zeitraum 1871 bis 1910 Stuttgart, Karlsruhe und Mannheim in die Großstadtklasse aufgestiegen. Haben in Stuttgart und Karlsruhe die zentralen Funktionen als Landeshauptstadt zum Wachstum beigetragen, so waren es in Mannheim ausschließlich die wirtschaftlichen Aktivitäten dieser Stadt, die sich dank des leistungsfähigen Binnenhafens hier besonders gut entwickeln konnten. Ein starkes Wachstum zeichnete auch Freiburg i. Br. aus, deren Einwohnerzahl in vier Jahrzehnten um mehr als das Dreifache anstieg. Nach Kerkhoff (1977, S. 3) ist besonders bemerkenswert, daß das Wachstum Freiburgs mit einer Bevölkerungsabnahme des umgebenden ländlichen Raumes verbunden war. Hier kam es offensichtlich zu einem auch in anderen Gegenden Deutschlands feststellbaren Prozeß, daß mit der räumlichen Konzentration der Industrie in rasch aufblühenden Städten eine Entleerung der ländlichen Räume einherging. Freiburg ist jedoch in Südwestdeutschland das einzige Beispiel einer ausgeprägten *Land-Stadt-Wanderung*. Alle anderen städtischen Zentren des Landes waren damals noch von einem mehr oder weniger breiten Gebiet mit Bevölkerungswachstum umgeben.

Die allgemeine Bevölkerungszunahme erfaßt allerdings die einzelnen Regionen des Landes mit unterschiedlicher Intensität. Das Gebiet des heutigen Regierungsbezirks Nordbaden hatte einen ganz überragenden Zuwachs (74%) erfahren, danach folgte Nordwürttemberg (39%), während in den südlichen Landesteilen die Zunahme wesentlich schwächer war. In Südbaden und Südwürttemberg-Hohenzollern nahmen die Bevölkerungszahlen lediglich um 26% bzw. 25% zu.

Schon damals zeichnete sich die bis zur Gegenwart fortdauernde Dominanz an Bevölkerungszahl und Wirtschaftskraft der nördlichen gegenüber den südlichen Landesteilen ab.

6.1.3
1910–1939: Langsamer Zuwachs, Württemberg überholt Baden

In den Jahren bis zum Zweiten Weltkrieg unterscheidet sich die Bevölkerungszunahme in Baden-Württemberg (1910–1938 um 18%) nicht wesentlich von der in anderen Regionen des Deutschen Reiches.

Die Auswirkungen des Ersten Weltkriegs (Kriegsverluste in Württemberg 74000, in Baden 63000), der Inflation und der Weltwirtschaftskrise machten sich überall retardierend bemerkbar.

Vergleicht man z. B. die Bevölkerungszunahme in Südwestdeutschland in der Zeit zwischen den beiden Weltkriegen mit dem Wachstum der zwei Jahrzehnte vor dem Ersten Weltkrieg, so stellt man fest, daß der Zuwachs in Württemberg deutlich schwächer war und in Baden sich sogar fast halbierte.

Im badischen Landesteil wirkte sich vor allem die neue Grenzlage negativ aus. Als Folge des Verlustes von Elsaß-Lothringen und der Einführung einer entmilitarisierten Zone durch die Siegermächte trat ab 1925 eine Verlangsamung des wirtschaftlichen Wachstums ein, das mit einem beachtlichen Wanderungsverlust (rund 40000 Einwohner) verbunden war.

Seit den 30er Jahren begann Württemberg das Nachbarland Baden in seiner demographischen und wirtschaftlichen Entwicklung zu überholen.

Das allgemein geringe Bevölkerungswachstum dieser Epoche verteilte sich auch anders auf die Siedlungen als im vorhergehenden Zeitraum. Kam im Abschnitt 1871–1910 die Zunahme fast ausschließlich den Städten zugute, so nimmt bis 1939 der Anteil der städtischen Bevölkerung an der Gesamtbevölkerung weiterhin zu, aber doch in geringerem Maße (Kerkhoff 1977, S. 4). Jetzt nahmen auch die ländlichen Gemeinden, vor allem in den mehr agrarisch strukturierten südlichen Landesteilen, an Einwohnern zu.

Während sich der Verstädterungsprozeß, damals im ganzen gesehen, verlangsamte, stellte der Bereich Nordwürttemberg eine Ausnahme dar. Hier setzte sich vor allem um Stuttgart die Bevölkerungskonzentration weiter fort. Orte mit starkem Industriewachstum wie Fellbach und Kornwestheim nahmen an Volkszahl überdurchschnittlich zu und wurden zu Städten erhoben. Aber auch zahlreiche nichtstädtische Siedlungen im Mittleren Neckarland sind vor dem Zweiten Weltkrieg stark gewachsen. Demgegenüber stagnierte die Entwicklung im Nordosten Württembergs; teilweise verlief sie sogar negativ wie in den Kreisen Künzelsau und Öhringen.

Schließlich fällt das Wachstum vereinzelter Industriestandorte in den südlichen Landesteilen auf: Weil a. Rhein, Singen, Friedrichshafen, Oberndorf und Tailfingen. In Oberndorf und Friedrichshafen hing das Aufblühen vorwiegend mit dem Ausbau der Rüstungsindustrie in den 30er Jahren zusammen.

Vor Ausbruch des Zweiten Weltkriegs lebten im Gebiet des heutigen Baden-Württembergs 5,4 Millionen Einwohner, bei einer Dichte von 165 Einw./qkm in Baden und 149 Einw./qkm in Württemberg.

6.1.4
1939–1982: Zuwanderungsbedingtes schnelles Bevölkerungswachstum

In den vier Jahrzehnten hat sich die Bevölkerungszahl in Baden-Württemberg um rd. 72% auf 9,3 Millionen (1981) erhöht. Dieses im Bundesvergleich außergewöhnliche Bevölkerungswachstum läßt sich auf verschiedene Komponenten zurückführen, geht aber letzten Endes auf die hohen Zuwanderungsraten der Nachkriegszeit zurück.

Nach dem Zweiten Weltkrieg ist Baden-Württemberg zu einem ausgesprochenen Zuwanderungsland geworden. So sind in der Zeit von 1952 bis 1982 drei Fünftel des gesamten Bevölkerungszuwachses dem Wanderungsgewinn und nur zwei Fünftel dem Geburtenüberschuß zuzuschreiben.

Bei näherem Zusehen zeigt sich indes, daß sich die Bevölkerungsentwicklung in den vergangenen vier Jahrzehnten nach Art und Umfang sehr unterschiedlich vollzog.

Flüchtlingswanderung

Zunächst bedeutete auch für Südwestdeutschland der Zweite Weltkrieg eine scharfe Zäsur. 275 000 Wehrmachtstote und 40 000 Opfer unter der Zivilbevölkerung waren zu beklagen. Diese Verluste wurden aber nach dem Krieg durch die Aufnahme von Heimatvertriebenen und Flüchtlingen rasch wieder ausgeglichen. Dieser Wanderungsgewinn lag allerdings in den ersten Nachkriegsjahren weiter unter dem Bundesdurchschnitt, weil die französische Besetzungsmacht die Aufnahme von Heimatvertriebenen in die von ihr besetzten Landesteile Südbaden und Württemberg-Hohenzollern verhinderte.

Nach Gründung der Bundesrepublik 1949 erfolgte eine durch die Bundesregierung gelenkte Umsiedlung der Heimatvertriebenen und Flüchtlinge in die übrigen Bundesländer. Im Zuge dieser Aktion verzeichnete Baden-Württemberg bis zum Jahre 1961 den höchsten Wanderungsgewinn (21%); vor Nordrhein-Westfalen mit 20%.

Von den insgesamt 12,1 Millionen Heimatvertriebenen und Flüchtlingen, die in das Gebiet der Bundesrepublik Deutschland strömten, nahm das Land rd. 1,6 Millionen auf.

Nord-Süd-Wanderung

Mit der Abwanderung der Flüchtlinge aus den nördlichen Bundesländern kam eine allgemeine Nord-Süd-Wanderung in Gang, die auch noch anhielt, als der Strom der Heimatvertriebenen bereits vererbt war. Dies hängt mit der strukturellen Unausgeglichenheit der Bundesrepublik zusammen. In den mehr agrarisch und agrargewerblich bestimmten Gebieten Norddeutschlands, zu denen ab 1966 auch das von einer Strukturkrise gezeichnete Ruhrgebiet kam, gab es kein ausreichendes oder attraktives Arbeitsplatzangebot, während der Süden und Südwesten der Republik aufgrund ihrer traditionell breit gefächerten Industriestruktur zu expandierenden Wirtschaftsräumen mit einem großen Bedarf an Arbeitskräften geworden waren.

Hierdurch wurde eine Zuwanderungswelle ausgelöst, die in den 60er und 70er Jahren kontinuierlich anhielt. Baden-Württemberg wies in den Jahren 1961–1970 den größten Wanderungsgewinn auf, der mehr als dreimal so hoch war wie im bevölkerungsreicheren Land Nordrhein-Westfalen.

Aber nicht nur deutsche Zuwanderer fanden in Südwestdeutschland eine neue Heimat, sondern es kam eine beträchtliche Zahl von Ausländern ins Land.

Im Jahrzehnt 1970–1980 betrug der Wanderungsgewinn durch Zuzug von Deutschen und Ausländern jeweils 140000 Personen.

Ausländerwanderung

Die Zuwanderung von Ausländern hing eng mit dem wirtschaftlichen Aufschwung der Nachkriegszeit zusammen. Seit Beginn der 60er Jahre kam es in der Bundesrepublik zu einer kräftigen Belebung und Ausweitung in allen ökonomischen Bereichen, verbunden mit einem zunehmenden Arbeitskräftebedarf. Da das heimische Arbeitskräftereservoir bald erschöpft war, trat zur Binnenwanderung die konjunkturbedingte Außenwanderung der Ausländer. Welche Rolle die Zuwanderung der Ausländer für die Entwicklung von Bevölkerung und Wirtschaft spielte, sei anhand einiger weniger Angaben belegt: 1961 war erst jeder 46. Einwohner

Baden-Württembergs Ausländer; Mitte 1973 aber fast jeder Zehnte. Diese Quote konnte – trotz des Anwerbestopps seit November 1973 für Ausländer aus Nicht-EG-Staaten – in der folgenden Dekade im wesentlichen gehalten werden.

Dabei spielten neben dem hohen Geburtenüberschuß der Ausländer vor allem die zahlreichen Nachzüge von Familienangehörigen eine Rolle. Gerade der zuletzt genannte Aspekt mag als Indiz dafür gelten, daß sich der Charakter der Ausländerwanderung allmählich verändert. Bis zur Mitte der 70er Jahre entsprach die Ausländerwanderung weitgehend einer zeitlich befristeten Arbeitswanderung, die in starkem Maße von der konjunkturellen Entwicklung abhing. So lag der Höhepunkt der Wanderungsgewinne im Jahre 1969 (+ 131000 Ausländer) und die Tiefpunkte in den Rezessionsjahren 1967 und 1975 (− 57000 bzw. − 77000).

In den Jahren nach 1975 scheint sich eine neue Tendenz abzuzeichnen. Eine immer größer werdende Zahl von „Gastarbeitern" wird offensichtlich zu „Einwanderern". Wie eine Untersuchung von H. Kaeser (1979, S. 217) ergab, stieg die Anzahl der Ausländer, die eine immer größere Aufenthaltsdauer nachweisen können, laufend an. Waren 1973 nur 14% der Ausländer länger als 10 Jahre im Land, so waren es 1980 bereits 41%.

Außerdem hielten sich 1980 fast 70% länger als sechs Jahre im Lande auf und erfüllten damit die Voraussetzungen für eine unbefristete Aufenthaltserlaubnis. Damit hat aber die Ausländerwanderung eine völlig neue Dimension erhalten, mit schwerwiegenden Folgen für die soziale, wirtschaftliche, gesellschaftliche und politische Entwicklung des Landes. An Schärfe gewinnt diese Problematik durch die gravierenden Veränderungen in der nationalen Zusammensetzung der Ausländer seit 1961.

Zu Beginn der 60er Jahre stellte Italien mit einem Anteil von 44% das stärkste Auslän-

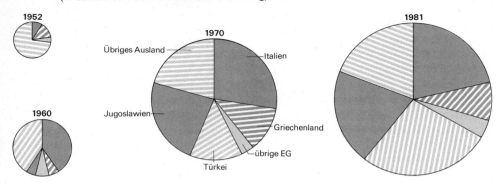

Abb. 49: Ausländer nach Staatsangehörigkeit
(n. Statist. Landesamt Baden-Württemberg)

1952

1970

Übriges Ausland — Italien

1960

Jugoslawien

Griechenland

übrige EG

Türkei

1981

derkontingent. Außerdem bestimmten Griechen, Spanier und Österreicher zu je etwa 8% aller Ausländer die nationale Struktur. Bis 1973 hatte sich die Zusammensetzung deutlich zugunsten der Jugoslawen (24%) und der Türken (19%) verschoben. Dabei ist der Anteil der Italiener auf 23% zurückgegangen. Im Laufe der 70er Jahre hat sich die Struktur der Nationalitäten abermals geändert. Im Jahre 1981 stellten die Türken mit einer Quote von 28% den Hauptanteil aller Ausländer, vor den Italienern (21%) und den Jugoslawen (20%); in weitem Abstand folgten die Griechen (8%) sowie die Spanier und Österreicher mit je 3%.

Durch den hohen Anteil der Türken, deren islamische Religion und deren andersartiges Brauchtum sich deutlich von den anderen Volksgruppen und der einheimischen Bevölkerung abhebt, ergeben sich eine Reihe schwieriger Probleme. Besonders auf dem Gebiet der Infrastruktur treten in Räumen mit hoher Ausländer-Konzentration erhebliche Überlastungserscheinungen auf, so etwa auf dem Wohnungsmarkt und im Bereich der vorschulischen und schulischen Bildung. In den Städten ergab sich das zusätzliche Problem der Entstehung von „Ausländerghettos", die nicht nur die Stadtsanierung erschwerten, sondern auch sozial unterprivilegierte Randgruppen entstehen ließen.

Die Ballungsgebiete mit ihrer hohen Ausländerkonzentration waren dabei stärker betroffen als die ländlichen Räume, zumal bei der regionalen Ausländerverteilung deutlich räumliche Schwerpunktbildungen feststellbar sind.

Innerhalb des Landes konzentrierten sich die Ausländer (1981) besonders in der Region Mittlerer Neckar, wo sie in allen Kreisen einen Anteil von 10 und mehr Prozent an der Wohnbevölkerung erreicht hatten. Den stärksten Ausländeranteil besaß mit 17,7% Stuttgart. Insgesamt lebten in dieser Region 39% aller Ausländer. Aber auch die Stadtkreise Heilbronn, Mannheim, Pforzheim und Ulm sowie die Landkreise Calw, Reutlingen, Konstanz und Schwarzwald-Baar hatten einen Anteil von über 10%.

6.2
Die natürliche Bevölkerungsbewegung

Überblickt man die Bevölkerungsentwicklung in Baden-Württemberg seit der Gründung des neuen Bundeslandes (1952), dann zeigt sich, daß der deutsche Südwesten eine lange Phase kontinuierlicher Bevölkerungszunahme erlebt hat, wenn man von den

Tabelle 11: Bevölkerung, Ausländer, Staatsangehörigkeit

Wohnbevölkerung Altersstruktur Ausländer	Einheit	Baden-Württemberg			Bundesgeb.
		1952 31. 12.	1960 31. 12.[1]	1970 31. 12.[1]	1981 1. 1.[1]
Gesamtbevölkerung					
insgesamt	1000	6 696,8	7 726,9	8 953,6	9 258,9	61 657,9
männlich	1000	3 118,9	3 672,6	4 311,6	4 463,9	29 481,0
weiblich	1000	3 578,0	4 054,2	4 642,0	4 795,1	32 176,9
Zunahme gegen Vorspalte					
insgesamt	1000	−	1 030,1	1 226,7	305,5	−
Jahresdurchschnitt	1000	−	128,8	122,7	30,5	−
Alter					
unter 15 Jahren	%	23,1	22,4	24,3	18,6	.
15 bis unter 65 Jahren	%	67,3	67,7	63,9	67,1	.
65 Jahre und älter	%	9,6	9,9	11,8	14,3	.
Ausländer					
insgesamt	1000	59,9	147,3	724,3	933,1	4 629,8
männlich[2]	1000	25,6	102,0	410,6	415,1	2 079,4
weiblich[2]	1000	21,6	29,2	210,0	280,4	1 384,7
Zunahme gegen Vorspalte					
insgesamt	1000	−	87,4	577,0	208,8	−
Jahresdurchschnitt	1000	−	10,9	57,7	19,0	−
	1000				
Ausgew. Staatsangehörigkeit					
Italien	1000	4,9	59,4	196,4	197,0	624,5
Griechenland	1000	0,6	8,6	89,6	73,7	299,3
Übrige EG[3]	1000	8,0	10,4	22,2	36,1	310,3
Türkei	1000	0,2	1,4	95,3	264,1	1 546,3
Jugoslawien	1000	1,5	5,8	170,3	187,4	637,3
Übriges Ausland	1000	44,7	61,7	150,5	174,8	1 212,1

[1] Ausländer Stand 30. 9. − [2] Im Alter von 16 und mehr Jahren. [3]Gebietsstand 1. 1. 1981.

Rezessionsjahren 1967 und 1974–1976 absieht.

Das außergewöhnliche Bevölkerungswachstum Baden-Württembergs, das stärker war als in den anderen Ländern der Bundesrepublik, hing neben den starken Wanderungsgewinnen der Nachkriegszeit auch von der hohen Zahl der Geburten ab. Die Geburtenüberschüsse der vergangenen drei Jahrzehnte trugen zu 40% zum Bevölkerungswachstum bei. Eine genauere Analyse der Geburtenüberschüsse ergibt jedoch, daß lediglich in den Jahren 1956 bis 1968 die Zahl der Lebendgeborenen die der Sterbefälle übertraf. Die meisten Lebendgeborenen (161 000) und der größte Geburtenüberschuß (80 000) brachte das Jahr 1964. Dagegen wurden 1979 nur noch 90 000 Kinder geboren (vgl. Abb. 48).

Mitte der 60er Jahre zeichneten sich bereits Umbrüche in der natürlichen Bevölkerungsbewegung ab, welche dann die der 70er Jahre zunehmend bestimmen sollten.

Die abnehmende Geburtenhäufigkeit, die mit einer nachlassenden Bereitschaft zur Eheschließung einherging, führte erstmals 1973 zu einem Geburtendefizit, das im Bundesgebiet allerdings schon 1971 eingetreten war. Durch die noch anhaltend hohen Geburtenraten bei den Ausländern wurde dieses Defizit bei der Gesamtbevölkerung zunächst noch ausgeglichen. Bald zeichnete sich aber auch hier eine Verhaltensanpassung ab, die in Verbindung mit dem Fortzug der Ausländerinnen während der Rezession Mitte der 70er Jahre mit dazu geführt hat, daß 1978 bei der Gesamtbevölkerung die Zahl der Geborenen, die der Gestorbenen nicht mehr ausglich.

Anfang der 80er Jahre nahm zwar die Zahl der Geburten, an der die im Land lebende ausländische Bevölkerung mit etwa 20% überproportional beteiligt war, wieder zu; dies kann jedoch nicht als Signal einer dauerhaften Trendwende gedeutet werden.

Tabelle 12: Entwicklung der Wohnbevölkerung in den Großstädten und im Umland der Großstädte

Großstadt Umland	Bevölkerung						
	1900	1939	1950	1956	1961	1970	1975
Stuttgart Stadt	268 969	496 490	497 677	601 115	637 539	633 158	600 421
Stuttgart in %	91,49	93,00	90,30	89,65	87,75	82,90	79,86
Umland	25 012	37 395	53 433	69 410	89 038	130 634	151 400
Umland in %	8,51	7,00	9,70	10,35	12,25	17,10	20,14
Heilbronn Stadt	55 380	84 303	73 299	88 714	99 257	113 725	113 177
Heilbronn in %	31,61	39,64	29,89	33,20	34,49	33,76	32,77
Umland	119 825	128 366	171 953	178 458	188 563	223 120	232 151
Umland in %	68,39	60,36	70,11	66,80	65,51	66,24	67,23
Karlsruhe Stadt	137 370	203 760	216 360	243 648	265 077	287 452	280 448
Karlsruhe in %	78,84	79,58	77,13	78,29	78,11	75,89	73,80
Umland	36 867	52 284	64 171	67 550	74 304	91 298	99 570
Umland in %	21,16	20,42	22,87	21,71	21,89	24,11	26,20
Heidelberg Stadt	56 377	91 298	123 650	129 298	133 566	129 697	129 368
Heidelberg in %	59,97	64,96	63,61	63,40	61,92	55,46	52,88
Umland	37 612	49 253	70 746	74 651	82 145	104 178	115 295
Umland in %	40,03	35,04	36,39	36,60	38,08	44,54	47,12
Mannheim Stadt	160 964	285 753	245 634	287 210	313 890	332 163	314 086
Mannheim in %	93,28	93,91	90,83	91,01	90,97	89,41	88,16
Umland	11 596	18 532	24 795	28 375	31 169	39 334	42 162
Umland in %	6,72	6,09	9,17	8,99	9,03	10,59	11,84
Pforzheim Stadt	59 065	87 945	66 342	84 710	96 312	106 410	108 635
Pforzheim in %	50,05	55,64	43,94	48,14	49,64	47,26	46,02
Umland	58 948	70 129	84 635	91 274	97 694	118 752	127 408
Umland in %	49,95	44,36	56,06	51,86	50,36	52,74	53,98
Freiburg Stadt	71 380	116 019	116 640	136 277	154 153	174 308	175 371
Freiburg in %	54,05	62,41	60,25	61,88	62,67	60,65	56,25
Umland	60 685	69 890	76 948	83 942	91 833	113 075	136 426
Umland in %	45,95	37,59	39,75	38,12	37,33	39,35	43,75
Ulm Stadt	51 487	78 338	76 961	97 415	100 237	101 628	98 237
Ulm in %	50,56	57,72	49,46	54,58	53,75	50,36	47,98
Umland	50 355	57 379	78 645	81 073	86 240	100 195	106 521
Umland in %	49,44	42,28	50,54	45,42	46,25	49,65	52,02

Quelle: Sinn (1976, S. 132)

6.3
Innerörtliche und innerregionale Bevölkerungsmobilität

Während der 70er Jahre hat die Dynamik der Bevölkerungsentwicklung erheblich an Schwungkraft verloren. Zu den gravierenden Veränderungen im Bereich der natürlichen Bevölkerungsbewegung trat als weiterer Trend hinzu, daß die Phase übergroßer Wanderungsgewinne langsam zu Ende ging. Das Bild stagnierender oder nur noch langsam wachsender Einwohnerzahlen darf jedoch nicht darüber hinwegtäuschen, daß es innerhalb dieser Dekade im innerstädtischen und innerregionalen Bereich nach wie vor bedeutende Mobilitätsvorgänge gab.

6.3.1
Die Abwanderung aus den Großstädten

In nahezu allen Großstädten und Ballungsgebieten der Bundesrepublik Deutschland kann man seit etwa 1965 einen Prozeß räumlicher Bevölkerungsverlagerung beobachten, der im groben durch zwei gegenläufige Bewegungen charakterisiert werden kann: eine Bevölkerungsentleerung der Kernstädte und ein übermäßiges Wachstum bzw. Verdichtung in den Randgebieten der Ballungsräume und Großstadtregionen. Auch in Baden-Württemberg läßt sich diese Tendenz feststellen.

Besonders augenfällig wird das Problem der Bevölkerungsabwanderung am Beispiel der Landeshauptstadt Stuttgart. Innerhalb von zwei Jahrzehnten (1961–1981) hat hier die Einwohnerzahl um rd. 10% abgenommen bei gleichzeitiger Zunahme der Ausländerquote um fast 300%. In absoluten Zahlen bedeutet dies: 1961 lebten in Stuttgart 637 500 Einwohner (davon waren 26 000 Ausländer); 1981 besaß die Stadt nur noch

580 600 Einwohner und davon waren 102 959 Ausländer. Zieht man den Ausländeranteil (rd. 18%) von der Gesamtbevölkerung ab, dann wird deutlich, daß die Zahl der deutschen Wohnbevölkerung zu Beginn der 80er Jahre unter die 500 000-Grenze abgesunken ist.

Ganz ähnlich verlief die Entwicklung in Mannheim, der zweitgrößten Stadt des Landes. Auch hier wanderte hauptsächlich die deutsche Wohnbevölkerung ab. Die freiwerdenden Wohnungen wurden in der Regel von Ausländern bezogen und dies führte zu einer Konzentration von ausländischen Wohnquartieren im Innenstadtbereich mit dem Ergebnis, daß es zu erheblichen Veränderungen der sozioökonomischen Stadtstruktur kam.

Dieser demographische Umschichtungsprozeß läßt sich auch in den anderen Großstädten des Landes feststellen. Ihre abnehmende Attraktivität zeigt sich unter anderem daran, daß der prozentuale Anteil der acht größten Städte des Landes, gemessen an der Gesamtbevölkerung, innerhalb der relativ kurzen Zeitspanne von 1961 bis 1981 um 3,5 Prozentpunkte auf 19,5% sank.

Allerdings verlief die Entwicklung nicht immer einheitlich. So gab es bei den Mobilitätsvorgängen sowohl im zeitlichen Verlauf als auch im Grad des Ausmaßes gewisse Unterschiede zwischen den größeren und kleineren der acht baden-württembergischen Großstädte.

Bereits in den 60er Jahren ist in Stuttgart und Heidelberg eine Abnahme der Wohnbevölkerung festzustellen, die nach 1970 auch Karlsruhe, Mannheim und Ulm erfaßte und Mitte der 70er Jahre auf die übrigen Großstädte übergriff. Die neuerliche Zunahme von Heidelberg und Ulm hängt mit dem Bau großer Wohnsiedlungen im peripheren Markungsbereich zusammen. Der Bevölkerungsentleerung der Großstadtzentren entsprach nämlich ein gleichzeitiges überproportionales Anwachsen der Bevölkerung im näheren und weiteren Umland der Kernstädte. Zeichnete sich bei dieser Entwicklung zunächst die Tendenz ab, daß die abwandernde Bevölkerung in unmittelbarer Großstadtnähe blieb und lediglich in einer nahegelegenen Umlandgemeinde einen ruhigen Wohnort suchte, so setzte etwa ab 1970 auf breiter Front ein allgemeiner Verdichtungs- und Verstädterungsprozeß des weiteren Umlands ein, der z. B. in Stuttgart den Raum eines 30-km-Umkreises erfaßte.

Begünstigt wurde dieser Prozeß durch den Ausbau des öffentlichen Personennahverkehrs und der weitgehend privaten Motorisierung der Bevölkerung, die ein schnelles Erreichen des Arbeits- und Ausbildungsortes sowie des großstädtischen Dienstleistungszentrums ermöglichten.

Auch die im Vergleich zur Stadt billigeren Mieten und Baulandpreise, die den Erwerb von Wohnungs- und Hauseigentum erleichterten, förderten diese Entwicklung. Überdies setzte in diesem Zeitraum eine zunehmend stärker werdende Verlagerung industrieller Arbeitsstätten aus der Stadt ins Umland ein, die den Trend zur Verdichtung des Umlandes zusätzlich verstärkten. Zum Selbstverstärkungseffekt der Verstädterung des Umlandes trug schließlich auch der Nachzug und die Einrichtung von Dienstleistungsbetrieben bei.

Es überrascht daher nicht, wenn allein in den Jahren 1970 bis 1975 die Wohnbevölkerung im Umland der acht Großstädte, gemessen am Landesdurchschnitt von +3,7%, überproportional zwischen 5,5% (Umland Heilbronn) und 18,1% (Umland Freiburg) wuchs (Sinn 1976, S. 133).

Die Ursachen, die diesen Mobilitätsvorgängen zugrunde liegen, wurden in verschiedenen Städten durch Spezialuntersuchungen erforscht, deren Ergebnisse im folgenden kurz zusammengefaßt werden soll (vgl. dazu Sinn 1976, S. 130 ff.).

Als Hauptmotive für die Abwanderung der deutschen Wohnbevölkerung aus den Kern-

bereichen der Großstädte können „Wohnungsgründe" gelten. Dabei spielten die allgemein gestiegenen qualitativen und quantitativen Wohnungsansprüche ebenso eine Rolle wie „großstadtspezifische Negativfaktoren". Die Beeinträchtigung der Lebensbedingungen durch zunehmende Umweltbelastungen wie Straßen- und Verkehrslärm, Luftverschmutzung, mangelnde Urbanität, lang andauernde Tiefbaumaßnahmen sowie die wachsende Gewichtung des Wohn- und Freizeitwertes durch die Gesellschaft, führten zur Großstadtflucht. Begünstigt wurde dieser Trend durch den Umbau älterer Häuser in Büro- und Verwaltungsgebäude, wozu es zu einer zusätzlichen Verödung der Stadtkerne kam.

Die Abwanderung eines Teiles der deutschen Wohnbevölkerung zeitigte freilich erhebliche raumstrukturelle Konsequenzen. Sie führt u. a. zu einer Umschichtung der innerstädtischen Bevölkerungsstruktur. Wie bereits erwähnt sind, in die von der deutschen Bevölkerung aufgegebenen Wohnungen Ausländer eingezogen. Durch die Herausbildung ausländischer Wohnquartiere in den Zentren der Städte wurden deren demographisches, wirtschaftliches und soziales Gefüge teilweise erheblich umgeprägt.

Da es vorwiegend junge Familien waren, die die Großstädte verließen, kam es zu einer weitgehenden Überalterung der deutschen Bevölkerung und dies zog erhebliche finanzielle Belastungen der kommunalen Haushalte nach sich. Neben den Einkommensverlusten der Städte durch die fehlenden Lohn- und Einkommensteuerzuweisungen, wurde ihnen zusätzlich noch überproportional hohe Aufwendungen im sozialen Bereich aufgebürdet.

Dazu kam, daß die Großstädte – trotz abnehmender Einwohnerzahlen – nach wie vor ihre kulturellen Institutionen, ihr Dienstleistungsangebot sowie die teure infrastrukturelle Ausstattung ungeschmälert aufrecht erhalten mußten, da sie von der Bevölkerung des Umlandes immer noch in Anspruch genommen werden und somit die großstädtischen Zentren als zentrale Orte weiterhin überregionale Aufgaben zu erfüllen haben.

6.3.2
Bevorzugtes Wanderungsziel: Die Randzonen der Verdichtungsräume

Die Randzonen der Ballungsräume und Großstadtregionen sind aber nicht allein Ziel für die „Großstadtflucht" gewesen, sondern sie haben auch die Zuwandererströme von außerhalb abgefangen.

Wie eine Untersuchung von Walla (1982, S. 99 ff.) nachgewiesen hat, sind die Wanderungsgewinne Baden-Württembergs in den siebziger Jahren zu 80% den Randzonen der Verdichtungsräume zugute gekommen. Selbst während der wirtschaftlichen Rezession (1974–76) haben diese Gebiete Wanderungsgewinne verzeichnen können, ganz im Gegensatz zu den Verdichtungsräumen und verdichteten Bereichen, die in den wirtschaftlich ungünstigen Jahren erhebliche Bevölkerungsverluste hinnehmen mußten. Letzteres hing sehr eng mit den überdurchschnittlich hohen Anteilen an Ausländern zusammen, die auf konjunkturelle Schwankungen äußerst sensibel reagierten und damals vielfach in ihre Heimatländer zurückwanderten.

In Abb. 50 wird die Entwicklung der Wanderungssalden der deutschen Bevölkerung seit 1971 nach den Raumkategorien des Landesentwicklungsplanes angegeben. Dabei wird deutlich, daß die verdichteten Räume bei fast jeder Wirtschaftslage deutsche Bevölkerungsanteile verloren, während die Randzonen und überraschenderweise auch der ländliche Raum eine stetige Zuwanderung erfahren haben. Die Randzonen gewannen in den siebziger Jahren etwa 100 000, der ländliche Raum etwa 50 000 Deutsche hinzu.

Nach Walla (1976, S. 103) geben die regionalen Wanderungssalden deutliche Hinweise für eine Mehrphasenwanderung der nach Baden-Württemberg Zuziehenden. Sie lassen sich offensichtlich zunächst in der Nähe der Arbeits- oder Ausbildungsplätze nieder, um dann später, wenn sie sich für einen längeren Aufenthalt im Land entschieden haben, geeignete Wohnplätze außerhalb der verdichteten Räume zu suchen.

Da sich die Wanderungsmotive im Laufe eines Lebens verschieben, muß dies zwangsläufig Auswirkungen auf das Wanderungsverhalten der Bevölkerung in den regionalen Teilgebieten haben.

Aus Abb. 50, die die Wanderungssalden der Jahre 1978/79 nach Altersgruppen zeigt, geht hervor, daß die Verdichtungsräume lediglich für die 15- bis 25jährigen positive Wanderungseffekte aufweisen. Dies hängt zweifellos mit der schulischen und beruflichen Ausbildung zusammen, die hauptsächlich in den Großstädten des Landes absolviert wird. Überdies findet auch der Eintritt in das Erwerbsleben in der Regel in den wirtschaftsstarken Ballungsgebieten statt. Die verdichteten Räume bieten nämlich – bezogen auf die Einwohnerzahl – etwa ein Drittel mehr Ausbildungsplätze an als Randzonen und ländlicher Raum. Bei dieser Altersgruppe spricht man daher von „Bildungs- und Arbeitsplatzwanderern".

Dagegen fällt der hohe negative Effekt bei den 25- bis 45jährigen auf, die die Verdichtungsräume auf Dauer verlassen. Dabei handelt es sich sehr wahrscheinlich um Ehepaare oder junge Familien, die – wie bereits erwähnt – im Umland der Großstadtregionen höheren Wohnkomfort und höheren Freizeitwert suchen. Außerdem läßt sich in den Randzonen das Streben nach Wohneigentum leichter realisieren als in den Verdichtungsräumen. Diese Zuzügler werden daher vielfach auch als „Wohn- und Wohnumfeldwanderer" bezeichnet. Die oben geäußerten Vermutungen werden durch die

Abb. 50: Bevölkerungsentwicklung in den Raumkategorien des Landesentwicklungsplans
(n. Walla 1982)

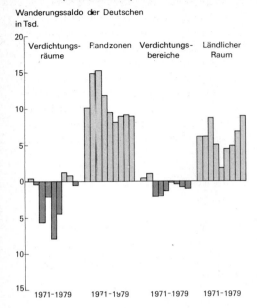

Wanderungssaldo der Deutschen in Tsd.

Verdichtungs-räume | Randzonen | Verdichtungs-bereiche | Ländlicher Raum

1971-1979   1971-1979   1971-1979   1971-1979

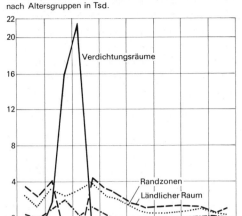

Wanderungssaldo der Jahre 1978 und 1979 nach Altersgruppen in Tsd.

Verdichtungsräume

Randzonen
Ländlicher Raum

Verdichtungsbereiche

Lebensalter

Tatsache erhärtet, daß die Randzonen der Verdichtungsräume die höchsten Wanderungsgewinne bei Kindern und der mittleren Altersgeneration (Elterngeneration) aufweisen. Als Folge dieser Bevölkerungsverdichtung vollzieht sich innerhalb der Randzone ein tiefgreifender ökonomischer und sozialer Wandel, der auch im Erscheinungsbild der Orte und in den Baulandpreisen sichtbar wird.

Von Interesse ist schließlich noch, daß in jüngster Zeit die ländlichen Räume immer mehr zu attraktiven Wanderungszielen werden. Mit Ausnahme der 15- bis 30jährigen sind hier alle Salden positiv.

Bemerkenswert ist dabei der hohe Anteil alter Menschen über 60 Jahre, die nicht nur aus Baden-Württemberg, sondern auch aus anderen Bundesländern stammen. Gerade durch diese „Altersruhesitzwanderer" wird die mehrfach herausgestellte Anziehungskraft Südwestdeutschlands erneut unterstrichen.

6.3.3
Die Pendelwanderung

Faßt man unter dem Begriff räumliche Bevölkerungsbewegung alle Arten von Standortverlagerungen zusammen, so fällt auch die Pendelwanderung darunter. Gerade diese Variante innerörtlicher Mobilität kann als besonderes Charakteristikum Südwestdeutschlands gelten und sie besitzt im Lande eine lange Tradition. Bezeichnend für das frühe Auftreten und die Bedeutung dieser innerregionalen Wanderung ist es, daß nach einem „On dit" die Termini „Pendler" und „Pendelwanderung" auf einen Präsidenten des württembergischen Statistischen Landesamtes zurückgehen sollen.

Dieses landestypische Phänomen hängt eng mit den historisch vorgeprägten sozialen und wirtschaftlichen Verhältnissen Südwestdeutschlands zusammen. Bedingt durch die Erbsitte der Realteilung war es in weiten Teilen Baden-Württembergs schon sehr früh

212

zu einer engen Symbiose zwischen landwirtschaftlicher und gewerblicher Erwerbstätigkeit gekommen. Als in der Mitte des vorigen Jahrhunderts die industrielle Entwicklung des Landes einsetzte, war damit auch das Pendlerwesen in gewisser Weise vorbereitet. Die Bereitschaft der kleinbäuerlichen Bevölkerung, als Fabrikarbeiter tätig zu werden, war vorhanden; andererseits wollten sie aber ihren landwirtschaftlichen Betrieb nicht aufgeben.

Infolge dieser Bodenständigkeit ließ sich die Diskrepanz zwischen der Zahl der örtlichen Erwerbstätigen und dem höheren Arbeitskräftebedarf der Industrie nur durch die Pendelwanderung überwinden. Daher sind bereits im 19. Jh. Tausende von Arbeitern, die auf dem Land wohnten, täglich zu Fuß, mit dem Rad oder der Eisenbahn zu ihrer Arbeitsstätte in die zahlreichen Klein- und Mittelstädte und aufblühenden Industriedörfer geeilt. Dies traf in besonderer Weise für

Abb. 51: Pendelwanderung 1970
(n. Statist. Landesamt Baden-Württemberg)

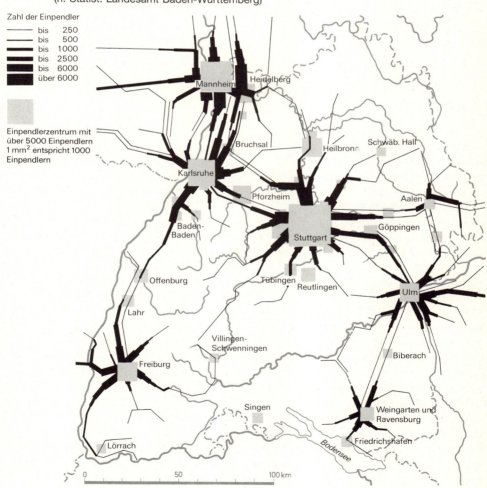

Zahl der Einpendler

bis	250
bis	500
bis	1000
bis	2500
bis	6000
über	6000

Einpendlerzentrum mit über 5000 Einpendlern 1 mm² entspricht 1000 Einpendlern

213

die nördliche Rheinebene, die Umgebung von Pforzheim, vor allem aber für den Mittleren Neckarraum zu. Hier sind schon vor dem Ersten Weltkrieg in die sich dynamisch entwickelnden Industrieorte der „Neckar-Fils-Gasse" täglich verhältnismäßig große Pendlergruppen gekommen, so z. B. nach Kornwestheim und Obertürkheim, wo damals 45% bzw. 30% der Industriearbeiter von draußen kamen.

Mit der zunehmenden Ausweitung der modernen Verkehrsmöglichkeiten in den zurückliegenden Jahrzehnten, verbunden mit dem Bestreben des baden-württembergischen Arbeitnehmers, sich ererbtes Eigentum zu halten oder neues zu schaffen (notfalls auch weitab von seiner jeweiligen Arbeitsstätte), nahmen Umfang und Ausmaß der Pendelwanderung kontinuierlich zu. Welche Größenordnung die Pendelwanderung annehmen kann, erläutert die Tabelle 13.

Wie weit die Anziehungskraft eines Einpendlerzentrums ins Umland hinausreicht, hängt in der Regel von der Größe und Vielfältigkeit des Arbeitsplatzangebots ab. In Baden-Württemberg sind Einzugsbereiche von 50 km Reichweite keine Seltenheit. Das Daimler-Benz-Werk in Sindelfingen holt sogar in werkseigenen Bussen Arbeiter aus bis zu 80 km Entfernung täglich zur Arbeit.

Anders als bei der Wohnungsmobilität setzt sich die Pendelwanderung aus verschiedenen zielgerichteten Pendlerströmen zusammen (z. B. Berufs- und Ausbildungspendler), die nicht alle auf einen Zentralort konzentriert, sondern auch in gegenläufiger Richtung auf das Umland ausgerichtet sind. Dies hängt damit zusammen, daß im Rahmen des wirtschaftlichen Aufschwungs der Nachkriegszeit sehr viele Dörfer selbst zu Industriestandorten geworden sind, in die nun ihrerseits auswärtige Arbeitskräfte pendelten. Daher weisen zahlreiche Gemeinden in den Randzonen der Verdichtungsräume eine relativ ausgeglichene Pendlerbilanz auf. Die Pendlerströme können heute geradezu als Indikator für das Ausmaß der zwischengemeindlichen Verflechtungen und zugleich auch für die „Standortstruktur" des betreffenden Gebietes gelten (Fuchs 1983, S. 65).

Schließlich wirkte sich die Pendelwanderung – was oft übersehen wird – als ein wesentlicher Faktor der Landschaftsentwicklung aus. Die industrielle Dezentralisation sowie die starke Bindung der baden-württembergischen Arbeitnehmer an den Heimatort, die allerdings oft nur mit der dauernden Hypothek einer täglichen Pendelwanderung erkauft werden konnte, unterbanden gemeinsam den Prozeß einer anonymen Verstädte-

Tabelle 13: Die Pendelwanderung in den Großstädten Baden-Württembergs 1970

Stadt	Erwerbs-tätige	Beschäf-tigte	Einpendler		Auspendler	
			Anzahl	in % der Beschäf-tigten	Anzahl	in % der Erwerbs-tätigen
Stuttgart	329 773	446 766	135 040	30,2	17 371	5,3
Mannheim	159 646	214 412	69 264	32,3	9 763	6,1
Karlsruhe	115 799	161 092	51 392	31,9	6 143	5,3
Freiburg	68 824	94 194	28 470	30,2	2 795	4,1
Heidelberg	52 283	68 900	30 573	44,4	7 097	13,6
Heilbronn	47 706	71 857	28 065	39,0	3 645	7,7
Ulm	44 576	78 557	36 137	49,0	2 978	6,7
Pforzheim	45 021	66 471	25 807	38,8	3 455	7,7

(n. Unterlagen des Stadtplanungsamtes Ulm)

214

rung und einer Proletarisierung der Industriearbeiter mit all ihren negativen Folgen. Beide Tendenzen verhinderten gemeinsam, daß sich die ländlichen Räume entleerten und sich nur um wenige städtische Industriestandorte überlastete Ballungsräume entwickelten.

Die typische südwestdeutsche Industrielandschaft, gekennzeichnet durch die breite Streuung von Industriebetrieben über kleine und mittlere Gemeinden und durch die Gemengelage von Industrie, Landwirtschaft und Wohnsiedlungen, mit Grünstreifen und Gartenland aufgelockert „wurzelt letztlich wohl gleichermaßen auf der unternehmerischen Standortwahl und dem vom Streben

nach einem Eigentum primär motivierten Sozialverhalten der Arbeitnehmerschaft" (Boelke 1977, S. 255).

6.4
Das räumliche Muster der Bevölkerungsverteilung

Die Bevölkerungsdichte im Gebiet des heutigen Bundeslandes Baden-Württemberg war von 1871 mit 93,6 Einw./qkm auf 253,3 Einw./qkm im Jahre 1971 angestiegen; 1980 betrug sie 259 Einw./qkm bei einer Gesamtbevölkerung von 9 258 900 Menschen. Damit

Abb. 52: Bevölkerungsdichte in den Stadt- und Landkreisen 1981
(n. Statist. Landesamt Baden-Württemberg)

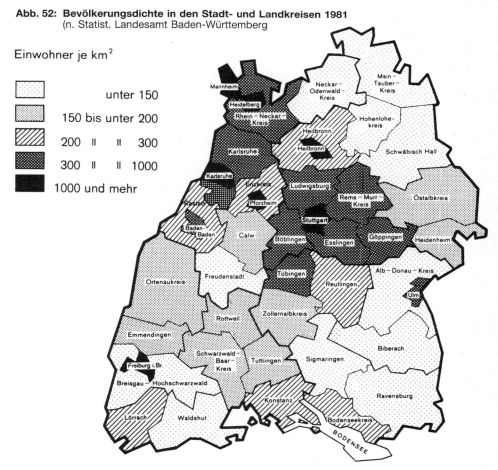

Einwohner je km²

- ☐ unter 150
- ☐ 150 bis unter 200
- ▨ 200 " " 300
- ▩ 300 " " 1000
- ■ 1000 und mehr

Abb. 53: Bevölkerungsentwicklung 1950–1972 nach Stadt- und Landkreisen
(Quelle: Das Land Baden-Württemberg 1974, S. 571)

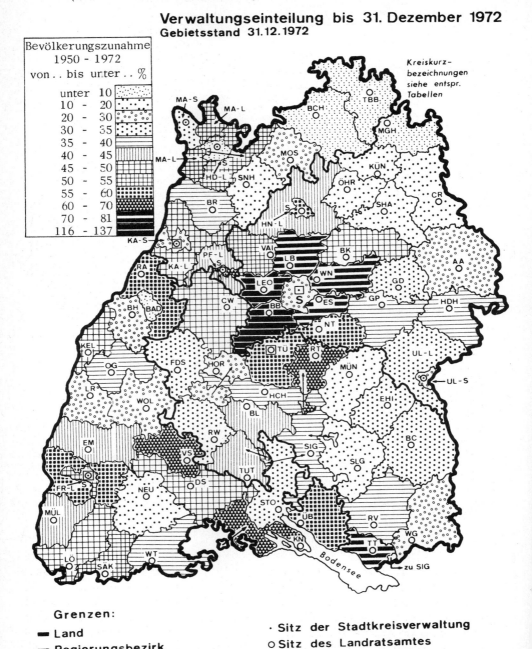

Verwaltungseinteilung bis 31. Dezember 1972
Gebietsstand 31.12.1972

Bevölkerungszunahme
1950 - 1972
von .. bis unter .. %

unter	10
10 -	20
20 -	30
30 -	35
35 -	40
40 -	45
45 -	50
50 -	55
55 -	60
60 -	70
70 -	81
116 -	137

Kreiskurz-
bezeichnungen
siehe entspr.
Tabellen

Grenzen:
- ▬ Land
- ▬ Regierungsbezirk
- ▬ Kreis

· Sitz der Stadtkreisverwaltung
○ Sitz des Landratsamtes
□ Sitz des Regierungspräsidiums

216

Abb. 54: Bevölkerungsentwicklung 1871–1970 nach Naturräumen
(Quelle: Das Land Baden-Württemberg 1974, S. 584)

— Grenzen der Gruppen naturräumlicher Haupteinheiten
— Grenzen der naturräumlichen Haupteinheiten

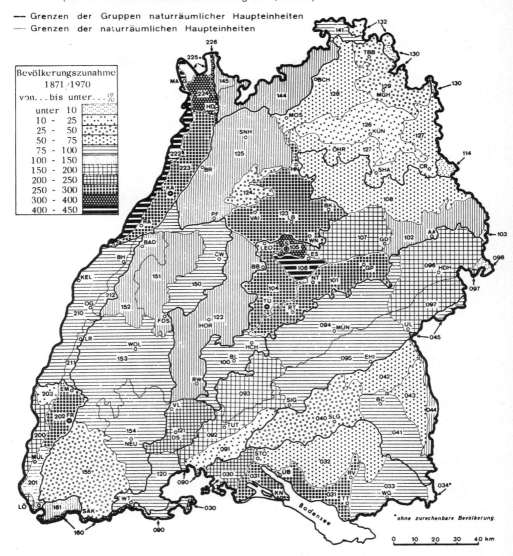

Bevölkerungszunahme
1871/1970
von...bis unter...%

unter 10	
10 - 25	
25 - 50	
50 - 75	
75 - 100	
100 - 150	
150 - 200	
200 - 250	
250 - 300	
300 - 400	
400 - 450	

°ohne zurechenbare Bevölkerung.

0   10   20   30   40 km

lag die Bevölkerungsdichte des Landes etwas über dem Bundesdurchschnitt (247 Einw./ qkm). Solche Dichtewerte sind freilich Durchschnittsgrößen, welche die wirkliche Bevölkerungsverteilung nur bedingt widerspiegeln. So war der Stadtkreis Stuttgart mit 2803,2 Einw./qkm am dichtesten besiedelt, gefolgt von Mannheim (2099,4 Einw./qkm) und den übrigen Großstadtkreisen, die alle eine Dichte von über 1000 Einw./qkm aufwiesen. Zu den einwohnerstärksten Gebieten gehören ferner die Landkreise, die in Ballungsgebieten oder im Umland der Großstädte liegen. Dies gilt in besonderer

Weise für die Region Mittlerer Neckar mit den Landkreisen Esslingen (717 Einw./qkm), Ludwigsburg (634 Einw./qkm), Böblingen (495 Einw./qkm) aber auch für die Region Unterer Neckar mit einer Dichte von 422 Einw./qkm sowie für die Region Mittlerer Oberrhein, wo der Landkreis Karlsruhe 331 Einw./qkm erreicht.

Daneben gibt es in Baden-Württemberg allerdings auch Gebiete, die zu den einwohnerschwächsten Landschaften der Bundesrepublik gehören, wie etwa der Nordosten des Landes, wo wir im Main-Tauber-Kreis und im Hohenlohekreis Werte zwischen 90 und 115 Einw./qkm finden. Zu den am dünnsten besiedelten Gebieten zählen auch die Landkreise Sigmaringen (95 Einw./qkm), der Alb-Donau-Kreis (108 Einw./qkm) im Bereich der Schwäbischen Alb sowie der Kreis Biberach in Oberschwaben und der Kreis Freudenstadt im Nordschwarzwald, die beide einen Dichtewert unter 120 Einw./qkm haben. In jüngster Zeit läßt allerdings das regionale Bevölkerungswachstum eine gewisse Abflachung der Gegensätze erkennen. Die Erklärung für diese relative Angleichung ist nach Fabricius (1974, S. 583) weitgehend im Abbau des früher sehr erheblichen wirtschaftlichen Gefälles zwischen den ökonomischen leistungsstarken und -schwachen Gebieten zu sehen, wobei der Rückgang und eine teilweise Umorientierung der Industrie (wegen des Mangels an Arbeitskräften und Gelände in den alten Industriestandorten) eine Rolle spielt.

Im allgemeinen werden die Dichtewerte auf die Kreisgrenzen bezogen. Solche Werte haben aber – geographisch gesehen – den Mangel, daß sie die eigentliche vom Relief her gesehene „Bewohnbarkeit" des Raumes nur unzureichend ausdrücken und manchmal den scharfen Kontrast zwischen dünnbesiedelten und verdichteten Bereichen verwischen. Ein Beispiel mag das erläutern: Der Landkreis Reutlingen, der vom Neckar im Norden bis zur Donau im Süden reicht, umschließt sowohl einen Teil des dichtbesiedelten Albvorlandes wie auch die äußerst bevölkerungsarme Mittlere Schwäbische Alb. Die Einwohnerdichte des Landkreises Reutlingen betrug im Jahre 1980 217 Einw./qkm. Bemerkenswert ist dabei, daß im Albvorland der Dichtewert fast 700 Einw./qkm erreichte, während auf der Albhochfläche nur 75 Einw./qkm lebten.

Das Beispiel des Kreises Reutlingen weist uns darauf hin, daß sowohl die Besiedlungsdichte als auch die räumliche Verteilung der Bevölkerung weitgehend von der naturräumlichen Ausstattung bzw. der agrarischen Tragfähigkeit eines Raumes abhängt. Diese für Agrargesellschaften allgemein bestimmende Wechselbeziehung wurde in Baden-Württemberg durch den Industrialisierungsprozeß nicht verwischt, sondern eher noch verstärkt. Robert Gradmann hat bereits zu Beginn dieses Jahrhunderts darauf aufmerksam gemacht, daß in Württemberg die natürlichen Gunsträume auch Zentren der demographischen und wirtschaftlichen Verdichtung sind und hat dies mit dem Bibelzitat „Wer da hat, dem wird gegeben" unterstrichen.

So überrascht es nicht, wenn auf der Karte (Abb. 54), welche die Bevölkerungsentwicklung (1871–1970) auf der Basis der naturräumlichen Gliederung wiedergibt, sich zwei natürliche Gunsträume als besonders wachstumsstark herausheben: die Stuttgarter Bucht mit den angrenzenden Gäuflächen sowie das nördliche Oberrheinische Tiefland mit den Kristallisationskernen Mannheim, Heidelberg und Karlsruhe. Im Süden des Landes sind es vier Naturräume, die innerhalb dieses Zeitraums recht beachtlich an Volkszahl dazugewannen: das Hochrheintal, das Bodenseebecken und der Hegau sowie die Freiburger Bucht. Einschränkend muß allerdings darauf hingewiesen werden, daß nicht überall und keineswegs ausschließlich das Bevölkerungswachstum durch natürliche Determinanten bestimmt wird. Die starke Bevölkerungszunahme der Baar, der Südwestalb sowie im Raum Heidenheim sind das Ergebnis einer industriellen Entwicklung, die ihre Wurzeln hauptsächlich im anthropogenen Bereich haben. Dasselbe gilt auch für die Landschaften mit geringem Bevölkerungswachstum. So sind die württembergischen Gebiete im Nordosten des Landes und in Oberschwaben durch frühe raumordnerische Maßnahmen des Präsidenten der Zentralstelle für Gewerbe und Handel, Ferdinand von Steinbeis, im 19. Jahrhundert bewußt aus der Industrialisierung herausgehalten worden, da sie weiterhin als „Kornkammern" des Landes dienen sollten. Diese Entwicklungsbremse haben die erwähnten Regionen bis heute nicht aufholen können. Ähnliches gilt auch für das ehemals badische Bauland und den Taubergrund; hier sind gegenwärtig kaum mehr Menschen beheimatet als vor 100 Jahren. Weit hinter dem durchschnittlichen Wachstum zurückgeblieben sind schließlich die Schwäbisch-Fränkischen Waldberge, große Teile der Schwäbischen Alb und der Hochschwarzwald, die heute zu den strukturschwachen Räumen des Landes gehören.

7 Industrie und Industrieregionen

7.1
Industrie in Baden-Württemberg: Bedeutung – Struktur und Verteilung

Der enorme wirtschaftliche Aufschwung in den Nachkriegsjahrzehnten hat dazu geführt, daß Baden-Württemberg sich zu einem hochindustrialisierten Land entwickelt hat. Heute ist es nach Nordrhein-Westfalen das zweitgrößte Industrieland der Bundesrepublik. Mit rd. 160 Industriebeschäftigten auf 1000 Einwohner war 1980 der Industrialisierungsgrad hier höher als in allen anderen Bundesländern (Bundesdurchschnitt 124) einschließlich Nordrhein-Westfalen (130). Kennzeichnend für die südwestdeutsche Industrie ist ihre meist mittelständisch strukturierte, arbeitsintensive Spezial- und Veredlungsindustrie mit hohem Exportanteil. Dazu kommt ein stark ausgebildetes Handwerk, während die Rohstoff- und Schwerindustrie fast völlig zurücktritt. Ebenso typisch für das Land ist die weiträumige Streuung der gewerblichen Unternehmen. Um mehrere industriellen Zentren lagern sich, flächenhaft ausgreifend, industrialisierte Zonen, die in der Regel wirtschaftlich und funktional eng mit den Kernbereichen verbunden sind. Schließlich ist ein weiteres Charakteristikum der Industrie ihre große Vielfalt hinsichtlich der Betriebsgrößen und der Erzeugnisse.
Im gesamten Wirtschaftsgefüge des Landes nimmt das Verarbeitende Gewerbe eine unbestreitbare Spitzenstellung ein, die sich in fast 1,5 Millionen Beschäftigten, über 200 Mrd. Jahresumsatz und einem Anteil von 44% an der Bruttowertschöpfung (1980) manifestiert. Diese im nationalen wie internationalen Vergleich dominierende Rolle

kommt auch u. a. darin zum Ausdruck, daß damals 52% der Erwerbstätigen im sekundären Sektor beschäftigt waren. Das war die höchste Quote, die im Jahre 1980 ein Bundesland erreicht hat (Bundesdurchschnitt 45%).
Demgegenüber war der Dienstleistungsbereich mit 43% schwächer vertreten (Bund 49%), während sich die Anteile in der Landwirtschaft etwa die Waage hielten (Land 4,9%; Bund 5,3%).

Wachstumsphasen der Wirtschaftsentwicklung

Seit Bestehen des Südweststaates vollzog sich die insgesamt aufwärts gerichtete Entwicklung in konjunkturell unterschiedlichen Phase. Im groben lassen sich drei Entwicklungsabschnitte unterscheiden.
Die fünfziger Jahre waren zunächst durch eine sehr dynamische Aufbauphase gekennzeichnet. Geprägt wurde diese Periode durch das starke Vordringen des Produzierenden Gewerbes.
Nach Sättigung des Wiederaufbau- und Nachholbedarfs setzte dann in den sechziger Jahren ein neuer Entwicklungsabschnitt ein, der als Konsolidierungsphase bezeichnet werden kann. Dieser Zeitraum war allerdings durch beträchtliche strukturelle Verschiebungen gekennzeichnet: Zwar erhöhte das warenproduzierende Gewerbe weiterhin seinen Beitrag zum Bruttoinlandprodukt, doch stieg die Zahl der Arbeitsplätze nur noch leicht. Demgegenüber steigerte der Dienstleistungsbereich in den sechziger Jahren nicht nur seinen Anteil am Bruttoinlandprodukt beträchtlich, sondern er stellte auch zwei Drittel der neu geschaffenen Ar-

beitsplätze. Die Landwirtschaft verlor in diesem Jahrzehnt laufend an Gewicht.

Mit Beginn der siebziger Jahre setzte wiederum ein Trendumbruch ein, der Züge einer generellen Umorientierungsphase annahm. Kennzeichnend für diese neue Entwicklung war einerseits eine weitere Abschwächung des wirtschaftlichen Wachstums, andererseits ein verstärkter Strukturwandel vor dem Hintergrund sprunghaft gestiegener Energiepreise und einer teilweise schwierigen Wettbewerbsposition der heimischen Wirtschaft auf den Weltmärkten. Die für hochentwickelte Volkswirtschaften typische überproportionale Ausweitung des tertiären Sektors setzte sich in den siebziger Jahren verstärkt fort, doch hat sich in Baden-Württemberg dieser Strukturwandel bisher eher langsam und gemäßigt vollzogen. Dabei spielte das historisch gewachsene Wirtschaftsgefüge eine Rolle, das nach wie vor durch die überragende Bedeutung des Produzierenden Gewerbes geprägt ist.

Handwerkintensivstes Bundesland

Zu den Besonderheiten der gewerblichen Struktur Baden-Württembergs gehört ein stark entwickeltes Handwerk, dem nicht nur in wirtschaftlicher, sondern auch in gesellschaftspolitischer Hinsicht eine besondere Bedeutung zukommt. Während bundesweit gesehen das Handwerk in den letzten Jahrzehnten zunehmend an Gewicht verlor, konnte es in Südwestdeutschland seine Stellung erstaunlich gut behaupten. Zu Beginn der 80er Jahre war Baden-Württemberg mit 74 tätigen Personen je 1000 Einwohner das handwerkintensivste Bundesland. In mehr als 99 000 Handwerksbetrieben waren 1980 rund 704 000 Personen tätig. Vorangegangen waren in den 70er Jahren beachtliche Umschichtungen in den Gewerbezweigen und Berufsgruppen. So hatte vor allem das Bekleidungs-, Textil- und Ledergewerbe stärkere Betriebs- und Beschäftigungseinbußen

zu verzeichnen, während sich das Metallgewerbe sowie der Gesundheits- und Körperpflegebereich besonders günstig entwickeln konnte. Auch das gut entwickelte Baugewerbe ist noch weithin eine Domäne des Handwerks geblieben. Es stellt zur Zeit 38% der Handwerksbetriebe.

Die sozio-ökonomische Bedeutung des Handwerks liegt nicht nur darin, daß aus ihm vielfach der industrielle Facharbeiterstamm herauswuchs und zahlreiche Industriebetriebe des Landes aus Handwerksbetrieben hervorgegangen sind, sondern auch in dem Umstand, daß in den letzten Jahren vom Handwerk eine beachtliche Stabilisierung der gesamtwirtschaftlichen Lage ausging. Dies wird an der Entwicklung der Beschäftigtenzahlen deutlich: In den 70er Jahren nahm die Zahl der im Handwerk Beschäftigten leicht zu, wogegen im Verarbeitenden Gewerbe die Beschäftigten um 13% abnahmen.

Die Branchenstruktur der Industrie

Betrachtet man das Industriegefüge des Landes, so fällt als hervorstechendstes Merkmal die ausgesprochene Vorrangstellung der Investitionsgüterindustrie ins Auge. Auf diesen Industriebereich entfielen zu Beginn der 80er Jahre mehr als die Hälfte des gesamten Industrieumsatzes und drei Viertel der Industrieexporte. Allein in den drei wichtigsten Branchen, dem Maschinenbau, der elektronischen Industrie und dem Fahrzeugbau arbeiteten fast 50% aller Industriebeschäftigten. Nach der Zahl der Beschäftigten steht die Verbrauchsgüterindustrie an zweiter Stelle. Ihr Anteil am Industrieumsatz beträgt rund 18%, der hauptsächlich von der Textil- und Bekleidungsindustrie, von der Holz- und Kunststoffverarbeitung sowie vom Druckereigewerbe erwirtschaftet wurde.

Etwa gleich groß im Industrieumsatz war der Anteil der Grundstoff- und Produktionsgüterindustrie. Hier ist an erster Stelle die chemische Industrie zu nennen; es folgen die Industrien der Steine und Erden und die NE-Metallindustrie.

Vergleicht man die Wachstumsraten der einzelnen Branchen im Zeitraum 1955 bis 1975, den beiden Jahrzehnten mit dem stärksten wirtschaftlichen Aufstieg, so zeigt sich, daß vor allem die Elektrotechnische Industrie sich überdurchschnittlich entwickeln konnte. Sie hat ihren Umsatz in diesen 20 Jahren auf das Achtfache steigern können. In der Rangskala folgen die Branchen Maschinenbau und Fahrzeugbau, bei denen sich die Umsätze verfünffachten. Auch die chemische Industrie und die Kunststoffverarbeitung weisen überdurchschnittliche Wachstumsraten auf.

Insgesamt konnte die baden-württembergische Industrie ihre Umsätze in den drei Jahrzehnten von 1950 bis 1980 um das Sechzehnfache steigern. 1980 lag der Wert der umgesetzten Industriegüter bei ca. 208 Milliarden Mark. Dieses erstaunliche Wachstum der südwestdeutschen Industrie läßt sich einmal auf den Nachholbedarf der Wiederaufbaujahre zurückführen, zum anderen haben sich aber auch die Industriezweige frühzeitig dem Export zugewandt. So überrascht es nicht, wenn in den vergangenen 30 Jahren die Exportquoten in ähnlicher Weise anstiegen wie die Umsatzzahlen der Industrie: 1950 betrug der Exportanteil 6,4%, 1980 aber 25,6%.

Die Betriebsgrößen

Weitere Aufschlüsse über die südwestdeutsche Industriestruktur ergeben sich aus der Gliederung der Betriebsgrößen. Im Jahre 1980 waren in den rd. 10400 Industriebetrieben etwa 1,5 Millionen Erwerbstätige beschäftigt. Auffallend war dabei die Dominanz der mittelständischen Unternehmen (20–499 Beschäftigte), auf die ein Anteil von über 80% entfiel und in denen mehr als die

Hälfte aller Arbeitnehmer beschäftigt war. Innerhalb dieser Kategorie war die Größenklasse 100 bis 200 Beschäftigte mit zusammen 182000 Personen in allen Wirtschaftsbereichen am stärksten besetzt, während nur 9% der Arbeitnehmer in der Größenklasse zwischen 20–49 Beschäftigte tätig waren. Dies überrascht, da gerade auf die zuletzt genannte Größenklasse mit fast 40% der Löwenanteil aller Unternehmer entfiel. Zu den mittelgroßen Betrieben (500–2499 Beschäftigte) gehörten nur noch 4%. Auf sie entfielen jedoch fast 28% der Arbeitsplätze im verarbeitenden Gewerbe. Schließlich besaß das Land 50 Unternehmen mit über 2500 Beschäftigten, die die Gruppe der Großbetriebe darstellen und die mit reichlich einem Fünftel der Arbeitsplätze der Gesamtwirtschaft des Landes ihren Stempel aufprägten. Von den 50 Großbetrieben gehörten 42 dem Investitionsgüterbereich an, wovon der Fahrzeugbau (15) und die Elektrotechnik (13) mehr als die Hälfte stellten.

Die Betriebsgrößenstruktur Baden-Württembergs stimmte 1980 weitgehend auch mit der des Bundesgebietes überein. Die Großbetriebsquote war – wenn man von der Grundstoffgewinnung absieht – in fast allen Branchen ebenso hoch, gelegentlich sogar höher.

Im ganzen gesehen beschränkt sich das dem Land oft nachgesagte Vorherrschen der Klein- und Mittelbetriebe auf wenige Regionen (Neckar-Alb, Baar), in denen sich zwar einige Eigenarten des Landes potenzieren, was aber keineswegs für das ganze Land gelten kann (Isenberg 1974, S. 652).

Die räumliche Verteilung der Industrie

Die Industriestandorte verteilen sich über das ganze Land, wobei die Ballungsgebiete und Großstadträume die Schwerpunkte und das Rückgrat der baden-württembergischen Industrie bilden. So wurden 1980 in den hochverdichteten Regionen Mittlerer Nek-

Abb. 55: Die Standorte des Verarbeitenden Gewerbes in Baden-Württemberg 1980
(n. Statist. Landesamt Baden-Württemberg)

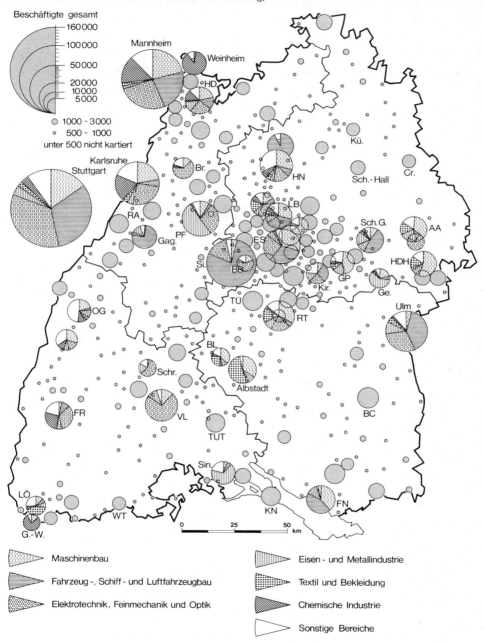

223

Tabelle 14: Industriebetriebe nach Beschäftigten, Umsätzen und Größenklasse 1980

Industriebereich	Beschäftigte	Umsatz in Mill. DM insg.	darunter Ausland
Bergbau	1 000	141	2
Grundstoff- und Produktionsgüterindustrie	175 000	38 330	6 512
darunter: Steine u. Erden	26 749	4 527	183
Chem. Industrie	63 000	13 191	3 439
Holzbearbeitung	11 000	2 061	185
Investitionsgüterindustrie	919 000	115 372	40 101
darunter: Maschinenbau	261 000	31 473	13 248
Fahrzeugbau	210 000	32 032	12 609
Elektrotechnik	245 000	30 346	8 581
Feinmech. Optik, Uhren	65 000	6 708	2 259
Eisen-, Blech- Metallwaren	64 000	7 446	1 538
Verbrauchsgüterindustrie	338 000	37 056	5 408
darunter: Textilindustrie	100 000	10 304	1 849
Holzverarb.Indu.	51 000	6 025	608
Bekleidungs.Indu.	35 000	3 183	410
Kunststoffverarbeitungsind.	40 000	4 624	739
Druckerei u. Vervielfält.	36 000	4 509	223
Nahrungs- u. Genußmittelind.	60 000	16 990	1 122
Gesamte Industrie	1 492 000	207 748	53 143

nach dem Statistischen Taschenbuch Baden-Württemberg 1981

Unter-nehmen	davon Betriebe mit ... Beschäftigten				
	1–19	20–49	50–99	100–499	500 u. mehr
13	4	5	2	2	–
18 000	699	554	236	248	63
601	213	241	94	49	4
276	16	85	62	84	29
577	452	93	20	11	1
4 312	218	1 637	1 012	1 111	334
1 382	47	475	330	413	117
580	39	278	117	100	46
797	39	215	196	241	106
459	36	210	95	98	20
502	24	197	126	133	22
3 552	332	1 549	822	771	78
953	146	345	203	227	32
546	22	274	133	107	10
511	60	239	122	84	6
401	19	207	93	76	6
712	109	303	156	129	15
10 389	1 362	4 048	22 228	2 261	490

kar und Rhein-Neckar, die zusammen nur knapp ein Sechstel der Fläche umfassen, rund 40% des gesamten Bruttoinlandproduktes erwirtschaftet.

Allerdings liegen wichtige industrialisierte Regionen in Südwestdeutschland auch außerhalb der von Großstädten beherrschten Verdichtungsgebiete. Dabei handelt es sich einmal um Räume, die zu den ältesten Industriegebieten des Landes zählen wie das „Webland" im Wiesental des Südschwarzwalds, das mittelbadische Eisengebiet sowie verschiedene Industrieplätze im Bereich der Schwäbischen Alb und ihres Vorlandes; zum anderen zählen aber auch Gebiete dazu, die erst in jüngster Zeit vom Industrialisierungsprozeß erfaßt wurden, von denen die Anerbengebiete Oberschwabens und die Region Franken besonders erwähnt sein sollen.

Nicht zu übersehen ist die starke industrielle Überlegenheit des nordwestlichen Landesteils und der Landesmitte. Dies geht – wie an anderer Stelle noch ausführlicher dargestellt wird – auf die traditionelle Symbiose zwischen kleinbäuerlichen und gewerblichen Strukturen in den altbesiedelten Beckenräumen zurück, in denen die Industrialisierung im 19. Jahrhundert ihren Ausgang nahm. Dabei überrascht es, daß die Industrialisierung des württembergischen Neckarlandes im Vergleich zum badischen Oberrheingebiet jünger ist. Die einstige Vorrangstellung der Oberrheinlande läßt sich außer auf die Lagegunst dieses Raumes vor allem auf die bessere ökonomische und politische Ausgangslage des früheren Landes Baden zurückführen. Allerdings konnte das wirtschaftliche Gefälle zwischen den beiden südwestdeutschen Staaten – bedingt durch die außerordentlich dynamische Entwicklung Württembergs – bereits gegen Ende des 19. Jahrhunderts ausgeglichen werden. Im Lauf des 20. Jahrhunderts haben sich die frühen industriellen Zentren in beiden Landesteilen rasch zu Mittelpunkten größerer Industriebezirke entwickelt, vielfach sind sie mit Nachbarbezirken zu Industriegassen (Neckar-Filstal) oder zu flächenhaften Industriebereichen verschmolzen.

Fast alle Industriegebiete des Landes sind durch eine vielseitige Branchenstruktur gekennzeichnet, was zu einem ausgewogenen Arbeitsplatzangebot in den meisten Landesteilen führte und bisher die Gefahren einer wirtschaftlich problematischen Monostruktur vermeiden half. Dabei lassen sich aber für einige Gebiete durchaus regionsspezifische Besonderheiten erkennen. Vor allem bei der Verteilung der Grundstoff- und Nahrungsmittelindustrie treten deutlich landschaftsgebundene Standorte hervor. So haben sich in den wasserreichen Tälern der Waldberge – vorzugsweise im Nordschwarzwald – holzverarbeitende Industrien wie Sägewerke, Zellstoff- und Papierfabriken angesiedelt. Große Papier- und Zellstoffwerke finden sich ferner in Oberschwaben im Argen-, Schussen- und Donautal (Ehingen). Der Hochrhein mit seinem reichen Angebot an hydroelektrischer Energie ist folgerichtig zu einem bevorzugten Standort elektrochemischer Großbetriebe geworden.

Deutlich erkennbar ist ferner die enge Bindung der Nahrungs- und Genußmittelindustrie an die agrarischen Gunsträume des Landes. Dies gilt für die großen Nährmittel- und Konservenfabriken im Neckarbecken (Heilbronn) und am Oberrhein sowie für die Tabakverarbeitung mit ihren Schwerpunkten um Heidelberg und Lahr, aber auch für die Obst- und Weinbaugebiete an Bodensee und Oberrhein. Aber auch im Bereich der Verbrauchs- und Investitionsgüterindustrie lassen sich ausgesprochen spezialisierte Industriebezirke erkennen: Der Schwarzwälder Uhrenbezirk, die Feinmechanik im Bereich der Südwestalb, Pforzheim und Gmünd als Zentren der Schmuckwarenindustrie, die Region Neckar-Alb mit ihrem Schwerpunkt im Textilbereich sowie die Städte Sindelfingen, Neckarsulm und Gaggenau, in denen der Fahrzeugbau eindeutig dominiert.

7.2
Die Standortvoraussetzungen und Standortbedingungen

Räumliche Verteilung sowie sektorale und strukturelle Gliederung der Industrie sind das Ergebnis eines komplizierten Geflechts standortbeeinflussender Faktoren, die ihre Wurzeln sowohl in der jahrhundertelangen gewerblichen Tradition der zahlreichen südwestdeutschen Städte, der überkommenen Wirtschafts- und Sozialordnung, den technischen Innovationsschüben des 19. und 20. Jahrhunderts, aber auch in den Maßnahmen der aktuellen kommunalen und regionalen Strukturpolitik des Landes Baden-Württemberg haben.

Schon an früherer Stelle (vgl. Kap. 2 und 3) wurde auf die natürlichen und historischen Voraussetzungen der wirtschaftlich-industriellen Entwicklung eingegangen. Im folgenden sollen nochmals die wesentlichen Standortbedingungen und Standortvoraussetzungen nunmehr in systematischer Weise kurz zusammengefaßt werden.

7.2.1
Standortfaktor Verkehr

Die Verkehrslage des ehemaligen Königreichs Württemberg war zu Beginn der Industrialisierung nicht besonders günstig. Das Land besaß damals keinen schiffbaren Fluß und lag überdies weit entfernt von den damaligen europäischen Handels- und Wirtschaftszentren.

In Baden waren die Verhältnisse etwas besser. Hier wurde in den Jahren 1817 bis 1876 nach den Plänen des Oberbaudirektors Johann Friedrich Tulla die Korrektion des Oberrheins durchgeführt und damit die Voraussetzungen für eine ganzjährige Schiffahrt geschaffen. Außerdem bestanden in Baden traditionell gute kulturelle und wirtschaftliche Beziehungen zu den Nachbarländern Schweiz und Frankreich.

Aber erst mit dem Bau der *Eisenbahn*, der um die Mitte des vorigen Jahrhunderts einsetzte, waren die verkehrsmäßigen Voraussetzungen gegeben, die den Aufbau einer modernen Industrie erlaubten. Bei der Anlage des Eisenbahnnetzes machten sich allerdings zwei Faktoren negativ bemerkbar. Einmal war es die Geländebeschaffenheit des Landes, die den Hauptlinien der Bahn von Anfang an die Richtung gewiesen hat. Schwarzwald und Odenwald, Schwäbische Alb und schwäbisch-fränkische Waldberge erwiesen sich als Verkehrsschranken, die selbst heute noch der modernen Verkehrstechnik Schwierigkeiten bereiten. So folgte die Anlage der Eisenbahnstrecken weitgehend den Talzügen und Niederungszonen.

Zum anderen kann man heute noch an der Linienführung und am Ausbau des Eisenbahnnetzes die speziellen württembergischen und badischen Interessen des 19. Jahrhunderts erkennen, die oft vom Geist der Kleinstaaterei geprägt, überregional sinnvolle Konzeptionen – wenn nicht verhinderten – so doch erschwert haben.

Abgesehen von diesen Schwierigkeiten hat der frühe Ausbau des Eisenbahnnetzes zur Ausbildung der für Südwestdeutschland charakteristischen räumlichen Wirtschaftsstruktur wesentlich beigetragen: einmal der Konzentration der Industriebetriebe auf Täler (z. B. Industriegasse Neckar-Fils) und Niederungen (nördlicher Oberrhein, Tiefland), zum andern aber auch die Dezentralisation vielfältig geprägter Wirtschaftsräume.

Wenn auch in den letzten Jahrzehnten durch technischen Fortschritt und durch neue Verkehrsbedürfnisse sich die Verkehrsstruktur erheblich geändert hat, so darf man auch heute noch die Eisenbahn als Rückgrat des Verkehrs bezeichnen. Dies kommt u. a. dadurch zum Ausdruck, daß die Entwicklungsachsen des Landesentwicklungsplans im wesentlichen mit der Streckenführung der Bahn übereinstimmen. Außerdem wurde die bereits zwischen den Weltkriegen begonnene Elektrifizierung nach dem Kriege verstärkt fortgesetzt. Im Jahre 1980 waren 44% aller Bundesbahnstrecken in Baden-Württemberg elektrifiziert (darunter sämtliche Hauptstrecken).

Für die 80er Jahre ist der Neubau einer Ergänzungsstrecke Mannheim–Stuttgart vorgesehen, die nicht nur die Reisezeit zwischen den beiden bedeutenden Wirtschaftsregionen um etwa 40 Minuten verkürzen, sondern auch erhebliche Verbesserungen im Verkehr mit den Verdichtungsräumen Rhein/Main, Rhein/Ruhr und München erbringen soll.

Mit der verstärkt einsetzenden Motorisierung um 1920 gewann der *Ausbau des Straßennetzes* zunehmend an Gewicht. Zunächst war es notwendig, die schmalen, kurvenreichen und oft steilen Straßen durch neue Trassen zu ersetzen oder zu ergänzen. Bald zeigte es sich jedoch, daß das engmaschige, historisch gewachsene Straßennetz für den wachsenden Autoverkehr nicht mehr ausreichte und durch ein leistungsfähiges Fernstraßennetz ergänzt werden mußte. Mit dem Bau der Autobahn Mannheim–Pforzheim wurde 1936 der Anfang gemacht. Bis 1945 waren die Strecken Stuttgart–Ulm, Stuttgart–Heilbronn und Stuttgart–Karlsruhe fertiggestellt. Ende der 50er Jahre folgte die Rheintalautobahn Karlsruhe–Basel (A 5) und in den 60er Jahren der Ausbau der Teilstrecke Mannheim–Walldorf–Heilbronn (A 6). Umfangreiche Baumaßnahmen wurden zwischen 1970 und 1980 durchgeführt. In diesem Jahrzehnt konnte in rascher Folge die Bodenseeautobahn Stuttgart–Singen (A 81) sowie die Teilstrecken Heilbronn–Würzburg (A 81) und Heilbronn–Nürnberg (A 6) eröffnet werden. Die Autobahn Würzburg–Ulm–Kempten (A 7) und das Teilstück Singen–Lindau (A 98) sind im Bau, während die Realisierung der geplanten Autobahntrassen Lörrach–Bodensee und Freiburg–

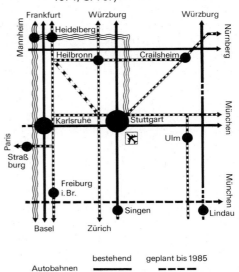

Abb. 56: Hauptverkehrslinien in Baden-Württemberg
(Quelle: Das Land Baden-Württemberg 1974, S. 767)

Donaueschingen–Ulm in weite Ferne gerückt ist.

Für den Straßenverkehr standen in Baden-Württemberg 1981 27 708 km überörtliche Straßen zur Verfügung. Diese setzen sich aus 912 km Autobahn, 4835 km Landstraßen und 9269 km Kreisstraßen zusammen. Mit diesem enormen Ausbau des Straßennetzes haben sich die Verkehrsverhältnisse so gebessert, daß der Standortfaktor „Straßenanschluß" für die Industrieansiedlung in Südwestdeutschland nahezu bedeutungslos geworden ist.

Für den Transport von Massengütern erweisen sich die *Wasserstraßen* als wichtige Transportwege. Der wichtigste Schiffahrtsweg ist der Rhein, der von Rheinfelden bei Basel bis zur Landesgrenze mit Hessen (270 km) als Bundeswasserstraße für die Großschiffahrt ausgebaut ist.

Im Versailler Vertrag von 1919 wurde Frankreich das Recht eingeräumt, auf elsässi-

schem Gebiet einen Kanal parallel zum
Rhein zu bauen und hierfür das Wasser dem
Rhein zu entnehmen. Die Spannungen die
dadurch entstanden, wurden durch den
deutsch-französischen Vertrag (1956) über
den Ausbau des Oberrheins zwischen Basel
und Straßburg beseitigt. Frankreich verzichtete auf der Strecke Breisach–Straßburg auf
einen durchgehenden Seitenkanal. Man ver-
einbarte eine Teilkanalisierung (sog. Schlin-
genlösung), bei der eine ausreichende deutsche Uferlänge verblieb, die ein Abschnei-
den der rechtsrheinischen Wirtschaft vom
Schiffsverkehr vermeiden half. Für den indu-
striereichen mittleren Neckarraum ist der
Ausbau des Neckars als zweischleusiger, rd.
200 km langer Schiffahrtsweg sehr wichtig
gewesen. Mit der Inbetriebnahme des Ab-
schnitts Stuttgart–Plochingen im Jahre 1968
konnte das fast ein halbes Jahrhundert andauernde Werk der Neckarkanalisierung erfolgreich abgeschlossen werden.

Über die Leistungsfähigkeit der größeren baden-württembergischen Binnenhäfen gibt
nachstehende Tabelle Auskunft.

Schließlich ist auch noch der *Luftverkehr* zu
nennen, der sich als jüngster großer Ver-
kehrszweig seit Beginn der sechziger Jahre
außerordentlich stark entwickelt hat. Baden-Württemberg besitzt mit dem Flughafen
Stuttgart-Echterdingen (gebaut 1936–39) einen internationalen Verkehrsflughafen, der
planmäßig von 10 Luftverkehrsgesellschaf-
ten angeflogen wird. Die Reiseziele der ab-
fliegenden Linienpassagiere lagen 1980 zu
knapp 50% im Inland, zu ca. 40% im europäischen und zu ca. 10% im außereuropäischen Ausland mit Schwerpunkten in USA
und Afrika. Während Stuttgart im Passagier-
verkehr unter den deutschen Flughäfen am
7. Stelle steht, liegt er beim Luftfrachtauf-
kommen auf Platz 2. Der Warenwert der
1981 umgeschlagenen Luftfracht betrug
rund 5,3 Mrd. DM, wobei 3,1 Mrd. DM auf
die Exportfracht entfielen. Dies unterstreicht die Bedeutung des Flughafens für

Güterumschlag der größeren Häfen Baden-Württembergs in 1000 t

	1966	1972	1980
Mannheim	7995	9297	7977
Karlsruhe	6014	6203	8895
Heilbronn	4895	5600	5365
Stuttgart	3477	1718	1770
Kehl	1333	1476	1984

die stark exportorientierte Wirtschaft des
mittleren Neckarlandes.

Allerdings ist die Kapazität des Flughafens
heute nahezu erschöpft. Trotz ständigen
Ausbaus und wiederholter Verlängerungen
der Startbahn können moderne Großflug-
zeuge nicht mehr landen.

Der Stuttgarter Flughafen muß sich daher
weitgehend auf Zubringerfunktionen zu internationalen Flughäfen in Frankfurt, Paris
und Zürich beschränken. Ein geplanter weiterer Ausbau trifft auf der dichtbesiedelten
Filderebene im Süden des Ballungsraums
Stuttgart auf den energischen Widerstand
der Wohnbevölkerung, wobei sich hier ein
scharfer Interessenkonflikt mit der südwestdeutschen Wirtschaft abzuzeichnen beginnt.
Gute internationale Verkehrsbeziehungen
sind aber für die wirtschaftliche Entwicklung
des Landes außerordentlich wichtig. Dies
gilt nicht zuletzt im Hinblick auf die fortschreitende politische Integration Europas,
die Südwestdeutschland aus seiner ungünstigen Randlage, in der sich das Land innerhalb des früheren Deutschen Reichs befunden hatte, unter den Vorzeichen der Europäischen Wirtschafts-Gemeinschaft in eine
sehr günstige Zentrallage gerückt hat.

7.2.2
Standortfaktor Rohstoffversorgung

Mit Bodenschätzen ist das Land, wie an anderer Stelle bereits dargestellt (vgl. S. 22/
23), kaum gesegnet.

Nutzbare Erzlagerstätten gibt es heute fast nicht mehr. Der im Mittelalter blühende Bergbau im Schwarzwald hat seine einstige Bedeutung nahezu vollständig eingebüßt. Bereits nach dem Dreißigjährigen Krieg kam der Silberbergbau zum Erliegen, da er kaum noch Erträge abwarf. Auch die Kobalterzgewinnung im Kinzigtal, die im 18. Jh. einen steilen Aufschwung nahm (die aus Kobalt gewonnenen Blaufarben benötigte man für die Textilfärberei) spielt heute keine Rolle mehr.

Wechselhafter war dagegen der Abbau von *Eisenerzen,* die im Schwarzwald und seinen Randschollen sowie im Bereich der Schwäbischen Alb in bescheidenem Umfang vorhanden sind. Nachdem im Zeitalter des Merkantilismus einzelne Eisenwerke und Hammerschmieden mit Monopolen ausgestattet wurden, kam es in den badischen, ellwangischen, hohenzollerischen und württembergischen Territorien in der zweiten Hälfte des 18. Jahrhunderts zu einer Aufschwungphase der Eisengewinnung, die bis ins frühe 19. Jahrhundert hinein anhielt. Die Eisenhütten entstanden vorzugsweise in den Tälern der Alb und des Schwarzwalds, wo die natürlichen Ressourcen Erz (Rohstoff), Wasser und Holz (Energie) in ausreichendem Maße zur Verfügung standen. Zu namhaften eisenverarbeitenden Betrieben entwickelten sich damals u. a. das Gußstahlwerk in Rastatt unter der Leitung der Familie Schlaff sowie die Eisenwerke in Königsbronn, die unter dem weitblickenden und erfindungsreichen Unternehmer J. Georg Blezinger (1717–95) rasch aufblühten, und die die Grundlage für die heute im Brenztal hochentwickelte Maschinenindustrie bilden sollten.

Als aber zu Beginn des 19. Jahrhunderts die Umstellung der Verhüttung auf Steinkohle und auf Massenproduktion einsetzte, waren die meisten südwestdeutschen Hütten den Standortvorteilen der Konkurrenz an Rhein und Ruhr nicht mehr gewachsen. Während nun der Bergbau und die badischen Eisenwerke nach und nach den Betrieb einstellen mußten, gelang es einigen württembergischen Werken durch den Übergang von der eisenschaffenden zur eisenverarbeitenden Produktion ihre Existenz zu sichern. Dazu gehören im Koch-Brenztal-Bezirk die staatlichen Hüttenwerke Wasseralfingen, die bis 1925 die nahen Braunjuraerze verhütteten und durch ihren künstlerischen Eisenguß weit bekannt wurden.

Heute ist das Wasseralfinger Werk mit den vier Außenbezirken in Königsbronn, Friedrichstal in Baiersbronn, Ludwigstal bei Tuttlingen und Wilhelmshütte in Bad Schussenried zur Schwäbischen Hüttenwerk GmbH zusammengefaßt, deren breites Produktionsprogramm vom Formteil bis zur Werkzeugmaschine reicht.

Während die Eisengewinnung im Lande heute aufgehört hat, sind die *Salzlagerstätten* immer noch von einer gewissen wirtschaftlichen Bedeutung. Im 19. Jh. war es den südwestdeutschen Staaten gelungen, ergiebige Salzlagerstätten zu erschließen und damit vom Importsalz aus Bayern, Österreich und Lothringen unabhängig zu werden. In Baden handelte es sich um die Salinen Dürrheim und Rappenau, in Württemberg hauptsächlich um die Salinen Friedrichshall bei Offenau, sowie um Wilhelmshall bei Schwenningen und Rottweil. Später kamen noch einige Salzbergwerke hinzu, unter denen Wilhelmsglück bei Schwäbisch Hall das erste Steinsalzbergwerk Mitteleuropas (1824) darstellte und Friedrichshall bei Jagstfeld (1859), Heilbronn (1883) und Kochendorf (1884) aber die wichtigsten wurden. Die beiden letzteren und das ehemals hohenzollerische Salzbergwerk Stein bei Haigerloch sind – im Gegensatz zu den größtenteils stillgelegten Salinen – heute noch die Hauptproduktionsstätten der südwestdeutschen Salzwerke AG und liefern neben Speisesalz auch große Mengen von Industrie- und Streusalzen. Zur Grundlage einer eigenständigen Industrie sind sie aber nicht geworden.

Zu den klassischen Bodenschätzen des Landes zählt auch der Flußspat, ein wertvolles Industriemineral, das u. a. zur Herstellung von Glas, Keramik und Kunststoffen benötigt wird. Mit einer Förderung von rd. 136000 t lag Baden-Württemberg 1980 an der Spitze der Bundesrepublik. Von einiger Bedeutung im Bereich der Grundstoffindustrie sind die Kiesgruben im Oberrheinischen Tiefland, im Neckartal und Alpenvorland sowie die Großsteinbrüche in den Muschelkalktälern und am Albtrauf. Dazu tritt die Gewinnung von eruptiven Hartgesteinen im Schwarzwald und Odenwald. Dort liegen übrigens auch die meisten Mineral- und Thermalquellen des Landes.

Die wirtschaftlich bedeutsamste Stellung innerhalb der Industriegruppe Steine und Erden nimmt jedoch die Gewinnung von Zement und Gips ein. Die größten Betriebe sind die Portland-Zementfabriken Gebr. Spohn in Blaubeuren und das Heidelberger Stammwerk des Konzerns (seit 1895 Leimen) sowie das Werk Dotternhausen im Albvorland und der hochmoderne umweltfreundliche Betrieb bei Geisingen im oberen Donautal.

Wenn auch die bescheidenen landeseigenen Bodenschätze teilweise von erheblichem Wert sind, so macht aber – im ganzen gesehen – der Mangel an abbauwürdigen Rohstoffvorkommen die Wirtschaft des Landes in starkem Maße abhängig von Importen. Dabei ist der Grad der Außenabhängigkeit verschieden, je nach dem, ob der Bedarf aus dem Bundesgebiet gedeckt werden kann, oder ob er aus anderen Ländern eingeführt werden muß. Bei Kohle kann z. B. der Bedarf noch längere Zeit aus bundesdeutschen Lagerstätten bezogen werden. Dagegen besteht ein absoluter Importbedarf bei allen metallischen Rohstoffen. Dies gilt in besonderer Weise für Nichteisen-Metalle, die in den für das Land wichtigen Produktionsbereichen Elektrotechnik, Datenverarbeitung und Fahrzeugbau in großem Umfang benö-

tigt werden (u. a. Aluminium und Kupfer). Die für die Fertigung benötigten Nichteisen-Metalle werden allerdings kaum als Erze direkt nach Baden-Württemberg eingeführt, sondern vorwiegend als Halbzeuge aus anderen Bundesländern und dem Ausland.

7.2.3
Standortfaktor Wasserversorgung

Ein wichtiger Rohstoff ist in den letzten Jahrzehnten das *Wasser* geworden. Seit jeher kam ihm als Standortfaktor für Gewerbe- und Industrieansiedlungen eine besondere Bedeutung zu. Waren es in früheren Zeiten vor allem Mühlen und Hammerwerke, die sich die Wasserkraft zunutze machten, so waren es um die Jahrhundertwende die Laufwasser- und später die Speicherwasserkraftwerke, die vor allem bei Beginn der Elektrifizierung des Landes eine entscheidende Rolle spielten. Heute ist die Ansiedlung von Grundstoffindustrien, von Ölraffinerien und Atomkraftwerken weitgehend von einem ausreichenden Wasserangebot abhängig.

Der Wasserschatz Baden-Württembergs ist wegen der unterschiedlichen geologischen und hydrologischen Verhältnisse ungleichmäßig verteilt. Die größten Wasservorkommen liegen in den Randbereichen des Landes: im Oberrheinischen Tiefland und in der Donau- und Illerniederung bei Ulm, wo in den dort lagernden Kies-Sanden reichlich Grundwasser anzutreffen ist. Im Landesinneren, im Neckarland, vor allem im Karst der Muschelkalk- und Juragebiete, reichen die örtlichen Wasservorkommen zur Versorgung von Bevölkerung und Wirtschaft mit ausreichendem Wasser schon seit langem nicht mehr aus. Dies war und ist noch heute maßgebend für die über 100 Jahre alte Entwicklung der öffentlichen Fernwasserversorgung in Baden-Württemberg, die das Ziel hat, einen überregionalen Ausgleich zwi-

Abb. 57: Fernwasserversorgung
(n. Unterlagen des Ministeriums f. Ernährung, Landwirtschaft und Umwelt Baden-Württemberg)

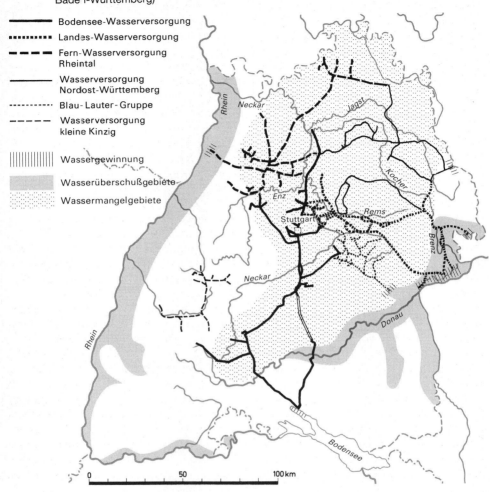

Bodensee-Wasserversorgung

Landes-Wasserversorgung

Fern-Wasserversorgung Rheintal

Wasserversorgung Nordost-Württemberg

Blau-Lauter-Gruppe

Wasserversorgung kleine Kinzig

Wassergewinnung

Wasserüberschußgebiete

Wassermangelgebiete

0   50   100 km

schen Wassermangel- und Wasserüberschuß-gebieten zu schaffen.

Die Wassernot der Albhochfläche hat dazu geführt, daß sich bereits in den Jahren 1869–1889 mehrere Albgemeinden zu Wasserversorgungsgruppen (Albwasserversorgung) zusammenschlossen, um das Wasser der Täler zu fassen und auf die Hochfläche zu pumpen. Zu Beginn des Jahrhunderts reichten die örtlichen Wasservorkommen im Raum Stuttgart und im unteren Fils- und Remstal nicht mehr aus, um den durch die Industrialisierung bedingten, rasch ansteigenden Wasserbedarf zu decken. Da der Wassermangel für dieses Gebiet zu einem ernsten entwicklungsbegrenzenden Faktor wurde, entschloß man sich zu einer epochemachenden großräumigen Lösung. Zwischen 1912 und 1918 entstand eine der ältesten und größten Fernwasserversorgungsunternehmen in Deutschland, der heutige Zweckverband Landeswasserversorgung (LW). Inzwischen mehrfach ausgebaut und erweitert, wird in einer über 100 km langen Fernleitung Grundwasser vom Donauried bei Langenau, seit 1957 Quellwasser aus dem Egautal (Ostalb) sowie Oberflächenwasser aus der Donau (seit 1973) bei Leipheim in den Verdichtungsraum Mittlerer Neckar gefördert. Die Landeswasserversorgung besitzt zur Zeit ein Leitungsnetz von rund 500 km Länge und verfügt über eine Kapazität von 6500 l/s.

Infolge der wirtschaftlichen Expansion und des erheblichen Bevölkerungszuwachses in den Nachkriegsjahrzehnten konnten in vielen Fällen die herkömmlichen Wasserversorgungsanlagen den gestiegenen Bedarf nicht mehr decken. Örtliche und überörtliche Erweiterungsmaßnahmen wurden notwendig. Aber im bevölkerungs- und industriestarken Neckarland mit Schwerpunkt Stuttgart reichten diese Maßnahmen nicht mehr aus. So kam es im Oktober 1954 zur Gründung des Zweckverbandes Bodenseewasserversorgung (BWV), der nach dem Bau einer zweiten Fernleitung im Jahre 1971 (davon 24 km Albstollen) jährlich 237 Millionen Kubikmeter oder 7500 l/s für rd. 2,5 Millionen Einwohner des Landes liefern kann. Heute besitzt der Zweckverband ein 800 km langes Leitungsnetz, in dem von der Pumpstation Sipplingen am Überlinger See das Bodenseewasser in die Wassermangelgebiete am oberen und mittleren Neckar bis in die Räume Pforzheim und Heilbronn gebracht werden kann.

Die ausgedehnten Wassermangelgebiete zwischen Enz und Tauber benötigen ebenfalls Zusatzwasser, das nur als Fernwasser zu beschaffen ist. Zu diesem Zweck wurde 1965 der Zweckverband Fernwasserversorgung Rheintal (FWR) gebildet, der Mitte der 80er Jahre Grundwasser aus der Rheinniederung westlich Bruchsals entnehmen und damit den nordbadischen Raum beliefern wird. Die Ausbaugröße ist auf 2100 l/s bemessen.

Diese drei großen Fernwasserversorgungssysteme werden ergänzt durch weitere, mehr regional gebundene Zweckverbände. Für das nordostwürttembergische Gebiet zwischen Murrhardter Wald und dem Taubergrund wurde 1953 die Wasserversorgung Nordostwürttemberg (NOW) ins Leben gerufen. Das Wasser wird hier von der Ries- und Jagstgruppe sowie von der LW bezogen. Die Kapazität liegt etwa bei 1000 l/s. Der Zweckverband Wasserversorgung Kleine Kinzig (WKK) wird in einigen Jahren aus einer bereits fertiggestellten Trinkwassertalsperre – der ersten in Baden-Württemberg – den mittleren Schwarzwald mit Zusatzwasser versorgen. Schließlich ist noch der Zweckverband Blau-Lauter-Gruppe (BLG) zu nennen, der das Gebiet zwischen den Versorgungsbereichen der LW und BWV im Süden des Ballungsraums Stuttgart aus der Donauniederung bei Ulm und dem Tiefen Karst bei Blaubeuren versorgt.

Die Beispiele zeigen deutlich, welche große Rolle die Fernwasserversorgung für Bevölkerung und Wirtschaft heute in Baden-Württemberg spielt. Es überrascht daher nicht, daß das Land schon frühzeitig die Nutzung des Wassers (Landeswassergesetz 1960) rechtlich geregelt hat. Das Wasserrecht wurde durch weitere Gesetze des Bundes und des Landes (1976) ergänzt und präzisiert. Der Sinn dieser rechtlichen Grundlagen ist, die begrenzten Vorräte an Wasser zu sichern und einen gerechten Interessenausgleich zu gewährleisten.

7.2.4
Standortfaktor Energieversorgung

Zu den entscheidenden Standortfaktoren der Industrie gehört die Energieversorgung. Heute ist man allgemein der Auffassung, daß ausreichend vorhandene und billige Energie als Schlüssel zur wirtschaftlichen Entwicklung eines Landes und die Voraus-

233

setzung eines hochtechnisierten Lebensstandards und Wohlstands seiner Bevölkerung ist.

Das Land Baden-Württemberg hat zusammen mit der Bundesregierung und der Privatwirtschaft in den letzten Jahrzehnten außerordentliche Anstrengungen unternommen, um die Energieversorgung zu sichern. Südwestdeutschland ist nämlich ausgesprochen arm an heimischen Energiequellen. Das Land erzeugt nur etwa 1% der in der Bundesrepublik Deutschland gewonnenen Primärenergie. Allein die Wasserkraft ist relativ reichlich vorhanden, fällt aber mit 3,3% an der Energiebilanz kaum ins Gewicht.

Da das Land keinerlei Kohlevorkommen und nur unbedeutende, bereits versiegende Erdöl- und Erdgaslagerstätten (in Oberschwaben und im Rheintal) besitzt, die reichen Ölschiefervorkommen im Schwarzjura des Albvorlandes bis heute nicht rentabel nutzbar gemacht werden können und das kleine Uranvorkommen im Südschwarzwald bisher nicht abgebaut wird, ist das Land zu 94% auf Energieimporte angewiesen.

In den Nachkriegsjahrzehnten hat sich allerdings Art und Umfang des Energieangebots stark verändert. Bis etwa 1957 blieb die Energie im ganzen knapp und wurde im wesentlichen durch Steinkohle, die aus den Revieren Ruhr und Saar stammte, gedeckt. Anfang der 60er Jahre kehrten sich die Verhältnisse schlagartig um. Durch den Zuwachs an neuen Erzeugungskapazitäten und einem großen Importangebot verwandelte sich die Energieknappheit zu einem Energieüberfluß. Dieser Energieboom wurde durch den Bau von Raffinerien auf baden-württembergischem Boden ausgelöst. Nach 1962 wurden zwei in Karlsruhe und eine in Mannheim mit einer Kapazität von insgesamt 22 Millionen Jahrestonnen in Betrieb genommen und die Versorgung mit Rohöl durch Pipelines von den Mittelmeerhäfen aus sichergestellt. Da etwa gleichzeitig auch in der Pfalz und in Bayern neue Raffinerien

entstanden, hat sich die Versorgungslage Süddeutschlands wesentlich verbessert. Bis zum Jahre 1962 mußten nämlich die Mineralölprodukte aus relativ entfernten Raffinerien vom Niederrhein und der Nordseeküste bezogen werden. Entsprechend den langen Transportwegen waren die Verbraucherpreise in Süddeutschland höher als im west- und norddeutschen Raum. Nachdem Süddeutschland selbst Raffinerien besaß, kam es in den 60er Jahren zu einem tiefgreifenden Strukturwandel im Energieverbrauch: Die Kohle wurde in immer stärkerem Maße durch importierte Energieträger (Öl, Erdgas) ersetzt und verlor ihre dominierende Rolle bei der Bedarfsdeckung. Bezeichnend für diese Entwicklung ist, daß sich der Anteil des Mineralöls an der Primärenergieversorgung des Landes bis 1972 auf rd. 71% erhöhte und damit den Anteil der Steinkohle, auf die noch 1960 fast die Hälfte der Versorgung entfiel, weit hinter sich ließ. Die rasche Substituierung der Steinkohle durch das Erdöl und die hohen Zuwachsraten an Energiebereitstellung (etwa 7,5% im Jahr) veränderten im Laufe der 60er Jahre die bisher gültige innerräumliche Verflechtung der Energieversorgung in der Bundesrepublik. Die Energieversorgung Süddeutschlands war nun nicht mehr so ausschließlich auf den Norden der Bundesrepublik orientiert und überdies verringerten sich damit auch die regionalen Kostenunterschiede innerhalb Deutschlands, die bis dahin zu Lasten der „revierfernen" Regionen bestanden.

Die Kehrseite dieser Entwicklung stellte sich nach den beiden Ölkrisen 1973 bzw. 1978 ein. Bei der – im Vergleich zum Bundesgebiet – überdurchschnittlichen Abhängigkeit Baden-Württembergs vom Mineralöl führte die Verknappung des Mineralölangebots und die enorme Verteuerung dieses Rohstoffs zu ernsten wirtschaftlichen Problemen. Der Mineralölpreis ist von 1970 bis 1980 auf das Zehnfache angestiegen. Seither war man sehr darum bemüht, den Ölver-

Abb. 58: Energieversorgung
(n. Landesentwicklungsberichte Baden-Württemberg u. a.)

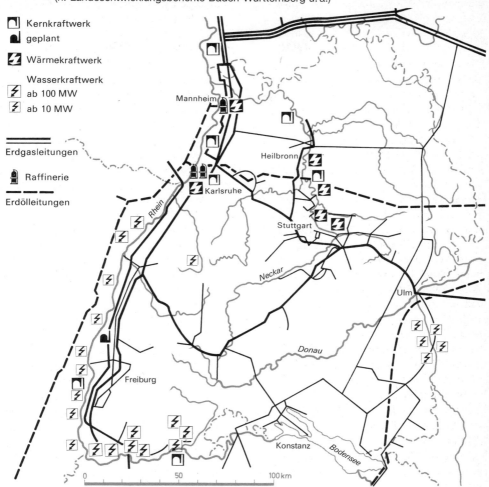

Kernkraftwerk

geplant

Wärmekraftwerk

Wasserkraftwerk
ab 100 MW
ab 10 MW

Erdgasleitungen

Raffinerie

Erdölleitungen

Mannheim

Heilbronn

Karlsruhe

Stuttgart

Rhein

Neckar

Ulm

Donau

Freiburg

Konstanz

Bodensee

0   50   100 km

brauch zu senken, um die Abhängigkeit von den Lieferländern zu vermindern; mit dem Ergebnis, daß 1980 der Anteil des Mineralöls am gesamten Primärenergieverbrauch in Baden-Württemberg unter die 60%-Marke sank. Dazu hat u. a. der Ausbau der Gasversorgung beigetragen, die zusammen mit der Nutzung der Kernenergie seit Anfang der 70er Jahre ständig an Bedeutung gewonnen hat. Mit dem Auffinden und der Verwendung von *Erdgas* ist dieser Rohstoff zu

einem wichtigen primären Energieträger geworden, der zu anderen zunehmend in Konkurrenz tritt. Seit 1969 ist Baden-Württemberg über eine Gasfernleitung mit den großen Erdgasvorkommen in Norddeutschland und den Niederlanden verbunden. Innerhalb weniger Jahre (1970–73) wurde in Südwestdeutschland ein über 900 km langes Erdgasnetz aufgebaut. Die Hauptstränge verlaufen von Mannheim bis Karlsruhe. Von dort biegt die sog. „Schwabenlandleitung" nach

235

Stuttgart–Ulm ab und gewinnt hier Anschluß an das bayerische Netz. Über die „Rheintalleitung" Karlsruhe–Freiburg–Basel wurde ein weiterer Verbund mit dem Schweizer bzw. italienischen Ferngasnetz hergestellt. Eine große Ringleitung gabelt sich bei Offenburg ab, erschließt das Kinzigtal sowie die Städte der Baar und führt über Hechingen und Reutlingen bei Nürtingen an die Pipeline nach Ulm. Abzweigungen nach Heilbronn sowie die Verbindung zu den oberschwäbischen Erdgasfeldern bei Pfullendorf-Fronhofen vervollständigten (1973) das Verbundnetz.

Während Verhandlungen mit Algerien und Nigeria über Lieferungen von verflüssigtem Erdgas bisher zu keinem endgültigen Ergebnis führten, kann das Land seit 1976 über das bayerische Netz russisches Erdgas beziehen. Der Anteil des Erdgases am Primärenergieverbrauch Baden-Württembergs ist innerhalb eines Jahrzehnts (1970–1980) von 1,1% auf 10,3% gestiegen.

Obgleich auf die *Elektrizität* in der Gesamtenergiebilanz nicht der Hauptteil entfällt, stellt sie wegen ihrer vielseitigen Verwendbarkeit als Licht- und Kraftträger in Haushalt, Industrie und Verkehr einen entscheidenden Faktor für die wirtschaftliche Entwicklung eines jeden Landes dar. Wie in anderen Energiebereichen hat sich auch in der Stromerzeugung in den letzten beiden Jahrzehnten ein grundlegender Wandel vollzogen. So ist der Anteil der Kohle als Ausgangsenergie der öffentlichen Dampfkraftwerke zugunsten des Mineralöls um mehr als die Hälfte gesunken. Die Ausnutzung der Wasserkraft, die zu Beginn der Elektrifizierung des Landes eine so entscheidende Rolle spielte, ist weitgehend erschöpft; ihr Anteil an der Stromerzeugung ging deshalb von rd. 39% im Jahre 1953 auf rd. 13% im Jahre 1980 zurück. Von den Laufkraftwerken sind vor allem die am Hochrhein von Bedeutung, die durchweg deutsch-schweizerische Gemeinschaftskraftwerke darstellen. Ferner

spielen noch Laufkraftwerke an Neckar, Iller und Donau noch eine gewisse Rolle. Sie werden ergänzt durch mehrere große Pumpspeicherwerke im Südschwarzwald und durch das Glemser E-Werk am Trauf der Schwäbischen Alb, die vor allem für die zeitweilig benötigte Spitzenlast eingesetzt werden. Knapp 30% des im Land verbrauchten Stroms wurden 1980 von außerhalb des Landes – hauptsächlich aus Vorarlberg, dem rheinischen Braunkohlenrevier und Frankreich – bezogen.

Um eine größere Unabhängigkeit von Energieimporten zu erreichen und um die ständig steigende Nachfrage an Elektrizität zu decken, hat man in den letzten Jahren die Planung und den Bau von Kernkraftwerken stark vorangetrieben. Bereits 1968 ist das mittelgroße Kernkraftwerk Obrigheim am Neckar, das als Demonstrationsobjekt des Landes errichtet wurde, in Betrieb genommen worden. Bis Ende 1981 konnten zwei weitere, wesentlich größere Leistungsreaktoren Strom in die Versorgungsnetze liefern: Philippsburg I und Neckarwestheim I. Dazu kommen noch zwei kleinere Versuchsreaktoren in Karlsruhe. Diese fünf Kraftwerke erzeugten 1981 insgesamt 10,3 Milliarden Kwh, das waren knapp 20% der bundesdeutschen Stromerzeugung aus Kernenergie.

7.2.5
Standortfaktor Arbeitskräfte

Die Erörterung der bisher erwähnten Standortfaktoren hat deutlich gemacht, daß die natürlichen Bedingungen – Lage, Landesnatur, Bodenschätze, Wasser und Energie – für die Industrialisierung des Landes überwiegend ungünstig waren, und es erst großer Anstrengungen bedurfte, um die dafür notwendigen Voraussetzungen zu schaffen. Der wirtschaftliche Aufstieg, den der deut-

Tabelle 15: Entwicklung des Primär-Energieverbrauchs nach Energieträgern in Baden-Württemberg in SKE und % (1 kg SKE = 1 kg Steinkohle(-einheiten) = 7000 kcal)

	Primär-Energie-verbrauch insges.	d a v o n					
		Feste Brenn-stoffe	Mineral öle	Gase	Wasser-kraft	Kern-energie	Netto-Strom-bezüge
Jahr	1000 t SKE	%					
1957	16 470	68,6	16,3	–	15,1[1]	–	–
1960	17 865	55,1	29,7	–	15,2[1]	–	–
1965	26 922	33,5	52,7	0,3	5,2	–	8,3
1970	36 838	16,8	70,1	1,1	3,5	2,8	5,7
1972	39 004	13,5	70,9	4,5	2,5	2,5	6,1
1975	38 591	10,4	64,4	9,2	3,2	2,6	10,2
1978	44 097	10,2	63,0	8,8	3,2	6,0	8,8
1980	44 226	10,9	57,9	10,5	3,3	7,7	9,7

[1] einschließlich Primärenergieverbrauch für Strom und Netto-Strombezüge
Quelle: Statist. Landesamt Baden-Württemberg

sche Südwesten seit der Mitte des 19. Jahrhunderts erlebt hat, ist in erster Linie den Menschen zu verdanken, die hier gelebt haben und heute noch leben. Es lassen sich hier Reaktionsweisen beobachten, die auch in anderen, von Natur aus benachteiligten Gebieten, auftreten. In solchen Räumen ist der Spielraum für wirtschaftliche Aktivitäten begrenzt. Es besteht hier geradezu ein Zwang zum Ausweichen auf eine arbeitsorientierte Industrie mit hohem Veredlungsgrad. Im folgenden sollen in einem knappen Exkurs die vielschichtigen Zusammenhänge entfaltet werden.

Historische Grundlagen

Zu Beginn des 19. Jahrhunderts war Südwestdeutschland ein wirtschaftlich armer, übervölkerter Raum, in dem die Einwohner noch überwiegend von der Landwirtschaft lebten. Die hohe Volkszahl war u. a. das Ergebnis der Realteilung, die in weiten Bereichen Südwestdeutschlands seit Jahrhunderten üblich ist. Diese Erbsitte hatte – vor allem in den Weinbaugebieten – dazu ge-

führt, daß durch fortlaufende Betriebsteilungen die Bauernstellen ständig vermehrt wurden, so daß in Stadt und Land das Kleinbauerntum zur dominierenden Sozialgruppe wurde.

Die kulturlandschaftlichen Folgen – an früherer Stelle bereits dargestellt – waren die Entstehung kleinparzellierter Gewannfluren, eng verbaute Haufendörfer mit „gestelzten Einhäusern", dem klassischen Bauernhaustyp der württembergischen Realteilungsgebiete. In wirtschaftlicher Hinsicht führte diese Erbgewohnheit an den Rand einer ökonomischen Katastrophe. In Gemeinden mit kleinen oder wenig fruchtbaren Markungen kam es bereits im 18. Jahrhundert häufig zu einer Unterschneidung der Ackernahrungsgrenze, so daß die Einwohner dieser Ortschaften gezwungen waren, nach Nebenerwerbsmöglichkeiten zu suchen. Sie fanden sie im Handwerk und in der Heimarbeit, manchmal auch im Hausierhandel. Ökonomische Krisen, oft ausgelöst durch Mißernten, führten oft auch zur Auswanderung. Hier liegen die Wurzeln für eine sozio-ökonomische Eigentümlichkeit des Landes, die ursprünglich aus Not geboren, in den folgenden Jahrzehnten zur besonderen Chance und zum bestimmten Faktor der Industrialisierung wurde. Drei Aspekte seien hier kurz angedeutet:

1. In den bevölkerungsreichen Dörfern und vielen Städten Südwestdeutschlands gab es bereits vor der Industrialisierung ein stark entwickeltes Gewerbe und ein differenziertes Handwerk, das oftmals zum Ausgangspunkt der industriell-gewerblichen Entwicklung wurde.

2. Aus der traditionell engen Verbindung zwischen Landwirtschaft und Gewerbe entwickelt sich im 19. und 20. Jahrhundert der Typ des „Arbeiterbauern". Diese Sozialgruppe stand als Fabrikarbeiter in Arbeit und Lohn und betrieb im Zu- oder Nebenerwerb oft mit Hilfe von Familienangehörigen ein kleines landwirtschaftliches Anwesen.

3. Die doppelte Erwerbsorientierung – industrielle Erwerbstätigkeit auf bäuerlicher Grundlage – bewährte sich vor allem in wirtschaftlichen Krisenzeiten. So wirkte sich die Arbeitslosigkeit während der Weltwirtschaftskrise in den 30er Jahren und die allgemeine Notlage in den Kriegs- und Nachkriegsjahren in den kleinbäuerlichen Industriegebieten Südwestdeutschlands weniger gravierend aus als in anderen Industrieregionen Deutschlands. Die kleine Landwirtschaft bot in Zeiten wirtschaftlicher Rezession oft einen existenzsicheren Rückhalt für viele Industriearbeiter. Die Bodenverbundenheit der südwestdeutschen Arbeiter hatte überdies die Konsequenz, daß hier radikale politische Bewegungen bis 1933 keinen nennenswerten Einfluß gewinnen konnten.

Veränderungen der Nachkriegszeit

In den vergangenen drei Jahrzehnten ergaben sich allerdings größere Veränderungen im strukturellen und sozialen Gefüge der Erwerbstätigkeit. Verfolgt man die Entwicklung nach den einzelnen Wirtschaftsbereichen, so zeigen sich erhebliche Verschiebungen. Am gravierendsten waren sie im Bereich der Land- und Forstwirtschaft. Hier ist der Anteil der Beschäftigten im primären Sektor von 26,1% im Jahre 1950 auf 4,9% im Jahre 1980 gesunken. Wie bereits an anderer Stelle ausgeführt (vgl. S. 82 ff.) waren es vor allem die Kleinlandwirte, die ihre Betriebe aufgaben und damit ihren sozialen Status wechselten: aus Arbeiterbauern wurden vielfach reine Industriearbeiter.

Im gleichen Zeitraum hat sich dagegen der Anteil der Erwerbstätigen im Produzierenden Gewerbe von rd. 45% auf rd. 55% im Jahre 1970 erhöht. Seither geht allerdings dieser Anteil zurück; er betrug 1980 nur noch rd. 52%. Von dieser Umstrukturierung konnte vor allem der Dienstleistungsbereich profitieren, der seinen Anteil an den Erwerbstätigen zwischen 1950 und 1980 von 28% kontinuierlich auf 43% erhöhen konnte.

Diese strukturellen Verschiebungen weisen auf grundlegende Veränderungen im sozioökonomischen Gefüge der Erwerbsbevölkerung hin: der fortschreitende Wandel von der Agrar- zur Industriegesellschaft sowie die Ausweitung des tertiären Sektors als Folge eines überdurchschnittlichen Bedarfs an öffentlichen und privaten Dienstleistungen. Die allgemeine Erhöhung des Einkommensniveaus hat nämlich in den vergangenen Jahrzehnten zu einem überdurchschnittlichen Wachstum des Handels sowie des Kredit- und Versicherungsgewerbes geführt und überdies eine zunehmende Nachfrage auf den Gebieten der Bildung, der Gesundheitsvorsorge, des Verkehrs oder der Freizeitgestaltung ausgelöst.

Damit verbunden war eine Änderung des Sozialgefüges der Erwerbsbevölkerung. Auffallend ist dabei der schwindende Anteil der Selbständigen in allen Wirtschaftsbereichen. 1950 waren noch gut ein Drittel der Erwerbstätigen als Selbständige oder mithelfende Familienangehörige tätig. 1980 aber nur noch 12%. Zu Beginn der 80er Jahre versuchte daher die Landesregierung durch vielfältige Maßnahmen der Gewerbeförderung und Mittelstandshilfe den Trend wieder umzukehren.

Resümee: Arbeitskraftorientierung
als entscheidender Standortfaktor

Ein Standortfaktor, der objektiv schwer faßbar aber doch irgendwie für Südwestdeutschland prägend ist, ist das spezifische menschliche Verhalten oder der „Wirtschaftsgeist" der arbeitenden Bevölkerung. Bereits Theodor Heuss hat die „Werkbesessenheit mit dem Hang zur sauberen Arbeit" der württembergischen Bevölkerung gerühmt. Im sozialen Status wird heute noch das Handwerklich-technische höher eingeschätzt als das rein Kaufmännische. Der Hang zur Sparsamkeit und Nüchternheit, der Ernst der Lebensführung und ein gewisses „understatement" mag wohl mit dem säkularisierten Erbe des württembergischen Pietismus zusammenhängen. Aus dem gleichen geistigen Hintergrund mag auch die patriarchalische Fürsorglichkeit mancher Unternehmer gegenüber ihren Angestellten und Arbeitern herkommen.

Versucht man die einzelnen Standortfaktoren zu bewerten, dann scheint der wesentlichste Faktor für die Industrialisierung Südwestdeutschlands das menschliche Potential gewesen zu sein. Die technisch begabte, handwerklich geschulte, sparsame und fleißige Bevölkerung war wohl die entscheidendste Voraussetzung für die Industrialisierung des Landes. Aus dem handwerklich geschulten Kleinbauerntum erwuchs eine leistungsfähige Facharbeiterschaft, die das Rückgrat der südwestdeutschen Industrie bildet. Dazu kamen aber auch begabte und tüchtige Unternehmer, die oftmals einen guten Instinkt für Markt- und Bedarfslagen

entwickelten. Neben dem unternehmerischen Engagement haben aber auch die Genialität der Erfinder (Daimler, Bosch u. a.) sowie das Know-how der Ingenieure eine große Rolle gespielt.

7.2.6
Standortfaktor „Staatliche Hilfen und staatliche Lenkung"

Das Werden der südwestdeutschen Industrie ist zumindest im württembergischen Landesteil nicht ohne staatliche Hilfen und staatliche Lenkung möglich gewesen. Durch die Gründung der „Zentralstelle für Gewerbe und Handel" im Jahre 1848 war ein Mittelpunkt der staatlichen Wirtschaftsförderung geschaffen worden. Sichtbares Zeichen war – und ist bis heute – das überdimensional bemessene im Stileklektizismus errichtete Landesgewerbeamt in Stuttgart. Die Arbeit dieser Zentrale gewann aber erst ihre erwünschte Bedeutung, als König Wilhelm I. im Jahre 1855 Ferdinand Steinbeis zu ihrem Präsidenten berief. Das Wirken dieses weitblickenden und zielbewußten Mannes, der Sohn eines württembergischen Pfarrers, der lange Jahre als Hüttenfachmann in der saarländischen Schwerindustrie tätig war, beeinflußte in hohem Maße die gesamte wirtschaftliche Entwicklung des Landes.

Steinbeis hatte sich auf zahlreichen Reisen im In- und Ausland umfassende Kenntnisse erworben über den technischen Standard moderner westeuropäischer Industrien, über gewerbepolitische Maßnahmen anderer Regierungen und insbesondere über das Problem der industriellen Kapitalbeschaffung, an der es der württembergischen Wirtschaft besonders mangelte.

Nach jahrelangem Bemühen konnte unter maßgebender Mitwirkung von Steinbeis 1869 die Vereinsbank (seit 1924 in die Deutsche Bank eingegliedert) gegründet werden. Damit stand dem Land ein Kreditinstitut zur

Verfügung, das von ausländischem Kapital unabhängig, in den folgenden Jahrzehnten bis zum Ersten Weltkrieg die bedeutendsten württembergischen Industriegründungen finanziert hat.

Außerdem setzte Steinbeis als Vorstand der Zentralstelle zunehmend staatliche Kapitalhilfen für die Interessen des Kleingewerbes und die mittelständische Wirtschaft ein, eine Förderungsrichtung, die von den Landesregierungen bis in die Gegenwart hinein beibehalten wurde.

Aber auch auf anderen Gebieten gab Steinbeis entscheidende Impulse. Dabei konnte er sich teilweise auf schon ältere Maßnahmen der Gewerbeförderung stützen. Dazu gehörte die Organisation von Industrieausstellungen (im Inland seit 1812 üblich), vor allem aber die großen Leistungen, die für die wachsende Beteiligung der württembergischen Industrie an den großen Weltausstellungen erbracht wurden. Nach Boelke (1973, S. 480) gilt der Londoner Kristallpalast, Ort der Weltausstellung von 1851, als eigentliche Wiege der württembergischen Exportindustrie. Um der Textil-, Maschinen-, Papier- und chemischen Industrie mit den notwendigen Informationen über den technischen Fortschritt (z. B. ausländische Maschinen) zu versorgen, wurde im Landesgewerbeamt ein belehrendes „Musterlager" eingerichtet, dessen Bestände an Umfang und Zahl stetig wuchsen. Als recht erfolgreich erwies sich der Weg, sachkundige Techniker und Gewerbetreibende auf Staatskosten ins Ausland zu schicken, um sie mit neuen Fabrikationsmethoden und technischen Neuheiten vertraut zu machen. Eine große Zahl technischer Innovationen fand über den Transfer technischen Wissens und durch Nachahmung ausländischer Vorbilder im Lande Eingang und begünstigte so die Entstehung ganz neuer Industriezweige. Zur Überwindung des technischen Rückstands dienten ferner Geldprämien, die für Erfindungen und betriebstechnische Neue-

rungen gewährt wurden. Wie erfolgreich dieses Vorgehen war, zeigt die ständig steigende Zahl der genehmigten Patente. Nach 1850 wurde von der Patentkommission der Zentralstelle durchschnittlich nur 20 Patente im Jahr erteilt, 1867 waren es erstmals über 100, 1902 248 und 1911 wurden Württembergern 535 Patente zugesprochen.

Boelke (1973, 482) sieht darin einen ungefähren Gradmesser des technischen Fortschritts. Er schreibt: „Württembergs einstige Rolle des ‚Nehmenden' wandelte sich in die des ‚Gebenden'. Die Straße des Aufstiegs seiner Industrie war mit massenweise verwendeten Erfindungen ‚gepflastert', eigenen und fremden."

Dieses Aufblühen technischer Talente hing mittel- und unmittelbar mit dem Aufbau eines – weitgehend vom Staat finanzierten – breitgefächerten gewerblichen Bildungs- und Unterrichtswesens zusammen, das in den frühen Industrieschulen seinen Vorläufer hatte und durch F. Steinbeis wesentlich gefördert und ausgebaut wurde.

Zu den Stipendiaten der Zentralstelle gehörte auch Gottlieb Daimler. Er wurde für ein halbes Jahrzehnt als Facharbeiter ins Elsaß geschickt und besuchte hernach die Stuttgarter Polytechnische Schule, wo er mit anderen Industriepionieren Friedrich Voith, Gustav Siegle, Emil Keßler und Heinrich Straub, dem Sohn des Begründers der Württembergischen Metallwarenfabrik (WMF), weiter ausgebildet wurde.

Der Staatsaufwand zur Förderung von Gewerbe und Handel belief sich im Zeitraum von 1877 bis 1911 auf über 17 Millionen Mark, von denen der größte Teil dem Fach- und gewerblichen Schulwesen zugute kam. Der Strom staatlicher Bildungsinvestitionen hat sich – wie obige Beispiele zeigen – in hohem Maße rentiert.

Kennzeichnend für die Steinbeissche Gewerbeförderungspolitik war das Bemühen, die Unternehmer zu fördern, ohne sie zu gängeln. Er ist so zu einem der geistigen Väter der dezentralisierten württembergischen Verbrauchsgüterindustrie geworden, die sich nach der Aufhebung der Zünfte durch die Gewerbeordnung von 1862, die auf Steinbeis zurückgeht, und dem Übergang des Deutschen Zollvereins zum Freihandel (1865) noch rascher entwickeln konnte (Weller 1972, S. 244).

Allerdings versuchte Steinbeis wie andere württembergische Volkswirtschaftler des 19. Jahrhunderts, bei der Industrialisierung des Landes gewisse regionale Schwerpunkte zu setzen. So wurden vor allem die übervölkerten Realteilungsgebiete bei ihren Industrialisierungsbestrebungen nachhaltig unterstützt, während die damals prosperierenden agrarisch bestimmten Anerbengebiete Oberschwabens und des Hohenloher Landes kaum eine gewerbliche Förderung erfuhren. Diese Regionen sollten dem Land als Kornkammern dienen.

Diese frühen raumplanerischen Maßnahmen glichen einer Weichenstellung, die die demographische, soziale und wirtschaftliche Entwicklung der württembergischen Landesteile bis in die Gegenwart hinein bestimmen.

7.2.7
Standortentwicklung nach 1945

Der räumliche und strukturelle Wiederaufbau der Industrie nach dem Zweiten Weltkrieg, der mit dem Namen „deutsches Wirtschaftswunder" bezeichnet wird, erfolgte in Baden-Württemberg zunächst in den traditionellen Industriegebieten. Diese erlangten dadurch einen Entwicklungsvorsprung, der in der Folgezeit, trotz der Gründung neuer Industriestandorte und gewisser Standortverschiebungen sowie struktureller Wandlungen in den einzelnen Teilregionen bis heute gewahrt werden konnte.

Moderne Standortfaktoren: Fühlungsvorteile, Infrastruktur, Wohn- und Freizeitwert

Dabei zeigte es sich, daß die Fühlungsvorteile bereits entwickelter Industriegebiete und namentlich in deren Kernbereichen ein entscheidender Standortfaktor für weitere Industrieansiedlungen bzw. Betriebsausweitungen bildeten. Zu den Fühlungsvorteilen zählen neben der Nähe von Zulieferbetrieben und Reparaturwerkstätten vor allem die guten Kontaktmöglichkeiten zwischen Wirtschaft und Verwaltung. Dazu kommen optimale Nah- und Fernverkehrseinrichtungen sowie relativ billige Kommunikationssysteme (z. B. Telefon) und nicht zuletzt eine reiche Ausstattung mit sozialen und kulturellen Einrichtungen.

Die Fühlungsvorteile hängen also eng mit der Infrastrukturausstattung eines Raumes zusammen. Gerade die Vorleistungen der öffentlichen Hand sind so in zunehmendem Maße zum bestimmenden Faktor bei der Standortwahl der gewerblichen Wirtschaft geworden. Zu solchen Vorleistungen gehören auch die Erschließung von Industriegelände, ein günstiges Energieangebot sowie eine ausreichende Wasserversorgung und Abwasserbeseitigung. Gerade in dieser Hinsicht stellen moderne Fabrikationsanlagen hohe Forderungen an Land und Kommunen. Ferner spielen ein fortschrittlicher Wohnungsbau und ein breites Angebot des allgemeinen und beruflichen Bildungswesens aber auch ein attraktives Sport- und Freizeitangebot eine Rolle.

Alle diese Vorzüge waren und sind im mittleren Neckarraum mit der Landeshauptstadt Stuttgart, in den Regionalzentren Karlsruhe und Mannheim und in etwas bescheidenerem Maße auch in den übrigen Großstadtregionen des Landes gegeben. Vor allem die Kernstädte gelten nach wie vor als Standorte von höchstem Prestige.

In der Zeit der Überbeschäftigung – in den 60er und 70er Jahren – kam noch ein weiterer Gesichtspunkt hinzu. Zahlreiche Industrie- und Dienstleistungsbetriebe mußten sich bei Standortentscheidungen für neue Anlagen, oft den Wohn- und Freizeitwünschen der Arbeitskräfte, besonders denen des Managements, beugen. So ist Baden-Württemberg in den vergangenen Jahrzehnten, dank seiner attraktiven Landschaft und seiner reichen kulturellen Prägung, zu einem bevorzugten Zuzugsland geworden, in dem immer mehr Menschen ihren Wohnsitz und Arbeitsplatz suchten und fanden. Dies wirkte sich für die Industrie positiv aus, da sich dadurch das Angebot an qualifizierten Kräften (auch im Management) beträchtlich erweiterte. Einschränkend muß jedoch gesagt werden, daß die jahrzehntelang feststellbare Nord-Süd-Wanderung – im Lichte struktureller und konjunktureller Krisenzeichen – Anfang der 80er Jahre allmählich abzuflauen begann.

Das Beispiel IBM (International Business Machines)

Als typisches Beispiel einer Betriebserweiterung innerhalb einer größeren Industrieregion kann die IBM Deutschland GmbH angesehen werden. Nach dem Zweiten Weltkrieg (1948) wurde die Hauptverwaltung der deutschen IBM, die sich bis dahin in Berlin befand, nach Sindelfingen – 15 km westlich von Stuttgart – verlegt. Bereits 1927 hatte sich das Unternehmen in Sindelfingen mit einem Zweigbetrieb niedergelassen. Nachdem das Berliner Hauptwerk im Kriege weitgehend zerstört worden war, diente die Sindelfinger Filiale den Mitarbeitern nach 1945 als Treffpunkt und Ausgangspunkt für einen Neubeginn. Die rasante Entwicklung der Elektronik und des Computerbaus führte in den vergangenen Jahrzehnten zu einem enormen Aufblühen dieser Firma. Das Sindelfinger IBM-Werk konnte so zum drittgrößten Unternehmen Baden-Württembergs aufsteigen mit über 24 000 Mitarbeitern.

Heute werden rd. 15% des Weltumsatzes (ca. 36 Mrd. DM) dieses multinationalen Konzerns in Deutschland erwirtschaftet. 1972 wurde die Hauptverwaltung von IBM von Sindelfingen nach Stuttgart verlegt.

Das Beispiel IBM scheint auch für Baden-Württemberg die im Raumordnungsbericht der Bundesregierung (1974) getroffene Feststellung zu bestätigen: „Die Industrie investierte in den zurückliegenden Jahren vor allem an Standorten mit leistungsfähigen Arbeitsmärkten, guter Infrastrukturausstattung und guten Erreichbarkeitsverhältnissen oder, anders ausgedrückt, im wesentlichen entsprechend der regionalen Beschäftigungsverteilung in der Bundesrepublik, d. h. aber vorwiegend in den großen Verdichtungsräumen."

Als landesspezifische Sonderentwicklung muß jedoch herausgestellt werden, daß dies auch für die alten Industriegebiete außerhalb der Ballungsräume gilt. Hier haben sich in den ersten Nachkriegsjahren vor allem die Industrien der Heimatvertriebenen und Flüchtlinge niedergelassen.

Industrien der Heimatvertriebenen und Flüchtlinge

Viele Heimatvertriebene und Flüchtlinge haben nicht nur als wichtige Arbeitskräfte zum Wiederaufbau nach dem Kriege beigetragen, sondern auch manche wirtschaftlichen Anregungen und industrielle Innovationen aus ihrer Heimat nach Südwestdeutschland gebracht. In erster Linie sind hier thüringische und sächsische Unternehmer zu nennen, die ihren Sitz aus dem sowjetisch besetzten Mitteldeutschland nach Westen verlegten. So wurden im Juni 1945 von den Amerikanern 125 leitende Angestellte der Zeiss-Werke und des ebenfalls zur Carl-Zeiss-Stiftung gehörende Jenaer Glaswerkes zwangsweise nach Heidenheim evakuiert, die kurze Zeit später im benachbarten Oberkochen wieder mit der Produktion begonnen haben. In Oberkochen ist heute der Rechtssitz der Stiftung. Sie beschäftigt in zwölf inländischen Unternehmen und 23 ausländischen Tochtergesellschaften rd. 27500 Mitarbeiter.

Auch die sächsische Strumpfwarenfabrik (Arwa-Werke) hat sich nicht in einem Ballungsraum, sondern in der Kleinstadt Gaildorf in Oberwürttemberg niedergelassen. Dasselbe gilt für weitere emigrierte Großbetriebe wie z. B. für den Siemenskonzern, mit Filialen u. a. in Bruchsal und Heidenheim oder für die Gablonzer Glasindustrie, die in Schwäbisch Gmünd einen Betrieb aufgebaut hat. Flüchtlinge aus dem Thüringer Wald haben die Glaswerke von Wertheim geschaffen und damit das Mainstädtchen zum führenden Erzeuger von Laboratoriumsgläsern und Thermometern gemacht. Aus Böhmen stammt schließlich die Arzneimittel-Firma Merkle, die nach Enteignung und Vertreibung aus der angestammten Heimat nach dem Krieg in Blaubeuren neu begonnen hat und bis 1981 zu einem größeren Mittelbetrieb mit rd. 500 Beschäftigten herangewachsen ist. Nach Huttenlocher (1972, S. 187) sind in Baden-Württemberg rund 600 Betriebe mit zusammen 50000 Beschäftigten durch Heimatvertriebene und Flüchtlinge entstanden. Dabei wurde die Textil- und Bekleidungsindustrie hauptsächlich von Heimatvertriebenen aus den deutschen Ostgebieten, die Elektrotechnik, der Maschinenbau, die Optik- und Glasindustrie durch Zugewanderte aus der DDR befruchtet.

Industriestandorte als Instrument regionaler und kommunaler Strukturpolitik

Die Ansiedlung der „Vertriebenenindustrien" war zum großen Teil staatlich gelenkt worden. Die Betriebsneugründungen erfolgten in den kleineren, peripher gelegenen Industrieregionen, hauptsächlich aber in den bis dahin weitgehend agrarisch bestimmten nordöstlichen Landesteilen. Man wollte damit das seit dem 19. Jahrhundert bestehende wirtschaftliche Leistungsgefälle zwischen dieser Region und dem mittleren Neckarraum abbauen und gleichzeitig eine Dezentralisation der gewerblichen Wirtschaft erreichen.

Das neugeschaffene Bundesland Baden-Württemberg hatte sich seit Beginn seiner Existenz (1953) darum bemüht, durch eine regionale und sektorale Wirtschaftsförderung die Wirtschaftsstruktur zu verbessern und die räumlichen Disparitäten auszugleichen (z. B. durch das Hotzenwald-Förderungsprogramm von 1953). Dabei haben sich die Zielsetzungen der staatlichen Förderung – entsprechend den Änderungen der wirtschaftlichen Situation – in ihrem Schwerpunkt verändert. Unmittelbar nach dem Kriege stand zunächst die Wiederaufbauförderung im Vordergrund; etwa ab 1960 bemühte man sich vor allem darum, den wachstumsnotwendigen Strukturwandel zu begünstigen und Arbeitsplätze für Erwerbstätige zu schaffen, die in großer Zahl aus der Landwirtschaft ausschieden. Zwischen 1961 und 1970 war die Zahl der Erwerbstätigen in diesem Wirtschaftsbereich um mehr als 300000 zurückgegangen, was einer Abnahme um fast 50% entspricht.

Im Landesentwicklungsplan vom 22. Juni 1971 erhielt schließlich das regionale Förderungsprinzip ein deutlicheres Profil. Für die gewerbliche Wirtschaft wurden folgende allgemeine Entwicklungsziele angegeben: „Die gewerbliche Wirtschaft ist in ihrer räumlichen und sektoralen Struktur so zu fördern, daß ein möglichst ausgewogenes Wirtschaftswachstum erreicht wird und für die Bevölkerung aller Teile des Landes vielseitige und krisenfeste Erwerbsgrundlagen erhalten oder geschaffen werden."

Dabei ging es vor allem darum, in den strukturschwachen Gebieten neue qualifizierte Arbeitsplätze zu schaffen und außerdem auf eine bessere Ausgewogenheit der Wirtschaftsstruktur in solchen Räumen hinzuwirken, in denen es nur wenige, monostrukturierte Betriebe gab, oder die einen hohen Anteil von Industriebetrieben mit ausgeprägter rückläufiger Entwicklung aufwiesen. Die Mittel, die zur Realisierung der angestrebten Ziele eingesetzt wurden, waren in erster Linie der Ausbau und die Bereitstellung einer notwendigen, wirtschaftsnahen Infrastruktur sowie die staatliche Unterstützung privater gewerblicher Investitionen durch Darlehen, Zuschüsse und Bürgschaften. Hierbei wurden vor allem solche Produktionszweige gefördert, bei denen gute Zukunftsaussichten mit relativ hoher Wertschöpfung zu erwarten war.

Die Strukturpolitik des Landes beschränkte sich aber nicht nur auf die Entwicklung der ländlichen Räume, sondern half auch den Verdichtungsgebieten bei der Bewältigung ihrer Probleme. Ziel der Landesentwicklung war, die Verdichtungskerne als Standorte für zentrale Dienstleistungen – im Handel, im Kredit- und Versicherungswesen, in der Verwaltung, im Verkehrs-, Nachrichten-, Hotel- und Gaststättenwesen – auszubauen. Entsprechend wurden die Produktionsstätten, die meist einen wesentlich höheren Flächenbedarf je Arbeitsplatz benötigten, in den äußeren Bereich der verdichteten Räume ausgelagert. Damit wollte man zugleich die Beeinträchtigungen der Umwelt (Luftverschmutzung, Lärmbelästigung) in den Kernbereichen der Ballungsgebiete entgegenwirken.

Ergebnisse und Erfolge der Strukturpolitik

Im vergangenen Jahrzehnt (1970–1980) sind durch Maßnahmen der staatlichen Wirtschafts- und Strukturförderung insgesamt 160000 Arbeitsplätze geschaffen und 400000 Arbeitsplätze gesichert worden.

Welche enormen Aufwendungen dabei notwendig waren, soll durch einen Auszug aus dem Landesentwicklungsbericht 1979 (S. 159) belegt werden:

„Für Zwecke der Gewerbeförderung wurden in den Jahren 1973 bis 1976 im Land 341,5 Mio. DM ausgegeben.

Die Schwerpunkte lagen in den Regionen Franken, Südlicher Oberrhein, Hochrhein-Bodensee und Bodensee-Oberschwaben, die jeweils einen großen Anteil strukturschwacher Gebiete aufweisen. Der Anteil der Region Franken an den Fördermitteln war besonders hoch (21,7%). Hier hat sich das ‚Sonderprogramm Heilbronn‘ der Gemeinschaftsaufgabe ‚Verbesserung der regionalen Wirtschaftsstruktur‘ ausgewirkt, das den Arbeitsmarktproblemen entgegenwirkte, die durch die Krise der Automobilindustrie dieses Raumes entstanden waren. Von den Mitteln der Gewerbeförderung flossen 68,2 Mio. DM an die Kommunen. Der größte Teil mit 22,6 Mio. DM wurde im Rahmen des Sonderprogramms ‚Kommunale Infrastruktur‘ für die Erschließung von Industriegelände, für die Verbesserung der Fremdenverkehrsinfrastruktur sowie für die Gasversorgung eingesetzt. Aus Mitteln der Gemeinschaftsaufgabe erhielten die Gemeinden 19,7 Mio. DM für Maßnahmen der wirtschaftsnahen Infrastruktur. Die regionalen Aktionsprogramme, das Landesprogramm für die Fördergebiete und das Programm für die Landesausbauorte hatten einen Anteil von zusammen 13,7 Mio. DM. Weitere 7,4 Mio. DM flossen den Gemeinden zu, die nach Inkrafttreten des Kreisreformgesetzes nicht mehr Sitz eines Landratsamts sind, um die Zentralität der Städte zu erhalten und zu stärken.

Der größere Teil der Mittel für Gewerbebeförderung – 273,3 Mio. DM – wurde den gewerblichen Unternehmen zur Verfügung gestellt.

Dies geschah überwiegend über die Landeskreditbank in Form von Darlehen. Die Gesamtsumme der Darlehen der Landeskreditbank von 645 Mio. DM entspricht einem Subventionswert von 183,6 Mio. DM. Darlehensempfänger war überwiegend die mittelständische gewerbliche Wirtschaft. Die Region Franken hatte wiederum mit 16,9% den größten Anteil an den Fördermitteln, gefolgt von den Regionen Mittlerer Neckar (14,1%), Südlicher Oberrhein (12,2%), Bodensee-Oberschwaben (7,9%), Hochrhein-Bodensee (7,3%) und Ostwürttemberg (7,2%). Obwohl nur das Darlehensprogramm 4 speziell den strukturschwachen Räumen zugute kommt und die anderen Programme die mittelständische Wirtschaft allgemein fördern, ergab sich doch insgesamt eine strukturpolitisch vertretbare regionale Mittelverteilung.

Neben den Darlehen der Landeskreditbank wurden weitere 90 Mio. DM zur Förderung gewerblicher Unternehmen eingesetzt. 37,7 Mio. DM entfielen auf die Gemeinschaftsaufgabe ‚Verbesserung der regionalen Wirtschaftsstruktur'. Schwerpunkt mit 20 Mio. DM waren dabei die Maßnahmen zur Sicherung der Wirtschaftsstruktur und von Arbeitsplätzen im Raum Heilbronn–Neckarsulm. 32,3 Mio. DM wurden im Rahmen der regionalen Strukturprogramme, des Landesprogramms für die Fördergebiete und des Programms für die Landesausbauorte vergeben."

7.3
Standortwahl und Branchenentwicklung: Ein Ergebnis freier Unternehmerentscheidung

Die räumliche Verteilung der Industriebetriebe, ihre lokale Häufung oder Streuung ist nicht nur das Ergebnis alter handwerklicher Tradition, staatlicher Lenkung oder Förderung, sondern in besonderer Weise das Resultat des wirtschaftlichen Wagemuts und der technischen Leistung verschiedener Unternehmer.

Auch die Branchenvielfalt der süwestdeutschen Industrie geht in aller Regel auf die Initiative privater Unternehmer und Erfinder zurück.

Es kann allerdings nicht Aufgabe des vorliegenden Buches sein, sämtliche Industriepioniere zu würdigen und die Betriebsgeschichte der auf sie zurückgehenden Firmen darzustellen. Hierzu sei auf den sehr informativen Aufsatz von Frank-Planitz (1977, S. 62ff.) verwiesen. Im folgenden soll es nur darum gehen, einige Grundlinien von Standortentscheidungen und der Branchenentwicklung aufzuzeigen.

Das *Textilgewerbe* war in vorindustrieller Zeit das verbreitetste und wohl auch wichtigste Gewerbe Südwestdeutschlands, wenn es auch hier bereits zu räumlichen und zeitlichen Schwerpunktverlagerungen kam. So mußten die traditionellen Textilhandelszentren Ulm, Ravensburg und Biberach in Zeiten der Territorialwirtschaft starke Einbußen hinnehmen. Vor allem in der merkantilistischen Wirtschaftsepoche versuchte das Herzogtum Württemberg durch die Gründung der Calwer Zeughandels-Compagnie sowie durch die Schaffung privilegierter Gesellschaften (Uracher, Heidenheimer und Blaubeurer Compagnien) das süddeutsche Leinwandgeschäft an sich zu reißen. Aber auch badische, kurpfälzische und vorderösterreichische Regierungen versuchten durch Steuerfreiheit und andere Privilegien Baumwoll-, Leinwand- und besonders Seidenmanufakturen auf ihren Territorien einzuführen. Das hauptsächlich im Verlagssystem organisierte Textilgewerbe beschäftigte seit der zweiten Hälfte des 18. Jahrhunderts einen beträchtlichen Teil der Bevölkerung in den kleinbäuerlichen Räumen Altwürttembergs, im Schwarzwald und im westlichen Bodenseegebiet.

Während es nun zu Beginn des 19. Jahrhunderts zu einem allgemeinen Niedergang des Textilgewerbes im württembergischen Landesteil (infolge der englischen Konkurrenz) kam, konnte dieser Wirtschaftszweig in Baden durch einen frühen Übergang zur mechanischen Fertigung seine Stellung behalten. Dabei spielte das Kapital und die unternehmerische Initiative des jüdischen Bankiers Seligmann, des späteren Freiherrn von Eichtal, eine große Rolle. Er finanzierte bereits 1812 in St. Blasien die Errichtung einer mechanischen Baumwollspinnerei. Nach dem Beitritt Badens zum preußisch-deutschen Zollverein haben dann vor allem Schweizer Unternehmer im badischen Grenzgebiet, am Hochrhein und im Wiesental eine Reihe von Filial- und Neugründungen vorgenommen, unter denen sich die Firma Koechlin & Baumgartner in Lörrach sowie die Seidenbandweberei Bally in Säckingen zu Großbetrieben entwickeln konnten.

In Württemberg ging man erst später zur Maschinenarbeit über. Hier waren stärkere Widerstände der vielen Hausweber zu überwinden, die um Arbeit und Lohn fürchteten. Auch in Württemberg waren es zunächst jüdische Kaufleute und Fabrikanten, die im Filstal und im Raum Hechingen die Grundlage der industriellen Textilproduktion legten. Ihrem Vorbild folgten bald andere Unternehmer, so daß in der zweiten Hälfte des 19. Jahrhunderts im Bereich des Albvorlandes von Heidenheim über Geislingen, Göppingen, Nürtingen und Reutlingen ein reich spezialisiertes Webereigebiet entstand, dessen Vorort bis in die 60er Jahre dieses Jahrhunderts Reutlingen (Firma Gminder) darstellte. Bei der Errichtung der ersten Textilfabriken wurden vorzugsweise die wasser- und gefällereichen Neckarzuflüsse als Standorte gewählt, da die eingeführten englischen Spinnmaschinen und Webstühle mit Wasserkraft betrieben wurden.

Im Zusammenhang mit der sich entwickelnden Textilindustrie wurden auch die Anfänge des *Maschinenbaus* gelegt. Frühe Verbesserungen an den eingeführten Maschinen und ihr Nachbau durch einheimische Handwerker förderten die Bildung einer eigenständigen Maschinenindustrie in den alten Webbezirken (z. B. Voith in Heidenheim).

Zu einer besonders engen Verbindung zwischen Textil- und Maschinenindustrie kam es im Raum Stuttgart und auf der Südwestalb, wo bedeutende Zentren der Wirk- und Strickwarenproduktion aufkamen. Entscheidend für diese Sonderentwicklung war die Berufung von H. F. Fouquet aus Troyes nach Württemberg (1852). Er wurde als Erfinder und Konstrukteur der neuen französischen Rundwirkstühle ins Land geholt, um die württembergische Textilindustrie gegenüber dem Ausland konkurrenzfähig zu erhalten. Fouquet nahm zunächst eine Fabrikation in Stuttgart, später in Rottenburg auf. Eine weitere technische Innovation im Textilbereich war die Erfindung der Linksstrickmaschine durch Heinrich Stoll in Reutlingen. Dadurch entfaltete sich die Fabrikation der Wirk- und Strickmaschinen sowie die Erzeugung von Strickwaren und Trikotagen durch weltbekannte Großbetriebe im Raum von Stuttgart, Nürtingen und Reutlingen. Heute noch zählt der Zollern-Albkreis zu den Haupterzeugern von Unterwäsche und Trikotagen aller Art in der Bundesrepublik. Während des ganzen 19. Jahrhunderts hat die Textilindustrie nach der Zahl der Beschäftigten den ersten Platz eingenommen. Erst gegen Ende des Jahrhunderts haben sich die Positionen verschoben – zuerst in Baden, später in Württemberg – wobei gleichzeitig die Metallverarbeitung zunehmend an Bedeutung gewann.

Die *Metallverarbeitung* besaß in den größeren Reichsstädten eine lange Tradition, an die aber im Industriezeitalter nur selten angeknüpft werden konnte. Eine gewisse Ausnahme bildete allerdings die *Schmuckwarenindustrie,* die an handwerkliche Vorläufer anknüpfen konnte. So in der alten Reichsstadt Schwäbisch Gmünd, die sich zu einem Zentrum der Goldwarenherstellung entwickelte. Die Schwerpunkte der Produktion lagen hier im Bereich der Devotionalien, die im katholischen Gottesdienst benötigt werden, sowie in einer lebhaften Silberwaren-

Gewerbe-zählung 1875	Beschäftigte in Baden	Beschäftigte in Württemberg
Textilgewerbe	28 000	39 000
Metallverarbeit.	20 000	22 000
Herstellung v. Maschinen u. Apparaten	15 000	17 000

(n. Huttenlocher, 1972, S. 181)

produktion. Ein zweiter Schwerpunkt der Schmuckwarenherstellung lag in Pforzheim, wo es dem Markgrafen von Baden im 18. Jh. gelang, eine Bijouterieindustrie anzusiedeln. Sie wurde bald ergänzt durch die Fabrikation von feinen Stahlwaren zu Schmuckzwecken und von Gold- und Silberwaren. Um das Jahr 1876 war ein Zehntel der Industriearbeiterschaft Badens in den Pforzheimer Betrieben beschäftigt.

Die führende Stellung Baden-Württembergs im Bereich der Gold- und Silberwaren wird überdies durch zwei weitere Großbetriebe der Silberverarbeitung und Besteckfabrikation unterstrichen, die ihre Wurzeln im 19. Jahrhundert haben: Die Firma Bruckmann in Heilbronn und die Württembergische Metallwarenfabrik (WMF) in Geislingen, die einst aus einem kleinen Privatbetrieb hervorgegangen, heute zu einem Synonym württembergischer Industrieleistung geworden ist.

Auch die *Uhrenindustrie* hat ihre Wurzeln im Handwerk. Das Uhrmachergewerbe hatte sich von der zweiten Hälfte des 17. Jahrhunderts an langsam über den vorderösterreichischen Schwarzwald ausgebreitet und in den folgenden Jahrzehnten auch auf württembergisches Gebiet bis in den Raum Schwenningen übergegriffen. Der Absatz der Uhren erfolgte im Hausierhandel (durch die sog. Glasträgergesellschaft), der durch geschäftstüchtige Unternehmen in ganz Europa organisiert worden war.

Im 19. Jahrhundert geriet das einstmals florierende Schwarzwälder Uhrengewerbe in eine schwere Krise, da der Markt von maschinell hergestellten, billigen Massenwaren aus der Schweiz und den USA überschwemmt wurde.

Die Umstellung auf maschinelle Produktion gelang erst, als Junghans 1863 in Schramberg die erste Uhrenfabrik Deutschlands gründete. Er hatte in den Vereinigten Staaten die modernen Fabrikationsmethoden kennengelernt und von dort die entsprechenden Maschinen mitgebracht. In ähnlicher Weise entstanden die weltbekannten Großunternehmen von Kienzle und Mauthe in Schwenningen. Dazu kommen noch Betriebe in Furtwangen und Villingen, heute oft verbunden mit Unternehmen der Elektro- und Radiotechnik.

Die Sonderstellung der Uhrenindustrie unseres Landes erhellt sich daraus, daß selbst noch nach dem Zweiten Weltkrieg (1952/53) 100% aller deutschen Taschenuhren und 98,8% der Armbanduhren und 87,4% der in der Bundesrepublik gefertigten Großuhren aus Baden-Württemberg kamen.

Im Bereich der Südwestalb gingen entscheidende Impulse für die *feinmechanische Industrie* von Onstmettingen aus, wo der pietistische Pfarrer und geniale Erfinder Philipp Matthäus Hahn (1739–1790) wirkte. Mit seiner Erfindung der gewichtlosen Schnellwaage um 1770 gab er dort den Anstoß zur Errichtung feinmechanischer Werkstätten, die zur Keimzelle bedeutender Unternehmen der Präzisions- und Zeigerwaagenindustrie in Ebingen und Balingen (Bizerba) wurde.

Etwa gleichzeitig stellte Johann Wehrl im vorderösterreichischen Neukirch die ersten Spieluhren her und legte damit den Grundstein zur späteren Musikwerkindustrie.

Es ist auffallend wie gerade in den wenig zentralisierten, abgelegenen und in klimatischer Hinsicht benachteiligten, aber übervölkerten Realteilungsgebieten zwischen Südwestalb und Schwarzwald einzelne erfinderische Unternehmerpersönlichkeiten als Industriepioniere hervortraten. So geht die Herstellung chirurgischer Instrumente in Tuttlingen auf den Messerschmied Jetter zurück. Er hatte sich während seiner Gesellenzeit in Paris auf diesem Gebiet Spezialkenntnisse erworben und gründete, in seine Heimatstadt zurückgekehrt, 1867 einen Betrieb, der heute Weltruf genießt. In ähnlicher Weise entstand im benachbarten Trossingen die Harmonikafabrikation. Hier und in den umliegenden Orten wurden seit 1830 einfache Mundharmonikas in Heimarbeit für Jahrmärkte angefertigt. Der Übergang zur maschinellen Produktion gelang Matthias Hohner, der die Industrie zusammenschloß und zur leistungsfähigsten Mund- und Handharmonikafabrikation der Welt ausbaute.

In der Mitte des 19. Jhs. gewann der Maschinenbau zunehmend an Bedeutung. Dies hing ursächlich mit dem Ausbau der Eisenbahnen zusammen. Im Jahre 1836 entstanden in Mannheim die heutige Joseph Vögele AG und in Karlsruhe die Kesslersche Maschinenfabrik, deren Fertigungshalle 1840 die erste in Deutschland hergestellte Lokomotive verließ. E. v. Kessler gründete auch die Maschinenfabrik Esslingen, die 1846 ihre Produktion aufnahm und als württembergische Lokomotivfabrik bald eine führende Stellung erlangte.

In den nächsten drei Jahrzehnten folgten in ganz Südwestdeutschland zahlreiche weitere Gründungen von Maschinenbau- und metallverarbeitenden Betrieben. Als Beispiel sei die Firma Heinrich Lanz in Mannheim angeführt, die u. a. 1879 die erste mit einer Dampflokomotive betriebene Dreschmaschine baute sowie die Firma Voith in Heidenheim. Gerade bei der Entwicklung dieser Firma läßt sich in exemplarischer Weise erkennen, wie sich aus bescheidenen handwerklichen Anfängen ein Industriebetrieb von Weltgeltung entwickelte. Firmengründer war der Schlossermeister Johann Matthäus Voith, der im Jahre 1825 die väterliche Werkstatt übernommen hatte und über die Reparatur von Textilmaschinen zum Bau von Holzschliffmaschinen (1852) kam. Sein Sohn Friedrich Voith baute 28 Jahre später seine erste Wasserturbine, was dem Unternehmer neben der Papiermaschinenherstellung ein neues Arbeitsfeld erschloß. 1903 lieferte Voith für die Kraftwerkanlage an den Niagara-Fällen die größten Turbinen, die bis dahin bekannt waren. Vor dem Ersten Weltkrieg gehörte auch der Getriebebau zum Fertigungsprogramm, für das in Heidenheim und im österreichischen Zweigwerk St. Pölten 3000 Menschen tätig waren. Bis 1976 kamen 10 000 dazu und der Weltumsatz überschritt die Milliardengrenze, ohne daß die Familie bislang fremde Gesellschafter aufnehmen mußte.

Seinen Ruf als Industrieland verdankt Baden-Württemberg nicht zuletzt den großen Erfindern und Unternehmern der *Kraftfahrzeug-* und *Elektroindustrie*. Carl Friedrich Benz, Gottlieb Daimler, Wilhelm Maybach und Robert Bosch, die ihre epochemachenden Erfindungen in den achtziger Jahren des vorigen Jahrhunderts machten (Patentierung des ersten Automobils 1886), haben in den folgenden Jahrzehnten ihre Betriebe ausgebaut. Durch den Zusammenschluß der Firmen Benz und Daimler entstand das heute bedeutendste europäische Automobilunternehmen „Mercedes-Benz" mit den in Baden-Württemberg befindlichen Teil-Werken in Stuttgart, Sindelfingen, Gaggenau und Mannheim. (Umsatz 1976: über 23 Milliarden DM, weltweit mehr als 160 000 Mitarbeiter.)

Weitere Pioniere der Kraftfahrzeugindustrie waren der Ulmer Feuerwehrkommandant Conrad Dietrich Magirus, der 1875 mit der Produktion von Feuerwehrwagen begann, sowie Dr. Ing. h. c. Ferdinand Porsche, der „Vater des Volkswagens". Er gründete 1931 in Stuttgart-Zuffenhausen eine Automobilfabrik, deren Sportwagen heute zu einem Markenzeichen der deutschen Automobilbranche geworden sind. Der Vollständigkeit halber sei auch noch der vierte Automobilhersteller des Landes erwähnt: „Audi/NSU" in Neckarsulm. Die Entstehung dieser Fabrik kann nicht mit einer herausragenden Erfinder- oder Unternehmerpersönlichkeit allein in Verbindung gebracht werden, sondern die Firmengeschichte weist eine sehr bewegte Entwicklung auf. Am Anfang des Unternehmens stand die Produktion von Fahrrädern und Motorrädern (1901 entstand bei NSU das erste deutsche Motorrad), erst später kam der Automobilbau dazu.

Wilhelm Maybach, ein enger Mitarbeiter Gottlieb Daimlers, gründete zusammen mit Graf Zeppelin die Fabrik für Luftschiffmotoren in Friedrichshafen und leitete damit nicht nur die Industrialisierung des württembergischen Bodenseeraumes ein, sondern eröffnete mit dem *Luftfahrzeugbau* einen neuen wichtigen Industriezweig. In enger Verbindung mit dem Zeppelin-Konzern gründete 1932 Claudius Dornier in Friedrichshafen die Firma Dornier G.m.b.H., deren Flugzeuge und Flugboote vor dem Zweiten Weltkrieg vielbeachtete Höchstleistungen vollbrachten und die heute wieder zu einem bedeutenden Unternehmen der Luft- und Raumfahrtindustrie geworden ist.

Auch für die Entwicklung der *Elektrotechnik* stammen aus Baden-Württemberg wichtige Impulse. Der geniale, aus der Schweiz stammende Charles E. L. Brown hatte den Drehstromgenerator und die Hochspannungsleitung konstruiert, über die Heilbronn von Lauffen a. N. aus, von 1892 an als erste Stadt der Welt durch eine Drehstrom-Zentrale mit Elektrizität versorgt wurde. Das von Brown und Boveri in Mannheim 1891 gegründete Werk ist heute noch führend im Bau von Elektrizitätswerken und Hochspannungsleitungen.

Das wohl bedeutendste bodenständige elektrotechnische Großunternehmen des Landes ist jedoch die Robert Bosch GmbH. Der 1861 in dem kleinen Dörfchen Albeck geborene Industrielle, dessen 1886 gegründete „Werkstätte für Feinmechanik und Elektrotechnik" in Stuttgart innerhalb kurzer Zeit zu einem weltbekannten Unternehmen für Kraftfahrzeugausrüstung aufsteigen konnte, ist zu einer Symbolfigur schwäbischen Unternehmertums geworden. Bosch hatte 1887 den ersten Magnet-Zünder für Explosionsmotoren geliefert. Seitdem wuchs das Unternehmen mit dem Automobilbau und beschäftigte im Jahre 1980 im In- und Ausland mehr als 110000 Arbeiter und Angestellte bei rd. 8 Milliarden DM Umsatz. Robert Bosch ist nicht nur zum Begründer einer Weltfirma, sondern auch zu einem großherzigen Stifter geworden. Neun Zehntel des Gewinns der Firma fließen der Robert-Bosch-Stiftung zu, die neben einem Krankenhaus Projekte aus dem Bereich der Natur- und Geisteswissenschaft, der Kunst und Kultur, des Bildungswesens und der Völkerverständigung fördert.

Der Stiftungsgedanke ist nicht nur bei R. Bosch, sondern auch bei anderen Unternehmerpersönlichkeiten auf fruchtbaren Boden gefallen, wie z. B. bei Graf Zeppelin oder den Gebrüdern Mahle (Kolbenfabrik). Dank diesen Stiftungen können heute in Württemberg eine Vielzahl von Sozialeinrichtungen unterhalten werden, wie überhaupt die patriarchalische Fürsorglichkeit vieler südwestdeutscher Fabrikanten gegenüber ihren Angestellten und Arbeitern zu einem Grundzug des baden-württembergischen Unternehmertums gehört.

Einen nicht zu unterschätzenden Einfluß auf die Technik- und Sozialgeschichte Baden-Württembergs übte der ev. Theologe und Sozialreformer Gustav Werner (1809–1889) in Reutlingen aus. Er versuchte christliche Lebensweise und industrielles Zeitalter in gewissermaßen „christlichen" Unternehmen, die kein Privateigentum sein sollten, miteinander in Einklang zu bringen. Wenn sich auch die Idee einer christlichen Industriegemeinde nicht in vollem Sinne verwirklichen ließ und auch keine weiteren Nachfolger fand, so geht doch die Gustav-Werner-Stiftung zum Bruderhaus auf sein Wirken zurück, die bis 1981 mit der Bruderhaus Maschinen GmbH in Reutlingen und einer Papierfabrik in Dettingen und Urach verbunden war, deren Gewinne behinderten Menschen zugute kamen.

Entscheidender war jedoch der indirekte Einfluß der Stiftung Bruderhaus auf die Entwicklung der württembergischen Maschinenindustrie. So waren Wilhelm Maybach und Carl Reuther, der Mitbegründer der Mannheimer Maschinenfabrik Bopp & Reuther GmbH, zusammen Mechanikerlehrlinge in den Werkstätten zum Bruderhaus, deren technische Leitung damals in den Händen von Gottlieb Daimler lag. Überdies war der Mitbegründer der heute drittgrößten Maschinenfabrik Baden-Württembergs, Werner und Pfleiderer, in Stuttgart ein Neffe des Waisen- und Armenvaters G. Werner.

Die unternehmerische Initiative ist auch in jüngster Zeit nicht erloschen. Es gibt in Südwestdeutschland eine Reihe von Unternehmen, die ihre Betriebe kurz vor oder erst nach dem Zweiten Weltkrieg gegründet haben, und die sich inzwischen zu namhaften Großbetrieben entwickeln konnten. Dazu gehören die elektrotechnische Fabrik G. Bauknecht in Stuttgart und das EGO-Elektrogerätewerk von Blanc und Fischer in Oberderdingen, die Brennerfabrik Weishaupt in Schwendi, die Schraubenfabrik Adolf Würth KG in Künzelsau und die Maschinenfabrik Trumpf & Co in Ditzingen. Obgleich erst in der Nachkriegszeit gegründet, haben sich die Baumaschinenfabrik Liebherr in Biberach und der Stahlkonzern von Willy Korf in Baden-Baden sogar Zutritt zum exklusiven Kreis der Umsatzmilliardäre Südwestdeutschlands verschafft.

Auch bei der Entwicklung der *übrigen Industriezweige,* der Nahrungs-, Holzverarbeitungs-, Tabak- und Lederindustrie, der chemischen Industrie, dem Bereich Steine und Erden, der Papier- und Schuhherstellung sowie dem graphischen Gewerbe und Verlagswesen, die zusammen die Vielseitigkeit der südwestdeutschen Industriestruktur bestimmen, treten immer wieder Einzelpersönlichkeiten hervor, die als Erfinder und Unternehmer entscheidende Impulse gegeben haben. Stellvertretend für viele seien einige wenige genannt:

– Das badische Familienunternehmen Carl Freudenberg in Weinheim an der Bergstraße, das 1849 als Gerberei gegründet wurde und 1976 (auf Leder- und Schuhmaterial, Dichtungen, Gummiteile, Vlies- und Kunststoffe spezialisiert) mit etwa 22 000 Mitarbeitern weltweit rd. 1,6 Milliarden DM umsetzte.

– Die Salamander AG in Kornwestheim, deren Gründer Jakob Sigle (1885) durch die Einführung des amerikanischen Rahmenstiefels lange Zeit als „Deutschlands bester Schuhmacher" galt.

– Der Familienbetrieb J. F. Adolff in Backnang, der vor allem Garne herstellt.

Der knappe Überblick über die Standort- und Branchenentwicklung der südwestdeutschen Industrie hat deutlich gemacht, daß beide Komponenten zu einem wesentlichen Teil durch einzelne Unternehmerpersönlichkeiten bestimmt werden und daß überdies die einzelnen Betriebszweige – wie Textilgewerbe und Maschinenbau oder Elektrotechnik und Fahrzeugbau – aufs engste miteinander verzahnt sind.

7.4
Die regionale Eigenart der Industriegebiete

Ein Hauptmerkmal der südwestdeutschen Industrie ist ihre starke Dezentralität. Das Land besitzt neben den industriellen Ballungsräumen eine Reihe weiterer Industrieregionen, denen meist ein dominierendes großstädtisches Zentrum fehlt, die aber doch eine beachtliche wirtschaftliche Leistungskraft aufweisen. Außerdem gibt es in Baden-Württemberg Industrieräume, die zu den ältesten Mitteleuropas zählen und solche, die erst nach dem Zweiten Weltkrieg entstanden sind. Im folgenden sollen einige repräsentative Industrieregionen näher betrachtet werden.

7.4.1
Der Mittlere Neckarraum – hochindustrialisiertes Zentrum im Südwesten

Struktur und Eigenart des Mittleren Neckarraums wurden bereits im Zusammenhang mit der Darstellung der Landeshauptstadt Stuttgart beschrieben. Daher sollen im folgenden nur noch einige zusätzliche Aspekte beleuchtet werden, die sowohl für die Gesamtwirtschaft des Landes als auch für die Region bestimmend sind.

Wirtschaftsraum von europäischem Zuschnitt

Der Mittlere Neckarraum gehört gegenwärtig neben dem Rhein-Ruhr-Gebiet und dem Rhein-Main-Gebiet zu den wichtigsten ökonomischen Kraftfeldern der Bundesrepublik. Außerdem präsentiert er sich heute als eine der beststrukturierten Wirtschaftsregionen Mitteleuropas. Das Bruttoinlandprodukt als Maßstab gesamtwirtschaftlicher Leistungen erreichte 1980 im Mittleren Neckarraum annähernd 70 Milliarden Mark. Diese Summe entspricht etwa 30 Prozent der Wertschöpfung des Bundeslandes Baden-Württemberg. Welches Wirtschaftspotential sich in diesem Gebiet konzentriert, läßt sich auch daran ermessen, daß das Bundesland Schleswig-Holstein ein Inlandprodukt erzielt, das um ein Viertel unter dem

dieses wirtschaftlichen Kernraums Baden-Württemberg liegt. Vergleicht man überdies das Bruttosozialprodukt einiger kleinerer europäischer Länder mit dem der Region Mittlerer Neckar, so wird deutlich, daß diese Region ein Wirtschaftspotential von europäischem Zuschnitt besitzt. Das Sozialprodukt Griechenlands wird fast erreicht, die Gesamtleistung Österreichs ist nur doppelt so groß und selbst gegenüber der Schweiz kann sich die Region sehen lassen; ihr Sozialprodukt beträgt immerhin mehr als ein Drittel des schweizerischen.

Die Wurzel des wirtschaftlichen Erfolgs

Die wirtschaftliche Leistungsfähigkeit war der Region nicht in die Wiege gelegt worden. Theodor Heuss hat über die geographische Mitte Baden-Württembergs einmal gesagt, daß sie sich nicht so sehr mit der Natur als gegen sie entwickelt habe. Er hat damit ein Gebiet charakterisiert, das, rohstoffarm und verkehrsfern, nach den Theorien wirtschaftswissenschaftlicher Standortlehren keine große Chancen hatte, sich erfolgreich industriell zu entwickeln. Daß die Entwicklung anders verlief, geht nach übereinstimmendem Urteil der Experten auf die Leistungsfähigkeit der hier ansässigen Menschen zurück.

Schon in der Frühzeit der Industrialisierung haben Männer wie Steinbeis, Max Eyth, Robert Bosch und Gottlieb Daimler – und mit ihnen eine ganze Generation von Unternehmern – die naturgegebenen Standortnachteile durch unternehmerische Risikobereitschaft, rasche Umsetzung von Erfindungsgaben in technisch perfekte und absatzfähige Produkte sowie durch Erschließen von Märkten auch im Ausland die Wettbewerbsfähigkeit der neckarländischen Wirtschaft und Industrie zu sichern versucht. Dazu kam freilich auch der Gewerbefleiß und das technische Gespür einer gut ausgebildeten Facharbeiterschaft, die den Betrieben zur wirtschaftlichen Prosperität verhalf.

Im Gegensatz zu manch anderen Wirtschaftsräumen, die im traditionellen Branchendenken der Gründerzeit verharrten und deshalb heute mit beträchtlichen Strukturproblemen zu kämpfen haben, gelang es den Unternehmern im Mittleren Neckarraum durch einen ständigen Strukturwandel, sich den Bedürfnissen und den sich verändernden Marktbedingungen anzupassen.

Begonnen hatte die Industrialisierung mit der Herstellung von Textilien und Bekleidung. Allmählich kam die Metallindustrie hinzu. Die Industrien an Rhein und Ruhr konnten allerdings billiger produzieren. Deshalb waren die schwäbischen Unternehmer von allen Anfängen bestrebt, auf die Herstellung von Artikeln des Massenkonsums zu verzichten und sich dafür stärker auf Qualitäts- und Präzisionserzeugnisse auszurichten. Im Laufe der Zeit schälte sich immer stärker der Charakter einer hochspezialisierten Veredlungsindustrie heraus, die nach und nach Weltgeltung erlangte.

Dazu kam, daß es die Unternehmer im Verlauf der letzten 50 Jahre verstanden, sich rechtzeitig dem anbahnenden Strukturwandel anzupassen, in traditionellen Branchen wie Textil, Leder oder etwa eisenschaffenden Industrien abzubauen und sich mehr auf wachsende Zweige zu verlegen. So wuchsen Maschinenbau, Elektrotechnik und Fahrzeugbau schneller als die Industrie des Raumes insgesamt.

Zusammen mit Feinmechanik und Optik, Metallwarenindustrie und Stahlbau entfallen heute auf die Investitionsgüterindustrie fast drei Viertel aller Industriearbeitsplätze und rund zwei Drittel des Umsatzes.

Welche überregionale Bedeutung einzelne Branchen gewonnen haben, läßt sich am Beispiel der Fahrzeugindustrie aufzeigen. Von Stuttgart aus erhielt das Umland wichtige Impulse. Zweigwerke, Filialen, neue Betriebsteile sind in den benachbarten Kreisen entstanden. Zugleich entwickelte sich eine weitverzweigte Zulieferindustrie, die dazu beiträgt, daß die Region Mittlerer Nekkar zu Beginn der 80er Jahre 15 Prozent und Baden-Württemberg sogar ein Viertel des Umsatzes der Fahrzeugindustrie in der Bundesrepublik bestreiten.

Die vielseitige Branchenstruktur und die Beweglichkeit der Betriebe verlieh diesem Raum auch in Zeiten struktureller Krisenerscheinungen eine relative Stabilität. So bewegten sich bis jetzt die Arbeitslosenquoten stets unter den baden-württembergischen Zahlen und fielen im Vergleich zum Bundesdurchschnitt deutlich ab.

Schließlich gehört zu den besonderen Merkmalen der Region seit Beginn der Industrialisierung ihre ungewöhnliche Exportintensität. Diese Tendenz hat sich in den letzten Jahrzehnten weiter verstärkt. Firmen mit einer Exportquote von 60 und 70 Prozent sind hier nicht selten; und dies gilt nicht nur für Weltfirmen, sondern auch für viele mittelständische Betriebe der Region. Zwischen 1970 und 1980 hat sich der Auslandsumsatz der Industrie des Mittleren Neckarraums fast verdreifacht. Im Jahre 1981 lag die Exportquote der Region mit 31,4 Prozent höher als diejenige Baden-Württembergs (28%), das bekanntlich zu den ohnehin exportstärksten Bundesländern gehört. Dadurch war jeder dritte Arbeitsplatz im Großraum Stuttgart vom Export abhängig und zugleich wird die ungewöhnliche Exportabhängigkeit dieser Industrieregion deutlich.

Änderungen im Raumgefüge der Wirtschaft

Die Verschiebungen im Branchengefüge der Industrie waren in den vergangenen 30 Jahren von einem Vorgang begleitet, der zu einer wirtschaftsräumlichen Verdichtung im gesamten Mittleren Neckarraum führte, und dies war der Prozeß der Betriebsverlagerungen. Nach Grotz (1976, S. 20) waren Gewerbeverlagerungen in allen Verdichtungsräu-

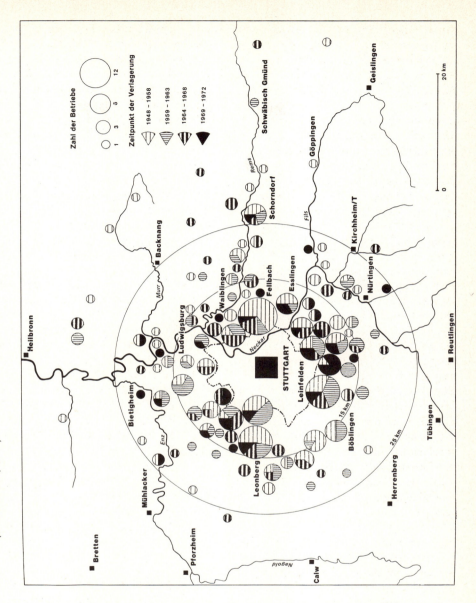

Abb. 59: Industrieregion Mittlerer Neckar: Verlagerung von Industriebetrieben aus Stuttgart 1948–1972 (n. Grotz 1976, S. 21)

men der Bundesrepublik Deutschland zu beobachten, aber in keiner anderen Großstadtballung nahmen diese Vorgänge ein solches Ausmaß an wie in der Umgebung von Stuttgart. In den Jahren von 1948 bis 1976 verlegten 256 Betriebe fast 145 000 Arbeitsplätze aus dem Stadtbereich Stuttgart. Dabei handelte es sich sowohl um Vollverlagerungen (162) als auch um Teilverlagerungen (51).

Die Motive für die Betriebsverlagerungen waren komplexer Natur. Hauptsächlich waren es mangelnde Expansionsmöglichkeiten am alten innerstädtischen Standort, aber

253

Abb. 60: Verdichtungsraum Mittlerer Neckar
Beispiel für die Verflechtung durch regionale Mobilität
(n. Statist. Amt der Stadt Stuttgart)

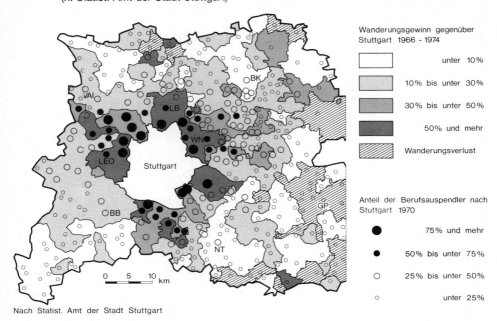

Wanderungsgewinn gegenüber
Stuttgart 1966 - 1974

unter 10%

10% bis unter 30%

30% bis unter 50%

50% und mehr

Wanderungsverlust

Anteil der Berufsauspendler nach
Stuttgart 1970

● 75% und mehr

● 50% bis unter 75%

○ 25% bis unter 50%

○ unter 25%

Nach Statist. Amt der Stadt Stuttgart

auch Betriebszusammenlegungen im Rahmen von Rationalisierungsmaßnahmen sowie Parkraumnot und schlechte Verkehrsanbindungen. Bei einigen Unternehmen waren die strengeren Emissions- und Lärmschutzauflagen, die am alten Standort nur durch kostenintensive Investitionen hätten erfüllt werden können, bestimmend für einen Umzug ins nahe Umland.

Überraschend ist dabei, daß fast 80 Prozent aller abgewanderten Betriebe ihren neuen Standort im Nachbarschaftsbereich Stuttgarts gefunden haben. Die Gründe, die für ein Verbleiben in Großstadtnähe sprechen, sind jene quantitativ schwer faßbaren, aber dennoch wirksamen Faktoren, die man unter dem Begriff Fühlungsvorteil zusammenfassen kann: Kontakt zu Behörden, Banken, Wirtschaftsorganisationen, zum Handel, zu den Zuliefer- und den Weiterverarbeitungsbetrieben.

Der laufende Aderlaß durch den Abzug von Firmen aus der Kernstadt und das überproportionale industrielle Wachstum der Umlandgemeinden hat für die Gesamtregion eine Reihe schwerwiegender planerischer und finanzieller Probleme aufgeworfen, die hier nur angedeutet werden können.

So gingen z. B. der Stadt Stuttgart durch Betriebsabwanderungen im Durchschnitt der Jahre 1960–1972 jährlich etwa 610000 DM an Gewerbesteuern verloren. Diese empfindlichen finanziellen Einbußen wirken sich bereits heute nachteilig auf die Verpflichtungen der Stadt aus, die außer der Versorgung ihrer eigenen Bevölkerung auch die Aufgaben einer Landeshauptstadt und des Zentrums für die ganze Region wahrzunehmen hat. Langfristig gesehen verändert diese Entwicklung auch das Funktionsgefüge des gesamten Verdichtungs- und Wirtschaftsraumes.

Stuttgart entwickelt sich allmählich zum ausgesprochenen Dienstleistungszentrum der

254

Gesamtregion, während der Produktionssektor sich immer mehr in den großstadtnahen, ehemals ländlichen Gebieten ansiedelt und zu einer beachtlichen wirtschaftlichen Stärkung dieser einst peripher gelegenen Gebiete beiträgt. Das trifft nicht nur auf die Filder, die Gäulandschaften und das Mittlere Remstal zu, sondern ebenso auf die über 30 km von Stuttgart entfernten Landschaften des Welzheimer und des Murrhardter Waldes sowie auf weite Teile des Albvorlandes (Grotz 1976, S. 25).

7.4.2
Ostwürttemberg – eine der ältesten Industrieregionen Südwestdeutschlands

Ostwürttemberg gehört zu den ältesten Industrieregionen des Landes und weist Entwicklungs- und Strukturmerkmale auf, die auch für andere frühindustrialisierte Bereiche Baden-Württembergs, hauptsächlich für die des Albvorlandes, ebenso zutreffen. Freilich weist die Region auch individuelle Entwicklungslinien auf, die es im folgenden nachzuzeichnen gilt.

Es ist im allgemeinen kaum bekannt, daß die europäische Eisenerz-Erzeugung und -Verarbeitung in Ostwürttemberg einen ihrer ältesten Standorte hatte, und daß es in Württemberg längst eine hochentwickelte Eisenindustrie gab, als z. B. die Reviere an Saar und Ruhr noch gar nicht existierten. De Anfänge des Eisengewerbes reichen hier bis in das 14. Jahrhundert zurück. Es begann im Kocher-Brenz-Tal, in Königsbronn. Bei diesem ehemaligen Klosterort waren die Standortvoraussetzungen geradezu ideal: Das Erz lieferten entweder die Brauneisenerz-Schichten (Dogger) aus der Aalener Gegend, oder man nutzte das Bohnerz, das in reichem Maße auf den verkarsteten Höhen der Alb vorhanden war. Das zur Verhüttung notwendige Holz lieferte die waldreiche

Umgebung, und das reiche Wasservorkommen des Brenztopfes (Karstquelle) erlaubte die Nutzung der Wasserkraft, mit der das Eisen weiterverarbeitet werden konnte. In der Gießerei der heutigen Schwäbischen Hüttenwerke lebt die 600jährige Tradition des Eisengewerbes bis in die Gegenwart fort (vgl. auch S. 230).

Eine weitere Wurzel der Industrie lag in der althergebrachten Leinwand- und Baumwollweberei, die hier – wie auch in anderen württembergischen Realteilungsgebieten – seit Jahrhunderten als gewerbliche Nebentätigkeit ausgeübt wurde. Aus ihr entwickelte sich schon in den dreißiger Jahren des vorigen Jahrhunderts eine bedeutende Textilindustrie, die wiederum als Nachfolge- bzw. Ergänzungsindustrie die Maschinenfabrikation initiierte. Aus eher bescheidenen handwerklichen und kleingewerblichen Formen ist bis zum Zweiten Weltkrieg eine Industrielandschaft herangewachsen, die bald einen Spitzenplatz im Lande einnahm und deren Erzeugnisse damals schon Weltruf genossen (vgl. Entwicklung der Firma Voith, S. 248).

Das Industriepotential wurde nach dem Zweiten Weltkrieg durch die Neuansiedlung von Betrieben, insbesondere des Werkzeugbaues, der Feinmechanik und der Optik sowie der Elektrobranche beträchtlich erweitert. Heute stellt sich Ostwürttemberg als geschlossener und selbständiger Wirtschaftsraum von beachtlicher Leistungsfähigkeit und Ausstrahlungskraft dar.

Durch seine Randlage innerhalb Baden-Württembergs entlastet die Region den Verdichtungsraum Mittlerer Neckar und stellt zugleich ein wichtiges Bindeglied zu den angrenzenden, überwiegend agrarisch geprägten bayerischen Gebieten dar. In großräumiger Betrachtung kommt dem Wirtschaftsraum Ostwürttemberg sogar eine zentrale Stellung zwischen den wichtigsten süddeutschen Industriegebieten um Stuttgart, Nürnberg, München, Augsburg und Ulm zu.

In der Region Ostwürttemberg, die aus dem Ostalbkreis und dem Landkreis Heidenheim besteht, treffen zwei Großlandschaften zusammen: Im Süden liegt die Schwäbische Alb mit den Teillandschaften Albuch und Härtsfeld, die durch die Kocher-Brenztal-Furche voneinander getrennt sind. Im Norden schließen sich an das östliche Albvorland die Schwäbisch-fränkischen Waldberge an. Da beide Naturräume sich orographisch eng verzahnen, werden sie vielfach als Keuper-Lias-Land zusammengefaßt. Während die verkarstete Albhochfläche und die weitgehend mit Wald bedeckten Keupergebiete dünn besiedelt sind und nur wenig größere Siedlungen aufweisen, konzentrieren sich Bevölkerung und Wirtschaft in den Tälern. Parallel zu den Talzügen wurden nämlich die Verkehrssträngе von Straßen und Bahn angelegt, längs derer sich in den letzten Jahrzehnten nahezu geschlossene hochindustrialisierte Siedlungsbänder herausgebildet haben. Dieses Nebeneinander von Gebieten verschiedenartiger Struktur wird unterstrichen durch den großen Unterschied zwischen der niedrigen Bevölkerungsdichte (187 Menschen pro qkm) und der hohen Industriedichte, die mit rd. 200 Industriebeschäftigten auf 1000 Einwohner auch für Baden-Württemberg (158) einen sehr hohen Stand aufweist.

Industrielle Schwerpunkte sind vor allem die Städte Aalen, Wasseralfingen, Schwäbisch Gmünd, Ellwangen, Heidenheim und Giengen a. d. Brenz, die alle im Bereich der Landesentwicklungsachsen „Rems", „Brenz", „Jagst-Eger" und „Kocher-Jagst" liegen.

Die hervorragende Bedeutung der Industrie für die Gesamtwirtschaft der Region kommt auch in der Struktur der Erwerbstätigen zum Ausdruck. Fast zwei Drittel aller Erwerbstätigen waren 1980 im produzierenden Gewerbe tätig. Mit diesem Wert liegt die Region weit über dem Landesdurchschnitt (52%). Sehr viel schwächer als im Landesdurch-schnitt war dagegen der tertiäre Sektor vertreten, auf den lediglich 34% entfielen (Land 43%).

Ein Blick auf die Branchenstruktur zeigt, daß die Region im industriellen Bereich über eine Vielzahl von Industriegruppen und -zweigen mit differenziertem Produktionsprogramm verfügt. Vorherrschend sind Betriebe der Veredlungsindustrie, die hochwertige Präzisions- und Qualitätserzeugnisse herstellen.

Die drei Säulen des produzierenden Gewerbes sind – in dieser Hinsicht gleicht das Branchengefüge Ostwürttembergs dem des Mittleren Neckarraums – der Maschinenbau, die elektrotechnische Industrie und der Fahrzeugbau. In diesen Bereichen ist mehr als die Hälfte aller Industriebeschäftigten tätig. Außerdem spielen die feinmechanische und optische Industrie, das Textil- und Bekleidungsgewerbe, die Eisen-, Metall- und Blechwaren- sowie die holzverarbeitende Industrie eine Rolle. Sie stellen knapp ein Drittel der Arbeitsplätze.

Ein weiterer Grundzug der Industriestruktur Ostwürttembergs ist die hohe Exportleistung. Auch hierin gleicht die Region einem Spiegelbild der Gesamtwirtschaft Baden-Württembergs. In über 120 Ländern der Erde gibt es Firmenvertretungen des ostwürttembergischen Wirtschaftsraums. Dabei sind die weltweiten Verflechtungen der Industrie nicht nur für größere Firmen, sondern gerade auch für kleinere und mittlere Unternehmen kennzeichnend. Die Entwicklung der Exportquote und die Bedeutung des weltweiten Außenhandels für die Region verdeutlicht die Tatsache, daß 1958 der Exportanteil 14%, 1981 fast 30% (Land 28%) betrug. Der Mannigfaltigkeit der Erzeugnisse und der Vielfalt der Branchen entspricht auch eine ausgewogene Mischung von Klein-, Mittel- und Großbetrieben, die sich noch weitgehend in Einzel- und Familienbesitz befinden. Es überwiegt der persönlich haftende und seinen Betrieb selbst leitende Un-

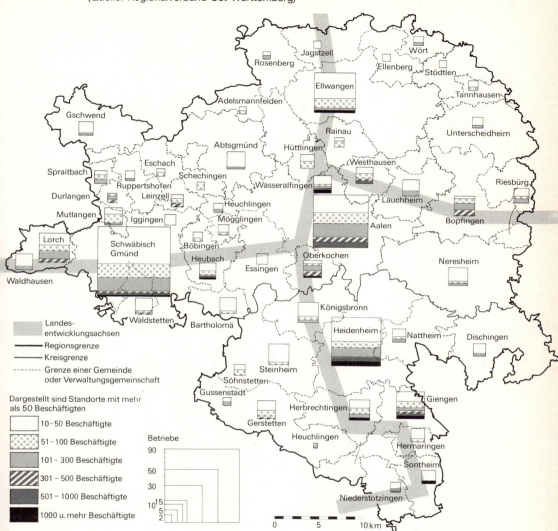

Abb. 61: Industrieregion Ostwürttemberg: Industriebetriebe nach Größenklassen 1975
(Quelle: Regionalverband Ost-Württemberg)

Landes-
entwicklungsachsen

Regionsgrenze

Kreisgrenze

Grenze einer Gemeinde
oder Verwaltungsgemeinschaft

Dargestellt sind Standorte mit mehr
als 50 Beschäftigten

10 – 50 Beschäftigte

51 – 100 Beschäftigte

101 – 300 Beschäftigte

301 – 500 Beschäftigte

501 – 1000 Beschäftigte

1000 u. mehr Beschäftigte

Betriebe

ternehmer, der vielfach noch durch ein persönliches Vertrauensverhältnis mit seinen Mitarbeitern verbunden ist. Allerdings darf die große Zahl der Kleinbetriebe (zwei Drittel der Betriebe hatte 1980 weniger als 100 Beschäftigte) nicht darüber hinwegtäuschen, daß der wirtschaftliche Schwerpunkt der Region eindeutig bei den Mittel- und Großbetrieben liegt. Nach dem Stand von 1980

befanden sich unter den 444 Industriebetrieben Ostwürttembergs 14 Unternehmen (3,2%) mit mehr als 1000 Beschäftigten (Land 1,8%). In diesen Betrieben sind 42% der Beschäftigten der Region tätig, eine Quote, die beachtlich über dem Landesdurchschnitt von rd. 35% liegt.

Betrachtet man die Branchenpalette der einzelnen Industriestandorte, dann zeigt

257

sich ein recht buntes Bild. Wenn es auch keine ausgesprochene Monostruktur gibt, so lassen sich doch einige lokale und regionale Branchenschwerpunkte feststellen.

Die traditionsreiche Eisen- und Metallindustrie hat nach wie vor ihren Hauptsitz im Bezirk Aalen–Wasseralfingen. Hier befinden sich die beiden größten Unternehmen dieses Industriezweigs mit jeweils über 1000 Beschäftigten, die Alfing-Kessler-Werke und die Schwäbischen Hüttenwerke. Das Produktionsprogramm dieser Firmen reicht von kompletten Fertigungsstraßen, Werkzeug- und Spezialmaschinen bis hin zu Großkurbelwellen für Schiffsmotoren. Aber auch andere Industriezweige wie Kaltwalzwerke, Gießereien, Werke der Stahlverformung und Ziehereien einschließlich der NE-Metallbetriebe haben ihren angestammten Sitz im Raum Aalen–Wasseralfingen.

Ein weiteres Zentrum der *Eisen- und Metallindustrie* liegt in Heidenheim. Eng verbunden mit der industriellen Entwicklung dieser Stadt ist der Name Voith. Aus bescheidenen handwerklichen Anfängen haben sich aus einer einstigen Feilenbauerwerkstatt die beiden größten Unternehmen Heidenheims entwickelt: die Firma J. M. Voith GmbH und die Voith Getriebe KG mit zusammen rd. 6400 Beschäftigten (vgl. dazu S. 248). Zum Fertigungsprogramm dieser Firmen gehören neben Papiermaschinen und Turbinen auch Getriebe, Schiffspropeller, Pumpen sowie Großgußteile bis zu 100 Tonnen.

In Sontheim-Brenz ist ein weiterer metallverarbeitender Großbetrieb, die Firma Röhm, ansässig. Mit rd. 1000 Beschäftigten werden hier Spannwerkzeuge und Sportgeräte hergestellt.

Die wichtigsten Betriebe des *Fahrzeugbaus,* der nach der Zahl der Beschäftigten den dritten Platz einnimmt, liegen im Remstal. Das Werk Schwäbisch Gmünd der Zahnradfabrik Friedrichshafen AG betätigt sich hauptsächlich auf dem Sektor Getriebe und Lenkungsbau als Zulieferer für Pkw- und Lkw-Hersteller. Daneben ist die Herstellung von Sonderaufbauten für Kranken- und Rettungswagen durch die Firma Binz in Lorch zu erwähnen.

Die Gemeinde Oberkochen ist durch die Ansiedlung der Firma Carl Zeiss in den Nachkriegsjahren zu einem Zentrum der *feinmechanischen* und *optischen Industrie* geworden. Die Erzeugnisse dieses Unternehmens haben in Wissenschaft und Forschung aber auch als tägliche Gebrauchsgüter einen hervorragenden Ruf in der ganzen Welt. Der Exportanteil des Unternehmens beträgt fast 40 Prozent.

Neben dem Maschinenbau gehört die *elektrotechnische Industrie* zu den bedeutendsten Industriegruppen Ostwürttembergs. Nach dem Zweiten Weltkrieg haben sich Zweigniederlassungen einiger Großunternehmen im Brenztal niedergelassen. In der alten Freien Reichsstadt Giengen a. d. Brenz arbeiten in einem Betrieb der Bosch-Siemens Hausgeräte GmbH über 4000 Beschäftigte. In Heidenheim produziert die Firma Siemens AG mit ca. 1800 Mitarbeitern im wesentlichen elektronische Bauelemente, und im Nachbarort Herbrechtingen stellt die Firma Osram GmbH vor allem Glühbirnen für Verkehrs- und Signalzwecke her. Schließlich muß auch das im Norden der Region gelegene Ellwangen genannt werden, wo Trockenbatterien von den beiden Firmen Varta und Electronic Watch Batterie gefertigt werden.

Die Bedeutung der *Textil- und Bekleidungsindustrie,* die, vor allem im Landkreis Heidenheim, in der Form der Leinwandweberei auf eine jahrhundertelange Tradition zurückblicken kann, ist in den letzten Jahrzehnten erheblich zurückgegangen, doch haben einzelne Unternehmen ihre hervorragende Stellung halten können. So ist Heubach seit langem mit den Firmen Triumph und Susa ein Zentrum der deutschen Miederwarenherstellung, und Aalen gilt als

Schwerpunkt der europäischen Taschentuchindustrie. Jedes zweite Taschentuch aus deutscher Produktion stammt aus Aalen. Auch Heidenheim zählt immer noch zu den Textilzentren der Region. Die größte Firma, die Paul Hartmann AG (rd. 1000 Mitarbeiter), ist bekannt für ihre Verbandsmittel und Hygieneartikel. Zu den alteingesessenen Textilfirmen der Stadt gehört ferner die Firma Ploucquet, die vorwiegend veredelte Stoffe für Sport-, Freizeit- und Regenbekleidung produziert. Schließlich ist auch noch die Firma Zoeppritz für die Herstellung von Heim- und Freizeitdecken bekannt.

Einige Industriestandorte der Region genießen als *Produktionsstätten für seltene Spezialartikel* seit alters einen guten Ruf. Dazu gehört die „Gold- und Silberstadt" Schwäbisch Gmünd, wo die Wurzeln des Edelmetallgewerbes bis ins 15. Jahrhundert zurückreichen. Die heutige Edelmetallindustrie, die nach dem Zweiten Weltkrieg einen beachtlichen Aufschwung erlebte, fertigt neben kostbarem Gold- und Juwelenschmuck auch kunstgewerbliche Erzeugnisse und Geschenkartikel aller Art.

Giengen a. d. Brenz ist durch die Spielwarenfabrik Steiff (ca. 800 Beschäftigte) weltweit bekannt geworden. Diese Firma ist ein Musterbeispiel dafür, wie sich aus bescheidenen Anfängen durch Ideenreichtum, Fleiß und Disziplin ein Großunternehmen entwickeln konnte. Vor rund 100 Jahren hatte die an Kinderlähmung erkrankte Margarete Steiff den Einfall, aus Stoffresten Tiere zu nähen. Mit dem „Teddy-Bären", einem Spielzeug aus fellähnlichem Plüschstoff, begann um die Jahrhundertwende der Export in die USA und damit der Welterfolg des Unternehmens.

Der Überblick über Branchen, Betriebsgrößen und Standortgefüge der Region vermittelt den Eindruck einer ausgewogenen, krisenfesten Wirtschaftsstruktur. Dieses positive Bild darf jedoch nicht darüber hinwegtäuschen, daß der Wirtschaftsraum Ostwürttemberg auch mit mancherlei Problemen zu ringen hat. So gab es in den letzten Jahren erhebliche Unterschiede in der Aufwärtsentwicklung, was zu deutlichen Umschichtungen in der industriellen Branchenstruktur geführt hat. Mit Ausnahme der Feinmechanik und Optik, der Elektro- sowie der Holzindustrie standen die meisten Industriezweige im Schatten des Aufschwungs und hatten nur eine geringe Zunahme der Beschäftigungszahlen oder sogar eine rückläufige Tendenz zu verzeichnen. Am stärksten war der Rückgang – wie in ganz Baden-Württemberg – in der Textil- und Bekleidungsindustrie. Viele Unternehmen mußten ihre Fabrikation einstellen. Gemessen an der Beschäftigenzahl stand die Textilindustrie 1958 noch an erster Stelle, bis 1980 fiel sie auf den 5. Rang zurück. Beim Schrumpfungsprozeß der Textilbranche ergaben sich allerdings auch positive Aspekte. Um sich gegenüber der starken ausländischen Konkurrenz zu behaupten, waren die Unternehmen gezwungen, durch Rationalisierungsmaßnahmen eine kapitalintensive hochmoderne Fertigung einzurichten, die inzwischen im internationalen Wettbewerb durchaus mithalten kann.

Starke Einbrüche gab es auch in der Lederindustrie, im Industriezweig Steine und Erden sowie in der Nahrungsmittel-, Schmuckwaren- und Papierindustrie. Die Beschäftigungszahl ist in diesem Bereich nach Jahren konjunkturellen Aufschwungs am Ende der 70er Jahre wieder auf den Stand von 1955 zurückgefallen. Hier wird deutlich, daß der hohe Anteil der Investitionsgüterindustrie die Wirtschaft der Region Ostwürttemberg in konjunkturellen Krisenzeiten verletzbar gemacht hat.

Die wirtschaftliche Leistungsfähigkeit des Gesamtraumes wird nur zu sichern sein, wenn weitere Anpassungs- und strukturelle Wandlungsprozesse der ansässigen Industrie vorgenommen sowie die Ansiedlung neuer Industrien mit innovativem Fertigungsprogramm forciert werden; zumal sich der ökonomische Abstand zum Ballungsraum Mittlerer Neckar in den letzten Jahren weiter vergrößert hat. So fehlen der Region z. B. einige typische Wachstumsindustrien wie solche aus den Bereichen der Chemie, der Kunststofftechnik und der modernen Elektronik.

Neben diesen strukturellen Änderungen der Industrie wird aber auch der weitere Ausbau der Infrastruktur eine Rolle spielen, namentlich die Verbesserung der Verkehrsverhältnisse. In dieser Hinsicht hat die Region einen beträchtlichen Nachholbedarf, u. a. als Folge ihrer „Grenz"-Lage zu Bayern. Bis heute stellen zwar die elektrifizierte Bahnstrecke Stuttgart–Aalen–Nördlingen–München sowie die Nord-Süd-Verbindung (Würzburg–Aalen–Ulm) wichtige Verkehrsverbindungen für die ostwürttembergische Wirtschaft dar. Die Region wird auch von zwei Bundesstraßen, der B 29 und B 19, durchquert, deren vierspuriger Ausbau gegenwärtig noch nicht abgeschlossen ist. Beide Straßen kreuzen sich in Aalen und bilden die einzige Straßenverbindung zu den Binnenhäfen an Neckar und Main sowie zu den wichtigsten überregionalen Bezugs- und Absatzmärkten. Daher wird von entscheidender Bedeutung für die künftige Entwicklung der Region der Bau der Autobahn Würzburg – Ellwangen – Aalen – Heidenheim – Ulm (A 7) sein, die Ostwürttemberg endlich aus dem Verkehrsschatten herausnehmen und an das nationale Autobahnnetz anschließen wird.

7.4.3
Der Hochrhein – Industriegasse an der Grenze

Zu den Besonderheiten der südwestdeutschen Industrielandschaften gehört die Ausbildung von sogenannten „Industriegassen", deren Grundmuster durch die mehr oder weniger linienhafte Aufreihung von Industrieorten und Industrieanlagen bestimmt wird.

Räumliche Leitlinien sind dabei in aller Regel Täler, die durch Bahnlinien, Straßen und gelegentlich auch durch einen schiffbaren Fluß gut erschlossen sind. Neben der Nekkar-Fils-Industriegasse, dem Kernstück des Mittleren Neckarraums, stellt das Hochrheintal eine größere und sehr eigenständige Industriegasse dar. Sie reicht vom Wutachtal über Rheinfelden bis Basel und findet im frühindustrialisierten Wiesental eine gewisse Erweiterung.

Die Wirtschaftsstruktur der Region Hochrhein wird durch eine alte vielseitige Textilindustrie und durch die moderne Großchemie geprägt und nimmt damit eine Sonderstellung innerhalb des Industriegefüges Südwestdeutschlands ein. Mit einem Beschäftigungsanteil von ca. 25% war 1980 die Textilindustrie die stärkste Branche, gefolgt von der chemischen Industrie (20%) und dem Maschinenbau (12%). Maßgebend bei der Ausbildung dieser spezifischen Branchenstruktur waren vor allem zwei Faktoren: einmal die Impulse der benachbarten schweizerischen und elsässischen Wirtschaftsräume, zum andern das günstige Angebot an hydroelektrischer Energie. So verwundert es nicht, wenn in dieser Region ausländisches Kapital an den Industriebetrieben stärker beteiligt ist als in irgendeinem anderen baden-württembergischen Industriebezirk und daß der Stromverbrauch in der Hochrheinregion weit höher ist als in einem anderen Gebiet des Landes.

Wie auch sonst im Lande reichen die Wurzeln der Textilindustrie hier bis in die vorindustrielle Zeit zurück. Als der Bergbau auf Silber- und Bleierze, der seit dem 12. Jahrhundert im hinteren Wiesental um Todtnau und Schönau üblich war und sehr viel Menschen angezogen hatte, gegen Ende des 16. Jahrhunderts langsam zum Erliegen kam, waren die meisten Bergleute gezwungen, sich nach neuen Verdienstmöglichkeiten umzusehen. Sie fanden sie in einer vielfältigen Hausindustrie, aus der sich die Herstellung von Holzartikeln (u. a. Bürstenfabrikation in Todtnau), die Hausspinnerei und die Hausweberei als wichtigste Erwerbszweige herausentwickelten. Schon damals bürgerte sich für einen Teil des heutigen Kreises Lörrach (Wiesental und Schwarzwald) der Beiname „Webland" ein, im Gegensatz zum „Rebland", mit dem das fruchtbare und klimatisch begünstigte Markgräflerland bezeichnet wurde. Die große Zahl an Heimarbeitern bildete für die Industrialisierung ein willkommenes Arbeitskräftereservoir, aber auch sonst waren die Voraussetzungen für die gewerbliche Produktion günstig.

Wasser- und Waldreichtum lieferten die notwendige Energie. Dazu kam die aufgeklärte Denkweise der vorderösterreichischen Regierung und der badischen Markgrafen, die für alle technischen und ökonomischen Neuerungen aufgeschlossen waren und Handel und Gewerbe tatkräftig förderten. Schließlich spielte auch die günstige Lage zur wirtschaftsstarken Schweiz und dem Elsaß eine Rolle. Hauptsächlich mit Hilfe Schweizer Kapitals wurde im Zeitraum 1750–1800 die Wirtschaft im Hochrheingebiet angekurbelt. Anfangs waren es fremde Verleger, die im Auftrag von Basler, Züricher und Mülhausener Unternehmen Webstühle und Spinnräder aufstellten, die Rohbaumwolle lieferten und die fertigen Waren abholten. Daraus entwickelte sich ein ausgedehntes „Verlagssystem", das sowohl den Hotzenwald als auch das Wiesental einschloß. In dieser frühindustriellen Zeit war daher die Dreiländerecke, die heutige „Regio Basiliensis" – trotz politischer Trennung – wirtschaftlich ein geschlossenes Gebiet. Sehr früh versuchten die Markgrafen von Baden, Industriebetriebe in ihr Territorium zu ziehen. Mit einer fast modern anmutenden Wirtschaftswerbung, die Steuerfreiheit und landesherrliche Kredite versprach, und dem

Verleihen der Stadtrechte für Lörrach (1756), gelang es ihnen im Laufe der zweiten Hälfte des 18. Jahrhunderts, eine Reihe von Baslern und Mühlhausener Unternehmer zu gewinnen, die im Raum Lörrach „Cotton- und Indiennefabriken" sowie Tuch- und Seidewebereien gründeten. Das bedeutendste Unternehmen war die Küpfersche Fabrik, in der 1785 bereits 300 Personen beschäftigt waren und deren bedruckte Baumwollstoffe vor allem in Rußland und Holland abgesetzt wurden. Die heutige Lörracher Manufaktur Koechlin, Baumgartner u. Cie – eine der größten Stoffdruckereien Europas – geht auf diese frühe Zeit zurück. Die Firma beschäftigt gegenwärtig mehr als 1000 Personen und stellt jährlich ca. 50 Millionen Meter Stoff her, von denen ca. 35% in 50 Staaten der Erde exportiert werden.

Im hinteren Wiesental und in den vorderösterreichischen Waldstädten (Säckingen, Waldshut) verlief die Entwicklung ähnlich wie im Markgräflerland. Auch hier kam der Anstoß durch das Schweizer Kapital. Es entstanden nach 1750 Baumwollspinnereien in Waldshut, Schönau und Todtnau. Zu Beginn des 19. Jahrhunderts – die Region war inzwischen rechtsrheinisch politisch geeint und Teil des Großherzogtums Baden geworden – setzte sich langsam die Maschinenweberei durch. Vom Kloster St. Blasien aus, wo 1809 eine mechanische Baumwollspinnerei entstanden war, eroberte sich die Technik allmählich das Hochrhein- und das Wiesental. Wieder war es die heutige Firma Koechlin, Baumgartner u. Cie (KBC), die sich als erste mit Maschinen ausrüstete und Filialen in Steinen, Schönau und Zell gründete. Es folgten weitere schweizerische und einheimische Unternehmer, die vorwiegend im Wiesental Textil- und Maschinenfabriken errichteten. Maßgebenden Einfluß auf die Entwicklung im Textilgewerbe hatten zwei politische Ereignisse: der Beitritt Badens zum Deutschen Zollverein (1835) und der Anschluß des Elsaß' an das Deutsche

Reich (1871). Der Beitritt zum Zollverein wirkte sich für die Wirtschaft der Hochrheinregion positiv aus. Einmal konnten sich die jungen Industrien unter dem Schutz der Zollmauern gut entwickeln und sich auf dem Markt behaupten, und zum anderen kam es in den folgenden Jahren verstärkt zu Niederlassungen Schweizer Unternehmer. Sie wollten sich durch Neugründungen und Erstellung von Filialbetrieben im oberbadischen Raum den Zugang zum süddeutschen Markt erhalten und sichern. So wurden in den Jahren 1832–1852 in Lörrach, Stetten, Inzlingen, Weiden und Zell Seidenflorettspinnereien errichtet, deren Erzeugnisse durch die Trachtenpflege im Schwarzwald einen guten Absatz fanden.

Der Anschluß des Elsaß' schloß zwar den traditionell eng verflochtenen Wirtschaftsraum enger zusammen, brachte aber auch einige Probleme mit sich. Für die Hochrheinregion war jetzt eine bedeutende inländische Konkurrenz entstanden, die allerdings durch ein beiderseitiges Arrangement nach und nach abgebaut werden konnte. Es bildete sich eine Arbeitsteilung heraus, die so aussah, daß im badischen Wiesental die gröberen Gewebe gefertigt wurden, die dann zur Weiterverarbeitung ins Elsaß kamen. Die Textilindustrie erlebte in den Jahrzehnten bis zum Ersten Weltkrieg einen steilen Aufstieg. Allein im Wiesental gab es damals 9500 Webstühle und 280000 Spindeln.

Der Erste Weltkrieg und die Weimarer Zeit bedeuteten für die Wirtschaft der Hochrheinregion eine tiefe Zäsur. Die historisch gewachsenen wirtschaftlichen Verflechtungen zur Schweiz und zum Elsaß wurden abrupt zerrissen. In der noch weitgehend von der Textilbranche bestimmten Wirtschaft der

Abb. 62: Industrieregion Hochrhein: Industriestandorte 1981
(Quelle: IHK Hochrhein-Bodensee)

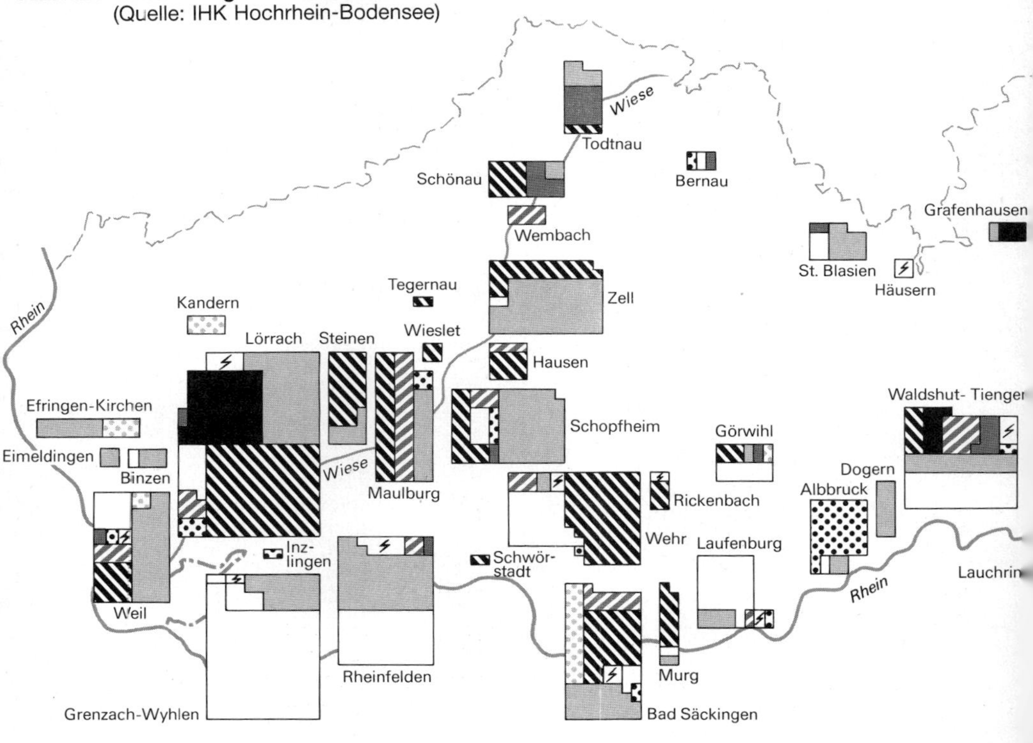

Region kam es zu Krisenerscheinungen, die teilweise durch Betriebskonzentration überwunden werden konnten. Der Wegfall des elsässischen Marktes machte es überdies notwendig, neue Absatzmärkte zu erschließen. Dabei wirkte sich die Randlage innerhalb des Deutschen Reiches negativ aus. Die Marktferne zu den deutschen Verbraucherzentren, verbunden mit hohen Transportkosten, bedeutete für viele Firmen eine Existenzgefährdung. Durch die Einführung von Sondertarifen seitens der Reichsbahn versuchte man in den 20er Jahren die oberbadische Industrie wieder konkurrenzfähig zu machen.

Das Ende des Zweiten Weltkriegs brachte wie überall in Deutschland nach dem totalen Zerfall von Wirtschaft, Handel und Gewerbe einen vollständigen Neubeginn. Aufgrund der veränderten politischen Situation kam es zu einer Umwertung des Standortfaktors Grenze. War dieser in der ersten Hälfte des 20. Jahrhunderts für die wirtschaftliche Entwicklung hinderlich gewesen, so wurde er jetzt zur Chance. Wiederum war es die Textilindustrie, der am schnellsten der Aufbau gelang, wobei sich die hohe Schweizer Kapitalbeteiligung sehr positiv bemerkbar machte. In den Nachkriegsjahren haben sich, außer der Schweiz, auch französische Unternehmer verstärkt im Textilbereich engagiert, so daß zu Beginn der 80er Jahre die ausländische Kapitalbeteiligung in der Textilbranche des Hochrheingebiets auf etwa 60% geschätzt wird. Die Textilbranche ist zwar nach wie vor führend in der Region, doch ging die Zahl der Arbeitsplätze in den letzten zwanzig Jahren stark zurück. Zum Personalabbau kamen tiefgreifende Rationalisierungsmaßnahmen

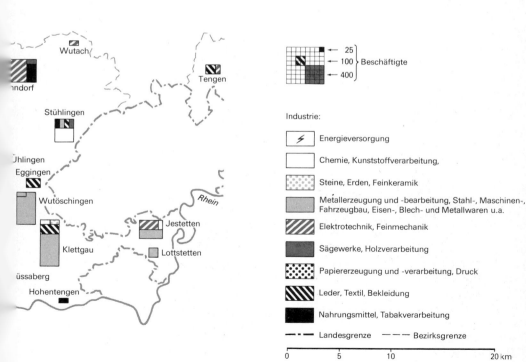

25
100 } Beschäftigte
400

Industrie:

Energieversorgung

Chemie, Kunststoffverarbeitung,

Steine, Erden, Feinkeramik

Metallerzeugung und -bearbeitung, Stahl-, Maschinen-, Fahrzeugbau, Eisen-, Blech- und Metallwaren u.a.

Elektrotechnik, Feinmechanik

Sägewerke, Holzverarbeitung

Papiererzeugung und -verarbeitung, Druck

Leder, Textil, Bekleidung

Nahrungsmittel, Tabakverarbeitung

—·—· Landesgrenze   — — — Bezirksgrenze

0   5   10   20 km

und Strukturbereinigungen. Während in einigen Unternehmen alle Produktionsstufen von der Spinnerei über die Weberei bis zur Ausrüstung und Konfektion anzutreffen sind, haben sich andere Firmen auf das Bedrucken und Veredeln von Geweben spezialisiert.

Die zweite wirtschaftliche Säule ist die Großchemie. Sie ist wesentlich jünger als die Textilindustrie, verdankt aber ihre Entstehung ebenfalls Schweizer Initiativen, vor allem was den chemisch-pharmazeutischen Zweig anbelangt.

1898 erhielt der Basler Unternehmer Johann Rudolf Geigy eine Konzession vom badischen Staat zur Errichtung eines chemischen Betriebs in Grenzach. Neben den Standortvorteilen an den Verkehrslinien von Bahn und Rhein und der Nähe des Kraftwerks Rheinfelden sowie zum Stammhaus in Basel waren es patentrechtliche Gründe, die zur Gründung eines deutschen Zweigwerks führten. Das Werk, das in der Teerfarbenindustrie führend war und einen großen Aufschwung erlebte, fusionierte 1970 mit einem anderen Basler Chemieunternehmen, der Firma CIBA, zur CIBA-Geigy AG. In den 70er Jahren errichtete dieser neue Unternehmensverbund in Grenzach-Wyhlen und Wehr moderne Fabrikationsgebäude, Laboratorien und Werkstätten für rd. 1600 Mitarbeiter. Der Schwerpunkt in der vielseitigen Produktionspalette des Grenzacher Werkes liegt in der Herstellung von Farbstoffen und optischen Aufhellern für die Textil-, Leder- und Kunststoff-Industrie, während sich in Wehr der zentrale Verwaltungssitz der deutschen Niederlassungen befindet. Bereits zwei Jahre zuvor (1896) hatte sich ein anderes Basler Chemieunternehmen auf der badischen Rheinseite mit einem Zweigwerk angesiedelt. Es handelte sich um die heutige Weltfirma Hoffmann-LaRoche. Als Fabrikationsstätte moderner Medikamente und besonders von Vitaminen genießt die Firma den Ruf, die größte Apotheke der Welt zu sein. In Grenzach-Wyhlen arbeiten auf einer 32 Hektar umfassenden Betriebsfläche heute über 2000 Mitarbeiter. Schließlich muß noch ein weiteres Basler Unternehmen genannt werden, die Lonza AG. Sie gründete 1913 Tochterunternehmen auf der deutschen Seite des Hochrheins, zunächst in Waldshut, später in Weil a. Rh. und Istein. Die billige Wasserkraftenergie am Hochrhein und die Nähe von Kalkvorkommen (Isteiner Klotz) begünstigte die Produktion von Kalziumkarbid. Es folgten im Lauf der Jahre weitere Produkte wie Düngemittel, Schleifmittel, verschiedene Baumaterialien und vor allem Kunststoffe.

Aus den bisherigen Ausführungen ist deutlich geworden, daß für die Ansiedlung der chemischen Fabriken die Ausnutzung der billigen Wasserkraftenergie ein entscheidender Standortfaktor war. Das starke Gefälle und der Wasserreichtum des Hochrheins boten nämlich günstige Voraussetzungen für die Errichtung von Wasserkraftwerken, die man schon in den Anfängen der Elektrizitätsgewinnung zu nutzen begann. Von 1896 an, als das erste Wasserkraftwerk bei Rheinfelden entstand, wurden zwischen Schaffhausen und Basel 12 Laufwasserkraftwerke gebaut, die entweder als deutsch-schweizerische Gemeinschaftsanlagen errichtet wurden oder aber die erzeugte Energie anteilmäßig an die beiden Länder Schweiz und Deutschland abgeben. Die jährliche Energieproduktion der Hochrheinkraftwerke beträgt rd. 4 Milliarden Kilowattstunden; daran ist Baden-Württemberg mit 46% beteiligt. Zu den Laufwasserkraftwerken treten die Pumpspeicherwerke des Südschwarzwalds, die zur Deckung der Bedarfsspitzen beim Strom in Zeiten der Überlastung regulierende Bedeutung haben. Die ältesten Anlagen gehören zur 1928 gegründeten Schluchseegruppe, die 470 Megawatt Leistung erzeugt. Sie wird übertroffen durch die Hotzenwaldgruppe mit den Kavernen-Kraftwerken Säckingen I (360 MW) und Wehr (1000 MW), die 1967 bzw. 1976 in Betrieb gingen. Nutznießer des reichlichen Energieangebots sind vor allem die Industriebetriebe der Stadt Rheinfelden/Baden. Die Stadt selbst verdankt ihre Entstehung und Entwicklung in sehr direkter Weise dem Bau des ersten europäischen Flußkraftwerks (1896). Unmittelbar nach der Inbetriebnahme dieses Kraftwerks nahm eine Aluminiumhütte die Produktion auf. Das Werk beschäftigt fast 1400 Mitarbeiter und verfügt über Produktionsverfahren, die zu den modernsten der Welt gehören. 1898 siedelte sich hier die Dynamit Nobel AG an, die neben der Elektroenergie die Salzlagerstätten in den nahestehenden Muschelkalkschichten nutzte. Beide Fakten waren ideale Voraussetzungen für die Produktion von Schwerchemikalien (Chlor, Ätznatron, Wasserstoff) und anderer chemischer Spezialitäten. Das Werk hat gegenwärtig eine Belegschaftsstärke von ca. 900 Mitarbeitern.

Auch der dritte Großbetrieb Rheinfeldens, das Degussa-Werk (800 Beschäftigte) wurde bereits 1898 gegründet. Ausgehend von der Herstellung von Natriumcyanid, das zur Edelmetallscheidung benötigt wird, erweiterte sich das Produktionsprogramm in den vergangenen acht Jahrzehnten auf Bleichmittel für die Waschmittelherstellung, auf Aerosil und neuerdings auch auf Autoabgas-Katalysatoren.

Die Standortvorteile der Hochrheinregion regten aber auch noch andere Branchen aus dem benachbarten Ausland zur Ansiedlung an. Zwei Großbetriebe seien als Beispiele erwähnt. Bereits im letzten Jahrhundert hat sich in Lörrach die Schokoladenfabrik Philipp Suchard, die 1826 in Neuchâtel gegründet worden war, mit einem Zweigbetrieb niedergelassen. Heute ist Suchard Lörrach eines der bedeutendsten Unternehmen der deutschen Süßwarenindustrie. In einem in den 50er Jahren neu errichteten Werk arbeiten gegenwärtig über 1000 Personen mit einer Tagesleistung von rund 180 t (Schokolade, Pralinen, Kakao-Pulver u. a.).

Ebenfalls schweizerischen Ursprungs ist die Papierfabrik Albruck, die 1870 auf dem Gelände eines alten Eisenwerks gegründet wurde. Heute gehört die Firma (850 Beschäftigte) zu den bedeutendsten Unternehmen auf dem Sektor der holzhaltigen graphischen Papiere in der Bundesrepublik. Das erzeugte Tiefdruckpapier wird hauptsächlich für illustrierte Zeitschriften verwandt.

Die ausländischen, vorwiegend schweizerischen Kapitalbeteiligungen sind zu einem dominierenden Faktor in der Wirtschaft der Hochrheinregion geworden. Im Kreis Lörrach hatte 1977 fast jeder zweite Beschäftigte einen Arbeitsplatz in einem schweizerischen Unternehmen. Ihre Bedeutung als Arbeitgeber war allerdings in den einzelnen Branchen unterschiedlich groß: bei der Nahrungs- und Genußmittelindustrie waren es im Jahre 1977 etwa 76%, bei chemischen Betrieben 64%, bei der Metall- und Elektrobranche 46%, beim Maschinenbau 10%.

Zahlenmäßig nicht zu fassen sind freilich die Arbeitsplätze, die von Schweizer Unternehmen indirekt geschaffen wurden. So lebt eine größere Zahl von Transportunternehmen, Handwerks- und Zulieferbetrieben von den Aufträgen ihrer Schweizer Kunden. Während das Kapital aus der Schweiz kommt, gehen Arbeitskräfte aus Deutschland in die Schweiz. Ende der 70er Jahre fuhren täglich fast 14000 meist jüngere Arbeitskräfte als „Grenzgänger" zu ihren Arbeitsstellen in die benachbarten Kantone Basel und Aargau. Demgegenüber kamen aus der Schweiz nur etwa 300 Personen täglich nach Deutschland zur Arbeit. Dabei handelte es sich meist um leitende Angestellte der Schweizer Tochterbetriebe in Grenznähe. Eine weitere grenzbedingte Eigenheit der Hochrheinregion ist die starke Repräsentanz des Verkehrsgewerbes. Vor allem im Raum Lörrach und Weil entstanden sehr leistungsfähige internationale Speditionsbetriebe. Während im Landesdurchschnitt etwa 3% der Erwerbstätigen im Transportgewerbe tätig sind, ist dieser Anteil im Kreis Lörrach etwa doppelt so hoch. Dies unterstreicht die besondere Bedeutung dieser Branche im Dreiländereck.

Zugleich wird aber auch deutlich, daß gute Verkehrsverbindungen für die Wirtschaft der Region am äußersten Rand der Bundesrepublik von ganz entscheidender Bedeutung sind. Dies wird durch die Verkehrsstränge des Oberrheinischen Tieflands gewährleistet, wo sich die Wege der Eisenbahn (Rheintalschiene Basel–Frankfurt), der Binnenschiffahrt (Rhein als Bundeswasserstraße mit Hafen Weil a. Rh.) und des Kraftfahrzeugverkehrs (Autobahn A 5 Hamburg–Basel mit direktem Anschluß an das schweizerische und französische Autobahnnetz) bündeln. Die beiden anderen wichtigen Achsen sind das Wiesental und das Hochrheingebiet, durch die neben der Eisenbahn die Bundesstraßen B 317 und B 14 führen.

Diese starke Konzentration auf wenige Verkehrsstränge, die die Region – bedingt durch die Oberflächenformen – nur randlich tangieren, hat nicht nur die Ausbildung der Industriegassen gefördert, sondern auch zu einer erheblichen sozio-ökonomischen Disparität des Gesamtraumes geführt. Neben den wirtschaftlich prosperierenden Talzonen liegen die Höhengebiete des Schwarzwalds, die wegen ihrer Strukturschwäche und Einkommensrückstände zu den Fördergebieten von Bund und Land gehören. Durch den weiteren Ausbau des Fremdenverkehrs will man hier Abhilfe schaffen.

Auf der anderen Seite verlieh die enge wirtschaftliche Verflechtung mit dem benachbarten Ausland diesem Gebiet seit langem einen gewissen zentral-europäischen Status. Seit einigen Jahren wird der Raum zwischen Schwarzwald, Vogesen und Jura als „Regio Basiliensis" bezeichnet. Eine gemeinsame grenzüberschreitende Planung soll die wirtschaftliche Zukunft der Dreiländerecke sichern und weiterentwickeln.

7.4.4
Die Regionen Franken und Oberschwaben – Industriegebiete im Anerbengebiet

Im Gegensatz zu den Realteilungsgebieten des Landes, die sehr früh vom Industrialisierungsprozeß erfaßt wurden, blieben die Anerbengebiete bis zum Zweiten Weltkrieg im wesentlichen agrarische Räume, in denen die Industrie nur punktuell, d. h. hauptsächlich in den Städten, Fuß fassen konnte. Während sich in weiten Teilen des Oberrheinischen Tieflands, im mittleren Neckarraum, aber auch am Nordrand der Schwäbischen Alb flächenhaft industrialisierte Wirtschaftsräume herausgebildet haben, in denen Städte und Dörfer gleichermaßen von der Industrialisierung erfaßt wurden, konnte in den Anerbengebieten Frankens und Oberschwabens das Nebeneinander von agrarisch bestimmten ländlichen Gebieten und gewerblichen städtischen Zentren bis heute noch nicht verwischt werden.

Auch in soziokultureller Hinsicht gab und gibt es Unterschiede. In den frühindustrialisierten Realteilungsbereichen war die Identität von Bauer und Industriearbeiter von Anfang an gegeben. Dies führte zur Ausbildung und großen Verbreitung des Arbeiterbauerntums, das zusammen mit dem Unternehmen den Industrialisierungsprozeß getragen hat.

Dagegen blieb in den Anerbengebieten das Bauerntum bis in die fünfziger Jahre dieses Jahrhunderts die vorherrschende, auch politisch bestimmende soziale Schicht. Die Feststellungen, die Gerhard Fuchs (1977, S. 144) für die Hofbauergebiete der Börde getroffen hat, gelten – wenn auch nicht in so schroffer Form – ebenso für die Region

Franken und Oberschwaben: „Der Vorgang der Industrialisierung fand zunächst ohne Beteiligung der eigentlich bäuerlichen Bevölkerung statt, ihre Formen des Wirtschaftens und ihre sozialen Verhältnisse blieben lange Zeit hin unbeeinflußt. Nebeneinander bestanden Bauernhof und Fabrik, Bauernhaus und Arbeiterhaus, nebeneinander lebten Bauer und Arbeiter." Im Laufe der letzten beiden Jahrzehnte hat sich aber dieser Gegensatz in Südwestdeutschland allmählich verflacht.

Franken – eine Region auf dem Wege von der Agrar- zur Industriewirtschaft

Das Gebiet zwischen Main, Neckar und den schwäbisch-fränkischen Waldbergen bis hin zur Tauber wird seit der Verwaltungsreform als Region Franken bezeichnet. Naturräumlich gesehen weist dieser Raum verhältnismäßig homogene Züge auf. Fast das ganze Gebiet wird von den Gäuflächen der Hohenloher und der Haller Ebene sowie des Baulandes eingenommen, die allerdings durch die tief eingeschnittenen Täler von Kocher, Jagst und Tauber durchbrochen werden. Lediglich die Tauber durchschneidet kurz vor ihrer Mündung in den Main noch den Buntsandstein des südlichen Spessarts. Zur Region Franken, die mit 4765 qkm den größten Regionalverband des Landes herstellt, gehören die Stadt Heilbronn, die Landkreise Heilbronn, Schwäbisch Hall, Hohenlohekreis und der Main-Tauber-Kreis.

Die Wirtschaftsstruktur wird – abgesehen vom Raum Heilbronn – noch stark von der Landwirtschaft bestimmt. Noch immer liegt hier der Anteil der Landwirtschaft an der gesamten Wirtschaftsleistung um das Dreifache über dem Landesdurchschnitt. Auch die übrigen regionalen gesamtwirtschaftlichen Daten weisen die Region Franken als einen Raum aus, der sich auf dem Wege von einem Agrar- zu einem Industriegebiet befindet.

Mit knapp 150 Einwohnern je qkm ist die Region Franken im Vergleich zum Bundes- und Landesdurchschnitt deutlich dünner besiedelt. Gleichzeitig weist die Region einen relativ geringen Industrialisierungsgrad auf, waren doch im Jahr 1980 nur 45 Prozent der Erwerbstätigen – insgesamt knapp 100 000 – in der Industrie beschäftigt, und zwar in etwa 880 Betrieben. Mit durchschnittlich 114 Beschäftigten je Industriebetrieb erwies sich die Industrie als stark mittelständisch orientiert. Nur 28 Unternehmen zählten mehr als 500 Beschäftigte. Bedeutendster Industriezweig ist die eisen- und metallverarbeitende Industrie, die einschließlich der elektrotechnischen Industrie gut ein Drittel der Industriebeschäftigten bindet; knapp 20 Prozent sind im Maschinenbau beschäftigt.

Der erhebliche wirtschaftliche Rückstand gegenüber dem Landesdurchschnitt hängt damit zusammen, daß die Gegend zwischen Kocher und Jagst als eine Kornkammer des früheren Landes Württemberg galt und daher zu Beginn der Industrialisierung von der württembergischen Wirtschaftspolitik bewußt von der Gewerbeförderung ausgespart wurde.

Erst nach dem Zweiten Weltkrieg kam es durch das Hereinströmen von Heimatvertriebenen und Flüchtlingen zur Schaffung gewerblicher Arbeitsplätze und damit zur Ansiedlung von Industrie. H.-D. Haas (1970) hat in einer industriegeographischen Untersuchung herausgestellt, daß die erste Ansiedlungsphase Anfang der 50er Jahre durch einen hohen Anteil von neugegründeten Hauptbetrieben gekennzeichnet war. In der Mehrzahl handelte es sich hierbei um Betriebe alteingesessener Handwerker und kriegsevakuierter Unternehmer aus den südwestdeutschen Industrieorten; ein nicht zu übersehender Teil der Initiatoren bestand jedoch aus mittel- und ostdeutschen Unternehmern, die vornehmlich aus Thüringen, Sachsen und Schlesien stammten.

Ende der 50er Jahre kam es dann zuneh-

Abb. 63: Industriestandorte und Betriebsstruktur in Franken 1968
(n. Haas 1971)

Zahl der industriellen Arbeitsplätze

ü. 10000 – 20000 — über 20000
ü. 2000 – 5000 — ü. 5000 – 10000
ü. 500 – 1000 — ü. 1000 – 2000
ü. 100 – 200 — ü. 200 – 500
10 – 50 — ü. 50 – 100

0   4   8   12   16   20 km

Industrielle Betriebsgrößen am Standort

Stufe	Beschäftigte
I	10 – 50
II	51 – 100
III	101 – 200
IV	201 – 500
V	501 – 1000
VI	über 1000

a = 1 Industriebetrieb

$\dfrac{h}{a}$ = Anzahl der Betriebe je Größenstufe

vor 1945 gegründete Industriebetriebe vorherrschend
nach 1945 gegründete Industriebetriebe vorherrschend

Anteil der Zweigbetriebe in %

100	über 75 bis unter 100	über 50 bis 75	über 25 bis 50	über 10 bis 25	unter 10	0

268

mend zu Verlagerungen von Hauptbetrieben aus den südwestdeutschen Ballungsräumen, aber auch aus entfernteren Regionen wie dem Ruhrgebiet oder Westberlin. Diese Betriebsgründungsphase interferierte mit der Ansiedlung von Zweigbetrieben aus den benachbarten Verdichtungsräumen. Dabei spielte das Arbeitskräfteangebot wohl die entscheidende Rolle. Schließlich wurde in den 70er Jahren eine weitere Industrialisierungsphase eingeleitet. Mit großer finanzieller Unterstützung von Bund und Land hat man erfolgreiche Anstrengungen unternommen, die Infrastruktur der Region zu verbessern und den Erfordernissen der modernen Wirtschaft anzupassen (vgl. S. 244 ff.).

Aufgrund der staatlichen Förderprogramme gelang es im Zeitraum 1976–1981, mehr als 100 Unternehmen in der Region anzusiedeln und dadurch über 10 000 zusätzliche Arbeitsplätze zu schaffen. Man mußte jedoch die Erfahrung machen, daß die Umstrukturierung eines vorwiegend agrarisch geprägten Raumes in ein Gebiet mit ausgewogenem gesamtwirtschaftlichen Profil schwierig ist. Der Prozeß wird sich vermutlich noch über einige Jahrzehnte hinziehen.

Der wichtigste Industriestandort der Region ist zweifellos das Oberzentrum Heilbronn, auf dessen Bedeutung und Entwicklung schon an früherer Stelle eingegangen wurde (vgl. S. 198/199). Die Stadt übt, obwohl am südwestlichen Rand der Region gelegen, auf das Wirtschafts- und Sozialgefüge des gesamten Raumes einen bestimmenden Einfluß aus. Vor allem auf die wirtschaftlichen Impulse, die von Heilbronn ausgehen, ist die gesamte Region angewiesen. Dabei darf allerdings nicht verkannt werden, daß im Mainzipfel Baden-Württembergs auch vielfältige Verflechtungen zum angrenzenden Würzburger Wirtschaftsraum bestehen. Neben der Neckar-Achse und dem Taubergrund sind die Talorte an Kocher und Jagst zu bevorzugten Standorten von jungen Industrien geworden.

Der größte Arbeitgeber in Hohenlohe ist die chemische Fabrik Hornschuh AG in Weißach am Kocher mit 2000 Mitarbeitern. Bedeutende Unternehmen gibt es aber auch in größeren Industriestandorten wie Crailsheim, Schwäbisch Hall, Öhringen, Tauberbischofsheim und Künzelsau, wo z. B. die Firma Stahl sich in der Herstellung von explosionsgeschützten Schaltgeräten einen Namen gemacht hat, oder die Unternehmensgruppe Würth, die als bedeutender Schraubenhersteller weltweit über 2000 Mitarbeiter beschäftigt. In Öhringen ist u. a. die Verpackungsfabrik Huber (850 Beschäftigte), die Firma Purolator-Filter (500 Beschäftigte) sowie eine größere Schulmöbelfabrik ansässig. Bekannte Industriebetriebe haben sich auch in den alten Kochertalstädtchen Ingelfingen (Bürkert-Magnetventile), Niedernhall (Helios-Meßtechnik) und Forchtenberg (Gemü-Steuergeräte, Naeve-Leuchten) angesiedelt. Ein vollständiger Katalog der innerhalb der Region hergestellten Industriegüter kann und soll hier nicht dargeboten werden. Doch zeigen die angeführten Beispiele, die für den gesamten Wirtschaftsraum als repräsentativ gelten können, den hohen Spezialisierungsgrad und die Vielseitigkeit der Investitionsgüterindustrie.

Erwähnenswert ist schließlich noch die Stadt Wertheim am Main. An der industriellen Entwicklung dieser Stadt lassen sich in exemplarischer Weise einige Grundzüge der wirtschaftlichen Entwicklung der Gesamtregion deutlich machen. Hier haben sich um 1950 Glasmacher aus Thüringen niedergelassen und damit die Industrialisierung des bis dahin verträumten Mainstädtchens eingeleitet. Heute bestehen im Stadtteil Bestenheid 80 Betriebe, darunter weltbekannte Glaswarenhersteller, mit insgesamt 6000 Beschäftigten.

Eine wesentliche Voraussetzung für die Entwicklung von Industrie, Handel und Gewerbe in der Region Franken war deren verkehrsmäßige Erschließung. Inzwischen bietet die Region hervorragende Anbindungen an alle Verkehrswege. Sie ist über die Bundesautobahnen A 81 (Stuttgart–Heilbronn–Würzburg) und die A 6 (Nürnberg–Heilbronn–Mannheim), die sich im Weinsberger-Kreuz schneiden, mit allen nationalen und internationalen Industriezonen verbunden. Der Raum hat überdies mit den Eisenbahnknotenpunkten Heilbronn und Lauda eine zentrale Lage im Schienennetz der Bundesbahn und ist über die Häfen Heilbronn und Wertheim mit allen internationalen Wasserstraßen verbunden.

Oberschwaben – starke Industrie im ländlichen Raum

Für den südöstlichen Landesteil zwischen Schwäbischer Alb und Bodensee, der nach Osten hin durch die Iller begrenzt wird, hat sich der Name Oberschwaben als Landschaftsbezeichnung eingebürgert. Die Oberflächenformen wurden hier weitgehend von den Gletschern der Eiszeit gestaltet, wobei im nördlichen Bereich auf den verwitterten rißzeitlichen Altmoränen und lößbedeckten Schotterplatten ausgedehnte Ackerflächen entstanden; im würmzeitlichen Jungmoränenland jedoch Seen, Moore und große Wälder vorherrschen, in die sich das Schussenbecken als agrarischer Gunstraum vom Bodensee her einschiebt.

Die Wirtschaftslandschaft Oberschwabens weist ähnliche Züge auf wie der oben dargestellte Nordosten des Landes Baden-Württembergs. Auch dieses Gebiet ist durch das Nebeneinander von leistungsstarken meist städtischen Industrieorten und ländlichen sturkturschwachen Räumen geprägt.

Wenn man vom Großstadtraum Ulm und dem Bodenseekreis absieht, gibt es eine auffallende Übereinstimmung in den Strukturdaten (Stand 1980). Mit 125 Einwohnern pro qkm gehört die Mitte Oberschwabens (Landkreise Biberach und Ravensburg) zu den bevölkerungsschwachen Regionen des Landes (259 pro qkm). Am Bruttoinlandprodukt hat die Landwirtschaft einen erstaunlich hohen Anteil von 7,5% (Land 2,4%), das warenproduzierende Gewerbe dagegen nur 46% (57%). Im übrigen lag das Bruttoinlandprodukt 1978 je Kopf der Bevölkerung mit 19130 DM erheblich unter dem Landesdurchschnitt von 22110 DM – ein Zeichen der geringeren Wirtschaftskraft dieses Raumes.

Der Schwerpunkt der mittelständisch strukturierten Industrie liegt in Oberschwaben beim Maschinen- und Fahrzeugbau, der sich überwiegend nach dem Kriege hier angesiedelt und in den folgenden Jahren geradezu stürmisch entwickelt hat. In den Städten Ravensburg, Weingarten, Biberach, Riedlingen und Laupheim sind die wichtigsten Betriebe dieser Branche angesiedelt.

Hier werden Baumaschinen, Werkzeugmaschinen, Turbinen, Papiermaschinen und Pressen für die Kfz-Industrie hergestellt. Nahezu ein Drittel aller Industriebeschäftigten war Ende der 70er Jahre in dieser Sparte tätig. Überraschend hoch ist der Anteil der Beschäftigten in der Textilindustrie, die sich trotz einer lang anhaltenden und noch nicht abgeschlossenen Strukturkrise als zweitwichtigste Branche bisher behaupten konnte. Namhafte Unternehmen der Bekleidungsindustrie sowie der Stoffherstellung und Stoffveredelung sind in Leutkirch, Wangen, Ravensburg, Althausen, Wilhelmsdorf sowie im Raum Bad Buchau–Riedlingen zu finden. Mit der pharmazeutischen Industrie in Biberach und Laupheim sowie bedeutenden Betrieben der Elektroindustrie mit Schwerpunkten in Ochsenhausen, im Schussental und den Allgäustädten Wangen, Isny, Leutkirch verfügt der oberschwäbische Wirtschaftsraum über dynamische Wachstumsindustrien.

Ein bedeutender Wirtschaftsfaktor sind ferner die holzverarbeitenden Betriebe, die sich hauptsächlich im waldreichen Kreis Ravensburg angesiedelt haben.

Abb. 64: Industriestandorte in Oberschwaben
(n. Statist. Landesamt Baden-Württemberg, IHK-Atlas u. a.)

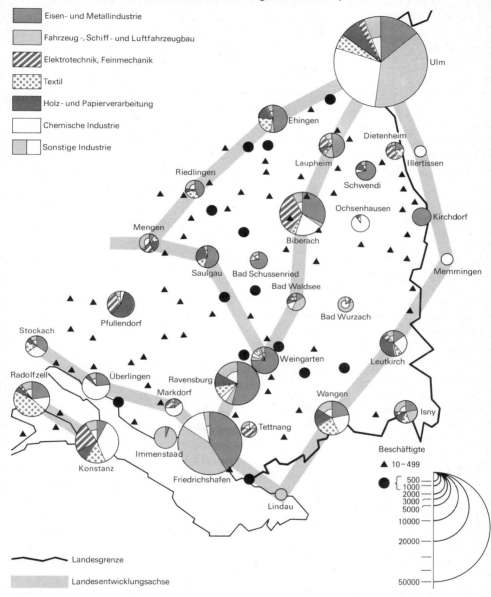

Eisen- und Metallindustrie

Fahrzeug-, Schiff- und Luftfahrzeugbau

Elektrotechnik, Feinmechanik

Textil

Holz- und Papierverarbeitung

Chemische Industrie

Sonstige Industrie

Beschäftigte

▲ 10 – 499

● { 500, 1000, 2000, 3000, 5000, 10000, 20000, 50000

Landesgrenze

Landesentwicklungsachse

Schließlich besitzen auch noch die Nahrungs- und Genußmittelindustrie – hier vor allem die milchverarbeitenden Betriebe – sowie die Papierzeug und Papierverarbeitung ein wirtschaftliches Gewicht. Die wichtigsten Betriebe der Papierindustrie liegen im mittleren Schussental in Baierfurt, Mochenwangen und Ravensburg.

Besondere Erwähnung verdient noch die 1956 errichtete Glasfabrik in Bad Wurzach,

271

deren ungewöhnlicher Standort im Allgäu darauf zurückzuführen ist, daß man ursprünglich annahm, den reichlich vorhandenen Torf als Brennstoff für die Glasherstellung verwenden zu können.

Die vielfältige Branchenstruktur, die durch ihren hohen Anteil an wachstumsorientierten zukunftsträchtigen Industrien auffällt, ist im wesentlichen das Ergebnis der Industrialisierung nach dem Zweiten Weltkrieg. Bis zur Mitte dieses Jahrhunderts war die Wirtschaftsstruktur Oberschwabens überwiegend von der Landwirtschaft geprägt. Zwar waren die ehemaligen Reichsstädte Biberach, Ravensburg, Isny, Leutkirch und Wangen schon im Mittelalter bedeutende Zentren von Handel und Gewerbe gewesen. Dabei spielte, neben ihrer Stellung als lokale Vieh- und Kornmärkte, vor allem die aus der Flachsspinnerei hervorgegangene Barchentweberei eine große Rolle. Ihre Erzeugnisse wurden durch die „Große Ravensburger Handelsgesellschaft" bis in die Mittelmeerländer vertrieben. Der Dreißigjährige Krieg setzte aber dieser vorindustriellen Blüte des wirtschaftlichen Lebens ein allmähliches Ende und ließ die Städte auf den Stand kleiner bescheidener Landstädtchen zurücksinken, auf dem sie bis zu Beginn des Industriezeitalters verharrten.

Entscheidende Impulse zur Industrialisierung Oberschwabens gingen erst von der Fertigstellung der Bahnlinie Ulm–Friedrichshafen im Jahre 1850 aus, die heute noch neben der Donaulinie den wichtigsten Schienenstrang der Region darstellt. Die in einem Schwäbischen Volkslied vielbesungene Strecke verband Oberschwaben enger mit dem württembergischen Kernland um Stuttgart, das damals in der Industrialisierung schon weiter fortgeschritten war. In den folgenden Jahrzehnten entstanden in den Gemeinden mit Bahnanschluß eine Reihe von Industriebetrieben, die teilweise bis heute weiterbestehen.

Im ganzen gesehen blieb jedoch die Wirtschaftsstruktur Oberschwabens bis zum Zweiten Weltkrieg – jedenfalls im Sinne der flächenmäßigen Bewertung – noch eindeutig von der Landwirtschaft geprägt. Industrieansiedlungen in nennenswertem Umfang gab es nur in den Städten. Erst nach 1945 setzte eine verstärkte Industrialisierung in der gesamten Region ein. Sie erhielt ihre Impulse vor allem durch den Zustrom von Flüchtlingen und Heimatvertriebenen, da mit finanzieller Hilfe von Bund und Land eine Reihe von Betrieben neu gegründet wurde. Diese erweiterten nicht nur die traditionelle Branchenstruktur und das Arbeitsplatzangebot, sondern initiierten auch die Gründung weiterer Zuliefererbetriebe. Bereits Mitte der fünfziger Jahre hatte das produzierende Gewerbe die Landwirtschaft hinsichtlich der Zahl der Beschäftigten zu überflügeln begonnen.

Bei den heute in Oberschwaben ansässigen mittleren und größeren Industriebetrieben lassen sich nach Schmiding (1981, S. 14) im groben drei Gruppen unterscheiden:

– die fortentwickelten Unternehmen der bodenständigen Industrie von teilweise jahrhundertelanger Tradition, insbesondere im Bereich der Metallerzeugung, der Textil-, Holz- und Ernährungsindustrie;

– die aus Handwerksbetrieben entstandenen oder durch Zuwanderung gegründeten hochspezialisierten Unternehmen, vor allem des Maschinenbaus, die heute zu den bedeutendsten der Region zählen und

– die nach dem Zweiten Weltkrieg aus anderen Teilen Deutschlands hierher verlagerten oder neu gegründeten Unternehmen, vor allem der pharmazeutischen und feinmechanischen Industrie.

Typische Beispiele für die erste Gruppe sind eine Reihe von ländlichen Brauereien und Betrieben der Milchverarbeitung, die die agrarischen Produkte des heimatlichen Raumes verarbeiten. Im Bereich der Textilindustrie ist u. a. die Posamentenfabrik Gerster in Biberach, die Zwirnerei und Färberei Springer in Isny und die Spinnerei in Wangen zu nennen. Auf eine Initiative König Wilhelms I. geht die heutige Gießerei der Schwäbischen Hüttenwerke in Schussenried zurück.

Die zweite Gruppe wird am augenfälligsten durch den Liebherr-Konzern repräsentiert. Das Unternehmen, das heute zu den größten Baumaschinenherstellern Europas und zu den bedeutendsten Firmen Baden-Württembergs zählt, ging aus einem seit 1938 in Kirchdorf bestehenden Hoch- und Tiefbauunternehmen hervor. Die Firma hat sich nicht nur als Produzent von Baumaschinen einen internationalen Namen gemacht, sondern auch im Bau von Auto- und Schiffskränen, im Werkzeugmaschinen- und im Flugzeugbau. Die Liebherr-Werke verteilen sich in Oberschwaben auf folgende Standorte: Biberach (Baukräne), Schussenried (Betonmischanlagen), Kirchdorf (Hydraulikbagger), Ehingen a. d. Donau, Ochsenhausen (Kühl- und Gefrieranlagen).

Ebenfalls aus einem Handwerksbetrieb entstanden ist die Firma Max Weishaupt in Schwendi, die sich in den letzten Jahren zu einem der größten Öl- und Gasbrennerhersteller der Welt entwickelt hat. Schließlich gehört auch die Aluminiumgießerei und Maschinenfabrik Handtmann in Biberach dieser Gruppe an.

Der größte Arbeitgeber der Stadt Ravensburg, die Maschinenfabrik Escher Wyss, wurde 1856 als Tochterunternehmen einer Züricher Firma gegründet. Heute produziert das Unternehmen Turbinen, Anlagen für die chemische Industrie sowie Propeller für Binnen- und Hochseeschiffe. Auch die Maschinenfabrik Weingarten ist ein altes Unternehmen. Sie wurde 1862 durch einen aus Tuttlingen zugewanderten Schneider gegründet, der hier eine Fertigung von Nähmaschinen begann. Heute produziert die Firma vor allem Pressen für die Blechver-

formung, die in der Automobilbranche benötigt werden.

Unter den jungen Unternehmen, die zur dritten Gruppe gehören, ist an erster Stelle die chemisch-pharmazeutische Fabrik Thomae in Biberach, eine Tochtergründung der Firma Boehringer-Ingelheim, zu nennen. Das Unternehmen hat sich aus einem 1946 nach Biberach verlegten Kleinbetrieb zu einem Großunternehmen mit ca. 3000 Beschäftigten entwickelt. Schwerpunkt des Forschungs- und Produktionsprogramms sind Herz- und Kreislaufmittel sowie Medikamente gegen Bronchialerkrankungen.

Aus der Vielzahl großer und kleiner Unternehmen dieser Gruppe seien nur noch einige beispielhaft erwähnt, so die in Potsdam enteignete und 1946 in Biberach neu gegründete Dentalgerätefabrik Kaltenbach und Voigt, ferner die aus Chemnitz stammende Elektromaschinenfabrik Kessler in Buchau, das Silit-Werk in Riedlingen, ein Zweigwerk der WMF, sowie das Werk Laupheim der Messerschmitt-Bölkow-Blohm GmbH, in dem wichtige Teile des Airbus gefertigt werden.

Die Darstellung der Industriestruktur Oberschwabens bliebe unvollständig, würde man nicht auch noch den Industriestandort Friedrichshafen kurz beleuchten, der zur Wiege der Industrialisierung des Bodenseeraumes wurde. Am 2. Juli 1900 stieg hier das Luftschiff LZ I von seiner schwimmenden Montagehalle Manzell auf. Damit begann nicht nur ein neuer Abschnitt in der Geschichte der deutschen Luftfahrt, sondern auch die Entwicklung der kleinen königlichen Sommerresidenz Friedrichshafen zur Industriestadt. Innerhalb von 15 Jahren siedelten sich hier die Firma Luftschiffbau Zeppelin (1908), Maybach Motorenbau (1909), Dornier Flugzeugwerke (1914) und die Zahnradfabrik Friedrichshafen (1915) an, die alle zu dem von Graf Zeppelin gegründeten Konzern gehörten. Neben Graf Zeppelin waren es Persönlichkeiten wie

Claude Dornier, Karl Maybach, Graf Soden, Hugo Eckner, Ludwig Dürr und Alfred Colsmann, die den Grundstock für die industrielle Entwicklung des nördlichen Bodenseeufers legten. So haben sich vor allem nach dem Zweiten Weltkrieg – maßgeblich beeinflußt durch die Betriebe des Zeppelin-Konzerns – die Städte Überlingen, Meersburg, Marktdorf und Tettnang sowie die Gemeinden Immenstadt und Kreßbronn zu beachtlichen Industriestandorten entwickelt.

8 Baden-Württemberg im deutschen und internationalen Vergleich

8.1
Die Wirtschaftskraft Baden-Württembergs im Vergleich zur Bundesrepublik

Auf die herausragende wirtschaftliche Stellung des Landes Baden-Württemberg innerhalb der Bundesrepublik wurde schon mehrfach hingewiesen.

Nimmt man das Bruttoinlandprodukt als zusammenfassenden Indikator der wirtschaftlichen Leistung, dann zeigt sich, daß es in Südwestdeutschland 1980 – gemessen an Preisen von 1970 – zwölfmal höher lag als 1950. Ein solches außerordentliches Wachstum wurde von keinem anderen Bundesland erreicht. Je Einwohner gerechnet lag es während der 70er Jahre stets über dem Bundesdurchschnitt. 1980 stieg es auf 25 767 DM und erreichte damit den Höchstwert unter den Flächenstaaten der Bundesrepublik (Bundesdurchschnitt 24 279 DM).

Auch hinsichtlich der Kaufkraft seiner Bevölkerung stand Baden-Württemberg an erster Stelle. Zwischen Baden-Württemberg und dem kaufkraftschwächsten Gebiet, dem Saarland, bestand 1980 ein Unterschied von 30 Prozent. Das Steueraufkommen je Einwohner mit 5430 DM war das zweitstärkste unter den Flächenländern der Bundesrepublik.

Diese Spitzenstellung brachte jedoch Baden-Württemberg nicht nur Vorteile. Durch seine Wirtschafts- und Finanzkraft wurde das Land zunehmend zur Kasse gebeten. So mußte in den zurückliegenden Jahren der größte Teil für den Entwicklungshilfe-Etat vom Land Baden-Württemberg (1980: rd. 160 Millionen DM) aufgebracht werden. Außerdem hatte der Südweststaat im Finanzausgleich unter den Bundesländern die Ausgaben der anderen Länder zu einem erheblichen Teil zu finanzieren. Allein im Jahre 1980 betrug der Anteil Baden-Württembergs an den Ausgleichsbezahlungen 60 Prozent oder 1,6 Mrd. DM.

Wie in den vorhergehenden Abschnitten bereits deutlich wurde, läßt sich die beachtliche wirtschaftliche Leistungskraft des Landes auf die Stärke des verarbeitenden Gewerbes zurückführen. Über 20 Prozent der warenproduzierenden Betriebe der Bundesrepublik liegen in Baden-Württemberg. Dabei weist die Industrie im Vergleich zum Bund eine recht gesunde Mischung der Betriebsformen und -größen auf, die überdies durch eine weitgehende Dezentralisation, d. h. breite Streuung der Betriebe über das Land, gekennzeichnet ist. Innerhalb der reichhaltigen Branchenpalette des produzierenden Gewerbes gibt es einige Industriezweige, die im bundesweiten Vergleich hervorstechen. Hier ist an erster Stelle der Maschinenbau zu nennen. Bei Präzisionswerkzeugen und Feuerwehrgeräten entfällt die Hälfte der Produktion des Bundesgebiets auf Baden-Württemberg. Überdurchschnittliche Anteile an der Bundesproduktion besitzt das Land ferner bei der Herstellung von Holzverarbeitungsmaschinen, Textil- und Werkzeugmaschinen (31%). Nach der Zahl der Beschäftigten und nach dem Umsatz ist Südwestdeutschland auch zu einem bedeutenden Standort der Elektroindustrie geworden. Mit einem Anteil von einem Viertel der in der Elektrobranche der Bundesrepublik Beschäftigten nimmt das Land knapp nach Bayern den zweiten Rang ein. Auf einigen Gebieten der Elektrotechnik kommt dem Land sogar eine ausgesprochene Führungsposition zu: in der Herstellung von Elektrowerkzeugen und elektronischen Meßgeräten, bei Kühlschränken, der elektrischen Ausrüstung von Kraftfahrzeugen sowie bei Rundfunk- und Fernsehröhren.

Auf die Bedeutung des Fahrzeugbaus wurde schon mehrfach hingewiesen. Mehr als ein Viertel des Bundesumsatzes in der Automobilbranche entfällt auf Baden-Württemberg. Diese Quote wird von keinem anderen Bundesland, nicht einmal von Niedersachsen mit den VW-Werken, erreicht.

Innerhalb des feinmechanischen und optischen Gewerbes nimmt die Uhrenindustrie eine Sonderstellung ein. Etwa 90 Prozent der deutschen Uhrenindustrie, die an zweiter Stelle der Weltrangliste steht, sind in Baden-Württemberg beheimatet. Selbst das Textilgewerbe, das in Südwestdeutschland wie in anderen europäischen Industriegebieten stark unter dem allgemeinen Strukturwandel dieser Branche zu leiden hatte, ist für die Bundesrepublik von größter Bedeutung, denn es stellt 33 Prozent der Beschäftigten und 31,4 Prozent des Umsatzes dieser Branche. Mit 380 Verlagen ist Baden-Württemberg das verlagsstärkste Bundesland. Es erwirtschaftet 40 Prozent des deutschen Buchumsatzes. Schon mehrfach wurde herausgestellt, daß Baden-Württemberg vor allem im Bereich der Fertigwaren- und Qualitätsindustrie einen ausgesprochenen Schwerpunkt besitzt. In zahlreichen Zweigen, und zwar gerade in denjenigen, die am lohnintensivsten sind und allerhöchste Präzision verlangen, hat die baden-württembergische Industrie einen überdurchschnittlichen Anteil an derjenigen des Bundes: Fast 80 Prozent der Beschäftigten der Schmuckwarenindustrie des Bundes sind im Land tätig. In der Musikwarenindustrie beträgt der Anteil 46 Prozent. Jeweils 40 Prozent der Beschäftigten entfallen auf die Branchen Feinmechanik-Optik und Leder. In der Spielzeugwarenindustrie des Bundes entfallen 29 Prozent auf Baden-Württemberg, es folgen die Papiererzeugung (28%), die Papierveredelung

(25%), die Holzverarbeitung (21%) und die Schuhindustrie (19%).

Die ausgewogene und vielseitige Wirtschaftsstruktur und die günstige Leistungsbilanz Baden-Württembergs dürfen nicht darüber hinwegtäuschen, daß das Land auch mit gewissen Problemen zu kämpfen hat. Es reagiert sehr sensibel auf konjunkturelle Veränderungen, und wegen des hohen Anteils der Investitionsgüterindustrie mit ihrer hohen Exportquote spürt es weltwirtschaftliche Veränderungen oft stärker als andere Industriegebiete der Bundesrepublik. Dies machte sich in den konjunkturell schwierigen Phasen der 70er Jahre und in den Rezessionsjahren zu Beginn der 80er Jahre besonders bemerkbar.

Wirtschaft und Politik des Landes haben daher in den letzten Jahren sich energisch darum bemüht, unvermeidlich gewordene strukturelle Veränderungen zu bewältigen. Die Umorientierung in Richtung der sogenannten Wachstumsindustrien wurde bereits eingeleitet. Mit der intensiven Hinwendung zur Elektronik in der Fertigungs- wie in der Produktionstechnologie, mit „neuen" technischen Industrien und neu entwickelten hochwertigen Produkten blieb die Industrie weitgehend konkurrenzfähig und konnte sich auf dem einen oder anderen Gebiet sogar einen Vorsprung erarbeiten.

Dazu kamen ein dichtes Servicenetz in aller Welt, pünktliche Lieferungen sowie einwandfreie Montage und Wartung durch zuverlässige Mitarbeiter im Ausland. Die verstärkte Hinwendung zu technischen Spitzenerzeugnissen ist nicht nur im Hinblick auf den vermuteten Strukturwandel in der Weltwirtschaft nötig, sondern allein schon deshalb, weil der export- und lohnintensive Produktionsstandort Bundesrepublik seine Wettbewerbsfähigkeit erhalten muß.

Daß die jüngsten Bemühungen nicht ganz erfolglos waren, zeigt die relativ stabile Lage des Arbeitsmarktes in Südwestdeutschland. Baden-Württemberg liegt seit vielen

Jahren bei der Arbeitslosigkeit am Ende der Skala. In den 60er Jahren erreichte die Arbeitslosenquote kaum einmal 1 Prozent. Selbst während der Rezession der 70er Jahre, als sie im Bundesgebiet im Jahresdurchschnitt fast 5 Prozent erreichte, stieg sie in Baden-Württemberg nicht über 3,5 Prozent. Bis 1980 ging die Quote auf rund 2 Prozent zurück, während sie im Bundesgebiet kaum unter 4 Prozent sank. Ende 1982 hatte sich allerdings auch im Land die Situation dramatisch verschlechtert. Dazu trugen u. a. die Insolvenzen bedeutender Firmen bei, wie Dual (St. Georgen), Videocolor und Magirus (Ulm), Zanker (Tübingen), Neff (Bretten), Kreidler und Bauknecht (Stuttgart), Korff (Baden-Baden). Mit einer Arbeitslosenquote von 5,6 Prozent im November 1982 schnitt Baden-Württemberg aber immer noch erheblich besser ab als die anderen Bundesländer (Bundesdurchschnitt 9%).

8.2
Baden-Württemberg – Außenhandelsland in weltweiten Verflechtungen

Die Wirtschaft von Baden-Württemberg ist in hohem Maße von Außenverflechtungen und Außenabhängigkeit gekennzeichnet. Dies gilt in besonderer Weise für den *Export*. Der Exportanteil der baden-württembergischen Wirtschaft war 1980 mit fast 25% höher als der des Bundesgebiets (24%). Dabei gilt es zu berücksichtigen, daß die Bundesrepublik nach den USA und vor Japan ohnehin die zweitgrößte Welthandelsmacht darstellt.

Münzenmaier (1982, S. 225) hat die Stellung Baden-Württembergs auf dem Weltmarkt als eigenständiger Volkswirtschaft untersucht und dabei einige bemerkenswerte Relationen herausgestellt. So lag der Anteil des Landes am Weltexportvolumen im Jahre 1979 bei 1,8%. Bei einigen Produkten lag er weit über diesem Durchschnittswert: bei Spezialkraftwagen (14%), bei Druckerei- und Buchbindereimaschinen (16,2%), Metallbearbeitungsmaschinen (11,6%). Baden-Württemberg lag bei diesen Produkten hinter den anderen Bundesländern und den USA (oder Japan) an dritter Stelle unter den „Exportländern". Immerhin viertgrößtes „Exportland" war Baden-Württemberg bei nichtelektrischen Werkzeugmaschinen (8,5%) sowie bei optischen Erzeugnissen (10%). Der gesamte Anteil Baden-Württembergs am Weltexport war 1979 etwa gleich groß wie derjenige der Schweiz und bedeutend höher als der Spaniens (1,1%), Brasiliens (0,9%) oder der Volksrepublik China (0,8%).

Diese Zahlen über die Exportstärke Baden-Württembergs sind um so beeindruckender, wenn man bedenkt, daß in Südwestdeutschland gerade 0,21% der Weltbevölkerung leben bzw. daß dieses Bundesland nur 0,026% der Erdoberfläche bedeckt.

Der hohe Exportanteil des Landes ist ein fast logisches Ergebnis seiner spezifischen Wirtschaftsstruktur. Wie in anderen Industrieländern vergleichbaren Entwicklungsstandes überwogen bei der Ausfuhr die Produkte der Investitionsgüterindustrie.

Im Exportgeschäft des Landes waren – wenn auch in unterschiedlichem Ausmaß – alle Zweige des produzierenden Gewerbes beteiligt. Zu den wichtigsten Ausfuhrgütern zählten 1980 Maschinen, Fahrzeuge und elektrotechnische Erzeugnisse. Auf diese drei Branchen zusammen entfielen über 53% der Ausfuhrwerte. Gerade diesen Industriezweigen war es nämlich seit den 60er Jahren gelungen, überdurchschnittliche Absatzerfolge im Ausland zu erzielen. Von gewisser Bedeutung waren ferner noch die Exporte von chemischen Erzeugnissen und Textilien. Die restlichen Warenarten spielten quantitativ nur eine untergeordnete Rolle. Dabei darf man aber nicht übersehen, daß bei einigen Spezialprodukten die Exportquote Baden-Württembergs überproportional hoch war. So kamen beispielsweise drei von vier aus der Bundesrepublik exportierten Uhren aus Südwestdeutschland.

Insgesamt hat sich die Ausfuhrleistung des Landes im Zeitraum 1952–1980 versechsundzwanzigfacht. Mit einem Ausfuhrwert von rund 60 Milliarden DM im Jahre 1980 war Baden-Württemberg nach Nordrhein-Westfalen und vor Bayern das zweitgrößte Exportland der Bundesrepublik.

Zur Ausweitung des Exportgeschäfts haben neben der allgemeinen Liberalisierung des Außenhandels, der einen Aufbau von Absatzorganisationen und entsprechender Kundendienste gestattete, auch das gute Angebotssortiment, der Qualitätsstandard und nicht zuletzt die Lieferfähigkeit der Südwestdeutschen Industrie beigetragen.

Baden-Württemberg unterhält gegenwärtig Handelsbeziehungen nach allen Erdteilen. 1980 waren es 190 Staaten, mit denen das Land durch einen mehr oder weniger regen Warenaustausch verbunden war. Der Schwerpunkt des Warenaustausches mit dem Ausland lag infolge des hohen wirtschaftlichen Entwicklungsstandes der meisten europäischen Länder und deren geographischer Lage seit jeher in Europa. Allerdings hat die Ausfuhr in die europäischen Länder in den 70er Jahren etwas an Gewicht verloren, eine Folge weltwirtschaftlicher Umschichtungsprozesse zugunsten neuer Märkte in der Dritten Welt, insbesondere in devisenstarken Öllieferländern.

Zu Beginn der 80er Jahre gingen aber immer noch zwei Drittel des Exportes in die westlichen Industrieländer Europas. Das Schwergewicht der Ausfuhr in die insgesamt 23 europäischen Staaten lag bei acht Handelspartnern. Nach der Größe des Exportvolumens geordnet waren dies Frankreich, Italien, die Schweiz, die Niederlande, Österreich, Großbritannien, Belgien-Luxemburg und Schweden. Allein auf diese Staaten entfiel fast die Hälfte der Gesamtexporte, und ihre Nennung zeigt, daß die wichtigsten europäischen Abnehmer baden-württembergischer Produkte alle zur EG oder zur EFTA zählen. Im außereuropäischen Markt waren die USA mit fast 10% der Gesamtausfuhr die besten Kunden.

Im Zuge einer allgemeinen Intensivierung der Außenhandelsbeziehungen wuchs auch der *Import*. Die Einfuhr nach Baden-Württemberg belief sich 1980 auf 46,6 Milliarden DM. Zu den wichtigsten Einfuhrgütern zählten Nahrungsmittel, Textilien, Maschinen, chemische Erzeugnisse, Eisenwaren, elektrotechnische Erzeugnisse, Autos und Kraftstoffe. Angesichts des hohen technischen Niveaus der heimischen Industrieerzeugnisse mag es überraschen, daß es sich bei den Importen nicht in erster Linie um Waren einfacher Qualität handelt, sondern um Erzeugnisse, die sich vielfach lediglich durch Firmennamen von Weltruf oder in der Aufmachung, nicht aber durch eine überlegene technische Gestaltung von den baden-württembergischen Produkten unterscheiden. Wie bei der Ausfuhr lag auch bei der Einfuhr der Schwerpunkt der Importe bei Frankreich, gefolgt von Italien, der Schweiz und den BENELUX-Ländern. Der Anteil der us-amerikanischen Importe lag bei 7%.

Im Laufe der 70er Jahre sind die Beziehungen der Bundesrepublik zu den *Ländern der Dritten Welt* kontinuierlich angestiegen. Dabei handelte es sich einmal um Maßnahmen der Entwicklungshilfe im weitesten Sinn, zum anderen um wirtschaftliche Beziehungen wie Außenhandel, Investitionstätigkeit oder Tourismus. Einige dieser Bereiche wurden von der Landesregierung Baden-Württemberg tatkräftig unterstützt.

Vor allem auf dem Gebiet der Entwicklungshilfe hat sich das Land überdurchschnittlich stark engagiert: 1981 entfielen von den Entwicklungshilfeleistungen der Länder knapp 39% auf Baden-Württemberg. Schwerpunkt der Förderung war die Aus-

und Weiterbildung von Experten und Lehrern im gewerblichen sowie im land- und forstwirtschaftlichen Bereich. In den Hochschulen des Landes betrug der Anteil der Studenten aus Entwicklungsländern im Sommersemester 1981 4,9% (Bundesdurchschnitt: 3,2%).

Baden-Württemberg, das sowohl durch seinen Mangel an eigenen Rohstoffen und Energieträgern als auch durch den hohen Spezialisierungsgrad seiner Veredlungsindustrie auf ausländische Märkte angewiesen ist, importierte 1981 aus Ländern der Dritten Welt Waren im Wert von 12,4 Milliarden DM und exportierte in diese Waren im Wert von 15,8 Milliarden Mark; dies entspricht einem Viertel des gesamten Exportvolumens des Landes. Die wichtigsten Staaten der 151 Entwicklungsländer, in die Baden-Württemberg exportierte, waren Saudi-Arabien, Algerien, Brasilien, Irak und der Iran. Auf sie allein entfiel ein Drittel der Exporte in die Dritte Welt. Die wichtigsten Exportgüter stellten Maschinen, Fahrzeuge und elektrotechnische Erzeugnisse dar. Bei den Einfuhren dominierten Nahrungs- und Genußmittel sowie Rohstoffe.

Damit ist erneut deutlich geworden, welche Bedeutung der Außenhandel für Baden-Württemberg besitzt. Dies wird auch noch durch die Tatsache unterstrichen, daß jeder vierte Arbeitsplatz unmittelbar vom Export abhängt; mittelbar, d. h. einschließlich der Beschäftigten im Zulieferbereich, ist es sogar jeder dritte.

Einen nicht unbeträchtlichen Beitrag zur Entwicklung wirtschaftlich benachteiligter Länder leisten die Urlaubs- und Erholungsreisen von Touristen aus den Industrieländern. 1979 verbrachten etwa 30% der baden-württembergischen Bevölkerung ihren Auslandsurlaub in den europäischen Entwicklungsländern Griechenland, Jugoslawien, Malta, Portugal, Spanien und der Türkei. Die Höhe der Reiseausgaben entsprach ungefähr dem Wert des Warenexports des Landes nach Saudi-Arabien und der Vereinigten Emirate zusammen; dies zeigt, daß Baden-Württemberg über den Reiseverkehr zu einer beachtlichen Entlastung der Zahlungsbilanz vornehmlich europäischer Entwicklungsländer beigetragen hat.

Schließlich hat im vergangenen Jahrzehnt eine völlig anders geartete Auslandsverflechtung zunehmend an Bedeutung gewonnen. Nach Vorkötter (1980, S. 37) war in den 70er Jahren die Losung: „Kapitalexport statt Warenexport" für eine wachsende Zahl von Unternehmen immer mehr zur Richtschnur für unternehmerische Entscheidungen geworden, nachdem zu Beginn der 70er Jahre der durch eine jahrelange Unterbewertung der Mark entstandene künstliche Standortvorteil der Bundesrepublik abrupt verlorenging, seit die Abhängigkeit der deutschen Wirtschaft von ausländischen Rohstoffen immer deutlicher zutage trat und die Weltwirtschaft durch protektionistische Tendenzen vom Ideal eines freien internationalen Handels weiter abrückte.

Im vergangenen Jahrzehnt erreichte der Investitionsboom im Ausland ein nie zuvor gekanntes Ausmaß: 846 Millionen DM verwendeten allein die Unternehmer Baden-Württembergs dazu, Produktions- und Verarbeitungsstätten in der ganzen Welt aufzubauen, Kapitalbeteiligungen an ausländischen Unternehmen zu erwerben oder gemeinsam mit ausländischen Partnern neue Gesellschaften zu gründen. War es früher so, daß deutsche Auslandsinvestitionen regelmäßig hinter den Investitionen ausländischer Unternehmer in der Bundesrepublik zurückblieben, so hat sich dieser Trend inzwischen umgekehrt. Selbst in den Rezessionsjahren 1975 und 1976 konnten die Auslandsinvestitionen zweistellige Zuwachsraten verbuchen. Insgesamt wuchsen die baden-württembergischen Engagements außerhalb der deutschen Grenzen bis 1980 auf über sieben Milliarden DM an, wovon nahezu die Hälfte auf die letzten sechs Jahre entfielen. Die

Gründe für diesen Kapitalexport sind vielfältig. Am häufigsten werden das hohe Lohnkostenniveau und die sehr lohnintensive Fertigung in der Bundesrepublik genannt. Daß die Lohnkostenunterschiede aber nicht das einzige, häufig nicht einmal das wichtigste Motiv für Auslandsinvestitionen sein können, zeigt die regionale Verteilung der Produktionsverlagerungen. An erster Stelle stehen die USA (rd. 17%), gefolgt von der Schweiz und Frankreich, auf die beide etwa 15% des Gesamtvolumens entfallen. Alle drei sind Länder, deren Lohnniveau sich von dem der Bundesrepublik allenfalls graduell unterscheidet. Erst an vierter Stelle folgt mit Brasilien ein ausgesprochenes Niedriglohnland. Daraus wird ersichtlich, daß nicht so sehr die Lohnkostenunterschiede, sondern wohl eher das Motiv der Absatzsicherung durch größere Marktnähe die wichtigste Rolle spielt. Umgekehrt haben sich aber auch zahlreiche ausländische Unternehmen und internationale Konzerne in Baden-Württemberg niedergelassen. Dabei nehmen die ausländischen Ansiedler die Standortvorteile wahr, die das Land besonders auszeichnet: vielfältig strukturierte Wirtschaft, gute Infrastruktur, soziale Ausgewogenheit, Fleiß und handwerkliches Geschick der gut ausgebildeten Bevölkerung, das technische „Knowhow" der Ingenieure und nicht zuletzt den hohen Freizeitwert des Landes. Insgesamt beliefen sich 1980 die ausländischen Investitionen im Land auf 9,6 Milliarden DM. Die wichtigsten Investoren sind die USA, die Schweiz, Großbritannien und Frankreich.

9 Erholungsgebiete und Tourismus

Die Bedeutung Baden-Württembergs als Fremdenverkehrsland kommt darin zum Ausdruck, daß es nach Bayern das größte Reise- und Ferienland der Bundesrepublik ist. Unter Experten gilt es als „das Industrieland mit dem größten Freizeitwert". Dies mag damit zusammenhängen, daß industrielle Verdichtungsräume und Erholungslandschaften dicht aneinander grenzen, teilweise sich sogar verzahnen.

Der Fremdenverkehr hat in Südwestdeutschland eine lange Tradition. Es waren vor allem die vielen Heilbäder, die seit dem Mittelalter immer wieder hochrangige Gäste aus ganz Europa anzogen. Ende des 19. Jahrhunderts erreichte die Kur- und Badeerholung ihren Höhepunkt. Damals sprach man beispielsweise von Baden-Baden „als der Hauptstadt Europas im Sommer". Auch heute noch spielen im Rahmen des Fremdenverkehrs die Heil- und Kurbäder eine beachtliche Rolle.

In den letzten Jahren hat sich jedoch das Angebot der Erholungsmöglichkeiten beträchtlich erweitert. Die Grundlage für diese Entwicklung bot einmal der außergewöhnliche Reichtum Baden-Württembergs an reizvollen, vielseitigen Landschaften und an bedeutenden Kulturdenkmälern, die Gunst der natürlichen Gegebenheiten mit zahlreichen Mineral- und Thermalquellen und vielfältigen klimatischen Vorzügen; zum anderen spielte aber auch eine gut entwickelte Infrastruktur und eine leistungsfähige Gastronomie eine Rolle. Dazu kam ein gezielter Ausbau der Fremdenverkehrswirtschaft, oft gefördert durch finanzielle Hilfen des Landes. So sind in den vergangenen Jahrzehnten in vielen Gemeinden neue Aufenthalts-, Lese- und Hobbyräume, Kurhäuser, Kurparks und -anlagen, Spielplätze, Rundwanderwege, Trimm-Dich-Pfade, Naturlehrpfade und Wildgehege sowie Sportanlagen, Frei- und Hallenbäder entstanden.

Neben den herkömmlichen Formen des Fremdenverkehrs hat man auch innovative Elemente kräftig entwickelt, vor allem Familienferiendörfer und -wohnungen, „Ferien auf dem Bauernhof" und Campingplätze. Gerade diese Sonderformen des moderneren Tourismus prädestinieren Baden-Württemberg zu einem Land der Familienerholung.

Hohe Wachstumsraten beim Fremdenverkehr

Zwischen 1951/52 und 1979/80 hat der Fremdenverkehr in Baden-Württemberg, abgesehen von einigen Einbrüchen in den 60er und 70er Jahren, in denen sich die allgemein schlechte Wirtschaftslage negativ auswirkte, ständig zugenommen. Die Zahl der Gästeankünfte erhöhte sich von 3,3 Millionen auf 9 Millionen (+ 173%). Demgegenüber haben die Übernachtungen noch stärker zugenommen (+ 262%). Im Fremdenverkehrsjahr 1979/80 wurden mit 44,9 Millionen Übernachtungen 32,5 Millionen mehr als 1951/52 registriert. Da die Übernachtungen in den vergangenen drei Jahrzehnten höhere Zuwachsraten als die Ankünfte zu verzeichnen hatten, ergab sich eine Verlängerung der durchschnittlichen Aufenthaltsdauer der Gäste von 3,5 auf 5 Tage.

Der Anteil Baden-Württembergs an den insgesamt in der Bundesrepublik gemeldeten Übernachtungen schwankte in den Nachkriegsjahrzehnten zwischen 18% und 21%; demnach dürfte jede fünfte Übernachtung im Bundesgebiet in baden-württembergischen Beherbergungsstätten gebucht worden sein.

Abb. 65: Strukturdaten zum Fremdenverkehr
(n. Angaben des Statist. Landesamts Baden-Württemberg)

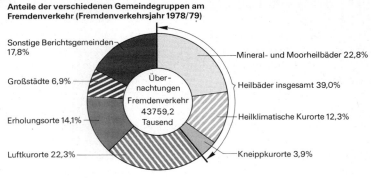

Anteile der verschiedenen Gemeindegruppen am
Fremdenverkehr (Fremdenverkehrsjahr 1978/79)

Sonstige Berichtsgemeinden 17,8%

Großstädte 6,9%

Erholungsorte 14,1%

Luftkurorte 22,3%

Übernachtungen Fremdenverkehr 43759,2 Tausend

Mineral- und Moorheilbäder 22,8%

Heilbäder insgesamt 39,0%

Heilklimatische Kurorte 12,3%

Kneippkurorte 3,9%

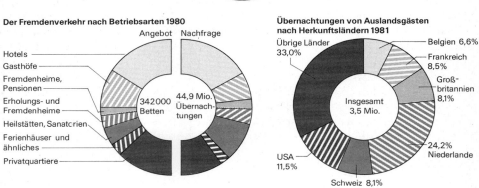

Der Fremdenverkehr nach Betriebsarten 1980

Angebot   Nachfrage

Hotels
Gasthöfe
Fremdenheime, Pensionen
Erholungs- und Fremdenheime
Heilstätten, Sanatorien
Ferienhäuser und ähnliches
Privatquartiere

342000 Betten

44,9 Mio. Übernachtungen

Übernachtungen von Auslandsgästen nach Herkunftsländern 1981

Übrige Länder 33,0%

Belgien 6,6%

Frankreich 8,5%

Groß- britannien 8,1%

Insgesamt 3,5 Mio.

24,2% Niederlande

USA 11,5%

Schweiz 8,1%

Die Zahl der Übernachtungen ausländischer Gäste machte 1980 einen Anteil von nur 9% aus. Dabei handelt es sich ganz überwiegend um Geschäfts-, Kongreß- und Transittourismus. So lagen auch die Schwerpunkt des Ausländerreiseverkehrs eindeutig in den Großstädten, wenn man einmal von den internationalen Heilbädern wie Baden-Baden absieht. Die wichtigsten Herkunftsländer waren die Niederlande, die USA, Großbritannien und die unmittelbar an Baden-Württemberg angrenzenden Länder Frankreich, Schweiz und Belgien.

Weitere Strukturmerkmale können der Karte „Fremdenverkehr" (Alexander Länderkarte VI) entnommen werden. Sie zeigt auch die Lage der wichtigsten Fremdenverkehrsorte des Landes.

9.1 Die einzelnen Fremdenverkehrsgebiete

Das größte Erholungsgebiet und zugleich das beliebteste Urlaubsziel unter allen deutschen Mittelgebirgen ist der *Schwarzwald.* Seine Sonderstellung ergibt sich allein daraus, daß fast zwei Drittel aller Übernachtungen und knapp 40 Prozent aller Fremdenmeldungen auf ihn entfallen.

Auch mit einer durchschnittlichen Aufenthaltsdauer von 8,2 Tagen und mehr als der Hälfte aller Fremdenverkehrsgemeinden des Landes liegt der Schwarzwald an der Spitze. Für die Erholungssuchenden stehen in den über 300 Heilbädern, heilklimatischen Kurorten, Luftkur- und Erholungsorten rund 160000 Betten zur Verfügung.

Diese überragende Bedeutung als Ferienlandschaft verdankt der Schwarzwald neben seiner mannigfaltigen Höhenlage, seinen spezifisch klimatischen Bedingungen (Reizklima), dem Vorkommen von Heilquellen und dem Waldreichtum auch dem Umstand, daß hier noch weitgehend eine landschaftsbezogene Bau- und Siedlungsweise – oft verbunden mit einem lebendigen Brauchtum – erhalten blieb.

Dazu kommt eine hervorragend ausgebaute, speziell auf die Bedürfnisse des Fremdenverkehrs zugeschnittene Infrastruktur, wobei der auf Tradition und Fortschritt gründenden Gastlichkeit eine besondere Rolle zukommt.

Heute sind im Schwarzwald fast sämtliche Femdenverkehrsarten vertreten von der medizinischen Kur über die Sommerfrische bis zum Wintersport. Es überrascht daher nicht, wenn der Schwarzwald nach Nord- und Ostsee und Oberbayern an dritter Stelle der Beliebtheitsskala unter den deutschen Feriengebieten steht.

Unter den Ferienlandschaften des Landes steht der *Bodensee* mit *Oberschwaben* und dem württembergischen *Allgäu* an zweiter Stelle. Auf diesen Erholungsraum entfielen 1980 zusammen etwa 14% aller Fremdenübernachtungen. Die Erholungszone am Bodensee ist in ihrer Ausdehnung relativ eng begrenzt und erstreckt sich fast ausschließlich auf den unmittelbaren Uferbereich. Hier liegen auch die bedeutendsten Luftkur- und Erholungsorte mit ausgesprochener Sommersaison. Im Vergleich zu anderen Fremdenverkehrsgebieten nehmen am Bodensee die Campingplätze eine wichtige Stellung ein. Dabei bietet der See nicht nur ideale Möglichkeiten für Sport und Spiel, sondern er ist zugleich auch Mittelpunkt einer reichen Kulturlandschaft, deren Spannweite von der romanischen Baukunst auf der Reichenau bis zu einem der Meister-

werke des Barock, der Klosterkirche Birnau, reicht. Überdies ist der Bodensee ein idealer Ausgangspunkt für Ausflugsfahrten in das benachbarte Österreich und die Schweiz. Aber auch sein deutsches Hinterland, Oberschwaben mit dem Allgäu, besitzt mit seinen vielen barocken Kirchen, Klöstern und Schlössern, die größtenteils durch die „Oberschwäbische Barockstraße" touristisch erschlossen sind, attraktive Sehenswürdigkeiten. Mehr noch als die Zeugen aus Kultur und Geschichte ist es aber die Landschaft des voralpinen Hügellandes mit seinen Seen und Mooren, die den Raum zu einer Ferienlandschaft machen. So begründet die Heilkraft der reichen Moorvorkommen den Ruf der vier oberschwäbischen Heilbäder Bad Buchau, Bad Schussenried, Bad Waldsee und Bad Wurzach. Das Wiesen- und Weideland des Allgäus bietet schließlich vielseitige Voraussetzungen für individuelle Familienferien auf dem Land und auf dem Bauernhof und nicht zuletzt für den Wintersport.

Zu Beginn der 70er Jahre hatte der Fremdenverkehr am Bodensee erhebliche Einbußen erlitten. Dies lag nicht nur an der zunehmenden Seeverschmutzung im Uferbereich, sondern auch am hohen Preisniveau und der zu kurzen Saison. Inzwischen haben Land und Gemeinden erfolgreiche Anstrengungen unternommen, um die Attraktivität dieses Erholungsgebietes zu heben und zu erweitern.

Wichtige Maßnahmen waren der Bau von Kläranlagen, die Beschränkung des Motorbootverkehrs, die Errichtung saisonverlängernder Einrichtungen, die Verbesserung der freien Zugänglichkeit zum Bodenseeufer, vor allem aber baurechtliche Vorschriften zur Erhaltung der Landschaft.

Auffallend ist, daß die *Schwäbische Alb,* deren natürliches Potential ideale Voraussetzungen für eine Erholungslandschaft bietet, als Fremdenverkehrsgebiet kaum in Erscheinung tritt. Ihr Anteil von nur etwas

Abb. 66: Fremdenverkehrsgebiet Westlicher Bodensee
(Quelle: Min. f. Ernährung, Landwirtschaft und Umwelt Baden-Württemberg 1976, u. a.)

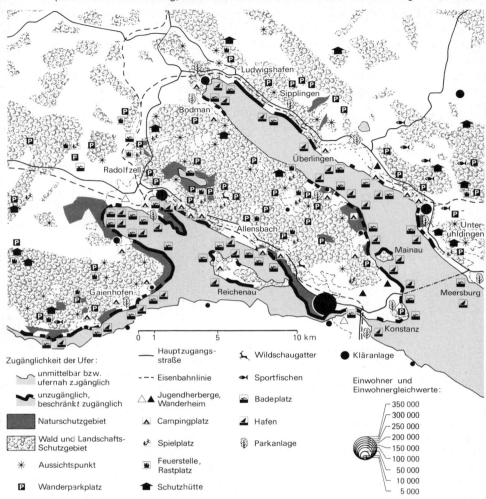

Zugänglichkeit der Ufer:

⌇ unmittelbar bzw. ufernah zugänglich

⌇ unzugänglich, beschränkt zugänglich

▨ Naturschutzgebiet

▨ Wald und Landschafts-Schutzgebiet

✳ Aussichtspunkt

🅿 Wanderparkplatz

—— Hauptzugangsstraße

--- Eisenbahnlinie

△▲ Jugendherberge, Wanderheim

🅰 Campingplatz

⚒ Spielplatz

▣ Feuerstelle, Rastplatz

🏠 Schutzhütte

🦌 Wildschaugatter

🐟 Sportfischen

▦ Badeplatz

⛵ Hafen

🌳 Parkanlage

● Kläranlage

Einwohner und Einwohnergleichwerte:

350 000
300 000
250 000
200 000
150 000
100 000
50 000
10 000
5 000

---

mehr als 5% an den Übernachtungen des Landes ist bescheiden, und dabei zählt dieses Mittelgebirge zu den ältesten und bekanntesten deutschen Wandergebieten überhaupt. Dieser Widerspruch läßt sich durch die Tatsache erklären, daß das Schwergewicht des Fremdenverkehrs hier eindeutig auf der Naherholung liegt; eine Vermutung, die durch die geringe durchschnittliche Aufenthaltsdauer von nur 2,9 Tagen bestätigt wird.

Vor allem der Bevölkerung des dichtbesiedelten mittleren Neckarraumes dient die Schwäbische Alb als beliebtes Ziel für Ausflugs- und Wochenendfahrten. Daneben hat sich hier eine Sonderform des Fremdenverkehrs, die der Feriendörfer, kräftig entwikkelt, von denen wenigstens die größeren genannt sein sollen: Lauterburg, Gomadingen, Tieringen und Sonnenbühl. Hinzu kommen die modernen Thermal- und Mineralbewegungsbäder am Nordrand der Schwäbischen Alb: Bad Ditzenbach und Bad Überkingen, Bad Urach und Beuren.

Gemessen an der Zahl der Übernachtungen und nach der Art der Ferienerholung sind die Gebiete *Odenwald/Kraichgau und Schwäbischer Wald/Hohenlohe* mit der Schwäbischen Alb vergleichbar. Auch hier handelt es sich um Erholungsgebiete, die ganz auf Wandern, Hobby und Familie eingestellt sind. Eine Sonderstellung nimmt dabei die weltbekannte Universitätsstadt Heidelberg ein, die als Ziel des internationalen Tourismus den höchsten Ausländeranteil unter den Fremdenverkehrsorten des Landes aufweist. Aus dem regionalen Rahmen fällt auch Bad Mergentheim im Taubertal, das als größtes Heilbad Baden-Württembergs zu einem beherrschenden Zentrum der Kurerholung und des Fremdenverkehrs im äußersten Nordosten des Landes geworden ist.

9.2
Sonderformen des Erholungswesens: Heilbäder, Ferien auf dem Bauernhof, Zweitwohnsitze

Baden-Württemberg ist nicht nur wegen seiner jahrhundertelangen Bädertradition, sondern auch wegen Zahl und Vielfalt gut ausgestatteter Kurorte das bedeutendste Bäderland der Bundesrepublik. Die baden-württembergischen Heilbäder umfassen fast den ganzen Indikationsbereich der kurmäßigen klimatischen, balneologischen und physikalisch-diätetischen Therapie. Mit Thermen, Säuerlingen und sulfatreichen Brunnen, großen Mooranlagen, konzentrierten Sole- und auch Schwefelquellen finden sich hier fast alle Möglichkeiten zur Balneotherapie. Dazu kommt die große Spannweite der Kurortklimate. Wie die Karte „Klima und Gesundheit" (Alexander Länderkarte V, b) zeigt, liegen die heilklimatischen Kurorte bis auf eine Ausnahme in den strahlungsreichen höheren Schwarzwaldlagen, in denen alle reizklimatischen Faktoren des Gebirges durch den Waldreichtum gedämpft wirksam werden. So überrascht es nicht, wenn der Kurerholung im Rahmen des Fremdenverkehrs eine große Bedeutung zukommt.

Fast 40% der Fremdenübernachtungen (d. h. 18 Millionen) entfielen 1980 auf 32 Mineral- und Moorbäder, 12 heilklimatische Kurorte und 8 Kneippkurorte. Zwar hatten die Heilbäder in den letzten Jahren geringere Zuwachsraten aufzuweisen als die übrigen Fremdenverkehrsgemeinden, doch verfügten sie über eine gleichmäßigere Auslastung und kamen auf eine fast doppelt so hohe Verweildauer (9,6 Tage). Das hängt mit den Besonderheiten der Kurerholung zusammen, die heute vor allem der Prävention und der Rehabilitation dient. Während einst eine Kurerholung nur einem kleinen wohlhabenden Teil der Bevölkerung vorbehalten war, werden jetzt die Heilbäder, heilklimatischen Kurorte und Kneippkurorte hauptsächlich von Sozialkurgästen in Anspruch genommen. Dies ergibt sich daraus, daß in den Heilbädern 1980 mehr als jede fünfte Übernachtung des Bundesgebietes allein in Baden-Württemberg registriert wurde.

Mit der Umstellung der Heilbäder auf sogenannte Aktivkuren und dem Bau moderner Bewegungsbäder wurden die Heilbäder zugleich der Naherholung erschlossen. Räumliche Schwerpunkte der Kurerholung sind der Schwarzwald, wo fast drei Viertel der Übernachtungen im Kursektor registriert werden, das Gebiet Hohenlohe–Unterer Neckar mit Bad Mergentheim sowie der Raum Bodensee–Oberschwaben. Mit über 1 Million Übernachtungen im Jahr ist Bad Mergentheim das führende Heilbad im Lande; es folgen Freudenstadt, Wildbad, Badenweiler und Baden-Baden mit 880 000–960 000 Übernachtungen pro Jahr.

Neben den Heilbädern spielen die Luftkurorte, die sich ebenfalls im Schwarzwald häufen, und die in den 70er Jahren überdurchschnittliche Zuwachsraten zu verzeichnen hatten, eine wichtige Rolle. 1980 wurden hier rund 9,8 Millionen Gästeübernachtungen gemeldet. Zu den bedeutendsten Luftkurorten des Landes zählen Baiersbronn (1,6 Mill. Übernachtungen), Todtnau (480000) und Feldberg (422000).

Schließlich sollen noch zwei weitere Angebotsformen für Freizeit und Erholung erwähnt werden: Ferien auf dem Bauernhof und die Zweitwohnsitze.

Ferien auf dem Bauernhof

Seit Ende der 50er Jahre erfreuen sich „Ferien auf dem Bauernhof" bei vielen Urlaubern steigender Beliebtheit. Besonders für kinderreiche Familien stellt diese Form der Erholung ein besonderes attraktives Angebot dar. Einerseits können dabei Kinder die ihnen oft fremde Lebensform der Landwirtschaft aus eigener Anschauung kennenlernen, andererseits gehört der Urlaub auf dem

Bauernhof zu den besonders preisgünstigen Ferienangeboten. Im Jahre 1979 wurden in Baden-Württemberg 3131 landwirtschaftliche Betriebe gezählt, die „Ferien auf dem Bauernhof" anboten. Insgesamt wurden 1,35 Millionen Übernachtungen registriert, dies entsprach einem Anteil von 3% aller Fremdenübernachtungen. Unter den Anbietern überwogen die klein- und mittelbäuerlichen Betriebe, die oft die Landwirtschaft nur noch im Nebenerwerb betreiben und für die die Einkünfte aus der Zimmervermietung eine nicht zu unterschätzende zusätzliche Einkommensquelle darstellen. In regionaler Hinsicht konzentrieren sich die Urlaubsbauernhöfe auf einige wenige Landesteile, die ohnehin zu den traditionellen Fremdenverkehrsgebieten zählen. So liegen mehr als 80% der Bauernhöfe mit Zimmervermietung im Schwarzwald und im Raum Bodensee–Oberschwaben–Allgäu.

Tabelle 16: Der Fremdenverkehr im Fremdenverkehrsjahr 1979/80

Fremdenverkehrsbetriebe	Fremden-meldungen in 1000	Übernachtungen		Durchschnittl. Aufenthalts-dauer
		Übernachtungen in 1000	Anteil %	Tage
Schwarzwald insgesamt davon:	3452,1	28 249,8	65,6	8,2
Nordschwarzwald	1274,8	10 453,1	24,2	8,2
Mittlerer Schwarzwald	850,4	7 313,8	17,0	8,6
Südlicher Schwarzwald	1326,9	10 482,9	24,4	7,9
Bodensee	737,7	3 467,3	8,0	4,7
Oberschwaben-Allgäu	276,0	2 484,8	5,7	9
Schwäb. Alb	871,4	2 527,0	5,8	2,9
Schwäb. Wald/Hohenlohe	428,4	1 927,9	4,5	4,5
Odenwald/Kraichgau	406,4	2 235,4	5,2	5,5
Übrige Fremden-verkehrsbetriebe	2817,0	3 965,4	8,9	1,4
Baden-Württemberg insges.	8989,0	44 857,6	100	4,9

Quelle: Statistisches Landesamt Baden-Württemberg

Zweitwohnsitze

Parallel zum wirtschaftlichen Aufstieg der Bundesrepublik wurde am Bodensee und im Schwarzwald eine Entwicklung eingeleitet, die das traditionelle Siedlungsbild erheblich zu verändern begann. Zahlreiche wohlhabende Leute der gehobenen sozialen Schichten aus allen Teilen der Bundesrepublik haben hier Ferienhäuser errichtet, die sie als Zweitwohnsitze nutzen.

Bald zeichnete sich am Bodenseeufer bei Überlingen, vor allem aber im Südschwarzwald eine bedrohliche Zersiedelung der Landschaft ab. Das Problem gewann an Schärfe, als Mitte der 60er Jahre ein verstärkter Bau von Feriendörfern und Chaletgruppen, aber auch von Appartmenthäusern und Großwohnanlagen einsetzte. Dadurch wurde den ländlich geprägten Ferienlandschaften oft eine fremde, großstädtisch anmutende Architektur aufoktroyiert, Beispiele dafür sind im Schwarzwald u. a. der Terrassenpark in Schonach und die Großbauten in Schönwald sowie Hochhäuser im Kleinen Wiesental.

Aufgeschreckt durch diese umstrittenen Projekte bemühte sich die Landesregierung durch den Schwarzwalderlaß (1973) zum Schutze vor Zersiedlung der Landschaft und durch das Schwarzwaldprogramm (1973), dieser Entwicklung zu begegnen.

10 Landesentwicklung und Raumplanung

Die stürmische wirtschaftliche Entwicklung und das starke Bevölkerungswachstum in den 50er und 60er Jahren, verbunden mit erhöhten Ansprüchen an den Lebensstandard, haben dazu geführt, daß sich der Anteil der Siedlungsfläche an der gesamten Wirtschaftsfläche des Landes in den vergangenen Jahrzehnten von 6 auf 11% erhöht hat. Rund die Hälfte des Flächenverbrauchs seit 1950 wurde zur Bebauung, fast ein Drittel für Verkehrsanlagen, der Rest für Sport-, Flug- und Militäranlagen benötigt.

Da Wald- und Ödflächen ebenfalls eine leichte Zunahme verzeichneten, ging die Expansion der Siedlungsfläche eindeutig zu Lasten der landwirtschaftlich genutzten Fläche, die von rund 2 Mill. auf 1,7 Mill. Hektar schrumpfte.

Schon frühzeitig waren Land, Landkreise und Gemeinden zu der Einsicht gelangt, daß die zunehmenden Raumansprüche der privaten und öffentlichen Hand sinnvoll aufeinander abgestimmt werden müssen, um auf lange Sicht eine sachgemäße, den sozialen, wirtschaftlichen und kulturellen Bedürfnissen entsprechende räumliche Ordnung zu gewährleisten.

So sind in Baden-Württemberg bereits in den 50er Jahren auf kommunaler Ebene Planungsgemeinschaften entstanden und von staatlicher Seite regionale Förderprogramme aufgestellt worden, die das Ziel verfolgten, „das Land in allen seinen Teilen gesund und ausgeglichen zu entwickeln".

Durch das Landesplanungsgesetz von 1962 wurden Gegenstand und Aufgabe der Landesplanung zum erstenmal gesetzlich verankert und deren Organisation und Mittel im einzelnen festgesetzt. Ein weiterer Markstein in der rechtlichen Entwicklung der Raumordnungsarbeit stellte das Bundesraumordnungsgesetz von 1965 dar, in dem nicht nur das raumordnungspolitische Leitbild umrissen, sondern auch der Rahmen für alle Folgemaßnahmen auf der Ebene der Bundesländer gesteckt wurde. Auf der Grundlage dieser beiden Gesetze wurde seit 1967 von der Landesregierung ein Landesentwicklungsplan erarbeitet, der 1973 durch den Landtag für verbindlich erklärt wurde. Damit war für die Entwicklung des Landes eine umfassende Rahmenkonzeption geschaffen worden, in der die allgemeinen Grundsätze und Ziele für alle raumbeanspruchenden und raumbeeinflussenden Maßnahmen verbindlich formuliert wurden. Der Plan war allerdings nicht als starre Festlegung gedacht, sondern kennzeichnete lediglich Art und Richtung der erforderlichen Maßnahmen. Er ist so offen konzipiert, daß Anpassungen an die sich wandelnden Verhältnisse leicht möglich sind. Dies geschah auch durch die Landesentwicklungsberichte von 1975 und 1979.

Das Bundesraumordnungsprogramm aus dem Jahre 1975 wurde von der Landesregierung Baden-Württemberg wegen methodischer und inhaltlicher Mängel abgelehnt. Das Land erklärt sich jedoch bereit, an der Fortschreibung zur Verbesserung dieses Programms mitzuwirken. Grundlage für die raumplanerische Tätigkeit in Baden-Württemberg ist nach wie vor der Landesentwicklungsplan von 1973. Da er als ein für das ganze Land zuständiger Entwicklungsplan zwangsläufig nur rahmenhaften Charakter haben konnte, wurden schon 1971 als untere Planungsbehörden 12 Regionalverbände geschaffen, welche die bis dahin bestehenden regionalen, privatrechtlich organisierten

Planungsgemeinschaften abgelöst haben. Ihre Hauptaufgabe besteht darin, durch die Aufstellung detaillierter Regionalpläne bei der Landesplanung mitzuwirken.

10.1
Raumordnerisches Leitbild

Die Landesplanung ist Teil der Gesellschaftspolitik und kann daher nur im Zusammenhang der allgemeinen gesellschaftlichen Entwicklung unserer Zeit und des für diese Entwicklung maßgebenden Leitbildes gesehen werden. Das Grundgesetz der Bundesrepublik Deutschland definiert die gesellschaftliche Ordnung als die eines freiheitlich sozialen Rechtsstaates. Tragende gesellschaftspolitische Prinzipien sind dabei die freie Entfaltung der Persönlichkeit und die Chancengleichheit. An diesen Wertentscheidungen hat sich jede raumwirkende Tätigkeit des Staates zu orientieren.
Der Landesentwicklungsplan zielt daher auf eine räumliche Ordnung, in der sich eine Gesellschaftsstruktur erhalten und entfalten kann, die dem Menschenbild des Grundgesetzes gerecht wird. Das setzt voraus, daß die räumlichen Daseinsvoraussetzungen für alle gesichert und in allen Landesteilen möglichst gleichwertige Lebensbedingungen geschaffen oder erhalten werden. Eine wichtige Aufgabe der Landesplanung ist es, eine räumliche Ordnung anzustreben, die den Ausgleich allzu schroffer Unterschiede zwischen den leistungsstarken und leistungsschwachen Räumen schafft. Konkret bedeutet dies, daß den Bewohnern aller Landesteile ausreichende Erwerbsmöglichkeiten, ein angemessenes Angebot an Wohnungen und öffentlichen Versorgungseinrichtungen in zumutbarer Entfernung zur Verfügung stehen und daß gleichwertige Lebensbedingungen in einer menschenwürdigen Umgebung geboten werden.

Eine unabdingbare Voraussetzung der Landesentwicklung ist ferner der Schutz und die Erhaltung der natürlichen Lebensgrundlagen des Landes – etwa die Sicherung ausreichender Trinkwasservorräte, der Reinhaltung von Luft, Wasser und Boden. Hauptziel des Landesentwicklungsplans ist es, ein Gleichgewicht der Beziehungen zwischen Mensch und Natur in einer ausgewogenen Kulturlandschaft zu erreichen.

10.2
Die Raumkategorien des Landesentwicklungsplans

Ein grundlegendes Problem der Raumordnungspolitik war die Festlegung von Gebietskategorien mit ähnlichen oder vergleichbaren Strukturen. Dabei ging man von der Auffassung aus, daß Gebiete unterschiedlicher Struktur auch unterschiedliche Probleme aufwerfen und mithin unterschiedlicher Planungsstrategien bedürfen. Angesichts der dezentralen Wirtschafts- und Siedlungsstruktur von Baden-Württemberg reichten die bundesweit üblichen Kategorien nicht aus. Die Landesplanung unterschied deshalb Verdichtungsräume, Verdichtungsrandzonen, Verdichtungsbereiche im ländlichen Raum, den ländlichen Raum und in diesem strukturschwache Räume (vgl. Alexander Länderkarte VII). Lediglich die Verdichtungsräume und die ländlichen Gebiete lassen sich auf bundesweit vergleichbare Merkmale beziehen, wobei allerdings nur die Verdichtungsbereiche seit 1968 verbindlich definiert sind. In Baden-Württemberg hat die hohe Bevölkerungsdichte und flächenhafte Industrialisierung des Landes zu breiten Randzonen um die Verdichtungsräume geführt, die zwar nicht die Wirtschaftskraft und die typischen Überlastungserscheinungen der Verdichtungsräume aufweisen, sich aber doch deutlich durch ihre bessere infrastrukturelle Ausstattung vom ländlichen Raum unterscheiden.

Als einziges Bundesland hat Baden-Württemberg noch eine weitere Raumkategorie ausgewiesen, die sogenannten „Verdichtungsbereiche" innerhalb des ländlichen Raumes. Damit wird einer Besonderheit des Landes Rechnung getragen: dem Vorhandensein industriell hochentwickelter Gebiete abseits der großen Zentren. Die Verdichtungsbereiche sind nach Leistungskraft, Ausstattung und Bevölkerungsdichte etwa den Verdichtungsrandzonen gleichzusetzen. Auch die im Landesentwicklungsplan ausgewiesenen strukturschwachen Räume lassen sich nicht mit denen der übrigen Bundesrepublik vergleichen. Nach den bundeseinheitlichen Abgrenzungskriterien gehören in Baden-Württemberg nur die früheren Kreise Buchen und Crailsheim im Nordosten des Landes zu den in der allgemeinen Entwicklung zurückgebliebenen Gebieten. Das Land hat daher für seine eigenen Förderprogramme höhere Schwellenwerte angesetzt. Nach diesen sind im Landesentwicklungsplan etwa ein Drittel der Landesfläche, in der etwa ein knappes Fünftel der Landbevölkerung wohnt, als strukturschwache Gebiete ausgewiesen. Das Land hat überdies zusätzliche regionale Aktionsprogramme für bestimmte Teilgebiete aufgestellt, unter denen das Albprogramm (1971), das Schwarzwaldprogramm (1973) sowie das Hohenlohe-Programm (1975) die wichtigsten sind.

10.3
Raumordungsmodell: Zentrale Orte und Entwicklungsachsen

Ausgangspunkt jeglicher staatlicher Raumordnungspolitik ist die überkommene Siedlungsstruktur. In Baden-Württemberg haben sich als Folge der industriellen Entwicklung der letzten 150 Jahre vier Verdichtungsräume ausgebildet, die zusammen mit ihren Randzonen etwa 22% der Landesfläche umfassen, in denen aber fast 60% der Bevölkerung leben. Dabei handelt es sich um den Verdichtungsraum Stuttgart von Tübingen bis Heilbronn, den Verdichtungsraum Mannheim, der nach Rheinland-Pfalz und Hessen übergreift, sowie um die Verdichtungsräume Karlsruhe und Freiburg.

Auf der anderen Seite wird die Siedlungsstruktur aber auch von weiten ländlichen Räumen bestimmt, mit einer wesentlich geringeren Bevölkerungsdichte und Wirtschaftskraft.

Eine Besonderheit Baden-Württembergs liegt nun darin, daß der Gegensatz zwischen diesen beiden Raumkategorien hier weniger stark ausgeprägt ist als in anderen Bundesländern. Dies läßt sich darauf zurückführen, daß durch die große Zahl mittlerer und kleiner Städte in weiten Bereichen des ländlichen Raums eine dezentrale Siedlungs- und Wirtschaftsstruktur entstand, die in Vergangenheit und Gegenwart zu einer beachtlichen Stabilität der Sozialstruktur beigetragen hat. Bei der Zielentscheidung der Landesentwicklung spielte diese räumlich-strukturelle Ausgangslage eine entscheidende Rolle: Der Landesentwicklungsplan hat sich daher nicht einseitig für die Entwicklung der einen oder anderen Raumkategorie festgelegt, sondern Pflege und Fortentwicklung sowohl der Verdichtungsräume als auch des ländlichen Raumes zum obersten Grundsatz der Raumordnungspolitik erhoben.

Der Verwirklichung dieser Forderung dient ein *Raumordnungsmodell,* das im wesentlichen auf einem System zentraler Orte und einem Netz von Entwicklungsachsen beruht. Die vorhandenen *zentralen Orte* in Baden-Württemberg und ihre Verflechtungen wurden aufgrund eines Auftrags des Innenministeriums vom Institut für Agrarwissenschaft der Universität Freiburg (1965) ermittelt.

Aufbauend auf dieses Gutachten wurde das

zentralörtliche Konzept des Landes weiterentwickelt. Im Landesentwicklungsplan wurden je nach Ausstattung und der Reichweite ihrer Verflechtungsbereiche Ober-, Mittel- und Unterzentren ausgewiesen; die Bestimmung von Kleinzentren als Versorgungsmittelpunkte örtlicher Nahbereiche blieb der Regionalplanung vorbehalten.

Einer der Hauptaufgaben der Raumordnungspolitik der letzten Jahre war der Ausbau zentraler Orte. Der Schwerpunkt des Ausbaus lag im ländlichen Raum, wogegen in den Verdichtungsräumen eine optimale Weiterentwicklung des Bestehenden Vorrang hatte. Dabei erwies sich die Ausweisung von *Entwicklungsachsen* als hilfreiches Ordnungselement. Entwicklungsachsen sind bekanntlich gebündelte Verkehrs- und Versorgungsstränge, die das Land in einem großräumigen Netz überziehen. Ihr Verlauf wird in aller Regel durch die Lage der bereits bestehenden Zentralorte vorbestimmt. So wurden in Baden-Württemberg die zentralen Orte höherer und mittlerer Stufe fast alle durch Entwicklungsachsen miteinander verbunden.

Die raumplanerische Bedeutung dieses Ordnungsprinzips liegt vor allem darin, daß mit Hilfe staatlicher Investitionen eine bandförmige Infrastruktur aufgebaut wird, d. h. leistungsfähige Straßen- und Schienenwege, Wasserstraßen, Energie- und Wasserversorgungsleitungen bereitgestellt werden, von denen eine standortbildende Wirkung für neue Siedlungen und Arbeitsstätten ausgeht. Die Entwicklungsachsen sollen jedoch nicht zu ununterbrochenen Siedlungsbändern ausgebaut werden, sondern eine in überschaubaren Einheiten gegliederte Siedlungsstruktur aufweisen. Seitens der Landesregierung wird zumindest in ländlichen Räumen innerhalb der Achsen eine Kernstruktur mit dazwischenliegenden Freiräumen angestrebt. Die Raumplanung spricht von einer „punktaxialen Struktur".

In den Verdichtungsräumen werden die Zwischenräume zwischen den Siedlungs- und Industriegebieten kleiner sein, in den ländlichen Gebieten, wo sich die Entwicklung auf Schwerpunkte konzentriert, die im wesentlichen durch die zentralen Orte markiert sind, wesentlich größer.

In den Verdichtungsräumen erfüllen die Entwicklungsachsen überdies den Zweck, eine ringförmige, in die Fläche ausufernde Bebauung – Boustedt spricht von einem „wuchernden Siedlungsbrei" – zu verhindern und statt dessen eine radiale, sternförmige städtebauliche Entwicklung sicherzustellen.

Bei einem solchen Raumordnungsmodell, das übrigens dem Gebietsentwicklungsplan Mittlerer Neckarraum (1972) zugrunde liegt, können zwischen den Entwicklungsachsen Freiräume offenbleiben, die für die Erhaltung der natürlichen Lebensgrundlagen wichtig und für die Naherholung der Bevölkerung wesentlich sind.

Der Gebietsentwicklungsplan für das südliche Oberrheingebiet (1972) gibt ein weiteres interessantes Beispiel für die Ausbildung einer Entwicklungsachse. Er sieht die Entwicklung des Rheintales so vor, daß er in Abständen mehrere, den ganzen rechtsrheinischen Rheingraben überspannende Querzonen ausweist, in denen sich die Siedlungsentwicklung schwerpunktmäßig vollziehen soll. Die Räume zwischen den Querzonen sollen als Freiräume erhalten bleiben.

Das gesamte Netz der im Landesentwicklungsplan ausgewiesenen Entwicklungsachsen soll schließlich dazu beitragen, den großräumigen Leistungsaustausch zu fördern. Die Achsen verbinden nicht nur die bedeutenden zentralen Orte und die wirtschaftsstarken Teile des Landes untereinander, sondern knüpfen ebenso Verbindungen zu den Großstädten und Wirtschaftszentren in den benachbarten Ländern und Staaten.

10.4
Raumordnung und Naturhaushalt

Der eigentliche Zweck der Raumordnungspolitik im demokratischen Staat ist letztlich
die Sicherung und Verbesserung der Lebensverhältnisse seiner Bürger. Dazu gehört
auch die Sorge um den Erhalt der natürlichen, für die menschliche Existenz notwendigen Lebensgrundlagen.
Da der Preis für den technisch-industriellen
Fortschritt und für den erweiterten Konsum
in einer wachsenden Gefährdung der natürlichen Lebensgrundlagen bestand, ist in den
letzten Jahren unter dem Stichwort „Umweltschutz" in der Bundesrepublik eine Diskussion um die Grenzen der Belastbarkeit
des natürlichen Lebensraumes ausgelöst worden. Inzwischen hat die Landesregierung
Baden-Württembergs durch eine Reihe le-
gislativer, organisatorischer und fiskalischer
Maßnahmen versucht, einer weiteren Gefährdung der natürlichen Lebensgrundlagen
entgegenzuwirken.
Zunächst galten dem *Schutz des Wassers* die
größten Anstrengungen. Bis Ende 1977
konnte durch den verstärkten Neu- und Ausbau von kommunalen Kläranlagen und Ka-
nalisation erreicht werden, daß die Abwäs-
ser von über 90% der Bevölkerung biologisch
gereinigt wurden. Da gleichzeitig auch im
industriellen Bereich erhebliche Fortschritte
in der Abwasserbeseitigung zu verzeichnen
waren, ist an zahlreichen Flüssen und Seen
eine Verringerung der Abwasserbelastung
und damit eine sichtbare Verbesserung der
Wasserqualität eingetreten.
Das enorme Bevölkerungs- und Wirtschaftswachstum hat auch in der *Abfallbeseitigung*
zunehmend Probleme gebracht. So hat sich
die Menge an Haus- und Sperrmüll allein in
den Jahren von 1960 bis 1975 auf ungefähr
1,2 m^3 je Einwohner verdoppelt. Auf der
Grundlage eines vom Land ausgearbeiteten
Abfallbeseitigungsplans konnte man aber in
den 70er Jahren erreichen, daß die große
Zahl von über 4000 herkömmlichen Müllkip-
pen in kurzer Zeit auf etwa 120 leistungsfähige Deponien reduziert wurde. Neuere technische Entwicklungen deuten an, daß in ab-
sehbarer Zeit die wachsenden Müllmengen
verstärkt zur Rohstoff- und Energierückge-
winnung verwandt werden können, so daß
eine geringere Beanspruchung der Deponien erreicht wird. Außerdem werden die
aufgelassenen Müllplätze ausnahmslos durch
Rekultivierungsmaßnahmen in den Land-
schaftshaushalt rückgegliedert.
Besondere Aufmerksamkeit schenkte die
Landesregierung schließlich dem immer
noch anhaltenden *Landverbrauch*. Der Verlust an landwirtschaftlicher Nutzfläche in der
Region Mittlerer Neckar belief sich beispielsweise in den letzten Jahren auf über
1000 ha jährlich. Durch die Zunahme von
Bau- und Verkehrsflächen wurden nicht nur
wertvolle Böden der landwirtschaftlichen
Nutzung entzogen, sondern darüber hinaus
auch weite Teile der nicht überbauten Landschaft durch Störung des Grundwasserkör-
pers und des Mikroklimas, durch Schadstoff-
immissionen und Lärm ökologisch belastet.
Regional gesehen ergaben sich in den letzten Jahren allerdings unterschiedliche Tendenzen im Flächenverbrauch. Während in
den 60er Jahren hauptsächlich in den Verdichtungsräumen in überdurchschnittlichem
Maße Freiflächen verlorengingen, hielten
sich hier die Flächenverluste im vergangenen
Jahrzehnt in Grenzen. Demgegenüber nahm
der Landschaftsverbrauch in den Randzonen und im ländlichen Raum überproportional zu. Den wachsenden Raumansprüchen
der modernen Industriegesellschaft versucht
man neuerdings durch Landschaftsplanung
auf Landes-, Regional- und Gemeindeebene
zu begegnen, wobei in den Genehmigungs-
verfahren darauf geachtet wird, daß die ökonomischen Aspekte nicht die ökologischen
Gesichtspunkte verdrängen.
Ökologisch bedenklich ist auch der *Verlust*

Abb. 67: Gewässergüte und Kläranlagen (Stand 1976)
(Quelle: Innenministerium Baden-Württemberg)

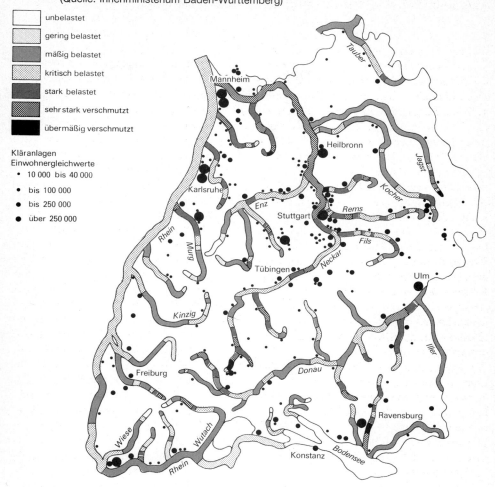

unbelastet

gering belastet

mäßig belastet

kritisch belastet

stark belastet

sehr stark verschmutzt

übermäßig verschmutzt

Kläranlagen
Einwohnergleichwerte

• 10 000 bis 40 000

• bis 100 000

• bis 250 000

● über 250 000

an Waldflächen. Wenn auch rein flächenmäßig die Waldverluste nach dem Zweiten
Weltkrieg durch Neuaufforstungen ausgeglichen werden konnten, so entfielen diese
doch vorwiegend auf den ländlichen Raum,
so daß die Abnahme der Waldflächen in den
Ballungsräumen nicht ausgeglichen werden
konnte. Von den insgesamt ca. 19 000 ha
Wald, die seit 1945 in Baden-Württemberg
verloren gingen, kamen allein 10 000 ha auf
die Verdichtungsräume und deren Randzonen.

Aber nicht nur quantitative, sondern qualitative Veränderungen des Waldes nahmen in
letzter Zeit ein bedrohliches Ausmaß an.
Das Stichwort „Waldsterben" signalisiert die
rapide Zerstörung eines lebenswichtigen
Biotops.
In Baden-Württemberg traten Mitte der 70er
Jahre vor allem im mittleren Schwarzwald
erste Schäden an Tannen auf. In den folgenden Jahren hat das Tannensterben fast alle
Nadelwaldbezirke des Landes erfaßt. Besonders rasch war der Krankheitsfortschritt

293

in den Jahren 1981 und 1982, in denen Schäden auch an Fichten und anderen Nadelbäumen, örtlich auch an Laubbäumen, auftraten. Inzwischen hat die Entwicklung dramatische Züge angenommen, da nicht nur die Holzproduktion, sondern auch die gesellschaftlichen Wohlfahrtswirkungen des Waldes ernsthaft bedroht sind. Durch verstärkte Anstrengungen in der wissenschaftlichen Ursachenforschung und strengere Umweltschutzauflagen auf nationaler und internationaler Ebene will man versuchen, eine ökologische Katastrophe zu verhindern.

Dabei wird immer deutlicher, daß viele der heutigen Belastungen und Gefährdungen unserer Umwelt auf die Wachstumsmentalität der zurückliegenden Jahrzehnte zurückgeht, deren kurzfristige wirtschaftliche Erfolge – wie wir heute erkennen müssen – oftmals durch ökologische Langzeitschäden erkauft wurden.

Literaturhinweise

Es ist hier nicht möglich, einen umfassenden Überblick über die reichhaltige landeskundliche Literatur Südwestdeutschland zu geben. Die angeführten Titel dienen vorwiegend als Anhaltspunkte für die im Buch angesprochenen Themen. Ein Großteil der Informationen entstammt Aufsätzen der Fachzeitschriften, Veröffentlichungen der Geographischen Institute (Instituts-Reihen) der Universitäten, Planungsämter, Behörden, Statistiken und auch der Tagespresse.

Neues Schrifttum zur deutschen Landeskunde: Zentralausschuß für deutsche Landeskunde e. V., Trier (Bibliographie, ab 1978 jährlich).

Karten und Atlanten zur Landeskunde

Deutscher Planungsatlas 6. Baden-Württemberg. Hrsg. v. d. Akademie für Raumforschung und Landesplanung und dem Innenministerium Baden-Württemberg. Hannover 1969

Ellenberg, H.: Wuchsklimakarte Südwestdeutschland. 1:200000. Stuttgart

Fezer, F./Muuß, U.: Luftbildatlas Baden-Württemberg. München und Neumünster 1971

Fezer, F.: Topographischer Atlas Baden-Württemberg. Neumünster 1979

Handbuch der naturräumlichen Gliederung. 6 Lieferungen, Remagen 1953 bis 1959. Geographische Landesaufnahme 1:200000. Naturräumliche Gliederung. Kartenwerk der Bundesanstalt für Landeskunde, Bad Godesberg

Historischer Atlas von Baden-Württemberg. Hrsg. v. d. Kommission für geschichtliche Landeskunde in Baden-Württemberg in Verbindung mit dem Landesvermessungsamt Baden-Württemberg. 1. Lieferung ff. Stuttgart 1972ff.

Hölzle, E.: Der deutsche Südwesten am Ende des alten Reiches. Geschichtliche Karte des reichsdeutschen und benachbarten Gebietes 1:200000. Hrsg. v. Württembergischen Statistischen Landesamt. Stuttgart 1938

IHK-Atlas. Industrie-Ansiedlung. Daten und Fakten aus den 12 Kammerbezirken Baden-Württembergs. 1977

Klima-Atlas von Baden-Württemberg. Hrsg. v. Deutschen Wetterdienst. Kissingen 1953

Oehme, R.: Der deutsche Südwesten im Bild alter Karten. Konstanz 1961

Otremba, E. (Hrsg): Atlas der deutschen Agrarlandschaft. Wiesbaden 1962

Allgemeines, Gesamtdarstellungen

Appel, R. / Miller, M. / Schmitz, J. Ph.: Baden-Württemberg. Land und Volk in Geschichte und Gegenwart. (Schriftenreihe der Kommission für geschichtliche Landeskunde in Baden-Württemberg) Karlsruhe 1961

Baden-Württemberg. Staat, Wirtschaft, Kultur. Hrsg. von Th. Pfizer. Stuttgart 1963

Das Bundesland Baden-Württemberg. Einführung in Aufbau und Entwicklung. Berlin 1967

Baden-Württemberg auf dem Weg in das Jahr 2000. Prognosen. Hrsg. v. E. Schmacke. Düsseldorf 1971

Baden-Württemberg. Portrait eines deutschen Landes. Sigmaringen 1977

Bausinger, H. / Eschenburg, T.: Baden-Württemberg, eine politische Landeskunde. Stuttgart 1975

Brugger, A. / Baumhauer, H. / Ruckgaber, E.: Baden-Württemberg, eine Landeskunde im Luftbild. Stuttgart 1979

Das Bundesland Baden-Württemberg im Spiegel der Literatur. Stuttgart 1960

Die Bundesrepublik Deutschland. Staatshandbuch, Teilausgabe Baden-Württemberg. Köln-Berlin 1977

Eschenburg, Th. / Frank-Planitz, U.: Republik im Stauferland. Baden Württemberg nach 25 Jahren. Stuttgart 1975

Gradmann, R.: Süddeutschland. 2 Bde. 1931 Neudruck Darmstadt 1956

Handbuch der naturräumlichen Gliederung Deutschlands (ab 1953)

Huttenlocher, F.: Kleine geographische Landeskunde von Baden-Württemberg. Schriftenreihe der Kommission für geschichtliche Landeskunde in Baden-Württemberg. H. 2 Karlsruhe 1972

Löbl-Schreier / Lahnstein, P.: Baden-Württemberg. München 1978

Modell für die Zukunft. Leistungen und Planungen des Landes Baden-Württemberg. Band 1: Planung, Band 2: Statistik. Stuttgart 1972

Sauer, P.: Baden-Württemberg. Bundesland mit parlamentarischen Traditionen. Dokumentation. Stuttgart 1982

Amtliche Landesbeschreibung und Statistik

Amtliches Gemeindeverzeichnis Baden-Württemberg 1970. Statistik von Baden-Württemberg Bd. 163

Baden-Württemberg in Wort und Zahl. Stuttgart (monatlich)

Baden-Württemberg in den 70er Jahren. Rückblick – Ausblick. Hrsg. v. Statistischen Landesamt Baden-Württemberg. Stuttgart 1980

Baden-Württemberg. 30 Jahre im Spiegel der Statistik. Stuttgart 1982

Badisches Städtebuch. Hrsg. v. E. Keyser. Stuttgart 1959

Biographie der Naturschutzgebiete des Landes Baden-Württemberg. Hrsg. v. der Landesstelle für Naturschutz und Landschaftspflege Baden-Württemberg. Ludwigsburg 1970

Das Königreich Württemberg. 4 Bde. Stuttgart 1904–1907 (letzte Bearbeitung)

Das Großherzogtum Baden. 2 Bde. Karlsruhe 1885 und 1912

Krieger, A.: Topographisches Wörterbuch des Großherzogtums Baden. 2 Bde. Heidelberg 1904–1905

Das Land Baden-Württemberg. Amtliche Beschreibung nach Kreisen und Gemeinden. Stuttgart 1974 ff.

Bd. I: Allgemeiner Teil. 1974

Bd. II: Die Gemeinden vor und nach der Gebietsreform, landeskundliche und statistische Grunddaten. 1975

Bd. III und IV: Regierungsbezirk Stuttgart. 1978, 1980

Bd. V: Regierungsbezirk Karlsruhe. 1976

Bd. VI: Regierungsbezirk Freiburg i. Br. 1982

Bd. VII: Regierungsbezirk Tübingen. 1978

Bd. VIII: Registerband

Beschreibung der Oberämter Württembergs und der Stadt- und Landkreise Baden-Württembergs. Hrsg. v. Statistischen Landesamt bzw. v. der Staatlichen Archivverwaltung Baden-Württemberg. Neue Bände: Crailsheim 1953; Balingen I und II, 1960 und 1961; Öhringen I und II, 1961 und 1968; Freiburg I und II, 1965 und 1972; Tübingen I, II und III, 1967, 1972 und 1974; Konstanz I und II, 1968 und 1969; Heidelberg und Mannheim, 1968 und 1970; Der Stadtkreis und Landkreis Ulm, 1972 und 1977

Die Stadt- und Landkreise Baden-Württembergs in Wort und Zahl. Hrsg. v. Innenministerium und Wirtschaftsministerium in Baden-Württemberg. Bearbeitet v. Statistischen Landesamt Baden-Württemberg H. 1 ff. 1963 ff.

Die Veröffentlichungen des Statistischen Landesamts Baden-Württemberg und der ehemaligen Landesämter für Württemberg-Baden, Baden und Württemberg-Hohenzollern in den Jahren 1946 bis 1959. Stuttgart 1960

Handbuch der historischen Stätten Deutschlands. Bd. 6 Baden-Württemberg. Hrsg. v. M. Miller. Stuttgart 1965

Historisches Gemeindeverzeichnis Baden-Württemberg. Bevölkerungszahlen der Gemeinden von 1871 bis 1961 nach dem Gebietsstand von 6. 6. 1961. Statistik von Baden-Württemberg Bd. 108. Stuttgart 1965

Jahrbücher für Statistik und Landeskunde von Baden-Württemberg. Hrsg. v. Statistischen Landesamt Baden-Württemberg Jg. 1 ff. Stuttgart 1954 ff.

Krieger, A.: Topographisches Wörterbuch des Großherzogtums Baden. Hrsg. v. der Badischen Historischen Kommission. 2 Bde. Heidelberg 1904–1905. ND Walluf 1972

Landesbibliographie Baden-Württemberg. Hrsg. v. der Kommission für geschichtliche Landeskunde in Baden-Württemberg. Bearbeitet v. W. Schulz und G. Stegmaier. Stuttgart 1978 ff.

Schwäbische Lebensbilder. Bd. 1–5. Hrsg. v. der Württembergischen Kommission für geschichtliche Landeskunde in Baden-Württemberg. Ab Bd. 7 Lebensbilder aus Schwaben und Franken. Stuttgart 1940 ff.

Statistik Baden-Württemberg. Schriftenreihe Statistik von Baden-Württemberg. Stuttgart und Karlsruhe: Statistische Landesämter 1952 ff.

Statistische Berichte. Statistisches Landesamt Baden-Württemberg. Stuttgart

Statistische Monatshefte Baden-Württemberg. Hrsg. v. Statistischen Landesamt Baden-Württemberg (Jg. 18 ff. Baden-Württemberg in Wort und Zahl) Jg. 1 ff. Stuttgart 1952 ff.

Statistisches Taschenbuch Baden-Württemberg. Stuttgart: Statistisches Landesamt Baden-Württemberg. (Erscheint jährlich seit 1966)

Württembergisches Städtebuch. Hrsg. v. E. Keyser. Stuttgart 1962

Reihen und Zeitschriften (bezogen auf Baden-Württemberg)

Alemannisches Jahrbuch. Hrsg. v. Alemannischen Institut Freiburg i. Br. Bd. 1953–1962/63 Lahr 1953 ff. Bd. 1964/65 Bühl/Baden 1966 ff.

Arbeiten zur Landeskunde Hohenzollern. Hrsg. v. der landeskundlichen Forschungsstelle des Landeskommunalverbandes der Hohenzoller Lande, ab H. 11 v. der Landeskundlichen Forschungsstelle Hohenzollern der Kommission für geschichtliche Landeskunde in Baden-Württemberg. Sigmaringen 1941 ff.

Aus der Reihe „Heimat und Arbeit", Theiß-Verlag, Aalen-Stuttgart (ab 1957 ff).
Neuere Bände:
Der Kreis Aalen. 2. Aufl. (1970)
Der Kreis Biberach (1973)
Der Bodenseekreis (1979)
Der Kreis Bruchsal 2. Aufl. (1968)
Der Kreis Calw (1980)
Der Kreis Esslingen 2. Aufl. (1978)
Der Kreis Freudenstadt (1978)
Der Kreis Göppingen (1973)
Der Kreis Heidenheim. 2. Aufl. (79)
Stadt- und Landkreis Heilbronn (74)
Der Kreis Lörrach. 2. Aufl. (1980)
Der Kreis Ludwigsburg. 2. Aufl. (77)
Der Ostalbkreis (1978)
Pforzheim und der Enzkreis 2. Aufl. (1979)
Der Kreis Ravensburg. 2. Aufl. (1976)
Der Rems-Murr-Kreis (1980)
Der Kreis Reutlingen (1975)
Der Kreis Saulgau (1971)
Der Kreis Schwäbisch Hall 2. Aufl. (1976)
Der Schwarzwald-Baar-Kreis (1977)
Der Kreis Tuttlingen (1970)
Der Kreis Überlingen (1972)
Der Kreis Waldshut. 2. Aufl. (1979)
Der Zollernalbkreis (1979)
Badische Heimat. Zeitschrift für Volkskunde, Heimat-, Natur- und Denkmalschutz. Jg. 27–29 – Oberrheinische Heimat. Jg. 30 ff.
Beiträge zur Landeskunde. Regelmäßige Beilage zum Staatsanzeiger für Baden-Württemberg. Hrsg. v. Staatsministerium Baden-Württemberg. Stuttgart 1962 ff.
Blätter des Schwäbischen Albvereins. Hrsg. v. Schwäbischen Albverein. 1 ff. Stuttgart 1889 ff.
Denkmalpflege in Baden-Württemberg. Nachrichtenblatt des Landesdenkmalamtes. Jg. 1 ff. Stuttgart 1972 ff.
Der Bürger im Staat. Bd. 27 (I) 1977. Sonderteil „25 Jahre Baden-Württemberg"
Schwäbische Heimat. Zeitschrift zur Pflege von Landschaft, Volkstum, Kultur. Jg. 1 ff. Stuttgart 1950 ff.
Veröffentlichungen der Geographischen Institute der Universitäten in Baden-Württemberg
– Freiburger Geographische Mitteilungen
– Mitteilungen der Geographischen Fachschaft Freiburg
– Heidelberger Geographische Arbeiten
– Karlsruher Geographische Hefte
– Mannheimer Geographische Arbeiten
– Stuttgarter Geographische Studien
– Tübinger Geographische Studien
– Würzburger Geographische Arbeiten
Veröffentlichungen der Industrie- und Handelskammern

Veröffentlichungen der einzelnen Planungsregionen Baden-Württembergs
Veröffentlichungen der Stadtplanungsämter
Veröffentlichungen der Kommission für geschichtliche Landeskunde in Baden-Württemberg. Reihe A: Quellen. Bd. 1 ff. Stuttgart 1958 ff. Reihe B: Forschungen. Bd. 1 ff. Stuttgart 1958 ff. Reihe B: Forschungen. Bd. 1 ff. Stuttgart 1958 ff.

Einzelpublikationen

Abele, G. / Leidlmaier, A.: Karlsruhe. Studien zur innerstädtischen Gliederung und Viertelsbildung. Karlsruher Geographische Hefte 3. 1972

Agrarstrukturelle Rahmenplanung Baden-Württemberg, grundlegende Untersuchungsergebnisse. Hrsg. v. Ministerium für Ernährung, Landwirtschaft, Weinbau und Forsten Baden-Württemberg. Stuttgart 1970

Albrecht, V.: Der Einfluß der deutsch-französischen Grenze auf die Gestaltung der Kulturlandschaft im Südlichen Oberrheingebiet. Freiburger Geographische Hefte 13. 1974

Albprogramm. Hrsg. v. Ministerium für Ernährung, Landwirtschaft und Forsten Baden-Württemberg. Stuttgart 1971

Andreae, B. / Greiser, E.: Strukturen deutscher Agrarlandschaft. Landbaugebiete und Fruchtfolgezonen in der Bundesrepublik Deutschland. (2. Auflage). Forschungen zur deutschen Landeskunde 199. 1978

Bader, K. S.: Der deutsche Südwesten in seiner territorialstaatlichen Entwicklung. Stuttgart 1950

Bächle, W.: Die wirtschaftliche Bedeutung von Fremdenverkehr und Zweitwohnsitzen in ländlichen Gemeinden des mittleren und südlichen Schwarzwalds. In: Stuttgarter Geographische Studien 80, S. 141–161. 1976.

Badische Geschichte. Vom Großherzogtum bis zur Gegenwart. Hrsg.: Landeszentrale für politische Bildung Baden-Württemberg. Stuttgart und Aalen 1979

Baldermann, J. u. a.: Bevölkerungsmobilität im Großstadtraum. In: Raumforschung und Raumordnung 34, S. 145–156. 1976

Baldermann, J. u. a.: Infrastrukturausstattung und Siedlungsentwicklung. Empirische Fallstudie Stuttgart und Region Mittlerer Neckar. Veröffentlichung der Forschungsgemeinschaft Bauen und Wohnen 10. 1978

Banasch, H.: Freudenstadt. In: Historischer Atlas Baden-Württemberg IV, 11, S. 9–15. Stuttgart 1978

Barth, H. K.: Das südwestdeutsche Stufenland in der neueren geomorphologischen Forschung. In: Geographische Rundschau 27, S. 379–385. 1975

Bartz, J.: Die Entwicklung des Flußnetzes in Südwestdeutschland. In: Jahreshefte des Geologischen Landesamtes Baden-Württemberg 4, S. 127–135. Freiburg 1961

Bausinger, H.: Dorf und Stadt – ein traditioneller Gegensatz. In Wehling, Dorfpolitik S. 18–37. Opladen 1978

Beiträge zur Landeskunde des Rhein-Neckar-Raumes. Mannheimer Geographische Arbeiten 2. 1978

Beiträge zur Stadtentwicklung (Stuttgart) 14. Arbeitsplatz Stuttgart 1990, B. 1, Bestand und Projektion. 1979/80

Bender, H.: Baden. 1000 Jahre europäische Geschichte und Kultur. Konstanz 1977

Bittel, K. / Kimmig, W. / Schiek, S. (Hrsg.): Die Kelten in Baden-Württemberg. Stuttgart 1981

Blenck, J.: Die Insel Reichenau. Heidelberger Geographische Arbeiten 33. 1971

Blume, H. (Hrsg.): Geomorphologische Untersuchungen im Württembergischen Keuperbergland. Tübinger Geographische Studien, H. 46. 1971

Bodensee. Rehabilitation einer Kulturlandschaft. In: Bild der Wissenschaft 10. 1976

Boelcke, W. A.: Wege und Probleme des industriellen Wachstums im Königreich Württemberg. In: Zeitschrift für Württembergische Landesgeschichte XXXII, S. 436–520. 1973

Boelcke, W. A.: Bevölkerung und Bevölkerungsstruktur im Wandel. In: Der Kreis Ludwigsburg, S. 243–255. Stuttgart und Aalen 1977

Bohnenberger, K.: Die Ortsnamen Württembergs in ihrer Bedeutung für die Siedlungsgeschichte. Blätter des Schwäbischen Albvereins. 1920

Borcherdt, Chr. u. a.: Verdichtung als Prozeß – dargestellt am Beispiel des Raumes Stuttgart. In: Raumforschung und Raumordnung 29, S. 201–207. 1971

Borcherdt, Chr. (Hrsg.): Beiträge zur Landeskunde Südwestdeutschlands. Stuttgarter Geographische Studien 60. 1976

Borcherdt, Chr.: Versorgungsorte und Versorgungsbereiche. Zentralitätsforschung in Nordwürttemberg. Stuttgarter Geographische Studien 92. 1977

Borcherdt, Chr.: Ist das Dorf heute noch bäuerlich geprägt? In: Der Bürger im Staat, H. 1 S. 7–13. 1980

Borsdorf, A. / Eck, H.: Der Weinbau in Unterjesingen. Aufschwung, Niedergang und Wiederbelebung der Rebkultur an der Peripherie des württembergischen Hauptanbaugebietes. Tübinger Geographische Studien 85. 1982

Borst, O.: Die Städte in Geschichte und Gegenwart. In: Baden-Württemberg. Land und Volk in Geschichte und Gegenwart. Schriftenreihe der Kommission für geschichtliche Landeskunde. H. 1. Karlsruhe 1961

Borst, O.: Die Geschichte der Stadt. Stuttgart und Aalen 1973

Borst, O.: Württemberg: Geschichte und Gestalt eines Landes. Konstanz 1978

Brückner, J.: Der Wald im Feldberggebiet. Eine wald- und forstgeschichtliche Untersuchung des Südschwarzwaldes. Veröffentlichung des Alemannischen Instituts 28. Bühl 1970

Bull, K. O.: Städte des Mittelalters. In: Historischer Atlas Baden-Württemberg IV, 4. Stuttgart 1973

Büttner, H.: Zum Städtewesen der Zähringer und Staufer am Oberrhein während des 12. Jahrhunderts. In: Zeitschrift für die Geschichte des Oberrheins 105, S. 63–88. 1957

Carlé, W.: Beiträge zur Geschichte der württembergischen Salinen. Veröffentlichungen der Kommission für geschichtliche Landeskunde B 43. 1968

Christlein, R.: Die Alemannen. Archäologie eines lebendigen Volkes. Stuttgart 1978

Christaller, W.: Die zentralen Orte in Süddeutschland. Jena 1933

Cloß, H. M.: Die nordbadische Agrarlandschaft – Aspekte räumlicher Differenzierung. Forschungen zur deutschen Landeskunde 215. Trier 1980

Creutzburg, N. u. a.: Freiburg und der Breisgau, ein Führer durch Landschaft und Kultur. Freiburg 1954

Dannenbauer, H.: Bevölkerung und Besiedlung Alemanniens in fränkischer Zeit. In: Zeitschrift für württembergische Landesgeschichte 13. 1954

Dannecker, R. D.: Die Entwicklung des Weinbaus in Baden-Württemberg seit 1949. Diss. Tübingen 1981

Dahrendorf, R.: Kalifornien der Bundesrepublik. In: Republik im Stauferland. Hrsg. v. Th. Eschenburg u. a. S. 49–61. Stuttgart 1977

Das Ries. Geologie, Geophysik und Genese eines Kraters. Geologica Bavarica Bd. 61. München 1970

Das Wachstum der württembergischen Wirtschaft 1818–1918. Jahrbücher für Statistik und Landeskunde. 19. Jg. H. 1. Stuttgart 1974

Decker-Hauff: Geschichte der Stadt Stuttgart. Bd. 1.

Dengel, W.: Von der Residenz zur Industriestadt. Die Entwicklung des Karlsruher Wirtschaftsraumes. Geographische Rundschau H. 6 S. 237f. 1963

Der deutsche Südwesten zur Stunde Null. Zusammenbruch und Neuanfang im Jahr 1945 in Dokumenten und Bildern. Hrsg. v. Generallandesarchiv Karlsruhe in Verbindung mit der Arbeitsgemeinschaft für geschichtliche Landeskunde am Oberrhein. Bearbeitet v. H. Schwarzmaier. Karlsruhe 1975

Der Rhein-Neckar-Raum. Monographien deutscher Wirtschaftsgebiete 11. 2. Aufl. Oldenburg 1974

Deslaers, N.: Neue Betriebssystematik für die Landwirtschaft. Berichte über Landwirtschaft, NF, XLIX, H. 3./4. S. 313–337. 1971

Die Natur- und Landschaftsschutzgebiete Baden-Württemberg. Hrsg. v. der Landesstelle für Naturschutz und Landschaftspflege Baden-Württemberg. Bd. 1. 1973

Die Zeit der Staufer. Katalog der Ausstellung, Bd. III, Aufsätze. Stuttgart 1977

Disch, F.: Studien zur Kulturgeographie des Dinkelberges. Forschungen zur deutschen Landeskunde 192. Bonn 1971

Dörrer, I.: Mannheim und der Rhein-Neckar-Raum. Mannheimer Geographische Arbeiten 10. 1981

Dokumentation über die Verwaltungsreform in Baden-Württemberg. Hrsg. v. Staatsministerium Baden-Württemberg. Stuttgart 1972

Dongus, H.: Die Oberflächenformen der Schwäbischen Alb. Marburger Geographische Schriften 72, 2 Bde. 1977

Eggers, H.: Schwarzwald und Vogesen. Westermann Taschenbuch Geographie, Bd. 1. Braunschweig 1964

Ehmer, W.: Südwestdeutschland als Einheit und Wirtschaftsraum. Eine geschichtl. Wirtschaftskunde Südwestdeutschlands. Stuttgart 1930

Elster, H. J.: Der Bodensee. Bedrohung und Sanierungsmöglichkeiten eines Ökosystems. In: Naturwissenschaft 64. S. 207–215. Stuttgart 1977

Engelhardt, W.: Der neue Weinbau. Jahrbuch für Statistik und Landeskunde von Baden-Württemberg. H. 2. Stuttgart 1960

Engelhardt, W.: Der Umwandlungsprozeß im baden-württembergischen Weinbau. In: Rebe und Wein 19, S. 264–269. 1966

Entwurf einer Denkschrift des Innenministerium über Zentrale Orte und Verflechtungsbereiche in Baden-Württemberg. Stand 2. 4. 1968. Hrsg. vom Innenministerium Baden-Württemberg.

Entwurf des Landesentwicklungsplans Baden-Württemberg. Textband und Band mit Karten, Diagrammen und Tabellen. Hrsg. v. Innenministerium Baden-Württemberg. Karlsruhe 1967

Ernst, V.: Die Entstehung des niederen Adels. Stuttgart 1916

Esslinger, C. H.: Fremdenverkehr. In: Das Land Baden-Württemberg Bd. 1. S. 759–764. Stuttgart 1974

Fabricius, H.: Bevölkerung. In: Das Land Baden-Württemberg Bd. 1. S. 560–612. Stuttgart 1974

Faigle, H.: Die Zunahme des Dauergrünlandes in Württemberg und Hohenzollern. Tübinger Geographische Studien, H. 7. Tübingen 1963

Fegert, F. Der Verdichtungsraum Pforzheim – Mühlacker – Bretten. 2 Bde. Karlsruhe 1975

Fehre, H.: Die Gemeindetypen nach der Erwerbsstruktur der Wohnbevölkerung. In: Raumforschung und Raumordnung 19. S. 138–147. 1961

Feuchte, P.: Süddeutschland nach 1945. In: Baden-Württemberg, Land und Volk in Geschichte und Gegenwart. Schriften der Kommission für geschichtliche Landeskunde H. 1. Karlsruhe 1961

Fezer, F.: Eiszeitliche Erscheinungen im nördlichen Schwarzwald. Forschungen zur deutschen Landeskunde Bd. 87. 1957

Fezer, F.: Das Neckarbecken. In: Berichte zur deutschen Landeskunde 30, S. 31ff. 1963

Feyer, U.: Entwicklung des Eisenbahnnetzes. In: Historischer Atlas Baden-Württemberg, X, 4, S. 1–5. Stuttgart 1972

Filipp, K. H.: Frühformen und Entwicklungsphasen südwestdeutscher Altsiedellandschaften. (Ries) Forschungen zur deutschen Landeskunde 202. Bonn 1972

Filtzinger, Ph. / Planck, D. / Cämmerer, B. (Hrsg.): Die Römer in Baden-Württemberg. Stuttgart und Aalen 1976

Fischer, F.: Der Heidegraben bei Grabstetten. Führer zu archäologischen Denkmälern in Baden-Württemberg. Bd. 2. Stuttgart 1979

Fischer, H.: Strohgäu, Langes Feld und Schmidener Feld, die Gäulandschaften am Südrand des Neckarbeckens. In: Berichte zur deutschen Landeskunde 27. 1961

Fischer, H.: Albuch und Härtsfeld, Randlandschaften der schwäbischen Ostalb. In: Berichte zur deutschen Landeskunde 29. 1962

Fischer, H.: Viertelsbildung und sozial bestimmte Stadteinheiten, untersucht am Beispiel der inneren Stadtbezirke der Großstadt Stuttgart. In: Berichte zur deutschen Landeskunde 30, S. 101–120. 1963

Fischer, H.: Siedlungen religiöser Gruppen in Württemberg. In: Jahrbücher für Statistik und Landeskunde von Baden-Württemberg, 8. Jg. H. 1. Stuttgart 1964

Fischer, H.: Fils und Rems. Studien zur Entwicklung zweier benachbarter Tallandschaften. In: Berichte zur deutschen Landeskunde 35/1, S. 1–36. 1965

Fischer, W.: Der Staat und die Anfänge der Industrialisierung in Baden 1800–1859. 1. Bd.: Die staatliche Gewerbepolitik. Berlin 1962

Fraaz, K.: Monographie der Stadt Heilbronn. In: Forschungs- und Sitzungsberichte der Akademie für Raumforschung und Landschaftsplanung 69, S. 163–212. Hannover 1972

Frank-Planitz, U.: Die ökonomischen Strukturen. In: Republik im Stauferland. Baden-Württemberg nach 25 Jahren. S. 62–93. Stuttgart 1977

Fremdenverkehrs-Entwicklungsprogramm. Hrsg. vom Wirtschaftsministerium Baden-Württemberg. Stuttgart 1971

Freiräume in Stadtlandschaften. Hrsg. v. Ministerium für Ernährung, Landwirtschaft und Umwelt Baden-Württemberg. Esslingen 1977

Freudenberg, H.: Stuttgart. Ein Führer durch Stadt und Landschaft. Stuttgart 1977

Fricke, W. / Gaebe, W.: Struktur und Entwicklungsprobleme des Rhein-Neckar-Raumes. In: Fricke, W. / Gormsen, E. Heidelberg und der Rhein-Neckar-Raum. Heidelberger Geographische Arbeiten 46, S. 18–30. 1981

Fricke, W. / Gormsen, E.: Heidelberg und der Rhein-Neckar-Raum. Heidelberger Geographische Arbeiten 46. 1981

Friedmann, H.: Alt-Mannheim im Wandel seiner Physiognomie, Struktur und Funktion. Forschungen zur deutschen Landeskunde 168. Bonn 1968

Fritz, W.: Wirkungen des Weinbaus auf Sozial- und Siedlungsstruktur im Kaiserstuhl. Diss. Erdwissenschaft Tübingen 1976

Fuchs, G.: Die Bundesrepublik Deutschland. Neubearbeitung Stuttgart 1983

Gaiser, G. / Baumhauer, H.: Schwäbische Alb. Stuttgart und Aalen 1976

Gamer, J.: Barock und Spätbarock. In: Das Land Baden-Württemberg I S. 402–408. Stuttgart 1974

Gebhard, H.: Die Stadtregion Ulm / Neu-Ulm als Industriestandort. Eine Industriegeographische Untersuchung auf betrieblicher Basis. Tübinger Geographische Studien, H. 79. 1979

Gebietsentwicklungsplan für den Mittleren Neckarraum vom 14. März 1972. Landtagsdrucksache 6/150

Gebietsentwicklungsplan für das südliche Oberrheingebiet vom 22. Juni 1972. Hrsg. v. Innenministerium Baden-Württemberg. Stuttgart

Gehring, P.: Das Wirtschaftsleben in Württemberg unter König Wilhelm I. Zeitschrift für württembergische Landesgeschichte. 1949/50

Geiger, F.: Zur Konzentration von Gastarbeitern in alten Dorfkernen. In: Geographische Rundschau 27, S. 64–74. 1975

German, R.: Oberschwaben im Lichte neuer geologischer Arbeiten. In: Schriften des Vereins für Geschichte des Bodensees und seiner Umgebung 93, S. 149–157. Lindau 1975

Geyer, O. F. / Gwinner, M. P.: Einführung in die Geologie von Baden-Württemberg. 2. Aufl. Stuttgart 1968

Glaser, G.: Der Sonderkulturanbau zu beiden Seiten des nördlichen Oberrheins zwischen Karlsruhe und Worms. Heidelberger Geographische Arbeiten 18. 1976

Gönner, E./Haslier, G.: Baden-Württemberg, Geschichte seiner Länder und Territorien. Freiburg 1976

Golter, F.: Die Landwirtschaftlichen Betriebssysteme in Baden-Württemberg. In: Jahrbücher für Statistik und Landeskunde in Baden-Württemberg. H. 1. 1970.

Gradmann, R.: Pflanzenleben der Schwäbischen Alb. Hrsg. vom Schwäbischen Albverein. 4. Aufl. Stuttgart 1950

Gradmann, R.: Das mitteleuropäische Landschaftsbild in seiner geschichtlichen Entwicklung. In: Geographische Zeitschrift 7 S. 435 f. 1901

Gradmann, R.: Beziehungen zwischen Pflanzengeographie und Siedlungsgeschichte. In: Geographische Zeitschrift 12. 1906

Gradmann, R.: Das ländliche Siedlungswesen des Königreichs Württemberg. Forschungen zur deutschen Landes- und Volkskunde, Bd. 1. Stuttgart 1913

Gradmann, R.: Die städtischen Siedlungen des Königreichs Württemberg. Forschungen zur deutschen Landes- und Volkskunde, 21, 2. Stuttgart 1914

Gradmann, R.: Schwäbische Städte, In: Zeitschrift der Gesellschaft für Erdkunde zu Berlin. 1916

Gradmann, R.: Süddeutschland. 2 Bde. Stuttgart 1931. Unveränderter Nachdruck 1964

Gradmann, R.: Altbesiedeltes Land. In: Studium Generale 1, S. 163–177. 1948

Gräter, C.: Von der Tauber zum Main. Stuttgart und Aalen 1976

Gräter, C.: Der Neckar. Stuttgart und Aalen 1977

Grees, H.: Das Seldnertum im östlichen Schwaben und sein Einfluß auf die Entwicklung der ländlichen Siedlungen. In: Studien zur südwestdeutschen Landeskunde. Festschrift für F. Huttenlocher. Bad Godesberg 1963

Grees, H.: Der Reutlinger Raum. Reutlingen und die Reutlinger Alb. S. 9–24. Bühl/Baden 1967

Grees, H. (Hrsg.): Der Schönbuch. Beiträge zu seiner landeskundlichen Erforschung. Veröffentlichung des Alemannischen Instituts 27. Bühl 1969.

Grees, H.: Ländliche Unterschichten und ländliche Siedlung in Ostschwaben. Tübinger Geographische Studien, H. 58 (Sonderband 8).

Grees, H.: Geologische Grundlagen der Kulturlandschaft. In: Historischer Atlas Baden-Württemberg II, 3, S. 10–16. 1975

Griesmeier, J.: Die Entwicklung der Wirtschaft und Bevölkerung von Baden-Württemberg im 19. und 20. Jahrhundert. Jahrbücher für Statistik und Landeskunde von Baden-Württemberg 1. Jg. S. 121–242. Stuttgart 1954

Gröner, G.: Landwirtschaftliche Bevölkerung und ländlicher Raum seit 1960 in Baden-Württemberg. In: Akademie für Raumforschung und Landesplanung. Forschungs- und Sitzungsberichte 122, S. 53–90. 1978

Grötzbach, E.: Geographische Untersuchung über die Kleinstadt der Gegenwart in Südwestdeutschland. Münchner Geographische Hefte 24. 1963

Grotz, R.: Entwicklung, Struktur und Dynamik der Industrie im Wirtschaftsraum Stuttgart – eine industriegeographische Untersuchung. Stuttgarter Geographische Studien 82. 1971

Grotz, R.: Die Wirtschaft im Mittleren Neckarraum und ihre Entwicklungstendenzen. In: Geographische Rundschau 28, S. 14–26. 1976

Gütezustand der Gewässer in Baden-Württemberg. 1. Erläuterungen zu den Karten: Gütezustand der Gewässer in Baden-Württemberg. Bearbeitet v. der Landesstelle für Gewässerkunde und wasserwirtschaftliche Planung Baden-Württemberg. Hrsg. v. Innenministerium Baden-Württemberg. Karlsruhe 1969

Gwinner, M. P.: Zur Natur der Schichtstufen im Schichtstufenland von Südwestdeutschland. In: Mannheimer Geographische Arbeiten 1, S. 277–293. 1977

Haas, H.: Der hohe Entwicklungsstand der Baden-Württembergischen Industrie. In: „Baden-Württemberg". Schriftenreihe der Kommission für geschichtliche Landeskunde. H. 1. Karlsruhe 1961

Haas, H. D.: Junge Industrieansiedlung im nordöstlichen Baden-Württemberg. Tübinger Geographische Studien, H. 35. Tübingen 1970

Haas, H. D.: Industrialisierungsprobleme in den ländlichen Gebieten des nordöstlichen Baden-Württemberg. Geographische Rundschau 22 Jg. H. 2, S. 484–491. 1970

Haas, H. D.: Strukturelle Merkmale neugegründeter und verlagerter Industrie im Nordosten Baden-Württembergs. Zeitschrift für Wirtschaftsgeographie, 15. Jg. S. 246–250. 1971

Haas, H. D. / Schwarz, R.: Die Belastungen des Neckars und Möglichkeiten seiner Sanierung. In: Beiheft Geographische Rundschau H. 4, S. 34–44. 1975

Haase, C.: Die mittelalterliche Stadt als Festung. Studium Generale, 16. Jg. S. 379–390. 1963

Habbe, K. A.: Das Flurbild des Hofsiedlungsgebiets im Mittleren Schwarzwald am Ende des 18. Jahrhunderts. Forschungen zur deutschen Landeskunde, Bd. 118. Bad Godesberg 1960

Härle, J.: Die Obstbaugebiete am Bodensee. Tübinger Geographische Studien 11. 1964

Halm, J.: Zur Verwaltungs- und Gebietsreform im Verdichtungsraum Stuttgart. In: Raumforschung und Raumordnung, H. 5, S. 226ff. 1971

Hamm, E.: Die Städtegründungen der Herzöge von Zähringen in Südwestdeutschland. Veröffentlichung des Alemannischen Instituts Freiburg i. Br. Bd. 1. 1932

Hanns, Chr.: Umweltbelastungen am Bodensee. In: Beiheft Geographische Rundschau, H. 4, S. 22–33. 1975

Hartog, R.: Stadterweiterungen im 19. Jahrhundert. Stuttgart 1962

Haselier, G.: Die Markgrafen von Baden und ihre Städte. Zeitschrift für die Geschichte des Oberrheins. Bd. 107, S. 263–290. 1959

Haserodt, K.: Reliefveränderungen durch Großterrassen in den Lößlandschaften des südlichen Oberrheingebietes. In: Regio Basiliensis 12. Basel 1971

Hatt, J.-J.: Kelten und Galloromanen. München, Genf, Paris 1970

Heilbäderprogramm Baden-Württemberg. Hrsg. v. Ministerium für Wirtschaft, Mittelstand und Verkehr. Stuttgart 1977

Heidelberg und die Rhein-Neckar-Lande. Festschrift zum 34. deutschen Geographentag in Heidelberg 1963. Heidelberg und München.

Hellwig, H.: Der Raum um Heilbronn. Veröffentlichung des Archivs der Stadt Heilbronn. 1970

Hellwig, H.: Zur Problematik der Zentralörtlichen Bereichsgliederung Baden-Württemberg. Information des Instituts für Raumordnung. H. 16, S. 480–486. 1969

Herold, A.: Das fränkische Gäuland. In: Bericht zur deutschen Landeskunde 32. 1964

Hesse, P.: Der Strukturwandel der Siedlungskörper und die Landesentwicklung in Baden-Württemberg. 9. Jg. Jahresband. 1965

Heyn, E.: Die Fernwasserversorgung in der Bundesrepublik Deutschland und Projekte zum Ferntransport von Wasser. In: Zeitschrift für Wirtschaftsgeographie, S. 74–78. 1981

Himmelein u. a.: Barock in Baden-Württemberg. Stuttgart 1981

Hirsch, R. / Meyer-Haitz, D.: Die Dienstleistungsbereiche in Baden-Württemberg. In: Jahrbuch für Statistik und Landeskunde von Baden-Württemberg. 18. Jg (1), S. 5–46. Stuttgart 1973

Högy, U.: Das rechtsrheinische Rhein-Neckar-Gebiet in seiner zentralörtlichen Bereichsgliederung auf der Grundlage der Stadt-Land-Beziehungen. Heidelberger Geographische Arbeiten 16. 1966

Höhl, G.: Das Stadtteilgefüge von Mannheim und Ludwigshafen im geographischen Vergleich. In: Geographische Rundschau 24, S. 125–134. 1972

Hofmann, A. / Linsenmaier, O.: Kenner trinken Württemberger. Mannheim 1979

Hohenlohe – Odenwald. Regionales Entwicklungsprogramm. Hrsg. v. Wirtschaftsministerium Baden-Württemberg. 1975

Honsell, M.: Die Korrektion des Oberrheins von der Schweizer Grenze unterhalb Basel bis zur Großherzoglich-Hessischen Grenze unterhalb Mannheims. In: Beiträge zur Hydrographie des Großherzogtums Baden 3, mit Atlas. Karlsruhe 1885

Hornberger, Th.: Die kulturgeographische Bedeutung der Wanderschäferei in Süddeutschland. Forschungen zur deutschen Landeskunde Bd. 109. Remagen 1959

Horak, H.: Der Mittlere Neckarraum – hochindustrialisiertes Zentrum im Südwesten. Hrsg. v. Industrie- und Handel Mittlerer Neckar. Stuttgart o. J.

Hornich, K.: Die bäuerliche Kulturlandschaft des Tauberlandes. Diss. Tübingen 1966

Hottes, K. H.: Die wirtschaftsgeographischen Auswirkungen der Neckarkanalisation zwischen Heidelberg und Plochingen. In: Festschrift für Th. Kraus. Bad Godesberg 1959

Hundert Jahre Albwasserversorgung 1870–1970. Stuttgart 1970

Huttenlocher, F.: Weiler und Hof in Württemberg. Vortrag auf dem Oberdeutschen Geographentag. Manuskript. 1939

Huttenlocher, F.: Funktionale Siedlungstypen. Bericht zur deutschen Landeskunde 7, S. 76–86

Huttenlocher, F.: Versuche kulturlandschaftlicher Gliederung am Beispiel von Württemberg.

Forschung zur deutschen Landeskunde Bd. 47. Stuttgart 1949

Huttenlocher, F.: Der Bedeutungswandel südwestdeutscher Landschaften im Laufe der Geschichte. In: Bericht zur deutschen Landeskunde 12. 1953/54

Huttenlocher, F.: Vom Werdegang der oberschwäbischen Kulturlandschaft. In: Alemannisches Jahrbuch, S. 167–187. 1954

Huttenlocher, F.: Die kulturgeographische Bedeutung der Waldgebirge in Südwestdeutschland. In: Bericht zur deutschen Landeskunde 15. 1955

Huttenlocher, F.: Die Schwäbische Alb in kulturgeographischer Sicht. In: Jahrbücher für Statistik und Landeskunde 1. Jg. 4. Stuttgart 1955

Huttenlocher, F.: Die Städte des Neckarlandes. In: Stuttgarter Geographische Studien 69. S. 142–150. 1957

Huttenlocher, F.: Die ehemaligen Territorien des deutschen Reiches in ihrer kulturlandschaftlichen Bedeutung. Erdkunde XI. 1957

Huttenlocher, F.: Städtetypen und ihre Gesellschaften anhand südwestdeutscher Beispiele. In: Geographische Zeitschrift 51, S. 161 bis 182. 1963

Huttenlocher, F: Das Problem der Gewannfluren in südwestdeutscher Sicht. In: Erdkunde. 1963

Huttenlocher, F.: Kleine geographische Landeskunde. Schriftenreihe der Kommission für geschichtliche Landeskunde, H. 2. 4. ergänzte Aufl. Karlsruhe 1972

Illies, H.: Ein Grabenbruch im Herzen Europas – Erdgeschichte und Relief der Landschaften am Oberrhein. In: Geographische Rundschau 19, S. 281 ff. 1967

Isenberg, G.: Die Ballungsräume in der Bundesrepublik. Institut für Raumforschung. Bad Godesberg 1957

Isenberg, G.: Die raumwirtschaftliche Lage der Stadt Stuttgart im Verhältnis zu ihren Nachbargemeinden. In: Raumforschung und Raumordnung, 29. Jg. H. 5, S. 200. 1971

Isenberg, G.: Wirtschaftliche Zusammenhänge zwischen Verdichtungsräumen und entfernten ländlichen Räumen Baden-Württembergs und Folgerungen für den Ansatz von Industriebetrieben. T. I–IV. 1973

Isenberg, G.: Wirtschaftsstruktur. In: Das Land Baden-Württemberg, Bd. 1. Stuttgart 1974

Jäger, H.: Zur Geschichte der deutschen Kulturlandschaften. In: Geographische Zeitschrift 51, S. 90 ff. 1963

Jänichen, H.: Über den mittelalterlichen und neuzeitlichen Ackerbau im westlichen Schwaben. Beiträge zur Geschichte der Gewannflur. Jahrbücher für Statistik und Landeskunde von Baden-Württemberg. 1962

Jänichen, H.: Zu den Namen der Dorfteile in Schwaben. Studien zur südwestdeutschen Landeskunde. Festschrift für F. Huttenlocher. Bad Godesberg 1963

Jänichen, H.: Beiträge zur Wirtschaftsgeschichte des schwäbischen Dorfes. Veröffentlichung der Kommission für geschichtliche Landeskunde in Baden-Württemberg. Bd. 60. Stuttgart 1970

Jahn, H.: Der Hopfenanbau im Raum Tettnang. Zulassungsarbeit an der PH Reutlingen. 1982

Jahn, W.: Das Allgäu. In: Berichte zur deutschen Landeskunde 16, S. 147 ff. 1956

Jahn, W.: Strukturanalyse des Allgäu. In: Exkursionen in Schwaben. S. 187. 197. Kiel 1978

Kaeser, H.: Baden-Württemberg und die Europäische Gemeinschaft. Bevölkerungsstruktur und -beziehungen. In: Baden-Württemberg in Wort und Zahl, 9, S. 252–259. 1977

Kaeser, H.: Die Ausländer in Baden-Württemberg. In: Baden-Württemberg in Wort und Zahl, 7, S. 214–222. 1979

Kaiser, K. / Schaewen, M. v.: Stuttgart und die Region Mittlerer Neckar. Stuttgart 1971

Kaltenbacher, W. / Koch, J.: Regionalplanung und Regionalforschung im Mittleren Neckarraum. In: Raumforschung und Raumordnung, 29. Jg. H. 5, S. 222. 1971

Kannenberg, E. G.: Die Entwicklung der Kulturlandschaft im Verdichtungsraum Stuttgart von 1900–1965. Forschungs- und Sitzungsberichte der Akademie für Raumforschung und Landesplanung. Bd. 51. Hannover 1969

Kazmaier, B.: Das Ermstal zwischen Urach und Metzingen. Untersuchung zur Kulturlandschaftsentwicklung in der Neuzeit. Tübinger Geographische Studien, H. 73. 1978

Keinath, W.: Orts- und Flurnamen in Württemberg. 3. Aufl. Stuttgart 1961

Kellenbenz, H.: Das Unternehmertum in Süddeutschland. In: Tradition H. 10. 1965

Kerkhoff, J.: Bevölkerungsentwicklung unter besonderer Berücksichtigung der Städte 1834–1970. In: Historischer Atlas von Baden-Württemberg XII, 3. 1977

Keyser, E.: Die städtebauliche Entstehung Stuttgarts. In: Zeitschrift für württembergische Landesgeschichte, 23, S. 402–412. 1964

Kiefer, F.: Der Bodensee. Physikalische und chemische Verhältnisse. In: Der Landkreis Konstanz, Bd. 1. Konstanz 1968

Kirsch, P.: Arbeitersiedlung im Königreich Württemberg in der Zeit vom 19. Jahrhundert bis zum Ende des Ersten Weltkriegs. Tübinger Geographische Studien, H. 84. 1982

Klein, E.: Die Anfänge der Industriealisierung Württembergs in der 1. Hälfte des 19. Jahrhunderts. Forschungs- und Sitzungsberichte der Akademie für Raumforschung und Landesplanung, Bd. 39. 1967

Kleine Vor- und Frühgeschichte Württembergs. Stuttgart 1963

Klucke, A.: Der Wald als Wirtschafts- und Umweltfaktor. In: Jahrbücher für Statistik und Landeskunde. H. 1, S. 19–40. 1979

König, M.: Die bäuerliche Kulturlandschaft der hohen Schwabenalb und ihr Gestaltwandel unter dem Einfluß der Industrie. Tübinger Geographische Studien, H. 14. 1964

Köhler, A.: Die Kulturlandschaft im Bereich der Platten und Terrassen an der Riß. Tübinger Geographische Studien, H. 14. 1964

Körting, J.: Geschichte der Gewerbeförderung in Baden 1865–1965. Karlsruhe 1965

Kullen, S.: Der Einfluß der Reichsritterschaft auf die Kulturlandschaft im Mittleren Neckarland. Tübinger Geographische Studien, H. 24. 1967

Kullen, S.: Die Notstandsgemeinden des Königreichs Württemberg um 1850 und ihre Entwicklung bis zur Gegenwart. Alemannisches Jahrbuch 1968/69. Bühl 1970

Kullen, S.: Landschafts- und Wirtschaftswandel im Kleinen Wiesental. In: Region Basiliensis, Bd. XIV/2, S. 263–281. 1973

Kunze, D.: Die Produktivitätsunterschiede zwischen Baden-Württemberg und dem Bundesgebiet und ihre Ursachen. Jahrbücher für Statistik und Landeskunde von Baden-Württemberg, 21. Jg. H. 2. Stuttgart 1976

Landesentwicklungsplan Baden-Württemberg vom 22. Juni 1971. Landtag von Baden-Württemberg, Bd. 1 und 2. Stuttgart

Landesentwicklungsbericht 1979. Hrsg. v. Innenministerium Baden-Württemberg. Stuttgart

Lang, H.-R.: Das Wochenend-Dauercamping in der Region Nordschwarzwald. Geographische Untersuchung einer jungen Freizeitwohnsitzform. Tübinger Geographische Studien, H. 74. 1978

Langenbeck, F.: Ortsnamenbewegungen und -wandlungen im südwestdeutschen Raum. Bericht zur deutschen Landeskunde, Bd. 13. 1954

Liehl, E. / Sick, W.-D. (Hrsg.): Der Schwarzwald – Beiträge zur Landeskunde. Veröffentlichung des Alemannischen Instituts Freiburg i. Br., 47. Freiburg 1980

Linck, O.: Weinland am Neckar. Konstanz 1960

Lindauer, G.: Beiträge zur Erfassung der Verstädterung in ländlichen Räumen, mit Beispielen aus dem Kochertal. Stuttgarter Geographische Studien 80. 1970

Löffler, H.: Die Weilerorte in Oberschwaben. Veröffentlichung der Kommission für geschichtliche Landeskunde in Baden-Württemberg, Reihe B, Bd. 42. Stuttgart 1968

Loser, F.: Die Pfortenstädte der Schwäbischen Alb. Tübinger Geographische Studien, H. 6. Tübingen 1963

Loser, F.: Die Bedeutung der Händler- und Hausierergemeinden für die Entwicklung der Württembergischen Industrie. In: Jahrbücher für Statistik und Landeskunde von Baden-Württemberg. 1964

Mach, N.: Öffentliche Wasserversorgung und öffentliches Abwasserwesen in Baden-Württemberg. In: Jahrbücher für Statistik und Landeskunde von Baden-Württemberg, 13. Jg. Stuttgart 1968

Mach, N.: Die wasserwirtschaftliche Situation im baden-württembergischen Einzugsgebiet des Bodensees. In: Jahrbücher für Statistik und Landeskunde von Baden-Württemberg, 18. Jg. H. 2. Stuttgart 1973

Mader, M.: Die Flußgeschichte des Neckars und das Wandern des Albtraufs. In: Veröffentlichung Naturschutz Baden-Württemberg 47. Karlsruhe 1978

Mannheim und der Rhein-Neckar-Raum. Festschrift zum 43. Deutschen Geographentag – Mannheim. Mannheimer Geographische Arbeiten 10. 1981

Marandon, J. C.: Ausländische Industrieansiedlung in Grenzgebieten, ein Vergleich Baden – Elsaß. In: Bericht zur deutschen Landeskunde 51, S. 173–203. 1977

Maschke, E : Die deutschen Städte der Stauferzeit. In: Die Zeit der Staufer, Bd. III, S. 59–73. Stuttgart 1977

Mäussnest, O.: Die Ergebnisse der magnetischen Bearbeitung des Schwäbischen Vulkans. In: Jahresberichte und Mitteilungen des Oberrheinischen Geologischen Vereins 51, S. 159–167. Stuttgart 1969

Maurer, H.-M.: Burgen. In: Die Zeit der Staufer, Bd. III, S. 119–128. Stuttgart 1977

Maurer, H.-M.: Burgen zwischen Alb und Mittlerer Neckar. In: Historischer Atlas Baden-Württemberg V, 6. Stuttgart 1979

Mayer, Th.: Die Besiedlung und politische Erfassung des Schwarzwalds im Hochmittelalter. Zeitschrift für die Geschichte des Oberrheins. 1939

Meckelein, W.: Der Ballungsraum Stuttgart. In: Verhandlungen des Deutschen Geographentags Bad Godesberg 1967, S. 71 ff. Wiesbaden 1968

Meckseper, C.: Städtebau. In: Die Zeit der Staufer, Bd. III. Stuttgart 1977

Meitzen, A.: Siedlung und Agrarwesen der Westgermanen und Ostgermanen, der Kelten, Römer, Finnen, und Slawen. Berlin 1895

Metz, Fr.: Ländergrenzen im Südwesten. Forschungen zur deutschen Landeskunde, Bd. 60. Remagen 1951

Metz, F. (Hrsg.): Vorderösterreich. Eine geschichtliche Landeskunde. 2 Bde. Freiburg 1959

Metz, F.: Der südwestdeutsche Staat und die Vereinigung von Baden und Württemberg. In: Der Schwäbische Bund, Jg. 1920, und in: Land und Leute. Stuttgart 1961

Metz, R.: Zur naturräumlichen Gliederung des Schwarzwaldes. In: Alemannisches Jahrbuch 1959

Metz, R.: Land und Leute. Stuttgart 1961

Meyer, Chr.: Beiträge zu einer Stadtgeographie von Freiburg. In: Mitteilungen der geographischen Fachschaft Freiburg, S. 1–31. 1970

Miller, M. (Hrsg.): Baden-Württemberg. Handbuch historischer Stätten Deutschlands 6. Stuttgart 1965

Miller, M.: Zwischen Einheit und Zersplitterung in geschichtlicher Zeit. In: Baden-Württemberg, Schriftenreihe der Kommission für geschichtliche Landeskunde, H. 1. Karlsruhe 1961

Modell für die Zukunft. Leistungen und Planungen des Landes Baden-Württemberg. Hrsg. v. Staatsministerium Baden-Württemberg. Bd. 1: Planungen; Bd. 2: Statistik. Stuttgart 1972

Mohr, B.: Wirtschaftsgeographische Skizzen des Wiesentals / Südschwarzwald unter besonderer Berücksichtigung des oberen Talabschnitts. In: Freiburger Geographische Mitteilungen, H. 2. 1973

Monheim, F.: Die Agrargeographie des Neckarschwemmkegels. Heidelberger Geographische Arbeiten 5. 1961

Mühl, A. / Seidel, L.: Die württembergischen Staatseisenbahnen. Stuttgart und Aalen 1970

Müller, S.: Böden unserer Heimat. Kosmos-Naturführer. Stuttgart 1969

Müller, W. (Hrsg.): Das Markgräfler Land. Veröffentlichung des Alemannischen Instituts 24. Bühl 1969

Münzenmaier, W.: Zusammenarbeit mit den Ländern der Dritten Welt. In: Baden-Württemberg in Wort und Zahl 8, S. 250–259. 1982

Musall, H.: Die Entwicklung der Kulturlandschaft der Rheinniederung zwischen Karlsruhe und Speyer vom Ende des 16. bis zum Ende des 19. Jahrhunderts. Heidelberger Geographische Arbeiten 22. 1969

Nellner, W.: Die Entwicklung der inneren Struktur und Verflechtung in Ballungsgebieten – dargestellt am Beispiel der Rhein-Neckar-Agglomeration. Veröffentlichung der Akademie für Raumforschung und Landesplanung. Beiträge 4. 1969

Neugebauer-Pfrommer, U.: Die Siedlungsformen im nördlichen Schwarzwald und ihr Wandel seit dem 17. Jahrhundert. Tübinger Geographische Studien, H. 30. 1969

Nitz, H. J.: Regelmäßige Langstreifenfluren und fränkische Staatsorganisation. Geographische Rundschau, H. 9. 1961

Nitz, H. J.: Die ländlichen Siedlungen des Odenwaldes. Heidelberger Geographische Arbeiten 7. 1962

Nitz, H. J.: Entwicklung und Ausbreitung planmäßiger Siedlungsformen bei der mittelalterlichen Erschließung von Odenwald, nördlichem Schwarzwald und Hardtwald. In: Heidelberg und die Rhein-Neckar-Lande. Festschrift zum 34. Deutschen Geographen-Tag in Heidelberg 1963. S. 210–235. Heidelberg und München 1963

Nitz, H. J.: Siedlungsgeographische Beiträge zum Problem der fränkischen Staatskolonisation im süddeutschen Raum. In: Zeitschrift für Agrargeschichte und Agrarsoziologie 11. 1963

Obiditsch, F.: Die ländliche Kulturlandschaft der Baar und ihr Wandel seit dem 18. Jahrhundert. Tübinger Geographische Studien, H. 5. 1961

Ostendorf, E.: Die Bodenprovinzen Südwestdeutschlands. Umschaudienst der Akademie für Raumforschung und Landesplanung. 5. Jg. H. 3. Hannover 1955

Otremba, E.: Der Agrarwirtschaftsraum der Bundesrepublik Deutschland. Erdkundliches Wissen. Beihefte zur Geographischen Zeitschrift 26. 1970

Ott, S.: Oberschwaben, Gesicht einer Landschaft. 2. Aufl. Ravensburg 1972

Overbeck, H. u. a.: Die zentralen Orte und ihre Bereiche im nördlichen Baden und in seinen Nachbargebieten. In: Berichte zur deutschen Landeskunde, 38, S. 73–133. 1967

Overbeck, H.: Die Stadt Heidelberg und ihre Gemarkung im Spiegel der Wandlungen ihrer Funktionen, insbesondere seit dem 19. Jahrhundert. In: Die Stadt- und die Landkreise Heidelberg und Mannheim. Amtliche Kreisbeschreibung, Bd. II und III. 1968/70

Paret, O.: Württemberg in vor- und frühgeschichtlicher Zeit. Stuttgart 1961

Petersen, G.: Regionale Planungsgemeinschaften als Instrument der Raumordnungspolitik in Baden-Württemberg. Probleme und kritische Würdigung ihrer Planungspraxis. Schriften zu Regional- und Verkehrsproblemen in Industrie- und Entwicklungsländern. Bd. 12. Berlin 1972

Pfizer, Th. / Pross, H.: Badener und Württemberger. In: Baden-Württemberg, Staat, Wirtschaft, Kultur, Stuttgart 1963

Plank, D.: Die Zivilisation der Römer in Baden-Württemberg. In: Die Römer in Baden-Württemberg. Hrsg. v. Ph. Filtzinger u. a. S. 121–161. 1976

Plewe, E.: Mannheim – Ludwigshafen, eine stadtgeographische Skizze. In: Pfeifer u. a. (Hrsg.): Heidelberg und die Rhein-Neckar-Lande. S. 126–153. Heidelberg 1963

Quenstedt, Fr. Aug.: Das Schwäbische Stufenland. In: L. Bauer: Schwaben wie es war und ist. Stuttgart 1842

Raisch, H.: Die Zwergstädte Württembergs. In: Berichte zur deutschen Landeskunde, 48, S. 36–58. 1968

Rasch, E. D.: Baden-Württemberg. Landesplanung und Raumordnung. In: Handwörterbuch der Raumforschung und Raumordnung. 2. Aufl. Hannover 1970

Rau, E.: Der Anbau ausgewählter Sonderkulturen im Stuttgarter Raum. Eine agrargeographische Untersuchung. Diss. Stuttgart 1975

Raumordnungsbericht der Landesregierung von Baden-Württemberg. Hrsg. v. der Regierung des Landes Baden-Württemberg. Stuttgart 1966

Reichelt, G.: Ökologie Exemplarisch: Der Bodensee. CVK-Biologie-Kolleg. Verlag Cornelsen-Velhagen u. Clasing

Reinhard, E.: Die Veränderungen der Kulturlandschaft durch die Rheinkorrektion seit 1817. In: Historischer Atlas Baden-Württemberg IV, 18/19. Stuttgart 1974

Reinhard, E.: Grundriß neuzeitlicher Städte I. Karlsruhe bis zur Mitte des 19. Jahrhunderts. In: Historischer Atlas Baden-Württemberg IV, 10. Stuttgart 1980

Röhm, H.: Die Vererbung landwirtschaftlichen Grundeigentums in Baden-Württemberg. Forschungen zur deutschen Landeskunde, Bd. 102. Remagen 1957

Röhm, H.: Landwirtschaft. In: Baden-Württemberg, Staat, Wirtschaft, Kultur. Stuttgart 1963

Rundel, O.: Land- und Forstwirtschaft. In: Das Land Baden-Württemberg. Bd. I. Stuttgart 1974

Rückling, R.: Pforzheim und seine Industrie. „Europäische Wirtschaft in Einzeldarstellungen". Trautheim, Horb, Frankfurt/M. 1952

Saenger, W.: Die bäuerliche Kulturlandschaft der Hohenloher Ebene und ihre Entwicklung seit dem 16. Jahrhundert. Forschungen zur deutschen Landeskunde 101. Remagen 1957

Saenger, W.: Funktionale Gemeindetypisierung und Landschaftsgliederung. Berichte zur deutschen Landeskunde 31. 1963

Saenger, W.: Die Siedlungen. In: Der Landkreis Tübingen. Bd. 1. S. 429–464. Tübingen 1967

Sangmeister, E.: Urgeschichte. In: Das Land Baden-Württemberg, Bd. I, S. 109–125. Stuttgart 1974

Schaab, M.: Fortentwicklung des Städtewesens bis zur Gegenwart. In: Historischer Atlas Baden-Württemberg IV. 5. Stuttgart 1973

Schaab, M.: Früh- und Hochmittelalter. In: Das Land Baden-Württemberg, Bd. I, S. 135–166. Stuttgart 1974

Schaab, M.: Zeit der Territorialstaaten. In: Das Land Baden-Württemberg, Bd. I, S. 167–186. Stuttgart 1974

Schaab, M.: Burgen im Land am unteren Neckar. In: Historischer Atlas Baden-Württemberg V, 5. Stuttgart 1977

Schäfer, W.: Hochrhein, Landschafts- und Siedlungsveränderungen im Zeitalter der Industrialisierung. Forschungen zur deutschen Landeskunde, Bd. 157. Bad Godesberg 1966

Schanz, G.: Die Entwicklung der Zwergstädte des Schwarzwaldes seit der Mitte des 19. Jahrhunderts. Tübinger Geographische Studien, H. 75. 1979

Sauer, K. / Schnetter, M. (Hrsg.): Die Wutach. Naturkundliche Monographie einer Flußlandschaft. In: Die Natur- und Landschaftsschutzgebiete Baden-Württembergs, Bd. 6. Freiburg i. Br. 1971

Scheuerbrant, A.: Südwestdeutsche Stadttypen und Städtegruppen bis zum frühen 19. Jahrhundert. Heidelberger Geographische Arbeiten, H. 32. Heidelberg 1972

Schilli, H.: Das Schwarzwaldhaus. 3. Aufl. Stuttgart 1977

Schindler, H.: Die Reutlinger Wirtschaft von der Mitte des 19. Jahrhunderts bis zu Beginn des Ersten Weltkrieges. Tübingen 1969

Schlenker, E.: Zur Wuchsbezirksgliederung in Südwürttemberg-Hohenzollern. Allgemeine Forstzeitschrift 18, S. 336 ff. 1963

Schliebe, K.: Wirtschaftsentwicklung und Industrieansiedlungen in Baden-Württemberg von 1961–1970. In: Geographische Rundschau 28 (I), S. 5–13. 1976

Schmedding, H.: Weinbau in Baden. Diss. Freiburg 1969

Schmid, M.: Der Hopfenbau in Württemberg. In: Württemberg-Hohenzollern in Zahlen, H. 5, 61–64. 1952

Schmid, W.: Der Industriebezirk Reutlingen – Tübingen. Eine wirtschaftsgeographische Untersuchung. Tübinger Geographische Studien, H. 4. 1960

Schmidt, E. u. a.: Deutschland. Harms Erdkunde Bd. 1. 1970

Schmidt, F. (Hrsg.): Der Klettgau. Tiengen 1971

Schmidt, F.: Wasserwirtschaftliche Planungen in Baden-Württemberg. In: Gas- Wasserfach 113, S. 452–469. 1972

Schmierer, W.: Ludwigsburg. In: Historischer Atlas Baden-Württemberg IV, 11, S. 1–8. Stuttgart 1978

Schmitzing, A.: Landkreis Biberach: Starke Industrie im ländlichen Raum. In: Die Stadt- und Landkreise zwischen Alb und Bodensee. Informationen der Industrie- und Handwerkskammern Ulm und Bodensee – Oberschwaben. 14. 1981

Schnekenburger, F. / Rühle, H. / Wöhrle, H.: Auswirkungen der Flurbereinigung auf die Rebflächenbewirtschaftung . . . In: Wein-Wissenschaft 30 (I), S. 36–53. Wiesbaden 1975

Schöller, P.: Die deutschen Städte. Erdkundliches Wissen / Beihefte zur Geographischen Zeitschrift, 17. 1967

Schömmel, H. R.: Straßendörfer im Neckarland. Tübinger Geographische Studien, H. 63. 1975

Schönenberg, R.: Zur Tektonik des südwestdeutschen Schichtstufenlandes unter dem Aspekt der Plattentektonik. In: Oberrheinische Geologische Abhandlung 22, S. 75–86. Karlsruhe 1968

Scholz, F.: Klein- Land- und Zwergstädte im nördlichen Schwarzwald. Karlsruher Geographische Hefte 1. Karlsruhe 1968

Scholz, F.: Die Schwarzwald-Randplatten. Ein Beitrag zur Kulturgeographie des nördlichen Schwarzwaldes. Forschungen zur deutschen Landeskunde, Bd. 188. Bad Godesberg 1971

Scholz, F.: Die hochmittelalterliche Besiedlung und die Anfänge der Territorienbildung im nördlichen Schwarzwald. In: Berichte zur deutschen Landeskunde, 49, S. 49–61. 1975

Schottmüller, H.: Der Löß als gestaltender Faktor in der Kulturlandschaft des Kraichgaus. Forschungen zur deutschen Landeskunde, Bd. 130. Bad Godesberg 1961

Schröder, K. H.: Die Flurformen in Württemberg und Hohenzollern. Tübingen 1941

Schröder, K. H.: Realteilung und Industrialisierung als Ursachen agrargeographischer Wandlungen in Württemberg. In: Zeitschrift für Erdkunde, 10. Jg. H. 9, S. 542–548

Schröder, K. H.: Weinbau und Siedlung in Württemberg. Forschungen zur deutschen Landeskunde, Bd. 73. Remagen 1953

Schröder, K. H.: Einhaus und Gehöft in Südwestdeutschland. In: Studien zur südwestdeutschen Landeskunde. Bad Godesberg 1963

Schröder, K. H. (Hrsg.): Studien zur südwestdeutschen Landeskunde. Festschrift für F. Huttenlocher anläßlich seines 70. Geburtstages. Hrsg. v. K. H. Schröder. Bad Godesberg 1963

Schröder, K. H. / Schwarz, G.: Die ländlichen Siedlungen in Mitteleuropa. Forschungen zur deutschen Landeskunde, Bd. 175. Bad Godesberg 1969

Schröder, K. H.: Zur Entwicklung des bäuerlichen Anwesens im alemannischen Stammesgebiet. In: Alemannisches Jahrbuch 1970. Bühl 1971

Schröder, K. H.: Die Siedlungen. In: Das Land Baden-Württemberg, Bd. 1, hrsg. v. der Staatlichen Archivverwaltung Baden-Württemberg, S. 861–892. Stuttgart 1974

Schröder, K. H. (Hrsg.): Geographische Hausforschung im südwestlichen Mitteleuropa. Tübinger Geographische Studien, H. 54. 1974

Schröder, K. H.: Vererbungsformen und Betriebsgrößen in der Landwirtschaft um 1955. In: Historischer Atlas Baden-Württemberg IX, 6. Stuttgart 1980

Schröder, K. H.: Zur Periodisierung der südwestdeutschen Kulturlandschaftsgeschichte. In: Speculum Sueviae. Festschrift für H. M. Dekker-Hauff. Bd. II, S. 414–430

Schröder, M.: Vorgeschichtlicher Abschnitt. In: Kleine Vor- und Frühgeschichte Württemberg. Stuttgart 1963

Schwarz, E.: Eine natürliche Geographie von Württemberg, erläutert an einem geographisch geognostischen Durchschnitt durch das ganze Land. Stuttgart 1832

Schwarz, G.: Regionale Entwicklung der landwirtschaftlichen Betriebsgrößenstruktur. In: Baden-Württemberg in Wort und Zahl, 23. Jg., H. 8, S. 254–260. 1975

Schwarz, G.: Die Landwirtschaft in den Fördergebieten des Bergbauernprogramms. In: Baden-Württemberg in Wort und Zahl, 24. Jg., S. 262–267. Stuttgart 1976

Schwarz, G.: Produktions- und Absatzstruktur des Obstbaus. In: Jahrbücher für Statistik und Landeskunde Baden-Württemberg, 22 (2), S. 73–110. Stuttgart 1977

Schwarz, G.: Entwicklung der Siedlungsflächen unter besonderer Berücksichtigung der Region Mittlerer Neckar. In: Baden-Württemberg in Wort und Zahl, 25. Jg., S. 203–207. Stuttgart 1977

Schwarz, G.: Wandlungen in der Größen- und Erwerbsstruktur landwirtschaftlicher Betriebe. In: Baden-Württemberg in Wort und Zahl, 26. Jg., H. 3, S. 97–102. Stuttgart 1978

Schwarz, G.: Strukturelle Veränderungen im Marktobstbau. In: Baden-Württemberg in Wort und Zahl, 26. Jg. (II), S. 366–372. Stuttgart 1978

Schwarz, G.: Beschäftigungsverhältnisse in der Landwirtschaft. In: Baden-Württemberg in Wort und Zahl, H. 1. S. 9–15. Stuttgart 1980

Schwarz, G.: Das Arbeitskräftepotential der Land- und Forstwirtschaft. In: Baden-Württemberg in Wort und Zahl, H. 11, S. 321–326. Stuttgart 1981

Schwarz, R.: Die Skiliftstandorte Baden-Württembergs, Anziehungspunkte des winterlichen Freizeitverkehrs. In: Grees, H. (Hrsg.): Die europäische Kulturlandschaft im Wandel. S. 287–294. Kiel 1974

Schwarz, R.: Landschaftstypen in Baden-Württemberg. Eine Untersuchung mit Hilfe multivariater quantitativer Methodik. Tübinger Geographische Studien, H. 79. 1980

Schwarzwaldprogramm. Hrsg. v. Ministerium für Ernährung, Landwirtschaft und Umwelt Baden-Württemberg. Stuttgart 1973

Schwedt, H.: Das Dorf im Verstädterungsprozeß. In: Wehling, Dorfpolitik, S. 84–98. Opladen 1978

Schulze, G. W.: Die Industrie in Oberschwaben. Diss. Tübingen 1969

Schutz dem Bodensee. 15 Jahre Internationale Gewässerschutzkommission für den Bodensee. München 1974

Seiler, A.: Ellwangen. In: Historischer Atlas Baden-Württemberg IV, 9, S. 5–8. Stuttgart 1978

Sick, W.-D.: Die Vereinödung im nördlichen Bodenseegebiet. Württembergisches Jahrbuch für Statistik und Landeskunde, S. 82–105. 1951/52

Sick, W.-D.: Die Filder bei Stuttgart. Beispiel einer großstadtnahen Agrar-Landschaft. In: Jahrbücher für Statistik und Landeskunde von Baden-Württemberg, 3. Jg., H. 2 und 3. Stuttgart 1957

Sick, W.-D.: Zur Siedlungsentwicklung Südwestdeutschlands im Bereich des römischen Limes. In: Hermann Lautensach – Festschrift. Stuttgarter Geographische Studien 69, S. 151–163. 1957

Sick, W.-D.: Die Agrarlandschaft des Stuttgarter

Raumes. In: Geographische Rundschau. 1965

Sick, W.-D.: Freiburg im Breisgau. Stadtgeographische Probleme der Gegenwart. Freiburg i. Br. 1974

Sick, W.-D.: Die ländlichen Siedlungen des Bodenseeraumes. In: Der Bodensee, hrsg. v. H. Maurer. S. 121–144. Sigmaringen 1981/82

Sim, H.: Abwanderung der Wohnbevölkerung aus den Großstädten. In: Baden-Württemberg in Wort und Zahl 5, S. 130–141. Stuttgart 1976

Spörhase, R.: Karten zur Entwicklung der Stadt, das Werden des Stadtgrundrisses im Landschaftsraum: Karlsruhe, Stuttgart. 1970

Stadelbauer, J.: Der Weinbaukomplex Kaiserstuhl. In: Regio Basiliensis 19 (2). Basel 1978

Stadler, R.: Entwicklungslinien der Weinwirtschaft. In: Baden-Württemberg in Wort und Zahl. 19. Jg., H. 8, S. 236–240. Stuttgart 1971

Stadler, R.: Baden-Württemberg und die Europäische Gemeinschaft. In: Baden-Württemberg in Wort und Zahl, 25. Jg., H. 12, S. 370–381. Stuttgart 1977

Stadler, R.: Zum Wandel der Betriebs- und Besitzstruktur in der Landwirtschaft. In: Baden-Württemberg in Wort und Zahl, H. 11, S. 370–381. Stuttgart 1980

Stang, Fr.: Die Wasserstraßen Oberrhein, Main und Neckar. Forschungen zur deutschen Landeskunde, Bd. 140. Bad Godesberg 1963

Statistik von Baden-Württemberg:
Bd. 252: Das Handwerk in Baden-Württemberg, Ergebnisse der Handwerkerzählung von 1977
Bd. 270: Erwerbsleben und Arbeitsmarkt 1977/78
Bd. 289: Bergbau und verarbeitendes Gewerbe 1980
Bd. 292: Der Außenhandel 1980
Bd. 303: Daten zur Sozialstruktur 1979

Statistisches Taschenbuch von Baden-Württemberg 1980. Stuttgart

Stephan, H.: Mannheim – Vogelstang. Struktur und Entwicklung einer geplanten städtischen Großwohnsiedlung. In: Beiträge zur Landeskunde des Rhein-Neckar-Raumes I. Mannheimer Geographische Arbeiten 2, S. 11–40. 1979

Steuer, G.: Der mittlere Neckarraum. Monographien deutscher Wirtschaftsgebiete, Bd. 20. 2. Aufl. Oldenburg 1969

Steuer, G.: Fördernde und hemmende Einflüsse in der Wirtschaftsentwicklung des Mittleren Neckarraums. In: Raumforschung und Raumordnung, 29. Jg., H. 5, S. 197 ff. 1971.

Stockburger, D.: Untersuchungen über Situation und Entwicklungsaspekte des Fremdenverkehrs in Baden-Württemberg. Schriftenreihe des Deutschen Wirtschaftswissenschaftlichen Instituts für Fremdenverkehr an der Universität München, H. 24. 1971

Stuttgart – Mittlerer Neckarraum – Themenheft. In: Raumforschung und Raumordnung 29. 1971

Tesdorpf, J. C.: Die Entstehung der Kulturlandschaft am westlichen Bodensee. Veröffentlichung der Kommission für geschichtliche Landeskunde in Baden-Württemberg. Reihe B, Bd. 72. Stuttgart 1972

Tichy, F.: Die Land- und Wirtschaftsformationen des Kleinen Odenwaldes. Heidelberger Geographische Arbeiten 3. 1958

Tiedtke, J.: Region Mittlerer Oberrhein, Oberzentrum Karlsruhe – Arbeitsplatz für linksrheinische Pendler. In: Karlsruher Wirtschaftsspiegel 24, S. 49–50. 1981/82

Thier, M.: Geschichte der Schwäbischen Hüttenwerke. Stuttgart und Aalen 1965

Thierer, M.: Die Städte im württembergischen Allgäu. Eine vergleichende geographische Untersuchung und ein Beitrag zur Typisierung der Kleinstädte. Stuttgarter Geographische Studien 86. 1973

Trautwein, J.: Religiosität und Sozialstruktur. Untersuchung anhand des württembergischen Pietismus. Stuttgart 1972

Tonbrügge, W. / Henze, H. P.: Bilder zur Vorgeschichte Bayerns. Konstanz 1968

Tuckermann, W.: Das altpfälzische Oberrheingebiet. Von der Vergangenheit zur Gegenwart. Hrsg. v. E. Plewe. Abhandlung der Wirtschaftshochschule Mannheim. Mannheim 1953

Umweltschutzbericht 1971 für Baden-Württemberg. Hrsg. v. Interministeriellen Ausschuß für Umweltschutz. Stuttgart

Umweltschutz in Baden-Württemberg. Mittelfristiges Programm. Hrsg. v. Ministerium für Ernährung, Landwirtschaft und Umwelt. Stuttgart 1976

Veith, J.: Wüstungen im Neckarland und auf der Alb. Diss. Tübingen 1957

Verzeichnis der Naturschutz- und Landschaftsschutzgebiete des Landes Baden-Württemberg. Hrsg. v. der Landesstelle für Naturschutz und Landschaftspflege. 3. Aufl. Ludwigsburg 1974

Vestner, E.: Die räumliche Struktur und die Standorte der Industrie des Landes Baden-Württemberg. Jahrbücher für Statistik und Landeskunde von Baden-Württemberg. 7. Jg. Stuttgart 1962

Volk, H.: Untersuchungen zur Ausbreitung und

künstlichen Einbringung der Fichte im Schwarzwald. Schriftenreihe der Landesforstverwaltung Baden-Württemberg, 28. Freiburg 1969

Volz, P.: Das Remstal, Beispiel einer großstadtnahen Kulturlandschaft. Stuttgarter Geographische Studien 75. 1969

Wagner, G.: Die Entstehung neuer Flußnetze in Süddeutschland. In Geographische Zeitschrift, 44, S. 161–171. 1938

Wagner, G.: Junge Krustenbewegungen im Landschaftsbild Süddeutschlands. Erdgeschichtliche und landeskundliche Abhandlung aus Schwaben und Franken. Öhringen 1929

Wagner, G.: Einführung in die Erd- und Landschaftsgeschichte (unter besonderer Berücksichtigung Süddeutschlands). Öhringen 1960

Wagner, G.: Zur Flußgeschichte von oberer Donau und oberem Neckar. In: Jahresberichte und Mitteilungen des Oberrheinischen Geologischen Vereins. NF 43, S. 93–98. 1961

Wagner, G.: Danubische und rheinische Abtragung im Neckar- und Tauberland. In: Berichte zur deutschen Landeskunde, 31, S. 1–11. 1963

Wagner, G. / Koch, A.: Raumbilder zur Erd- und Landschaftsgeschichte Südwestdeutschlands. Schmiden 1961

Wagner, M.: Die Niederschlagsverhältnisse in Baden-Württemberg im Lichte der dynamischen Klimatologie. Forschungen zur deutschen Landeskunde, Bd. 135. Bad Godesberg 1964

Walla, W. / Wild, M.: Die Freizeiteinrichtungen der Mittelbereiche in Baden-Württemberg. In: Jahrbücher für Statistik und Landeskunde von Baden-Württemberg. 21 (2), S. 36–54. Stuttgart 1977

Walla, W.: Zur Regionalstruktur Baden-Württemberg, die Kreise und Regionen. In: Jahrbücher für Statistik und Landeskunde von Baden-Württemberg 22 (2), S. 341–348. 1978

Walla, W.: Zur Verkehrsversorgung durch Eisenbahnen. In: Baden-Württemberg in Wort und Zahl 26 (10), S. 341–348. Stuttgart 1978

Walla, W.: Die Bevölkerungsentwicklung in den verdichteten und ländlichen Räumen seit 1962. Ein Überblick. In: Baden-Württemberg in Wort und Zahl 3, S. 99–105. Stuttgart 1982

Weber, D.: Die Wüstungen in Württemberg. Stuttgarter Geographische Studien. Stuttgart 1927

Weidner, W.: Zur Bewertung von Erstaufforstungen, dargestellt am Beispiel Baden-Württembergs. Diss. Heidelberg 1976

Wein, N.: Die Wanderschäferei in Südwestdeutschland. Zeitschrift für Wirtschaftsgeographie, S. 248–253. 1977

Wein, N.: Die Austrocknung der südlichen Oberrhein-Niederung. In: Geographische Rundschau H. 29 (1), S. 16–23. 1977

Weinreuther, E.: Stadtdörfer in Südwest-Deutschland. Ein Beitrag zur geographischen Siedlungstypisierung. Tübinger Geographische Studien H. 32. 1969

Wehling, H. G. (Hrsg.): Dorfpolitik. Opladen 1978

Weller, K.: Besiedlungsgeschichte Württembergs vom 3. – 13. Jahrhundert. Stuttgart 1938

Weller, K. und A.: Württembergische Geschichte im südwestdeutschen Raum. 8. Aufl. Stuttgart und Aalen 1975

Weller, A.: Sozialgeschichte Südwestdeutschlands. Stuttgart 1979

Wirth, H.: Die Entwicklung des Weinbaus in Baden-Württemberg. Jahrbücher für Statistik und Landeskunde von Baden-Württemberg, 5. Jg. Stuttgart 1960

Wirth, H.: Die Lage der baden-württembergischen Landwirtschaft um 1970. Zukunftsperspektiven einer Abgrenzung von Betriebssystemen und einer sozioökonomischen Darstellung der Betriebe. In: Jahrbücher für Statistik und Landeskunde von Baden-Württemberg, 15. Jg., S. 5–79. Stuttgart 1970

Witt, H.: Ferien-, Kur- und Naherholung als konkurrierende Raumansprüche im Bodenseegebiet. In: Raumforschung und Raumordnung 31, S. 173. 1973

Woll, H.: Versuch einer Analyse des Fremdenverkehrs im Bodenseegebiet. Diss. Mannheim 1961

Zentrale Orte und ihre Verflechtungsbereiche in Baden-Württemberg. Ergebnisse eines Forschungsauftrags des Innenministeriums Baden-Württemberg. Eine Arbeit aus dem Institut für Agrarwissenschaft der Universität Freiburg i. Br. 1967

Zepf, E.: Der Kernbereich des Mittleren Neckarraums. In: Raumforschung und Raumordnung, 29. Jg. H. 5, S. 207. 1971

Zienert, A.: Die Großformen des Schwarzwaldes. Forschungen zur deutschen Landeskunde Bd. 128. Bad Godesberg 1961

Zienert, A.: Die Großformen des Odenwaldes. Heidelberger Geographische Arbeiten 7. 1962

Zier, H. G.: Die Industrialisierung des Karlsruher Raumes. In: Oberrheinische Studien 2, S. 335–372. Karlsruhe 1973

Zundel, R.: Die Gestaltung des Kaiserstuhls als Mehrzwecklandschaft. In: Natur und Landschaft 50 (7), S. 197–200. Stuttgart 1975

Verzeichnis der Tabellen

Verzeichnis der Abbildungen